교정학개론

김상균 · 신석환 공저

청목출판사

머리말

이른바 모스터모더니즘사회의 특징이라고 할 수 있는 무한경쟁시대에서 빈부의 격차, 경제적 박탈감, 실업률의 증가 등 사회적 갈등과 사회병리 현상이 더욱 심화될수록 개인의 안전한 삶을 위협하는 범죄는 더욱 증가할 것으로 보인다. 최근 연쇄살인, 연쇄방화, 연쇄성범죄 등 세상을 경악케 하는 끔직한 범죄들이 빈번하게 발생하고 있는 것이 그 반증이다. 특히 지능화 · 잔인화 · 무동기화되어 가는 강력범죄는 시민들에게 두려움을 주는 심각한 사회문제가 아닐 수 없다.

세계 여러 나라의 예를 들 것도 없이 우리가 살아가고 있는 대한민국에서는 매년 살인사건을 비롯하여 강도, 강간, 방화 등 강력범죄만 해도 매년 40만 여건이 발생하고, 교도소를 출소한 이후에도 다시 범죄를 하는 재범의 비율도 증가하고 있다. 이에 따라 발생한 사건을 수사하고 범인을 검거하는 수사활동도 대단히 중요한 사법적 작용이지만 범죄를 사전에 예방하고 재범을 방지하는 범죄자의 교정과 교화가 중요한 문제로 대두되고 있는 현실이다. 이에 따라 최근 형사사법제도는 범죄자의 처벌과 범죄억제 및 제도적 모색을 위해 많은 노력과 변화를 추구해 왔다. 특히 형사사법의 마지막 단계인 교정 교화 또한 제도적 대안모색은 물론, 다양한 연구를 통하여 범죄문제에 효과적으로 대응하고 수용자의 기본적 인권을 고려한 관리방안 등을 강구해 오고 있다.

현대에 있어서 교정의 목적이 수형자의 건전한 사회복귀인 재사회화를 위한 각종 교정처우를 실시하는 데 있다는 점에는 의문의 여지가 없지만 교정목적의 실현대상자의 범위를 자유형집행대상자로 한정시킬 필요는 없다 하겠다. 왜냐하면 교정 목적의 실현대상자에는 형법이 규정하는 형벌적용 대상자로서의 범죄행위자 뿐만이 아니라 범죄의 위험으로부터 사회를 효과적으로 방위하기 위하여 부과되는 보안처분이나 보호처분은 물론 미결수용자 및 사회내처우 대상자도 비록 교정처우 작용의 부과필요성이나 그 적용의 강도에 있어서는 차이가 있다 하여도 확대 적용되어야 하기 때문이다.

따라서 교정목적의 실현 대상범위에는 자유형 집행대상자(수형자) 이외에도 노역장유치자, 사형확정자, 보안처분, 보호처분, 미결수용자 및 사회내처우의 대상자까지도 포함시키는 것이 광의의 교정 개념으로 타당하다고 할 것이다. 이렇게 해석하는 것이 현대 형벌사조에 있어서 주류를 형성하고 있는 범죄자 교정처우의 이념과도 부합된다 할 것이다. 특히 교정은 형벌의 확실한 집행은 물론 범죄자의 엄격한 처벌과 그리고 구치소나 교도소의 시설을 운용하는 이상의 의미와 목적을 지니고 있어 실무뿐만 아니라 학문적으로도 날로 그 중요성이 더해지고 있다고 볼 수 있다. 따라서 이미 발생한 범죄자를 어떻게 처리할 것인가, 특히 수형자를 어떻게 교정교화할 것인가는 중요한 국가형사정책이 아닐 수 없다. 이에 본 교재는 범죄자의 처리라는 관점에서 범죄문제를 해결하기 위하여 필요한 형사정책의 마지막 단계로서의 교정에 대한 이해와 기본적인 지식을 전달하고자 한다. 본서는 13개의 장으로 구성되어 있는데 교정학의 기본인 교정의 정의와 목적에서부터 구금의 종류 등 시설내 처우의 내용과 사회봉사명령, 보호관찰 등 사회내처우, 교정상담과 치료, 지역사회중심의 처우, 제3의 모델로 각광받고 있는 회복적 사법모델 등 교정과 보호분야의 기본적인 내용을 망라하면서 교정학을 처음 접하는 독자들도 쉽게 이해할 수 있도록 집필하였다.

특히 본서는 행형법이 2008. 12월 '형의집행 및 수용자처우에 관한 법률'로 전면개정됨에 따라 새로 개정된 법률체계에 따라 집필되었으며, 대학에서 교정·보호학을 배우는 학생들에게 기본교재로 손색이 없도록 내용에 충실하게 집필하려고 노력하였을 뿐 아니라 교정·보호직, 군무원을 준비하고 있는 수험생에게 수험용 기본교재로 사용할 수 있도록 지금까지 시험문제로 나왔던 내용을 중심으로 출제경향을 분석하여 광범위한 내용을 일목요연하게 정리하였으며 특히 현재 교정·보호직으로 재직하는 공무원의 현장실무 및 교재용으로도 적합하다고 본다.

본서는 이론과 실무경험을 동시에 가지고 있는 두 저자가 실무에서 경험한 자료와 강단에서 다년간 강의를 위해 정리한 노트를 정리하여 교재로 집필하였다. 그러나 저자의 경험부족이나 지식의 부족으로 집필과정에서 오류나 수정해야 할 부분이 발견될 수도 있을 것이다. 독자 여러분의 진심어린 조언과 지도편달을 바라며, 이 교재를 통하여 교정학의 발전과 수험생의 뜻하는 목표들이 반드시 이루어지기를 기원한다. 이 책이 출간되는 데 도움을 주신 청목출판사 관계자 여러분들께 심심한 사의를 표한다.

2009. 3

저자

차 례

1 chapter

행형과 교정의 의의

[학습목표]

1. 행형의 개념형성과정을 살펴본 후 근대 행형의 발전(법원)까지를 이해한다.
2. 행형이란 무엇이며 교정이란 무엇인가를 확실하게 정리한다.
3. 17세기 중반 이전까지의 응보형 위주의 행형에서 왜 감옥개량운동이 일어나게 된 동기를 살핀다.
4. 미국을 중심으로 한 행형의 발전과정을 비교법적 차원에서 학습해 나간다.

〈출제경향분석〉

- 이 장은 10% 정도의 출제경향을 보이는 장으로
- 현대적 의미의 행형의 발전과정과 이론의 성립배경을 주창자를 중심으로 숙지하며, 존 하워드와 미국을 중심으로 한 감옥개량운동의 태동과 발전과정을 숙지하도록 한다.

제1절 행형과 교정의 개념

1. 행형의 개념과 법원

1) 행형의 개념

'행형'을 어의에 따라 이해할 때 이는 한마디로 '형벌의 집행'을 의미한다.[1] 이렇게 행형의 개념을 '형벌의 집행'으로 단순하게 이해하면 형벌의 종류와 그에 따른 제재수단의 종류가 매우 다양하기 때문에 '행형'의 의미 또한 다양한 내용을 지니게 된다. 따라서 이를 '넓은 의미의 행형' 또는 '형집행'과 '좁은 의미의 행형' 또는 '행형'으로 구별하여 이해할 필요가 있다.

① '넓은 의미의 행형'은 모든 종류의 형벌의 집행을 의미한다. 이때의 행형은 형사법관이 판결을 통해 선고한 모든 형사제재조치의 내용을 실현하는 것, 즉 '형집행'을 의미한다. 여기에는 자유형의 집행은 물론 사형, 벌금형, 자격형의 집행뿐만 아니라 나아가 보안처분의 집행 등이 포함된다. 현행 형사 소송법 제5편 "재판의 집행"에서 규율하는 부분이 이에 해당한다.

② 좁은 의미의 행형은 자유박탈을 수반하는 형사제재조치의 집행만을 의미한다. 여기에는 자유형과 자유박탈을 수반하는 보안처분의 집행이 포함된다. 그 가운데서도 특히 수용시설에 수용될 때부터 석방될 때까지의 집행과정이 '행형'의 개념 아래 포섭된다. 행형법의 규율내용이 주로 이에 해당한다.

③ 자유형의 집행에서 형집행과 행형의 구별도 보다 엄격하게 보면 자유형의 집행 자체도 형집행의 영역과 행형의 영역으로 나누어 생각할 수 있다. 이 경우 형집행은 자유형의 집행 '여부'와 관련된 영역을, 행형은 자유형의 집행 '방법'과 관련된 영역을 각각 의미한다. 즉 자유형을 선고한 판결의 효력 여부를 다투어 자유형의 집행 자체에 문제를 제기하는 경우, 또는 형기산정에 대한 위법이나 과실의 여부를 문제삼

1) 배종대, 『교정학』, 홍문사, 2005, 3-6면.

는 경우는 '형집행'의 영역이 되고, '행형'의 영역에서는 이미 집행이 확정된 자유형의 구체적 실현방법이 주된 문제가 된다. 이러한 구별의 실제적 의미는 '형집행'과 관련한 문제는 형사절차와 관련된 문제로 형사법원에서 심사할 사항이 되겠지만, '행형'과 관련한 문제는 행정작용의 하나로 우선 행정심판의 대상이 되어야 한다는 데 있다.

2) 행형의 법원

행형의 법원으로는 헌법과 형사소송법, 그리고 형법과 행형법 및 그 시행령 등을 들 수 있다. 행형은 형사절차의 마지막 단계를 구성하므로 형사절차에 관한 일반법이라 할 수 있는 형사소송법의 적용을 받는다. 또한 형사소송법은 '헌법의 구체적 응용'이라고 하여 헌법의 이념을 실현해야 하므로 형사절차의 전반에 걸쳐 헌법의 직·간접적 적용을 받는다는 데에 이론이 있을 수 없다.

행형의 영역은 '형법'과 '형의 집행 및 수용자의 처우에 관한 법률'[2]에 주로 규율되어 있다. 그 밖에 행형과 관계되는 법원이 되는 주요법규들은 다음과 같다.

행형 일반에 대하여는 '형의 집행 및 수용자의 처우에 관한 법률'과 행형법시행령 이외에 민영교도소 등의 설치운영에 관한 법률과 그 시행령 및 시행규칙이 있다.

수형자의 처우 및 교화와 관련해서는 수형자분류처우규칙, 수행자등교육규칙, 수형자등호송규칙, 수용자주부식급여규칙, 수용자의류및침구급여에관한규칙, 수용자규율및징벌에관한규칙, 귀휴시행규칙, 외국인재소자주부식급여규칙, 그리고 교도관직무규칙 등이 있다.

교도작업에 대해서는 교도작업관용법 및 그 시행령과 시행규칙, 그리고 교도작업특별 회계법 및 그 시행령과 시행규칙이 있다.

3) 행형의 위치[3]

① 형사사법체계의 마지막 단계라고 할 수 있는 형벌의 집행은 형사절차 가운데 최종단계를 구성한다. 범죄가 여러 가지 경로로 수사기관에 인지됨으로써 시작되는

2) 2008.12.11 제9136호로 행형법 등을 재개정한 '형의 집행 및 수용자의 처우에 관한 법률·시행령·시행규칙'(이하 '형집행법령')이 2008년 12월 22일부터 시행되고 있다.

3) 배종대, 앞의 책, 7면 이하.

형사절차는 수사 및 기소와 형사재판의 과정을 거쳐 형벌의 선고에 이르게 되며, 선고된 형벌을 집행함으로써 그 절차가 종료된다.

이와 같이 형사사법의 마지막 단계가 형집행이라는 사실은 두 가지 의미를 갖는다. 그 하나는 형집행의 단계에서 비로소 형사사법이 갖는 제재수단이 현실화한다는 점이다. 형사법관의 판결은 집행됨으로써 비로소 현실이 된다. 따라서 형벌의 현실, 즉 형벌을 선고받은 자들이 어떻게 형벌을 경험하는가에 대한 성찰이 없이 형사법체계에 대한 진정한 이해가 있을 수 없다. 형벌의 집행에 대한 이론적, 경험적 성찰과 더불어 비로소 형사입법자는 범죄구성요건과 그에 따른 형벌효과를, 형사법관은 그가 선고할 형벌의 정도와 방법을 각각 확정할 수 있는 것이다.

다른 한편으로 형집행이 형사사법의 최종단계라는 사실은 형집행 이전단계의 형사절차에서 형성된 정보들이 행형단계에서 여과없이 그대로 수용될 위험이 있다는 점을 말해 주기도 한다. 이러한 정보들은 행형의 독자적 목적을 추구하는 데 걸림돌이 될 수 있다는 점에서 주의가 요청된다. 즉 형집행은 형사사법의 최종단계이긴 하지만 단순히 이전단계인 형사입법과 형벌선고의 목적을 그대로 '수행'하는 단계로 이해될 수는 없고, 독자적 목적을 지닌 단계로 이해되어야 한다는 것이다. 이처럼 양면적 성격을 지닌 형집행의 위치는 이른바 '세 기둥 이론(Drei-Saulen-Theorie)'에서 보다 분명해진다.4)

② 행형이 형사절차의 최종단계가 된다는 사실이 갖는 보다 중요한 의미는 행형은 형사법체계의 목적을 실현하기 위한 여러 가지 제재수단 가운데 최후수단으로서의 역할을 담당하여야 한다는 것이다. 멀리서부터 보자면, 법규범은 사회통제의 부분영역을 담당할 뿐이며, 형법은 법규범의 통제영역 가운데 극히 적은 일부분을 담당하는 "단편적 성격"과 그러한 통제를 다른 사회적 법적 통제수단들에 앞서서 수행할 수 없는 "보충적 성격"을 지닌다. 나아가 형법이 갖는 제재수단인 형벌은 국가가 지닌 가장 강력한 통제수단으로서 "최후수단"으로서의 속성을 갖는다. 이러한 형벌 가운데서도 자유형은 가장 강력한 형벌 중의 하나로 다른 형법의 제재수단들을 견제하지 않으면 안되며, 자유형을 집행하는 "행형" 또한 선고유예나 집행유예 등의 처분

4) 록신(Roxin)에게서 비롯된 이른바 "세 기둥 이론(Drei-Sulen-Theotie)"에 따르면 형사법체계는 형벌위하, 형벌선고 및 형벌집행의 세 기둥으로 이루어진다고 하였다. 세 기둥이론은 제2절 근대행형의 발전과 성격에서 구체적으로 설명할 것이다.

을 통해서는 의도하는 형사정책적 목적들이 달성되지 않을 때 비로소 투입되는 "최후수단"으로서 기능해야 한다. 말하자면 형사법체계가 지닌 여러 단계의 여과과정을 거쳐 가능한 한 최소한의 범죄자가 행형단계에까지 도달하는 것이 바람직하다는 것이다.

4) 교정의 개념

교정학의 개념을 정의하기 위해서는 우선적으로 그 연구대상인 교정의 개념을 정의하는 것이 선행되어야 한다. 사전적으로 교정(敎正)이란 "틀어지거나 잘못된 것 또는 결점 등을 바로 잡아 고친다"라는 의미를 가지고 있다.[5] 한마디로 교정이란 바람직하지 못한 상태에 있는 것을 바로잡아 고친다는 개념이다. 원래 교정이란 영어의 'correcion'이란 단어에서 유래된 것으로 그것은 인간의 성격의 교정이라는 의미를 갖는 것으로 최근에 있어서 미국교정의 이론과 실제를 지배하는 개념이다.[6] 위에서 언급된 개념들에 입각하여 교정학상의 교정을 정의한다면 반사회적·반규범적 행위를 한 비행소년이나 범죄자의 일탈된 성격이나 행동 등을 바로잡아 재사회화시키는 일체의 활동을 의미한다고 할 것이다.[7]

5) 교정의 목적과 영역

현대에 있어서 교정의 목적이 범죄인의 재사회화를 위한 각종 교정처우를 실시하는데 있다는 점에는 의문의 여지가 없지만 교정목적의 실현대상자의 범위를 자유형집행대상자로 한정시킬 필요는 없다. 왜냐하면 교정의 범위를 자유형집행대상자로 한정시킬 필요는 없다 하겠다. 왜냐하면 교정의 목적의 실현대상자에는 형법이 규정하는 형벌적용 대상자로서의 범죄행위자 뿐만이 아니라 범죄로부터 사회를 효과적으로 방위하기 위하여 부과되는 보안처분이나 보호처분의 대상자 심지어 미결수용자도 비록 교정처우 작용의 부과필요성이나 그적용의 강도에 있어서는 차이가 있다 하여

---

5) 민중 에센스 국어사전, 민중서림, 282면.

6) Dean J. Champion, Correction in the Untion States : A Contemporary Perspective, Prentice-Hall, Inc, 1990, pp. 3-5.

7) 이영근, 범죄예방의 이론과 실제, 한국범죄예방정책연구원. 1면. 범죄의 개념이란 사회의 생활질서를 침해하는 반사회적·반문화적·반규범적 행위로써 사회공동생활의 존립이나 기능 기타 사회생활상의 이익이나 가치를 손상시키는 행위를 말한다.

도 확대 적용되어야 하기 때문이다.

따라서 교정목적의 실현 대상범위에는 자유형 집행대상자(수행자) 이외에는 노역장유치자, 사형확정자, 미결수용자, 보안처분 및 보호처분의 대상자까지도 포함시키는 것이 타당하다고 하겠다. 이렇게 해석하는 것이 현대형벌사조에 있어서 주류를 형성하고 있는 범죄자 교정처우의 이념과도 부합된다 할 것이다.

2. 행형과 교정의 구별

1) 협의와 광의의 행형

행형이란 협의로 파악할 때에는 확정 판결에 의하여 수형자에게 부과된 자유형을 집행하는 것을 말한다.[8] 따라서 협의로는 자유형, 즉 징역형, 금고형, 구금형의 집행을 의미한다. 다만 우리 행형법에는 이외에도 사형수형자의 수용과 그 집행, 노역장유치 및 미결수용까지를 행형의 범주에 포함시키고 있으므로 이를 포함하여 광의의 행형이라 하고 있다.

2) 동일개념론

행형실무상으로는 행형이라는 용어와 교정행정 또는 교정이라는 용어가 많이 혼용되고 있는 바, 이는 대체적으로 동의어라고 할 수 있겠다. 다만 양자는 그 발생사적 의의가 다르다. 즉 행형이라는 용어는 전술한 바와 같이 응보형주의 하에서 구금확보기능을 위주로 하던 시대에 주로 사용되었고, 교정이란 말은 근대 이후의 교육형주의가 대두됨에 따라 행형의 방향이 범죄인 교화·개선을 통한 사회복귀에로 이행됨에 따라 창출된 개념이라고 할 수 있을 것이다.

우리 행형법상으로 볼 때에도 1961년 제 1차 행형법개정에 의하여 형무소·형무관이라는 용어가 교도소·교도관으로 바뀌게 된데서 그 계기 내지는 법적 근거가 마련되었다고 하겠다. 그러나 우리 행형에 있어서 교육형주의는 이제 일반화된 이념이 되고 있으므로 행형이나 교정이나 그 의미내용은 동일하다고 하겠다. 다만 전술한 바와 같이 그 발생사적 의의 때문에 오늘에 와서는 행형보다는 교정행정 내지는 교

8) 정영석·신앙균, 『신고형사정책』, 법문사, 1994, 496면.

정이라는 용어가 더 많이 또는 더 일반적으로 통용되고 있다.[9]

3) 구별개념론

(1) 교정의 법적 성격과 자유형 집행 목적을 기준으로 구별

행형은 교도소에서의 자유형의 집행만을 의미하고, 교정은 행형의 목적 내지는 이념이라고 할 수 있다.[10] 즉, 행형은 자유형의 집행을 가리키는 말로서 교도소에서의 교정의 법적 성격을 나타내는 반면, 교정이란 자유형의 집행목적(행형목적)이 범죄인을 교육·개선시켜 재사회화시킴에 있다는 행형의 목적관념(이념)을 나타내는 말이라는 것이다. 따라서 교도소에서의 교정이라 할지라도 교정과 행형을 전적으로 동의어로 사용하는 것은 잘못이고 이들 용어가 사용되는 문맥에 따라 이를 구별함이 옳다는 것이다.

(2) 교정의 형식적·법률적 측면과 실질적·이념적 측면을 기준으로 구별

행형과 교정을 동일시할 때 행형이라는 용어는 교정의 형식적·법률적 측면을 강조하는 것임에 반해 교정은 행형의 실질적·이념적 의미를 강조하는 표현이라고 할 수 있다. 즉 행형의 개념에는 수형자의 교화개선이라는 목적 이외에 응보, 일반예방, 고통의 부과 또는 격리에 의한 특별예방 등 다른 목적까지 포괄할 수 있다. 행형을 교정이라고 부를 때에는 수형자의 교화개선을 다른 목적보다 중요시하거나 이를 우선적으로 추구한다는 현대의 교정이념을 표현하는 것으로 보아야 한다. 이 때문에 행형은 교정의 기초를 조성하는 법적 개념으로, 교정은 행형의 목적개념으로 상호 엄격히 구분하기도 하지만 전반적으로는 행형과 교정을 혼용하여 사용하는 것이 오늘날의 추세이다.

---

9) 김화수, 『행형법학』, 법무연수원, 1986, 20면.
이와 같이 교정과 행형의 개념이 동일하다고 할 수 있지만, 지금까지의 행형 범위에는 범죄원인론이 배제되는 것이 일반적이라고 볼 때, 그러한 면에서는 교정과 행형의 차이가 인정될 수도 있다.

10) 박재윤, 교정의 이상(한국 교정학회 주최 제11회 학술발표회 제1주제 발표논문), 78면.

3. 행형학의 의의와 교정학과의 관계

1) 행형학의 의의와 대상

행형, 즉 좁은 의미의 행형이 자유형을 비롯한 자유박탈을 수반하는 형사제재의 집행을 의미한다면, 행형학은 자유박탈을 수반하는 형사제재의 집행에 관련하는 법률 및 그에 상응하는 법현실에 대한 체계적 서술이라 정의할 수 있다. 보다 구체적으로 행형학은 현행 법률 가운데 형법 제67~68조 및 형집행법령의 해석과 관련을 맺는다.

2) 행형학과 교정학의 어의

현재 형벌의 집행과 관련한 학문에 대한 명칭으로는 행형학 이외에 "교정학"이라는 용어가 실무와 학계에서 사용되고 있다. 대학의 학과로서 "교정학과"가 설치된 곳도 있으며, 공무원시험 중 적잖은 비중을 차지하는 교정직 공무원 선발을 위한 시험과목으로 "교정학"의 분야가 있다. 그리하여 행형분야에 대한 강의교재 및 시험교재의 명칭이 그 내용이 사실상 거의 동일한데도 불구하고 혹은 "행형학"이란 용어를, 혹은 "교정학"이란 용어를 사용하고 있다.

"교정" 또는 "교정학"이란 용어는 행형의 목표 또는 이데올로기로서 "교정"을 견제하는 데서 발생한 용어이며, 현재 행형을 담당하고 있는 법무부의 직제명칭과도 깊은 관련이 있다. 그러나 "교정"은 행형의 목표 또는 이데올로기 가운데 하나일 뿐이며, 이데올로기로서의 "교정" 그 자체는 때로 비판의 대상이 되기도 한다. 다른 한편으로 "교정학"은 형사사법의 일부로서의 형벌집행의 측면보다는 행정작용으로서의 "교정행정"의 측면에 보다 관심을 두고 있다. 이러한 측면에서 "교정학"은 자칫 형벌집행의 근본문제에 대한 성찰을 외면하고 다만 교정행정의 목표 또는 이데올로기로서의 "교정"을 위한 기술적 연구에 국한될 수 있는 한계가 있다. 따라서 자유박탈적 형사제재의 집행에 대한 학문의 명칭으로서는 "행형학"이라는 용어가 보다 폭넓은 의미를 지니며, 기본적으로 행형법에 대한 해석학이라는 의미에서도 "행형학"이라는 용어의 사용이 더 바람직하다는 의견도 있다.[11)]

하지만 현대 교정 내지 행형의 이념이 수용자의 구금(처벌)의 의미를 넘어서 수용자가 건전한 사회인으로 돌아갈 수 있도록 도와주는 재사회화의 목적이 더 강하다. 따라서 수용자의 교화·교정·개선의 의미가 있는 교정학이라는 학문적 용어가 현대 교정이념을 가장 잘 반영한 용어라고 생각한다.

제2절 근대 행형의 발전과 성격

1. 행형의 이론적 고찰

1) "세 기둥 이론"의 내용

행형의 체계적 위치는 록신(Roxin)에게서 비롯된 이른바 "세 기둥 이론(Drei-Sulen-Theotie)"을 빌어서 좀더 명확하게 이해할 수 있다. 이 이론에 따르면 형사법체계는 형벌위하, 형벌선고 및 형벌집행의 세 기둥으로 이루어진다. 그 가운데 형벌위하는 형사입법을 통해 이루어지는데, 가벌적 행위의 불법과 책임을 확정하고 국가법질서가 허용하는 것과 금지하는 것을 분명히 하여 법익질서를 보호하는 일에 종사한다. 형사재판을 통한 법관의 판결선고에서는 범죄행위에 대한 사회윤리적 비난과 "책임상쇄", 그리고 법질서의 보호가 주된 목적이 된다. 마지막으로 형벌집행의 단계에서는 범죄자를 법공동체에 재편입시키는 특별예방적 관심이 주된 목적이 된다.

그러나 다양한 기관이 담당하는 각각의 세 기둥의 역할과 기능이 엄격하게 분리되거나 서로 배타적 성격을 지니는 것은 아니며, 오히려 서로 얽힌 채 깊숙한 연관을 맺으며 형사법체계의 전체적 과제에 봉사해야 한다는 것이 이 이론의 주된 내용이다.

2) 이론의 평가

전체 형사법체계를 세 영역으로 나누고 각 영역에 고유한 과제와 기능을 부여한 이 이론에 대해서는 형사법체계를 지나치게 단순화한다는 비판과 각 영역에서 여러 가지 과제가 중복된다는 사실을 외면한다는 비판이 제기된다. 나아가 전체 형사절차

11) 김화수·오영근 외, 『한국교정학』, 한국교정학회, 2007, 6면.

에서 중요한 몫을 차지하는 또 하나의 요소인 형사소추의 영역과 이를 담당하는 경찰기구, 그리고 그 근거가 되는 경찰관계법 및 이들이 추구하는 사회안전이라는 목표 등에 대한 언급이 빠져 있다는 점도 문제점으로 지적된다.

그러나 이 이론을 통해 우리가 확인할 수 있는 것은 첫째로, 행형이 더 이상 형사절차의 종속적 부수물이 아니라, 고유의 과제를 갖는 독자적 영역으로서 형사법체계의 한 축을 이룬다는 점이다. 즉 행형은 단순히 형사법관의 판결을 그대로 이행하는 것이 아니라, 행형과정을 통해 나름의 독자적 목표를 추구하는 독립적 영역이라는 것이다. 둘째로는 행형이 형사법체계의 다른 영역들과 기능적으로 서로 긴밀히 결합하여 형사법의 전체과제를 위해 봉사해야 한다는 점이다. 즉 행형은 글자 그대로 "형벌의 집행"이므로 그 집행의 필요성과 정당성은 판결에서 선고된 내용을 기준으로 해야 하며, 이 판결은 다시 형사입법자가 실체형법을 통해 결정한 기준에 따라 이루어져야 한다는 것이다.

2. 근대적 의미의 교정

16세기말에 자유형에 대한 근본적인 인식의 전환이 이루어진다. 근대적 자유형의 관념이 발생한 것이다. 새로운 자유형은 "종교적 참회"와 "빈민구휼"에 영향을 받은 것으로, 더 이상 과거에 저질러진 범죄에 대한 복수에 목적을 두지 않고 범죄자의 개선과 재사회화라는 목적을 추구하였다. 유럽의 여러 곳에서 교정원(矯正院; zuchthaus, Correcuio-nhouse)이 설립되고 자유형이 발전하기 시작한다.12)

1) 영국의 브라이드웰(Bridewell)

최초의 교정원은 영국의 런던시에서 국왕 에드워드 6세로부터 받은 과거의 성 브라이드웰(Bridewell)에 교회의 요청에 따라 1555년에 유랑민, 거지, 좀도둑을 위한 수용소를 설치하면서 시작되었다. 이는 증가하는 구걸과 유랑의 문제를 더 이상 자선으로 대응하지 않고 노동력을 창출하는 것으로 대응하려는 생각이 관철된 것이었다. 중세 후기 이후 모든 유럽에서 심각한 문제로 대두된 구걸유랑민의 문제를 이전

12) 배종대, 앞의 책, 36면 이하.

에는 신체형이나 생명형 등으로 위협하여 해결하려 하였지만, 이러한 수용의 목적은 더 이상 형벌이 아니었다. 부랑민들은 여기서 정규 노동을 위한 교육을 받아야만 했다. 그리하여 브라이드웰 성은 나중에 "敎正의 집(house of corrections)"이라는 이름을 얻게 되고, 이후 여러 도시에서 생성되는 수많은 유사한 교정원들의 모범이 되었으며, "브라이드웰"이라는 이름은 교정원 등의 시설을 의미하는 보통명사("bridewells")가 되어 갔다.

브라이드웰의 새로움은 강제노력 자체를 위한 시설을 별도로 설립하였다는 점이다. 이전의 강제노역형의 경우 수용시설이 따로 존재하지 않고 시(市) 성곽의 탑이나 지하 등의 공간에서 밤을 보내고 낮에는 밖에 나가 도로청소나 쓰레기청소 등의 노동에 종사하도록 하였지만, 새로운 교정원은 수용시설 자체가 강제노역을 위해 설립되었으며 수용시설 내에서다. 그런데 이러한 "브라이드웰"들이 과연 행형시설이라고 할 수 있는지, 만약 그렇다면 어느 정도까지 행형시설로 보아야 하는지에 대해서는 논란이 있다. 그것은 교정원이 설립되자 곧 경범죄자들, 특히 좀도둑들이 함께 수용되기는 하였지만 이 시설들이 곧 경범죄자들, 특히 좀도둑들이 함께 수용되기는 하였지만 이 시설들이 본래 범죄자가 아닌 걸인이나 부랑자들을 수용하기 위한 시설이었기 때문이다.

2) 네덜란드

유럽대륙에서는 최초의 근대적 의미의 행형시설이 네덜란드에 설립되었다. 1595년 암스텔담의 옛 수도원 건물을 개조하여 최초의 남자 교정원("tuchthuis")을 설치하였고, 1597년에는 여성을 위한 방직소("spinhuis")를 설치하였다. 이러한 시설들의 설립이 영국 브라이드웰의 영향을 받은 것인지에 대해서는 견해가 일치하지 않으며, 보다 직접적인 계기는 암스텔담 배심법원의 제안이었다. 1588년 한 소년도둑에게 사형을 언도할 수 없었던 이 법원이 범죄자의 개선과 교육을 위한 조처를 요청하였던 것이다. 따라서 이 시설은 처음부터 형사사법과 연계되어 설립되었으며, 그 목적이 노동을 통해 수용자를 교육하고 개선하는 것이었다는 데서 영국의 교정원과 차이가 있으며, 처음으로 근대적 자유형의 개념이 실현된 최초의 근대적 행형시설이라 할 수 있다.

교정원은 노동을 중심으로 운영되었고 노동을 위해 교정원 내에 특별한 공장이 설치되었다. 노동은 매우 고된 것이었으며 높은 수준의 목표를 설정해 놓고 이를 초과 달성한 자에 대해서는 특전이, 달성하지 못한 자에게는 징벌이 주어졌다. 노동과 더불어 종교적, 세속적 교육이 노동의 보충수단으로 이루어졌다. 동시에 이 시설에는 -당시의 다른 형벌과는 달리-수용자의 시민적 지위를 유지하게 함으로써, 그 당시 이미 알려졌던 자유박탈의 낙인효과를 상쇄하려 하였다.

교정원에 수용되는 이들은 크게 세 부류로 나누어지는데, 먼저 걸인과 부랑자 그룹이 있었고 형벌은 선고받은 범죄자들, 그리고 가족들의 요청에 따라 그들의 비용으로 수용되는 "버릇없는 애들(비행소년)"이 있었다. 1603년에는 마지막 그룹에 속하는 청소년들을 성인 부랑자들과 분리 수용하기 위한 특별시설이 설립되었는데 이는 오늘날의 소년행형과 보육시설의 기원이 되었다.

3) 독일어권 국가들

독일에서는 1609년 브레멘을 시작으로 1613년 뤼벡, 1617년 카셀, 1622년 함부르크, 1629년 단찌히, 1687년 스판다우, 1712년 베를린에, 오스트리아에서는 1670년 브레슬라우와 비인, 1702년 울뮛쯔, 1725년 인스부르크, 1735년 그라쯔, 1737년 프라하, 1753년 트롭파우 등에 암스텔담의 교정원과 유사한 시설들이 설립되었다. 그리하여 자유형이 마침내 유럽대륙의 주된 형벌의 형태로 자리잡았다.

그러나 독일과 오스트리아에서는 통일적인 교정시설의 형태가 나타나지 않았다. 교정시설들은 암스텔담의 그것과는 근본적으로 다른 것으로, 어떤 곳에서는 순전한 치안의 목적으로, 또 다른 곳에서는 전적으로 형벌의 목적으로 이용되었다. 수용소에서는 다양한 형태의 수용자들이 수용되었고 시설의 수준이 암스텔담에 미치지 못했을 뿐만 아니라, 오히려 매우 낮은 수준으로 떨어져 이후의 감옥의 폐해를 예고하였다.

3. 근대 자유형의 실태

1) 교정원 이외의 행형시설

새로운 형벌의 형태가 점점 확산되어 가는 한편으로 전통적 의미의 자유형이라 할 수 있는 강제노역형과 감옥형 역시 꾸준히 확대 적용되어 갔다. 그리하여 19세기까지 이 세 가지 형태의 자유형이 혼재되어 발전하는 양상을 보였다.

강제노역형은 로마법상의 같은 이름의 형벌(opus publicum)을 연상시키는 것이지만, 17세기부터는 전 유럽에 널리 퍼져 당시까지 지배적인 형벌이었던 태형(笞刑)과 유형(流刑)을 대체하였다. 강제노역형이 부과되는 범위는 매우 다양하여 구걸이나 부랑행위에 적용되기도 하였다. 당시에는 형사법적 제재와 경찰법적 통제가 구별되지 않았던 것이다. 강제노역의 구체적 내용 또한 다양하여 골목길청소부터 갈레선형벌(ga-leerenstrafe)/그리고 군역(軍役)에 종사하는 일 등이 있었으며, 특히 이 시기에 중요한 의미를 갖는 것은 '수레형(Karrenstrafe)'이라고도 불리던 요새건설현장에서의 노동이었다. '수레형'이란 명칭은 죄수들이 노역을 위해 특별히 제작된 수레에 쇠사슬로 몸이 묶인 채 일을 했기 때문에 생긴 이름으로, 후에는 강제노역형을 일컫는, 나아가 감금형을 총칭하는 보통명사가 되었다. '수레형'이 선고되는 범죄는 절도, 간통, 중상해 등이었으며, "개선가능성이 있는" 자에게 형을 부과하였다는 것도 특기할만한 점이다.

감옥형(Gefangnisstrafe)은 과거 형집행과 재판을 위해 이루어졌던 단순한 구금의 형태로부터 발전한 것이었다. 17세기 이후 감금은 형사절차를 위한 수단으로써 뿐만 아니라 정규적인 형법적 제재형태로 선고되었다. 영국, 네덜란드, 독일 등에서 근대적 교정시설 이외에 전통적 감옥이 유지되었고, 나아가 행형시설로 확대되었다. 그러나 감옥형은 암스텔담 등의 새로운 시설과는 달리 교육과 개선의 사고와는 전혀 상관없는 것이었다. 죄수들은 토굴이나 시청 옥탑, 지하실 등에 쇠사슬에 묶인 채 갇혀 노동 없이 하루를 보냈으며, 이들을 수용하는 데는 최소한의 비용만이 지출되었다. 이렇게 18세기 말까지 지속되었던 감옥형은 실제로는 중세시대의 발전단계에 머물러 있던 것으로, "자유박탈과 결합한 신체형에 불과한 것이었다. 이러한 상황을 변화시킬 만한 계기도, 재정적 지원도 없었다.

2) 교정원의 쇠퇴기

감옥형의 열악한 상황은 교정원, 심지어 고아원에서도 비슷하게 전개되기 시작하여 19세기 초까지 교정원은 지속적으로 그 기능이 쇠퇴하였다. 교정원은 행형 이외에 정신병자, 빈민, 고아의 수용시설로 이용되었고 전반적인 과밀수용은 남녀노소의 구별수용을 불가능하게 하였다. 이에 따라 목적설정의 갈등이 일어나고 수용시설의 기능이 마비되었다. 노동시설이 해체되고 위생은 엉망으로 사망률이 증가하였고, 입소절차와 실상생활에서 구타와 암실구금이 빈번하게 시설내 제재수단으로 사용되었다. 교육목적이 사라지면서 교정원의 행형은 감옥형의 그것과 별다를 게 없어졌으며, 나아가 감옥형보다 더 가혹한 제재수단으로 자리잡게 되었다.

교정원의 타락은 17, 18세기에 발흥한 중상주의의 영향을 받은 것이었다. 당시의 자본은 대량의 교정원 수용인원에서 값싼 노동력의 엄청난 잠재를 발견하고 이를 국내생산의 증대를 위한 공장화과정에 편입시켰다. 그 과정에서 재사회화이념은 점차 이윤동기에 의해 완전히 밀려나게 된다. 특히 1687년 브란덴부르크의 제후들에 의해 세워진 스판다우의 교정원은 제사회화 개념의 실현이라기보다 경제정책의 한 행위로 보아야 한다. 이후 사기업 또한 교정원을 공장으로 사용하도록 함으로써 교정원은 제사회화이념과 완전히 결별하였다. 이들은 교정시설의 형사정책적 목적에는 전혀 관심이 없었고 오로지 이윤제고의 목적에만 관심이 있었다. 나아가 구금형태에 대한 무관심으로 교정원은 점차 오늘날에도 통용되는 의미에서의 "범죄학교"가 되어갔다.

4. 교정에서의 감옥개량운동

이러한 감옥의 폐해가 근본적 감옥개혁운동의 계기가 되었고, 감옥개혁운동은 계몽주의의 영향 아래 자유형이 신체형과 생명형을 대체하고 나아가 19세기에 이르러 주된 형벌의 형태로 자리잡도록 하였다.

1) 하워드의 개혁운동

최초의 감옥개혁운동가 중의 한 사람은 영국 벧포드셔(Bedfordshire)의 법무공무원으로 감옥의 감독업무를 담당하기도 했던 존 하워드(John Howard, 1726-1790)였다. 자신의 관할구역 내 감옥의 형편을 보고 충격을 받은 그는 이러한 참상을 보고하고 이를 개선하기로 마음먹고 영국 뿐 아니라 유럽대륙의 중요한 행형시설들의 실태를 조사하였다. 1790년 열일곱 번째 실태조사여행 중 패스트로 사망한 그는 그 이전인 1777년 그때까지 관찰한 실태와 개혁안을 제시한 『영국과 웨일즈의 감옥의 실태』라는 저서를 발행하여 영국과 유럽대륙의 감옥개혁운동을 촉발하였다.

자신의 저서에서 『범죄학교, 매음굴, 연옥, 선술집이며 다만 범죄방지를 위한 형사사법기구만은 아닌』 것으로 묘사했던 감옥의 개혁을 위해 그는 네덜란드의 교정원을 모델로 삼았다. 즉 청소년과 빈민들을 노동에 익숙하게 하고, 범죄자들을 사회에서 추방하는 것이 아니라 노동을 통해 윤리와 종교를 교육하며, 성과가 좋은 형기가 단축되고 출소 후에는 정상적인 삶을 살 수 있다는 희망을 통해 그들에게 동기를 부여하는 것 등이 그것이다.

2) 바그니츠의 개혁운동

하워드의 감옥개혁운동은 1780년 그의 책 독일어판이 출판되고 그 책의 부록에 독일감옥의 실태가 상세히 보고되면서 독일의 감옥개혁운동에도 상당한 영향을 미친다. 그리하여 할레의 감옥목사였던 바그니츠(Heinrich Balthasar Wagnitz, 1755-1939)가 독일감옥의 실태를 좀더 자세히 조사하고 보고하는 일을 담당하여 1791년 『독일의 주요 교정원들에 대한 역사적 보고와 지적』이라는 저서를 발행하였다. 하워드와 마찬가지로 그는 종교적-도덕적 교육을 통한 수형자의 개선을 개혁안의 중심에 두었으며, 나아가 일반인의 위하와 위험한 사회구성원의 격리를 형벌의 목적으로 제시하였고 교도소 직원들의 교육이 중요함을 역설하기도 하였다.

3) 감옥개혁운동의 목표와 초기의 성과

감옥개혁운동의 근본적인 목표는 형벌의 비인간적 잔혹성을 제거하는 일과 자유형에서 범죄적 공동체가 형성되는 것을 막고 수형자들을 종교적 · 윤리적으로 교화하는 일, 그리하여 사회의 적들을 사회를 위해 유용한 구성원으로 재교육하는 일이었다. 그러나 하워드, 바그니츠 등의 개혁운동은 당장 감옥의 현실을 개선하는 직접적 효과를 가져오지는 못했다. 그것은 당시 유럽대륙이 나폴레옹 전쟁의 소용돌이에 휩싸여 시대적 상황이 감옥개혁에 유리한 여건이 아니었기 때문이기도 하다.

하지만 교정원의 개선이념이 전반적으로 쇠퇴하던 18세기에도 한편으로 꾸준히 재사회화작업을 수행하던 행형시설들이 등장하였다. 1703년 교황 클레멘스 11세에 의해 로마의 산 미켈레(san michele)에 세워진 "비행소년의 집(Bose-Bubenhaus)"과 1775년 겐트(Gent)에서 문을 연 "강제교육원(maison de force)"이 여기에 속한다. 두 시설에서는 개별화된 처우를 바탕으로 한 수형자의 개선작업이 이루어졌다. 이 당시 이미 수형자에 대한 일정한 분류가 시행되었으며 주간에는 공동으로 작업하고 야간에는 독거수용되는 수감형태가 도입되었다.

5. 미국의 감옥개혁의 태동

유럽대륙의 감옥개혁운동은 미 대륙의 감옥개혁에도 영향을 미쳤다. 18세기 펜실베니아에서 시작된 감옥개혁운동은 이후 역으로 유럽의 감옥개혁을 위한 자극과 모법이 되었다.

1) 펜실베니아 체제

펜실베니아에서는 이미 17세기에 윌리엄 펜(william penn, 1644-1718)에 의해 네덜란드의 교정원을 모델로 자유형을 개혁하려는 사고가 도입되었다. 그러나 그의 이념이 현실화되기까지는 한 세기에 가까운 시간이 필요하였다. 1776년에 종교적 원칙을 지향하는 필라델피아 감옥협회가 창설되었지만 독립전쟁으로 와해되었다가 전쟁이 끝난 후 1787년 재조직되면서 영국의 감옥개혁가 존 하워드와 접촉하게 되고, 마침내 1790년 필라델피아에 30개의 방을 갖춘 최초의 독방형 행형시설이 건립되었다.

그러나 이 시설은 유럽의 그것과는 전혀 다른 새로운 원칙 아래 운영되었다. 범죄자는 "실족한 형제"이며 형벌을 통해 참회와 개선으로 이끌어야 한다는 퀘이커의 정신에 따라 수용자들은–마치 수도원에서처럼–독방에 홀로 수용되어 침묵 가운데 자신의 양심과 대면하여 내적인 성찰을 통해 참회와 회개, 그리고 신과의 화해에 도달해야만 했다. 이를 위해 간수 외에는 그 어떤 사람도 볼 수 없었으며 노동은 하지 않았고 유일한 활동은 성경공부였다. 이른바 "펜실베니아 체제"라고 불리우는 "고독의 체계(solitary-System)"가 수립된 것이다.

펜실베니아의 "고독의 체계"는 후에 몇몇 선별된 사람들에 한해서 독방을 방문하도록 허용되고 독방에서 노동에 종사하게 되는 등 점차 완화되었지만, 이러한 행형의 형태에 대한 비판이 고조되었다. 비판의 내용은 두 가지 상반된 입장에 서 있는데, 우선 필라델피아 협회 자체에서는 노동과 교육이 없는 지나치게 편안한 형벌이라는 비판이 제기된 반면, 영국의 감옥개혁가들은 매우 비인간적인 형벌이며 격리는 개선이라는 행형목표의 달성에 장애가 된다고 하였다. 사회로부터 소외시킨 가운데 참회를 강제하는 것은 회개가 아니라 체념, 반항, 위선을 가져온다는 것이다.

2) 오번 체제

펜실베니아 체제에 대한 반대움직임은 칼빈주의와 루터주의의 사고가 지배적이었던 뉴욕과 메사추세츠 주의 감옥협회에서 시작되었다. 1823년 뉴욕 주 오번에 건립된 행형시설에서는 "고독의 체계"가 "침묵의 체계(Silent-System)"로 전환되었다. 범죄자 상호간의 악성 감염으로 인한 범죄적 공동체를 막아야 한다는 근본사고는 펜실베니아 체제와 같았지만, 이곳에서는 겐트(Gent)의 교화원의 모델을 따라 수용자들이 낮에는 엄격한 침묵 가운데 공동작업을 하고 밤에는 격리수용되어 참회하도록 하였다.

수용자들끼리 서로 대화하거나 몸짓을 통해 의사소통을 하는 일은 엄격히 금지되었고 이를 어기면 가혹한 체벌이 주어졌다. 미국에서의 행형체계에 대한 논쟁은 결국 오번 체제의 관철로 귀결되었다. 펜실베니아 체제는 퀘이커교가 지배적인 몇몇 주에서만 채택된 반면 오번 체제는 다른 모든 주에서 시행되었다. 여기에는 본질적으로 경제적 원인이 개입되었는데, 펜실바이나 체제가 비용이 많이 든다는 문제를 안고 있는 반면 공장형태로 운영되는 오번 체제는 경제적 이윤추구가 가능했던 것이다. 이러한 미국에서의 논쟁은 유럽의 행형개혁에도 자극이 되어 유럽에서도 개별구금과 공동구금에 대한 평가를 중심으로 새로운 감옥개혁운동이 본격적으로 일어나게 된다.

6. 영국의 근대 행형

1842년 런던에서는 필라델피아의 행형을 모델로 한 펜톤빌 교도소가 문을 연다. 엄격한 독거구금을 원칙으로 하는 펜실베니아 체제를 빌려 왔지만 이곳의 행형은 단계적으로 형성된다는 특징이 있었다. 즉 처음에는 독거구금을 실시하고, 독거기간 동안 성적이 좋은 수형자들에게는 노동의 기회를 부여하며, 그 후에는 식민지인 오스트레일리아로 보내져서 그곳에서 행형성적이 좋은 수형자들을 형기 이전에 석방하여 자유인으로 살게 하였던 것이다. 이러한 초기의 행형은 곧 식민지 이주민들의 반발로 중단되었지만 여기에서 새로운 행형의 형태가 창설되었다.

이렇게 형성된 영국의 누진체계(progressiv system)에 의한 단계적 행형은 1857년부터 3단계로 구성되었다. 즉 5년의 형기 중 1단계인 9개월 동안은 엄격한 독거구금 가운데 힘든 노동과 종교적 참회에 종사하게 한다. 성과가 좋으면 2단계에서는 공동으로 수용되어 엄격한 통제속에 공동작업에 종사한다. 공동작업의 내용은 세 가지 급으로 분류되는데 “점수-체제(mark-system)”를 도입하여 점수를 얻거나 잃음에 따라 한 계급 위의 작업으로 올라가거나 반대로 내려가는데 심할 경우 다시 독거구금으로 강등되기도 하였다. 여기서 다시 성과가 좋으면 3단계에서는 형기의 3/4를 이수한 후 가석방이 가능하도록 하였다. 이러한 영국의 단계적 행형은 1850년대에 아일랜드에서 행형시설의 소장이었던 크로프톤(Walter Crofton, 1815-1897)에 의해 계승·발전되었다. “중간교도소”에 수용된 수형자들은 수용소 밖에서 농사일을 하는 등 일반인들과 접촉하면서 석방에 대비하였다. 심지어 죄수복을 입지 않고 일하기도 하였는데, 여기서 우리는 오늘날의 개방교도소의 효시를 찾아볼 수 있다.

7. 독일의 근대 행형

1) 독일제국의 성립 이전

나폴레옹 전쟁 후 독일 형사사법의 가장 큰 변화는 신성로마제국이 무너지면서 생성된 개별국가(Partikularstaa-ten)들이 당시까지 적용되었던 카롤리나형법정(CCC)을 폐지하거나 개정해서 각국에 맞는 새로운 형법전들을 재정하였다는 것이다. 이는 곧 형법적 제재체계의 재정비를 의미하였으며, 새로운 제재체계의 중심에는 자유형이 자리잡게 되었다.

각국의 다양한 형법전만큼 자유형의 형태도 다양하였지만 대개 교정원에 수용하는 근대적 의미의 자유형이 주를 이루었고 그밖에 요새건설현장에서의 노역형과 단순한 자유형인 감옥형이 혼재하였다. 또 정치범에 대한 특별한 형태의 자유형으로서 노동을 부과하지 않고 명예를 지켜 주는 "요새구금(Festungshaft)"의 형벌이 존재하였다.

1848년 독일에서 처음으로 건설된 독방감옥(Zellengefangnis)인 바덴(baden)의 브루흐살(Bruchsal)교소의 행형은 1단계에서는 펜실베니아 체제에 따라 엄격하게 분리수용되고, 2단RP에서는 오번 체제에 따라 침묵 가운데 공동작업을 하고 밤에는 분리수용되며, 3단계는 시설 밖에서 노동하면서 석방에 대비하도록 하는 형태를 취하였다. 이는 이후 독일의 다른 국가들에서 감옥건설과 운영의 모범이 되었으며, 1849년에는 베를린에 모아빗(moabit)교도소가 문을 열었고 이후 독일 전역의 여러 곳에서 독방감옥들이 설립되었다.

2) 독일제국 성립 이후

19세기 중반까지 재정되었던 각 개별국가의 형법전들의 효력은 오래 지속되지 못하였다. 1867년 성립된 북독일연맹(Norddeutscher Bund)이 자체적인 입법권을 가지고 1870년에 제정한 형법전은 처음에는 연맹의 영역에, 독일제국이 성립한 1871년 이후에는 제국형법(Reichsstrafgesezbuch) 전체에 효력을 발휘하였다. 제국형법은

1851년의 프로이센 형법을 기초로 한 것이었으며, 프로이센 형법은 1819년의 프랑스 형법(code penal)에 의존하여 제정된 것으로서, 그 특징은 무엇보다 범죄를 세 가지 개념으로 나누고 그에 대응하는 자유형의 개념을 결합시켰다는 것이다. 즉 중범죄(Verbre-chen)에 대해서는 가장 무거운 제재인 교정원(Zuchthaus)형벌을, 중간정도의 경범죄(Vergehen)에는 감옥형(Gefangnis)을, 그리고 질서위반(Ubertretung)에 대해서는 단순한 단기자유형인 구류(Haft)를 각각 부과하였다. 요새구금(Festungshaft)이 있었는데, 이는 노동의 의무가 없는 일종의 특혜적 자유형이었다. 이러한 제국형법의 제재체계에서 우리는 오늘날 우리에게 익숙한 세 가지 자유형의 형태인 징역형, 금고형, 구류의 출발을 볼 수 있다.

교정원이나 감옥에서 독거수용은 3년까지만 허용되었지만 독거수용이 기본적인 행형의 형태는 아니었다. 새로 도입된 법규정은 가석방에 관한 것으로서, 장기간의 교정원형이나 감옥형의 경우 형기의 3/4을 마치고 최소한 1년 이상 복역한 수형자 가운데 성적이 우수하고 개선의 점이 보이는 자에게 허용되었다. 이는 영국의 누진적 단계행형에서 유래한 것으로 1862년부터 작센공국에서 시험 적용되던 것을 제국형법에 도입한 것이었다.

이와 같은 몇 가지 규정 이외에 구체적인 행형의 내용에 대해서는 통일된 규정이 없었고 각국의 행정실무에 맡겨져 있었다. 따라서 각국마다 편차가 심한 행형의 내용을 통일하기 위한 '제국행형법'의 제정에 대한 요구가 학계와 실무에서 제기되었으며, 이러한 요청은 당시 대두되었던 프란츠 폰 리스트(Franz von Liszt, 1851-1919) 등의 "근대적 형법학파(modern Strafrechtsschule)"의 이론에 의해 더 큰 추진력을 얻었다.

즉 이들은 형벌의 목적을 특별예방에 의해 새로이 근거지웠으며, 그에 따라 행행에 중대한 의미를 부여하였던 것이었다. 그리하여 1875년 제국의회에 행형법 입법을 위한 위원회가 구성되었고, 1879년에 "자유형의 집행을 위한 법률안"이 제출되었다. 행형실무가와 감옥학자들이 참여했던 이 위원회의 법률안은 누진적 단계행형을 채택하고 독거수용을 원칙으로 한 것이었지만 이를 현실화하기 위해서는 각국에 충분한 행형시설이 갖추어져야 하고, 이는 막대한 예산을 필요로 하는 것이었기 때문에 결국 현실화되지 못하였다. 이후의 입법노력은 바이마르 공화국시대에까지 이어졌지만,

1·2차 대전 등의 정치적 격변기를 거치면서 지체되었고 다만 몇 가지 기본원칙들만 이 설정되었을 뿐이다.

2
chapter

교정의 목적

[학습목표]

1. 처벌을 위한 교정의 목적과 교화개선의 목적을 이해하도록 한다.
2. '형집행법령' 중 교정의 목적인 수형자의 교정교화와 건전한 사회복귀인 재사회화에 대하여 폭넓은 이해가 필요하다. 이 점에 주안점을 두고 학습한다.
3. 행형과 최상위의 법인 헌법과의 연계하는 학습을 통하여 인권을 생각하며, 구성원칙을 숙지하도록 한다.

〈출제경향분석〉

- 교정의 목적과 구성원칙 중에서 1-2개는 출제되는 부분임을 감안, 위의 학습목표에 따라 철저한 학습을 해 나가도록 한다면 무난히 답할 수 있는 장이다.

제 1 절 처벌의 목적

1. 처벌을 위한 교정[1)]

범죄자에 대한 형벌의 부과는 일반적으로 응보적(retributive) 정당성과 공리적(utilitarian) 정당성에서 그 합리성을 찾고 있다. 그런데 형벌의 정당성에 대한 이 두 관점은 사실은 전혀 다른 의미를 갖고 있다.

응보적 정당성이 미래지향적이라기보다는 범죄자의 과거 설계행위에 초점을 맞추고 있는 반면, 공리적 정당성은 미래의 범죄예방에 초점을 맞추고 있다. 따라서 형벌의 합리성을 논하는 데 있어서 시간적 개념, 즉 미래지향적이냐 아니면 과거지향적이냐라는 방향성이 중요한 기준이 되고 있음을 알 수 있다. 만약 우리가 형벌을 부과하는 데 있어서 과거를 중시한다면 그것은 응보적 의미가 강조되는 응보적 정당성으로 형벌을 합리화하는 것이며, 반대로 미래를 염두에 둔 것이라면 그것은 공리성이 형벌을 합리화하는 중요한 기준이 되는 것이다.

다음으로 형벌의 정당화 논의에 있어서 중요한 기준은 정당화를 위한 평가근거를 어디에 두고 있느냐 하는 것이다. 즉 만약 형벌의 정당성이 경험적 근거에 따라 평가된다면 그것은 공리적 정당성을 논하기 위한 것일 가능성이 크며, 반대로 도덕적 근거에 기준하여 형벌의 정당성을 찾는다면 그것은 응보적 정당성을 논하는 것이 된다. 예를 들어 자동차절도범을 사형집행하여 장래 자동차절도범죄의 발생이 실제로 줄어들 것인가를 기준으로 형벌을 평가한다면 그것은 경험적 기준에 의한 공리적 정당성을 추구하는 것이며, 반대로 과연 자동차절도범이 그들의 범행의 대가로 사형집행되어야 마땅한가를 평가한다면 그것은 도덕적 기준에 의한 응보적 정당성을 추구하는 결과가 된다. 이처럼 공리적 정당성이 경험적 기준을 중시하고 응보적 정당성은 도덕적 기준을 고려하여 평가하기 때문에 공리적 정당성과 응보적 정당성을 비교하는 것을 어렵게 만들고 있을 뿐 아니라, 상호비판을 하기도 하며 그 대상이 되기도

1) 이윤호, 『교정학』, 박영사, 2007, 21면 이하.

한다. 그러나 도덕적 기준과 경험적 기준이 전적으로 상호배타적인 것은 아니다. 때로는 공리성도 효율성만을 주장하지도 않고, 반대로 도덕성이 경험적 기준을 전혀 무시하는 것도 아니기 때문이다.

1) 응보(retribution)로서의 목적

범죄에 대해 처벌을 부과하고 그것을 정당화시키는 초기의 방법 중 하나는 절도범에게는 벌금을, 살인에 대해서는 사형을 부과하는 등 처벌이란 피해자에게 가해진 해악의 정도뿐만 아니라 그 피해가 가해진 방법과 형태에도 상응해야 한다는 소위 말하는 보복의 법칙이라는 동해형법(lex talionis)의 원칙에 호소하는 것이었다. 이러한 보복을 Kant는 국가에 대한 의무 이상의 도덕적 요구로 간주하여 이를 시민이 국가와 맺고 있는 사회계약 이상의 것으로 고려하였다. 이러한 Kant의 입장은 복수를 정당화하는 것으로 해석될 수 있는데, 이러한 입장은 복수란 통제하기 어려운 것이어서 매우 위험한 가설이라 하지 않을 수 없다.

Durkheim의 비판처럼 Kant의 입장과 같은 보복과 복수는 지나치게 직감적이고 분별 없는 것이기 때문에 후기 응보주의자들은 복수의 예측곤란함과 열정적 특성으로 이를 거부한다. 그들은 오히려 범죄자를 처벌함으로써 모든 사람으로 하여금 자신의 행위에 대한 당연한 응보(deserts)를 깨닫게 한다는 Kant의 당위적 공과(just deserts)개념에 초점을 맞추고 있다. 즉 처벌은 복수를 성취하기 위해서 또는 복수심을 만족시키기 위해서 행해져서는 안 되며, 범죄자가 당연히 벌을 받아야 마땅하기 때문에 가해지는 것이어야 한다는 논리이다.

이러한 당위적 공과(just deserts)에 의하면 범죄자는 자신이 처벌을 벌었기 때문에 처벌받아 마땅한 것이다. 여기서 벌었다(earning)라는 것은 의무를 상정하여 일종의 빚이 범죄자에게 지워져 있고, 그 빚은 반드시 되돌려 갚아져야 한다. 물론 범죄자가 지고 있는 빚은 피해자뿐만 아니라 사회에도 지고 있다. 바로 여기서 도덕적 의무가 파생된다. 만약 법을 준수하는 사람들이 위협받는다면 그 빚은 반드시 되갚아져야 하며, 여기서 빚갚음이란 바로 처벌을 뜻한다.

결국 응보주의적 합리성은 범죄자의 과거 법률위반에 의해 벌어진 당연한 처벌의 원칙에 기초하고 있다. 당위적 공과(just deserts)는 범죄라는 불법적 소득에 대해 그

것을 상쇄할 만한 처벌이라는 비용을 부과함으로써 가능한 사회와 범죄자간의 형평성(equity)을 추구하는 한 방법으로 간주된다. 이러한 입장의 기초는 도덕적 판단인데, 거기에는 두 가지 경험적 분야가 있다.

첫째는 그 범죄자가 범행을 하였으며, 그가 비난받아 마땅한가 등 범죄자가 처벌받을 자격이 있는지를 밝혀야 한다. 두 번째는 범죄와 처벌의 균형(proportionality)문제이다. 실무적으로는 이 두 가지 경험적 분야－책임과 비례－가 겹치고 있다. 혹자는 피해와 비난을 포함하는 범행의 중요척도(seriousness scales)를 부르짖기도 하는데, 실제로 어떤 행동에 대한 피해 또는 손상을 부과하는 것은 매우 어려운 문제가 아닐 수 없다. 더구나 모든 범행에 대해서 피해와 비난에 따라 정도를 매기는 것도 쉽지 않은데, 모든 범행을 상대적으로 평가하여 척도를 매긴다는 것은 더 어려운 일이다. 바로 이러한 상대적 해악과 비난 정도의 조율문제가 응보적 합리성에 있어서의 경험성을 어렵게 하고 있다. 그러나 이러한 경험적 장애에도 불구하고 처벌에 기초한 공과(desert-based punishment), 적절한 공과제안(commensurate deserts proposal) 그리고 수정된 공과모델(modified deserts model) 등의 방법으로 형벌에 대한 응보적 합리성의 도덕적 기초를 마련하려는 연구가 지속되고 있다.

2) 공리주의(utilitarianism)적 목적

범죄학에 있어서 고전학파의 발전은 교정에 있어서 형벌의 잔혹성 등을 개선하는데 많은 기여를 하였다. Beccaria는 '범죄와 형벌'(crime and punishment)에서 고전학파의 원리를 기술하면서 "형벌의 목적은 사회의 복수를 대행하는 것이 아니라 사람들이 범행하지 않도록 제지하는 것이다. 형벌의 엄중성이라든가 형벌의 신속성과 확실성이 바로 이런 목적에 가장 적합한 것이다. 형벌은 철저히 범죄에 의해 야기된 사회적 해에 상응한 확실하고 신속한 처벌이어야 한다"라고 주장하여 공리주의적 형벌관을 제시하였다. 이어 Bentham은 이러한 고전학파의 주장을 더욱 진전시켜서 인간은 이성적이기 때문에 최대의 즐거움과 최소한의 고통을 얻기 위해 필요한 모든 것을 행한다고 보고, 만약 형벌이 범죄에 상응하다면 형벌이 범죄행위를 억제할 수 있을 것이라고 확신하였다.

그런데 이러한 형벌에 대한 공리적 합리성의 주장은 처벌이란 특정의 바람직한 목표를 성취할 수 있도록 이용되어야 한다는 것이다. 범죄는 과거의 일이며, 그 과거를 돌이켜서 과연 얻을 게 무엇인가? 따라서 이들에게 있어서 주된 관심사는 형벌이 건설적인 목적으로 이용될 수는 없는가 하는 것이다.

만약에 형벌을 통해서 미래에 어떠한 건설적인 목적을 추구한다면, 그것은 대체로 무능력화(incapacitation), 억제(deterrence) 또는 복귀(rehabilitation)가 그것일 것이다. 즉 구금하는 것으로써 범죄자가 구금기간 동안 범행할 수 없도록 범행의 능력을 무력화시키거나, 구금이 범죄자로 하여금 형벌에 대한 고통과 두려움을 갖게 함으로써 다시는 범행하지 않도록 범죄동기를 억제하거나 또는 구금함으로써 범죄자에게 자신을 변화·개선하여 사회에 복귀하여 재범하지 않도록 하여 형벌이 공리적 목적을 달성할 수 있다는 것이다. 물론 이들은 갈등적일 수도 있다. 형벌의 강화는 억제효과를 높일 수 있으나, 교화개선이나 사회복귀를 어렵게 한다. 때로는 이들 목적이 상호간 영향을 미치기도 하는데, 예를 들어 재소자 스스로가 다른 재소자가 처벌받는 것을 봄으로써 일반억제는 물론이고 한편으로는 특별억제효과도 지향할 수 있게 된다.

또 다른 한편으로는 이들 목적이 상호 논리적으로 정반대의 입장에 있는 경우도 있는데, 예를 들어 무능력화는 교화개선이념을 무시하고 있다는 사실이 좋은 예라고 할 수 있다. 그러나 이들 목적이 공통으로 가지고 있는 것은 범죄율을 줄이기 위한 처벌의 미래공리성을 바탕에 있다는 것이다.

따라서, 공리적 정당성은 앞에서 기술한 바와 같이 경험적 기준에 따라 평가되는 것이 중요하나, 도덕적 수준에서 볼 때 최대다수의 최대선이라는 공리적 격언이 종종 형벌을 정당화하기 위해서 이용되고 있으므로 도덕적 기준 위에서도 평가되어야 한다. 즉 사회의 주요 기관이나 제도가 소수범죄자를 처벌함으로써 다수시민에게 이익을 줄 수 있다는 뜻에서 최대한의 집합적 만족과 최소한의 집합적 고통을 성취하고자 한다면, 그 사회는 제대로 질서가 잡힌 사회라고 주장한다.

다시 말해서 형벌은 가능한 결과에 의해서 정당화되어야 하는데, 형벌이 사회의 이익을 효과적으로 증진시킨다면 그 형벌은 정당화되어야 한다는 것이다. 그런데 이 '소수의 고통'도 효과가 있을 때만이 윤리적으로 정당화될 수 있는 것이며, 이는 곧 공리적 주장의 경험적 기초를 말한다. 즉 만약 형벌이 공공의 안전을 증진시킨다면

(무능력화), 만약 범죄자가 다시 제2 · 제3의 범행을 하지 못하도록 했다면(특별제지) 또는 만약 일반시민들이 법을 준수하도록 설득할 수 있었다면(일반제지) 그리고 재교육과 동조성이 성취된다면(교화개선) 형벌은 적어도 공리적 기준으로 정당화될 수 있는 것이다.

이와 같이 공리성이란 효과성을 중시하는 면이 있는데, 우리가 효과를 논할 때 두 가지 점이 고려되어야 한다. 첫째, 어느 정도의 효과가 있어야 그 형벌이 정당화될 수 있느냐이고, 두 번째는 경제성의 문제로서 과연 그만한 효과를 얻는데 그만큼의 비용을 감수하는 것이 바람직한 것인가라는 의문이 우리가 답해야 할 핵심이다.

제 2 절 교화개선의 목적

1. 교화개선의 개념

형벌과 교정의 목적 중에서 공리적 측면의 마지막으로서 범죄자를 건설적이고 법을 준수하는 방향으로 전환(diversion)시키기 위해 범죄자를 구금하는 것은 수형자의 교정교화와 건전한 사회복귀로서의 교정의 교화개선적 목적이라고 할 수 있다. 그러나 지역사회의 안전에 초점을 맞추는 제지나 무능력화와는 달리 교화개선은 범죄자에 초점을 맞추고 있다. 물론 범죄자가 교화 개선되어 사회에 복귀되면 지역사회도 더 안전하게 되겠지만, 그것은 어디까지나 이차적 목적이어야 한다.

그런데 영어의 rehabilitation의 어원이라고 할 수 있는 habilitation은 투자하다, 자격을 주다 등의 의미로서 rehabilitation은 따라서 잃어버린 기술이나 장비 또는 능력 등을 구금기간 동안 되돌려 주는 것이라고 말할 수 있다. 그러나 재소자들을 보다 면밀히 관찰하면 대부분의 재소자는 교육수준이 낮고 지능지수가 낮으며 직장을 가지지 못하는 등 처음부터 아무런 기술이나 장비나 능력을 가지지도 못했던 사람들이지 결코 그들이 기술이나 지식을 잃어버린 것이 아니라는 것을 알 수 있다. 따라서 재소자들을 재훈련하고 재교육한다는 것은 잘못된 인식이다.

즉 재소자들은 잃어버린 기술과 지식의 재습득이 아니라 처음부터 필요한 기술과 지식의 습득을 필요로 하는 것이며, 따라서 수형기간은 구금으로 인하여 잃게 된 과거의 지위 등을 회복시키는 것이 아니라 사회에서 건설적인 생활을 추구하고 영위하는 데 필요한 준비와 자격을 얻을 수 있도록 해 주는 데 초점이 모아져야 한다. 이를 위해서는 범죄활동을 하지 않고도 자급자족이 될 수 있도록 기술, 지식 그리고 전문성을 제공하여야 한다.

전통적으로 범죄자에 대한 처우는 범죄의 원인에 대한 결정론의 주장에 영향을 받았다. 결정론에는 크게 보어 생물학적 결정론과 사회학적 결정론으로 수분되어 범죄의 원인을 다르게 보기 때문에 범죄자들에 대한 처우와 교화개선도 이들의 관점에 따라 두 가지로 나누어질 수 있다. 생물학적 결정론에 따르면 범죄자는 법을 준수하는 사람들과는 다른 일종의 병자이고, 이들의 반사회적 인성은 치료될 수 있다고 보는 의료모형(medical model)이 그들의 주요처우방법이다. 한편 사회학적 결정론자들은 사회경제적 조건을 범죄행동의 주요원인으로 보아 범죄자는 취업에 필요한 기술이 부족하기 때문에 합법적 취업기회가 없어서 범죄를 하게 된다고 주장한다. 이들에 대한 처우방법으로 사회경제적 기회의 제공을 강조하는 경제적 모형(economic model)을 주장한다.

2. 교정의 목적과 재사회화

형벌의 목적과 의미를 묻는 형벌이론은 크게 절대적 형벌이론과 상대적 형벌이론, 또는 응보형주의와 목적형주의로 나뉘어진다. 절대적 형벌이론 또는 응보이론은 형벌은 책임 있는 범죄행위에 대한 응보라는 입장으로서 형벌은 다른 목적을 가진 것이 아니라 그 자체가 목적이라고 한다. 이러한 응보이론은 형벌의 '목적'에 관한 이론이라기보다는 형벌의 '근거'에 관한 이론으로서 기타의 형벌목적을 제한하는 기능을 가지며, 오늘날 순수한 응보를 형벌의 목적으로 볼 수 없다는데 대체적으로 견해가 일치한다. 절대적 형벌이론, 또는 예방이론에 의하면 형벌은 스스로 목적이 되는 것이 아니라 장래의 범죄예방목적을 위한 수단으로 작용한다. 이 이론은 범죄예방의 대상을 어디에서 찾느냐에 따라 일반예방이론과 특별예방이론으로 나누어진다.

일반예방이론은 범죄예방의 대상을 일반인으로 한다. 이는 다시 소극적 일반예방과 적극적 일반예방으로 나누어지는데, 소극적 일반예방의 측면은 일반인이 범죄에 따르는 법효과, 즉 처벌에 대한 두려움으로 인해 범죄하지 못하도록 한다는 것이고 적극적 일반예방은 소극적으로 범죄하지 않을 뿐만 아니라 형벌을 통해 규범에 대한 신뢰와 규범준수의 훈련을 적극적으로 하게 된다는 것이다. 이미 범죄한 범죄자의 재범을 예방하려는 목적의 특별예방이론도 소극적 의미와 적극적 의미를 갖는다. 소극적 의미는 해당 범죄자를 사회로부터 격리하여 더 이상의 범죄로부터 사회를 보호하려는 측면이고 적극적 의미는 범죄자를 재사회화시켜 자유 가운데서 법질서를 지키면서 생활할 수 있도록 한다는 것이다. 앞서 논의한 행형의 목적 가운데 재사회화 목적은 적극적 특별예방목적을, 보안의 목표는 소극적 특별예방을 각각 의미한다 할 수 있다.[2)]

이러한 형벌이론들은 각각의 장단점을 지니고 있으며, 형벌이론 가운데 어느 하나를 선택함으로써 형벌의 목적 설정이 가능한 것은 아니다. 형벌에는 응보와 예방, 일반예방과 특별예방 등의 다양한 측면이 존재한다. 결국 형벌의 목적은 이러한 요소들을 함께 고려하는 합일설 또는 통합이론의 입장으로 정리될 수밖에 없을 것이다. 합일설 가운데 분배설 또는 변증법적 통합이론은 형벌의 목적을 형사사법체계의 단계별로 구별하여 형사입법의 단계에서는 일반예방에, 형벌선고의 단계에서는 책임과 응보에, 그리고 형벌집행의 단계에서는 특별예방에 중점이 놓인다고 한다. 이는 앞서 언급한 형사사법체계의 '세 기둥 이론'과도 일치한다. 그러나 이 이론은 이론적 성공 가능성은 높겠지만 현실에서 적용하는 데는 여러 가지 모순을 갖고 있다. 무엇보다 형벌의 정당성에 대한 요청과 형벌의 목적합리성 사이의 긴장관계가 문제를 어렵게 한다. 즉 이러한 긴장관계는 형사사법체계의 각 단계에서 행형의 목적으로 설정된 재사회화와 기타의 형벌목적의 기능장애(Dysfunktionalitat)를 일으키는 원인이 된다.

1) 형벌선고 단계에서의 기능장애

형벌선고 단계에서 양형의 기초가 되는 것은 책임이다. 이는 현행 형법전이 명문으로 규정하고 있지 않지만 학설의 지배적인 견해이다. 따라서 형벌의 양은 침해된 법익의 규범적 가치와 책임의 정도에 따라 산정되며, 자유형에서는 이러한 형벌의

2) 배종대, 『교정학』, 홍문사, 2005, 65면 이하.

정도가 형벌의 기간, 즉 시간으로 수량화된다. 이와 같이 책임에 기초하는 양형의 단계에서 책임은 과거의 범죄행위에 대한 응보의 측면을 갖기 때문에 장래의 시점에 기초하는 특별예방의 목적이 고려되는 데에는 한계가 있다. 범죄자가 재사회화될 수 있는지의 여부는 형벌선고 단계에서 확인할 수 없으며, 성인 범죄자에 대한 양형의 과정에 행위자가 재사회화되는 데 어느 만큼의 시간이 필요한지에 따라 형량을 결정할 수 없기 때문이다. 뿐만 아니라 양형에서 특별예방을 고려하여 피고인에게 유리한, 즉 책임보다 가벼운 형벌이 내려질 경우에는 일반예방의 목적을 방해하는 결과를 가져올 수 있으며, 특별예방과 일반예방을 고려하여 피고인에게 불리한, 즉 책임보다 무거운 형벌을 부과한다면 이는 책임원칙에 어긋난다.

결과적으로는 양형의 단계에서 예방목적을 함께 고려해야만 하되 다만 행위자의 책임과 일치되는 범위 내에서만 고려되어야 하고, 일반 예방과 특별예방을 위해 책임의 범위를 벗어나는 형의 양정은 허용될 수 없다는 이론적 결론이 가능할 뿐이지만, 이러한 보편적 요청이 현실에서 발생하는 문제를 쉽사리 해결해 줄지는 미지수이다.

2) 행형단계에서의 기능장애

책임과 일반예방에 기초하여 산정된 형벌의 기간은 행형과정에서 재사회화목적을 방해하는 요소가 된다. 한편으로는 이미 '재사회화'되었다 하더라도 책임과 일반예방을 고려하면 주어진 형벌의 기간을 채워야만 하며, 다른 한편으로는 형벌기간 중에 재사회화를 위해 내려지는 조치들이 책임과 일반예방의 관점 때문에 제한을 받기 때문이다. 책임에 합당한 형벌과 성공적인 재사회화를 위한 행형 사이에서 일치점을 찾는 일은 지극히 어려운 일인 것이다. 여기서 제기되는 문제는 책임형법과 재사회화행형 사이에 존재하는 모순이 극복될 수 없는 것인지, 아니면 책임상쇄에 대한 일반의 요청과 정당한 형벌에 대한 범죄자의 승인이 나름의 특별한 방법으로 재사회화에 기여함으로써 이러한 모순을 극복할 수 있는지 하는 것이다. 우리는 이미 앞에서 재사회화가 행형의 주된 목적이 되어야 한다는 결론을 내린 바 있으므로, 이 문제의 해결을 위해서는 재사회화목적 이외의 일반적 형벌목적들, 즉 책임과 예방이 행형에서 어떤 역할을 하여야 하는가에 대한 검토가 필요하다. 이 문제는 아래에서 단락을 바꾸어 서술한다.

3) 형집행의 목적과 행형의 현실

"형의집행 및 수용자의 처우에 관한 법률" 제 1조에서 행형의 목적을 재사회화로 규정하고 대부분의 학설이 사회복귀인 재사회화를 행형의 목적으로 승인하고 있지만, 행형의 현실은 분류처우에서부터 행형기간 중 귀휴, 가석방에 이르기까지 책임의 요소가 폭넓게 반영되고 있다. 우선 수형자가 행형시설에서 생활하는 데 가장 중요한 기준이 되는 '성장과정' 및 '생활환경' 등(처우규칙 제12조 1-5호)과 '자력개선의지 및 석방후의 생활계획'(같은 조 제7호) 등의 '분류조사 사항'이 재사회화와 관련된 사항이라면 같은 조 제6호의 '범죄경력 및 범죄내용'은 과거의 범죄에 대한 책임을 반영하는 요소라 할 수 있다.

그러나 이러한 요소들 가운데 가장 중요한 역할을 하는 것은 '범죄경력 및 범죄내용'이다. 같은 규칙 제14조 이하를 보면 수형자의 분류급은 수용급, 개선급, 관리급, 처우급으로 구분되며, 제16조에 따라 개선급은 세 단계로 구분된다. 개선급의 유형을 결정하는 데에는 '분류지표'가 기준이 되는데, 분류지표의 반영요소 100점 중에 '본범내용'과 '범죄경력'이 62점의 압도적 비중을 차지하고 있다. 이와 같이 과거의 범죄내용, 즉 과거의 범죄책임을 가장 많이 반영하는 분류지표에 따라 분류된 수형자의 개선급은 수형자의 범수(犯數)와 곱해져서 수형자의 누진계급을 결정하는 행형성적의 기초인 '책임점수'가 된다(같은 규칙 제21-23조). 이렇게 결정된 누진계급에 따라 수형자는 행형과정 전반에서 상당히 차별된 처우를 받는다(같은 규칙 제46조 이하).

이와 같이 법규정에 의해 책임의 요소가 행형에 반영될 뿐 아니라, 행형의 실제적 결정에서도 건전한 사회복귀인 '재사회화'보다는 '책임'이 더 중요한 기준이 된다. 재사회화의 관점에서 내려지는 행형완화의 처분은 범행 및 책임의 경중과 관련하여 거부된다. 이러한 거부는 수형자에게 그의 책임을 일깨우고 또한 재사회화를 위한 그의 협력자세를 환기시키려는, 말하자면 수형자에게 '심리적 영향'을 미치려는 일종의 '처우수단'을 의미할 수 있다. 문제는 이러한 '처우수단'이 과연 수형자의 행태에 영향을 미치고 또 조종하는 적법하고 유용한 수단이 될 수 있느냐 하는 점과, 혹시 그것이 응보로서의 해악부과를 은폐하는 수단은 아니냐 하는 점이다. 보다 근본적인 문제는 요컨대 행형상의 결정에서 책임이 중요한 고려요소가 되는 것이 과연 정당한가 하는 것이다.

4) 행형에서의 책임상쇄

"형의집행 및 수용자처우에 관한 법률"은 수형자의 건전한 사회복귀인 재사회화가 행형의 목적이 되어야 한다는 형집행법령과 학설의 이론보다는 행형을 통해 범죄자의 책임을 다해야 한다는 주장이 일반인들에게는 더 설득력이 있다. 보다 더 설득력 있는 주장은 행형의 목적이 재사회화라 하더라도 행형의 과정에서 책임상쇄의 요소가 함께 고려되어야 한다는 것이다. 행형과정은 범죄자가 자신의 책임을 상쇄하는 과정이 되어야 한다는 이러한 주장에는 다음과 같은 논거가 있다.

첫째, 형벌선고와 형벌집행이 통일된 목적을 추구하여야 한다는 것이다. 즉 형벌선고의 과정에서 법관이 내린 형벌은 책임에 근거한 것이므로 형벌집행의 과정도 그 책임을 상쇄하는 과정이 되어야 형벌선고와 형벌집행 사이의 "단절"을 방지할 수 있다는 것이다. 이 때 책임상쇄와 같은 형벌목적은 재사회화 목적을 교정하거나 경우에 따라 배제하는 통제적 역할을 하게 된다고 한다. 요컨대 행형에서 재사회화의 목적만을 추구할 것이 아니라 기타의 형벌목적들과의 "조화"와 "의미있는 연계"를 함께 고려하여야 하며, 이러한 "연계"는 정당한 책임상쇄의 범위 내에서 일반예방 및 특별예방을 고려함으로써 가능하다는 것이다.

둘째, "형의집행 및 수용자의 처우에 관한 법률"은 수형자의 건전한 사회복귀인 재사회화 목적과 결합할 수 있다는 것이다. 범죄자, 즉 수형자가 책임으로부터 해방되는 것은 성공적인 재사회화를 위한 전제가 되고, 따라서 재사회화와 책임상쇄는 서로 보충적이라는 것이다. 스스로 자기책임을 다했다고 생각하는 수형자는 사회에 복귀할 때에도 더 떳떳할 것이며 이는 다시 사회생활에 적응하는 데 긍정적인 역할을 한다는 것이다.

그러나 이러한 주장에 대해서는 다음과 같은 비판이 제기된다.

첫째, 형벌선고와 형벌집행의 연계는 수형자에게 주어진 형벌기간에 반영 되는 것으로 충분하다. 법관이 형벌선고 과정에서 고려하는 책임의 요소는 자유형의 시간적 범위를 통해 반영된다. 20세기 이후의 근대적 자유형에서 형벌해악의 내용은 시간의 양으로 표현될 뿐, 행형의 구체적 내용으로 표현되지 않는다. 자유박탈을 넘어서는 어떠한 해악의 부과도 행형의 내용이 되어서는 안 된다는 것이 근대적 자유형의 내용에 대한 일반적 합의이다. 따라서 형벌기간을 채우는 것만으로도 형벌선고와 집행의 '단절'은 극복될 수 있다. 행형에서 책임요소를 반영함으로써 수형자의 과거 책임에 따라 행형의 내용이 다르고 더불어 각자에게 주어지는 형벌해악의 내용이 달라지는 것은 수형자간의 불평등한 처우만을 가져올 뿐이다.

둘째, "형의집행 및 수용자의 처우에 관한 법률"은 수형자의 건전한 사회복귀인 재사회화목적만을 규정하고 있다. 이런 의미에서 볼 때 재사회화의 목적은 '처우의 목적'이 아니라 '행형의 목적'이다. 따라서 행형과정에서 책임의 요소를 반영하는 것은 현행법의 규정에 어긋나는 일이 될 수 있다.

셋째, 책임의 평가는 법관의 임무이다. 교도직원에 의한 책임의 평가와 그에 따른 책임상쇄조치의 부과는 법치국가원칙에 어긋난다. 그것은 일종의 '행형을 위한 사후적 양형'의 성격을 갖는다.

넷째, 책임의식이나 책임상쇄는 재사회화의 필연적 전제조건이 아니다. 책임상쇄가 재사회화에 어느 정도 기여할 수는 있지만 책임상쇄가 없다 해서 재사회화가 불가능한 것은 아니다. 재사회화가 책임의식의 형성과 직접 관련이 있는지는 아직 명확하게 해결되지 않은 문제이다. 그리고 그것은 오히려 재사회화의 부담을 가중할 수 있다.

따라서 재소자에게 책임의식을 심어주는 행형조치란 있을 수 없다. 설사 그것이 긍정된다 하더라도 의도적 해악부과를 통한 책임의식의 전달은 금지되어야 한다. 책임상쇄, 책임의 처리는 어디까지나 자발적, 윤리적 작업이어야 하며 강제로 불러일으킬 수는 없는 것이다. 강제적인 책임의식의 환기는 수형자가 스스로를 부정할 것을 요청하지만 스스로를 부정한 상태에서 재사회화를 기대하는 것은 매우 어려운 일이기 때문이다.

5) 행형과 일반예방

(1) 행형에서의 일반예방 목적 추구

책임과 더불어 일반예방의 목적 또한 행형의 실무에서 중요한 결정의 기준이 된다. 그리고 행형에서 일반예방의 목적을 추구하는 것은 수형자의 건전한 사회복귀인 재사회화의 목적을 추구하는데 장애가 된다. 일반예방을 위해서는 행형의 내용은 보다 가혹하고 엄한 것이어야 하며 이는 재사회화를 위한 처분들과 대립될 수밖에 없다. 재사회화를 위한 행형의 완화조치, 예컨대 개방행형이나 사회내처우 또는 귀휴 등의 처분과 행형시설 내에서의 완화된 구금형태 등은 일반인에게 범죄에 대한 경각심을 일깨우는 데 도움이 되지 않을 뿐 아니라 법규범에 대한 일반인의 신뢰를 해친다는 것이다. 그러나 이와 같이 행형에서 일반예방을 추구하는 것은 다음과 같은 문제가 있다.

(2) 행형에서의 일반예방목적 추구의 문제점

첫째, 재소자를 일반 예방의 수단으로 사용하는 것은 인간의 존엄에 반한다. 이미 형벌선고의 단계에서도 일반예방의 목적을 추구하는 것은 일반인을 위하하는 효과를 위해 범죄자를 수단으로 사용하는 것이므로 허용될 수 없는 것으로 본다. 일반예방은 형벌선고의 '효과'일 뿐 '목적'이 될 수 없다는 것이다. 형벌선고 과정에서 일반예방의 목적을 추구하는 것이 허용된다면 효과적인 일반예방을 위해 행위자의 책임범위를 넘어서는 형벌의 선고도 가능해질 것이기 때문이다. 이는 책임원칙에 반할 뿐 아니라 인간의 수단화에 반대하는 인간존엄의 원칙에 정면으로 배치된다. 따라서 행형에서 일반예방의 목적을 추구하여 재사회화 처우를 제한하는 것 또한 실정법인 형집행법령에 반할 뿐 아니라 인간의 존엄성을 해치는 일이다. 행형에서도 일반예방은 목적이 아니라 인간의 존엄성을 해치는 일이다. 행형에서도 일반예방은 목적이 아니라 부수적 효과로서의 위상을 지녀야 한다.

둘째, 특별예방적 처우를 제한하면서 추구되는 일반예방의 목적은 그 효과를 경험적으로 측정할 수 없다. 형벌의 목적으로서의 일반예방에 대해서는 그 경험적 효과와 관련하여 이를 입증할 수 없다는 문제가 지적되고 있다. 여기에서의 일반예방은 형사입법과 형벌선고 단계에서의 일반예방을 주로 의미한다. 하물며 행형에서의 가혹한 조치가 일반인들에 대한 범죄예방과 비례성이 있다는 경험적 증거는 아직 없다. 일반인들의 범죄욕구를 억제하는 것은 처벌 그 자체에 대한 두려움일 수는 있어도 그러한 억제력이 처벌의 강도와 비례한다고는 할 수 없다. 다른 한편으로 일반인들이 '두려워할 수 있는' 자유형의 고통은 사회로부터 격리된다는 자유박탈 그 자체에 있다. 수감생활이 아무리 편하다 하더라도 이를 달가워 할 사람은 없다. 사회로부터 격리된다는 것 하나로도 가정과 직장 등 인간의 기본적 생존조건과 관련한 수많은 고통과 불이익이 따르기 때문이다. 이것은 '시간'의 가치가 더욱 소중해진 현대사회에서는 더 큰 의미를 갖는다. 그러므로 수감생활 중의 가혹한 처분이 일반예방의 효과를 증대시킨다는 주장은 설득력이 없다. 그것은 오히려 법관의 형벌선고와 별도로 이루어지는 행형기관에 의한 이차적 고통부과를 의미하는 것으로 법치국가적으로 허용될 수 없다.

6) 행형목적으로서의 재사회화

(1) 재사회와의 개념

20세기 중반 이후 서구에서 행형의 지배이념으로 자리잡은 '재사회화'는 '사회화'의 개념으로부터 비롯된 것이다. '사회화(Socialization)'란 본래 사회학의 용어로 두 가지 관점에서 그 개념을 정의할 수 있다. 즉 사회화란 첫 번째로는 한 인간이 그가 속한 집단의 규범과 가치관 및 행위유형을 배우고 익히는 과정을 의미하며 두 번째로는 한 인간이 다른 사람들로부터 인간으로서의 속성을 답습하는 과정, 즉 인간화과정을 의미한다. 두 번째 의미의 사회화의 측면에서 보면 모든 사람은 사회화되었으므로 행형에서 의미있는 개념은 첫 번째 의미의 사회화이다. '재(re)사회화'의 개념은 일차적 사회화가 이루어진 사람들을 전제로 한다. 다만 범죄자들의 경우는 이러한 사회화과정이 불충분하게 이루어졌거나 잘못 이루어졌다고 본다. 따라서 이들은 행형의 과정을 통해 사회화과정을 보충하거나 교정하여야만 하는 것이다. 이러한 관점에서 행형을 "교육정책의 일부"로 파악하는 견해나 교도소를 학교와 더불어 "사회화기관"의 하나로 보는 견해가 비롯되었으며, "형의집행 및 수용자의 처우에관한 법률" 제1조에서도 "수형자의 교정교화와 건전한 사회복귀를 도모하고 수형자의 처우와 권리 및 교정시설의 운영에 관하여 필요한 사항을 규정함을 목적으로 한다"라고 규정하고 있다. 그러므로 건전한 사회복귀의 의미인 재사회화의 개념은 '범죄자의 사회화에 대한 결손을 메우고, 사회화에 대한 학습기회와 도움을 제공함으로써 출소후에 범행하지 않고 정상적 삶을 영위할 수 있도록 하는 것'이라고 정리할 수 있다.

(2) 재사회화 목적의 문제점

20세기에 들어 지배적 위치를 차지했던 재사회화이념은 1970년대 중반이후 이론적·경험적 한계를 드러냈고 국제적으로 형사정책은 다시 응보이론과 일반예방이론으로 회귀하는 경향을 보이고 있다. 이러한 재사회화이념에 대한 회의는 크게 보아 규범적 문제와 경험적 문제로부터 비롯된 것이다.

① 규범적 문제점

재사회화이념이 갖는 첫 번째 규범적 문제점은 '자유박탈에 의한 자유의 교육'이 갖는 모순이다. 국가가 수형자에게 사회에서 올바르게 자유를 영위할 것을 교육한다는 건전한 사회복귀로서의 재사회화 이념을 실현 하려는 장소는 사회와 격리된 교도소 내이다. 수형자는 자유가 박탈된 상태에서 자유를 영위하는 방법을 배워야 하는 모순상황에 처하게 된다. 그러나 진정한 자유에 대한 교육은 자유 가운데에서 이루어져야 한다. 재사회화처분이 필요한 사람도 그의 생활영역과 생소한 시설에 수용될 것이 아니라 그의 생활관계에 근접한 곳에서 일상생활을 영위하면서 자유에 대한 훈련이 이루어져야 한다는 것이다. 그렇게 함으로써 그는 사회적 관련인들과 접촉하면서 다시 자유를 경험하고 앞으로 완전한 자유를 회복하는 경우에도 범죄행위를 하지 않고 살 수 있는 방법을 익히는 것이다. 하지만 우리나라의 형벌집행에서 재사회화의 효과적 달성을 위해 보안의 과제를 양보하겠다는 의지는 어디에도 보이지 않는다. 자유를 교육하기 위한 교정처우는 수용자의 자발성이 전제되어야 하는데, 그를 위한 수단들은 구금이라는 자유박탈과 수감생활의 총체적 통제는 이미 강제적이다.

두 번째 규범적 문제는 범죄자를 강제로 '개선'하는 것이 헌법적 정당성을 가질 수 있는가 하는 문제이다. 칸트와 하겔은 이러한 국가가 성인(成人)을 교육하고 개선하려는 시도를 인간의 존엄에 반하는 것으로 보고 있다. 또 독일의 헌법재판소는 이 문제와 관련하여 "국가는 …그 시민을 '개선'할 과제를 갖지 않는다."고 하는 매우 의미있는 판결을 내린 적이 있다. 우리 헌법 제10조는 모든 국민은 타인의 자유를 침해하지 않는 한 자신의 생활을 자유롭게 결정할 권리를 가지며, 개인의 자유는 사회의 보호 또는 당사자의 보호를 위해 필요한 경우에만 제한할 수 있다고 규정하고 있다. 그러므로 성인이 단순히 정상적 생활을 영위하고 노동을 할 수 있도록 하기 위해 그를 개선하여 재사회화시키고자 하는 목적은 자유박탈의 근거로 충분치 않다. 아무리 선한 의도를 가진 재사회화처분일지라도 그것은 당사자의 의사에 반하여 부과되는 강제처분일 뿐이며, 이는 범죄자가 자신을 고치기 위해 원한 것이 아니라 사회의 보호를 위해 행해지는 것이기 때문에 보호대상은 어디까지나 사회이지 행위자가 아니다. 만일 재사회화여부에 대한 결정을 행위자에게 일임한다면, 그는 자기시간을 재사회화를 위해 사용하지는 않을 것이다.

세 번째 문제점은 재사회화이념이 갖는 인도적(人道的) 문제점이다. 재사회화행형이 수형자의 건강회복, 사회복귀를 위한 교화·개선, 치료를 목적으로 한다고 함으로써 응보형처럼 악을 악으로 갚는 것이 아니라 범죄인을 진정으로 원조하는 인도주의적 의미가 있다는 인식이 보편화되어 있다. 이러한 주장은 국가형벌의 부정적 요소를 중화시킴으로써 재사회화목적의 정당성에 힘을 실어 주는 역할을 하는 것도 사실이다. 하지만 이 인도성은 현재로서는 허구에 속한다.

네 번째 비판은 사회국가 법모델에 대한 비판과 관련된 것이다. 형벌집행과 재사회화를 결합하는 행형법에서 국가는 사회화를 대리수행하게 되고, 개인의 생존은 국가의 후견적 간섭활동에 의존하게 된다. 이제 개인들이 자율적으로 규범을 학습하고 내면화할 가능성이 파괴되기도 한다. 법이 재사회화를 규정함으로써 시민은 더 이상 자율적으로 문제를 해결할 수 없고 법에 의존하는 상황이 발생하는 것이다. 이것은 사회화라는 생활영역에 법적 규율이 침투하여 생활세계의 자율적 구조를 파괴하는 것으로, 하버마스(J. Habermas)의 개념을 빌려 말한다면 법에 의한 '생활세계의 식민지화'라 할 수 있다.

② 경험적 문제점

재사회화는 경험적 효과를 지향하는 형벌이념이다. 그러므로 형벌의 재사회화목적이 정당화되기 위해서는 실제 수형자가 재사회화되어 재범방지에 도움이 되었는지가 경험적으로 입증되어야 한다. 그러나 재사회화목적을 둘러싼 무성한 논의에도 불구하고 그 효과에 대한 경험적 연구는 거의 없을 뿐만 아니라 시설 내에서 행해지는 개선조치의 내용에 대해서도 충분한 정보를 얻는 것은 어렵다. 재사회화목적을 위해 어떤 교화·개선과 치료수단이 동원되고 있으며, 그것이 출소 후 재범방지에 얼마나 도움이 되었는지 알 길이 없다. 재사회화목적을 위해 어떤 교화·개선과 치료수단이 동원되고 있으며, 그것이 출소 후 재범방지에 얼마나 도움이 되었는지 알 길이 없다.

7) 재사회화목적의 한계와 대안

이와 같은 재사회화 목적의 이론적·현실적 한계는 오늘날 행형에서 건전한 사회복귀인 재사회화목적을 여전히 추구해야 하는지에 대한 문제제기를 정당하게 한다. 한편으로는 재사회화행형 및 처우이념의 대안에 대한 논의가 활발하며 나아가 자유형 자체의 대안에 대한 논의 또한 무성하다. 자유형과 재사회화행형에 대한 깊은 회의가 자유형의 폐지 또는 행형의 민영화, 공식적 형사통제의 제한과 사적 분쟁해결기회의 확대 등에 대한 성찰로 이어진 것이다. 보다 구체적으로는 폐지주의, 우회처분(다이버젼: Diversion), 원상회복, 범죄자 -피해자-화해 등이 대안으로 제시되고 있다.

그러나 자유형의 한계에 대한 비판과 자유형의 역할이 축소되는 국제적 경향에도 불구하고 자유형은 아직 거의 모든 나라에서 형벌체계의 기본축이며 중심적 형사제재의 위치를 지니고 있을 뿐만 아니라, 앞으로도 상당한 기간 형사제재체계의 위치를 지니고 있을 뿐만 아니라, 앞으로도 상당한 기간 형사제재체계의 일부로서의 기능을 유지할 것이라는 데 커다란 이견이 없다. 더불어 재사회화이념 또한 많은 국가에서 여전히 행형의 목적으로 인정되고 있다. 재사회화를 대치할 만한 현실적 대안은 아직 없으며, 완전히 포기해야 할 정도로 재사회화이념이 한계에 부닥친 것은 아니다. 무엇보다 현행 행형법이 재사회화를 행형의 목적으로 선언하고 있다. 그러므로 현재의 상황에서는 재사회화를 행형의 목적으로 추구하되 그 문제점을 인정하고 이를 보완해 나가야 할 것이다.

위와 같은 한계에 대한 재사회화목적의 보완을 정리해 보면 아래와 같다.

(1) "소극적 개념"의 재사회화

건전한 사회복귀로서의 재사회화의 목적이 가진 규범적 문제 가운데 "자유박탈을 통한 자유의 교육"의 모순과 국가의 지나친 간섭에 의해 정신적 자유까지 침해함으로써 발생하는 인도적 문제점을 최소화하기 위해서는 우선 재사회화의 기대수준을 낮추어야 한다. 이른바 "소극적 개념의 재사회화"로 그 의미가 변경되어야 한다는 것이다. 즉 국가가 행형의 시간에 수형자를 재교육하여 완전히 재사회화시키겠다는 적극적 목표를 설정하는 것이 아니라, 재사회화를 "자유박탈에서 오는 해악을 최소화하는 기능"으로 축소해석해야 한다는 것이다.

(2) 강제없는 교육

나아가 재사회화이념에 대한 비판 중 가장 중점적이었던 '국가가 성인인 시민을 교육할 권한이 있는가'의 문제를 해결하기 위해서는 재사회화처분의 강제성을 배제하고 처우를 받는 수형자의 자율을 최대한 존중하는 기회제공형의 행형이 되어야 한다. 국가는 어떤 절대적 존재가 아니며, 가치상 중립이어야 한다. 또한 수형자의 사회복귀를 위한 국가의 역할 역시 형법의 성격과 마찬가지로 단편적이라는 것을 생각하여야 한다. 국가 이외에도 각종 사회단체, 그리고 개인적 차원에서 사회복귀를 위한 노력은 달성될 수 있다. 그러므로 행형과정에서 재사회화를 위해 최대한 수형자를 돕는다는 차원으로 행형의 목표를 설정해야 할 것이다. 이것은 이른바 '강제없는 교육'을 실현해야 한다는 것과 연관된다. 행형시설의 처우는 재사회화에 대한 도움을 제공하는 것이 그 역할이지만, 그 역할은 여기에 그쳐야 하며, 수형자가 그것을 거부할 때 어떠한 불이익이 발생하여서는 안 된다는 것이다. 수형자는 치료의 객체도 아니며, 그도 자신의 인격을 존중받을 권리가 있다.

(3) 사회내 처우와 개방행형의 확대

자유박탈을 통한 자유교육"이라는 모순을 해결하기 위한 가장 근본적인 방법은 자유박탈을 하지 않는 것이다. 즉 행형의 이전단계에서 자유박탈을 최소화하고 '최후수단화'하여야 한다. 그리고 행형의 단계에서는 '처우의 사회화'와 개방화가 요청된다. 사회와 단절되어 있는 폐쇄적 행형시설은 '개선'보다는 '보안'에 더 적합한 장소이다. 수형자는 사회에서 떨어져 있음으로 인해 오히려 자신이 다시 사회에서 살아가며 맞닥뜨리게 될 여러 문제상황을 해결할 능력이 더 저하될 수 있다. 그러므로 행형은 최대한 적극적으로 수형자가 사회적 접촉이 실현될 수 있는 방향으로 실현되어야 한다. 즉, 자유형의 집행으로 신체의 자유나 거주이전의 자유는 제한을 받게 되지만, 그것이 전체 사회적 관계를 청산하고 단절할 것을 의미하는 것은 아니어야 한다.

3. 형집행법의 목적과 수형자의 위치

1) 협력자로서의 지위

기본권과 관련한 수형자의 일반적 지위 이외에 행형의 목적인 재사회화와 관련한 수형자의 지위를 설정하는 일 또한 중요하다. 재사회화가 행형의 '목적'이라고 이해될 때 수형자는 그 목적의 달성을 위한 '대상' 또는 심지어 '수단'으로 오해될 위험이 있기 때문이다. 그러나 수형자는 행형목적의 대상이나 수단이 될 수 없다. 그것은 인간의 수단화를 금지하는 인간존엄의 원칙에 의해서도 그러할 뿐 아니라, '재사회화'의 목적이 지닌 성격 때문에라도 그러하다. 즉, 재사회화는 수형자의 자발적인 참여를 전제로 하는 것이기 때문에 수형자를 대상화, 수단화해서는 그 목적의 달성을 기대할 수 없다. 그러므로 재사회화목적에 대해 수형자는 협력자로서의 지위를 갖는다.[3)]

우리 행형법은 행형목적과 관련한 수형자의 지위를 규정하지 않고 있다. 그러나 독일의 경우 행형법 제4조 ①항에서 "수형자는 그의 처우의 형성과 행형목적의 달성에 협력한다. 협력을 위한 그의 자세는 일깨워지고 장려되어야 한다."라고 하여 협력자로서의 수형자의 지위와 협력의 성격에 대해 규정하고 있다. 그리고 앞서 언급했듯이 같은 조 ②항에서 수형자의 기본권제한과 관련한 일반적 지위를 규정하고 있다. 이는 체계론적으로 해석하자면 수형자의 기본권제한 또한 행형목적의 달성을 위한 필요성·보충성이 제한의 근거가 되어야 함을 의미한다고 볼 수 있다. 이는 우리 행형법이 입법론적으로 참고할 만한 내용이다. 따라서 아래에서는 협력의 의미와 성격을 독일행형법 제4조 ①항에 대한 해석을 중심으로 서술하고 있다.

2) 협력의 의미와 성격

(1) 협력의 의미

협력의 의미와 성격을 독일행형법 제4조 ①항에 대한 해석을 중심으로 살펴보고자 한다. 수형자의 건전한 사회복귀인 재사회화를 위한 수형자의 협력은 수형시설 종사

3) 배종대, 앞의 책, 96면 이하.

자 및 동료수형자들과의 상호작용에 대한 적극적 · 자발적 참여, 그리고 행형기관이 제공하는 재사회화프로그램에 대한 적극적 참여와 재사회화 프로그램에 대한 나름의 제안 등을 통해 행형목적의 성취를 함께 형성해 나가는 것을 의미한다. 수형자의 적극적 참여는 수형자의 재사회화를 목적으로 하는 행형과정의 본질적 조건이다. 수형자가 사회로 복귀하여 그의 사회적 책임을 다하면서 살아가도록 행형과정을 통해 교육하기 위해서는 이미 행형과정에서부터 수형자가 스스로 책임있는 존재로서 그의 생활을 결정하도록 권장할 필요가 있다는 것이다. 이를 위해서는 수형자가 자신의 행형과정을 계획하는 데 참여하도록 하거나 행형생활 전반에서 수형자의 공동책임을 일깨워 줄 필요가 있다.

(2) 협력의 성격

이러한 수형자의 협력은 권리도 의무도 아닌 성격을 갖는다. 먼저 수형자의 협력이 권리가 아니라는 것은 수형자의 협력자로서의 지위로부터 행형목적의 달성을 위한 수형자의 참여의 권리는 도출되지만, 그렇다고 해서 수형자가 교도소장이나 행형공무원의 의지에 반해서 자신의 요구사항을 관철시킬 수는 없다는 것을 의미한다.

보다 중요한 것은 수형자의 협력이 그의 의무가 아니라는 점이다. 우선 법치국가원칙에 의할 때 수형자는 국민의 한 사람으로 기본권의 주체이며 단순한 처우의 대상이 아니다. 따라서 "치료 또는 처우(Behan-dlung)를 이유로 한 권리제한"은 원칙적으로 거부되어야 한다. 그리고 사회국가원칙에 의할 때 처우행형은 수형자의 자유의사에 따른 협력을 전제로 한다. 그러므로 재사회화 목적의 처우들이 강제로 변화하지 않기 위해서는 수형자의 주체성을 인정해야 하며, 수형자의 협력이 의무사항이 되어 그렇게 하지 않을 때 징벌이 부과되거나 수형자에게 불이익이 되는 것을 용인해서는 안 된다. 다만 행형기관은 수형자의 협력을 일깨우고 권장할 수 있을 뿐이다. 수형자를 간접적으로 강제하여 행형기관의 기대에 표면적으로 적응하게 하거나 행형시설 내의 규정에 따르도록 하려는 것이 재 사회화목적의 본래 취지가 아니기 때문이다.

제 3 절 행형의 구성원칙[4]과 규정

1. 구성원칙의 개념

행형의 구성원칙은 형집행법이 규정한 건전한 사회복귀로서의 재사회화목적을 행형과정에서 구체화하기 위해 필요한 원칙들을 의미한다. 재사회화의 목적은 한편으로는 매우 원론적이며 그 의미의 폭이 다양하고, 다른 한편으로는 형사제재의 다른 목적들과 모순을 빚거나 충돌하는 경우도 있기 때문에 '재사회화'의 기준만으로는 행형과정에서 필요한 수많은 결정들의 지향점을 찾기가 어렵다. 그러므로 재사회화의 목적을 행형에서 실현하기 위한 세부원칙들을 구체화하는 것이 필요하다. 이러한 기본원칙들은 행형의 담당자들에 대해 구체적 결정의 지침이 되며 행형관계법률의 불명확한 부분을 해석하는 기준이 된다.

2. 현행법의 규정

그동안 행형법은 제1조에서 행형법 또는 행형의 목적을 규정하였을 뿐 이러한 목적의 실현과 행형법의 해석을 위한 구체적 원칙에 대해서는 언급이 없었다. 그러나 1999년의 행형법개정을 통해 '행형법 제1조의3'을 신설하여 "이 법을 집행함에 있어서 수형자 또는 미결수용자의 기본적인권은 최대한으로 존중되어야 하며, 국적 · 신분 · 종교 또는 사회적 신분에 의한 수용자의 차별은 금지된다"라고 규정하였다. 이러한 신설규정의 취지는 행형에서 기본적 인권의 존중과 차별금지를 선언하여 인도적 행형에 대한 입법자의 의지를 나타내려는 것이다.

우선 행형법 제1조의3 전단에서 수형자의 기본적 인권존중을 선언한 것은 헌법 제10조 2문에서 개인의 불가침의 기본권에 대한 국가의 보장의무를 명시한 것과, 1966

4) 배종대, 앞의 책, 76면 이하.

년 유엔총회에서 채택되어 우리나라에서도 1990년 7월 10일부터 발효된『시민적·정치적 권리에 대한 국제규약』제10조 ①항의 "자유를 박탈당한 사람은 누구든지 인도적이고 인간의 고유한 존엄을 존중받으면서 처우받아야 한다"는 규정을 행형법에 반영한 것으로 볼 수 있다. 또한 동조 하단의 차별금지 조항은 수형자 상호간의 평등한 처우를 내용으로 한 것으로 '국적·성별·종교에 따른 차별금지의 의미는 합리적인 분류에 따른 개별처우를 금지하는 것이 아니라, 개별처우를 전제로 하는 사회적 신분' 등의 차별금지 사유는 예시적인 것으로 해석된다. 다만 수형자에 대한 차별금 비합리적인 차별의 금지를 의미하는 것으로 보아야 한다.

이와 같은 행형법의 개정에도 불구하고 행형의 구체적 원칙에 대한 법규정은 여전히 부족하다. 기본적 인권의 존중과 차별 금지라는 추상적 선언만 있을 뿐 그 밖의 헌법적 원칙들이 행형법에 어떻게 반영되는지와 재사회화목적의 실현을 위해 어떤 구체적 원칙들이 필요한지에 대한 부분이 여전히 공백으로 남아 있는 것이다. 따라서 아래에서는 "형의집행 및 수용자의 처우에 관한 법률" 제4조 3에서 선언한 기본적 인권의 존중과 더불어 행형의 구성원칙으로 고려되어야 할 헌법적 원칙들을 좀 더 살펴보고 나아가 재사회화목적의 실현을 위한 구체적 원칙들을 비교법적 입장에서 살펴보려 한다.

3. 헌법적 위치

헌법은 실체형법 및 형사절차법 뿐 아니라 행형에 대해서도 근본적 법원(法源)이 되며, 따라서 헌법의 기본원칙들이 행형에도 그대로 적용된다는 데 큰 이견이 없다. 즉, 헌법은 입법자에게 국가와 수형자의 관계를 규율하는 데 필요한 일반적인 척도를 제시하고 동시에 행형당국의 행정행위를 헌법적 원칙에 구속시킨다. 이러한 의미에서 헌법에서 행형에 대해 근본적 지침이 되는 것으로는 우선 국민의 기본권에 관한 규정들, 그리고 법치국가원칙과 사회국가원칙 등의 헌법의 지도이념들을 들 수 있다. 행형단계에서는 국가권력이 가장 강력한 수단을 가지고 개인의 기본권을 박탈하고 침해하기 때문에, 인간의 존엄성이 손상당하고 인간이 국가권력행사와 규율의 단순한 수단으로 전락할 위험이 언제나 도사리고 있다. 따라서 형사절차에 대한 헌법상의 지도이념과 규정들은 행형단계에서 더욱 존중되고 주목되어져야 한다.

1) 법치국가 원칙

법치국가원칙, 또는 법치주의는 행형에서 중심적 역할을 수행한다. 비록 우리의 현행 헌법이 법치주의를 명문으로 규정하고 있지는 않지만, 법치주의가 헌법질서의 전체적 성격과 내용을 규정짓는 기본원리라는 것은 일반적으로 인정되고, 우리 헌법이 형식적 법치주의 뿐 아니라 실질적 법치주의에 근거하고 있다는 데에도 별다른 이론이 없다.

실질적 법치주의의 내용은 행정의 합헌법성(合憲法性)과 합법성이며 이는 다시 기본권을 침해할 경우 법률에 근거할 것과 이러한 적법성의 보장으로서 행정작용이 재판에 의한 법적 통제 아래 있을 것을 요청한다.

(1) 적법절차의 보장

헌법 제12조 ①항은 모든 국민에 대한 적법절차의 보장을 선언하고 있다. 흔히 죄형법정주의 및 '형사절차의 법정주의'를 규정한 것으로 이해되는 헌법 제12조 ①항은 행형과정도 법의 지배에 복종될 것을 함께 요청하는 것으로 해석되어야 한다. 종종 "행형법정주의"라고도 표현되는 이러한 요청의 내용은 수형자도 일반시민과 마찬가지로 모든 헌법상의 권리 및 자유를 누리는 주체라는 것, 따라서 수형자에 대한 권리와 자유의 제한은 국가의 형벌목적을 달성하기 위해 필요한 최소한에 그쳐야 하며, 그것도 법률에 근거할 때에만 가능 하다는 것이다.

(2) 사법적 구제장치의 보장

법치국가의 근본적 요소 중의 또 하나는 법원에 의한 사법적 구제의 보장이다. 기본권 침해에 대해 법률 유보를 규정한 국가라면 그러한 법률유보를 실제로 관철할 수 있는 장치 또한 마련해 놓아야 한다. 즉 국가는 법원을 설치하고 모든 사람이 동등한 조건에서 법원에 법적 구제를 신청할 수 있도록 보장해야 한다. 모든 사람은 자신의 기본권을 침해하는 것으로 여겨지는 모든 조치에 대한 실제적이고 효과적인 사법적 통제를 요청할 수 있어야 하며, 그러한 모든 조치들이 온전하게 사법적 검토를 받아야만 한다. 이러한 사법적구제장치의 보장이야말로 "법치국가원칙의 구조적 초석"인 것이다. 행형과정에서 이루어지는 조치들도 본질적으로는 행정작용으로서 사법적심사의 대상이 되어야 하며, 수형자들에게도 그들의 기본권이 침해당할 때 사법적 구제를 신청할 수 있는 길이 보장되어야 한다. 이는 오늘날의 헌법이론에서 어느 정도 견해의 일치를 보이고 있는 부분이다.

2) 행형의 구체적 형성원칙

앞서 언급한 대로 재사회화의 의미의 폭이 다양하기 때문에 재사회화를 위한 구체적 실천원칙이 명확하지 않다면 똑같은 행형당국의 처분이라도 보는 관점에 따라 재사회화를 위해 필요불가결한 조치가 될 수도 있고 수형자의 기본권을 필요이상으로 침해하는 강권적 개입이 될 수도 있다. 그러므로 재사회화를 위한 행형의 구체적 형성원칙, 또는 구성원칙을 설정하는 일이 필요하다.

이런 관점에서 행형의 재사회화의 목적을 구체화하기 위한 행형의 형성원칙을 명시해 놓은 독일행형법 제3조는 다음과 같다.

[행형의 형성]

① 행형에서의 생활은 일반적 생활관계와 가능한 한 유사하여야 한다.

② 자유박탈의 해악적 효과는 상쇄되어야 한다.

③ 행형은 수형자가 자유 가운데서의 생활에 통합되는데 도움이 될 것을 지향해야 한다.

제1항은 동화(同化)의 원칙, 또는 유사성의 원칙(Angleichungsgrundsatz)으로 표현되며 제2항은 반작용의 원칙(Gegensteuerungssgrundsatz) 또는 해악상쇄의 원칙으로, 제3항은 통합의 원칙(Integrationsgrundsatz)으로 각각 지칭된다. 이러한 원칙들은 행형관리들을 구속하는 것이며, 이로부터 개별 수형자들이 직접적 권리를 주장할 수는 없다는 것이 일반적 견해이다.

(1) 유사성의 원칙

유사성의 원칙 또는 동화의 원칙은 행형에서의 생활조건과 일반적 생활조건 사이의 차이를 가능한 한 줄여야 할 행형기관의 의무를 의미한다. 즉, 행형관리들은 수형자들에게 도움이 되지 않는 수형생활의 특별한 요소들을 가능한 한 배제하여 수형시설 내의 생활이 밖에서의 생활과 필요 이상으로 차이가 나지 않도록 하여야 할 의무를 갖는다는 것이다.

(2) 보안의 목표와의 관계

유사성의 원칙은 전체 행형의 구성에서 "질서와 안전"은 제한적 의미만을 가질 것을 요구한다. 행형법에는 재사회화의 목적이 행형의 목적으로 규정되어 있지만 행형의 실제에서는 시설 내의 안전과 질서를 유지하고 도주를 방지하려는 "보안행형"이 지배적 목적이 되고 있는 것이 현실이다. 행형시설의 다른 모든 활동은 이러한 "보안"의 목표보다 후순위에 놓인다. 심지어 이를 "과잉안전"이라 칭하는 견해도 있다. 그러나 전체 행형이 매우 적은 수의, 도주와 폭동의 위험이 있는 재소자에게 초점을 맞추어 형성되어서는 안 된다. 이러한 경우를 위해서는 교도경비대 등의 조직으로 충분할 것이며 이러한 조직조차도 보충성, 비례성의 원칙 아래 꼭 필요한 경우에 한해 행형에 개입하여야 한다. 행형에서 보안의 목적이 지배하면 수형자의 모든 생활에 대한 통제가 불가피하고 이는 수형시설 밖에서의 생활과 매우 이질적인 요소로 구성될 수밖에 없다. 수용자에 대한 전적인 통제에 의해 이루어지는 "총체적 지배기구(total Institution)" 내에서 인위적으로 조성되는 사회가 일반적인 사회생활과 유사할 수는 없는 것이다. 재사회화를 지향하는 처우행형에서는 처우의 목적과 보안의 목표가 충돌할 때 처우의 목적이 우선되어야 한다는 것은 이미 앞에서 논의한 바와 같다. 행형이 재사회화를 지향한다면 일상생활에서 낯선 수많은 억제장치들을 줄여나가야 한다. 행형시설이 갖는 "총체적 지배기구"의 성격을 축소해 나가야 한다는 것이다.

(3) 적용되는 분야와 한계

그런데 유사성의 원칙에서 문제되는 것은 행형시설 내의 생활이 지향해야 할 "일반적인 생활관계"의 기준이 어디까지인지가 매우 모호하다는 것이다. 행형시설 밖의 일상생활은 다양하기 이를 데 없기 때문에, 어떤 일상생활을 행형시설 내 생활의 기준으로 삼아야 하는지가 불확실하다는 것이다. 따라서 유사성의 원칙은 행형시설 밖의 일상생활 가운데 어떤 특정한 생활의 기준을 지향하는 것으로 이해돼서는 안 된다. 그것은 오히려 행형에서의 삶의 조건이 수형자의 인간의 존엄에 합당하고 일반적으로 승인된 사회적 규범에 합치하는 것이어야 하며, 행형에서의 생활과 일반적 사회생활의 차이점 가운데 수형자의 자존심이나 자긍심을 침해할 수 있는 부분은 최소한으로 축소하여야 한다는 의미로 해석되어야 한다. 이와 관련하여 고려하여야 할 분야로는 죄수복 등 복장과 개인용모의 통제문제, 구금공간의 구성 및 개인소지물의 허가범위, 신문·TV의 구독·열람과 접견 및 서신 교환 그리고 귀휴 및 개방형의 허용여부 등의 문제들이다.

한편으로 행형시설 내의 생활이 일상생활과 유사하게 되는 데는 한계가 있을 수밖에 없다. 무엇보다 일반인을 보호해야 하는 행형의 또 다른 과제가 중요한 한계로 등장한다. 즉, 수형자는 자유박탈의 특별한 필요에 근거하는 제한조치들에 대해서는 유사성원칙의 한계를 인정하여야만 한다. 다시 말하면 "제도로서의 행형이 붕괴되거나 행형의 목적이 심각하게 위태해질 수 있는" 경우라면 유사성의 원칙은 그 한계를 수긍하여야 한다는 것이다. 그런 의미에서 독일행형법 제 3조 ①항도 수형생활이 일상생활과 "가능한 한" 유사하여야 한다고 규정하고 있다.

4. 반작용의 원칙

유사성의 원칙이 현실에서 달성가능하지 않다는 한계에 대한 인식에서 귀결되는 것이 반작용의 원칙, 또는 해악상쇄의 원칙("nil nocere"-Prinzip)이다. 이는 자유박탈이 가져오는 해악을 최대한 상쇄하도록 행형을 구성해야 하는 행형기관의 의무를 말한다. 수행생활을 일상생활과 유사하게 하는 것이 불가능하다면 행형의 담당자들은 최소한 구금과 함께 동반되는 부작용들을 상쇄해야 할 과제를 갖는다. 재사회화행형이 갖는 "자유박탈을 통한 자유교육"의 모순을 상쇄하거나 최소한으로 축소하려는 노력이 행형의 지향점이 되어야 한다는 것이다.

1) 자유박탈이 수반하는 해악

(1) 지위의 변화와 박탈감

행형은 수형자에게 "범죄자"라는 낙인을 찍는 과정을 의미할 뿐 아니라 모든 것이 박탈되는 상황을 의미한다. 구금되는 순간 수형자는 그가 속했던 모든 사회적 관계들과 그 동안 지녔던 모든 사회적 지위를 잃고 수형자로서의 새로운 지위와 역할을 부여받는다. 신체검사, 개인소지물 압수, 죄수복 착용 등의 절차로 이루어지는 수감과정은 "자기정체성의 박탈"과 "탈인격화"의 과정을 의미한다.

그리고 수형기간 동안 수형자는 모든 면에서 통제당함으로써 자율성을 상실한다. 행형시설에서의 자유박탈은 행동의 자유를 제한하는 데 그치지 않는다. 일상생활의 모든 시간과 행위를 통제하는 규칙들 때문에 삶의 모든 분야가 엄격한 통제 아래 놓인다. 마침내 한사람의 성인(成人)으로서의 역할을 빼앗기고 아무것도 자기 스스로 자기책임 아래 할 수 없는 무기력과 무능력을 학습한다. 이러한 자율성의 상실은 또한 개인적 영역의 상실에 의해서 야기된다. 늘 감시당하고 늘 동료수형자들과 함께 해야 하는데서 오는 "혼자 있을 수 없음"의 문제가 그것이다. 행형은 수형자에게 그가 원하지 않는, 그렇지만 피할 수 없는 상호작용을 강제한다. 원하든 원하지 않던 맞닥뜨릴 수밖에 없는 동료수형자들과의 관계 때문에 때로는 갈등을 넘어서 불안감을 느끼기도 한다.

나아가 이성과의 접촉이 단절되기 때문에 성적인 박탈감을 경험하며, 가족과의 이별은 가장 심각한 박탈감을 가져다준다. 뿐만 아니라 강제로 조직되는 행형의 일상에서 수형자들은 지적·정서적 공허를 겪을 수밖에 없다. 더구나 장기 수형자들에게는 시간의 요소가 긍정적인 어떤 것이 아니라 형벌이라는 특별한 부담으로 느껴지며, 머지않아 상황이 나아질 것을 기대할 수 없기 때문에 장래에 대한 전망의 결핍 또한 심각한 문제로 등장한다.

(2) 대체문화와 "감옥화"

다음으로 문제되는 자유박탈의 해악은 수형자들이 행형시설 내의 "대체문화(Subkultur)"에 적응하여 형법이 목적하는 대로 "사회화"되는 것이 아니라 "감옥화"된다는 점이다. 모든 사람들이 부정적 경험과 갈등을 자기방어의 메커니즘으로 극복하려고 하는 것처럼, 수형자들 또한 감금으로 인한 총체적 부정의 상황을 개별적으로 다양한 방어기술을 통해 극복하려 한다. 수형자들이 구금으로 인해 모든 것이 박탈된 상황을 극복하려는 방어기술 중의 하나는 부정적인 수형자대체문화의 일탈적 규범들을 습득해 나가는 것이다. 즉, 행형시설 내에는 독특한 규범과 특별한 은어, 그리고 독자적 조직을 갖는 대체문화적 대항질서(Subkulturelle Gegenordnung)가 존재하며, 수형자들은 가운데 나름의 비공식적인 지위를 부여받아 그 역할에 익숙해진다는 것이다.

수형자들 사이에 존재하는 이러한 대체문화의 생성조건에 대해서는 두 가지 설명이 존재한다. 먼저 박탈이론은 행형시설이라는 총체적 지배기구에 의해 모든 것이 박탈되는 수형자들의 상황에서 그 원인을 찾는 견해가 있다. 이에 따르면 일탈적 대체문화는 행형시설의 총체적 지배에 대항하는 자기방어의 수단으로 이해된다. 대체문화적 규범과 행위양식을 받아들이는 것은 행형시설 내의 심각한 억압의 요소들을 감축시키고 나름대로의 자존심을 회복하려는 목적에서 나오는 적응 전략이라는 것이다. 이와 다른 견해인 이른바 문화전달이론(kulturelle Ubertragu-ngstheorie) 또는 수입이론('Importaion Model')은 수형자들의 대체문화를 행형시설의 총체적 지배에 대한 반응으로만 이해하지 않는다. 대체문화의 생성은 오히려 재소자들의 잠재적인 사회적 자기정체성에 의해 결정 된다고 한다.

이러한 관점에서 볼 때 행형시설 내의 대체문화가 어떤 조건에서 생성되는가에 대해서는 좀더 연구가 필요하겠지만 그에 대한 규명은 여기서 논의하고자 하는 주제가 아니다. 중요한 것은 그러한 문화가 존재하며 수형자들을 행형기관이 요구하는 규범을 따르는 것이 아니라 나름의 대응방식에 다라 수형생활에 적응해 나간다는 점이다. 행형기관의 합법적 규범을 잘 따른다 하더라도 그것은 "재사회화"되기 위한 것이 아니라 행형시설 내의 행위전범을 습득하여 감옥에서 잘 지내기 위한, 즉 "감옥화(Prisonisierung)"되기 위한 것이라는 데 문제가 있다. 그러므로 결국 행형시설에서 이루어지는 것은 자유 가운데서 범죄하지 않고 살아가는 좋은 사회인으로의 교육이 아니라 "좋은 수형자로의 교육"이며, 이는 자유박탈이라는 행형의 존립조건이 갖는 근본적 한계요 해악인 것이다.

2) 해악의 상쇄를 위한 대응방안

행형관리의 입장에서 보면 수형자들의 대체문화는 한편으로 그들 나름의 규범에 따라 시설 내의 사고를 억제하고 질서를 유지하는 순기능을 갖기도 한다. 그러나 그보다는 감옥을 "범죄학교"로 만들고 행형기관의 교육프로그램을 무용화할 뿐만 아니라, 석방 후에도 사회의 또 다른 대체문화에 편입하게 함으로써 정상적인 재사회화에 어려움을 더하는 역기능이 더 많기 때문에 행형기관은 이와 같은 해악들에 적극적으로 대응하여 이를 상쇄하기 위한 대안을 마련해야 한다. 수형자들의 대체문화가 구금으로 인한 박탈상황을 극복하려는 불가피한 대안으로 생성되는 것이라면 "유사성의 원칙"에 따라 행형의 이질적, 억압적 요소들을 가능한 한 배제하는 것이 그러한 일탈적 문화의 생성을 억제하는 데 도움이 될 것이다.

5. 통합의 원칙

통합의 원칙은 수형자가 다시 자유 가운데서의 삶에 통합되도록 행형을 구성해야 하는 행형기관의 의무를 의미한다. 행형관리는 "처음부터 석방을 염두에 두고 행형에서의 개별적 조치들이 행형에서 자유로운 생활로 이행하는 과도기를 쉽게 만들도록 하여야 한다"는 것이다. 이는 석방 직전의 석방준비 단계에서뿐만 아니라 구금이 시작되는 순간부터 전체 행형이 사회복귀를 지향해서 이루어져야 한다는 요청이다. 따라서 통합의 원칙은 장기수는 물론 심지어 무기수에게도 적용되어야 한다는 것이 독일의 입법자와 판례의 견해이다. 즉, "아직 석방이 가시화되지 않는 시간에도 행형은 나중의 석방의 시점에 수형자가 준비 안된 상태에 있거나 석방을 부담스러워하는 일이 없도록 구성되어야 한다"는 것이다.

통합의 원칙에 따라 수형자의 사회(재)통합을 돕는다는 것은 재범을 방지한다는 소극적 의미를 넘어서는 것으로서, 석방 후의 사회생활까지 고려하여 석방 후 단절되었던 사회생활에 익숙할 수 있도록 하는 조치들이 필요하다는 것을 의미한다. 예컨대 석방 후의 직업은 물론 각종 사회보험의 문제, 예전에 속했던 사회의 인간관계의 문제 등이 미리 고려되어야 한다는 것이다. 이를 위해서는 다시 "유사성의 원칙"

과 연계하여 수감생활 중에 이러한 사회적 관계들과의 단절이 최소한에 그치도록 하여야 한다. 행형에는 사회화에 결함이 있는 사람들만 오는 것이 아니기 때문에 이러한 수형자들의 경우에는 행형시설 밖에서의 사회적 연관이 지속되도록 돕는 것이 석방 후 다시사회에 통합되는 데 중요한 도움이 될 것이다.

3
chapter

교정의 발전과 이념적 형태

[학습목표]

1. 교정의 이념적 단계를 숙지한 후 단계별로 정리하도록 한다.
2. 우리나라 고조선으로부터 현대에 이르기까지 행형제도를 흥미를 가지고 가볍게 학습하도록 한다.

〈출제경향분석〉

- 이 장은 1문제 정도가 출제되는 경향이 있으나 시험 중심보다는 현대를 살아가는 지식인으로서, 또한 법을 전공하는 학생으로서 알아야 할 상식임을 감안, 살펴보아야 할 부분이다.

제 1 절 교정의 세계사적 발전과정

세계적인 교정의 흐름은 복수적 단계, 위하적 단계, 교육적 개선단계, 과학적 처우단계, 사회적 권리보장단계로 발전하였다.[1)]

1. 복수적 단계

복수적 단계는 원시시대부터 고대국가 형성까지를 말하며, 복수적 악행은 개인 상호간, 부족 혹은 민족 사이에 행하여졌던 것으로 복수는 죄를 범한 사람이나 그 가족이 받아야 할 의무였다. 이 시대의 복수관념을 나타내는 탈리오(Talio)법칙이란 범죄행위에 대한 처벌로써 눈에는 눈, 이에는 이로 보복을 가한다는 의미이다. 다른 말로 동해보복(同害報復) 사상이라고도 한다. 한편 이 시기는 개인적인 형벌에 입각한 복수관(사형벌위주의 시기)과 더불어 종교적 · 미신적 사회규범(Taboo)에 의한 속죄형 제도를 그 내용으로 한다.

2. 위하적 단계

위하적 단계는 고대국가부터 18세기까지를 말하며, 14~15세기의 이단자탄압시기에는 특히 교회법의 위반자를 처벌하면서도 동시에 일반사회의 범죄인들의 피난처로써 교회가 이용되기도 하였다. 16세기경에는 왕권강화와 강력한 공형벌(일반 예방에 입각한 심리강제와 위하) 개념에 따른 준엄하고 잔인한 공개적인 처벌을 포함한 형벌 제도와 순회판사제도가 있었던 시기로 카톨리나 형법 전이 대표적인 법전이라 할 수 있다. 이러한 위하적 단계의 수형자에 대한 행형이란 야만성을 탈피하지 못했고, 교육적 목적이 전혀 고려되지 않은 음침한 지하의 혈창, 성벽의 폐허 등의 행형건축

1) 허주욱, 『교정학』, 홍문사, 2002, 127-130면.

이 주로 이용되었다.

3. 교육적 개선단계

교육적 개선단계는 18세기 말엽부터 10세기 중반까지를 말하며, 유럽의 문예 부흥기와 산업혁명으로 인한 잉여 노동의 성장 그리고 공리주의의 영향을 받으면서 인간의 자아 발견에 이르러 국가형벌권도 박애주의사상에 입각하여 위하적 혹형(酷刑)에서 박애적 관형(寬形)으로, 죄형천단(擅斷)주의에서 죄형법정주의(형벌의 법률화)로, 형벌도 생명형과 신체형으로부터 자유형으로 변화되어 가는 시기라 할 수 있다. 따라서 자유의 박탈은 응보적·위하적·배해적(徘害的) 목적에서 교정적·개선적·교화적 목적으로 바뀌게 되었다.

국가는 수형자의 개선을 위하여 질서생활, 근로에 의한 교화개선에 중점을 두었는데, 특히 네덜란드의 암스텔담 노역장에서는 교육적 개선형을 처음 실시하여 부랑인·불량소년·우범자에 대한 노동 혐오심을 교정하는 데 주력한 바 있다. 그리고 18세기 미국에서는 주야 엄정독거로 자신의 비행에 대한 회오(悔悟)반성을 유도하는 펜실베니아제(Penitentiary: 뉘우치는, 참회하는의 의미), 침묵조건 하에 주간에는 공동 작업시키고 야간에는 독거시키는 오번제(Auburn System) 그리고 형기를 수개로 나누어 개선의 정도에 따라 자유의 제한을 완화하고 처우와 책임을 누증하여 개선을 촉진하는 오스트리아의 누진제 등이 이 시대의 영향을 받은 것이라 할 것이다.

4. 과학적 처우단계

과학적 처우단계는 19세기 말부터 20세기 초를 거치면서 형벌의 개별화가 주장된 시기라 할 수 있다. 이 시기에는 진취적이고 실증적인 범죄의 분석과 범죄자에 대한 처우로써 사회를 범죄로부터 구제 내지 방어하려는 방향을 제시하였고, 훈련된 교도관으로 하여금 수용자의 구금분류와 처우를 담당하게 할 것과 수용자의 적성발견과 개별적 처우로써 건전한 사회인으로 재사회화를 도모한 직업훈련시설을 갖추고 질병의 감염방지와 건강을 고려한 의료적 배려 하에 현대식 건축이 세워졌으며, 행형의 집행기구는 보다 집약적인 교정업무를 강력히 수행할 수 있도록 개편되었다.

5. 사회적 권리보장단계

사회적 권리보장단계는 제2차 세계대전 이후 개선·치료모델의 실패로 범죄자가 다시 복귀해야 할 사회와의 재통합을 전제로 한 사회 내 처우가 주목을 받으면서 보호관찰·가석방·중간처우 등의 사회 내 처우프로그램들이 인기를 얻게 된 시기라 할 수 있다.

또한 1960년대 후반 세계 각국에서 인권운동이 전개되면서 소수민족차별대우철폐, 여성인권운동, 학생들의 교육제도 개선요구 등 종래의 질서에 대한 일대 저항을 불러일으켰고, 수형자들도 자신들의 권리를 주장하고 나서면서 그 동안 수형자를 처우의 객체로 보고 무조건 처우에 강제적으로 참여시켜 왔던 것에 대한 새로운 비판에 봉착하게 되었다.

그 후 1971년 9월에 발생한 뉴욕주의 Attica 주교도소의 폭동사건을 계기로 수형자의 침해된 권리구제를 위한 자유로운 소송제기가 인정되었으며, 헌법상 보장된 권리들이 수형자들에게도 폭넓게 받아들여져 미국의 교정제도는 다각적인 측면에서 수형자의 사회적 권리보장을 위한 교정제도 개선에 박차를 가하게 되었다.

제 2 절 우리나라의 행형사[2)]

1. 고조선시대의 행형

이 시대의 형벌사상은 한서지리지에 기록된 8조법금 등에서 그 내용을 알 수 있는데, 사람을 죽인 자는 사형에 처하고, 남에게 상해를 입힌 자는 곡물로써 배상케 하며, 남의 물건을 훔친 자는 노예로 삼거나 돈으로 배상한다고 규정함으로써 다분히

2) 이윤호, 『교정학』, 박영사, 2007, 48면 이하.

복수주의적 응보형이 주류였음을 알 수 있다. 구체적으로 부여의 경우에는 절도죄를 지은 자에게 1책 12법을 적용한 바 있고, 부녀의 간음과 투기에 대하여는 모두 극형에 처하여 산 위에 버렸다는 기록이 있다. 이는 옥저와 동예도 유사하였다고 전해지며, 삼한에서는 소도라는 치외법권적인 지역이 있어서 죄인이 이 지역으로 도망가면 그를 붙잡지 못하였다고 한다. 한편 부족국가로 알려진 부여국에 원형옥(圓形獄)이 있었던 것으로 전해지는데, 이러한 원형옥(round shapeprison)은 신라·고려로 이어져 왔고, 조선시대 한양의 대표적 교정시설인 전옥소를 포함하여 일제가 주권을 침탈한 직후인 1914년경까지 2천년 이상 원형의 형태로 전래되었다고 한다. 이러한 전통옥의 형태가 원형이었던 이유로 '감시와 편리함'이 그 목적이었다는 주장이 있다. 그러나 원형옥을 짓고 사용해 온 더 큰 의미는 '범죄인을 어질고 의롭게 다스려 교육하고 개선시키기 위해' 원형의 옥을 지었다고 보는 것이 더 타당하다.

2. 삼국시대의 행형

고구려에서는 부여와 마찬가지로 절도자에게 1책 12법을 적용하고 그 자녀를 노비로 삼아 갚게 한 바 있으며, 패전자·강간자 등은 사형에 처한 것으로 전해진다. 그리고 백제는 국가공권력에 의한 행형을 중시하였으나 고구려 등과 마찬가지로 응보적 수준의 행형이 주류였다고 한다. 한편 신라의 형률은 반역자와 전쟁에서 퇴각한 자 등을 엄단하고, 살인자는 사형에 처하며, 절도자는 배상을 물게 하였다고 한다. 당시 삼국의 감옥명칭으로는 영어(囹圄)·뇌옥(牢獄)·형옥(形獄)·수옥(囚獄) 등이 사용되었다고 한다.

3. 고려시대의 행형

고려시대의 행형을 보면 11대 문종왕 때 중국의 형법을 고려의 고유한 법속에 결합시켜 죄형법정주의 개념의 형법체계가 수립된 바 있는데, 특히 이 시대에서는 유교·교·도교 등과 같은 종교적 인애사상이념이 행형에 적극 반영되었고 감옥을 전옥서라 하였으며, 정형(定刑)주의를 확립시킨 시기로 평가된다. 그리고 제 4대 광종 때는 노비법 개정과정에서 급증하는 수용자를 관리하기 위해 전옥서 외에 임시로 사용할 감옥을 설치하였는데, 이를 가옥(假獄)이라고 하였다. 한편 고려시대의 형벌로는 태·장·도·유·사 등 5종이 근간을 이루고, 여기에 부가형으로 삽루형·경면형·노비몰입·가산몰수 등이 있었다. 또한 일정한 조건 아래 형을 대신하여 속전을 받는 제도가 있었다고 한다.

4. 조선시대행형

조선시대행형의 특징은 유교적 색채를 반영한 것에 있다 할 것이다. 또한 엄중한 형벌집행에 있어서는 신중을 기하는 면을 보여주고 있는데, 예를 들어 사형에 대하여는 3번 심사를 하는 삼복제(三覆制)를 시행하고, 국왕의 재결을 받아 집행했다는 점에서 그러한 점이 발견된다. 이 당시도 고려시대와 마찬가지로 죄수의 구금을 담당하는 시설을 전옥서라 하였다. 한편 관찰사는 유형 이하의 사건만 처리했고, 군·현의 수령은 장형 이하만 처리토록 하였다.

1) 형벌제도

(1) 태형(笞刑)

태형은 가장 가벼운 형벌로서 10대(度)에서 50대(度)까지 5등급으로 나누었고, 집행은 죄수를 형틀에 묶은 다음 하의를 내리고 둔부를 노출시켜 대(度)수를 세어가며 집행하였는데, 부녀자의 경우는 옷을 벗기지 않았으나 간음한 여자는 옷을 벗겨 집행하였고, 나이가 70세 이상인 자, 15세 미만인 자와 폐질환자, 임산부는 태형을 집행치 않고 대신 속전(贖錢)을 받았다. 이러한 태형은 조선 말 장형이 폐지된 후에도 존속하다가 1920년에 완전 폐지되었다.

(2) 장형(杖刑)

장형은 태형보다 중한 벌로서 60대에서 100대까지 5등급으로 나누고, 대체로 도형과 유형에 이를 병과하는 것이 보통이었다. 그런데 장형은 행형에 있어서 형을 남용하는 남형(濫刑)의 폐해가 가장 많았다고 한다. 이러한 장형은 갑오개혁 다음 해인 1895년에 행형제도의 개혁과 동시에 폐지되었다.

(3) 도형(徒刑)

도형은 오늘날의 징역형에 해당하는 것으로 도형기간 동안 관아에서 노역에 종사케 하는 자유형의 일종으로 고려시대 당률의 영향을 받아 고려형법에서 처음으로 도입하여 시행되었고, 조선에서는 경국대전의 형전과 대명률직해, 속대전 등에 이를 규정하였다. 도형의 기간은 최단기 1년에서 최장기 3년까지 5종으로 구분되고, 도형에는 반드시 장형이 병과되었다. 도형에 대신하는 것으로는 충군이 있었는데, 이는 도역에 복역하는 대신 군역에 복무시키는 것으로 일종의 대체형벌이라 할 수 있다.

(4) 유형(流刑)

유형은 중죄자를 지방으로 귀양 보내 죽을 때까지 고향으로 돌아오지 못하게 하는 형벌로 도형과 함께 자유형에 속하지만, 도형과는 달리 기간이 정하여지지 않았다는 점에서 오늘날의 무기금고형에 해당한다. 유형에 처해진 자는 임금의 사령 등 왕명에 의해서만 석방이 될 수 있었고 유형은 장형이 병과되는 것이 보통이었는데, 유배죄인에 대한 계호와 처우의 책임은 그 지방의 수령에게 있었다.

유형수(流刑囚) 중 정치범에게는 식량 등의 생활필수품을 관에서 공급하였고, 유배지에 처와 첩은 따라가며, 직계존속은 본인의 희망에 따라 동행을 허가해 주었다고 한다. 유형 중 중도부처(中途付處)란 관원에 대하여 과하는 형벌이고, 안치(安置)는 왕족이나 현직고관인 사람에 한하여 일정한 장소에 격리시켜 유지케 하는 것으로 유형 중에서도 행동의 제한을 가장 많이 받는 형벌이었으며, 천도(遷徒)는 조선 초 북변개척을 위한 이민정책의 일환으로 범죄자와 그의 가족을 천리 밖으로 강제 이주시키거나 연변지역으로 이주시키는 것을 제도화한 것인데, 특히 전가천도는 일반유형의 효력이 죄인당사자에 한하는 데 비하여 이는 전 가족에게 영향이 미치는 것으로 가혹한 것이었다.

(5) 사형(死刑)

사형에는 교형과 참형, 능지처참 등이 있는데, 능지처참이란 가장 중한 극형에 해당하는 것으로 신체를 여러 부분으로 절단하여 죽이는 형벌이다. 이는 주로 대역죄나 유교적 윤리에 근본적으로 반하는 범죄에 대하여 적용하였으며, 민중에 대한 위하의 목적으로 오살(五殺)·능지처사(凌遲處死)·차열(車裂)·효수(梟首)·기시(棄

市) 등 잔인한 방법으로 집행되었다. 사사(賜死)란 왕명으로 독약을 마시게 하여 죽게 하는 것이며, 부관참사(剖棺斬死)는 대역죄 등의 범죄에 대하여 죽은 자의 무덤을 파헤쳐 시체를 꺼내 능지처참을 행하는 것으로 명문의 규정은 없다.

(6) 부가형

부가형으로 자자형(刺字刑)은 신체의 어느 부위에 먹물로 글씨를 새겨 넣는 형벌인데, 주로 절도범으로 장형·도형·유형에 처하여진 자에게 가해졌고, 경면이란 얼굴에 글씨를 새기는 제도로 이는 일반 백성들에게 그가 전과자임을 알려 수치심을 갖게 하는 동시에 요시찰자로 관리하기 위한 것이었다. 이것은 주로 도둑의 횡포를 막기 위한 방편으로 사용되었으나, 평생 동안 전과자라는 낙인을 찍고 살아야 하는 가혹한 처벌로 영조 16년(1740)에 자자의 도구를 소각시키고 완전히 폐지되었다. 노비몰입이란 범죄인이나 그 가족을 노비에 편입시키는 적으로 절도 재범자, 대역·모반 등 10악(惡)에 해당하는 강상죄인의 가족에게 적용하였다. 재산몰수란 역모 등의 경우에 관련자의 가족을 노비몰입하고 전 재산을 몰수하는 것이며, 그 밖에 권리박탈적 명예형인 윤형(閏刑), 피해자에게 배상하는 피해배상제도가 있었다고 한다.

2) 휼형제도

휼형(恤刑)이란 '범죄인에 대한 수사·신문·재판·형 집행과정을 엄중·공정하게 진행하되 처리를 신중히 하고, 죄인을 진실로 불쌍히 여겨 성심껏 보살피며 용서하는 방향으로 고려해 주는 일체의 행위'를 가르치는 것이라고 정의할 수 있다. 휼형은 삼국시대에도 시행되었다는 기록이 있고, 고려를 거쳐 조선후기로 오면서 더욱 폭넓게 사용되었다. 조선시대의 휼형사례로는 죄를 용서하여 벌을 면제하는 사면(赦免), 감강종경(減降從輕)이라 하여 사형에 해당하는 죄는 유형으로, 유형은 도형으로, 도형은 장형으로 강등하여 처리하는 감형(減刑), 구금중인 죄인의 건강이 좋지 않거나 구금 중에 친상(親喪)을 당한 때에 죄인을 옥에서 석방하여 불구속 상태로 재판을 받게 하거나 상을 치르고 난 후 다시 구금하는 보방제도(保放制度) 등이 있었다. 이는 오늘날의 구속집행정지나 형집행정지, 그리고 귀휴제도와 유사하다고 볼 수 있다. 결국 조선시대 휼형사례를 보면 죄 지은 사람은 법에 따라 엄중하게 처벌하되 용서해 줄 여지가 있으면 이를 적극적으로 용서해 온 것이 조선형정(刑政)의 특징이라고 할 수 있다. 이처럼 조선의 형벌제도는 백성을 중히 여기는 민본사상(民本思想)과 인정(仁政)에 그 기반을 두고 있었다.

3) 감옥제도

감옥제도로서 전옥서는 고려의 제도를 계승하여 개국 초부터 형조에 소속되어 죄인의 수감을 맡아 하던 관서로 갑오개혁 이후 전옥서는 경무청 감옥서로 변경되었고, 1907년 감옥업무가 법부로 이관된 후 경성감옥으로 개칭되었다. 한편 육전 조례 전옥서에 의하면 남옥(男獄)과 여옥(女獄)을 분리수용하고, 대부분의 형사법전에 구금할 수 있는 기관, 구금의 요건 등을 상세히 규정하여 구금에 신중을 기하고 피구금자의 인권을 최대한 보호하고자 하였다.

4) 형구(刑具)

형구로서 옥구(獄具)에는 태(笞)·장(杖)·신장(訊杖:고문에 사용한 가시나무 회초리)·가(枷:목에 씌우는 나무칼)·뉴(杻:수갑)·철색(鐵索)·료(鐐:쇠뭉치가 달린 쇠사슬)의 7종이 있었고, 곤장의 종류인 태와 장은 태형과 장형을 집행하는 데 사용하고, 신장은 범죄인을 합법적으로 고문하는 데 사용하였으며, 가·뉴·철색·료는 범죄인의 도주를 방지하기 위하여 사용되었다고 한다.

5) 법외의 형벌

조선시대에 있어서는 공(公)형벌주의를 원칙으로 하고, 예외적으로 사(私)형벌주의를 인정하였다. 이처럼 사 형벌을 인정하는 경우로는 조부모나 부모에 대한 가해자를 자손이 구타한 경우에 그 상해의 정도가 중상 이상이 아니면 불문에 붙이고, 또한 조부모 또는 부모의 피살현장에서 자손이 범인을 살해한 것도 불문에 붙인다(가해자에 대한 자손의 보복). 한편 자손으로서 조부모나 부모를 구타하거나 처가 남편의 조부모 또는 부모를 구타하는 경우 그녀를 살해하거나 교령(敎令)에 위반하는 자를 징계하다가 우연히 사망한 경우 및 과실 치사한 경우에는 가해자는 불문에 붙이며, 남편이 처를 구타하는 것은 이유를 막론하고 이로 인한 상해의 정도가 중상해가 아니면 불문에 붙인다(자손이나 처에 대한 조부모·부모·남편의 징계). 더불어 명령에 복종하지 아니하는 노예에 대하여 징계권을 행사하다가 우연히 사망하거나 과실치사한 경우에는 가해자는 불문에 붙인다(노예에 대한 주인의 징계).

5. 근대적 행형제도[3)]

1) 갑오개혁 시 행형관계법

(1) 홍범 14조 13항의 지침

근대적 행형제도가 도입된 시기인 갑오개혁 시 홍범 14조 13항의 지침에 의거하여 형조의 폐지와 법무아문의 신설, 의금부의 의금사로의 개편, 연좌제의 폐지, 고형(拷刑)폐지, 관·민의 재판권을 법무아문에 귀속처리, 경무청 관제개편, 감옥사무를 내무아문으로 이관하였다.

(2) 재판소구성법

재판소구성법은 1895년 3월 5일자 법률 제 1호인데, 여기서 행정권으로부터 사법권을 독립시키는 근대적 사법제도의 기본원리를 실체적으로 처음 시도하였다. 경무청 감옥서는 감옥사무를 일원화하여 관장하고 직수아문에 부설되었던 감옥을 모두 폐지하였는데, 오형(五刑) 중 장형을 폐지하고, 도형을 징역으로 바꾸고, 유형은 정치범에 한해서 적용했으며, 미결수와 기결수를 구분하여 분리수용하고, 징역형을 받은 자는 감옥서에서 노역에 종사시켰다.

2) 광무시대 행형관계법

(1) 감옥규칙

감옥규칙은 고종 31년(1894) 11월 25일에 제정되어 새로운 감옥사무의 지침이 마련되었는데, 처음으로 미결감과 기결감을 구분하여 판·검사의 감옥순시를 명시하였으며, 재감자 준수사항 등을 규정하였다. 그리고 감옥규칙의 제정에 따른 것으로 징역수형자의 누진처우를 규정한 징역표는 범죄인의 개과촉진을 목적으로 수용자를 4등급(특수기예자·보통자·부녀·노유자로 구분)으로 분류하고, 1~5등급으로 나누어 일정기간이 지나면 상위등급으로 진급시켜 점차 계호를 완화하는 등의 단계적 처

3) 이윤호, 앞의 책, 55면 이하.

우를 실시하였는데, 이는 조선의 전통적 행형에서 근대적 행형으로 전환하는 과도기적 특징을 지닌다.

(2) 형률명례(刑律名例)

형률명례는 1894년 4월 4일 법률 제 3호로 제정・공포되었는데, 조선구제(舊制)의 형벌제도를 근간으로 하면서 근대적 법률체계를 갖춘 과도기적 형법의 형태를 보여준다.

여기서는 장형을 없애고, 형의 종류를 사형・유형・도형・태형의 4종으로 구분하고, 사형은 교수(絞首), 유형은 종신・15년・10년의 3등분, 도형은 17등, 태형은 10등으로 구분하였다. 한편 도형・태형은 국사범 외에는 범죄의 종류나 경중을 참작하여 속전으로 대신할 수 있었고, 가(枷)와 쇄체는 도주 우려자에게 사용했으나 노약자와 부녀자에게는 이의 사용을 금하였다. 그 밖에 재판관이 형벌을 완화할 수 있는 재량이 인정되었다.

(3) 형법대전

형법대전은 광무 9년(1905) 4월 29일 법률 제 2호로 제정・공포된 것으로 조선왕조에서 시행한 마지막 형법으로 근대서구의 법체계를 모방한 법전이다. 이는 형사실체관계에 관한 규정, 형사절차 및 행형에 관한 규정 등이 포함되어 있고, 국한문을 혼용한 전문 680조로 되어 있다.

3) 융회시대 행형관계법

융회시대에는 1907년 12월 27일 법무령 제 1호[경성감옥서를 설치하는 건]이 반포되고, 1908년 4월 11일 법무령 제 2호로 전국 8개 감옥의 명칭과 위치를 정하였는데, 1908년 4월 25일 법무령 제 3호로 간수와 간수장 중간에 간수부장직급을 신설하고, 1908년 5월 12일에는[간수 및 여감취체직무규정(女監取諦職務規定)]을 제정하였으며, 1908년 7월 13일 법무령 제 10호[감옥사무개시에 관한 건]에 의하여 7월 16일부터 감옥업무가 개시되었고, 1908년 11월 20일 법무령 제 19호로 8개 감옥분감(分監)이 증설되었다.

4) 일제침략기의 행형

일제시대에는 1917년 '간수교습규정' 등에 의거 교도관학교를 설치·운영할 근거를 마련한 바 있으며, 1923년 5월 5일 감옥을 형무소로 개칭하였고, 1924년 김천지소를 김천소년형무소로 개편하였고, 1936년에 인천소년형무소 설치를 통한 소년행형의 실시를 하였다. 행형관계법규에 있어서는 일본행형법규를 의용하였으므로 외형상 근대적 모습을 띠고 있었지만, 실제에 있어서는 조선 감옥령을 제정하여 총독의 명령으로 행형에 관한 별도의 규정을 둘 수 있게 하고, 이에 근거하여 태형제도·예방구금을 인정하는 등의 민족적 차별과 응보주의적 행형을 시행하였다.

5) 미군정시대의 행형

미군정시대에는 행형의 기본이념을 민주행형에 두었지만 실제로 일제시대의 조선감옥령을 의용하고, 조선총독부의 행형조직을 그대로 인수하여 운영하면서도 미국교정의 이념에 근거를 두어 우리 나라에서 본격적으로 교화이념에 입각한 행형이 시작된 과도기의 시대라 할 것이다. 따라서 미군정법령 제 172호 '우량수형자석방령과 재소자석방청원제, 형구사용의 제한과 징벌제도의 개선' 등의 조치가 단행된 바 있다.

6. 현대적 행형제도

대한민국의 수립 이후 교정행정의 중앙기구는 1948년 7월 17일 대한민국 헌법이 제정·공포됨에 따라 법률 제 1호로 정부보직법이 제정되었고, 1948년 11월 4일 대통령령 제21호(법무부직제)로 법무부는 1실 4국 21개 과로 발족하였으며, 교정행정을 총괄하는 형정국은 감사과, 형무과, 작업과, 교육과 및 후생과의 6개 과로 조직되었으며, 1962년 5월 21일에는 형정국이 교정국으로 개칭되었다.

일선기구는 1908년 4월 11일 법무부령 제 2호에 의하여 8개 감옥이 설치되어 1909년 9개의 분감이 설치(근대 행형이념에 대응하는 시설을 갖춤)되고, 1923년 5월 5일 총독부령 제 75호로 감옥을 형무소로, 분감을 지소로 개칭하여 전국에 형무소 15개소, 소년형무소 1개소, 지소 13개소 등 29개소를 설치·운영하였다. 1945년 8월 15일

남북이 분리되어 남한지역의 11개 형무소와 7개 지소를 관장하였고, 1950년 3월 18일 대통령령 제289호 형무소직제를 제정하였다.

제 3 절 교정단계의 이념적 정리[4)]

1. 처벌이념 단계

범죄행위나 범죄자에 대한 사회전체의 대응은 각 시대와 사회마다 그 시대와 사회에서 통용되어 온 인간관이나 문화관에 따라서 다양한 모습으로 나타났다.

사실 근세이전의 국가는 동양과 서양에 있어서 똑같지 않았지만 오늘날에 비하면 그다지 복잡하지도 않았고 구성원들 간 접촉도 그다지 활발하지 않았다. 그러나 산업화가 이루어지면서 근대 국가로 탈바꿈하면서 사람들의 이동은 활발해졌고, 접촉빈도도 매우 높아졌고, 지배계급의 모습이 달라지기 시작하였다.

이에 따라서 전통적으로 사회를 통제하고 통합하는데 중요한 역할을 담당하였던 가족, 교회, 동네 공동체, 국가에 대한 사회적 기대가 달라지기 시작하였다. 대체로 범죄자에 대한 대응 방식은 가혹한 내용의 처벌이었는데-형벌은 대체로 응보적이었으나 다소 인도주의적 색채를 띠기도 하였다 -범죄자로 하여금 다시 범죄를 범하지 않도록 하기 위한 것이었다.

그러나 이러한 노력이 크게 성과를 거두지 못하였다는 점이 명백해지면서 이제 형사처벌의 목표를 단순히 고통을 안겨주는 처벌에서부터 교정처우에서 찾기 시작하였다.

특히 19세기 말부터 연소범죄자의 증가, 범죄자의 상습누범화 현상이 두드러지면서 교정처우야말로 이를 해결해 줄 수 있는 방법이라고 하면서 각국은 형사사법조직을 채 검증되지도 않은 수많은 처우정책을 지향하여 시행하기에 이르렀다.

그러나 국가의 정책은 하나의 기관이 계획을 세워서 일관되게 실천되는 것이 아니라 국민의 갖가지 여론이 여러 기관에 반영되면서 타협과 조정을 거쳐서 시행된다. 국

4) 김화수·오영근 외 공저, 『한국교정학』, 한국교정학회, 2007, 49면 이하.

가기관이 지나치게 진보적이며 인도주의적으로 완화된 제도를 만들려고 하였지만, 시민들은 피부로 느껴지는 폭력사태 앞에서 획일적으로 가혹한 처벌을 하기를 원한다.

결국 형집행기관은 다양한 여러 국가기관의 여론반영의 정도를 감안하여 점진적으로 다소 완화된 정책을 세워 나가게 된다. 나라마다 범죄자에 대하여 대응하지만 결국 ① 처벌이념 ② 처우이념 ③ 예방이념의 범주 중 어느 하나에 치중하면서 형집행을 하게 된다. 물론 이러한 이념들은 고립된 것은 아니며 중첩되어 있다. 처벌이나 처우는 그 자체를 목적으로 하면서도 동시에 범죄예방을 위한 수단으로 인식된다.

각 이념의 내용은 다음과 같다.

처벌이념의 기능에는 보복, 억제, 무해화의 세 가지가 있다. 동서고금을 막론하고 형벌의 집행 즉 처벌은 보복으로 이해되어 왔다. 법체계가 수립되기 시작하면서 범죄행위를 통제하기 위하여 공식적으로 처벌행위가 이루어졌다. 범죄자야말로 사회에서 누구나 지키도록 기대된 규칙을 위반한 자로서 사회의 적으로 볼 수 있다. 그런 만큼 범죄행위를 한 행위자가 치루어야 할 대가는 범죄행위의 피해를 능가하는 가혹한 처벌일 수밖에 없었다.

처벌의 종류에는 사형, 추방, 잔인한 신체형이 포함된다. 근대적 법체계가 확립되기 이전에는 범죄에 대하여 피해자 또는 피해자의 사족도 보복을 할 수 있다고 생각되기도 하였으나 그 후 보복권은 국가에 귀속되게 되었다. Oppenheimer에 의하면 국가가 피해자의 복수권을 대행함으로써 국가는 범죄자를 처벌함으로써 종교적 임무를 다하게 되며, 범죄자에게 고통을 줌으로써 그의 죄를 씻어 준다고 보았다.

처벌이념의 두 번째 기능은 억제이다. 범죄자나 일탈행위자를 처벌함으로써 처벌받는 자 및 그들과 유사한 범죄를 범하려고 생각하는 자에 대하여 억제력을 지닌다.

억제효과를 달성하려면 남김 없는 처벌 및 신속한 처벌이 중요하다. 또 그 처벌이 범죄자에 의하여 당연한 것으로 인식되어야 하며, 금지된 행위와 내용적으로 유사한 처벌이면 더욱 그 효과가 크다고 인식되었다.

그렇게 되어야 동종·유사한 범죄의 반복을 누를 수 있다.[5] 억제효과는 처벌을 하는 국가나 공무원이 높은 덕목을 유지하면서 처벌을 하여야만 효과가 크다. 범죄학자들은 한때 획일화된 처벌이 개별화된 처벌보다도 억제효과가 떨어진다는 점을

5) Allen · Simonsen, *Corrections in America*, 1989, p.86.

인식하지 못하였고, 강력한 처벌이 더욱 억제효과가 크다고까지 생각했다.

그러나 범죄의 역사를 보면 가혹한 처벌을 한다고 하여 대상 범죄가 줄어들게 되었다는 뚜렷한 증거는 없으며, 범행수법도 덜 잔인해졌다는 증거도 없다. 사형의 경우 이를 확대한다고 하여 당해 범행이 줄어들지도 않았다. 그 이유는 처벌되는 자들이 이 처벌을 당연히 치루어야 할 죄 값이라고 생각하지 않는 가운데 처벌이 강행되면서 이판사판이라고 생각하는 자포자기의 범죄자들을 더욱 많이 만들었다고 보기도 한다.

극형이 아니라도 전과기록으로 인하여 사회에서 제대로 된 직업을 구하기 곤란하게 되는데 처벌 자체를 승복하지 않았던 수형자가 출소 후 사회적 냉대에 좌절하면서 기왕 감옥갔다 온 놈이라는 말을 듣고 사는데 한 번 더 교도소에 갔다고 해서 그리 큰 문제냐고 생각하기 십상이다.[6] 그러한 상황에 이르게 되면 처벌이나 전과는 범죄억제효과를 발휘할 수 없다. 범죄자는 다시 범죄에 손대게 된다.

세 번째 기능으로는 무해화를 들 수 있다. 처벌을 통하여 범죄자가 재사회화되었으면 좋겠지만 실제로는 이러한 효과를 기대할 수 없었으며, 그저 형 집행 기간 동안만이라도 사회로부터 그를 고립시키고, 범죄성을 제압하여 무력화시킬 수 있을 뿐이라는 것이다. 이러한 형벌 기능론은 은연중에 사형 추방형 신체 절단형과 같은 잔인하기 그지없는 형벌을 정당화하게 된다. 상습적 성범죄자에 대한 거세형이나 신상공개를 들 수 있다.

무해화를 보다 합리화하는 방법으로 선별적 무해화 방법을 들기도 한다. 교도소에 수용하여야 할 수형자가 넘쳐서, 수용거실의 숫자가 모자라게 되면 강력범이나 상습범만을 수용할 수밖에 없다. 미국에서 무장간도범 전용교도소를 운용하자는 주장은 선별적 무해화론의 예이다.[7]

선별적 무해화를 통하여 교정인력을 보다 효과적으로 활용할 수 있게 되며, 범죄예방은 더욱 효율적으로 이루어질 수 있다는 이론이다. 사실 상습범이나 누범이 범죄자 전체에서 차지하는 비중은 높지 않지만 그들의 형기를 합산해 보면 엄청난 범죄자의 수를 갈음하는 격이다.

---

6) Irwin · Austin, *It's Adout Time* (National Council on Crime and Delinquency), 1987, p.12.
7) Allen · Simonsen, *ibid.*, p. 89.

여기에 그들이 자행하는 범죄의 중대함과 그에 따른 충격(많은 경우 매스컴의 영향에 따른 것이다)을 생각하면 범죄대책상 최우선적으로 고려되어야 할 대상이다. 살인, 강간, 강도, 중상해와 같은 강력범에 있어서 전과자의 비율은 40-60%에 달한다.[8)]

이러한 비중을 지니는 범죄가 줄어들지 않고 있는 상황에서 모든 범죄자를 남김없이 교도소에 수용하여야 한다는 주장은 맹목적인 것이라고 할 수 있고, 따라서 가장 혹독한 사회제도인 교도소에는 꼭 수용되어 있어야 할 자들을 우선적으로 수용해야 한다는 의미이다.[9)]

일반시민들의 욕구를 반영하여 형벌을 효과적으로 그리고 강력하게 운용해 보기도 하였지만 모두 수형자를 제대로 의미있게 분류하는 것을 전제로 한다. 상습누범에 대하여 부정기형을 선고하여 범죄자의 대오 각성과 분발을 촉구하는 부정기형제들을 들 수 있다.

이제까지 각국이 경험한 행형 결과는 그다지 성공적이지는 못하였다. 수형자들은 판사와 교정공무원의 태도를 보면서 그들은 가진 자들의 편에 서서 형벌은 운용하는 자들이며 그들을 도저히 이해할 수 없는 사람들이라고 보면서, 법에 대한 준수의지를 함양하기보다는 더욱 더 지능적으로 법을 위배하려는 의욕만 북돋아준 격이 되었다. 수형자들은 자신들이 돈 없고, 사회적으로 배경이 신통치 않아서 거기에 수용되게 되었으며 부당하게 보복적인 형벌 노예상태를 강요받은 것이라고 생각한다. 사회내처우에 붙여진 일부 범죄자들과 비교해 볼 때 시설에 수용된 범죄자들이 갖는 좌절은 생각보다 심각한 것이었다.

법원이나 교정 공무원들은 일반인들보다 범죄자를 더욱 잘 이해하면서도 수형자를 다루면서 지나치게 관대하게 대하는 것이 자신들의 입지를 좁히지 않을까 생각되어 형량이나 형집행에 있어서 관대하게 대하는데 한계를 드러낸다.

다른 한편으로는 시설 내 처우를 하면서 교정공무원들은 수형자들과 교도소사화를 이루면서 범죄자에 대하여 훨씬 더 깊은 이해와 동정심을 갖는 경우가 많아 형기를 조금씩 줄여주는 방식을 가지고 수형자를 통제한다. 사회통제의 핵심수단으로 인

8) 법무연수원, 『범죄백서』, 1996, 62면.

9) Decker · Salert, Predicting the Career Criminal : An Empirical Test of the Greenwood Scale Journal of Crimanal Law and Criminology 77(1986), pp. 215-236.

정되어 온 형벌이 처벌의 의미를 제대로 실현하지 못하게 된 배경에는 바로 이러한 형집행 관행이 내재되어 있었다.

지배계층의 힘과 자의적인 의지에 때문에 자신이 억울하게 처벌 받았거나, 불공평하게 처벌받았다고 생각하면 결국 법체계(법질서)에 대하여 적대적인 태도를 강하게 갖게 될 것이다. 죄값에 비추어 너무나 가혹하고 혹독한 처벌은 수형자를 벼랑 끝에 내몰고 그들이 새로이 적응할 기회를 박탈하게 한다. 처벌이념은 어쩌면 신학과 미학 그리고 공리주의적 사고를 그 기초로 한다고 보겠다. 수형자에게 고통을 안겨 주고 속죄하게 하여, 범죄자와 사회가 다시 화합하게 한다는 취지는 수형자의 개성을 무시하고 획일화된 형벌은 집행함으로써 소기의 성과를 거두지 못하였다.

결국 형벌은 범죄행위 그 자체보다 더욱 더 사회적으로 수치스러운 제도가 되어 버렸다. 감옥은 수용되어 있는 자의 입장에서 보면 하루라도 빨리 빠져 나가고 싶은 지옥 같은 곳이 되고 말았으며, 교정 공무원은 수형자들의 적일 수밖에 없게 되었다. 이러한 곳을 상징적으로 표현한 말이 다름 아닌 범죄학교(School of Crime)라는 명칭이다.

처벌이념은 범죄자들을 다루는데 있어서 가장 중요한 요소로 인정되었다. 오늘날 처우이념(Correctional Ideology)이 점차 설득력을 갖게 되었지만 국가제재의 기본구조인 처벌이념이 기본적으로 중심적 지위를 잃은 적은 없었다. 미국의 경우 대다수 주에서 부정기형 제도가 점차 폐지되기 시작하였고, 가석방을 통한 형기의 단축제도를 정기형제도로 바꾸어 나갔는데 바로 이러한 기본원리를 지키려고 하는 것이다.

교도소 신축으로 범죄의 만연에 대응하면 되지 않겠는가 하고 생각하기도 하였지만 그러한 인식의 결과는 그 정반대의 사태인 교도소 만원(Overcrowding of prisons)에 이르게 되었다. 이러한 문제를 해결하기 위하여 부득이 하지만 중간제재(Intermediate Sanction)라는 해결책이 대두되었다. 보호관찰보다는 중하며 엄중한 구금형보다는 경한 제재가 바로 그것이며, 이렇게 하여 선별적 무해화를 시도하게 된다.

그러나 이러한 제3의 길도 개별 범죄자의 성격과 개별적 상황을 고려하는 때에만 그의 의를 다할 수 있다. 그러나 아직까지 획일화된 형벌이 원칭이며, 개별 처우는 이러한 큰 틀 내에서 수정 원리로 작용한다고 말할 수 있다.[10)]

10) 우리나라에서는 형벌에 관련하여 처우이념을 버리고 처벌이념으로 돌아가는 정책의 변화를

2. 처우이념 단계

범죄자는 보복을 받고 죄의 값을 치루어야 하는 그러한 존재가 아니라 개인의 성향과 특징에 따라서 과학적으로 다루어져야 한다는 주장이 나왔다. 과학주의는 범죄자를 정신적으로 병든 자, 소외된 자, 사회적으로 열등한 자로 보는데서 출발한다.

그러나 병자를 보고 귀찮고 비용이 많이 드는 자라고 하여 사회를 위하여 이들을 제거해야 한다는 식으로 형벌을 운용해서는 안 되며, 수형자로 하여금 합법적 행동을 하였을 때 어떠한 보상이 따르는지를 알게 하여 합법적 행동을 모델로 삼도록 자극을 주고 도와주어야 한다는 이념이다. 이를 처우이념 또는 치료이념이라고 한다.

처우이념이라고 하여 수형자를 마음대로 내버려 두거나, 그냥 그를 너그럽게 대한다는 의미는 아니다. 아무리 처우라고 하지만 자유의 제한과 엄정한 계호는 당연한 요청이다. 다만 구금을 통한 격리 그 자체를 목적으로 삼아서 고통과 수치를 안겨 주는 것으로 그쳐서는 안 된다.

처우이념의 궁극적 목적은 사회에 나아가 또 다시 낙오되지 않도록 적응능력을 함양하여 주려는 것이다. 물론 처벌이념에 입각하여 형벌을 운용한다고 하여도 시종일관 구금과 억압만을 하는 것은 아니며, 처벌 가운데에서도 처우를 추구하기는 한다. 형벌의 완화는 주된 흐름이며 교정공무원의 권위는 이제 건설적으로 바뀌고 있으며, 교정공무원은 수형자에 대해서 점점 더 긍정적인 태도로 바뀌고 있다.

또한 처우과정 자체가 점차 자비로워지고 있다. 처우이념을 둘러싸고 특히 신생국가였던 미국에서 논의가 활발하였다. 역사와 전통이 짧고 매우 역동적인 사회였던 미국은 유럽에 비하여 상대적으로 범죄발생률이 매우 높았다. 그리하여 미국에서는 전통적으로 범죄자에 관한 실증적 연구가 활발하며, 미국은 재정적으로나 인적자원의 면에서 새로운 이념을 실험할 수 있는 풍토가 조성되어 있었다.

미국에서는 범죄자에 대한 처우를 통하여, 주민들을 통합할 수 있는 이념을 항상

인정할 수 없다. 이는 처우이념을 확고하게 받아들이고 있기 때문이라기보다는 처우이념을 제대로 실시해 본 경험이 없기 때문이다. 만약에 미국사회가 간 길을 우리가 걸어가게 된다면 모르겠지만 국가와 국민간의 관계, 기본권보장의 현황을 감안하면 우리는 처우이념의 확대실시를 계속 걸어갈 것으로 생각된다.

고려하여 왔다. 범죄자란 과연 누구인가 또는 우리가 그들에게 무엇을 어떻게 하여야 하는가 하는 물음을 던지며 그 답을 찾고자 하였다. 답으로 제시된 주장은 다음과 같다.

① 1790년대에 퀘이커 교도들을 중심으로 범죄자란 하느님으로부터 멀어진 자들이기 때문에 범죄자들은 개별거실에 분리구금되어 성서를 읽고, 참회하지 않으면 안 된다고 본다. 퀘이커 교도들은 범죄자를 하느님께 돌아갈 수 있도록 도와야 한다고 본다. 범죄자라고 해도 그가 하느님을 만나면 다시는 범죄를 범하지 않게 될 것이라고 믿었기 때문이다.

1890년대에 이르자 범죄자들은 하느님과 멀어진 이유를 구체적으로 찾기 시작하였는데 예를 들어 가정환경이 열악하거나 불운한 자들이며, 교육·직업훈련·훈육이 제대로 이루어지지 않은 자들이라고 보기 시작하였다.

② 두 번째 이념은 교육이념(Educational Doctrine)이다. 이것은 수형자들이 석방 후 범죄를 저지르지 않기 위하여 직업교육이나 기술교육을 실시하여야 하며, 적절한 훈육을 실시하여 수형자로 하여금 스스로 자기 통제를 할 수 있게 도와야 한다고 한다.

③ 1920년대부터 1930년대 초에 이르러 Stanford Bates와 연방 교도소위원회의 주도로 치료모델(Medical Model)이 주장되었다. 치료모델은 범죄자에 대하여 과하는 형벌은 마치 병을 앓고 있는 환자에 대하여 의사가 진단과 치료를 하는 것과 같다고 보는 입장이다. 나아가 출소 후에도 치료를 계속하여야 하며 이를 조건부 가석방을 하면서 보호관찰관이 관여하게 되는데 계속 관찰을 하고, 사회치료(Social Therapy)를 하여 사회에 적응하도록 한다. 병자를 개선하는 것은 치료하는 의사와 의사를 관리하는 병원의 책임이라는 사고에 귀착한다. 소극적인 환자와 적극적이며, 운명을 좌우하는 병원이라는 관계가 범죄자(수형자)와 교정시설의 관계를 나타낸다.

④ 처우이념의 네 번째로는 1960년대 후반에 나타난 이념으로 80년대에 이르러서도 아직도 중요한 이념으로 받아들여지고 있는 재통합모델(Reintegration Model)을 들 수 있다. 범죄와 범죄자에 관련하여 원인과 해결방법에 관하여 여러 가지 의견이 나오고 있지만 지역사회(Community)라는 역학원인론적 인자(Aetiological Factor)를 중요하게 보는 점은 일치한다.

지역사회는 수형자라는 지역사회의 구성원을 돌보지 아니하였고, 때로는 이들을 다른 구성원들과 차별적으로 대한 것이 아닌가 하고 가설을 세운다. 그렇기 때문에 범죄자(수형자)의 처우는 반드시 지역사회와 연결되어져야 한다.

범죄의 발생과 범죄자의 성장이 지역사회 관련적인 특성을 나타내기 때문이다. 범죄자는 문제를 해결함에 있어서 적극적으로 참여하도록 요구된다. 교정공무원은 지역사회와 범죄자를 연결하여 재통합을 위한 서비스가 이루어지도록 중개자의 역할을 한다.

교정공무원들은 지역사회로 다시 복귀하기 위하여 열심히 노력하는 수형자에게 그 가능성을 최대한 열어 주기 위하여, 지역사회를 관리하여 적절한 인적 자원을 발견·동원할 수 있어야 한다. 이를 위하여 공무원들 중의 일부는 전문가적 소양을 지닌 자이어야 한다. 앞에서 말한 네 가지의 처우이념들은 모두 처벌이라는 교정의 이념을 제시하는 것이며 결국 범죄자별로 처우내용을 결정하게 된다. 각 이념들은 서로 공존이 불가능한 대체하는 이념들은 아니며 상호보충하는 의미를 갖는다.

처우의 절차는 처우를 실시하는 자마다 다를 정도로 다양하다. 처우나 치료하면 얼핏 정신치료를 연상하는 경우가 많으나 실제 교정현장에서는 거의 일어나지 않는 일이다. 집단상담과 같은 집단치료(Group Terapy)가 자주 이용된다.

사람들은 자기가 주로 교제하는 사람들로부터 행위패턴을 학습하게 마련이며, 범죄는 범죄자집단과 교제하는 자들이 이들로부터 범죄행위를 학습하게 된다고 보면서 출발한다. 집단치료는 수형자로 하여금 범죄자집단이 나타내는 행동방식에 대한 관심을 끊고, 합법적인 행동을 하고 사는 사람들의 행동을 따르도록 촉진하기 위하여 교정공무원과 수형자가 함께 참여하여 하는 방법이다.

앞으로 범죄자가 살아 나아감에 있어서 따라야 할 집단은 바로 비범죄자 집단이라고 표시해 주면서(표시해 주는 방식은 다양하다) 범죄자들을 차츰 이러한 준거집단의 행동을 범례로 삼아 지위와 안정을 추구하게 하여야 한다.

그러나 그저 기계적으로 강제적으로 따라 하는 행동 속에서는 학습효과는 기대하기 곤란하다. 가석방의 혜택을 노린 수형자에 대한 처우는 무의미하다. 집단치료의 지도자는 긴밀한 상호관계를 형성하도록 동기부여를 하여야 하고, 참여자들이 그들 자신에 관하여 더 많이 알도록 도와주어야 한다. 처우란 개인이 스스로 자기가 안고 있는 문제점을 찾아서 극복하도록 촉진한다는 뜻이다.

교정시설에서 수형자는 자기의 문제점은 무엇인지 그리고 이를 해결하기 위한 방법은 무엇인지를 자문한다. 수형시설은 이러한 문제제기를 하고, 답을 구할 수 있도록 적합한 환경을 지니고 있어야 한다.

다양한 방법으로 이루어질 수 있는 처우이념은 처벌이념에 비하여 교정의 이념을 한 단계 높인 것은 사실이지만 몇 가지의 지적할 사항이 있다. 교정행정에 있어서 우선 교정시설의 보안이야말로 최우선적인 사항이며 그 결과 수형자의 개성을 고려하여야 한다는 주장은 그만큼 뒷전으로 밀리게 된다.

처우프로그램은 시설의 규칙강조와 수형자에 대한 징벌로 인하여 자주 정지된다. 시설의 규칙을 위배하여 독방구금을 받게 되면 그 기간 동안 이루어질 수 있었던 누진점수의 소각은 불가능해지며 동료 수형자에 비하여 그만큼 뒤쳐진다.

시설의 규칙이 너무나 엄격하게 시행되면 자신의 문제점을 찾아서 극복해 보려는 수형자의 의지를 꺾게 되며 처우이념의 실패는 자명하다. 사실 수형자는 무엇인가 합법적인 방법으로 자신을 드러내고 알리는데 실패한 자이다. 이러한 자에게 일반시민들에게 대하여 적용되는 것 이상으로 엄격한 기준을 제공하면서 합법적 행동을 강요한다면 과연 성공을 거둘 것인가?

어쨌든 집단치료법에 의한 교정은 이미 대세를 이루고 있다. 보안을 담당하는 교정공무원의 비협조, 이를 밑받침하려는 정치인들의 영합적 태도가 처우이념을 깊이 지속적으로 추구함에 있어서 장애가 되고 있다. 더구나 리얼 타임으로 전달되는 범죄현장과 범죄인의 모습은 더욱 더 처우이념 실패의 운명을 드러내는 것인지도 모른다. 처우이념은 극적인 사태의 충격이나 일부 교정 · 교화가 어려운 자들 때문에 손상되어서는 안 된다. 어느 정도 규율과 질서가 확보되면 교정 프로그램은 실시될 수 있고 나아가 사회에로의 재통합의 목표도 체계적으로 달성가능하다.

독일 형법 학계에서는 책임의 한도를 넘어서지 아니하는 한도에서 행하여지는 행형은 그 자체가 법의식이나 책임의식을 내면화하는 계기가 된다고 인식한다. 결국 유죄판결이 확정된 자를 놓고 시설내에서 규율 · 교정 · 체통 · 합의 목적이 함께 추구될 수밖에 없다.

3. 예방이념 단계

범죄자가 유죄판결을 선고받은 교도소에 들어가게 되면 그 기단 동안 그로부터의 범죄는 염려할 문제가 아니다. 다만 출소한 다음부터가 문제이다. 우리의 경우 형사범의 재범률을 보면 해마다 조금씩 다르지만 살인・강도・강간・방화범과 같은 강력범의 발생 현황을 보면 1998년 13,546건에서 2007년 20,922건으로 지난 10년간 약 1.5배 증가하였다.[11]

이러한 상황아래에서 교정당국과 지역사회는 범죄예방을 가장 시급한 과제로 생각하게 된다. 개인적 차원과 환경적 차원의 두 가지로 접근이 가능하다. 아무리 세심히 취급하여도 범죄를 예측하는 것은 한계가 있다.

범죄예방 프로그램은 범죄를 범할 성향을 잠재적으로 지닌 자를 범죄성을 발휘하지 않고 달리 살아가도록 고무하려는 것이다. 이것은 일찍부터 학교생활에서부터 시작한다. 게으르거나 유급된 학생들을 특별학급에 편성하여 교육을 받게 하고, 직업교육을 실시하고, 상담을 실시하는 등이 그 예이다.

그러나 학교에서 비행소년을 퇴학시켜 버리면 프로그램 실시를 근본적으로 막는 일일 뿐만 아니라 당해 청소년이 받는 상처는 엄청난 것이다. 비록 청소년들은 범죄를 그들의 불행과 불안의 배출구로 활용하곤 하지만 그러한 행동을 통하여 더욱더 사회로부터 인정받고 싶어한다는 심리적 배경을 깔고 있다.

범죄 예방이념을 받아들인다고 해서 범죄를 완전히 예방할 수 있게 된다는 의미는 아니다. 일찍이 에밀 뒤르켐이 지적한 바도 있지만 성인의 중죄가 상당할 정도로 예방되게 되면 국가는 청소년 범죄에 좀더 관심을 기울이게 되며, 별일도 아닌 것을 크게 생각하게 될지도 모른다. 청소년들의 비행에 있어서는 이를 불러일으키는 개별적・감정적・사회적 문제를 해결하여 범죄를 감소시켜야 한다는 주장이다.

환경설계(Environmental Design)로써 범죄예방을 시도하는 예로 가로등 설치를 들 수 있다. 많은 창문들과 광범위한 지역의 CCTV, 풀기가 용이하지 않은 시건장치, 높은 담장, 가로등의 환한 불빛, 이웃 간 왕래를 보다 용이하게 하는 가옥구조 등은

11) 법무연수원, 『범죄백서』, 2008, 53면.

범죄에 대한 장벽이 되며 범죄의 의욕을 꺾는 것이다.

환경에는 이러한 물리적 환경 뿐만 아니라 사람들의 관심, 압력, 사회에서 통용되는 이상 등과 같은 인적 환경도 있다. 예방은 지역사회의 자원을 최대한 활용하여 이루어져야 한다. 재정은 교도소의 설치보다는 범죄예방을 위하여 더욱 투입되어야 한다.

지역사회에서 처우와 예방은 함께 추진되어야 한다. 범죄의 원인이 되었던 문제의 본질과 그 처리 및 문제 발생의 반복에 초점이 맞추어져야 한다. 공무원과 지역사회의 자원 봉사자들은 협조하여야 한다. 학교, 교회, 지역사회의 자원 봉사 기구들과 비슷한 기구들이 더욱 열심히 움직일 때 잠재적 범죄자들은 범죄를 범하지 않게 될 것이다. 처우와 예방의 결합이야말로 가장 바람직하고, 자애로운 교정 이념 및 실천을 지향하는 기구를 만들 것이다.

예방이념은 너무나 이상적이며 포괄적이어서 스스로 완전무결한 원리가 될 수는 없겠지만 처우이념의 기초를 이루고 있다. 처우이념 아래에서 다양한 기법을 모색하여 실시함에 있어서 개별화 처우와 제도로서의 처우규칙 간에 긴장이 존재한다. 현재로서는 헌법상 받아들일 수 있는 절차를 지켜 나가면서 교정 공무원 이외에 민간 전문가 및 이미 시설에서의 생활을 경험한 자의 적극적 참여가 이루어지도록 하는 것이 대안이라고 본다.

행형법의 이러한 추세에 발맞추어서 소년법에서도 이러한 경향이 두드러진다. 그간 미흡했던 현대적 추세인 인권보장과 적법절차보장을 강화하면서 한편 처우이념을 지속적으로 확대하고 있다. 소년범의 경우 성인범에 비하여 변화가능성이나 감수성이 두드러진다는 점에서 형벌 이외에도 보호처분이라는 보호적 제재까지 인정하고 있다. 성인범에 비하여 처벌이념의 비중이 현저히 약화되어 있음을 알 수 있다. 이제까지 살펴본 형벌이나 제재의 이념의 추이를 통하여 우리는 소년법의 위상을 처벌이 아니라 처우라고 본다.

이처럼 교정 개념을 놓고 다소 차이는 있지만 법원의 형벌이나 제재를 집행하는 절차를 교정으로 보겠으며 시대마다 나라마다 교정의 과정에서 추구하는 목적이 달랐다. 좀더 정확히 표현하자면 각국은 시대정신에 따라 처벌, 처우, 예방의 목적을 잘 구현할 수 있는 형벌 집행방법 또는 제재 집행방법을 추구하였다고 할 수 있다.

오늘날 문화선진국가는 교정과정에서 처우를 통한 처벌, 처우, 예방을 도모하는 것이 가장 타당하다고 보고 있다. 이 시대정신을 가장 잘 반영하는 교정을 체계적으로 타당성있게, 실증적으로, 그 밖의 새로운 교정 기법에서도 오류 가능성을 배제할 수 있는 정도로, 그리고 사회내처우든 시설내처우든 처우를 거친 범죄자들의 예측가능성(예후)을 제시해 주는 문제를 놓고 교정학이 출현하였으며 교정학은 범죄학의 연구성과를 기초로 함은 앞에서 본 바와 같다.

4
chapter

교정처우와 관리

[학습목표]

1. 형벌의 목적에 대한 이론적 틀을 학습한 후 형벌의 종류를 숙지한다.
2. 구금에 대한 목적과 방법을 발전과정과 연계하여 학습한다.
3. 형법상의 자유형에 대한 학습과 부정기형제도, 재산형과 몰수형, 그리고 명예형까지 완전 숙지하도록 한다.
4. 구금시설에서 개방형처우 중심으로 연계하여 사회형처우를 이해하도록 한다. 또한 교정의 민영화문제도 살펴본다.

〈출제경향분석〉

- 평가의 40% 이상의 출제경향을 보이는 장이다. 숙지하여 기억하도록 하는 철저한 학습이 요구된다. 특히 구금에 대한 방법과 방식의 이해와 단기자유형의 장단점분석, 각 행형종류는 물론, 개방형청우제도와 사회형처우를 철저히 학습함이 필요하다.

제 1 절 형벌의 이해

범죄에 대한 법률 효과로서의 형사제재에는 형벌과 보안처분이 있다.[1] 형벌은 책임주의 원칙이 지배하여 책임을 전제로 하고 과거의 범죄행위에 대하여 과해진다는 점에서 미래의 범죄적 위험성을 전제로 하는 비례성의 원칙이 지배하는 보안처분과 구분된다. 형벌은 범죄자에 대한 국가의 법익 박탈행위이다. 대체적으로 오늘날 형벌에 의한 법익 박탈은 응보적 측면뿐만 아니라, 범죄인을 교화 · 개선한다는 측면에서의 법익박탈이 중시되고 있다. 형벌권의 주체가 국가인 점에서 공형벌(公形罰)이고 국가적 형벌이다.

1. 형벌의 목적

형벌의 목적으로는 응보, 일반예방, 특별예방, 결합설이 제시되고 있다.

1) 응보형주의

'응보형주의'란 형벌의 본질을 범죄에 대한 정당한 '응보'에 있다는 사상이다. 즉, 범죄란 정의에 반하는 악행이므로 범죄자에 대해서는 그 범죄에 상응하는 해악을 가함으로써 정의가 실현되며, 따라서 형벌의 본질은 응보에 있고 형벌의 내용은 악에 대한 응보 이외의 다른 목적을 인정하지 않고 응보적 해악으로서의 형벌 자체를 자기목적으로 하기 때문에 '절대주의'라고 한다. 응보형주의의 대표적인 주장자는 칸트(Kant)와 헤겔(Hegel)이다.

2) 일반예방주의

'일반예방주의'는 범인에 대하여 형벌을 과함으로써 일반인으로 하여금 범죄예방의 효과를 거두려는 견해이다. 이에는 '소극적 일반예방'과 '적극적 일반예방'이 있다.

1) 김화수 외 공저, 『한국교정학』, 한국교정학회, 2007, 117면 이하.

(1) 소극적 일반예방

'소극적 일반예방'은 형벌의 목적을 형벌의 위하력에 의하여 일반인의 범죄를 방지하는 데 있다는 견해이다. 소극적 일반예방에는 「형집행에 의한 일반예방」과 범죄 및 형벌을 법률에 규정하여 이를 일반인에게 예고함으로써 범죄예방의 효과를 거두려는 「형벌예고에 의한 일반예방」(Feuerbach의 심리강제설)이 포함된다.[2] 대표적인 학자는 베까리아(Beccaria), 포이에르바하(Feuerbach)를 들 수 있다.

(2) 적극적 일반예방

'적극적 일반예방'이란 범죄인의 처벌을 통해 일반국민의 규범준수의식을 강화시켜 사회의 규범안정을 도모함으로써 범죄를 하지 않도록 한다는 것이다. 오늘날 일반예방이론 가운데 중요한 의미를 가지는 것은 적극적 일반예방이며, 주장한 대표적인 학자는 야콥스(Jakobs)이다.

3) 특별예방주의

'특별예방주의'는 형벌의 목적을 범인의 사회복귀에 두고 형벌을 통하여 범인을 교화·개선함으로써 더 이상 범죄를 저지르지 않도록 하는 것을 말한다. 특별예방주의는 그 목적 달성 수단으로서 형벌의 개별화, 단기 자유형의 제한, 집행유예·선고유예의 활용, 가석방 등을 주장한다.[3]

4) 결합설

응보형주의, 일반예방주의, 특별예방주의는 모두 장단점을 가지고 있으므로 어느 한 이론에 의하여 형벌의 본질과 목적을 설명할 수 없고 이들 이론을 어느 한 이론에 의하여 형벌의 본질과 목적을 설명할 수 없고 이들 이론을 결합하여 설명하려는 이론이 결합설(절충설)이다. 이에 의하면 응보목적은 책임주의 원칙에 의해 제한되므로 책임원칙은 형벌의 상한을 결정하게 되고, 이러한 형벌범위 안에서 일반예방과 특별예방의 목적을 고려하여 일반예방과 특별예방은 형벌의 하한을 결정하게 된다.[4]

---

2) 박상기·손동권·이순래, 『형사정책』, 한국형사정책연구원, 1990, 283면.
3) 위의 책, 283면.
4) 오영근, 『형법총론』, 대명출판사, 2002, 837면.
오영근 교수의 결합설에 대하여 다음과 같이 비판하고 있다.

결합설이 독일과 우리나라의 지배적인 견해이다.

제 2 절 형벌의 종류[5)]

현행 형법이 인정하고 있는 형벌의 종류에는 사형 · 징역 · 금고 · 자격상실 · 자격정지 · 벌금 · 구류 · 과료 · 몰수의 9가지가 있다(형법 제41조). 여기서 사형은 생명형이고, 징역 · 금고 · 구류는 자유형이며, 벌금 · 과료 · 몰수는 재산형에 속하고, 자격상실 · 자격정지는 명예형에 해당한다. 형벌을 주형(主形)과 부가형으로 나누기도 한다. 그런데 현행형법은 주형과 부가형의 구별을 폐지하였으나, 다만 몰수형의 부가성은 인정하고 있다.

1. 사형

사형은 수형자의 생명을 박탈하는 형벌이다. 이를 생명형 또는 극형(極刑)이라고도 한다. 사형은 교수하여 집행한다(형법 제 66조). 군형법은 총살형을 규정하고 있다(제3조). 현행 형법은 법정형으로 사형을 인정하고 있으며, 소년법에서는 범죄행위시 18세 미만인 소년에 대하여는 사형을 하지 못하도록 하고 있다(소년법 제59조). 국제인권법에 의하면 18세 이하의 미성년자에 대해서는 사형선고를 내릴 수 없도록 되어 있다. 현재 100개국 이상의 국가에서 미성년자에 대한 사형을 법으로 금지하고 있다.

결합설은 형벌의 목적에 관한 이론이기라기보다는 형벌의 한계에 관한 이론이라고 할 수 있다. 형벌의 목적이 될 수 있는 것은 특별예방 뿐이고 응보나 일반예방은 형벌의 목적은 될 수 없고 기능은 될 수 있다. 국가는 정당한 목적을 추구해야 하는데, 응보란 맹목적이고 감정적이기 때문에 국가가 응보를 목적으로 설정할 수 없다. 일반예방은 범죄인을 범죄예방을 위한 수단으로 취급하는 것이기 때문에 정당한 목적이 될 수 없다 따라서 형벌이 범죄인에게 고통을 과하거나 자유를 제한하는 내용을 갖는 경우에도 어디까지나 특별예방을 달성하는 수단이라는 범위에서만 정당화될 수 있다.

5) 김화수, 앞의 책, 119면 이하.

1) 사형의 역사

사형은 가장 오랜 역사를 가지고 있는 형벌로서 "형벌사는 사형의 역사"라고 할 만큼 중요한 위치를 차지하고 있다. 구약시대의 율법은 많은 경우에 사형을 부과하였으며, 사형을 제한할 수 있는 다양한 절차가 있었다.6) 세계에서 가장 오래된 성문법인 함무라비법전의 형법 편에는 탈리오 법칙이 반영되어 위하관념이 강한 약 37개 조항의 사형이 규정되어 있다.7) 중세는 사형의 전성기라고 할 만큼 수많은 사형이 행하여졌고 그 방법도 잔인하였다. 특히 영국의 헨리(henry) 8세의 치세(1509~1547)에는 72,000명, 엘리자베스(Elizabeth) 1세 치하(1558~1603)에서는 89,000명이 처형되었는데, 정치적·종교적으로 남용되었다. 집행도 공개적으로 남용되었다. 집행도 공개적으로 이루어지는 경우가 많았고 신분에 따라 각기 다른 사형방법이 있었다. 18세기 이래 계몽사상가와 인도주의사상의 영향으로 사형의 적용범위를 제한하거나 폐지해야 한다는 논의가 활발히 논의되었다.

우리나라에는 고조선시대의 '8조금법'(八條禁法)에 사형이 규정되어 있었고, 고려시대에 의용했던 당률(唐律)과 조선시대에 의용했던 대명률(大明律)에도 사형이 교형(絞刑)과 참형(斬刑)의 형태로 존재하였고, 현행형법도 사형을 규정하고 있다.

2) 사형제도의 찬반론

(1) 연혁

사형제도에 대하여 체계적으로 비판한 대표적인 학자는 이탈리아의 베까리아(Beccaria, 1738-194)이다. 그는 「범죄와 형벌」(1764)이라는 저서를 통하여 당시의 '사회계약설'에 입각하여 사형폐지를 주장하였다. "인간이 자신을 죽일 권리가 없는

6) 사형을 과하는 데 증인을 필요로 하였으며(신명기 19장 16~21절), 사형범죄에 대한 위증은 사형에 처해지도록 되어 있다(신명기 19장 18~19절). 또한 과실치사범이 복수로 죽음을 당하지 않도록 도피성을 6개 마련하여 두기도 하였다(출애굽기 21장 13절, 민수기 35장 11~15절, 신명기 19장 3~5절); 배종대, 「형법총론」, 홍문사, 2005, 408면.

7) 제1조는 타인을 살인죄로 고소하고 그것을 입증하지 못한 자, 제2조는 타인을 마술사로 고발하고 그것을 입증하지 못한 자, 제3조는 중대한 사건에 대해 위증한 자 그리고 제7조는 증인이나 계약없이 자유민의 아들이나 노예로부터 금·은 노예 혹은 소·말을 사거나 관리를 위해 수임하는 행위 등을 한 자를 절도로 보고 사형에 처하도록 하였다; 배종대, 앞의 책, p.409.

이상, 그 권리를 타인이나 일반사회에 양도하는 것 역시 불가능한 것이다"라고 하여 대신에 종신노역형으로도 사형이상의 효과를 가져올 수 있다고 역설하였다. 베까리아의 뒤이어 영국의 감옥개량가호드워드(Howard)는 『감옥상태론』이라는 저서를 통하여 사형폐지운동을 전개하였다.

스위스의 페스탈로치(Pestalozzi)도 형벌의 교육적 기능을 중시하여 사형폐지를 주장하였고, 위고(Victor M Hugo)도 사형은 범죄억지력이 없으므로 종신징역형으로 대체하여야 한다고 주장하였고, 교육형론자인 리프만(Liepmann)은 사형에는 위하력이 없고 오판의 경우 회복할 수 없다는 점을 들어 사형폐지를 주장하였고, 신사회방위론을 주창한 앙셀(M. Ancel)은 사형뿐만 아니라 무기징역도 폐지하여야 한다고 주장하였다. 또한 영국의 캘버트(Calvert), 미국의 서덜랜드(Sutherland), 독일의 라드부르흐(Radbruch) 등이 사형폐지론을 주장하였다.

(2) 사형폐지론

사형폐지론의 논거는 다음과 같다.[8)]

① 사형은 야만적이고 잔혹하므로 인간의 존엄성에 반한다.

② 국가는 사람의 생명을 박탈하는 권리를 가질 수 없다.

③ 국가가 사람을 살해한 범인의 행위를 비난하면서 국가 자신이 이를 행하는 것은 응보 이외에는 아무것도 아니며, 국가가 도살꾼임을 인정하는 결과가 된다.

④ 오판에 의한 사형집행은 이를 회복할 방법이 없다.

⑤ 사형은 일반사회인이 기대하는 것처럼 범죄억제적 효과를 갖기 못한다.

⑥ 사형은 형벌의 교육적 · 개선적 기능을 전혀 달성할 수 없다.

⑦ 사형은 피해자에 대한 손해배상 내지 구제에도 도움이 되지 못한다.

⑧ 사형은 그 자체가 위헌이다.

예컨대, 사형은 미국 연방수정헌법 제 8조가 금지하고 있는 「잔혹하고 비정상적인 형벌」(Cruel and Unusual Punishment)에 해당한다.

셀린(T. Sellin)은 ⅰ) 미국에서 사형을 폐지한 주와 사형을 존치한 주의 살인사건

---

8) 정역석 · 신양균, 『형사정책』, 법문사, 1996, 307면; 박상기 · 손동권 · 이순래, 앞의 책, 286면; 배종대, 앞의 책, 411면; 이재상, 앞의 책, 550면; 임웅, 『형법총론』, 법문사, 2002, 585면; 오영근, 앞의 책, 841면; 이형국, "사형존폐론과 폐지의 방향"(현대교정학의 쟁점과 과제), 윤강, 정갑섭교수정년퇴임기념논문집(정진사, 1999), 20면.

발생률을 비교하는 방법, ii) 동일주에서 사형을 폐지하기 전과 폐지한 후에 살인사건 발생률을 비교하는 방법, iii) 사형집행의 사실을 공표한 후와 공표하기 전의 범죄발생률을 비교하는 방법을 사용하여 조사결과를 발표하였는데, 사형에는 범죄억제력이 없는 것으로 나타났다.[9)]

(3) 사형존치론

사형존치론의 논거는 다음과 같다.[10)]

① 사람을 살해한 자는 생명을 박탈해야 한다는 것이 국민의 법감정이다.

② 흉악범 등 중대범죄에 대하여는 사형으로써 위하(위협)하지 않으면 법익보호의 목적을 달성할 수 없다.

③ 극악한 인물은 국가사회에 대하여 유해하므로 사회방위를 위해서는 사회로부터 완전히 제거되어야 한다.

④ 사형에 대한 오판의 우려는 지나친 염려이다.

⑤ 사형은 무기형보다 정부의 재정적 부담을 덜어준다.

⑥ 사형은 위하에 의한 범죄억제력 효과가 있다.

⑦ 사형제도 자체를 위헌이라고 할 수 없다 .

예컨대, 우리나라의 헌법재판소나 대법원은 위헌이 아니라고 하고 있다.

엘리히(Ehrlich)의 연구에 의하면, 사형에는 범죄억제력이 있는 것으로 나타났다.

(4) 사형제한론

① 사형범죄의 축소

현재 사형을 법정형으로 규정하고 있는 범죄가 지나치게 확대되어 있으므로 사형범죄의 범위가 대폭 축소되어야 할 필요성이 있다.

첫째, 사상적 · 정치적 범죄에 대한 사형조항, 즉 형법상 「국가적 법익에 관한 죄」 및 국가보안법상의 사형조항은 폐지되어야 한다는 주장이 제기되고 있다.[11)]

특히 형법상의 여적죄의 경우 절대적 사형제도를 채택하고 있는데 폐지되어야 한다.

---

9) 박상기 · 손동권 · 이순래, 앞의 책, 287면.

10) 정영석 · 신양균, 앞의 책, 308-309면; 배종대, 앞의 책, 412면; 박상기 · 손동권 · 이순래, 앞의 책, 287면.

11) 정영석 · 신양균, 앞의 책, 319-320면; 한인섭, "사형제도의 문제와 개선방안", 형사정책 제5호(1990), 42-43면.

둘째, 재산범죄나 과실범 내지 결과적가중범(현주건조물방화치사죄, 해상강도치사죄)에 대한 사형은 폐지되어야 한다는 주장이 제기되고 있다.[12)]

셋째, 특별형법을 통하여 특정한 범죄에 대하여 가중처벌로서 사형을 인정하는 경우가 적지 않는데(예, 특정범죄가중처벌법,특정경제범죄가중처벌법, 폭력행위등처벌법, 보건범죄단속에관한특별조치법 등), 특별형법의 사형규정은 폐지하는 것이 합당하다는 주장이 제기되고 있다.

② 사형선고의 신중

현행법률상으로 사형판결을 신중하게 하기 위한 제도를 마련하고 있다. 사형을 포함하여 중대한 사건에 대하여 '필요적 변호'를 인정하고 있고(형사소송법 제282조, 제283조), 사형이 선고된 판결에 대해서는 상소를 포기할 수 없도록 '자동상소제'를 인정하고 있다(형사소송법 제349조). 그러나 이 제도에 대하여 입법론으로서 사형을 선고하는 경우에 필요적재심사유로 한다든가, 사형을 선고할 사건에 대해서는 대법원 전원재판부에서 대법관 2/3 내지 4/5 이상의 찬성을 요건으로 하는 것이 필요하다는 주장이 제기되고 있다.[13)]

③ 사형집행연기제도(사형의 집행유예제도)의 도입여부

중국형법 제43조 ①항에 "사형의 판결에 처해야 할 범죄자에 대하여 바로 집행하지 않으면 안될 경우를 제외하고는, 사형의 판결에 처함과 동시에 집행연기 2년을 선고하여 노동개조를 실행하고 그 태도를 볼 수 있다."고 규정하고 있는 데, 이 유예기간이 경과한 후 정상과 공적을 참작하여 무기형으로 감경할 수 있도록 하고 있다. 중국 형법은 유예의 여부가 임의적으로 되어 있다.

그리하여 입법론으로서 이러한 제도를 참작하여 '필요적 집행유예제도'를 인정하는 것이 필요하다는 주장이 제기되고 있다.[14)] 그 이유로는 오판가능성에 대해 구제기간을 열어놓는다는 의미도 있고, 범죄자가 개선불가능한 자인지를 관찰하고, 교화·개선할 수 있는 여지를 남겨 두기 위해서도 필요하다고 한다.[15)] 그 유기기간은

12) 정영석·신양균, 앞의 책, 320면; 이재상, 앞의 책, 554면; 한인섭, 앞의 논문, 42면.

13) 정영석·신양균, 앞의 책, 321면; 한인섭, 앞의 논문, 44면; 전지연, "대한민국에서의 사형제도", 비교형사법연구 제 6권 제 2호 특집호(2004), 54면.

14) 박상기·손동권·이순래, 앞의 책, 289면; 정영석·신양균, 앞의 책, 322면; 한인섭, 앞의 논문, 44-45면; 정성근·박광민, 「형법총론」, (삼지원, 2001), 645면.

3년 내지 5년 정도가 적당하다는 입장[16]과 5년 내지 7년 정도가 적당하다는 입장[17]이 있다.

(5) 결론

사형은 특별예방의 형벌 목적을 포기하는 것이고 응보나 일방예방의 관점에서 인정되고 있다. 그러나 응보는 국가가 지향하는 목표라고 보기 어려우며, 사형의 범죄 억제효과가 명백히 증명되지 않는다면 일방예방도 사형의 존치근거로서는 부족하다.[18]

또한 현재 많은 국가에서 사형제도는 폐지의 방향으로 나가고 있고 문화국민으로서의 위상을 고려하여 사형은 마땅히 폐지되어야 한다.

3) 각국의 사형존폐 현황

국제사면위원회의 2006년 1월 자료에 의하면, 미국의 12개주를 포함하여 86개국은 모든 범죄에 대한 사형을 폐지하였다. 한편 스위스 등 11개국은 전시범죄와 군범죄를 제외한 일반범죄에 대한 사형을 폐지한 상대적 폐지국들이다. 그밖에 사형제도를 두고 있지만 지난 10년간 사형집행이 없었기에 사실상 폐지국으로 분류되는 나라에는 벨기에 등 25개국에 이른다. 따라서 사형제도를 법률상 또는 실질적으로 폐지한 국가는 전 세계의 절반이상을 차지하는 122개국에 달한다. 이에 반해 74개 국가나 지역은 현재 사형제도를 존치하고 있는 것으로 조사되었다. 아직 사형제를 존치하고 있는 국가는 미국의 일부 주와 일본, 한국 정도가 경제적으로 선진국인 국가이며, 나머지 대부분의 나라는 정치수준과 민주화의 역사가 짧은 제3세계국가들이고, 이슬람권에 있는 국가는 대부분 사형제를 두고 있다.[19]

한편, 국내 법조계와 학계의 동향은 다음과 같다. 검찰과 법원, 헌법재판소 등은 사형제도가 아직은 존재해야 하며 무효화시키는 것은 타당하지 아니하므로 헌법질서

15) 한인섭, 앞의 논문, 45면.
16) 정영석・신양균, 앞의 책, 322면.
17) 한인섭, 앞의 논문, 45면.
18) 오영근, 앞의 논문 844면.
19) 예컨대, 아프카니스탄, 방글라데시, 카메룬, 중국, 콩고, 쿠바, 이집트, 이디오피아, 가봉, 가나, 과테말라, 인도, 인도네시아, 이란, 이라크, 자메이카, 요르단, 쿠웨이트, 레바논, 리비아, 말레이시아, 나이지리아, 오만, 파키스탄, 사우디아라비아, 시리아, 싱가포르, 소말리아, 수단, 태국, 우간다, 베트남, 예멘, 잠비아, 짐바브웨 등 74개국이다.

에 위반되지 아니한다고 하여 사형제도에 대한 위헌법률심판청구에 대하여 96년 11월 7 대 2로 합헌결정을 내린 바 있으나, "사형은 아주 예외적인 경우에만 적용돼야 하고, 시대 상황이 변하면 재론이 불가피할 것"이라는 입장을 밝혔고 대법원도 2000년 10월 「영웅파」 두목의 사형을 확정하면서 "국내 실정과 국민의 도덕 감정 등을 고려하면 다른 생명이나 공공이익을 보호하기 위한 불가피성이 충족되는 예외적인 경우에만 적용되면 헌법위반이 아니다"며 헌재의 결정을 재확인하고 있지만 헌재와 대법원의 결정 이면에는 사형제도의 폐지가능성에 무게를 두고 있는 듯하며, 반대의견을 낸 김진우 재판관은 "사형제도가 인간의 존엄성을 유리하는 악법이며, 나아가 사형제도는 양심에 반하여 사형선고를 해야 하는 법관과 사형집행관의 양심의 자유를 침해하는 비인간적인 제도"라고 하였으며, 조승형 재판관은 "사형제도는 생명권의 본질적인 내용을 침해하고, 형벌의 목적이 응보, 예방, 개선에 있음에도 불구하고 사형은 형벌의 이러한 목적달성에 필요한 정도를 넘어서 생명권을 제한하는 것으로 목적의 정당성, 그 수단의 적정성과 피해의 최소성 등 제 원칙에 반한다"고 사형제도폐지의견을 낸 바 있다. 법무부도 2006년 2월 발표한 법무부변화전략계획에 사형제도의 폐지를 포함한 개선방안에 대한 연구를 추진한다고 밝힌 바 있으나 지금까지 뚜렷한 진전은 없는 것 같다. 이명박 대통령 당선인은 범죄예방을 위해 사형제도의 폐지에 부정적인 견해를 가지고 있다고 한다(한겨레신문, 2007.12.21일자 사설 참조).

4) 사형의 집행방법

오늘날 사형제도를 시행하고 있는 국가에서도 가능한 잔악상을 줄이는 방법으로 사형을 집행하는 방향으로 나아가고 있으며, 일반인에 대한 예방효과를 극대화하기 위하여 공개하던 중세와 달리 현대에는 종교적 전통을 이유로 한 중동지역 7개 국가(이란 · 이라크 · 쿠웨이트 · 사우디 · 시리아 · 아랍에미레이트 · 예멘)를 제외하고는 공개처형을 하는 나라는 거의 없는 실정이다.

미국에서의 사형집행방법은 주별로 다양한 데 독극물주입형과 전기살이 가장 일반적이고, 그 밖에 가스살형 · 교수형 · 총살형이 있다. 유타(Utah)주에서는 사형대상자가 총살형과 약물주입형을 선택할 수 있다.[20]

20) 박상기 · 손동권 · 이순래, 앞의 책, 286면.

현재 사형을 집행하는 국가의 집행방법은 다양한데 이를 살펴보면 다음과 같다.

(1) 총살

'총살'은 수형자를 총으로 사살하는 사형방법으로서, 수형자의 명예를 존중하는 의미에서

사용되는 경우가 많다. 우리나라 군형법 제3조는 군인에 대해서는 총살로써 집행하도록 규정하고 있다. 이것은 군의 명예를 존중이라는 의미와 함께 군인에게는 총은 생명과 같은 의미를 갖는다는 측면도 함께 고려한 것이라고 한다.[21)]

(2) 참살

'참살'은 수형자의 머리를 절단하는 사형방법이다

우리나라 조선시대에 칼을, 서양에서는 도끼를 사용하였으며, 프랑스혁명 당시는 '기요틴'(Guilotine)이 자주 사용되었다.

기요틴의 사용은 1981년 프랑스가 사형제도를 전면 폐지함으로써 중지되었다.

(3) 전기살

'전기살'은 고압전류를 통한 감전으로 하는 사형방법으로 1889년 미국의 뉴욕주에서 최초로 시행되었다.

전기살의 집행방법은 다른 사형집행방법에 비해 고통이 덜하고 순간적으로 끝나며 집행인의 심리적 압박이나 불쾌감을 덜어준다고 하나, 사체를 부검한 의사들의 소견에 의하면 신체가 심하게 파손되어 참혹한 사형집행방법에 해당한다고 한다.[22)]

전기살의 집행방법은 집행실(사형방)의 의자에 사형수를 앉히고 손·발·몸을 혁대로 묶고 머리에 전기 모자를 쓰게 한 후 얼굴을 천으로 가리고 다리부분부터 고압전류(2,000~3,000볼트)를 흐르게 하여 감전시켜 살해하는 것이다.[23)]

(4) 가스살

'가스살'은 사형수를 밀폐된 가스실에 가두고 가스로 질식시켜 생명을 박탈하는 사형집행방법으로 1921년 미국의 네바다주에서 최초로 시행되었다.

---

21) 정영석·신양균, 앞의 책, 316면.
22) 배종대, 앞의 책, 416면.
23) 정영석·신양균, 앞의 책, 317책면.

오늘날 미국에서는 가스살을 채용하는 주가 늘어나고 있다.

사망의 신속성 그리고 수형자의 고통이 비교적 적다는 이유로 집행방법의 인도성이 강조되기도 한다.

(5) 교살

'교살'은 끈을 이용하여 수형자의 목을 매어 질식시켜 생명을 박탈하는 사형방법으로 '교수형'이라고 한다. 현재 사형을 존치하고 있는 대부분의 국가는 이 방법을 이용하고 있다.

우리나라의 경우 처형 전에 사형수를 처형대에 앉게 한 다음, 두건을 사형수의 얼굴에 씌우고 밧줄 가미를 목에 걸고, 바닥을 개폐하는 레바를 제쳐 5~6m깊이의 지하공간으로 떨어뜨려 매달리게 한 후 질식시켜 생명을 빼앗는 방법으로 사형을 집행하고 있다.

이러한 방식을 '지하교가식 교살'이라고 한다.

(6) 기타

① 독약살

독약살은 사형에 처할 자에게 스스로 독약을 음용케 하여 자살하도록 하는 사형집행방법이다. 오늘날 이 방법을 채용하는 나라는 없지만, 고대그리스의 철학자 소크라테스의 독배, 제2차 세계대전시 나치스의 장군 롬멜(Rommel)도 반역죄로 몰리어 이 방법으로 처형되었다.

우리나라 역사상 '사약'도 일종의 독약살이라고 할 수 있다. 독약살에 대하여는 국가가 국민의 자살을 방조 또는 장려하는 결과가 된다는 비난이 따르고 있다.

② 투석살

'투석살'은 사우디 · 이란 · 예멘 등에서는 특정한 성범죄에 대해 돌을 던져 살해하는 방법으로 법으로 정하고 있다.

③ 무통주사살

'무통주사살'은 수형자에게 주사함으로써 생명을 박탈하는 사형방법으로 고통을 줄여준다는 의미에서 1977년 미국 텍사스주에서 최초로 사용되었다.

의사로 하여금 사람을 살해하도록 함으로써 인술에 어긋난다는 비난이 따르고 있다.

2. 자유형

1) 자유형의 의의와 역사

'자유형'이란 수형자의 신체의 자유를 박탈하는 것을 내용으로 하는 형벌을 말한다. 자유형은 현대형벌제도 중 가장 중심을 이루고 있으며, 자유형의 집행은 시설내의 처우의 핵심이 되고 있다. 현행 형법은 징역 · 금고 · 구류의 3종류의 자유형을 인정하고 있다.

자유형의 집행의 주된 목적은 교화 · 개선을 통한 수형자의 재사회화에 있다.

이에 따라 행형법 제1조는 자유형의 집행목적이 수형자의 사회복귀에 있다는 점을 선언하고 있다.

자유형의 역사를 살펴보면 이 제도는 근대에 이르러 발달된 형벌제도이다.

(1) 자유형의 등장

자유형의 기원은 고대의 노예제(손해배상을 할 수 없는 사람을 노예로 파는 경우)나 노역제(로마시대부터 죄수들은 전함 등에서 노를 젓는 일에 사용, 프랑스에서 15세기경부터 18세기까지 갈레선이라는 배에서 죄수들은 노 젓는 일에 사용) 등에서 비롯된 것으로 추정되고 있는데, 이때에는 노예나 노역자의 노동력확보가 목적이었으므로 자유박탈에 형벌의 의미가 부여된 것은 아니었다.

이후에도 중세까지 수사나 재판절차를 확보하기 위해서나 다른 형벌집행을 위한 일시적 감금수단(시청사의 지하실, 성곽의 탑, 기타 비인간적인 가혹한 조건의 장소)으로 이용되었는데 형벌의 한 종류로 인식되지는 않았다. 단지 변형된 신체형이었다.

또한 범죄인을 구금하여 노동에 동원함으로써 노동력을 확보할 수 있었던 것은 자유형 등장의 한 원인이기도 하였다. 입법적으로는 카알 5세기의 카롤리나형법전(1253년)에서 자유형을 신체형과 생명형 이외의 정규의 제재형태로 인정하였다.[24]

---

24) 정영석 · 신양균, 앞의 책, 324-325면; 박상기 · 손동권 · 이순래, 앞의 책, 289-290면.

(2) 자유형과 교도소

자유형에 대한 근본적이 변화는 16세기 말부터 시작되었다. 영국의 에드워드 4세는 교회의 부탁으로 1555년 런던의 Bridewell성에 거지나 좀도둑, 부랑인들을 수용하여 노동에 종사하게 하는 '수용소'를 개설하였는데, 형벌을 집행하기 위한 목적보다는 노동이 목적이었기 때문에 '교화소'(House of Correction)라고 불렀다.

그 후 유럽대륙에서는 1595년 네덜란드 암스테르담에 최초의 '남자수형시설'이 1597년 '여성전용 수형시설'(방적일)이 설치되었다. 이러한 시설은 걸인이나 부랑인을 수용하며 노동을 통해 교화시키는 것이다. 암스테르담에 1597년에 설립된 여성을 위한 노역장(방직공장) 출입문 위에는 "두려워 말라. 나는 악행에 대하여 복수하려는 것이 아니고, 너희를 선도하려는 것이다. 비록 나의 손은 엄하나 나의 마음은 자비에 가득차 있다."라는 표현이 있는데, 이는 범죄인의 개화 · 교선이라는 취지를 잘 보여주고 있다.

네덜란드에 이러한 시설이 등장하자 독일에도 영향을 미쳐 1609년에 브레맨(Breman), 1613년에 뤼백(Luebeck), 1617년 카셀(Kassel) 등에 설치되었다. 이러한 제도에 나타난 노동에 의한 개선 · 교육사상이 현실적인 의미를 가지게 되기까지는 시민사회의 본격적인 발전을 기다려야만 했다.25)

(3) 계몽사상과 자유형의 변화

감옥 혹은 교도소는 그 후 계몽사상의 영향을 받은 사회분위기에 따라 영국의 존 하워드(John Howard, 1726-1790)가 1777년에 『잉글랜드와 웨일즈 지방의 감옥상태』를 출간하면서 유럽각국에서 '감옥개량운동'이 일어났고, 특히 독일의 경우 이에 영향을 받은 할레(halle)의 교도소의 목사인 바그니츠(Wagnitz)는 『독일 교도소의 난맥상에 대한 史實과 논평』이라는 책에서 교도소의 수형자에 대한 교육적 기능수행을 통해 범죄자를 개선하고 일반인에 대해서는 범죄를 하지 못하도록 하며 범죄자로부터 격리하도록 하여야 한다고 하였다.

영국의 경우에는 1842년 '펜토빌(Pentonvile)교도소'에서 수형자의 수형태도에 따라 가석방까지 4단계의 단계적 완화를 인정하는 방법을 택하였다. 이를 모델로 독일

25) 정영석 · 신양균, 앞의 책, 325면; 박상기 · 손동권 · 이순래, 앞의 책, 290-292면

에 1848년에 브룩살(Bruchsal)교도소가 설치되었다.

미국의 경우 1790년의 필라델피아 교도소(펜실베니아 행형체제)와 1823년의 뉴욕 오번(Aubyrn)교도소(오번행형체제)가 대표적인 형행시설이었는데, 종교적 엄격성이 근간을 이루고 있었다.

그런데 유럽각국은 이러한 미국의 행형체재에 영향을 받아 '펜실베니아 행형체제'(분리수감방식)를 선호하여 도입하였다. 그 후 19세기 말에는 자유형의 개선목적이 더욱 강조되는 한편 자유형의 보안처분성이 강조되어 부정기형제도가 새로운 각도에서 논의되기에 이르렀다.[26]

2) 자유형의 집행방법

자유형의 집행방법을 구금주의와 유형주의로 나누어 볼 수 있다 .

(1) 구금주의

'구금주의'는 수행자를 국가안의 일정한 장소에 감금하는 제도이며, 일반적 의미의 자유형의 집행방식이다. 이러한 구금제도는 구금방식을 기준으로 독거제・반독거제・혼거제 등으로 나누어지고, 최근에는 수형자의 효과적인 사회복귀를 위하여 개방처우・외부통근제・주말구금제・귀휴제 등이 각국에서 채택되고 있다.[27]

(2) 유형주의

유형주의(流刑主義)는 국가가 수형자를 강제로 원격지(국내 또는 국외)에 일정기간 또는 무기한 체류케 하는 제도이다. 우리나라 개화기전까지 유형(流刑)을 시행한 적 있으며, 영국(처음에는 미국식민지로, 나중에는 호주식민지로), 프랑스(유형지로서는 아프리카의 알제리아, 남미의 가이아나 등), 스페인, 포르투갈 등이 식민통치시대에 해외식민지를 유형지로 활용한 적이 있으며, 러시아는 시베리아를 유형지로 활용한 적이 있다. 이러한 유형(流刑)은 자유형과 유사한 형벌이나 사형의 대용으로 사형완화방법으로 이용되었다. 이 형벌은 범죄자를 사회로부터 격리한다는 점 이외에도 식민지 유형지에서의 노동력확보와 국가의 교도소 운영에 따른 경제적 부담을 덜어 주었다는 데 주안점이 있었다. 그러나 오늘날 식민지제도의 폐지와 함께 유형

26) 정영석・신양균, 앞의 책, 326면; 박상기・손동권・이순래, 앞의 책, 292-293면.
27) 정영석・신양균, 앞의 책, 327면.

주의를 채택하는 나라는 거의 없다.28)

3) 자유형 집행방법의 구체적인 형태

자유형의 집행방법에 있어서 수용자의 수용방식은 수용자의 처우에 중대한 영향을 미치는 제도이다. 자유형의 집행방법에서 유형제도(유배제도)가 사라진 이래 수용자를 일정한 시설에 수용함으로써 자유를 박탈하고 교화개선을 꾀하는 수용은 자유형의 유일한 집행제도로 자리잡고 있다.29)

자유박탈을 통한 구금확보와 수용자의 재사회화라는 이질적 및 교정목적 수행을 위해서는 수용자의 구금제도 자체보다는 수용방식에 더 많은 비중을 두어야 한다. 일반적으로 수용자의 구금확보를 위한 수용방식은 크게 독거제와 혼거제로 대별되며 그 이외에 효율적인 수용자의 재사회화를 촉진하기 위한 수용방식의 여러 형태는 다음과 같다.

(1) 독거제

① 의의

독거제(Solitary Confinement System)는 수용자를 교정시설내 독거실에 단독수용하고 수용자 상호간의 접촉을 방지함으로써 악풍감염과 통모를 방지하기 위한 수용제도이다. 이는 자유박탈의 가장 고전적인 형태로써 수용자를 단독수용하여 침묵회상을 통한 속죄와 반성기회를 도모하려는 데 이 제도의 가치를 찾아볼 수 있다.

② 연혁

독거수용은 1703년 교황 클레멘스 11세(Clement XI) 산미케레 소년감화원에서 처음으로 야간독거를 실시하였으며 1772년에는 간트(Gant)감옥소에서 성인 수형자를 대상으로 독거제를 실시한 것이 그 효시이다. 그 후 1777년 영국의 감옥 개량운동가인 존 하워드(John Howard)가 그의 저서 「감옥상태론」(*The State of Prisonal in England and Wales*)에서 잡거구금의 무질서와 비위생을 비판하면서 공식적으로 독거제를 논의하였다.30) 영국에서는 점차 법률로써 독거제를 시행하게 이르렀으며, 글

---

28) 앞의 책, 327-328면.
29) 배종대, 앞의 책, 417면.
30) Harry E. Allen & Clifford E. Simonsen, *Corrections in America : An Intoduction* (New York: MacMillan Publishing Co., 1981), p. 21.

로세스터(Gloucestor)·호샴(Horsham)·페트워스(Petworth)에 최초로 독거감옥이 설립되었으며, 이들은 벤담(Bentham)이 고안한 십자가형과 부채형의 페놉티콘식(Panopticon) 형태로 감옥을 건축하였다.[31]

한편 미국에서는 독거제가 펜실베니아주의 퀘이커(Quaker) 신도들에 의해 구체화되었으며, 감옥개량을 목적으로 1787년에 창립된 '감옥에 있어서의 고통완화를 위한 필라델피아협회(Philadephia Society for Alleviating the Miseries of Public Prisons.)'의 영향으로 1790년에 펜실베니아주의 월넛 스트리스 감옥(Walnut Street Jail) 수용자를 엄정한 독거구금하에 수용하였다.[32]

③ 독거제의 장점

(a) 수용자에게 자신의 과오에 대한 반성 및 속죄의 기회를 제공해 주는 교화적 작용에 효율적이다.

(b) 수용자의 혼거에서 야기되는 범죄수법 전수와 같은 악습 등의 악풍 감염을 방지할 수 있다.

(c) 수용자간의 통모를 방지할 수 있다.

(d) 수용자의 질서유지와 감시·감독이 용이하다.

(e) 수용자의 질병발견이나 전염병의 예방 및 확산방지가 용이하다.

(f) 수용자의 개별적 처우에 효과적이다.

④ 독거제의 단점

(a) 수용자의 재사회화라는 교정의 이념에 부응하지 못한다.

(b) 건축비가 많이 소요되어 국가의 막대한 재정적 경비부담을 초래한다.

(c) 신체의 허약·자해·자살·정신장애를 초래할 우려가 있다.

(d) 교정실무상 교육·교외·운동·작업 등 집단 교화활동에 불편하다.

(e) 사회 공동체의 일원으로서의 생활을 영유하려는 인간 본연의 자세를 박탈할 소지가 있다.

---

31) 허주욱, 『교정학』, 서울: 법문사, 2003, 189면.

32) Dean J. Champion, *Corrections in The United States : A Contemporary Perspective* (New jersey : Prentice-Hall, Inc., 1990), p. 163.

(2) 혼거제

① 의의

혼거제(Gemeinschaft System)는 다수의 수용자를 동일의 거실 또는 교도작업장에 혼거시키는 수용방법으로 이는 교정제도의 변천사상 가장 오래된 전통을 가진 제도이다.

② 연혁

혼거제가 어떠한 목적 하에 운영되었던가는 시대에 따라 상이하였다. 고대사회에서는 단지 범인을 격리시키는데 그 목적이 있었고, 과학적 근대사회에서는 수용자의 사회적응 능력을 배양시키는 데 목적을 두고 발전하여 왔다.

③ 혼거제의 장점

ⓐ 수용관리에 통일을 기할 수 있다.
ⓑ 건축비 · 인건비 등 교정비용을 절약할 수 있다.
ⓒ 공동생활을 통한 사회적응 훈련의 연마로 수용자의 재사회화 교육에 효율적이다.
ⓓ 수용자의 심신단련을 도모할 수 있다.
ⓔ 자살 등의 교정사고를 예방할 수 있다.

④ 혼거제의 단점

ⓐ 수용자에 대한 개별처우가 어렵다.
ⓑ 수용자 상호간의 악풍감염이 우려된다.
ⓒ 계호상 감시 · 감독 및 규율유지에 어려움이 있다.
ⓓ 독거제에 비하여 비위생적이며, 방역상 곤란한 점이 많다.
ⓔ 출소 후 수용생활 중 알게 된 동료수용자의 교제로 공범범죄 가능성이 많다.

(3) 펜실베니아제(Pennsylvania System)

펜실베니아제는 범죄의 원인이 범죄자의 마음에 있다고 보고 수용자 개선의 최선의 방법은 수용자끼리 서로 격리하고 독거구금하여 절대 침묵과 정숙 속에서 반성을 촉구하게 하는 제도이다. 독거제 또는 분방제로 부르기도 한다.

이 제도에서는 절대적인 침묵과 정숙을 강요하며 자신의 범죄에 대하여 반성하고 속죄하는 가운데 정신적 개조가 가능하다는 John Haward의 독거제 이론과 퀘커(Quaker) 교도들의 감옥개량 운동이 만들어낸 결실이었다.[33]

이 제도를 창시한 자는 윌리엄 펜(William Penn)이며, 미국 펠라델피아의 월넛(Walnut Street Jail) 감옥에서 처음 시작되었다. 이 제도는 엄정 독거제를 원칙으로 하였으나 제한적 독거제, 야간독거제로 독거의 형태를 점차 완화하였으며, 악풍감염 및 증거인멸의 소지가 적으며, 수용자의 명예를 보호할 수 있다는 장점이 있고, 현행 수용제도의 기본이라 할 수 있는 독거구금제를 창출케 한 공적을 높이 평가할 수 있다.

그러나 인간의 본선인 사회적 생활성을 무시하였고, 수용자를 교화개선 하는데 사회적 훈련 및 공동생활 방법을 고려하지 못하여 20년도 못되어 쇠퇴하는 결과를 가져왔다.

(4) 오번제(Auburn System)

이 제도는 미국 뉴욕주의 오번감옥에서 1823년 당시 소장이었던 엘람린즈(Elam Lynds)가 처음으로 실시하였다. 독거제의 단점을 보안하고 악풍 감염의 폐해제거를 주안점으로 한 소극적인 행형제도로서 절대침묵을 전제로 한다는 의미에서 침묵제(Silent System)라고도 한다. 주간에는 수용자를 교도작업장에 혼거구금하고 야간에는 독거구금하게 한 제도이다. 이 제도는 극단적 독거제인 펜실베니아제와 혼거제의 단점을 극복하기 위하여 제시된 절충적 수용방식이라고 할 수 있다.

오번제는 ① 수용자 상호간의 악풍감염 예방 ② 엄정독거제에 비하여 인간적이며 작업 실시 적합 ③ 집단생활 하에서 사회적 훈련 가능 ④ 독거구금에서 오는 정신적·육체적 쇠약을 방지할 수 있다는 장점이 있다. 단점으로는 ① 수용자 상호간의 대화금지로 인간 본래의 사회생활 교육불가능 ② 상호 의사소통이 안 되므로 작업능률 저하 ③ 공동생활 습성의 박탈로 인한 정신적 장애 초래할 우려 ④ 독거제에 비하여 비위생적이며 방역곤란 등의 문제를 열거할 수 있다. 오번제는 교도작업에 있어서의 공동협력성을 무시하였고, 인간본연의 사회성을 도외시한 근본적인 결함이 있어 수용자 교정교화에 보탬이 되지 못하였다.

---

33) Todd R. Clear & George F Cole, *American Corrections* (Belmount, CA: Brooks/Cole Publishing Co., 1990), pp. 74-75.

(5) 엘마이라제(Elmira System)

이 제도는 수용자의 시설 내 처우의 한 방법으로 수용자의 자력적 개선에 중점을 둔 행형제도로 일명 감화제라고도 한다. 1876년 뉴욕의 엘마이라 감화원에서 원장인 브록웨이(Zebulon Brockway)에 의해 처음 실시되었고, 16~30세의 초범자를 대상으로 하였다.[34]

엘마이라제는 수용자를 1-3등급으로 분류하여 신입자에게는 2급을 부여하고 부정기형과 연계하였다. 신입자가 문제없이 매월 9점씩 6개월 동안 54점을 취득하면 1급으로 진급되어 조건부 가석방이 허용되며, 6개월간 문제없이 가석방 기간을 경과하면 형을 면제해 주었다. 다만 수용성적이 좋지 않을 시에는 3급으로 강급되어 가석방을 허가하지 않았다.[35]

엘마이라제는 수용자의 체육에 중점을 두어 수용자의 건강증진과 규율유지에 큰 효과를 거두었으나 초범 청소년범죄자만을 대상으로 한다는 대상자의 제한, 좋은 등급을 얻기 위한 수용자의 위선적 행위를 구별하는 데 실패한 점이 그 문제점으로 지적된다. 한마디로 엘마이라제의 기본정신은 '그대의 잃어버린 자유는 그대의 근면과 선행의 의하여 찾으라' 하는 말로 요약할 수 있다.

(6) 수용자자치제(Inmate Self-Government System)

1914년 미국의 오번감옥에서 모토 오즈번(Motto Osborne)이 처음 이 제도를 시도하였으며, 행형의 운용을 수용자 자신의 손에 맡겨 책임과 자치심으로 교정 시설의 질서를 유지하고 사회의 복귀를 준비하게 하는 제도로써 수용자의 사회적 훈련에 역점을 둔 제도이다. 수용자 자치제는 계호인력을 줄일 수 있고 수용자의 명예심과 경쟁심을 자극하여 자력갱생을 촉구할 수 있다는 장점이 있다.

반면 자치관념이 희박하여 수용된 범죄자들에게 자치를 허용하는 것은 모순이며 이와 같은 특권을 오히려 방임의 결과를 초래하여 범죄성을 심화시킬 수 있고 교정직원의 권위를 하락시키는 요인이 될 수 있다는 문제점을 지적할 수 있다. 수용자자치제는 수용자에게 자유의 허용 및 범죄상황을 유발시킬 수도 있다는 우려도 있으나 수용자의 사회복귀 능력 배양이라는 면에 있어서는 긍정적인 평가를 내릴 수도 있다

34) Todd R. Clear & George F Cole, *op. cit.*, p. 81.
35) *Ibid.* p.81.

할 것이다 .

(7) 카테지제(Cottage System)

이 제도는 수용자를 적성에 따라 20~35명 정도의 카테지로 분류하여 자치활동으로 생활하게 하는 소집단화 처우제도이다. 카테지제는 종전의 대규모시설에서 행하는 획일적·기계적·집단적인 수용제도의 폐해를 방지하기 위해 고찰된 제도로서 1854년 미국의 오하이오(Ohio) 학교에서 처음 실시하였고 1904년 뉴욕주의 청소년 수용소(Juvenile Asylum)에서 채택되었으며, 20세기 초 성인 교정시설 등으로 확대 실시되었다.

카테지제는 카테지별로 수용관리의 내용을 달리하는 적합한 처우방법을 적용함으로써 수용자 교정교화의 극대화를 기하고자 하였다. 카테지제는 가정적인 공동생활 측면에서 제도적인 가치관을 추구할 수 있고, 자치제의 사회복귀 측면의 효과를 부여할 수 있다는 장점도 있다. 그러나 교정경제상의 부담을 가지게 하고 관리 및 교육요원의 확보가 용이하지 않다는 단점도 지적할 수 있다.

(8) 선시제도(Good Time System)

수용자가 교정시설 내에서 선행을 유지함으로써 일정한 법률적 기준으로 자신의 석방기간을 단축시켜 주는 제도이다. 일명 선행보상제도 또는 선행감형제도라고도 한다. 형기 중 보호 관찰이라는 사회내처우로 형집행방법이 전환되는 가석방제도와는 구별된다.[36)]

이 제도는 1817년 미국 뉴욕주의 선행보상법(Good Time Laws)이 그 효시이다. 우리나라에서는 8·15 해방 이후 운용하였다가 1953년 형법개정시 폐지되었다. 대부분의 국가가 이제도를 활성화시키고 있으며, 태국 같은 경우에는 1일 외부출역에 1일 형기 감면 혜택을 주고 있고, 스리랑카에서는 모범수인 경우에는 3일에 1일씩 형기 감면을 해주는 등 과감한 선시제도를 운영하고 있는 실정이다.

선시제도는 법률집행의 엄격성 완화, 수용자의 준법정신 함양, 교정시설내 규율유지, 교도작업의 독려 및 수용자의 개선 갱생 의욕촉진과 교정직원의 권위향상을 기할 수 있는 장점이 있다. 그러나 수용자의 외향적 선행측정에만 치중한 나머지 수용

36) Allen & Simonsen. *op. cit.*, p.191.

자의 내면적 개선여부를 판단하기 힘들며, 교정직원과 수용자간에 선행 측정에 있어서 비리의 소지 개연성이 있을 수 있다. 또한 행정권에 의한 형기의 단축은 삼권분립의 원칙에 의거 사법권의 침해 우려가 있다는 것이 문제점으로 지적할 수 있다.

제 3 절 구금에 대한 이해

1. 구금의 목적[37)]

교화개선사상이 싹트기 이전의 전통적인 교정시설의 모습은 그 규모가 우선 방대하며, 교도소사회가 철저히 격리되어 있었으며, 재소자들의 통신과 접견 등도 지극히 제한되었다. 엄격한 이상생활에 따라 재소자와 교도관도 엄격하게 구분된 사회적 계층을 형성하였으며, 계급과 훈육이 중시되어 재소자의 처우를 위해서라기보다는 구금의 확보가 우선적인 관심사였다.

1950년대 이후 교정에서 있어서도 많은 변화를 겪게 되는데, 그 중에서도 가장 중요한 변화는 역시 교화개선 또는 범죄자처우사상의 도입이었다. 부정기형의 실시, 재소자에 대한 심사분류와 그 결과에 따른 처우 그리고 교화개선적 교정의 중요한 부분인 가석방의 시행 등으로 인하여 상담전문가 · 교육전문가 · 심리학자 등의 처우 전문 인력이 교정인력에 가담하게 되었다. 이와 함께 외부세계의 교정시설참여가 시작된 것도 바로 이 시기였다.

이로 인하여 더 이상 교정시설이 사회로부터 철저하게 격리되지 않았고, 이것은 교정시설의 여러 가지 관행에 대단한 영향을 미치게 되었다. 이와 더불어 민권의 신장으로 재소자들도 그들의 권익을 요구하게 되고, 그 결과 교정에 대해서는 3권분립의 원칙과 교정시설의 폐쇄성으로 지금까지 견지하였던 무개입의 원칙(hands-off)에서 벗어나 교정에서도 개입하기 시작하여(hands-on) 교정시설이 이제는 사법부의 개입을 받고 헌법이 요구하는 바에 의하여 운영되기에 이르렀다.

그러나 교화개선사상에 대한 불만과 정치적 보수와 및 범죄현상의 악화로 교정에

37) 이윤호, 앞의 책, 61면 이하.

있어서도 보수와의 바람이 일게 되었다. 부정기형을 대신하여 정기형의 목소리가 많아지고, 그 결과 수용인구가 급격히 증가하게 되어 교정시설에 과밀수용을 초래하고, 교정시설에서 폭력과 폭동 등의 제반문제가 증대되어 현재의 교정시설은 인본주의적 구금을 실현하는 것을 중요한 목표로 삼게 되었다.

이러한 구금과 교정시설의 변천과정을 보면, 구금은 대체로 관리(custodial)·교화개선(rehabilitation)·재통합(reintegration)모형이 지배해 왔음을 알 수 있다. 관리모형은 교정시설의 보안 훈육 질서를 강조하고, 교화개선모형은 교정시설에 수용된 자 등을 개선시키기 위해 고안된 처우프로그램의 제공을 강조하는 시설모형이며, 재통합모형은 재소자와 소년원생이 언젠가는 사회로 되돌아갈 것이라는 사실을 인식하여 재소자와 소년원생을 개선하는 방법으로서 범죄자를 지역사회 및 가족과 유대관계를 유지하는 것을 강조하는 교정시설의 모형을 일컫는다.

관리모형은 재소자는 무능력화, 제지, 응보, 그리고 사회의 보호를 목적으로 구금된다는 가정에서 기초하고 있다. 따라서 교정기관장의 권위에 복종함으로 질서와 보안을 유지하는 것을 강조하며, 훈육이 엄격히 적용되고 대부분의 행위가 철저히 규제된다. 오늘날의 대다수 중구금교도소가 이에 속하는 것으로 볼 수 있다. 교화개선모형의 교정시설은 보안과의 소내 관리활동이 교화개선노력을 위한 기본적인 틀로 간주된다. 교정조직의 거의 모든 것이 교화개선노력을 위한 기본적인 틀로 간주된다.

교정조직의 거의 모든 것이 교화개선을 지행해야 한다는 사상에 따라 전문적인 처우전문가가 다른 직원에 비해 더 높은 위상을 갖게 된다. 그러나 1980년대 이후 교화개선사상과 목적에 대한 재인식의 필요성이 대두되면서 교화개선모형을 지향하는 시설이 감소추세에 있으나, 대부분의 교정시설에서는 아직도 다양한 형태의 처우프로그램이 시행되고 있다. 그러나 엄격하게 말해서 이들 교정시설을 교화개선모형에 속한다고 규정하기는 힘들다.

재통합모형은 지역사회교정의 목표와 구조에 연계되지만, 교정시설의 운영에 직접적인 영향을 미치고 있다. 물론 범죄자는 교정시설에 수용되지만, 수용의 경험이 사회로의 재통합을 지향하는 것으로 받아들여진다. 이들 교정시설은 재소자에게 수용기간 동안 자유와 책임감을 점증적으로 제공하며, 보호관찰 등으로 지역사회로 석방하기 전에 지역사회교정센터(community correctional center)나 중간교도소(halfway house) 또는 외부통근(work release) 등을 시키고 있다. 일종의 지역사회교정과 유사한 관점으로서 재소자와 소년원생이 자유사회와의 유대관계를 유지 발전시키는 것이 매우 중요하다는 가정에 기초하고 있다.

따라서 재통합모형의 전적인 초점은 바로 정상적인 생활을 되찾는 데 두고 있다.

2. 구금의 방법

1) Pennsylvania system

Quaker교도들의 감옥개량운동의 결실로 Pennsylvania주의 Walunt Street Jail에서 시도하였던 구금제도로서, 범죄의 원인은 범죄자의 마음에 근원하기 때문에 독거구금되어 침묵을 강요당함으로써 자신의 범죄에 대해서 반성하고 속죄케 하는 정신적 개선에 중점을 둔 구금제도이다. 따라서 주야구분 없이 엄정한 독거수용을 원칙으로 하기 때문에 모든 재소자가 노작을 포함한 모든 활동을 각자 자신의 거실에서 함으로써 재소자 상호간에 철저하게 격리된 구금제도인 독거제(separate confinement)를 채택하였던 구금제도로서 미국의 Pennsylvania system이라고 한다. 이곳에서는 모든 재소자가 먹고, 자고, 일하고, 종교지도를 받는 등 모든 것을 자신의 거실에서 행한다. 따라서 재소자들은 동료재소자를 보거나 접촉할 수 없고, 오로지 간헐적인 종교인이나 교도관의 거실문이 다른 사람을 접촉할 수 있는 유일한 것이었다.

이러한 Pennsylvania system은 다음과 같은 가정에 기초하고 있다.

첫째, 재소자는 복수적으로 취급되기보다는 어렵고 선별적인 형태의 고통을 통하여 그들이 자신의 생활을 변화시킬 수 있다는 것을 확신시킬 수 있는 방향으로 취급되어야 한다.

둘째, 교정시설이 악풍감염으로부터 헤어나기 위해서는 모든 재수자의 독거가 필요하다.

셋째, 재소자들이 격리된 채 은둔함으로써 자신의 잘못에 대하여 반성하고 참회할 수 있는 기회를 가져야 한다.

넷째, 독거는 인간의 본성이 사회적 존재이기 때문에 일종의 처벌적 훈육이다.

다섯째, 독거는 재소자들이 그들의 구금으로부터 이익을 얻는 데는 긴 시간을 요하지 않고, 교도관이 많이 필요치 않으며, 의복비도 적게 들기 때문에 경제적이다.

따라서 이곳의 재소자들은 혼자서 일하고, 성경책을 읽고 자신을 되돌아보는 것 외에는 아무런 방해를 받지 않기 때문에 재소자의 도덕적 교화개선에 유리한 구금제도로 알려졌었다.

이를 현실적인 차원에서 평가하면 재소자간의 통모가 불가능하고 더불어 악풍감염의 염려가 없으며, 개인적 시간을 주기 때문에 반성의 기회가 많고 개별처우와 감시·감독 등 재소자관리가 용이하다는 장점이 있다. 반면에 인간이 사회적 존재임에도 불구하고 공동생활이 불가능하기 때문에 사회적 훈련이 어렵고, 혼자만 있게 하기 때문에 정신적·심리적 문제를 유발할 소지가 있으며, 자살의 우려나 건강상의 문제가 있을 수 있고 행형경비가 많이 필요하다는 단점도 있다.

2) Auburn system

기존의 교정시설이 과밀수용으로 문제가 되어 뉴욕주에서는 Auburn에 새로운 주립교도소를 신설하기에 이르렀고, 과거 독거제의 성공에 힘입어 독거제를 도입하되 효과성을 검정하기 위해서 실험을 거치기로 하였다. 그래서 처음 8명의 재소자를 노동이나 적정한 운동을 허용치 않은 채 자살의 방에서 혼자 생활하는 독거수용되었으나 피험자인 재소자들이 자살·정신이상·질병 등을 일으켜 그 실험은 실패로 끝나고 말았다.

그 후 Elam Lynds가 소장으로 부임하여 새로운 혼거제(congregate system)를 시행하게 되었다. 혼거제는 재소자들이 밤에는 각자 상호 격리된 채 자신의 방에서 독거하나 낮에는 말을 할 수는 없지만 동료재소자들과 함께 일을 하는 제도이다. Lynds는 재소자들은 대부분 어쩔 수 없는 사람들이기 때문에 작업능률의 향상이 교정시설의 목표가 되어야 한다고 믿었다.

이곳에서의 재소자들의 치료요법으로서 뿐만 아니라 교정시설의 자족하는 방법으로 교도작업에 참여하였다. 정부가 상품제조자와 계약을 하면 업자가 재료를 제공하여 교도시설에서 완제품으로 만들었다. 재소자들은 매우 엄격한 통제를 받았으나 작업결과로 얻어진 돈의 일부를 스스로 간직할 수 있었다. 따라서 재소자들에게 도덕적 개선보다는 일하는 습관을 심어 줌으로써 재범을 방지하는 데 더 관심을 두었다.

이 Auburn제도는 독거제의 단점과 혼거제의 결함을 동시에 보완할 수 있는 제도로서 의미를 부여받고 있는데, 그 이유는 공동작업을 통하여 독거수용에 따른 문제점이 해결되고 작업중 엄중침묵을 강요함으로써 재소자간 통모나 범죄학습 등의 문제도 해결할 수 있기 때문이다. 따라서 엄정독거에 비하여 사회적 처우가 어느 정도 가능하기 때문에 보다 인간적이며, 작업중 독거로 인하여 악풍감염의 문제가 해소되고, 집단작업을 통하여 사회적 훈련이 가능해지며, 정신건강이나 자살의 위험 등 주야엄정독거제의 폐해를 줄일 수 있다는 장점이 있는 반면, 재소자간의 의사소통을 금지하기 때문에 인간관계의 형성이 어렵고, 말을 못하게 함으로써 새로운 고통을 부과하는 결과가 되며, 작업시 의사소통을 허용치 않기 때문에 작업능률이 떨어질 수 있다는 단점도 지니고 있다.

3) Pennsylvania system과 Auburn system의 비교논쟁

독거제(Pennsylvania system)는 정직한 사람을 만들고자 하였던 반면, 혼거제(New york 또는 Auburn system)는 복종적인 시민을 만들고자 하였다. 양 제도는 공히 재소자는 사회로부터 격리되고 훈육된 일상생활을 해야 한다고 믿었다. 그들은 일탈이 지역사회의 팽배한 타락의 결과이며, 교회나 가정 등의 기관에서는 더 이상 사회의 타락에 영향을 미칠 수 없다고 생각하였다. 따라서 범죄자를 타락된 사회와 유혹으로부터 격리하여 체계적이고 규칙적인 생활습관을 터득케 함으로써 유용한 시민으로 만들 수 있다고 믿었다.

그러나 이들 두 제도를 구분할 수 있는 것은 재소자의 개선이 이루어지는 방법의 차이에서이다. Auburn system은 재소자는 침묵과 집단훈육을 통해 일단 자신을 깨부셔서 재사회화되어야 한다고 주장하나, Pennsylvania system은 엄격한 훈육을 비판하고 물리적 처벌이나 기타 인간의 존엄성을 침해하는 일들을 포기하였다. Auburn system제도를 주장하는 사람들은 침묵제도가 비용이 적게 들며, 재소자의 노동력을 효율적으로 이용할 수 있고, 산업사회에 필요한 훈련을 받고 지역사회로 되돌아갈 수 있는 사람을 만들 수 있다고 주장하였으며, Pennsylvania제도를 주장하는 사람들은 Auburn제도가 비용-편익이라는 부수적인 목표를 위하여 개선(reformation)이라는 원칙적 목표를 희생시킨다고 비판하면서 대규모작업을 통하여 재소자를 착취하는 것이 결코 직업윤리를 증진시키지 못한다고 주장하였다.

결국 Penn제도는 과거의 종교적 수공업사회를 지향하였던 반면 Auburn제도는 막 싹트기 시작한 사업사회를 지향하였던 것으로 보인다. 그래서 Conley는 Penn제도가 Auburn제도에 진 것은 Penn제도가 지나치게 낙후된 노동제도를 고집하였기 때문이라고 지적하였다.

즉 Auburn제도는 교정시설의 비용을 자족하기 위해서 재소자의 노동력을 착취하는 수단을 제공하며, 국가에 이익을 줄 수 있는 공장에서의 대량생산이라는 새로운 요구와 도전의 궤를 같이하였다. 바로 이 점에서 Auburn제도가 20세기 산업교도소의 전신이라고 볼 수 있다.

3. 구금시설의 보안수준

교정의 목적이 처벌, 제지, 교화개선 또는 무능력화이건 간에 이는 모두 구금을 전제로 하고 있으며, 구금에 있어서 가장 중요한 관심은 역시 보안의 유지라고 할 수 있다. 그런데 이러한 보안은 교정의 목적에 따라 그리고 사회의 지배적 성향에 따라 그 수준을 달리하고 있다.

그러나 교정시설이란 처음부터 최대한의 보안을 강조하는 장소로서 지어졌으며, 이는 전형적으로 높은 담과 전기가 통하는 철망, 무장한 교도관 등의 표현으로 대변되는 사회로부터 멀리 격리된 중구금시설(maximum security prison)이다. 이들 중구금교도소는 바로 처벌을 위해서 고안된 시설임을 알 수 있다. 따라서 이들 중구금시설에서 석방되는 재소자는 처음 수용되기 전보다 감정적으로 더 불안정한 상태이기 쉽다. 그런데 이러한 중구금시설은 교정이 재소자의 처우에 관심을 집중시키기 시작하면서 약간은 변하고 있지만, 아직도 대부분의 교정시설은 중구금시설임에는 틀림없다.

20세기 들어 이들 중구금교도소에 대한 여러 가지 대안들이 실험되면서 상당수의 신설교도소가 중구금시설(maximum security prison)로 세워지고 있다. 물론 초기의 중구금시설은 재소자의 통제가 절대적인 관심이라는 면에서는 과거의 전통적 중구금교도소와 크게 다를 바가 없지만, 그 속의 재소자들은 자신이 감시당하고 있다는 것을 쉽게 느낄 수 있는 정도는 아니었다. 또한 이들 중구금시설은 과거 중구금시설에 비해 재소자들의 일상생활이 덜 억압적이고 몰인격성이 지배하지도 않으며, 더불어 더 중요한 것은 그 규모가 대체로 상당히 작아졌다는 사실이다.

최근에 신설되는 중구금시설(maximum security prison) 중에는 소위 말하는 캠퍼스모형으로 설계되어 사동이 아니라 마치 대학교정의 기숙사와 같은 느낌을 주기도 한다. 이곳에서의 감시는 도주의 위험보다는 수형자 상호간의 보호를 위해서이며, 보안의 유지는 대체로 전기 등의 감시 장치가 대신하고 있다. 만약 우리가 범죄에 대한 반응으로서 구금을 활용한다면, 이와 같은 새로운 형태의 중구금시설이 되어야 할 것으로 보인다.

한편 오늘날 이들 중구금(重拘禁, maximum) 또는 중구금(中拘禁, medium security)교도소 외에 재소자와 소년원생보다는 시골농장이나 공공사업의 필요성을 충족시키기 위해서 설계된 경구금(minimum security)시설과 개방시설(open institution)을 볼 수 있다. 대체로 위험성이 적은 것으로 분류된 재소자가 농장에서부터 캠프에 이르기까지 다양한 이들이 시설에 수용되고 있다.

그런데 이들 경구금시설이나 개방시설은 여러 가지 방면에서 장점이 있다. 대규모 시설에서 있을 수 있는 개인적 위험과 억압적 구금에서 오는 감정적 불안정으로부터 재소자를 보호할 수 있다. 만약 우리가 범죄자 자신은 물론이고 사회에 대해서도 위협이 적은 재소자와 소년원생에게 충분한 정도의 기간 동안 구금한다면, 전통적 교도소에 비해 개방시설이 더 유리할 수 있다.

반대로 중구금(maximum)교도소에서의 교육, 직업훈련 기타 처우프로그램을 더욱 개발한다면, 경구금시설이나 개방시설에 수용된 재소자는 그러한 기회를 놓칠 수도 있다. 또한 지역사회에 기초한 교정이 위험성이 적고 처우 가능한 재소자와 소년원생을 더 많이 수용할수록 개방시설은 지역사회교정에 적합하지 않은 위험성이 높은 중누범자를 처우하는 데는 적합하지 않기 때문에 개방시설의 가치도 그만큼 줄어들 수 있다. 물론 이러한 가정 하에서 교정당국에서는 교정처우를 이유로 재소자와 소년원생을 지역사회교정에 보내기보다는 경제적인 이유로 재소자와 소년원생을 경구금시설이나 개방시설에 계속해서 수용하려고 노력할 것이다.

4. 구금의 방식[38)]

자유형의 집행방법에서 유형제도(유배제도)가 사라진 이래 수형자를 일정한 시설에 구금함으로써 자유를 박탈하고 교화·개선을 꾀하는 구금은 자유형의 유일한 집행제도로 자리잡고 있다. 다만 어떻게 하면 자유박탈과 교화·개선조치의 조화를 이룩할 수 있을 것인가 하는 점에서 구금제도 자체보다는 구금방식에 관심이 모아지게 되었다. 구금방식은 수형자의 개선·교화 가능성, 위생, 국가 재정 등을 종합적으로 고려하여 결정되는데, 원래 일정한 시설에 수용하는 시설내처우가 원칙이지만 최근에는 사회복귀의 관점이 강조되면서 사회에 근접한 형태의 처우방식이 요청됨으로써 개방처우가 확대되는 경향에 있다. 예를 들면, 외부통근제나 사회내처우와 같은 중간처우제도가 여기에 속한다.

1) 구금방식의 종류

(1) 독거제

독거제는 수형자를 교도소 안의 독방에 구금하여 수형자 상호간의 접촉을 방지함으로써 서로 악영향을 주고받는 것을 미연에 예방하기 위한 제도를 말한다. 독거제는 영국의 감옥개량가 Howard가 1777년 "감옥의 상태"에서 잡거구금의 무질서와 비위생을 지적하면서 반독거제 형태인 주간 또는 야간독거제를 주장하면서 처음으로 제기되었다. 그 결과 영국의 3개 도시 그리고 필라델피아협회의 주도하에 필라델피아 시에 월넛(Walnut)교도소라는 독거감옥이 등장하였다. 월넛교도소는 중범죄자에 대해 주간, 야간 모두 독거구금을 하는 엄격한 방식을 취하였다. 이것을 펜실베니아제 또는 필라델피아식이라고 부른다.[39)]

독거제는 수형자 상호간의 통모·악영향 배제, 속죄와 반성기회의 제공, 개별처우의 유리, 감시감독·질서유지의 효율성이 장점으로 지적된다. 그러나 단점으로는 사회복귀를 위한 공동생활의 훈련이 불가능하고 정신적인 고독 상태로 인한 장애의 초

38) 배종대, 앞의 책, 416-418면.

39) 허주욱, 앞의 책, 180면; 정영석·신양균, 『형사정책』, 법문사, 1997, 515면.

래, 집단작업이나 교육의 어려움 그리고 국가의 재정부담을 들 수 있다.

(2) 혼거제

혼거제는 다수의 수형자를 같은 방에 수용하는 구금방식으로서 잡거제라고도 한다. 장·단점은 독거제와 반대이다. 행형비용의 절감과 공동생활을 통한 사회적응훈련의 연마로 사회복귀에 기여할 수 있는 것은 혼거제의 장점에 속한다. 고립에 의한 정신적 장애나 자살을 방지할 수 있는 것도 혼거제의 장점이다. 그러나 단점은 범죄학습의 기회 확대, 적절한 개별처우의 어려움, 석방 후 감방 동료가 공범이 될 수 있는 가능성, 감시·질서유지의 어려움, 폭동과 탈옥의 도모 등을 들 수 있다. 이 중에서도 혼거제의 가장 심각한 폐해는 감방 동료의 간접경험을 통해 새로운 범죄수법을 익히는 이른바 교도소가 '범죄대학'으로 전락하는 문제일 것이다.

혼거제의 이러한 문제점은 수형자를 무차별적으로 함께 수용하는 데서 비롯된다. 그렇다고 해서 모든 수형자에 대한 독거구금이 대안이 될 수 있는 것은 아니기 때문에 혼거제에 대한 다양한 개선책이 등장하고 있다. 예를 들면, 혼거 상태에서 상호간의 교담을 제한하는 침묵제, 주간에는 혼거제를 사용하고, 야간에는 독방에 수용하는 반독거제가 그것이다.

(3) 오번제(Auburn System)

오번제는 미국 뉴욕 주의 오번감옥에서 1823년 당시 소장이었던 린즈(Lynds)가 처음으로 실시하면서 붙여진 이름이다. 주간에는 혼거생활을 하게 하고 야간에는 독방에 구금하는 방식으로서 주간에 혼거수용할 동안에는 엄중한 침묵이 강요되었다고 하여 일명 침묵제라고도 한다. 이 제도는 극단적 독거제인 펜실베니아제와 혼거제의 단점을 극복하기 위하여 제시된 절충적 구금방식이라고 할 수 있다. 그리고 주간의 혼거시간에는 공장에서 공동작업하는 것이 가능하였기 때문에 산업사회가 필요로 하는 노동력의 확보가 가능한 장점도 가지고 있었다. 하지만 오번제가 요구하는 혼거생활시의 침묵은 인간의 본질적 인격성에 대한 침해로서 인간의 존엄에 반한다고 할 것이다. 그리고 교담 금지에 위반할 때 수반되는 제재조치는 수형자들을 항상 긴장과 불안 속에서 살게 함으로써 재사회화에도 도움이 되지 않는다.

(4) 엘마이라제(Elmira System)

엘마이라제는 수형자의 자력적 개선에 중점을 두는 행형제도로서 다른 말로 감화제라고도 한다. 부정기형과 누진처우점수제를 결합하여 행형성적의 등급에 따라 처우를 완화하고 가석방하는 것을 내용으로 하는 제도이다. 1876년 뉴욕의 엘마이라 감화원에서 원장인 Z. Brockway에 의해 처음 실시되었고, 16~30세의 초범자를 대상으로 하였다.[40] 엘마이라에 수용된 사람은 최고형기의 범위 안에서 자신의 노력 여하에 따라 석방시기를 앞당길 수 있도록 함으로써 사회복귀 프로그램에 몰두하는 동기를 주고자 하였다.

브록웨이는 엘마이라를 학과 · 직업 · 도덕교육을 시키는 학교와 같은 분위기로 만들려고 하였고, 3등급으로 나누어 1등급으로 격상되면 가석방될 수 있도록 하였다. 특히 청소년 범죄자의 교화에 효과가 있었다고 전하고, 단점으로는 대상자의 제한, 새로운 방법의 개발 부족, 좋은 등급을 받기 위한 속임수의 구별 문제 등이 지적되고 있다.[41]

(5) 수형자자치제

수형자자치제는 수형자 스스로의 책임에 기초하여 한편으로는 교도소 내의 질서를 유지하게 하고 다른 한편으로는 자신의 사회복귀를 준비하는 자치활동으로 행형을 운용하는 제도이다. 즉 수형자의 자발적인 자치활동을 통하여 사회적응능력을 높이고자 하는 제도이다. 자치의 인정 범위에 따라 전면자치제와 부분자치제로 나뉜다. 수형자자치제가 행형제도로서 처음 실시된 곳은 오번교도소이다. 이후 싱싱교도소, 포트머스해군교도소에서 채택된 바가 있고 특히 싱싱교도소의 자치제는 자치제의 모범으로 알려져 있다. 이 수형자자치제는 세계 각국에 일반화되지는 못하였고 다만 누진처우의 최상급자에 대해서만 일정한 범위의 자치를 인정하는 형태로 남아 있을 뿐이다.

(6) 카티지제(Cottage System)

카티지제는 기존의 행형제도가 주로 대형화 또는 집단화를 전제로 하여 획일적으

---

40) 이윤호, 『교정학』, 박영사, 2003, 155면.
41) 배종대, 420면 이하.

로 운용됨으로써 많은 폐해를 낳았음에 착안하여 시행된 소집단처우제도로서 1854년 미국 오하이오 주 랭커스터에서 처음 시행되었다. 이 제도는 수형자를 개별 특성에 따라 20~30명 단위의 카티지로 나누어서 각 카티지별로 행형 내용의 강도를 달리하는 처우방법을 적용함으로써 교정효과의 극대화를 꾀하고자 하였다. 그러기 위해서는 이에 필요한 과학적 처우방법의 개발과 전문인력의 양성이 필수요건인데 이것은 곧 국가의 재정적 부담능력과 직결되는 문제이다.

(7) 선행보상제도(Good Time System)

일명 선시제 또는 선행감형제도라고도 한다. 교도소의 규칙을 잘 준수하고 작업에 자발적으로 참여하고 그 실적이 우수하며 그리고 기타 선행을 행하는 수형자에게 그 대가로 일정한 수형기간을 단축시켜 주는 제도를 말한다. 가석방제도는 형기중 사회내처우로 형집행방법이 전환된다는 점에서 선행보상제도와 구별된다.

이 제도는 수형자의 자발적 개선노력에 동기를 부여할 수 있다는 점에서 긍정적 측면이 있다. 그러나 형기 단축의 기준이 명확하지 않음으로써 행정권의 자의적 행사와 결합하여 결국 사법권을 침해할 수 있는 소지를 다분히 내포하고 있으며, 또한 외형적 태도의 변화가 내면적 변화를 담보할 수 있는 것은 아니기 때문에 경우에 따라서는 외면적 연기에 능한 교활한 수형자가 선행보상제도에 의해 조기 석방되는 경우도 배제할 수 없다는 단점을 가지고 있다.

제 4 절 형법상의 자유형

1. 징역

'징역'은 수형자를 교도소 안에 구치하여 정역(定役)에 복무하게 하는 형벌이다(형법 제 67조). 이에는 유기징역과 무기징역의 2종이 있다. 유기징역은 1월 이상 15년 이하지만, 형을 가중하는 경우에는 25년까지 가능하다(형법 제 42조). 무기징역은 종신형이지만, 10년이 경과한 후에는 가석방이 가능하다(형법 제 72조 ①항). 이 점에서 자유형의 사회복귀 기능이 유지되고 있다고 할 수 있다. 또한 사형의 대체수단으로서 반드시 필요한 형벌이라고 볼 수 있다.

2. 금고

'금고'는 수형자를 교도소 안에 구치하고 자유를 박탈하는 것을 내용으로 하는 형벌인데(형법 제68조), 정역(定役)에 복무하지 않는 점에서 징역과 구별된다.

다만 행형 법은 금고의 수형자에 대하여도 신청이 있으면 작업을 과할 수 있도록 하고 있다(형형 법 제38조). 금고도 징역과 마찬가지로 유기와 무기의 2종이 있으며, 그 형기는 징역과 동일하다(형법 제42조, 제72조①항). 이러한 금고형은 연혁적으로 과실범이나 정치범과 같이 명예를 존중할 필요가 있는 자에게 부과하는 '명예적 구금'이라고 할 수 있다.

그러나 행형 법은 대체로 이러한 입장을 고르고 있으나, 국가보안법·집시법 등 특별형법들은 정치범 성격을 띠고 있는 이러한 법률위반죄에 대하여 대부분 징역형만을 규정하고 금고형은 규정하고 있지 않다.[42]

3. 구류

'구류'는 수형자를 교도소 안에 유치하는 것을 내용으로 하는 자유형의 일종으로서 그 기간이 1일 이상 30일 미만인 것을 말한다(형법 제68조, 제46조). 수형자는 정역(定役)에 복무하지 않지만 본인의 신청이 있으면 가능하다(행형 법 38조). 구류는 형법각칙에 예외적인 경우에만 적용되고(예, 공연음란죄, 폭행죄, 과실상해죄, 협박죄, 자동차등 불법사용 죄, 편의시설 부정이용 죄), 주로 경범죄처벌법이나 기타 단행법규에서 많이 볼 수 있다. 구류는 자유형의 하나인 점에서 형사소송법의 강제처분인 구금(형사소송법 제69조 이하)이나 벌금·과료를 납부하지 않을 때의 환형처분인 노역장 유치(형법 제69조②항, 제70조, 제71조)와 구별된다.

---

42) 오영근, 앞의 책, 850면.

4. 자유형제도의 문제점과 개선방안

1) 무기자유형

무기수에 대하여 필요적 가석방제도를 규정하고 있는 독일형법의 태도(제57조a)를 긍정적으로 평가해볼 만하다는 주장이 제기되고 있다.[43] 그 이유로는 무기수는 장기간의 구금생활로 인하여 정신적 장애가 생기고 인격의 퇴화와 사회적응능력이 상실될 우려가 있어 무기형의 집행은 "끝없는 공포의 연속"이라는 점에서 "공포와 함께 끝"인 사형보다 더 잔인하고 비인도적이기 때문이라고 한다.

따라서 무기수에게도 일정기간 집행을 한 후 재범의 우려가 없으면 필요적 가석방을 보장해 주는 방안이 검토되어야 한다고 한다. 물론 우리 형법 제72조에 따르면 무기형의 집행 중에 있는 자가 그 행상이 양호하여 개선의 점이 양호한 때에는 10년이 경과하면 가석방이 가능하다고 규정하고 있으나, 이러한 요건이 충족되면 당연히 수형자가 청구할 수 있는 권리가 아니라 국가의 은혜적인 행정처분에 수형자의 운명이 달려 있다는 것이 문제이다.

따라서 무기수에게 일정한 조건아래서 필요적 가석방의 권리가 부여되는 근거규정이 필요하다.[44]

2) 단기 자유형

(1) 단기 자유형의 개념

단기라는 것은 매우 상대적인 개념이므로 어느 정도의 기간을 단기자유형이라고 하는가에 대하여는 다양한 견해가 제시되고 있다. 1949년 국제형법형무회의에서는 3월 이하, 1959년 UN범죄자처우회의와 독일(독일형법 제47조) · 오스트리아의 경우(형법 제37조)에는 6월 이하, 미국에서는 1년 이하가 제시되고 있는데, 우리나라의 지배적인 견해는 6월 이하로 보고 있다. 그런데 단기자유형의 문제는 이를 수량적으로 표시하여 한정하고 획일화하는 데 의미가 있는 것이 아니고 이 제도가 가지고 있

43) 박상기 · 손동권 · 이순래, 앞의 책, 296면.
44) 허일태, "자유형제도의 문제와 개선방향에 관한 연구", 형사정책 제5호(1990), 63면.

는 폐해를 과학적으로 연구하여 그 위험성이 확인될 수 있는 형기의 범위를 개별적으로 찾아내는 데 그 의미가 있다.

따라서 이탈리아의 뽀레스타(Poresta)가 "단기란 수형자의 개선을 위해서는 매우 짧은 기간이지만, 그를 부패시키는 데는 충분한 기간이다"라고 지적한 것은 매우 적절하다.[45] 또한 형행 형법상의 구류형(1일 이상 30일 미만)의 존폐문제도 단기자유형의 문제와 결부되어 있다.[46]

(2) 단기자유형의 문제점

단기자유형의 집행이 초래하는 문제점으로는 다음과 같다.[47]

① 행형과정에서 직업훈련·성격개선 등 사회복귀를 위한 개별적 처우 프로그램을 실행할 시간적 여유가 없다. 따라서 우리나라의 행형실무에서는 6월 이하에 해당하는 단기수들에 대하여 분류조차 하지 않으면 단지 '급외자'로 취급하고 있다. 이처럼 단기자유형의 집행은 짧은 기간 동안 수형자의 자유를 박탈하는 것 외에 어떠한 다른 목적도 지니고 있지 않다는 것을 뜻한다.

② 수형자에 대한 정신적 고통이 적어 위하력(범죄억지력)이 약하다.

③ 단기자유형의 집행은 비록 짧은 기간이지만 자유박탈로 인한 폐해를 그대로 내포하고 있다. 교정시설에 입소하는 순간 심리적 충격을 받는 것은 당연하며, 사회적 관계의 일시적 단절로 인해 더 이상 직장에 다닐 수 없어 일자리를 잃게 되는 경우가 허다하므로 정신적 부담이 크다.

④ 범죄의 정도에 비해 가족이 겪는 고통이 너무 크다. 특히 그 가족의 경제적 파탄을 가져오기 쉽다.

⑤ 전과자로 낙인이 찍히므로 석방 후에도 사회복귀에 여러 가지 어려움을 겪게 되어 재범가능성의 위험이 크다.

⑥ 단기자유형을 집행할 경우 수형자는 범죄에 정통하고 사회에 대하여 부정적 시각을 지닌 재소자 사회집단의 하위문화에 물들게 되고, 특히 다른 수형자들로부터 범죄수법을 전수받게 되는 등 악성감염으로 인하여 건전한 사회복귀를 어렵게 할 염

45) 정영석·신양균, 앞의 책, 329면.
46) 박상기·손동권·이순래, 앞의 책 297면.
47) 정영석·신양균, 앞의 책, 330면; 박상기·손동권·이순래, 앞의 책, 297; 한영수, 『행형과 형사사법』, 세창출판사, 2000, 113면 이하; 임웅, 앞의 책, 590-591면.

려가 있다.

⑦ 단기수형자의 빈번한 입출소(入出所)로 인하여 업무가 가중될 뿐만 아니라 이로 인하여 야기되는 교정시설의 공간 부족과 교정인력부족은 다른 수형자들의 생활환경을 더욱 열악하게 만들 염려가 있다.

⑧ 현행법상 단기자유형의 집행을 종료한 후 3년 이내에 금고 이상의 죄를 범한 경우에는 누범에 해당하고 집행종료 후 5년을 경과하지 않으면 집행유예 결격자가 되는 불이익을 받게 된다.[48)]

19세기말에 독일 형법학자 리스트(Liszt)는 자신이 '단기자유형에 맞서 싸우는 십자군'임을 자칭하면서 단기자유형에 대하여 비판을 가하여 단기자유형은 형사정책상 무용(無用)할 뿐만 아니라 해롭기까지 한 형벌이라고 하였다.

이와 같은 문제점을 고려하여 단기자유형을 폐지하거나 개선방안이 제시되고 있다.

(3) 개선 방안

단기자유형의 개선방안으로 여러 가지가 제시되고 있다.

① 벌금형의 활용방안

독일형법은 6개월 이하의 징역은 일반예방효과를 위해 필요한 경우에만 제한하고 있다. 오스트리아 형법 제37조는 자유형의 선고가 특별히 필요한 것을 제외하고는 자유형 대신에 일수 벌금제를 선고할 것을 규정하고 있다. 영국에서도 단기자유형 대신에 공공역무나 보호관찰제도 등을 두고 있다.

그러나 총액벌금제도를 채택하고 있는 우리나라에서는 벌금형으로 대체하더라도 보통사람의 경제능력을 기준으로 하는 벌금액만으로는 일반인에 대하여 형벌효과를 기대하기 어렵다. 독일처럼 일수벌금제도를 취할 때 벌금형으로의 대체는 실효성이 있을 것이다.[49)]

또한 자유형과 벌금형이 선택적으로 규정되어 있을 경우에는 원칙적으로 벌금형을 선택하도록 해야 한다는 주장이 제기되고 있다.[50)]

48) 김선복, "단기자유형의 문제점", 비교형사법연구 제6권 제2호 특집호(2004), 140면.
49) 박상기 · 손동권 · 이순래, 앞의 책, 297-298면.
50) 앞의 책, 298면.

② 집행유예 내지 선고유예제도의 활용방안

우리 형법상의 임의적인 집행유예(형법 제59조) 내지 선고유예(형법 제56조 ①항) 제도를 독일형법(제62조)과 같이 6월 이하의 단기자유형에 대하여서는 가능한 필요적으로 형을 유예하고 보호관찰을 부과하여야 한다는 주장이 제기되고 있다.[51]

③ 구금제도의 완화방안

주말구금, 휴일 내지 야간구금, 단속구금(斷續拘禁), 반구금(半拘禁), 전자 감시 가택구금, 「자유형의 일부에 대한 집행유예제도」(단기 자유형 집행 후 보호관찰; Shock Probation), 「단기자유형 집행 후 가석방」(Shock Parole) 등이 그 방안으로 제시되고 있다.

'주말구금'은 형벌이 주말, 예컨대 토요일 14시 내지 토요일이 휴무인 경우에는 금요일 18시부터 월요일 6시까지 집행되는 제도를 말한다.[52] 이러한 주말구금은 단기자유형의 집행에 비하여 가족 및 사회와의 관계단절과 직장상실을 피할 수 있는 장점이 있으므로 도입할 필요가 있다.[53] 주말구금은 교통범죄, 특히 음주운전으로 인한 경우에 적합한 집행방식이라고 한다. '휴일 내지 야간구금'에 있어서 수형자의 구금은 휴일(토・일 공휴일) 내지 야간에 이루어지며, 수형자는 직장에 다니거나 교육을 받을 수 있는 제도이다. 직업이 없는 경우에는 이 제도가 배제되고 있다. '단속구금'(斷續拘禁)은 여름 휴가기 또는 연말연시 휴가기 등 비교적 긴 휴가기간 중 구금생활을 하는 제도이다.

'전자감시에 의한 가택구금'은 단기자유형이 선고된 자를 교정시설에 수용하지 않는 대신에 자신의 집에서 전자감시를 받으며 외출이 제한되는 것으로 집행이 종료되는 방식이다. 이 제도는 단기간의 구금이 야기하는 부정적 작용을 막고 과밀수용상태도 해소한다는 점에서 잔기자유형의 대안으로서 활용방안이 제기되고 있다.[54] '자유형의 일부에 대한 집행유예제도'(단기자유형 집행 후 보호관찰)로는 자유형의 일부 기간은 집행을 하고 나머지 기간은 사회 내 처우를 하도록 하는 제도를 말하는데, 범죄인에게 구금에 의한 충격을 통해 반성 및 사회복귀를 추구한다는 의미에서 '충

---

51) 앞의 책, 298면.
52) 배종대・정승환, 「행형학」, 홍문사, 2002, 152-153면.
53) 한영수, 앞의 책, 252-254면.
54) 한영수, 앞의 책, 252-254면.

격보호관찰'(Shok Probation)이라고 한다.

(4) 형법상 원상회복제도 도입여부

'원상회복'이란 범죄인이 자발적으로 범행의 결과를 청산하는 것을 말하는 데, 원상회복의 목적은 갈등해소보다는 범행 이후 법적 평화를 재건하는 데 있다. 원상회복이 자유형의 대체수단으로 논의되는 이유는 신체자유의 박탈을 피할 수 있을 뿐만 아니라 범죄로 인하여 발생한 손해의 배상에 관한 피해자의 이익을 보호할 수 있기 때문이다. 입법례로 독일형법 제26조는 "범죄인과 피해자간의 조정을 통하여 손해를 원상회복하면 형을 면제하거나 감경할 수 있다"고 규정하고 있다. 특히 재산범죄·폭행죄·상해죄 등의 경우에 범죄인이 자발적으로 자신이 범행을 원상회복하면 원상회복을 통한 단기자유형을 대체할 수 있다는 것이다.[55)]

(5) 기타

선행보증(형의 집행유예를 선고하거나 가석방을 명하는 경우에, 장래의 위험에 대비하여 상당한 금액 기타 유가증권을 제공하거나 보증인을 세워 그 효과발생의 정지조건으로 하는 보안처분의 일종), 집중보호관찰(보통의 보호관찰보다는 감독이나 제한이 많은 교정방안), Boot Camp(군대와 유사하게 구조화·조직화된 환경 속에서 프로그램 참가자들에게 군대식의 규율이나 규정 등을 적용하여 일정기간 동안 처벌을 받도록 하는 것), 효과적인 사회봉사명령, 개방교도소의 탄력적 운영 등이 그 방안으로 제시되기도 한다.

3) 자유형의 단일화

(1) 의의

현행 형법은 자유형을 징역·금고·구류의 3종류로 구분하고 있는 데, 징역은 정역(定役)에 복무해야 하고(형법 제67조) 금고 및 구류는 정역(定役)에 복무할 의무가 없으며(형법 제68조) 행형 법은 금고와 구류의 경우에도 수형자의 신청에 의하여 작업을 과할 수 있도록 하고 있다(행형 법 제38조). 그런데 정역(定役)의 복무여부로 징역과 금고를 구분하는 것은 응보형사고의 잔재에 불과할 뿐, 인도적·합리적

55) 김선복, 앞의 논문, 153면.

교정정책의 관점에서 자유형을 단일화하여야 한다는 주장이 제기되고 있다. 자유형의 목적은 수형자의 교육·개선에 있으므로 형식적인 구별이 의미가 없다는 주장이 확산되었기 때문이다.

「자유형의 단일화」는 현행법상 징역·금고·구류의 3종류로 되어 있는 자유형을 하나로 통일하자는 것이다. 자유형의 단일화 문제는 1878년 스톡홀름에서의 제2회 국제형법형무회의 1950년 헤이그회의, 1951년 베를린회의 등에서 논의되었다. 특히 독일형법(제38조②항). 오스트리아 형법(제18조②항)에서는 자유형을 단일화하였다. 우리나라에서는 최근 형법개정안에서 자유형을 단일화하였으나, 1995년 개정형법에서는 반영되지 않았다.

(2) 자유형 단일화 찬성논거

자유형의 단일화를 찬성하는 논거는 다음과 같다.[56)]

① 정치범·과실범과 같은 비 파렴치범을 금고에 처하는 것은 수형자의 교화·개선에 도움이 되지 않는다. 금고형에서 노동의 교정효과를 도외시하는 것도 문제다.

② 징역과 금고의 구별기준이 되는 파렴치범이라는 개념자체가 상대적인 것이기 때문에 자유형의 종류를 나누는 기준으로서 적합하지 않다. 또한 징역을 받는 자는 파렴치범이라는 낙인이 찍히고 사회복귀가 어렵게 된다.

③ 정역(定役)의 복무여부에 따라 구별한다는 것은 전근대적인 노동천시사상에 지나지 않으며, 노동을 신성한 것으로 본다면 징역에 처하는 것이 명예손상이 될 수 없다.

④ 실제에서도 금고수형자의 대부분이 신청에 의하여 작업에 종사하고 있다.

(3) 자유형의 단일화 반대논거

자유형의 단일화를 반대하는 논거는 다음과 같다.[57)]

① 징역에만 노동을 부과하는 것이 노동을 천시한다는 비판은 옳지 않다. 노동이 형벌과 함께 강제된다는 사실만으로도 노동의 형벌성을 인정할 수 있다.

② 파렴치범의 여부는 다소 상대적이긴 하지만 그 구별이 불가능한 것은 아니다.

---

56) 정영석·신양균, 앞의 책, pp. 333-335; 박상기·손동권·이순래, 앞의 책, p. 299;임웅, 앞의 책, p. 590; 김일수, 「한국형법Ⅱ」, 박영사, 1997, p. 598.

57) 박상기·손동권·이순래, 앞의 책 , 299면; 배종대, 앞의 책, 421면.

③ 형의 종류가 다양할수록 책임에 따른 형벌의 개별화는 그만큼 더 실현될 수 있다.

④ 자유형은 교육만을 목적으로 하는 것이 아니고, 응보적 징벌로서의 의미도 있기 때문에 그 구분은 필요하다.

(4) 결어(자유형 단일화)

자유형이 노동을 함께 부과한 것은 노동의 강제가 형벌성을 가졌기 때문이 아니라, 노동 고유의 교화·개선기능이 있기 때문에 수형자를 재사회화시키는 데에 있어서 노동부과는 자유형의 종류와 상관없이 이루어져야 한다. 또한 행형현실에서는 금고형을 받은 대다수의 수형자가 본인의 신청에 의하여 작업에 종사하고 있다. 따라서 양자를 구별하는 것은 의미가 없으므로 자유형을 단일화할 필요가 있다.

4) 구류형의 문제점과 개선방안

(1) 문제점

'구류'는 이른바 단기자유형에 해당하므로 단기자유형의 문제점을 그대로 안고 있는 형벌이다. 그런데 현형법률에 규정되어 있는 구류는 단기자유형의 문제점뿐만 아니라 개별적인 문제점도 지니고 있다. 구류의 개별적인 문제점을 살펴보면 다음과 같다.[58]

첫째, 구류는 자유형임에도 불구하고 현행법상 집행유예나 선고유여를 할 수 없다.

둘째, 행정벌인 과태료로도 충분한 제재효과를 거둘 수 있는 경미한 위법 행위(예, 경범죄처벌법위반)에 대해서까지 자유형인 구류를 부과할 수 있도록 한 것은 '지나친 형법의 투입'이라고 볼 수 있다. 이와 같은 경미한 위법행위는 비 범죄화가 가능한 영역이다.

셋째, 피고인의 방어권이 크게 제약을 받고 있는 즉결심판절차에 의하여 자유형인 구류를 부과할 수 있도록 규정한 것은 "자유형의 선고는 형사재판 절차에 의하여야 한다."는 법치국가적 요청에 반한 것이라고 할 수 있다.

넷째, 즉결심판에 의해 선고되는 구류형의 집행 장소는 대개 경찰서유치장이다.[59]

---

58) 한영수, "구류형의 문제점", 비교형사법연구 제4권 제2호(2002), 201면 이하.

59) 즉결심판에관한절차법 제18조②항에 의하면, 구류는 경찰서유치장, 주취소 또는 교도소에서 집행하도록 규정하고 있는데, 일반적으로 경찰서 유치장에서 집행하고 있다.

경찰서 유치장에서는 일반교정시설과는 달리 수형자분류가 제대로 이루어지지 않으며 다른 피의자와 함께 지내야 하기 때문에 범죄학습을 할 수 있는 여지는 충분하다. 또한 재사회화의 목적을 위해 구류형을 집행하는 것이 아니라, 신체적 구금을 목적으로 한 구금행형이 행해질 뿐이다.

(2) 개선방안

구류형의 개선방안으로서는 다음과 같이 제시해 볼 수 있다.

첫째, 경범죄처벌법위반의 경우와 같은 경미한 위법행위에 대해서는 과태료(범칙금)를 부과하는 방법으로 비 범죄화해야 한다.

둘째, 벌금 또는 과료(科料)로 대체하는 방법이다.

셋째, 즉결심판절차를 통해서는 구류를 선고할 수 없도록 하는 방법이다.

넷째, 자유형의 단일화와 재산형의 단일화를 통하여 해결하는 방법이다.

5. 부정기형제도

(1) 의의

자유형의 선고형식에는 '정기형'과 '부정기형'이 있다.

'정기형'은 재판에서 일정한 자유형의 기간을 확정하여(예컨대 징역3년) 형을 선고하는 것을 말하고, '부정기형'은 자유형을 선고할 때 형기를 확정하지 않는 것으로서, 형기는 형 집행단계에서 결정된다. 부정기형에는 '절대적 부정기형'과 '상대적 부정기형'이 있다.

'절대적 부정기형'은 전혀 형기를 정하지 않고 선고하는 것이므로(예컨대, "징역에 처한다") 죄형법정정주위의 명확성의 원칙에 위배된다.

'상대적 부정기형'은 장기와 단기를 정하여 선고하는 것을 말한다(예컨대, "장기 5년 단기 3년에 처한다."). 소년법 제60조 ①항은 "소년이 법정형 장기 2년 이상의 유기징역에 해당하는 죄를 범할 때에도 그 법정형기의 범위 내에서 장기와 단기를 정하여 선고한다. 단 장기는 10년, 단기는 5년을 초과하지 못한다"고 규정하여 '상대적 부정기형'을 채택하고 있다.

(2) 연혁

19세기말에는 미국의 드와이트(Dwight), 와인즈(E. C. Wines), 브록웨이(Z. R. Brockway) 등이 「아메리카 감옥협회」를 조직하여 부정기형 운동을 벌였으며, 1877년 뉴욕주의 「엘마이라 교도소」에서부터 상대적 부정기형이 채용되었다. 그 후 많은 주에서 채용되었지만 최근에는 많은 주가 이를 폐지하였다. 현재는 소년범을 제외하고는 거의 채택하지 않는 것이 일반적이다.

(3) 찬성론

부정기형은(성인범 포함)을 찬성하는 논거는 다음과 같다.60)

① 부정기형은 범죄자 개선의 목적을 달성하기 위하여 가장 적당한 방법이다. 이것은 두 가지 점에서 나타난다. 하나는 개선목적을 달성할 때까지 형의 집행을 계속함으로써 개선되지 않은 자가 사회로 복귀할 가능성을 막는 데 있고, 다른 하나는 수형자 자신이 개선의지나 행형성적에 따라 형이 감경될 수 있다는 생각을 갖게 되면 개선의욕이 커진다는 점에 있다.

② 부정기형은 성인범의 경우 위험범죄자 내지 상습적 누범자에 대하여 장기간 구금이 확보되기 때문에 사회방위에 유리하다.

③ 사회적 위험성이 있는 범죄인에게 위화효과를 가진다.

④ 행형단계에서 수형자를 더욱 면밀히 관찰하고 범죄성을 다시 평가하여 형량을 정하는 것이 바람직하다.

⑤ 수형기간을 개선정도에 따라 결정할 수 있으므로 사회나 수형자 모두에 대하여 이익이 된다.

(4) 반대론

부정기형을 반대하는 논거는 다음과 같다.61)

① 부정기형의 개선효과를 입증하기 곤란하다.

② 부정기형은 사회적 약자에 대하여 주로 과하여지므로 사회적 불공정을 초래하

---

60) 정영석 · 신양균, 앞의 책, 340면; 배종대, 앞의 책, 422; 박상기 · 손동권 · 이순래, 앞의 책, 300면.

61) 정영석 · 신양균, 앞의 책, 341면; 배종대, 앞의 책, 422; 박상기 · 손동권 · 이순래, 앞의 책, 301면.

기 쉽다.

③ 운용의 실제에 있어서 인권침해를 초래할 염려가 있다.

④ 수형자는 석방시기와 관련하여 정신적 불안에 싸이기 쉽고, 석방시기의 결정이 교정담당기관의 평가에 달려 있으므로 수형자와 교정담당기관 사이에 왜곡된 인간관계를 낳을 수 있다.

⑤ 부정기형은 교활한 수형자에게는 유리하지만, 정직한 수형자에게는 오히려 준엄한 형벌로 되어버린다.

⑥ 석방기일이 분명하지 않기 때문에 가족에 대해서도 상당한 압박감을 주게 된다.

⑦ 부정기형에서 형의 정도를 판단할 수 있는 객관적인 기준이 없다.

⑧ 부정기형은 행위 당시의 책임을 넘어서는 처벌을 가능하게 할 수 있다. 이것은 형의 판단은 '행위 당시의 책임을 기준으로 하여야 한다는 죄형법정주의 이념'에 위배된다.

(5) 결어

절대적 부정기형은 죄형법정주의의 명확성의 원칙에 위반되므로 허용할 수 없다. 그러나 상대적 부정기형은 책임주의(책임원칙)라는 형법의 대원칙 하에서 검토할 문제이다. 책임에 상응한 형벌상한과 일반예방에 상응한 형벌하한 사이에서 부과되는 경우에 반대할 이유는 없다고 본다. 왜냐하면 책임주의와 일반예방의 형벌 목적을 실현할 수 있기 때문이다. 특히 소년범의 경우에는 상대적 부정기형 제도를 거부할 이유는 없고, 성인 범에 대해서는 불필요하다고 본다.

6. 재산형

'재산형'이란 범인으로부터 일정한 재산을 박탈하는 것을 내용으로 하는 형벌을 말한다. 현행 형법상 재산형으로는 벌금, 과료(科料), 몰수의 3종류가 있다.

재산형 중에서 벌금형은 중세유럽의 '속죄금'이나 '배상금'에서 유래한 형벌이다. 이와 같은 속죄금이나 배상금은 공형벌(公刑罰)이 아닌 사형벌(私刑罰)의 성격을 가지고 있었다. 그러다가 중세 후기에 들어서 국가권력이 강화되자 국가가 배상지급을 강제하면서 배상금의 일부를 국가에 납입케 하는 '평화금'제도가 운용되어 공형벌(公刑罰)로서의 재산형의 시작이었다. 그 후 국가형벌권이 확립되면서 피해자에 대한 손해배상과 별도로 참된 의미의 벌금형제도가 만들어졌다.62)

1) 벌금형

(1) 의의

'벌금형'은 범죄인에게 일정한 금액을 지불하도록 강제하는 형벌로서 '금전형'의 성격을 가지고 있다. 형법상 벌금은 5만원 이상으로 하며 상한에는 제한이 없고, 다만 감경하는 경우에는 5만원 미만으로 할 수 있다(형법 제45조). 대신 각 구성요건에서 상한액을 규정하고 있다. 이와 같이 우리나라의 벌금형제도는 일정한 금액을 벌금으로 신고하는 '총액벌금제도'를 채택하고 있다. 벌금액을 정함에 있어서는 형법에 특별한 규정이 없으므로 '양형에 관한 규정'(형법 제51조)이 적용될 뿐이다.

벌금은 확정 판결일로부터 30일 내에 납입해야 하고, 벌금을 납입하지 않는 자는 환형처분으로 1일 이상 3년 이하의 기간 노역장에 유치할 수 있다(형법 제69조, 제70조).

만일 벌금의 일부만 납입한 때에는 벌금액과 유치기간의 일수를 비례하여 납입금액에 상당한 일수를 공제한다(형법 제71조).

(2) 벌금형의 성격

벌금형 역시 형벌로서의 일신 전속적 성격을 가지고 있다. 따라서 ① 벌금을 제 3자가 대납하는 것이 허용되지 않고, ② 국가에 대한 채권과의 상계(相計)가 허용되지 않고, ③ 다수인이 함께 벌금을 선고받은 각 개인이 벌금을 납부하여야 하며, 공동연대 책임을 지지 않고, ④ 원칙적으로 벌금의 상속은 인정되지 아니한다. 다만 예외적으로 피고인이 재판 확정 후 사망으로 인한 상속재판(형사소송법 제478조), 재판 확정 후 합병으로 인한 존속법인 또는 설립법인(형사소송법 제479조)에 대해서는 집행할 수 있다.

그러나 벌금형은 일정한 금액의 지급의무만을 부과하게 하는 데 그치며, 몰수와 같이 일방적으로 국가에 이전시키는 '물권적 효력'(物權的 效力)을 일으키는 것은 아니다.63)

---

62) 배종대, 앞의 책, 425-426면; 정영석 · 신양균, 앞의 책, 345면.

(3) 벌금형의 장점과 문제점

① 장점

오늘날 벌금형이 다른 형벌에 비하여 가장 많이 이용되고 있는 이유는 다음과 같다.[64)]

ⓐ 벌금형은 범죄자에게 재산적 부담을 지움으로써 위하력을 가진다. 즉 현대와 같은 자본주의체재하에서 이욕에 의한 범죄(도박죄, 장물죄, 조세법 위반 등 경제사범)에 대해서는 벌금형이 자유형에 못지않게 고통과 교육적 효과를 가진다.

ⓑ 벌금형은 범죄자를 감금하지 않으므로 사회생활의 중단과 범죄오염 등 단기자유형의 폐해를 피할 수 있고, 보다 나은 사회복귀가 가능하며 오판(誤判)의 경우 그 회복이 용이하다.

ⓒ 교도소·구치소의 과밀현상을 해소하는 하나의 방법이 된다.

ⓓ 벌금형은 집행에 많은 비용이 들지 않으므로 경제적이라고 할 수 있으며, 범죄인 나아가서 피해자의 명예를 회복할 수 있다.

ⓔ 벌금형은 국가의 수입을 증대시키며, 이를 범죄예방 및 수용자의 교정시설에 이용하면 일석이조의 효과를 거둘 수 있다.

ⓕ 날로 증가하는 법인의 범죄행위에 대해서도 벌금형은 효과적인 제재수단이 될 수 있다.

② 문제점

벌금형의 문제점으로 다음과 같은 것이 지적되고 있다.[65)]

ⓐ 벌금형의 집행은 직접 범죄인의 가계(家計)에 영향을 미치게 되어 형벌의 일신전속적 성질을 잃게 된다는 우려가 있다.

ⓑ 범죄인의 경제적 지위에 따라 형벌의 위하력에 차이가 생긴다. 가난한 사람에

---

63) 김일수, 앞의 책, 601면; 박상기·손동권·이순래, 앞의 책, 303면; 정영석·신양균, 앞의 책, 345-346면.

64) 정영석·신양균, 앞의 책, 346-347면; 배종대, 앞의 책, 427면; 박상기·손동권·이순래, 앞의 책, 303-304면; 오영근, 앞의 책, 854면; 정성근·박광민, 앞의 책, 650면; 신진규, 「범죄학겸 형사정책」, 법문사, 1987, 593면.

65) 정영석·신양균, 앞의 책, 347-348면; 배종대, 앞의 책, 427; 박상기·손동권·이순래, 앞의 책, 304면; 김일수, 앞의 책, 601-602면; 배종대, 앞의 책, 427-428면; 오영근, 앞의 책, 854-855면; 신진규, 앞의 책, 593-594면.

게는 무거운 형이 되지만, 재산이 많은 사람에게는 일반예방 또는 특별예방의 효과를 기대할 수 없다.

ⓒ 재산만을 박탈하게 되어 범죄인의 인격에 직접적인 영향을 주지 못하므로 개선교육의 효과도 크지 않다.

ⓓ 직업범죄인에게는 벌금을 일종의 세금으로 생각하여 형벌을 경시하게 될 염려가 있다.

ⓔ 특히 화폐가치의 변동이 심한 사회의 경우에는 벌금형의 예방력에 영향을 준다.

ⓕ 벌금을 낼 수 없는 경우에는 노역장유치(환형처분)에 들어가기 때문에 이는 또다시 단기자유형의 폐해를 드러내게 된다.

(4) 현행 벌금제도의 개선방안

① 일수벌금제도의 도입여부

우리나라는 형법상의 벌금액과 같이 각 구성요건에 벌금액 상한성을 규정하고 법관은 이 범위 내에서 양형을 하는 '총액벌금제도'를 채택하고 있다.

이에 반해 '일수벌금제도'는 범행의 경중에 따라 일수를 먼저 정하고, 다음으로는 피고인의 경제사정을 고려하여 일수 당 정액을 결정한 다음, 일수에 일수정액을 곱하여 벌금액을 정하는 것을 말한다.

일수벌금제도는 핀란드, 스웨덴, 덴마크가 처음 채택하였으며, 독일과 오스트리아 형법에 입법화되었다. 일수벌금제의 근본취지는 피고인의 경제사정을 고려하여 벌금액의 차등화를 통하여 형벌의 상대적인 균등화를 도모하여 책임주의와 희생평등의 원칙의 조화를 이루는 데 있다. 그런데 일수벌금제도에 대하여 다음과 같은 점이 지적되고 있다.[66)]

ⓐ 피고인의 경제능력에 대한 정확한 조사 및 확정이 실제로 쉬운 일이 아니다.

ⓑ 벌금형의 양정(量定)에 경제능력을 고려하는 것은 양형과정이 피고인의 재산상태 조사에 치우칠 가능성이 높다.

ⓒ 벌금액수가 많을 경우에는 법관이 기계적으로 일수로 나누어 계산하게 되면 오히려 법관의 자위적인 일수정액산정이 있을 수 있다.

66) 정영석·신양균, 앞의 책, 350면; 배종대, 앞의 책, 428-429면; 김일수, 앞의 책, 602면; 박상기·손동권·이순래, 앞의 책, 30면.

우리나라에서도 1985년에서 1992년 사이의 형법개정 작업과정에서 일수범금제의 도입이 논의되었고 도입을 찬성하는 견해도 많았다. 당시에는 개인의 재산 상태를 파악하는 제도가 정착되지 않아 시기상조라는 이유로 일수벌금제도가 도입되지 못하였다.[67)]

그러나 대부분의 경우 피고인의 직업, 소득세·재산세, 금융실명·부동산실명제, 부동산소유관계의 중앙전산화 등을 통한 피고인의 자산상태(경제적 지위)를 종합적으로 파악하는 것이 현실적으로 불가능하다고 할 수 없다.

따라서 우리형법상으로 이 제도의 도입을 위한 신중한 검토가 요망된다.

② 벌금의 분납제 및 납부연기제의 도입여부

피고인이 사정상 벌금을 일시에 납부하기 곤란하다고 인정되는 경우에는 벌금의 분납 또는 납부기일을 연장해 주는 제도가 필요한지에 대하여 논의되고 있다.

독일형법 제42조는 벌금의 분납제 및 납부 연기제를 허용하고 있다.[68)]

현재 연납이나 분납에 대하여 현행 형법이나 형사소송법에서는 인정되고 있지 않고 검찰사무규칙에서 일부납부와 납부연기를 허용하고 있는데(검찰사무규칙 제12조), 신청에 의해서만 가능하고 그 사유도 기초생활수급자, 장애자 등으로 한정되어 있어 사실상 경제적인 사유로 일반국민이 분납이나 납기를 연장받기는 매우 어려운 실정이다. 뿐만 아니라 총액 중 얼마까지 분납이 몇 회까지 가능한지, 납기는 언제까지 연장받을 수 있는 것인지에 대해서도 기준이 없고, 분납이나 납기연장을 해 주었을 때에도 이를 위반한 자에 대해서 어떤 조치를 해야 하는가에 대해서도 언급이 없다.[69)]

그리고 이 제도에 대하여 ⓐ 분납을 하는 경우에는 일정한 정도의 세금을 내는 것과 같이 느낄 수 있으므로 벌금형의 형벌기능이 상실될 우려가 있다는 것, ⓑ 집행기관의 부담이 늘어난다는 점, ⓒ 도중에 무산자가 되는 경우 지급불능에 빠지게 된다는 비판이 있다.[70)] 그러나 벌금의 미납에 대하여는 환형처분이 가능하고 형벌의 개

67) 오영근, 앞의 책, 856면.

68) 독일형법 제42조(납부완화): 범죄인이 즉시 납입하지 못할 인적·경제적 사정이 있을 때에는 법원은 납부기한을 연장하거나 분할납부를 허용할 수 있다. 이 경우 법원은 범죄인이 분납액을 정해진 기일에 납부하지 않으면 분납의 편의를 박탈할 수 있다.

69) 안병욱, "벌금형 제도의 재정립 방안에 관한 연구", (경기대학교 대학원 박사학위 논문, 2003) 104-105면.

별화를 효과적으로 한다는 점에 비추어 양정된 벌금전액을 일시에 납부하기 어려운 경우에 합리적으로 벌금을 징수할 수 있는 분납제도 및 납부 연기제를 활용하는 것이 바람직하다.

③ 벌금형의 집행유예제도의 도입여부

현행형법은 벌금형에 대해 선고유예는 인정하나(형법 제59조) 집행유예는 인정하지 않고 있다. 그러나 벌금형보다 무거운 자유형에는 집행유예를 인정하면서 벌금형의 집행유예를 인정하지 않는 것은 형평에 맞지 않는다. 따라서 벌금형의 경우에도 집행유예를 인정할 필요가 있다.71)

벌금형에 대하여 집행유예를 인정하고 있는 입법례로는 오스트리아형법(제43조 ①항), 일본형법(제25조 ①항)이 있다.

④ 벌금형의 적용범위의 확대 및 현실화 문제

단기자유형의 폐단을 줄이기 위해서는 징역형만을 법정형으로 규정하고 있는 경미한 범죄에 대하여 벌금형을 선택형으로 규정하여 그 적용범위를 확대할 필요가 있다. 따라서 벌금형을 규정하고 있지 않은 간통죄(형법 제241조), 명예훼손죄(형법 제307조 ②항) 등 비교적 경미한 범죄에 대하여 벌금형을 선택형으로 그 적용범위를 확대해야 한다.

또한 형행 형법(1995년 개정)은 상당부분 벌금형의 액수를 현실화하였으나 특별형법에는 아직도 현실화되지 못한 부분이 많이 남아 있다. 특히 경제범죄와 신종 화이트칼라 범죄 등의 벌금형을 현실화할 필요가 있다.72)

⑤ 노역장유치의 가석방 허용문제

벌금형이 국가의 형벌로서 실효성을 확보하기 위하여 벌금형의 미납 시 강제수단으로서 형법은 노역장유치를 규정하고 있는데(형법 제69조②항), 노역장유치의 집행은 단기자유형의 폐해를 시정하기 위한 벌금형이 다시 단기자유형으로 환원되는 결과가 된다.

---

70) 배종대, 앞의 책, 429면.

71) 정영석·신양균, 앞의 책, 355면; 박상기·손동권·이순래, 앞의 책, 307면; 배종대, 앞의 책, 429면; 김일수, 앞의 책, 602면; 임웅, 앞의 책, 593면.

72) 배종대, 앞의 책, 430면.

따라서 자유형의 가석방제와 같이 환형 처분된 자의 행형성적에 따라 미리 석방시킬 수 있는 제도가 환형처분의 경우에도 적용되어야 한다는 주장이 제기되고 있다.[73]

일본형법(제30조)은 노역장에 유치된 자에 대하여 가출장(暇出場)을 허용하고 있다.

⑥ 노역장유치의 대안으로서 사회봉사명령

노역장유치제도는 구금의 위하력으로 인하여 벌금징수에 큰 기여를 하고 있지만, 노역장유치에 따른 소요 경비에 비하여 교정효과를 크게 거둘 수 없고, 오히려 구금으로 인한 낙인효과와 악풍감염의 폐해가 크다는 이유로 벌금미납자에 대하여 사회봉사명령 제도를 도입해야 하는 필요성이 있다는 주장이 제기되고 있다. 다시 말하면 노역장유치와 비교하여 사회봉사명령을 사회 내에서 봉사 작업을 함으로써 사회복귀라는 교정목표에 자연스럽게 연결될 수 있고, 국가가 노동의 기회를 제공하고 사실상 국가에 벌금을 납부하게 하는 효과를 얻을 수 있으며, 교정시설의 과밀현상을 해소하고 국가예산의 절감에도 기여하는 장점이 있다는 점에서 우리나라에서도 도입할 필요성이 있다고 주장하고 있다. 다만 벌금미납자에 대한 사회봉사명령을 적용하더라도 그 동기와 사정에 따라 달리 대처할 필요성이 있다고 한다.[74]

⑦ 벌금형의 과태료전환에의 필요여부

많은 행정형법에 벌칙 조항에 행정상의 의무불이행에 대해 벌금형에 처하는 규정을 두고 있다. 그러나 행정상의 의무불이행에 대하여 형벌인 벌금형을 과하는 것은 비례의 원칙에 맞지 않으므로, 벌금형에 처하는 행정형법 위반죄를 과태료로 전환이 필요하다.[75]

2) 과료(科料)

과료(科料)는 벌금과 같이 재산형의 일종으로서 일정한 금액(2,000원 이상 50,000원 미만; 형법 제70조)의 납입의무를 지우는 형벌이다. 과료는 형벌의 일종이므로 행정질서벌과 민사질서벌인 과태료와 구별된다. 과료를 납입하지 않은 자는 1일 이

73) 강동범, "재산형의 문제와 개선방안", 형사정책제5호, 1990, 92-93면.
74) 정현미, "벌금형의 개선방안", 비교형사법연구 제6권2호 특집호(2004), 215-216면.
75) 오영근, 앞의 책, 858면.

상 30일 미만의 기간 노역장에 유치하여 작업에 복무케 한다(형법 제69조).

그러나 현재의 경제수준에서 50,000원 미만의 금액을 형벌로 부과하는 것은 형벌의 실효성이라는 측면에서 효과를 기대하기 어려우므로, 과료에 처해지는 범죄를 비범죄화하거나 범칙금이나 과태료와 같은 항정 벌로의 전환이 필요하다.[76] 이는 벌금과 과료의 일원화취지에서도 필요하다.

과료는 주로 경범죄처벌법 기타 단행법규에 많이 규정되어 있고, 형법에는 공식적으로 공연음란죄(형법 제245조), 복표취득죄(형법 제248조③항), 단순도박죄(형법 제246조①항), 단순폭행죄(형법 제260조①항), 과실 치상죄(형법 제266조), 단순협박죄(형법 제283조①항), 점유 이탈물 횡령죄(형법 제360조), 자동차 등 불법 사용 죄(형법 제331조의2), 편의시설 부정 이용 죄(형법 제348조의2) 등이 있다.

7. 몰수

1) 몰수의 개념과 종류

(1) 몰수의 개념

'몰수'는 범죄의 반복을 방지하거나 범죄에 의한 이득을 얻지 못하게 할 목적으로 범죄행위와 관련된 재산을 박탈하는 것을 내용으로 하는 재산형을 말한다. 형법은 몰수를 원칙적으로 다른 형에 부과하여 과하는 '부과형'으로 규정하고 있다(형법 제49조 본문). 다만 행위자에게 유죄의 재판을 아니할 때에도 몰수의 요건이 있는 때에는 몰수만을 선고할 수 있다(형법 제49조 단서). 따라서 주형(主刑)의 선고를 유예하면서 몰수만을 선고할 수 있다. 주형(主刑)의 선고를 유예하지 않으면서 몰수에 대해서만 선고유예를 할 수 없다(대판 1979.4.10,78도 3098). 몰수는 자유형과 벌금형만으로는 달성할 수 없는 형벌의 기능을 보완하는 제도이다.[77] 오늘날 범죄수익의 몰수제도는 다양한 형사제재로 등장하고 있다.

76) 박상기 · 손동권 · 이순래, 앞의 책, 308면.
77) 박상기 외, 앞의 책, 308면.

(2) 몰수의 종류

몰수에는 '임의적 몰수'와 '필요적 몰수'가 있는데, 형법은 임의적 몰수를 원칙으로 한다(형법 제48조). 필요적 몰수는 형법각칙이나 특별형법에서 개별적으로 규정하고 있다.

필요적 몰수로는 형법 각칙 상 「뇌물에 관한 죄」에서 범인 또는 사정을 아는 제3자가 받는 뇌물 또는 뇌물에 공할 금품(형법 제134조), 「아편에 관한 죄」에서 제공한 아편·몰핀이나 그 화합물 또는 아편흡식기구(형법 제206조), 배수 임수증죄에 의해 취득한 재물(형법 제357조 ③항) 등이 있으며, 특정범죄가중처벌 등에 관한법률(제13조)·국가보안법(제15조)·공무원 범죄에 관한 몰수특례법(제3조)·향정신성의약품관리법(제47조)·대마관리법(제23조)·관세법(제185조, 제198조)·외국환관리법(제36조의2) 변호사법(제82조) 등에서도 개별적으로 규정되어 있다.

2) 몰수의 법정 성격

몰수의 법적 성격에 관하여는 견해의 대립이 있는데 ① 형법은 몰수를 재산형으로 규정하기 때문에 형식적으로는 형벌의 일종이지만 실질적으로는 대물적 보안처분이라는 견해(이형국·정성근·박광민·정웅석)와 ② 몰수를 형벌의 일종으로 규정하고 이상 몰수는 형벌이라는 견해(오영근·배종대·이영란)와 ③ 몰수는 형벌과 보안처분의 중간영역에 위치한 독립된 형사제재수단이라는 견해(김일수)가 있으나 ④ 행위자나 공범의 소유에 속하는 물건의 몰수는 재산형으로서의 성질을 가지나, 제3자의 소유에 속하는 물건의 몰수는 대물적 보안처분의 성격을 갖는다고 하는 견해(박상기·임웅·이정원·이재상·진계호·손해목·신동운·손동권)가 타당하다.

3) 몰수의 대상

몰수의 대상은 다음에 열거한 물건의 전부 또는 일부이다(형법 제48조 ①항). 여기에서의 '물건'은 민법상의 물건개념과 달리 유체물에 한하지 않고 권리 또는 이익도 포함한다(통설판례).

(1) 범죄행위에 제공하였거나 제공하려고 한 물건(예컨대, 살인에 사용한 흉기, 강도에 사용하려고 준비한 흉기, 도박자금으로 제공한 금품)

(2) 범죄행위로 인하여 생겼거나 이로 인하여 취득한 물건(예컨대, 문서위조죄의 위조문서, 도박이나 공갈로 취득한 금품)

(3) 앞 (2)의 대가로 취득한 물건(예컨대, 장물매각대금, 인신매매대금)

4) 몰수의 요건

몰수가 가능하기 위해서는 몰수의 대상이 범인 이외의 자의 소유에 속하지 아니하거나, 범죄 후 범인 이외의 자가 정을 알면서 취득한 물건임을 요한다(형법 제48조 ①항).

(1) 범인 이외의 자의 소유에 속하지 아니할 것.(예컨대, 범인소유의 물건, 무주물, 금제품, 소유자불명의 물건)

그러나 공범의 경우에는 몰수할 수 있다. 또한 공무원범죄에 관한 몰수특례법은 피고인 이외의 제3자의 재산몰수가 가능하다고 규정하고 있다.

(2) 범죄 후 범인 이외의 자가 사정을 알면서 취득한 물건은 몰수할 수 있다.

5) 추징 및 폐기

(1) 추징의 개념

몰수의 대상인 물건을 몰수하기 불능한 때에는 그 가액을 추징한다(형법 제48조② 항). 가액을 납부하지 않은 경우에는 노역장 유치를 할 수 없고, 일반강제집행절차에 의해 재산을 강제 집행한다는 점에서 벌금형과 과료(科料)와 구별된다.

추징의 요건으로서 「몰수하기 불능한 때」라 함은 소비・분실・혼동・심한 부패나 훼손・양도・제3자의 선의취득 등으로 판결 시에 사실상 또는 법률상 몰수할 수 없는 경우를 말한다. 따라서 뇌물로 받은 금전이나 자기앞수표를 소비한 후 동일한 액수로 반환한 경우는 물론, 뇌물인 수표를 예금한 후 액면상당의 금전을 반환한 경우에는 몰수할 수 없는 경우이므로 그 가액을 추징하여야 한다.

추징가액의 산정기준은 판결 선고시를 기준으로 함이 타당하다(통설・판례).

수인의 공동피고인으로부터 추징하는 경우 원칙적으로 개별추징을 하며, 개별액을 알 수 없는 때에는 평등 분할액을 추징하여야 한다.

(2) 추징의 법적 성격

추징은 몰수의 취지를 관철하기 위한 사법처분인데 부가형으로서의 성질을 가진다. 1심에 선고하지 않은 추징을 항소심에서 선고하면 불이익변경금지의 원칙에 위배된다.

(3) 폐기

문서·도화·전자기록 등 특수매체기록 또는 유가증권의 일부가 몰수에 해당하는 때에는 그 부분을 폐기한다(형법 제48조③). 타인의 소유에 속하는 문서·도화 등은 폐기할 수 없다.

(4) 불법수익몰수제도

「공무원범죄에관한몰수특례법」 및 「마약류불법거래방지에관한특례법」은 뇌물범죄 및 마약범죄에 의해 형성된 불법재산몰수제도를 규정하고 있다.

이러한 법률의 특색은 '불법수익'에 국한하지 않고 '불법수익에서 유래한 재산'까지 확대하였다.

또한 자금세탁방지관련법률이 재정·시행되어 범죄수익의 은닉 및 가장행위에 대한 규제와 그 수익의 몰수가 가능하게 되었다.

8. 명예형

1) 명예형의 의의 및 연혁

'명예형'이란 범인의 명예나 일정한 자격을 박탈 또는 제한하는 형벌로서 '자격형'이라고도 한다. 이 명예형에는 두 가지 형태가 있는데, 하나는 치욕형(오욕형)으로서 범죄인을 일반대중 앞에서 치욕을 주어 사회적 명예를 침해하는 것인데 19세기 초까지 유럽각국의 명예형을 의미했다. 이러한 치욕형의 집행방법은 나라마다 다양하였는데, 범인의 신체에 낙인이나 오명을 남기거나 범인을 공개 장소에서 창피(조롱, 비웃음)를 주거나, 목에 칼을 씌우거나, 노천무대에서 공개 사죄를 시키거나, 공개대에 묶어 두는 방법 등이 있었다. 다른 하나는 '권리 박탈형' 또는 '자격형'으로서 명예상실, 공직상실, 직업금지 등 명예를 내포하는 권리를 박탈 내지 제한하는 것이다.

여기서 '명예상실'이란 예컨대 선거권, 피선거권, 감정인, 법정증인이 되는 권리, 친권자, 후견인, 재산관리인이 되는 권리 등을 박탈하는 것이다. '공직상실'이란 현재의 공직을 박탈하는 것으로 중형 확정시 자동적으로 부과되는 것과 법관의 재량으로 선고되는 것이 있다. '직업금지'란 의사, 변호사 등 일정 전문직의 자격을 박탈하거나 특정영업체의 경영권을 박탈 또는 제한하는 것이다. 이러한 권리 박탈형은 거의 모든 국가에서 여러 가지 형태로 시행되고 있다.[78]

우리나라에서도 조선시대에는 관직에서 해임시키거나 관직에의 취임을 금지시키는 '윤년형'(潤年刑)이 있었다.[79] 현재 우리나라는 치욕형은 인정하지 않고 자격형만을 인정하고 있다. 우리나라의 현형법률상 명예를 박탈 또는 제한하는 형사제재로 「청소년성보호에관한법률」에 의한 성범죄자의 신상공개를 들 수 있고, 우리나라 형법은 자격을 박탈 또는 제한하는 형사제재로 '자격상실'과 '자격정지'를 두고 있다.[80]

2) 형법상의 명예형

(1) 자격상실

사형, 무기징역 또는 무기금고의 선고가 있으면 ① 공무원이 되는 자격, ② 공법상의 선거권과 피선거권, ③ 법률로 요건을 정한 공법상의 업무에 관한 자격, ④ 법인의 이사, 감사 또는 지배인 기타 법인의 업무에 관한 검사역이나 재산관리인이 되는 자격은 당연히 상실된다(형법 제43조 ①항).

이와 같이 형으로서의 자격상실은 형법 전에만 규정되어 있다.

우리 형법상 자격상실은 사실상 독자적인 형벌이 아니라, 일정한 형의 선고가 있으면 그 형의 효력으로서 당연히 인정한 자격이 상실되는 '형의 부수효과'로서 규정되어 있다.[81]

(2) 자격정지

'자격정지'란 일정한 기간 동안 일정한 자격의 전부 또는 일부를 정지시키는 것을

78) 송광섭, 「범죄학과 형사정책」, 유스티니아누스, 1998, 367면.
79) 김일수, 앞의 책, 607면; 정영석 · 신양균, 앞의 책, 360면.
80) 오영근, 앞의 책, 862면.
81) 이정원, 「형법총론」, 법지사, 2001, 530면.

말한다. 이에는 일정한 형을 선고받은 경우에 그에 의해 정지되는 '당연정지'와 판결 선고에 의해 자격이 정지되는 '선고정지'가 있다.

① 당연정지

유기징역 또는 유기금고의 판결을 받은 자는 그 형의 집행이 종료하거나 면제될 때까지 i) 공무원이 되는 자격, ii) 공법상의 선거권과 피선거권, iii) 법률로 요건을 정한 공법상의 업무에 관한 자격이 당연히 정지된다(형법 제43조②항).

만약 유기징역 또는 유기금고의 집행이 유예된 경우에는 형법 제43조 ②항의 규정에 의한 당연정지의 효력은 발생하지 않는다.[82]

이때의 당연정지는 독자적인 형벌이 아니라 일정한 '형의 부수효과'에 불과하다.[83]

② 선고정지

판결의 선고에 의한 자격정지는 1년 이상 15년 이하이다(형법 제44조①항).

자격정지가 다른 형과 선택형으로 규정되어 있을 때에는 자격정지만을 독립적으로 선고할 수 있고, 다른 형과 병과하여야 하는 경우에는 병과형으로 할 수 있다. 이 경우의 자격정지기간은 자격정지가 선택형인 경우에는 판결이 확정된 날로부터 기산하며, 유기징역 또는 유기금고에 병과한 경우에는 징역 또는 금고의 집행을 종료하거나 면제된 날로부터 기산한다(형법 제44조②항).

3) 현행 명예형에 대한 비판

현행 명예형에 대하여 다음과 같은 비판이 제기되고 있다.

(1) 현행 형법은 사형, 무기징역 또는 무기금고의 선고가 있으면 「법인의 이사, 감사 또는 지배인 기타 법인의 업무에 관한 검사역이나 재산관리인이 되는 자격」까지 당연히 자격상실이 된다고 규정하고 있는데(형법 제43조①항 제4호), 이 조항에 대해서 수형자의 재사회화를 저해할 뿐만 아니라 민간부문에서 자율적으로 규제해도 좋을 사항(예컨대, 법인의 이사, 감사, 검사역, 재산관리인의 자격요건을 규율하는 관계법령이나 해당단체 내부의 종관 또는 인사규칙 등을 통해 스스로 자격요건을 규제할 수 있음)에 형벌적 규제가 끼어드는 것은 형법 및 국가의 공형벌(公刑罰)의 단편

82) 김일수, 앞의 책, 608면.
83) 이정원, 앞의 책, 530면.

적·보충적 성격에 비추어 볼 때 형법개정시 삭제되어야 한다는 주장이 제기되고 있다.[84]

(2) 현행 자격상실제도는 무기징역이나 무기금고를 선고받은 자가 사면이나 가석방이 되더라도 복권이라는 별도의 조치가 없으면 위의 자격이 영구히 상실된다는 점에서 매우 가혹하다고 할 수 있으므로 실질적 사회복귀를 위해서는 입법론으로서 자격상실제도를 폐지하고 자유형의 집행 중에 있는 자에게 위의 자격이 정지된다고 규정함이 타당하다고 주장되고 있다.[85]

(3) 당연정지에서 선거권을 박탈하는 것은 헌법 제24조의 정신에 위배되므로 입법론으로 자동적인 박탈보다는 법에 규정되고 법원이 선고하는 경우로 제한하여야 함이 타당하다는 주장이 제기되고 있다.[86]

(4) 입법론으로 형행의 자격정지에 대하여 정지 기간 만료 전이라 하더라도 자격회복의 가능성을 인정하는 것이 필요하다는 주장이 제기되고 있다.[87]

제 5 절 노역장 유치

1. 의의와 법적 성격

노역장 유치는 재산형이 선고된 자를 벌금완납 때까지 노역장에 유치함으로써 벌금의 납입을 강제하거나 벌금미납자를 노역장에 유치하여 작업에 복무하게 함으로써 벌금납입을 대체하는 일종의 환형처분이지만, 그 집행은 사실상 자유형(징역)의 집행과 동일하다고 볼 수 있다.

법적 성격을 살펴보면 노역장유치치의 법적 성격과 관련하여 논란이 되고 있는 것은 노역장유치가 벌금완납을 강제하는 압박수단(Druckmittel)이냐 아니면 벌금납입에 갈음하는 대체수단(Ersatzmittel)이냐 하는 점이다. 이 논쟁의 단초는 현행 형법

84) 서보학, "명예형의 재문제", 형사법연구 제22호 (2004), 437-438면.
85) 박상기·손동권·이순래, 앞의 책, 312면.
86) 앞의 책, 312면.
87) 앞의 책, 313면.

第69조가 제공하고 있다. 동조 제1항 단서는 "벌금을 선고할 때에는 동시에 그 금액을 완납할 때까지 노역장에 유치할 것을 명할 수 있다"고 함으로써 '강제수단'으로서의 노역장 유치를 상정하고 있는 반면, 동조 제2항은 "벌금을 납입하지 아니한 자는 1일 이상 3년 이하, 과료를 납입하지 아니한 자는 1일 이상 30일 미만의 기간 노역장에 유치하여 작업에 복무하게 한다."고 규정하여 노역장유치가 재산형의 '대체수단'임을 명시하고 있다.

노역장유치를 벌금완납의 강제(압박)수단으로 보느냐 아니면 벌금납입의 대체수단으로 보느냐에 따라 노역장유치제도의 운영상 '구금'과 '노역' 가운데 어느 쪽을 더 강조하게 될 것인가가 결정된다고 볼 수 있다.

결론적으로는 노역장유치의 법적 성격은 원칙적으로 벌금납입의 대체수단이지만, 자유박탈의 위협이 미납금을 납입할 수 있는 능력이 있는 자에게는 벌금 완납을 강제한다는 점에서 압박수단의 기능도 함께 수행하고 있다고 보아야 할 것이다.[88)]

2. 노역장유치집행의 요건과 절차

노역장유치집행의 요건과 절차를 규율하고 있는 주요법령으로는 형법, 소년법, 형사소송법, 행형법, 법무령인 검찰징수사무규칙 등이 있다.

1) 재산형과 노역장 유치일수의 동시선고 원칙

형법 제 70조(형사소송법 제321조 제2항)는 벌금 또는 과료를 선고할 때에는 납입하지 아니하는 경우의 유치기간을 정하여 동시에 선고하도록 규정하고 있다. 이처럼 재산형을 선고할 경우에 처음부터 그에 상응하는 노역장유치일수를 법관이 선고하도록 규정한 것은 재산형의 환형처분시에 형 집행 기관에 의해 자의적으로 노역장유치기간이 결정되지 않도록 하기 위함이다. 즉, 노역장유치의 집행이 벌금미납자의 행위불법과 행위책임에 반하여 행사되는 것을 방지하기 위함이다.

88) 한영수, 『행형과 형사사법』, 세창출판사, 203-205면.

2) 노역장유치집행의 대상

18세 미만의 소년에 대해서는 소년법 제62조에 따라 환형처분이 금지되어 있으므로 재산형의 선고 시에 노역장유치를 함께 명할 수 없다. 다만 판결 선고 전에 이미 구금되어 있었던 경우에는 그 구금기간은 노역장에 유치된 것으로 보아 형기에 산입한다. 법인에 대해서는 사실상 노역장유치집행이 불가능하므로 양벌규정에 따라 법인에게 재산형을 선고할 때에 노역장유치를 선고하거나 집행할 수 없다. 따라서 노역장유치집행의 대상은 벌금 또는 과료를 완납하지 못한 18세 이상의 자연인이다.

3) 판결확정후 벌금 또는 과료의 미납

현행법상 노역장유치는 재산형의 환형처분으로서 제1차 형벌이 아니라, 벌금이나 과료를 납입하지 아니한 경우에 등장하는 제2차 형벌이다. 즉, 판결확정 후 벌금 또는 과료를 납입하지 아니한 자에 대해서만 노역장유치집행이 이루어질 수 있다. 다만, 형법 제69조 제1항 단서는 '벌금'을 선고할 경우에는 이른바 '담보부 유치명령'(벌금납입전 노역장유치명령)을 인정함으로써 벌금선고와 동시에 노역장유치를 할 수 있는 예외를 허용하고 있다. 그러나 이 경우에도 제1차 형벌은 벌금형이고, 노역장유치는 벌금완납을 강제하기 위한 압박수단의 성격을 상대적으로 강하게 내포하고 있다고 하여야 할 것이다.

4) 벌금과 과료의 납입기간 설정

형법 제69조 제1항 본문은 벌금과 과료의 납입은 판결확정일로부터 30일 이내에 하도록 하고 있다. 따라서 노역장 유치는 원칙적으로 재산형의 판결확정 후 30일이 경과된 이후에 비로소 집행될 수 있다. 이것은 납입의무자에게 벌금마련을 위한 30일간의 시간적 여유를 주기 위함이다. 벌금과 과료의 납입기간 설정은 노역장유치의 보충적 성격과 형벌집행의 비례성원칙에 비추어 볼 때 지극히 당연한 내용이다. 벌금미납자에 대한 환형처분은 국가형벌권행사에 있어서 최후수단으로서의 성격을 지니고 있으므로 노역장유치는 최소한 벌과금납입기간이 경과한 후에 보충적으로 집행되어야 할 것이다.[89]

89) 한영수, 앞의 책, 209-210면.

5) 노역장유치집행절차

형사소송법 제492조는 노역장유치의 집행은 형의 집행에 관한 규정을 준용하도록 하고 있다. 여기서 '형의 집행에 관한 규정'이란 재판집행에 관한 일반원칙과 자유형(징역)의 집행에 관한 규정으로 해석할 수 있다. 따라서 노역장 유치의 집행에 준용되는 규정은 구체적으로 형의 집행지휘(동법 제460조, 461조), 형의 집행순서(동법 제462조), 형의 집행정지(동법 제470조, 471조), 형의 집행을 위한 소환(동법 제473조), 형집행장의 발부와 집행(동법 제473조-475조) 등이다.

제 6 절 개방형 처우제도

1. 개방형처우제도의 의의

개방처우란 폐쇄처우에 대응되는 개념으로써 전통적 교도소에서의 자유형 집행방법에서 탈피하여 수형자의 사회복귀 능력을 함양하려고 시도하는 일련의 처우를 말한다.[90] 개방처우는 전통적 폐쇄처우에서 필연적으로 초래되는 구금의 폐해를 제거하여 가능한 수형자의 생활조건을 일반 사회생활 양식과 근접시킴으로써 수형자의 교정교화 효과를 증대시키는 제도인 것이다. 개방처우는 개방시설에서의 처우만으로 국한하여 이해할 것은 아니고 전통적인 폐쇄처우로부터 조금이라도 탈피・개선하려는 취지가 반영되는 처우의 총칭이라고 보는 것이 타당할 것이다.[91] 이러한 이유에서 개방처우는 시설내처우에 사회성이 많이 반영되는 점에서 사회적처우라고도 한다.[92]

개방처우는 절대개념이 아닌 비교개념으로써, 하나의 처우에 대한 평가도 논자에 따라 또는 관점에 따라 개방처우라고 보는 견해도 있고, 그렇지 않다고 하는 경우도

---

90) 柳本正春, '開放處遇', '日本の教正と保護' 第1卷, 有斐閣, 1981, p.269; 森本益之, '行刑の現代的發展', 成文堂, 1985, 88-89面.

91) 한국형사정책연구원, 앞의 책, 12면.

92) 김화수・오영근 외 공저, 앞의 책, 561면 이하.

있는 현상이라고 하겠다.[93] 그것은 개방처우의 개념이 정립된 것은 그 역사도 일천할 뿐만이 아니라 그것이 성립되게 된 동기도 자유형 집행의 합리화를 추구하는 과정에서 각국의 실정에 따라 상이한 여건 속에서 생성 발전해 왔기 때문이다. 개방처우를 '경험의 산물'[94]이라고 한 것도 바로 여기에서 연유한다.

그러나 현대 행형의 주류는 구금작용의 폐해를 줄여야 한다는 쪽으로 진행되고 있는 것이 피할 수 없는 대세이며 이러한 대세에 편승하여 창출된 개념이 바로 개방처우 제도라고 하겠다. 이러한 의미에서 볼 때 개방처우란 수형자의 자율심과 책임감에 대한 신뢰를 기초로 구금을 확보하기 위한 물리적·유형적 시설의 조치를 완화하는 처우제도로서, 좁게는 개방시설에 있어서의 처우만을 의미하지만 넓게는 외부통근제나 귀휴제 등의 소위 중간처우를 포함하는 의미로 사용하고 있다.

수형자에 대한 분류처우제도의 발전에 따라 새로운 처우방법의 하나로 개발된 개방처우제도는 1955년 제네바에서 열린 제1회 유엔 범죄방지 및 범죄자처우회의에서 채택된 "개방시설에 관한 권고결의안"과 "피구금자처우 최저기준규칙"에서도 그 필요성 및 유용성이 강조되고 있고, 세계 각국에서 광범위하게 실시되고 있다.

2. 개방형처우의 제도적 가치

1) 자율적 개선의 촉진

개방처우제도는 수형자 스스로 자기개선을 가속화하여 건전한 시민으로 다시 사회에 복귀하게 되는 역할을 하는 것으로 평가되고 있다.

(1) 형벌에 대한 자각적 체험 증대

(2) 자율적 생활설계 가능

(3) 사회적응훈련 효과 제고

2) 형벌의 인도화에 기여

범죄라는 악행을 저지른 범죄자에 대하여는 형벌로 엄중한 고통을 부과하는 것이

93) 크로프톤이 시험실시한 아일랜드제를 개방시설 또는 개방처우로 보는 학자가 있는 반면 이를 중간처우로 보는 견해가 있다.

94) 森本益之, '前揭書, 55面.

바로 이들의 개과천선과 재범방지에 가장 효과적인 대책이라고 단정해 왔던 소박한 응보적 형벌관은 인류역사의 향상·발전에 따라 많은 변천을 자초해 왔다. 이러한 맥락에서 근대 이전 형벌의 주종을 이루어 왔던 사형이나 신체손상형이 그 잔인성이나 비인도성에 비추어 현대에 와서는 폐지되거나 축소 적용되기에 이르렀고 그 유력한 대안으로 창안된 것이 바로 자유형제도라고 하겠다.

3) 재범방지 효과

일반적으로 평가할 때 개방처우 중의 수형자와 직원간의 관계개선, 직원의 지위나 그 역할의 변화, 수형자의 자율적 생활의 보장 및 폐쇄처우에서는 찾아볼 수 없는 우수한 조건 등을 감안할 때 개방처우를 받고 출소한 수형자의 재범률이 낮아질 것이라는 데는 견해가 일치하고 있다.[95] 그러나 전후 미국에서 실시된 실험적 개방처우 프로그램에서 개방처우자의 재범률이 낮은 것은 이 프로그램의 제도적 우수성보다는 이 프로그램에 편입된 대상자가 우수하였기 때문이라는 이의도 제기된 적이 있다.[96]

참고로 우리나라의 경우를 보면 천안개방교도소에서 개방처우 교육을 받고 1988년 12월부터 1998년 10월까지 11년 동안에 가석방 출소한 8,658명 가운데 재범자는 불과 96명으로 1.1%라는 낮은 재범률을 보이고 있다.[97] 이는 전술한 미국의 실험결과에서와 같이 우선 대상자가 각 교도소에서 충분히 교화 개선된 모범수형자일 뿐만 아니라 재범을 예방할 수 있는 보호관계도 비교적 양호하며 개방 시설처우에서의 전문적인 사회적응훈련의 성과도 크게 작용한 결과라고 볼 수 있을 것이다. 개방처우 제도가 수형자의 재범 방지에 기여하는 제도라는 것은 우리나라의 실시사례에서도 부인할 수 없다고 하겠다.

4) 교정경제에 기여

개방처우 제도가 교정경제의 효율화에 기여한다는 주장은 다음 3가지로 요약된다.[98]

첫째, 개방처우는 엄정한 구금시설이 필요 없기 때문에 기존의 교정시설 등을 쉽

95) 박재윤, 앞의 논문, 38면

96) 柳本正春, '再犯率というのはなんですか', 刑法雜誌 24巻 2號, 1981, 412面.

97) 천안개방교도소, 『천안개방교도소 10년사』, 1998, 85면.

98) 柳本正春, 前揭論文, 85面.

게 활용할 수 있으므로 별도의 건축비가 소요되지 않는다.

둘째, 개방처우자의 값싼 노동력을 국가기간 산업에 활용함으로써 국가경제 발전에 유익한 효과를 거둘 수 있다는 것이다.

셋째, 개방처우에는 본질적으로 수형자를 감시·감독하는 계호직원이 필요 없으므로 인건비가 절감되어 폐쇄처우에 비하여 훨씬 경제적이라는 것이다.

그러나 기존의 폐쇄시설을 개조하여 개방처우를 실시한다고 하더라도 새로운 사정변경을 감안할 때에는 반드시 경제적이라고 하기도 어려우며 또한 새로운 개방시설에서 직업훈련을 실시하게 되는 경우에는 운영비 면에서 더 많은 예산이 소요되기도 한다.

하지만 개방처우를 실시함에 있어서 새로운 시설을 축조하지 않고 기존의 다른 시설을 활용하는 경우에는 확실히 그 경제성이 보장될 뿐만 아니라 통상 계호직원이 적은 만큼 경제적인 이익이 된다고 하겠다.[99]

그러나 이 경우에도 개방교도소의 경우 계호직원만 없다 뿐이지 생활지도 직원이나 교도소 운영에 필요한 회계, 영선, 시설관리 등 필수적인 소요인력을 제외한다면 인건비 절감은 그렇게 크지 않을 수도 있지만, 개방교도소의 경우가 폐쇄교도소보다 인건비가 다소 절감된다는 것은 부인할 수 없다고 할 수 있을 것이다.

3. 개방형처우 시행상의 문제점

1) 구치의 개념과 부합여부

이는 법이론적인 문제로서 자유형의 본질인 자유의 박탈, 즉 구치의 개념을 어떻게 이해하느냐에 귀결된다. 즉, 개방처우와 같이 수형자가 도주를 결심하게 되면 얼

---

99) 현재 천안개방교도소의 수용정원 400명이고, 직원은 100명이며, 같은 규모인 강릉교도소의 경우 수용정원은 430명인데 비하여 직원정원은 164명이다(법무부 보안제1과 자료, 수용자 수용인원현황, 2000.7.18. 참조). 따라서 같은 규모의 수용인원을 관리하고 있는 위 2개 교도소의 직원정원을 대비해 볼 때 폐쇄교도소인 강릉교도소의 직원 정원이 개방교도소인천안개방교도소의 직원정원보다 64명이 더 많으며 이를 인건비 면에서 6급. 15호봉기준으로 사출해보면 야간근무자의 경우 월 보수 수령액(보수총액은 기본급, 각종수당, 업무추진비, 연가보상비 등을 합한 것으로 이 액수는 세금이 공제되지 않은 것이다, 따라서 각종 세금이나 의료보험료 등을 공제한 실수령액과는 상당한 차이가 난다.)이 2,788,308원에는 2,141,420,544원이 더 많이 소요되므로 개방교도소로 운영하게 되면 그만큼의 인건비가 절감된다고 하겠다.

마든지 이를 실행할 수 있을 정도로 자유로운 생활이 보장되는 시설에의 수용이 우리 형법이 규정한 자유형 집행의 내용인 구치의 개념이다.[100]

개방처우에 있어서도 비록 인적·물적 수단에 의한 타율적 구속은 없어도 자율적 구속은 존재하므로 법률적으로는 폐쇄시설에서의 구금과 하등 다를 바 없다는 견해도 유력하다. 뿐만 아니라 인류문화가 발전됨에 따라 형벌관도 꾸준히 변천되어 왔으며 이로 인하여 종래의 야만적이고 가혹한 형벌인 사형이나 신체형이 폐지·축소 적용되기에 이르렀고 자유형의 집행내용이나 방법도 인류문화의 발전과 그 궤를 같이하여 변형되는 것도 당연한 추세라고 할 때,[101] 구치의 개념을 협의로 해석하는 주장은 그 타당성을 인정할 수 없다고 본다.

다만 개방처우의 일종인 외부통근제나 귀휴제도는 개방시설에서의 처우보다는 훨씬 그 '구금력'이 약화되는 것이므로 이를 본격적으로 도입하기 위해서는 아무래도 법률수준의 근거규정이 필요하다고 하겠다. 이러한 관점에서 우리 "형의 집행 및 수용자의 처우에 관한 법률" 제57조 제2항에서는 개방시설에 의한 개방처우를, 제77조에서는 발전된 귀휴제도를, 그리고 외부통근 작업의 실시근거를 명시함으로써 이 문제를 입법적으로 해결하고 있다.

2) 도주

개방처우를 실시하게 되면 도주사고가 폐쇄처우에서보다 많이 발생한다는 것이 일반적인 문제점을 지적되고 있다. 확실히 폐쇄처우에서와 같은 도주 방지를 위한 높은 담이나 잠금장치, 철격자나 무장교도관에 의한 감시 제도가 전혀 없는 개방처우 하에서는 도주의 개연성이 높다는 것은 어쩔 수 없는 생래적 결점이라고 할 수 있겠다. 그러나 수형자의 의사 여하에 따라서는 얼마든지 도주를 결행할 수 있는 개방처우제도를 채용한 이상 도주문제는 그 '제도의 일부'로서 수용할 수밖에 없다고 본다.[102]

---

100) 우리 형법 제 67조에는 "징역은 교도소내에 구치하여 정역에 복무하게 한다"라고 규정하고 있다.

101) 森本益之, 『開放處遇の問題』, ヅユリス, No. 497, 1972, 38面.

102) T. Erix(전 스웨덴 교정국장)은 그의 저서 『스웨덴의 범죄자 처우』에서 "수형자가 개방시설에서 도주하였다고 하더라도 직원들은 극단적으로 말하면 손가락 하나 움직이지 않는다"라고까지 말한 바 있다.

다음으로 개방처우자가 도주하였을 때에는 어떠한 처벌을 하여야 하는가에 대한 무제의 제기이다. 이에 대하여는 개방처우자는 폐쇄시설의 수형자보다 큰 신뢰를 받고 있는 지위에 있으므로 이러한 신뢰를 저버린 이상 보다 엄격히 처벌하여야 한다는 주장과, 개방처우는 도주의 유혹이나 기회가 많기 때문에 통상의 도주보다 가볍게 처벌하여야 한다는 주장이 양립되고 있다.[103]

그러나 엄하게 처벌하여야 한다는 주장은 수형자에 대한 교정교화의 효과를 제고하기 위하여 실시하고 있는 개방처우제도의 기본 이념에 배치되는 견해로서 그 타당성을 인정할 수 없다고 본다.

한편 통상의 도주보다 가볍게 처벌하여야 한다는 견해는 개방처우도 자유형 집행의 일종이라는 점을 간과하고 있어 찬성할 수 없다. 따라서 개방처우자의 도주도 폐쇄처우자의 도주와 동일하게 처벌하는 것이 타당할 것이고 우리 행형법이나 형법의 규정도 이러한 입장이며 우리 교정의 관행과도 일치한다.

다음은 개방처우자가 도주한 경우 관련직원의 문책문제이다.

통상 폐쇄처우자가 도주한 경우에는 계호책임자는 물론 지휘계통별 감독자까지 그 책임의 정도에 따라 엄중문책하고 있는 것이 우리나라의 현실이다. 그러나 개방처우시설에 소속된 직원은 계호임무를 수행하는 것이 아니고 생활지도의 업무를 수행하고 있을 뿐인데도 도주에 대하여 직원을 문책하는 것은 도주가 개방처우에서는 그 '제도의 일부'라고까지 지칭하고 있는 입장에 설 때에는 그 타당성을 인정할 수 없다고 본다.

뿐만 아니라 차제에 교정사고에 대한 문책제도에 대하여 재검토를 해야 할 때라고 본다. 교정사고라 함은 교정행정의 2대 기능인 격리구금과 교화개선작용을 저해하는 것으로써 인위적으로 그 방지가 가능한 사건을 말한다. 이러한 교정사고의 개념은 행형법상 확립된 개념이 아니고 그 동안 교정 운영과정에서 발생한 도주·화재·폭동·살상·오인석방·부정물품수수·자살·작업거부 등의 수많은 사건을 지칭하여 교정실무상으로 형성된 포괄적인 개념이다.[104] 따라서 개방처우하에서의 도주사고에 대한 문책은 관련직원의 고의(방조등)나 중대한 과실이 있는 경우에 한하여 그 책임

103) 森本益之, 前掲書, 80面.

104) 이정찬, 『교정보안 실무』, 법조문화사, 1978, 151-152면

을 묻는 쪽으로 그 해결점을 모색하는 것이 합당하다고 본다.[105]

3) 개방시설의 설치 · 운영에 관한 문제점

개방시설에 의한 개방처우를 수형자 처우방법의 하나로서 처음 도입하려고 하는 경우에는 폐쇄처우에 익숙해 있던 경험에 비추어 여러 가지 문제점이 제기될 수 있다.[106]

(1) 처우의 방법

(2) 시설운영 형식

이에 관하여는 개방시설을 폐쇄시설과 독립적으로 설치 · 운영하는 것이 바람직하다고 한다.

(3) 시설의 설치장소

개방시설의 입지조건은 개방처우의 목적 달성에 부적합하거나 직원들의 생활에 극심한 불편을 주는 도심에서 멀리 떨어진 장소에 설치하는 것은 피하여야 한다.

(4) 적격자 선발

개방시설에서의 처우가 성공할 수 있느냐의 여부는 개방처우 대상자를 적절하게 선발하느냐에 좌우된다고 한다.

(5) 수용인원 규모

수용인원 규모에 대하여는 직원들이 개방처우자의 특성이나 개성 등 처우상 필요한 내용을 파악할 수 있기 위해서는 너무 많은 인원을 수용해서는 아니될 것이다. 제네바 국제연합회의의 권고에 의하면 20명 내지 30명에서 100명 정도가 적당하다고 하였다.[107]

---

105) 김화수, 『교정논총』, 1999, 시사법률사, 140-142면

106) 森本益之, 前揭書, 76-82面.

107) 다수의 개방처우자를 수용하기 유명한 Chino 개방시설의 경우 "1,200명 내외의 수형자가 450이나 되는 직원들과 생활하고 있기 때문에 직원상호간에도 서로 알지 못하며, 더욱이 직원과 개방처우자와의 관계는 일방통행적인 사고가 지배하고 있는 경향이 있다"라고 한 지적은 이에 대하여 시사하는 바가 많다고 본다. 따라서 우리 천안개방교도소의 경우, 개방처우자 400명에 직원이 100명으로서 전술한 국제연하권고를 기준으로 볼 때 다소 수용인원 규모가 많은 것으로 생각되지만 처우의 효율화 면에서 볼 때 수용인원을 20~30명 선으로 제한

(6) 직원의 자질

개방처우에 임하는 직원은 폐쇄시설에서와 같이 감시·감독을 하는 것이 아니고 개방처우자에 대한 조언자나 지도자의 지위에 있기 때문에 고도의 자질이 요구된다고 한다.

(7) 개방처우자의 작업

개방교도소를 농업교도소 형태로 운영하는 것이 시설장비에의 투자나 전문 지도인력 확보곤란 등의 견지에서 볼 때 유리한 점이 많다고 본다.

(8) 지역사회와의 관계

개방시설을 효과적으로 운영하기 위해서는 개방시설이 위치하고 있는 지역사회의 효력이 필요조전이므로 개방시설의 목적과 그 운영방법 등에 대한 지역사회의 이해를 얻기 위한 제반 노력이 요청된다. 이를 위하여 신문이나 방송 등 매스컴을 통한 지방과 중앙에서의 홍보활동도 중요하다.

4. 개방형처우 제도의 종류

개방처우의 유형을 분류하는 방법에 관하여는 학자에 따라 각양각색이지만 대체로 다음 3가지 기준에 의하여 그 유형을 분류하고 있다.[108]

1) 개방처우가 법원의 선고에 근거한 것인가, 단순히 교정처우의 다원화의 일환으로 실시되는 것인가에 의한 분류

2) 개방처우가 교정처우의 일환으로 실시된다고 하더라도 그것이 단기자유형 수형자를 대상으로 한 자유형 집행방법의 개선인지, 장기수형자를 대상으로 그 사회적 응능력을 배양하기 위한 석방 전 처우의 일환인가에 의한 분류

3) 개방처우가 시설 내 처우에 기반을 두고 그 처우내용을 사회화하려는 것인가, 또는 근본적으로 사회 내 처우에 기반을 두고 사회 내에 설치된 제반시설을 이용하게 하는 것인가에 의한 분류방법이 그것이다.

하나 것은 무리라고 본다.

108) 한국형사정책연구원, 앞의 책, 41면

생각건대 우리나라 형사법체계에 있어서는 법원의 선고에 의한 개방처우는 존재하지 않으므로 첫 번째 분류유형은 그 의의가 없다고 하겠으며, 우리나라의 경우나 외국의 경우를 불문하고 개방처우는 단기수형자나 장기수형자를 공히 그 대상자로 하고 있으므로 두 번째 분류유형도 구별실익이 없다고 하겠다.

따라서 개방처우는 그 개방처우의 기반이 시설 내 처우인가, 또는 사회 내 처우인가에 따라서 그 유형을 구분하는 것이 우리나라 현행 법제나 앞으로의 발전전망에도 가장 부합되는 것이라 하겠다. 일반적으로 시설 내 처우에 기반을 둔 개방처우로는 개방시설에 의한 개방처우제도, 외부통근제도, 귀휴제도, 주말구금제도, 부부접견제도를 포함시키고 있으며 사회 내 처우에 기반을 둔 개방처우로는 중간처우의 집, 사회 내 처우센터, 다목적 센터 등을 포함시키고 있는 것이다.

1) 시설내처우를 기반으로 한 개방처우

수형자의 교정교화를 위하여 시행되는 교정처우는 시설 내 처우와 사회 내 처우로 크게 분류되고 다시 시설 내 처우 중에서도 수형자의 사회적응능력을 함양하기 위하여 수형자의 생활을 사회생활양식에 접근시키려고 하는 처우를 사회적 처우로 분류한다.

본장에서 기술하는 시설 내 처우를 기반으로 하는 개방처우 역시 수형자의 자유박탈적 처우 즉 구금처우가 수형자의 사회적응능력을 배양하기 위하여는 유해하다는 자각에서 비롯된 것이므로 사회적 처우에 해당되는 것이다.

(1) 외국의 운영실태

개방시설에 의한 개방처우제도는 현재는 세계 각국에서 다양하게 실시되고 있으며, 다음과 같이 미국과 영국의 제도를 개관하여 본다.

① 미국

미국의 교정시설 총수는 약 4,735개 시설로 그 내용별로 보면 연방교도소가 71개소, 주립교도소가 521개소, 시·군 교도소가 3,493개소이며 Halfway House가 400여개, 기타 사회내 처우시설 250여개가 운영되고 있고, 연방시설 중 개방처우시설로는 Camp 11개소, 남녀공동수용시설 7개소, 청소년 수용시설 2개소, 교도소 부설 Camp 12개소, Correction Center 5개소 등이 있다.[109]

(가) 캘리포니아 주립 남자교도소

이 교도소는 1935년 캘리포니아 주의회의 결의에 따라 1941년 농업형 개방교도소로서 Chion 교외에 설립되었고, 1940년 초대소장으로 Scudder가 부임하면서 그 운영이 본격화되었다.

ⓐ 교도소 직원선발과 자질함양

ⓑ 대상 수형자 및 교정처우

1941년 개설당시에는 인근 San Quentin 교도소로부터 34명의 수형자를 이송 받아 소규모 인원으로 출발하였지만 현재에는 1,800명 내외의 수형자를 처우하는 규모로까지 발전하고 있다. 처우대상자는 그 1/2은 이 교도소에 수용된 후 약2개월에 걸친 분류심사를 거쳐 도주 가능성이 적고 자력개선이 가능한 자로 인정된 자가 선발되고 나머지 1/2은 다른 교도소에서 형기의 상당기간을 복역한 후 개선가능성이 높다고 인정되어 이송된 자로 하고 있다. 교도작업은 1일 7시간 이상 부과하여 근로정신을 함양시킴과 동시에 이론과 실기중심의 직업훈련도 내실 있게 실시되고 있으며, 한편 가석방시에는 보호관찰소와 협의하여 취업알선까지 하고 있다.

ⓒ 규율위반 수형자 처벌

규율위반자에 대하여는 소내 규율위원회에서 철저한 심의절차를 거쳐 공평하게 처리되고 있으며 규율위반자에 대한 처벌로는 독거실 수용, 수갑 등의 계구사용이 채용되고 있다.

(나) 로스앤젤레스의 사회내처우센터

ⓐ 개설 및 기능

ⓑ 처우대상수형자

이 센터에 거주할 수 있는 수용자의 자격은 첫째, 연방교도소에서 이송된 자로서 6개월 이내에 형기가 종료되거나 가석방이 예정된 자 및 센터의 주변에 적법한 거주지를 자지고 있는 자들이며, 둘째로는 보호관찰소에서 위탁된 자, 마지막으로 지방법원에서 위탁된 자들이다.

ⓒ 교정처우

접견은 월요일부터 금요일까지 가능하며 접견장소는 오락실, TV시청실로 제한되

109) 법무부, 각국의 법무행정, 1944, 288면

고 필요시에는 직원이 접견을 중지시킬 수 있고 2박 3일을 원칙으로 하는 주말외박을 실시하고 있다.

② 영국

영국의 교정시설은 총 134개 시설이 있으며, 이중에는 13개소의 개방교도소를 운영하고 있는데[110] 전형적인 개방처우를 실시하고 있는 곳은 레이힐교도소와 팔필드교도소가 있고 그 외 주목할 수 있는 것으로는 호스텔제도를 들 수 있다.

(가) 레이힐(Leyhill) 교도소 및 팔필드(Falfield) 교도소

레이힐 교도소와 팔필드 교도소는 전형적인 완전한 개방시설로써 이 2개 시설은 인접해 있으며 한 명의 소장이 관리하고 있다.[111]

(나) 호스텔제도

호스텔제도는 전형적인 행정형 외부통근제도로서 처우대상자의 선정방법은 장기수형자를 수용하고 있는 시설마다 선정위원회가 설치되어 여기에서 선발되며, 또한 이 프로그램 실시를 위한 자문기관이 있어 그 운영에 대한 지도감독을 한다.

2) 개방교도소

개방처우의 대표적인 시설로는 개방교도소가 있다. 물적으로 완화된 시설을 갖추고 사회에 근접한 처우를 통해 수형자가 자율적으로 범행하지 않을 수 있는 자유에 대한 훈련을 쌓도록 하는 것이 개방교도소이다.[112] 개방교도소에 대한 법적인 근거는 행형법 제44조 제2항 개방시설에 관한 규정이다. 이에 따라 1988. 11. 30. 천안개방교도소가 문을 열고 시설 내 개방처우를 실시하고 있고 일반교도소와 비교하여 수용자에 대한 구금이 상당히 완화되고 복지시설도 비교적 잘 갖추어진 편에 속한다. 수용정원은 300명 수용 규모이고 월평균 수용인원은 120명 정도이며 분류·처우에 관하여 필요한 사항은 법무부 장관이 정하도록 되어 있다(행형법 제44조 제4항).

개방교도소에서는 재소자에 대한 신뢰를 바탕으로 원칙적으로 자율적 규칙생활을 하며 단계별로 점차 사회에 근접한 처우를 통해 사회적응력을 배양하고 있으며 처우

110) 법무부, 앞의 책, 299면
111) 日本教政協會, '教正論集', 開放處遇實例, 1968, 539面.
112) 배종대, 앞의 책 424면.

의 일환으로 외부통근제도도 1988. 12. 14.부터 시행하고 있다.

외부통근작업 수형자를 주간에 일반사회의 공장이나 기업체에 취업시켜 생산작업에 종사하도록 하고 야간에는 교정시설 안에서 규칙에 따라 생활하도록 하는 제도를 말한다.

외부통근제가 처음으로 법제화된 것은 1913년 미국 위스콘신 주의 후버법(Huber Law)이며 일명 주간가석방제도(Day Parole)라고도 하는데 산업현장에서 기술을 습득하고 사회적응훈련을 쌓도록 함으로써 출소 후 안정된 생활기반을 조성해 주는 데 그 목적이 있다.[113] 출・퇴근은 교도관의 계호 없이 자율적으로 이루어지고 작업조건도 일반 근로자와 동일하다. 1일 8시간 작업하며 일요일, 공휴일 그리고 시간외 작업은 허용되지 않는다. 임금은 최저임금제를 적용받고 모두 국고세입으로 귀속되며 그 대신 출소할 때 소정의 작업상여금을 지급받을 수 있다.

(1) 외부통근제도[114]

외부통근제도란 교정시설에 수용된 수형자에 대하여 무계호하에 교정시설외의 작업장에서 사회일반인 근로자와 같은 임금수준과 조건하에서 취업케 하고 야간과 휴일은 시설 내에서 생활하도록 하는 제도를 말한다. 따라서 외작 업과는 달리 수형자가 교정시설 외에서 작업함에 있어 직원의 감시를 받지 않는다.

외부통근자는 하루의 작업이 종료되면 교정시설로 복귀해야 하므로 이점에서 외부통근제도는 자유노역제도와 구별된다. 그러나 영국에서는 외부통근수형자를 호스텔이라고 불리는 시설에 수용하는 까닭에 이 제도를 호스텔 시스템이라 부르며 그 수형자를 호스텔러라고 한다.

외부통근 수형자가 교정시설 외에서 작업하는 동안에는 자유의 박탈을 면한다는 뜻에서 이 제도를 반자유처우제도라고 한다. 또한 여기에는 대폭적인 자유가 허용되기 때문에 이것도 개방처우의 하나로 평가된다.

우리 행형법 제35조 제2항에서는 외부통근제도의 실시 근거를 명정하고 있다. 다만 외국의 경우와는 달리 비록 작업의 지도나 보호직원이라고는 하지만 직원의 계호하에 이루어지고 있는 점이 외국의 경우와는 본질적으로 구별된다고 본다.

113) 배종대, 앞의 책 428면.
114) 김화수・오영근, 앞의 책, 602면 이하.

(2) 발전연혁

외부통근제도의 기원은 1880년 미국의 메사추세츠주의 플래밍햄 교도소에서 여자 수형자에 대하여 연말봉사의 형식으로 사회에 내보낸 거에서부터 시작된다. 그러나 이 제도가 법제화되어 시행된 것은 1913년 위스콘신주의 후버법이 그 최초이다. 이 법에서는 경범죄자 및 단기 수형자에 대하여 법원의 판결로서 수용 당시부터 외부통근을 명할 수 있도록 규정하였다.

3) 귀휴제도

귀휴제도는 형벌휴가, 외출 또는 외박으로 불리는 것으로 수형자에 대하여 일정한 조건하에 교도소장 또는 감독관청의 권한으로 기간 및 행선지를 정하여 외박을 허가하는 반자유처우를 말한다. 수형자의 석방후 생활준비, 가정과의 유대관계 유지 등을 그 직접적인 목적으로 하고 있고, 크게는 수형자로 하여금 사회와의 유대를 강화시켜 사회적응능력을 키워주려는 데 그 취지가 있다.[115]

귀휴제도는 수형자의 석장 후 생활설계의 준비, 가족과의 유대관계 유지, 성문제의 해결 등을 그 직접적인 목적으로 하고 있으나 크게는 수형자로 하여금 사회와의 유대를 강화시켜 사회적응능력을 함양시키는데 그 취지가 있다. 이렇게 수형자에게 긍정적으로 작용하는 귀휴제도라 할지라도 귀휴 그 자체가 수형자의 권리로 인정될 수도 없다. 귀휴제도는 1922년 프로이센의 교도소직무 및 집행규칙에서 처음에는 채택된 이래 여러 가지 형태로 각 구에서 실시되고 있다.[116]

예컨대 (1) 근친자의 위독, 장례시의 외출 및 휴가를 허가하는 경우(미국의 여러 주, 독일, 스웨덴, 유엔 피구금자최저우기준규칙 등) (2) 수형자의 사회복귀 준비를 위하여 가석방 전 중간처우 형태로서 허용하는 경우, (3) 일신상 · 업무상 · 법률상 긴급을 요할 때 허용하는 경우, (4) 부부간의 면회 등 가족 간의 관계 유지를 위한 경우(프랑스 · 스웨덴), (5) 특정 작업종사자 및 모범수형자에 대한 상우로써 허용하는 경우 등의 여러 형태로 귀휴제도는 이용되고 있다.[117]

귀휴제도는 전술한 개방시설에 의한 개방처우를 실시하는 국가에서 거의 예외 없

115) 법무연수원, 범죄백서, 2008년도, 300면.
116) 김화수 · 오영근 외, 앞의 책, 591면 이하.
117) 허주욱, 『교정학』, 일조각, 1997, 268-269면

이 동 개방처우 내용의 일환으로서 실시되고 있기 때문에 여기에서 더 이상 구체적으로 언급할 필요가 없다.

(1) 우리나라 수형자 귀휴제도

전술한 바와 같이 귀휴제도는 형벌휴가 또는 외출, 외박 등으로 불리는 것으로서 수형자에 대하여 일정한 사유 및 조건하에서 교도소장 또는 그 감독관청의 권으로 기간 및 행선지를 정하여 외출 내지 외박을 허가하는 반자유처우를 말하며, 수형자의 사회적응ㄹ 촉진하는 방법으로써 접견, 서신과 함께 외부와의 교동의 중요한 형태가 되고 있다. 이하 귀휴제도의 발전 과정과 그 실시 내용에 관하여 살펴보기로 한다.

① 발전연혁

우리나라는 고려 시대부터 죄수가 친상을 당했을 때 상을 치를 수 있도록 기간을 정하여 집에 다녀오게 하는 귀휴제도가 시행되었다.

고려사 권 85형전 휼형조 "모든 유이하는 사람이 배소에 달하지 못하고 조부모나 부모의 상을 당한 자는 7일간의 휴가를 주어 애를 발하고 상을 주선케 하며 증손자도 또한 같다"고 하였고, 이어서 "옥중에 있으면서 악역이상의 죄가 아니면 부모·부·조부모·승중상을 만나 자는 7일간 휴가를 주고 유도죄는 30일로 하되 보인을 세우고 나가게 한다."고 하였다. 이러한 제도는 조선시대에 계승되어 더욱 발전되었다.

조선의 모든 형사법전에는 휼수에 관한 규정을 두었는데, 그 중 속대전형정, 대전회통형전 등의 휼수조 "사형의 죄수를 제외하고는 친상을 당한 경우에는 성복에 한하여 계품하고 보방한다. 정배하는 죄인이 친상을 당하였거나, 승중상을 당한 경우에는 휴가를 주어 귀장하게 하고 3개월을 경과한 뒤에 배소로 환발한다"고 하였고, 숙종(1706년)때 편찬된 전록통고 형전의 휼수조에는 위 규정에도 "사죄인을 제외하고 귀양 중에 있거나 구수 중에 있으면서 친상을 당한 자는 가를 주어 장하기를 허가하고 승중손의 경우에도 이를 적용한다."고 하고 또 "정배한 죄인이 법에 의해 장례를 허가한 뒤 장이 끝나면 다시 배소로 가게 한다."고 하였다.

1818년 다산 정약용은 그의 저서 『목민심서』에서 "설날 명절 때엔 집에 들르도록 특허를 주어 은혜와 신의로 미덥게 해준다면 도망가는 일이 없을 것이다. 장기죄수로서 집을 떠난 지 오래된 사람은 자녀 생산이 끊어질 것이니 청원을 들어줌으로써 자애로운 은혜를 베풀 수도 있는 일이다. 늙고 약한 사람을 대신 가두는 일도 불쌍한 노릇인데 부녀자를 대신 가두는 일은 더욱 조심해야 할 일이다. 집 떠난 귀양살이의 애끓는 정상은 가련할 것이니 집과 양식을 주어 편안히 살게 하는 것도 목민관의 책임일 것이다."라고 하여 귀휴제도의 확대를 주장한 바 있었다.118)

조선후기 문호개방의 영향을 받아 동법제도가 개혁되면서 형법대전이 새로 제정되었을 때(광무 9년) 대전의 본문 중에 보방규칙을 정하여 귀휴제도에 대한 더 상세한 규정을 두었다. 즉, 185조 금옥 이하의 죄범이 신병위중하거나 친상을 조한 시에는 신인을 입보하고 보방함을 득함이라.

제186조, 유형이나 역형에 재한 자는 제139조 제항의 소범을 제한 외에 신병이나 친상에만 입보보방함을 득함이라.

단, 신병에는 유는 해도지이며 역 본지방에 이함을 부득함이라고 하였다가 형법대전을 개정하면서 보방을 가방으로, 다시 가방을 가석방으로 바꾸었다. 그 후 국권의 상실로 본 제도는 더 이상의 발전을 보지 못하였다.

광복이후 1961년까지 귀휴제도는 시행되지 않다가 1961년 12월 23일 행형법의 개정시 제 44조 귀휴제도를 신설함으로써 1962년부터 행장이 우수한 수형자에 대하여 귀휴를 실시하였다.

1962년 귀휴허가에 대한 공정한 심사와 원활한 귀휴제도 운영을 위하여 귀휴심사위원회규정(1962년 4월 26일, 법무부령 제37호) 및 귀휴시행규칙119)(1962년 4월 27일, 법무부령 제38호)을 제정·시행하였다.

② 허가요건120)

1961년 12월 23일 제1차 행형법 개정시 귀휴제도를 신설하면서 행형법 제44조 제3항에서 귀휴의 허가요건으로 1년 이상 복역한 자로서 형기의 2분의 1을 경과하고,

---

118) 정약용, 『목민심서 刑典6條 제4조, 恤囚』, 아세아문화사, 1977, 384-385면.

119) 귀휴심사위원회규칙은 그 후 3회에 걸쳐 개정되어(1969.7.24. 법무부령 제145호, 1986.1.18 법무부령 제282호, 1998.8.17. 법무부 제46호) 오늘에 이르고 있다. 귀휴시행규칙도 제정후 6회에 걸쳐 개정되었으며, 개정내용은 귀휴시행 사유를 확대하는데 있었다.

120) 2008년 12월 22일부터 '형의 집행 및 수용자의 처우에 관한 법률' 일부 개정에 의해 귀휴를 할 수 있는 최소 복역 기간이 1년에서 6개월로 단축돼 단기수형자도 귀휴가 가능하게 되었다.

개전의 정이 현저하며 행장이우수한 때에는 형기간 중 3주 이내의 귀휴를 실시할 수 있게 하였으며 귀휴기간은 형집행기간에 산입하도록 하였다.

그러나 1999. 12. 28 시행된 제7차 행형법 개정에서 허가요건이 다음과 같이 대폭 완화되었다.

ⓐ 일반귀휴

ⓑ 특별귀휴

ⓒ 외출 · 외박

③ 귀휴심사

(가) 귀휴심사위원회의 설치 운영

ⓐ 설치

교도소장, 소년교도소장, 구치소장 또는 보호감호소장(이하 "소장"이라 칭한다.)의 자문에 응하여 행형법 제44조 제3항의 규정에 의한 수형자의 귀휴에 관한 심사를 하게 하기 위하여 교도소, 소년교도소, 구치소 또는 보호감호소에 귀휴심사위원회를 둔다(귀휴심사위원회 규칙 제1조).

ⓑ 구성

위원회는 위원장 1인과 5인 이상 7인 이내의 위원으로써 구성한다. 위원장은 당해 교도소의 소장이 되고, 위원은 당해 교도소의 부소장 및 과장 중에서 위원장이 임명하는 자와 교정직공무원이 아닌 자로서 교정이 관한 학식과 경험이 풍부한 자중에서 위원장이 위촉하는 자가 된다. 이 경우 교정직 공무원이 아닌 위원은 2인 이내로 한다(동 규칙 제2조).

(나) 귀휴허가사유

교도소장, 소년교도소장, 구치소장 및 보호감호소장은 행형법 제44조 제3항의 규정에 해당하는 자로서 수형자분류처우규칙에 의한 누진계급이 3급이상의 자가 다음에 해당하는 사유가 있는 때에는 귀휴심사위원회의 심의를 거쳐 귀휴를 허가할 수 있다(귀휴시행규칙 제2조).

ⓐ 직계존 · 비속, 배우자 또는 배우자의 직계존속이 사망하거나 위독한 때

ⓑ 직계존 · 비속 또는 배우자의 직계존속의 혼례가 있는 때

ⓒ 직계존속, 배우자, 배우자의 직계존속 또는 본인의 회갑일이나 직계비속이 현역

병으로 입영하게 된 때

ⓓ 천재·지변 기타 이에 준하는 사유로 인하여 직계존·비속, 배우자, 배우자의 직계존속 또는 본인에게 회복할 수 없는 중대한 재산상의 손해가 발행하였거나 발생할 우려가 있는 때

ⓔ 다음 각 항의 1에 해당하는 때

㉮ 직업훈련을 위하여 필요한 때

㉯ 기능경기대회의 준비 및 참가를 위하여 필요한 때

㉰ 자녀를 입양시키는 때

㉱ 출수 전 취업준비를 위하여 필요하다고 인정되는 때

㉲ 입학식·졸업식 또는 시상식에 참석하는 때

㉳ 출석수업을 위하여 필요한 때

㉴ 각종 시험에 응시하는 때

㉵ 사회적응 능력의 배양을 위하여 12시간 내의 외출 또는 주말 및 공휴일을 이용한 외박이 필요한 때

㉶ 기타 교화 목적상 특히 필요하다고 인정되는 때

(다) 심사사항

ⓐ 신원관계

㉮ 건강 및 정신상태

㉯ 사상 및 신앙

㉰ 경력 및 교육정도

㉱ 작업에 있어서의 근면정도

㉲ 작업 상여금 및 영치금

㉳ 기타 참고사항

ⓑ 범죄관계

㉮ 범죄시의 연령

㉯ 형명 및 형기

㉰ 범수

㉣ 범죄의 성질, 동기 및 정상

㉤ 범죄 후의 정황

㉥ 공범관계

㉦ 기타 참고사항

ⓒ 환경관계

㉮ 동거의 친족과 보호자의 연령·성명·직업·생활상태 및 교우관계

㉯ 접견과 서신의 내용 및 그 횟수

㉰ 가족과의 관계

㉱ 피해자에 대한 관계

㉲ 귀휴지의 교통 및 통신사항

㉳ 기타 참고사항

(라) 범죄동기

위원회는 심사대상자의 범죄의 동기를 심사함에 있어서는 특히 사회도의상 또는 공익상 용서할 만한 심정에 기인한 것인가의 여부를 참작하여야 한다.

(마) 사회감정

위원회는 심사대상자의 범죄에 대한 사회감정 및 범죄자에 있어서의 특별한 지방적 관습을 충분히 고려하여야 한다.

(바) 심사 시 주의할 사항

ⓐ 위원회는 수형자의 개전의 정도를 심사하는 때에는 특히 위선적 행동의 유무와 수형자간의 신망의 정도에 관하여 고려하여야 한다.

ⓑ 위원회는 무기형에 복역 중인 자에 대하여는 특히 사회감정에 비추어 범죄의 정황이 동정을 받을 만한가의 여부를 심사하여야 한다. 그리고 행형 제44조 제3항의 규정에 의하여 형기의 기준을 정함에 있어서 부정기형은 단기를, 무기형은 20년을 그 형기로 본다(동 규칙 제2조 제3항).

(사) 확인서 및 보증서 제출심사

소장은 규칙 2조 제1항 제1호 내지 제4호의 사유가 있는 심사대상자에 대하여는 별지 제1호 서식에 의한 보호자, 친족, 자매결연자, 지역사회 유지 또는 동·이장의

사실확인서 및 별지 제2호 서식에 의한 귀휴중의 지도보증서를 제출하게 하여 위원회에 회부하여야 한다. 다만 12시간 내의 귀휴를 허가할 경우에는 서류의 제출을 생략하게 할 수 있다.

(2) 귀휴허가

① 허가권자

귀휴는 소장의 권한으로 허가한다. 귀휴심사위원회는 소장의 자문기관으로서 허가여부에 관하여 소장에게 의견만을 건의할 수 있으므로 최종적인 귀휴허가권자는 소장이다.

② 귀휴지의 제한

귀휴를 허가 받은 자는 허가된 귀휴지 외에는 갈 수 없다.

③ 기간 및 비용

귀휴는 년 중 20일 이내에서 실시할 수 있다. 다만, 직계존·비속, 배우자 또는 배우자의 직계존속이 사망한 때, 직계비속의 혼례가 있는 때에는 5일이내의 특별귀휴를 허가할 수 있다. 귀휴에 소요되는 비용은 수형자 본인 또는 그의 가족이 부담하는 것이 일반적이고, 귀휴자의 여비와 복장은 자기 부담이며 작업 상여금을 지급할 수도 있다.

④ 동행귀휴

그리고 귀휴를 허가함에 있어서 필요한 경우에는 교도관을 동행하도록 한다(동 규칙 제2조 제2항).

⑤ 형기의 산입

귀휴기간은 형기에 산입한다. 귀휴자가 정당한 사유없이 귀휴기간 내에 귀소치 않을 경우에는 도주자의 체포에 관한 규정을 적용하고, 준수사항을 위배하였을 때에는 허가의 취소 및 필요한 조치를 한다.

(3) 귀휴실적

귀휴제도는 실시 초기에는 의욕적으로 본 제도를 활용하여 많은 인원이 귀휴의 혜택을 받았으며 특히, 귀휴허가자 중에는 잔형기가 4~5년이 남은 장기수형자도 많았다.

그러나 70년도 중반 이후 귀휴실시의 건수는 오히려 감소하였는데, 그 이유는 장기수형자에 대한 가석방을 확대하고 사회참관제도를 확대 실시하는 등 교정시책이 다양해지면서 귀휴의 필요성이 상대적으로 감소된 데도 원인이 있지만, 사회안정의 측면에서 교정의 기능 중구금의 기능이 강조되는 사회적 추세에도 그 원인이 있었다.

최근 귀휴제도가 수형자의 사회복귀능력 함양에 크게 기여한 제도임을 감안하여 귀휴활성화 지침까지 시해한 결과 귀휴인원이 대폭 증가하고 있다. 그런데 실제 귀휴자가 미복귀한 사례는 거의 없으며 귀휴자는 대부분이 가석방으로 출소하는 등 귀휴제도의 교정효과는 큰 것으로 나타났다.

2007. 12. 21 개정된 "형의 집행 및 수용자의 처우에 관한 법률"의 규정에 의해 가족 또는 배우자의 직계존속 사망, 지계비속의 혼례가 있는 때에는 5일의 특별휴가를 허가하는 등 귀휴제도를 확대하고 있다. 우리나라에서는 1978년부터 2007년까지 모두 14,962명에 대하여 실시되었는데 그중 위반자는 2명에 불과하여 2001년 이후 큰 폭으로 허가범위를 확대하여 2007년에는 1,123명을 기록하고 있다.121)

4) 주말구금제

우리나라에서는 아직 실시되지 않고 있는 제도로 단기자유형의 집행방법의 하나로서 주중에는 일반인과 다름없이 생활하고 주말인 토요일과 일요일만을 형의 집행에 충당하는 제도를 말한다.

그 밖의 공휴일이나 연·월차 휴가는 여기에 포함되지 않는다. 주말구금은 주말에 하는 형의 분할 집행이기 때문에 시설 내 구금을 하지 않는 가택구금과 구별된다.

주말구금의 기원은 1943년 독일의 소년재판법으로서 소년구금의 한 형태로 휴일구금을 실시한 것으로 보고 있으며 벨기에에서는 1963년부터 주말구금제도가 반구금제도와 함께 시행되고 있다.

5) 부부접견 및 합동접견

미국 미시시피 주를 비롯한 일부 주와 멕시코, 아르헨티나 등 남미의 여러 나라에서 채택하고 있는 것으로서 원래 남자 수형자의 성문제를 해결하기 위하여 고안된 것이다. 즉 부부가 접견할 때 교도관의 입회를 생략하거나 또는 특별한 접견실에서

121) 법무연수원, 『범죄백서』, 2008년도, 300면.

행동의 제한없이 일정시간 접견이 허용되는 제도이다. 미시시피 주에서는 행형성적이 양호한 자에게만 인정되는데 이를 위해 마련된 장소를 붉은 집이라고 부른다고 한다.[122)]

이 제도는 수형생활로 인하여 단절되고 소원해진 수용자의 가족관계를 복원하고 심리적 안정을 도모하기 위하여 교정시설에 부부 만남의 집(2003년 10월 가족만남의 집으로 명칭 변경)을 설치하여 연평균 260여 명 내외의 수용자를 1박 2일간 함께 숙식을 하면 접견을 할 수 있도록 운영하고 있으며, 수용자의 사회적응능력을 배양하고 가족과의 유대 강화로 수용생활의 안정을 도모하고자 접견실 외에서 다수의 수용자와 그의 가족이 함께 음식물 등을 취식하며 접견을 하는 합동접견을 시행하여, 연평균 7,000여 명 내외의 수용자에게 합동접견을 허가하고 있다.

5. 한국의 운영실태

우리나라에서는 후술할 천안개방교도소의 개방시설에 의한 개방처우가 실시되기 전에도 모범교도소에 의한 반 개방처우와 준 개방처우 제도가 실시된 적이 있었다. 즉 수원교도소가 반 개방시설로 건축되어 주벽의 높이도 2.7m로 일반교도소 주벽 4.5m보다 훨씬 낮고 일부사동은 쇠창살 및 거실출입문의 잠근 장치가 없는 개방시설로서의 면모를 갖추게 되었고 1962.7.27 모범교도소운영지침을 제정하여 전국에서 선발된 모범수형자를 대상으로 수형자자치제 및 반 개방처우를 실시한 것이다. 그 외에도 1988.4.1부터 시행된 준 개방처우는 천안개방교도소의 처우 대상자를 미리 선발하여 수원·마산·순천교도소에 분산 수용하면서 개방처우 적응훈련과 준비단계의 개방처우를 실시한 적도 있었다.

1) 창설 연혁 및 시설의 특징

우리나라의 수형자 개방처우는 폐쇄시설에 처우기반을 두기는 하였으나 귀휴를 비롯, 외부출장, 직업훈련, 사회참관 등의 형태로 일찍부터 시행되어 왔다.

특히, 1961년부터 수원교도소에 시행한 과실범 수형자를 대상으로 한 반개방처우

---

122) 배종대, 앞의 책, 429면.

는 획기적인 것이었다.

2) 개방처우 대상자 및 처우내용

전술한 바와 같이 1988년 개방교도소의 발족 당시에는 전국 교도소에서 선발된 모범수형자를 대상으로 개방처우를 실시하여 오다가 1994년 7월 1일부터는 가석방되기 2개월 전의 가석방예정자를 대상으로 실시하였으나, 다시 2000년 5월 9일부터는 예규보일 제609호로 시행된 과실범전담교도소운영지침에 의하여 과실범을 그 대상으로 하여 개방처우를 실시하고 있다. 그렇지만, 그 처우내용은 가석방예정자 처우내용과 대동소이하나, 여기에서는 전시 예규에 의한 개방처우에 대하여 기술한다.

3) 기타 교도소에 의한 개방처우

천안교도소가 1988년에 발족되어 당초에는 각 교도소 등에서 선발된 모범수형자를 대상으로 개방처우를 실시하다가 1994년 5월 24일부터 가석방예정자 개방처우 시설로 그 기능이 전환되었다고 하는 것은 전술한 바와 같다.

그 후 천안개방교도소의 수용능력은 한정된 데다가 수용대상 가석방예정자의 증가에 따른 대책의 일환으로 마산, 군산, 청수여자, 제주교도소에서도 가석방예정자 생활지도관이 부설됨에 따라 1994.3.22 군산 교도소를 필두로 1994.5.1에는 청주여자교도소 및 제주교도소에서, 그리고 1995.12.26에는 마산교도소에서, 마지막으로 1998.8.1부터는 수원교도소에서 개방시설에 의한 개방처우가 실시되고 있다. 즉, 천안개방교도소에는 서울지방교정청과 대전지방교정청 소속 교도소의 가석방예정 수형자를, 군산교도소에는 광주지방교정청 소속 교도소의 가석방예정 수형자를 대상으로 개방처우가 실시되고 있다.

그런데 이러한 교도소에서 실시되고 있는 개방처우도 폐쇄교도소에 부설된 생활관에서 개방처우가 실시되고 있다는 점에서 약간의 제한이나 불편이 수반되는 것은 어쩔 수 없다고 하더라도 모두 가석방예정자처우규칙이 적용되므로 기본적이 처우내용은 천안개방교도소의 처우내용과 대동소이하다고 할 수 있다.

제 7 절 사회형 처우[123)]

1. 구금의 대안으로서 중간처벌

1) 개관

최근까지만 해도 재소자와 소년원생을 교정시설에 구금하는 것이 재소자와 소년원생에 대한 대부분의 사회적 반응으로 인식되어 왔고 또 그렇게 교정이 이루어져 왔다. 그러나 범죄자를 무조건 시설에 구금하는 것만이 사회를 보호하고 범죄자를 정상적인 사회인으로 개선·복귀시킬 수 있는 유일한 또는 최선의 방법이 아닐 수 있다는 사실도 느끼게 되었다. 경험에 비추어 재범률이라는 실증적 자료에 의하면 범죄자의 구금은 재소자와 소년원생의 개선과 복귀라는 목표를 효과적으로 성취하지도 못했으며, 그래도 약간의 효과가 있었다면 그것은 기껏해야 구금에 의한 일시적인 특별예방적 효과에 지나지 않는데 비해 오히려 범죄의 학습과 낙인이라는 부정적 결과를 초래할 뿐만 아니라 구금으로 인한 사회경제적 비용도 적지 않다.[124)]

그러나 재소자와 소년원생 모두가 구금이 필요치 않거나 구금이 반드시 부정적인 영향을 미친다고는 볼 수 없지만, 그 중 일부는 구금을 피할 수 있는 형사정책이 그 개인과 사회를 위하여 보다 더 바람직한 경우도 많다. 전통적으로 재소자와 소년원생을 구금함으로써 사회를 미래의 범죄위험으로부터 보호하려는 특별예방적 기능에 호소하는 것이 주된 교정정책이었으나,[125)] 구금의 확보라는 것이 사실은 국가형벌권의 남용과 오용의 문제를 낳고 구금이 가져다주는 여러 가지 폐해가 지적되어 왔다. 형벌권의 오남용은 구금의 대상자가 지나치게 많다는 것과 구금의 기간이 지나치게 길다는 뜻으로 이해된다. 그 결과는 낙인의 심화와 전과자의 확산 및 범죄의 학

123) 이윤호, 앞의 책, 281면 이하.
124) 이윤호, 『한국형사사법정책론』, 법전출판사, 1992, 292면.
125) Henry W. Mannle and J. David Hirschel, *Foundation of Criminology*, Englewood Cliffs, NJ : Prentice-Hall, 1988, pp. 362-363.

습이라는 형태로 나타나며, 이것은 곧 누범자의 양산이라는 문제를 초래하게 된다. 따라서 재소자와 소년원생의 구금은 형사정책상의 마지막 선택이어야 하며, 또한 구금의 기간과 정도가 최소한이어야 한다는 것이다. 그런데 범죄자에 대한 구금의 대안을 필요로 한다는 데는 이론적인 근거는 물론이고, 교정의 실제에 있어서도 그 정당성을 부여받고 있다. 우선 이론적인 측면에서 보면 범죄자가 준법적인 사회인으로서 생활하기 위해서는 이러한 합법적인 목표를 달성할 수 있는 기회와 기술이 필요한데, 이러한 기회와 기술은 교정시설에 구금된 상태로서는 충분치 못하다고 주장하는 긴장·기회이론(strain/opportunity theory)[126]을 들 수 있다.

또한 교정현실적 문제와도 결부되는 것으로 구금의 대안을 강구하게 된 가장 근본적인 이유가 구금의 폐해 때문이고, 그 중에서도 구금으로 인한 낙인의 부정적 영향 때문이라는 사실은 재론의 여지가 없다. 이와 함께 범죄자의 낙인뿐 아니라 악풍의 감염과 범죄의 학습이라는 또 다른 폐해를 유발하는데, 이는 바로 범죄자 집단과의 친근한 접촉 때문이라는 차별적 접촉이론에 기초한바, 따라서 범죄자로 하여금 범죄집단이 아닌 관습적인 집단과의 접촉이 필요하고 이를 위해서 구금보다는 그 대안이 바람직하다는 것이다. 한편 사회통제이론은 관습적인 사회와 사람들과의 유대관계가 약화되거나 차단된 사람은 그 사회로부터 그만큼 통제를 적게 받기 때문에 그만큼 쉽게 일탈할 수 있다고 하는데, 사회와의 유대가 약화되어 범행한 재소자와 소년원생을 사회로부터 완전히 격리구금하다면 더욱 사회와의 관계는 악화될 것이기 때문에 일탈의 위험성은 더 높아지기 마련이므로 구금을 대신할 수 있는 대안적 정책이 필요한 경우가 생긴다고 주장한다.[127]

범죄자에 대한 구금의 대안은 교정의 실질적 차원에서도 정당화되고 있는데, 그 중에서도 전통적 시설수용에 대한 비판과 반성에 기인한 점이 가장 크다. 범죄자에 대한 교정효과나 비용-편익이라는 경제적 측면 그리고 인간성상실 등의 부정적 측면만 보더라도 범죄자를 시설에 구금하여 교정하는데 대해서 만족스럽지 못한 경험을 해 왔음을 알 수 있다. 범죄자를 구금함으로써 범죄자와 일반시민에 대한 제지효과

---

126) President's Commission on Law Enforcement and Administration of Justice, Challenge of Crime in a Free Society, 1967, p.88.

127) 구금의 대안의 필요성에 대한 이론적 근거에 관한 자세한 논의는 이윤호, 『형사사법정책론』, 법전출판사, 1992, 262-297면을 참조할 것.

를 기대하였으나 그에 대한 분명한 실증적 증거는 확실치 않으며,[128] 반면에 약간은 기대할 수 있었던 특별제지효과도 사실은 악풍의 감염, 자기 비하, 범죄의 학습 등 구금과 부정적 폐해로 인하여 기대하기 곤란하게 되었다. 이러한 사실은 출소자의 재범률이 잘 대변해 주고 있다.

범죄원인에 대한 결정론적 입장에 입각하여 범죄자를 사회적 질병을 앓고 있는 병자로 인식하고 그들에 대한 교화개선을 강조하였으나, 이들을 억압적인 시설에 구금하고서는 병의 치우와 치료 및 교화개선에 의한 사회복귀가 어려운 일이라는 것을 깨닫게 되었다.[129] 따라서 범죄자가 지역사회에서 정상적인 생활과 자신을 재통합시킬 수 있도록 유도할 필요가 있으며, 이것이 범죄자의 구금에 대한 대안의 현실적 정당성이기도 하다. 이러한 사회재통합적 교정이념은 독 지역사회에 기초한 교정을 중시하게 되는데, 이 또한 전통적 시설수용이라는 구금위주의 교정과는 사뭇 다른 하나의 대안적 접근이라고 볼 수 있다.

이러한 근거와 타당성을 가진 재소자와 소년원생에 대한 시설구금의 대안은 대체로 재소자와 소년원생을 시설에 수용하지 않고 처우(deinstitutionalization)하거나 재소자와 소년원생을 사회와 재통합할 수 있게 해 주기 위해서 재소자와 소년원생을 정상적인 사법절차와 단계로부터 우회 또는 전환(diversion)시키는 방법으로 이루어지고 있다.

이러한 의미에서 형사사법체제로의 침투를 최소화하는 것으로서의 전환은 비공식적 개입이나 과정을 계속하거나 형사사법체제 내의 프로그램에 회부하는 것이고, 끝으로 전통적 의미에서의 전환은 경찰이나 법원에 의해서 지역사회프로그램에 회부하거나 비공식적으로 처리하려는 재량적 결정이라고 할 수 있다.

그런데 이러한 의미의 차이는 주로 범죄자에 대한 형사사법체제의 법률적 권한과 통제의 정도에 따라 결정되는 것이다. 즉 법률적 권한과 통제가 많을수록 전통적 전환에 가깝고 권한과 통제가 적을수록 완전한 전환에 가깝다고 볼 수 있다.[130]

---

128) Paul H. Hahn, *Community Based Corrections and the Criminal Justice System*, Santa Cruz, CA: Davis Publishing CO., 1975, p. 154.

129) E. Wright, *The Politics of Punishment : A Criminal Analysis of Prisons in America*, New York : Harper and Row, 1973, pp. 152-160.

130) Andrew Rutherford and Robert McDermott, *Juvenile Diversion : National Evaluation Program*, Phase I Summary Report, U.S. Goverment Printing Office, 1976, pp. 3-4.

먼저 전환은 범죄자를 형사사법체제의 공식적인 절차로부터 우회 또는 전환시켜 처리하는 것으로서, 이는 주로 범죄적 낙인과 접촉으로 인한 부정적 위험을 피함으로써 이차적 일탈을 방지할 수 있다는 가정에 근거하고 있어서 낙인이론과 차별적 접촉이론이 이론적인 논리를 제공하고 있다. 이러한 전환제도에 대해 낙인이론의 중심인물인 Lemert는 범죄자에 대한 인권과 처우의 거부, 낙인, 재범률의 악화 등 형사사법제도 특히 교정제도의 폐단을 치유할 수 있는 가장 합리적인 대안이라고 주장하였다.[131] 더불어 범죄자의 선별처리가 가능해지기 때문에 교정경비를 절감할 수 있고, 피해자 없는 범죄 등 일부 특정범죄자는 형사정책의 대상이라기보다는 사회복지의 대상이 바람직한 경우도 있으며, 사회경제적으로 하류계층의 사람들이 주로 교정의 대상이 되어 왔다는 형평성의 논란 등도 전환제도를 정당화시켜 주는 근거로 인식되고 있다.[132]

그런데 전환제도가 실제 운영되는 형태는 매우 다양하다. 전환은 경찰단계에서부터 교정단계에 이르기까지 전형사사법단계에서 가능하기 때문이다. 경찰단계에서의 훈방, 검찰단계에서의 선도조건부 기소유예, 재판단계에서의 보호관찰부형의 유예(probation) 그리고 교정단계에서의 보호관찰부 가석방(parole) 등을 각사법단계별 대표적인 전환제도라고 할 수 있다. 특히 미국의 청소년봉사국(Youth Service Bureau)이 가장 대표적인 전환제도의 하나로 평가받고 있다.

그러나 이러한 전환제도에 대한 평가는 엇갈리고 있다. 긍정적으로 평가하는 사람은 구금되지 않기 때문에 전과자라는 낙인을 제거하거나 적어도 최소화할 수 있으며, 범죄자라도 자신의 직업을 계속할 수 있고 가족과의 관계를 유지할 수 있으며, 경우에 따라서는 피해자에 대한 배상이나 보상을 할 수도 있다는 점을 들고 있다.

반면에 부정적으로 평가하는 측에서는 지나치게 범죄자를 가볍게 처벌하기 때문에 형벌의 제지효과가 줄어들고 따라서 재범의 가능성을 더 높일 수 있으며, 이러한 사실은 전통적 범죄처우와 비교하여 전환된 범죄자가 오히려 더 높은 재범률을 보여

131) Edwin M. Lemert, "Diversion in Juvenile Justice : What have been Wrought?" *Journal of Research in Crime and Delinquency*, 1981, 18(1) : 37

132) John Ortiz Smykla, *Community-based Corrections*, New York : Macmillan Publishing Co., 1981, p.57 : Albert R. Roverts, juvenile Justice, Chicago : The Dorsey Press, 1989, p. 86.

주는 경우가 많은 데서 알 수 있다.[133]

어떤 면에서는 일종의 전시효과적인 또는 눈 가리고 아웅하는 식으로 이루어진다는 비판으로서 이를 눈속임(window dressing)이라고 한다.

이로 인하여 원래 의도하였던 경제성이나 교정대상의 축소 등은 고사하고 오히려 교정의 대상자는 증대시키고 형사사법의 경비 또한 증대시키게 된다. 전환으로 인한 교정대상의 확대를 우리는 형사사법망의 확대(net widening)라는 말로 표현한다. 형사사법망의 확대는 전환제도가 없을 때, 즉 완전한 자유 아니면 완전한 구금이라는 극단적인 두 가지 대안만 있고, 그 중간적 대안이 없을 때에는 기소되지도 않고 형사사법체제로부터 자유로울 수 있던 범죄자도 전환제도라는 대안이 생기게 됨으로써 형사사법의 대상이 되어 결국은 형사사법의 대상자를 확대시킨다.

쉽게 말해서 과거에는 형사사법의 그물이 듬성듬성했기 때문에 큰 고기(중요 범죄자)만 걸려들었으나, 전환제도로 인하여 형사사법의 그물망이 그만큼 촘촘해져서 과거에는 걸리지 않던 작은 고기(경미범죄자)까지도 형사사법망에 걸려들기 때문에 형사사법의 대상자가 확대된다는 것이다. 따라서 더 많은 경비와 시간 및 인력이 요구되는 결과를 초래하였다는 비판을 받고 있다.[134]

2) 구체적 대안의 유형

(1) 배상명령

범죄자로 하여금 자신의 범죄로 인한 피해를 범죄피해자에게 금전적으로 배상시키는 제도로서 피해자에 대한 단순한 금전적 배상이라는 점에서는 하나의 처벌인 동시에 금전마련을 위해서 일을 하거나 피해자를 배려한다는 등의 차원에서는 교화개선적 기능도 가지고 있다.[135]

이러한 배상명령(restitution)은 시민이나 교정당국에 아무런 비용을 부담시키지

133) Lee F. Wood and Barbra R. Darbey, *The Effects of Treatment Modality on Recidivism with Multiple DWI Offenders in Pretrial Diversion*, Rochester, NY : Pretrial Service Corporation, Monroe County Bar Association, 1985

134) Dean J. Champion, *Corrections in the United States*, Englewood Cliffs NJ : Prentice-Hall, 1990, p. 115.

135) Burt Gallaway, "Restitution as Integrative Punishment," in Randy E. Barnet and John Hegel III(eds.), *Assessing the Criminal*, Cambridge, MA : Ballinger, 1977, p. 331.

않으며, 범죄자를 사회로부터 격리수용할 필요가 없이 지역사회에서 가족과 인간관계를 유지하며 직업활동에 전념할 수 있고, 그 결과 수용으로 인한 낙인과 범죄학습 등의 폐해가 없다는 장점이 있다. 또한 이 제도는 보호관찰과 같은 다른 형태의 처분과 병행해서 부과할 수 있기 때문에 보호관찰처분만을 할 때의 지나치게 관대한 처분이라는 비판을 해소시킬 수 있고, 반대로 금전적 배상으로서 그렇지 않을 경우 있을 수 있는 형벌을 대신함으로써 지나친 처벌이라는 비난을 면하게도 해줄 수 있어서 형벌이 지나치게 관대한 경우와 지나치게 무거운 경우의 간격을 바꾸어 줄 수 있고, 따라서 형사정책의 형평성을 고취하는 데도 일익을 담당할 수 있다는 것도 긍정적인 평가라고 할 수 있다.

그 외에 가해자가 피해자에게 배상하는 과정에서 피해자와 가해자가 상호 화해를 이룰 수 있어 사회적 갈등의 소지를 없앨 수 있게 해 주며, 전통적으로 형사사법체계와 절차상 거의 배제되어 왔던 피해자를 형사사법절차와 과정에 참여시키게 되어 형사사법에 대한 인식의 개선과 지원의 확보가 용이해질 수도 있는 이점이 있다. 반면에 이 제도는 경제적 능력이 없는 가해자에게는 오히려 지나칠 정도로 무거운 처분이 될 수도 있으며, 배상능력이 없을 때에는 이를 대신할 수 있는 처분(대체로 환형처분 등)을 받아야 하기 때문에 경제적 능력이 있는 사람에게만 이점이 있는 차별적 형사정책이 되기 쉽다는 비판을 받을 수 있다.

그런데 이러한 비판의 해소방안으로 배상액을 피해의 정도도 중요하지만, 가해자의 경제적 능력을 고려하여 경제적 능력에 따라 차등적으로 결정하고 배상의 집행도 일시불이 아닌 연불이나 후불로 할 수 있게 할 필요가 있다.136)

(2) 사회봉사(community service)와 수강명령(attendance order)

사회봉사명령은 사실 위에서 기술한 범죄가해자의 피해자에 대한 배상, 즉 restitution의 하나로 볼 수 있다. 범죄자가 피해자에게 범죄피해를 금전적으로 배상할 능력이 없을 때는 금전적 배상 대신 노동을 통해서 범죄피해를 배상하는 제도로서, 이 경우 피해자에게 노동을 제공하거나 피해자가 가해자의 노동을 원치 않을 때

136) National Institute of Corrections, The Goals of Community Sanctions, 1986, p. 20; Smykla, *op. cit.*, p. 243; Henry Mannle and J. Davis Hirschel, Fundamentals of Criminology, Englewood Cliffs, NJ : Prentice-Hall, 1986, pp. 379-380.

는 공공분야에서의 노동을 제공하도록 하는 제도인데, 지역사회봉사명령은 바로 공공을 위한 노동의 경우를 말한다. 즉 범죄지가 금전적 배상능력이 없거나 범죄자가 지나치게 금전적 여력이 많은 부유층이어서 금전적 배상이 아무런 형사정책적 효과를 기대할 수 없고, 오히려 차별적 형사정책이라는 비난의 소지가 있을 때 또는 유명인에 대한 명예형으로서 바람직하다고 생각되고, 시설수용이라는 형벌도 바람직하지 못하다고 판단될 때 범죄자로 하여금 지역사회를 위해 일정한 봉사활동을 하도록 하는 대안적 처분이다.

사회봉사명령을 받은 범죄자들이 주로 하는 봉사활동은 공원의 청소, 공공도서관의 도서정리, 사법기관에서의 사무보조, 각종 사회복지시설에서의 노력봉사 등 다양한 편이다. 그러나 이들 활동의 대부분이 범죄자의 사회복지에 필요한 기술개발에 적합하지 않은 단순노동에 불과하기 때문에 시장성 있는 기술습득도 기대할 수 있으면서 동시에 사회에 봉사할 수도 있는 활동이 개발되어야 한다는 지적도 받고 있다. 또한 활동의 배정 시에도 범죄자 개인의 취미·특기·신분·적성 등을 고려하여 적절하게 지정할 필요가 있다. 예를 들어서 청소년층의 우상인 유명연예인이나 운동선수에게는 마약의 위험성에 관한 순회강연을 시키고, 기업인에게는 갱생보호공단에 참여하게 하는 등의 방법이 있을 수 있다.

이러한 사회봉사명령이 현재 많은 형사사법분야에서 체계적으로 활용되고 있는데는 다음의 4가지 이유가 있다. 사회봉사명령 자체가 병과처분으로서건 아니면 독립처분으로서건 형벌의 다양화라는 점에서 정당성을 인정받고, 가해자와 피해자를 화해시킬 수 있는 잠재성이 있으며, 지금까지 소외되었던 피해자와 지역사회를 형사사법체제에 참여시킬 수 있는 하나의 방법이 되며, 그리고 기존의 제도와 기관으로도 운영이 가능하다는 것이다.[137)]

한편 영국에서의 경험에 의하면 사회봉사명령은 다른 처분에 비해 그 비용이 적게 들고, 범죄자로 하여금 지역사회에서 직장생활을 하면서 가족과 함께 살 수 있기 때문에 사회복귀적 의미가 크며, 지나친 종속성, 의사결정권의 상실, 책임성의 상실 그리고 지위의 상실 등 교정시설의 부정적 영향을 피할 수 있어서 보다 인간적이며, 범죄자로 하여금 어떤 형태로건 지역사회에 봉사할 수 있는 기회를 주어 개선적 의미

137) Gallaway, *op. cit.*, pp. 331-347.

가 있었다고 평가되었다.138)

이 제도는 낙인의 방지는 물론이고 노동을 하기 때문에 노동의 가치와 근로의식의 고취 그리고 봉사정신의 함양 등으로 인한 교화개선적 효과도 적지 않은 것으로 인식되고 있으며, 동시에 형사사법이 지역사회와 관계를 개선할 수도 있다는 면에서 긍정적인 평가를 받고 있다. 더불어 이러한 장점이 있음에도 이를 시행하는 데는 새로운 제도나 기관을 필요로 하지 않고, 기존의 형사사법기관과 제도 내에서 얼마든지 가능하다는 이점도 있다.139)

그 밖에 형사정책경비를 절감할 수 있고 구금의 부정적 폐해를 해소할 수 있다는 점, 범죄자에게 심리적 보상감을 줄 수 있다는 점 그리고 지역사회에 필요한 서비스를 무상으로 제공할 수 있다는 점 등이 장점으로 지적되고 있다. 특히 범죄자에게 지역사회에 대한 소속감을 심어주고, 새로운 기술개발과 집단생활을 학습할 수 있는 기회를 주며, 근로정신의 함양과 여가선용의 기회가 될 수 있어 범죄자의 교화개선과 사회재통합에 매우 유익한 것으로 평가되고 있다. 완전히 구금을 대신하면서도 피해자에게는 어느 정도의 만족감을 주고, 따라서 형사사법정의를 실현할 수 있으면서 동시에 범죄자의 교화개선적 효과도 기대할 수 있고, 더불어 지역사회봉사기능도 할 수 있는 제도라는 긍정적 평가를 받고 있다.140)

이러한 긍정적 평가는 구체적으로 설명한다면 범죄자와 지역사회관계가 중요하며 가급적이면 형사사법기관의 개입을 억제하는 것이 바람직하다는 점과 지역사회의 참여와 형사사법기관이 지역사회와의 관계에서 협조가 필요하다는 점, 그리고 보호관찰소의 업무가 과다하는 점 등을 고려할 때 법원에서는 봉사의 기간만 정하고 보호관찰소에서 봉사대상이나 기관단체를 지정하면 봉사수혜기관이나 단체에서 관리·감독하는 것이 가장 바람직한 것으로 보인다.141)

한편 수강명령은 대체로 청소년범죄자, 마약범죄자, 알코올중독범죄자나 음주운전

138) John Harding, "Community Service Restitution by Offenders," in Joe Hudson(ed.), Restitution in Criminal Justice, Minneapolis : Minnesota Department of Corrections, pp. 102-133 ; Smykla, *op. cit.*, p.243.에서 재인용.

139) Lee H, Bowker, Corrections, New York : Macmillan Publishing Co,. 1982, p. 372.

140) Smykla, *op. cit.*, p. 222.

141) Mannle and Hirschel, *op. cit.*, pp.378-379; Dean Rohek and Marnard Erickson, "Reforming the Juvenile Justice System : The Diversion of Status Offenders," Law and Society Review, 1981~1982, 16(2), p.242.

자, 정신이상범죄자 또는 피해자 없는 범죄(victimless crime)의 범죄자 등의 특수범죄자에게 적용되는 구금의 대안이다. 이들 유형의 범죄자들은 전통적 의미의 범인성, 즉 형사정책의 대상으로서 처벌받아야 할 문제라기보다는 다른 문제로 범죄와 형사사법제도와 관련된 사람들이어서 전통적·통상적 범죄자들과는 구별되며, 이들을 전통적인 방법으로 교정시설에 구금할 경우 범죄를 유발하였던 근원적인 문제가 더 악화되며, 범죄학습의 부작용도 따르기 때문에 구금 대신 문제의 해결에 필요한 교육훈련을 받도록 하는 제도이다. 현재 여러 나라에서 다양한 형태와 명칭으로 수강명령이 시행되고 있는데, 대체로 주간처우센터(Day Treatment Center)·출석센터(Attendance Center) 등이 그 대표적 사례라고 할 수 있다.

청소년범죄자들에게 수강명령을 부과함으로써 청소년들로부터 여가를 박탈하게 되어 일종의 처벌의 효과도 얻을 수 있으며, 동시에 교육훈련을 통하여 자기 개선적 효과도 기대할 수 있는 장점이 있다. 또한 교통사고자나 음주운전자의 경우는 강제로 운전학교나 금주학교에 보내 수강하도록 함으로써 자신의 음주문제나 부족한 운전기술 또는 상식 등에 대한 보수교육의 효과도 거둘 수 있으며, 동시에 강제성을 띤 명령이므로 어느 정도의 처벌효과도 기대할 수 있다.142)

이러한 수강명령의 운영도 앞에서 기술한 사회봉사명령처럼 운영의 방식은 세 가지가 있을 수 있으나, 수강명령도 법원에서 대상자와 시간을 정하고 보호관찰소에서 교육기관을 지정하여 관리·감독하면 좋을 것이다. 그러나 또 다른 바람직한 방안은 위에서 언급한 주간처우센터(Day Training Center)나 출석센터(Attendance Center)와 같은 수강명령전담기관을 두고, 법원에서 대상자를 넘겨받아 직접 교육훈련하는 것이다. 운영의 주체가 누구이며 실제 교육훈련과 관리·감독은 누가 하건 수강명령은 거주프로그램일 수도 있고, 비거주프로그램으로 시행될 수도 있다. 그러나 대부분의 경우는 비거주프로그램으로 운영되고 있다.

(3) 집중보호관찰

집중보호관찰(intensive probation)은 과밀수용의 해소방안으로서 중요한 의미를 가지지만 그 외에 전통적 보호관찰이 지나치게 전시효과를 노리는 눈가림식이라는 비판과 범죄자에 대한 처분이 지나치게 관대하다는 시민의식을 불식시킬 수 있는 장

142) 이윤호, 『한국형사사법정책론』, 법전출판사, 1992, 311면.

점이 있으며, 동시에 재범률을 낮출 수 있는 교화개선의 효과도 적지 않다는 경험적 평가를 받고 있다.[143)]

범죄자의 증가로 인하여 보호관찰대상자가 양적으로 증가할 뿐 아니라 질적으로도 죄질이 나쁜 강력범죄자까지도 과밀수용으로 인해 보호관찰을 받게 되어 전통적인 일반보호관찰로서는 범죄자의 교화개선과 사회복귀는 물론 사회의 안전을 확보할 수 없게 되었으나, 교정시설의 증서가 구금의 확대가 결코 해답은 될 수 없었다.

따라서 과밀수용을 해소하고 시민의 불안도 불식하기 위해서는 보호관찰대상자에 대한 집중적인 감시·감독을 전제로 하는 보호관찰이 하나의 유력한 대안으로 제시되었다. 이런 점에서 일부에서는 집중보호관찰을 보호관찰과 교정시설이라는 양극단의 중간에 위치한 중간제재 또는 중간처벌(intermediate sanction or punishment)이라고도 한다. 즉 이러한 중간처벌이 존재하므로 과거 비교적 위험성이 적은 범죄자이면서도 사회의 보호라는 미명 하에 구금되어 형벌의 남용이라는 비판을 받을 수 있었거나, 반대로 과밀수용으로 인하여 위험성이 높은 범죄자까지도 구금할 수 없어 사회로 내보내 일반보호관찰을 받게 하여 사회가 위협받게 되었다는 비판의 소리를 잠재울 수 있는 대안이라고 할 수 있다.

결국 집중보호관찰은 수용인구의 폭증에 직면하여 구금하지 않고도 범죄자를 통제하고, 그들의 행위를 효과적으로 감시할 수 있는 장치가 필요하다는 인식에 기초하고 있다. 이러한 인식 하에 집중보호관찰은 다음과 같은 두 가지 가정, 즉 법원은 범죄자를 처벌하거나 제지하기 위해서 또는 무능력화시키기 위해서 교정시설에 구금하며, 구금이 아닌 다른 방법으로 범죄자의 위험성을 효과적으로 관리할 수 있는 것은 보호관찰이 가장 적합하다는 가정에 기초하여 발전되었다.[144)]

물론 일반보호관찰과 집중보호관찰을 구분하는 기준이 명확한 것은 아니지만, 대체로 보호관찰대상자와 감시·감독의 정도에 따라 차이가 있음을 알 수 있다. 우선 일반보호관찰이 주로 경미범죄자나 초범자 등을 대상으로 하는 반면, 집중보호관찰은 어느 정도의 강력범죄자까지도 그 대상으로 한다. 또한 감시·감독의 정도에 있

143) Donald Cochran, Ronald P. Corbett, Jr., and James M. Byrne, "Intensive Probation Supervision in Massachusetts : A Case Study in Change," Federal Probation, 1986, 50 : 32-41, p.36.

144) Todd R. Clear and Carol Shapiro, "Identifying High Risk Probationers for Supervision in the Community : The Oregon Model," Federal Probation, 1986, 50 : 42-49, p.42.

어서도 일반보호관찰이 과중한 업무량 등을 이유로 간헐적인 직접접촉과 전화접촉에 만족하지만, 집중보호관찰은 10명 내외의 적은 수의 대상자를 상대로 매주 수회에 걸친 직접대면접촉을 그것도 보호관찰대상자의 직장이나 가정에서 수행하고 있다. 이와 함께 대개의 경우 야간통행금지시간을 정하고, 일정시간의 사회봉사를 행하게 하고, 취업을 증명할 수 있는 봉급명세서를 제출케 하며, 자신의 감시·감독을 도울 수 있는 지역사회후원자를 두도록 하기도 한다.145)

또한 경우에 따라서는 보호관찰비용과 피해자에 대한 배상을 명하기도 하고, 알코올이나 마약에 대한 검사도 받게 한다. 결국 집중보호관찰은 보호관찰관과 대상자의 대인적 접촉의 강화, 범죄자의 범죄행위에 관련된 개인적 또는 사회적 필요성을 충족시키기 위한 유관기관이나 프로그램에의 강제적 회부 그리고 보호관찰조건의 강화와 엄격한 집행 등을 특징으로 한다고 볼 수 있다.146) 따라서 집중보호관찰은 보호관찰부 가석방(parole)이나 보호관찰부 선고유예(probation) 두 가지 경우 모두 활용 가능한 제도이다.

대상자의 선정은 대체로 범죄자의 위험성을 기준으로 이루어지는데, 약물남용경험, 소년비행경력, 가해자와 피해자의 관계, 피해자에 대한 피해, 과거 보호관찰파기 여부, 초범시 나이 등을 고려대상으로 하여 위험성이 높은 보호관찰대상자를 집중보호관찰의 대상자로 정하는 것이 보편적이다.147)

(4) 전자감시가택구금

이 제도는 시설수용을 대신하여 범죄자를 자신의 집에 구금시키고, 전자장비를 이

145) James M. Byrne, "The Control Controversy : A Preliminary Examination of Intensive Probation Supervision Programs in the United States," Federal Probation, 1986, 50:4~16, p.12; Vincent O' Leary and Todd R, Clear, Directions for Community Corrections in the 1990's, Washington, D.C. : National Institute of Corrections, 1984, p.19; Frank S. Pearson, "Taking Quality into Account : Assessing the Benefits and Costs of New Jersey's Intensive Supervision Program," in Belinda R. McCarthy(ed.), Intermediate Punishment : Intensive Supervision, Home Confinement, and Electronic Surveillance, Monsey, NY : Criminal Justice Press, 1987, pp.86-87; Frank S. Pearson and Daniel B. Bible, "New Jersey's Intensive Supervision Program : What is it like? How is it Working?" Federal Probation, 1986, 50 : 25-31, pp.25-28

146) Cochran et al., *op. cit.*, p.34.

147) Dean J, Champion, Corrections in the United States, Englewood Cliffs, NJ : Prentice-Hall, 1990, p.136.

용하여 범죄자를 감시하는 일종의 중간처벌이다.[148] 원래 강력범죄자의 수용인구가 폭증함에 따라 과밀수용이 초래되어 더 많은 재소자를 보호관찰로 석방할 수밖에 없으나, 보호관찰관은 업무량의 과다로 사실상 어떤 역할을 하기 힘들어져 사회의 안전을 확보하기도 힘든 형편이 되자 그 해결책의 하나로 시도된 것이 바로 이 제도이다. 즉 범죄자들이 교정시설 대신 자신의 집에 구금하여 형기를 살도록 하는 것이다.[149]

가택구금은 거의 대부분 전자감시제도와 함께 적용되는데, 그 이유는 보호관찰관의 과중한 업무로 대상자의 감시·감독이 제대로 이루어지지 못하면 사회의 위험을 초래하기 때문에 교정시설의 과밀수용을 해소함과 동시에 적절한 감시·감독을 통한 사회안전의 확보를 위해서이다.

전자감시는 원래 정신질환자를 추적하기 위해서 시도된 장치로서 원격계측장비를 이용하여 범죄자가 정해진 시간에 정해진 장소에 있는지 여부를 확인하는 것이다. 전자장비가 범죄자의 발목이나 손목에 매여져서 그들의 형기가 끝날 때까지 움직이거나 제거하면 교정시설에 구금시키는 등의 강력한 제재를 가한다.

그런데 전자감시를 위해서 다음과 같은 장비를 기본적으로 필요로 한다. 보호관찰소나 경찰서와 같은 중앙발신장소로부터의 전화통신에 의해서 전해지는 지속적인 신호를 방출하는 지속적 신호기(continuous signaling devices), 범죄자와의 전화접촉을 정해진 시간이 나이라 무작위의 시간에 시행하고 컴퓨터에 의해서 범죄자의 목소리가 전자적으로 검증되는 프로그램된 접촉장비(programmed contact devices), 범죄자가 발목이나 손목에 차고 있으며 지역모니터에 의해서 감지되는 송신기(transmitter) 그리고 역시 범죄자가 차고 있는 송신기로서 이동식 수신기를 가지고 있는 보호관찰관이 감지할 수 있는 지속적인 신호를 보내는 지속적 신호송신기(continuous signaling transmitters)로 구성된다.[150]

---

148) Richard A. Ball and J. Robert Lilly, "The Phenomenology of Privacy and the Power of the State : Home Incarcreation with Electronic Monitoring," in J. E. Scott and J. Hirschi(eds.), Critical Issues in Criminology Justice, Beverly Hills, CA : Sage, 1987; Ronald P. Corbett and Ellsworth A.L. Fersch, "Home as Prison : The Use of House Arrest," Federal Probation, 1985, 49:13-17

149) Leonard E. Flynn, "House Arrest:Florida's Alternative Eases Crowding and Tight Budget," Corrections Today, 1986, 48:64-68

150) Champion, *op. cit.*, p.153

이러한 전자감시가택구금은 많은 이점이 있는 것으로 평가되고 있다.

가장 먼저 비구금적 대안인 이 제도를 활용함으로써 교정시설의 수용인구의 과밀을 줄일 수 있다는 것이다.

두 번째 이점은 운영경비의 절감이다. 즉 시설에 구금하지 않고 가정에 구금하기 때문에 구금에 필요한 경비가 절감되고, 보호관찰관이 전자장치로 감시하기 때문에 그만큼 업무량이 줄어들기 때문에 많은 경비가 절감된다는 것이다.

세 번째 이점은 비구금적 대안이라는 사실이다. 즉 구금으로 인한 낙인이 없고, 지역사회에서 가족과 함께 생활하며 직장생활을 할 수 있고, 자신의 교화개선에 도움이 될 수 있는 각종 교육훈련과 상담도 받을 수 있다는 것이다.

끝으로 전자감시가택구금(electronic monitored home confinement)이 실제로 재범률을 많이 줄였다는 것이다.[151)]

한편 전자장비의 개발과 그 이용에 대한 기술지원 등의 방법으로 이 제도가 교정의 민간화에 기여한 바도 크며, 이 제도를 이용하면 전자장비의 조작에 대한 간단한 지식 이외에는 보호관찰관에게 특별히 교육훈련 할 것이 없다는 점도 긍정적으로 평가되고 있다.

이러한 이점에도 불구하고 이 제도에 대한 비판의 소리도 없지 않으나, 대부분은 이 제도에 대한 잘못된 이해에 기인한 것으로 보인다. 가장 빈번하게 받는 비판은 이 제도가 전혀 처벌이라고 할 수 없다는 것이다. 그러나 범죄자 스스로는 이 제도가 시설수용보다 더 제한적이고 위협적이고 심한 좌절감을 맛본다고 토로한다. 두 번째 비판은 프라이버시에 관한 의문이다. 즉 이 제도가 시민의 프라이버시를 침해할 수 있다는 지적이다.

그러나 이 제도에 응하는 범죄자는 강제가 아닌 스스로 자발적으로 선택한 것이며, 설사 선택이 아니라 강제에 의하여 응하게 되었더라도 과연 이것이 집중보호관찰 등의 현행 지역사회교정에 비해 더 범죄자의 권익을 침해하는 것인가는 확실치 않다.[152)] 즉 이 제도가 범죄자가 특정시간에 특정장소에 있는지 여부를 전자감지기를 통하여 원격계측하는 것이기 때문에 프라이버시의 침해가 크게 문제되지 않는다

151) Champion, *op. cit.*, p.153.

152) C. Ronald Huff, Richard A. Ball, and J. Robert Lilly, House Arrest and Correctional Policy : Doing Time at Home, Beverly Hills, CA : Sage, 1988, p.9.

고 반박하기도 하는데, 사실 교정시설이 가택구금보다 훨씬 프라이버시가 적다는 것은 상상키 어려운 일이 아니다.

끝으로 가택구금 된 범죄자가 아동학대나 배우자학대 등의 범죄자라면, 그 자신의 가족구성원에 대해 끼칠 수 있는 위험성이 있다는 지적이다.[153] 그러나 이러한 위험성의 문제는 이 제도만의 문제라기보다는 보호관찰부 가석방 등 거의 모든 형사정책적 의사결정시에 공통으로 제기되는 문제이다.

하여튼 사회의 범죄는 증가할 것이고 그만큼 수용인구도 늘어날 것이지만, 수용능력은 한계가 있기 때문에 비구금적 대안의 필요성은 더 커질 것이고 따라서 전자감시가택구금도 문제보다는 장점이 더 많다는 점에서 앞으로 더욱 활성화될 것으로 기대되고 있다. 다만, 혹자는 앞으로의 전자감시가택구금에는 보호관찰관의 업무량을 덜어 주기 위해서도 그렇지만 지역사회와 범죄자의 재화합과 재통합을 위해서 보다 많은 민간자원봉사자를 참여시키는 것이 바람직하다고 주장한다.[154]

(5) 충격구금

충격구금(shock imprisonment)은 글자 그대로 구금을 통하여 범죄자에게 충격을 가한다는 것이다. 이 제도는 우선 장기구금에 따른 폐해와 부정적 요소를 해소하거나 줄이는 대신 구금이 가질 수 있는 긍정적 측면을 강조하기 위한 것이다. 범죄자를 장기간 구금함으로써 부정적 낙인의 골은 깊어지고 악풍의 감염과 범죄의 학습은 심화되지만, 반대로 구금에 따른 박탈과 그로 인해 고통으로 인한 폐지 효과는 점점 줄어들게 된다는 사실과 이러한 구금의 고통은 입소 후 6~7개월에 이르기까지 최고조에 달하다가 그 이후 급격히 떨어진다는 사실에 기초하여 오히려 구금의 고통이 가장 큰 짧은 기간 동안만 구금하여 기대되던 고통과 그로 인한 제지효과를 극대화하는 대신 장기구금으로 인한 부정적 측면은 극소화하자는 데 그 의의가 있다.

물론 과거 구금의 폐해를 줄이기 위해서 보호관찰이라는 대안을 시도해 왔지만, 그것이 지나치게 관대한 처벌이라는 인식으로 인해 형벌이 가져야 하는 제지효과를 기대할 수 없다는 비판을 받게 되어 이의 해결방안으로서 단기간의 구금을 경험케

---

153) Huff et al., *ibid.*, pp.122-123.

154) David E. Duffee and Edmund F. McGarrell, Community Conecrions, Cincinnatti : Anderson Publishing Co., 1990, pp. 89-90.

하여 형벌의 제지효과를 심어준 다음 형의 선고를 유예하거나 보호관찰에 회부하는 등 구금을 대신할 수 있는 처분을 하는 것이다.

결국 이 제도는 보호관찰과 형의 유예 및 구금의 일부 장점들을 결합한 것이라고 볼 수 있다. 반대로 장기구금을 피함으로써 결과적으로 범죄자의 태도의 악화를 피하는 대신 동시에 짧은 기간 동안 지속적인 감시를 하고, 교도소생활에 대한 실상을 심어줄 수 있다는 점에서도 이 제도는 정당성을 갖는다.[155]

그러나 보호관찰과 구금의 장점을 결합한다는 것에 대해서 논란의 여지가 없는 것은 아니다. 그것을 긍정적으로 평가하는 측에서는 우선 시설수용과 구금은 반드시 재소자를 위한 것이어야 한다고 주장하며, 따라서 장기구금이 결코 재소자를 위한 것이라기보다는 사회안전을 중시하는 측면이 있으며, 보호관찰 전에 단기간 구금함으로써 사회도 보호되고 재소자 자신도 되돌아볼 수 있는 기회가 된다는 것이다.

이와 관련하여 보호관찰에 회부하기 전에 단기간의 구금을 시키는 의도는 구금의 경험을 통해서 교정시설의 실상을 인식케 하여 충격을 가하여 다시는 범죄를 하지 않도록 제지하자는 것이다. 즉 단기간이지만 매서운 구금을 경험케 함으로써 범죄자에게 충격을 가하는 것(short, sharp, shock)은 재소자에게 이익이 될 수 있다는 것이다.

반대로 부정적인 측면에서는 범죄인은 보호관찰의 자격이 있거나 아니면 없는 이분법적인 것이지 이 둘이 합쳐질 수 있는 것이 아니라고 주장한다. 특정범죄인이 지역사회에 남는 것이 바람직하다고 결정된다면, 그는 지역사회교정, 즉 보호관찰에 의해서 가장 큰 이익을 얻을 수 있는 것이지 그를 단기간 구금시킨다고 얻어질 수 있는 이익은 없다는 것이다.

따라서 시설에서 보낸 구금의 시간은 그 장단에 관계없이 보다 개방적인 환경에서나 바람직한 각종 처우에 부정적인 영향을 미친다는 것이다. 짧은 기간이지만 범죄자의 태도를 악화시키고, 더 많은 범죄자에게 노출시키며, 그로 하여금 자신의 빚을 다 갚았다는 인식을 심어 주게 되어 좋지 않다는 것이다. 한편 보호관찰은 구금을 피하자는 데 목적이 있는 것이지 구금을 보완하기 위한 것은 아니다

155) Paul C. Friday and David M, Peterson, "Shock of Imprisonment : Short Term Incarcreation as a Treatment Technique," pp.61-69 in Edward Sagarin and Donald E. J. MacNamara(eds.), Corrections. Problems of Punshiment and Rehabilitation, New York : Praeger Publishers, 1973, p.63.

3) 중간처우소[156)]

대부분의 사람들은 교도소로부터 석방된 범죄자가 겪게 되는 어려움은 대부분이 구금으로 인한 사회적 낙인과 그에 따른 취업의 어려움에서 초래된다고 인식하고 있다. 또한 이들은 사회로부터 단절되고 격리된 채 오랜 수형생활을 경험한 재소자를 그들의 수형기간 동안 수많은 변화가 일어나서 더 이상 그들에게 익숙치 않은 사회로 아무런 준비도 없이 바로 내보내는 것은 지나칠 정도로 비인도적인 처사일 뿐더러 그들에게 사회에 정상적으로 복귀하기를 기대하는 것은 지나친 요구일 수밖에 없다고 주장한다. 이런 이유로 이들은 수용생활을 끝내고 석방되는 재소자들로 하여금 자신의 지역사회에 재적응할 수 있도록 도와주는 과도기적 시설이 필요하다고 역설한다.

더불어 재소자들의 성공적 사회재통합은 교도소가 아니라 바로 현실사회에서 가장 효과적으로 이루어질 수 있다는 사실을 중간처우소의 필요성에 대한 정당성으로 들기도 한다. 중간처우소와 같은 과도기적 시설이 있음으로써 출소자들이 겪게 될지도 모를 혼란·불확실성·스트레스 등을 점차적으로 경험하게 하고 해결하게 하여 지역사회에서의 독립적인 생활에 재적응할 수 있는 적절한 시간적 여유를 제공할 수 있는 것이다. 이런 관점에서는 혹자는 중간처우소(halfway house)를 출소자들을 위한 감압실(decompression chamber)이라고 하다.[157)]

그러나 중간처우소가 반드시 위와 같은 의미만을 가진 것은 아니다. 물론 통상적인 의미에서의 중간처우소는 출소자들을 위한 감압실로서의 기능을 의미하고 있으나, 사실은 중간처우소는 그 반대의 경우로도 이용되고 있다. 즉 중간처우소는 출소자들을 위한 것(halfway-out house)과 입소자들을 위한 것(halfway-in house)의 두 가지 역할을 수행한다는 것이다. 위에서도 언급했듯이 출소 전 중간처우소(halfway-out house)는 출소자들에게 출소와 지역사회에서의 독립적인 생활사이의 과도기적 단계로서 주거서비스를 제공하는 것이다.

---

156) 이윤호, 앞의 책, 311면 이하.

157) Harry E. Allen, Eric W. Carlson, Evalyn C. Parks, and Richard P. Seiter, "Halfway House," pp.454-464 in Carter et al.(eds.), Correctional Institutions(3rd ed.), New York : Harper & Row Publishers, 1985, pp.454-455.

반면에 입소 전 중간처우소(halfway-in house)로서의 중간처우소는 사람들이 교도소로부터 갑자기 사회로 출소할 때만 충격을 받는 것이 아니라 사회로부터 교도소로 입소할 때도 적지 않은 충격을 받게 되기 때문에 이들이 충격을 완화하고 수형생활에 잘 적응할 수 있는 준비기간이 필요하면, 이를 위해서 기능하는 것이 바로 입소자를 위한 중간처우소라는 것이다. 그런데 이 경우는 대치로 정신질환범죄자나 마약중도범죄자 등에게 유용한 것으로, 이들의 문제가 먼저 치유된 다음에 수형생활을 하는 것이 바람직하기 때문이다.

그런데 최근에 와서는 중간처우소가 이러한 과도기적 시설과 기능 외에 직접적인 하나의 형벌의 대안으로서 이용되기도 한다. 즉 시설수용과 거주지역사회교정 모두에 대한 대안으로서 쓰여지고 있다는 것이다. 다시 말해서 지금까지의 형벌이 사실상 완전한 구금과 완전한 자유라는 어쩌면 극단적인 두 가지로만 이루어져 왔으나, 이제는 극단적 두 처분의 중간에 위치할 수 있는 대안도 필요하다는 인식을 한 것이다.

우리 사회의 범죄자 중에는 구금을 요하는 사람도 있고 구금을 전혀 요하지 않는 사람도 있으나, 범인성이라는 것이 그렇게 이분법적인 재단으로 잴 수 있는 것은 아니기 때문에 범인성이라는 일연속선상의 중간에 자리할 수 있는 사람들을 위한 처벌도 필요한 것이다. 그 하나의 대안으로서 미국 [형사사법기준과 목표에 관한 국가자문위원회](National Advisory Commission Justice Standards and Goals)는 형벌이 완전구금과 완전자유의 양자택일의 문제가 아니라 그 중간의 것도 있어야 하며, 대표적으로 입소 전 중간처우소(halfway-in house)가 좋은 대안이 될 수 있다고 주장하였다.158)

그러나 중간처우소가 이처럼 다양한 긍정적인 잠재성이 있음에도 불구하고 교도소가 지나치게 과용되듯이 중간처우소도 지나칠 정도로 많이 이용되고 있다. 즉 중간처우소는 모든 범죄자에게 활용될 수 있는 것이 아님에도 불구하고 지나치게 폭넓은 사람들을 대상으로 그것도 지나치게 많은 사람에게 중간처우소가 이용되고 있어서 중간처우소의 잠재적 가치를 위협하고 있다는 우려의 소리가 적지 않다.159)

구체적으로 중간처우소에서는 우선 과도기적 시설과 서비스를 필요로 하는 교도

158) National Advisory Commission on Criminal Justice Standards and Goals, Corrections, Washington, D.C. : U.S. Government Printing Office, 1973, p.570.

159) Smykla, *op, cit.*, p. 159.

소에서 출소할 재소자, 구금의 대안으로서 보호관찰부 형의 유예자들 그리고 법원의 양형결정에 필요한 분류심사서비스로서도 활용되고 있다. 심지어 출소자들에게는 중간처우소가 외부통근이나 통학 또는 석방 전 처우센터로서도 이용되며, 특히 아동보호시설이나 재판 전 구치시설이나 소년원의 대안으로서도 이용되기도 한다.

그런 많은 중간처우소에서는 마약중독자, 알코올중독자 또는 정신질환자(내담자) 등의 특수한 문제가 있는 범죄자에게만 제한하기도 한다.160) 그러나 일반적으로 중간처우소의 처우대상자는 대부분 청소년을 비롯한 젊은 사람, 초범자 등 범죄경력이 없거나 많지 않은 사람, 비폭력범죄자 등 위험성이 많지 않은 사람들이다.

중간처우소에서는 출소자의 사회복귀와 재통합에 필요한 서비스는 물론이고 충격완화를 위한 감압시설로서 기능하도록 요청받고 있는데, 이를 위해서 다양한 형태의 처우가 실시되고 있다. 물론 가장 보편적인 것은 취업, 교육, 상담 그리고 직업훈련이지만, 경우에 따라서는 재정적 지원, 여가선용기회의 제공, 심리적·감정적 지원 그리고 지지적 환경의 조정 등도 중요한 프로그램으로 여겨지고 있다.

이를 종합하자면 중간처우소는 출소하는 재소자에게 숙식을 제공하고, 전문직원의 도움으로 문제로 해결할 수 있도록 지원하여 준법시민으로서 사회에 복귀할 수 있게 하는 것을 중요한 기능이자 목적으로 한다고 볼 수 있다.161)

그런데 여기서 중요한 사실은 중간처우소가 어떠한 처우를 제공하고, 어떻게 기능하든지 처우기간의 문제를 안고 있다는 것이다. 출소자들에 대한 중간처우소에서의 처우기간은 대체로 길어야 3개월을 넘기지 않는 경우가 대부분인데, 사실 3개월의 기간은 범죄자들의 태도·인성을 변화·개선시키기에는 너무 짧은 기간이라는 사실이다. 따라서 중간처우소에서는 이 시간적 문제를 해결할 수 있는 처우를 고려해야 하는데, 장기간의 처우를 요하는 프로그램은 가급적 피하고 짧은 기간에도 시행가능한 처우를 중심으로 프로그램화되어야 할 것이다.162)

---

160) John M. McCartt and Thomas J. Mangogna, Guidelines and Standards for Halfway House and Community Treatment Centers, Washington, D.C. : U.S. Goverment Printing Office, 1973, pp.22-26.

161) Richard P. Seiter et al., Residential Inmate Aftercare : The Study of the Art, Columbus, OH : Ohio State University Program for the Study of Crime and Delinquency, 1976, p.56; Allen et al., *op. cit.*, p.455에서 재인용.

162) Allen ea al., *op. cit.*, p.461

그런데 이러한 중간처우소의 운영을 위해서는 깊이 있게 고려되어야 할 몇 가지 중요한 문제가 있다.

먼저 중간처우소가 공적으로 운영되어야 하는지, 아니면 사적으로 운영되어야 하는지의 문제이다. 중간처우소가 성공적으로 기능하기 위해서 반드시 형사사법기관 및 지역사회의 협조적인 관계를 유지하여야 한다. 이는 중간처우소가 적정한 범죄인을 확보하기 위해서는 유관형사사법기관과 긴밀한 협조관계를 지속해야 하며, 부족한 자원과 재소자의 사회재통합을 고려할 때 지역사회의 참여와 협조도 무시할 수 없는 것이다. 물론 범죄인의 확보라는 측변에서는 사적인 중간처우소보다는 공적인 중간처우소가 유리하고, 반면에 지역사회와의 관계에 있어서는 관료적인 공적 기관보다는 사적으로 운영되는 중간처우소가 유리할 수 있다.[163)]

중간처우소를 사적으로 운영하는가 아니면 공적으로 운영하는가는 주로 운영에 필요한 재원이 무엇인가와 주요 기능이 무엇인가에 있어서 상당한 차이를 보일 수 있다. 당연히 공적 기관은 공공기금으로 운영되겠지만, 사적 중간처우소는 지역사회의 자원에 주로 의존할 수밖에 없다. 그리고 주요 기능면에서도 공적인 곳은 심사, 분류 그리고 처우라는 과정을 거치면서 인성결함이나 부적응문제를 교정하는데 관심을 두는 개입적(interventive) 프로그램을 중시하고, 반면에 사적인 곳에서는 사회자원의 개발과 중개를 통한 범죄자의 필요를 충족시켜 주는 지지적(supportive)프로그램이 주가 된다.[164)]

중간처우소의 운영주체가 누구여야 하는 문제 다음으로 중요한 것은 중간처우소의 위치선정이다. 물론 중간처우소의 거주자가 교도소출신으로 밝혀지고 낙인되는 곳보다는 그 지역사회의 일부요 구성원으로 느낄 수 있어야 바람직한 위치라고 할 수 있다. 이런 면에서 이웃 간의 융화감이 적고, 따라서 익명성이 보장되는 상업지역이나 재개발지역 등이 매력적인 위치로 알려지고 있다.[165)] 그러나 중간처우소는 대중교통이 좋고, 취업과 직업훈련의 기회가 많으며, 그 밖에 의료・건강・여가활동 등에 필요한 지역사회자원이 풍부한 곳에 위치할 필요가 있다. 이러한 위치가 중간처

163) Allen ea al., *op. cit.*, p.457

164) Smykla, *op, cit.*, p.163.

165) Oliver Keller and Benedict Alper, Halfway House : Community Centered Correction and Treatment, Lexington, MA : Heath, 1970, p.107.

우소로 바람직한 중요한 이유는 중간처우소가 범죄자와 지역사회를 재통합시키는 것을 목적으로 하기 때문이다.166)

그런데 중간처우소의 위치선정에 있어서 고려되어야 할 중요한 요소는 지역사회와의 관계가 중요한 만큼 지역사회의 태도가 가장 먼저 고려되어야 할 것인바, 당연히 중간처우소에 대해서 긍정적인 태도가 팽배한 지역이 좋은 위치라고 볼 수 있다. 물론 중간처우소는 거주자가 돌아가서 살아야 할 거주지역과 최소한 유사하거나 동일한 지역특성을 갖거나 아니면 동일한 지역사회 내에 위치하는 것만큼 바람직한 위치는 없다.

제 8 절 교정의 민영화

1. 민영화의 개념

교정의 역사를 통하여 수많은 개혁과 변화를 경험하였지만, 교도소의 민영화만큼 많은 논쟁을 불러일으킨 것도 없을 것이다. 교정의 민영화란 교도소 등 교정시설을 사적인 영리를 목적으로 하는 직장에서 재정적으로 지원하거나 운영하고, 또는 일부 프로그램을 지원하거나 운영하는 것을 의미한다. 그러나 교정의 민영화가 결코 새로운 것은 아니다. 민간기업에서 다양한 재화와 용역 그리고 교도작업을 정기적으로 제공하기 위한 계약을 해온 지 수십 년에 이르기 때문이다. 특히 민간기업에서의 교정운영은 경구금시설이 사적으로 조직되고 운영되는 경우가 많은 소년사법분야에서 더욱 눈에 띄고 있다.167)

물론 교정의 민영화에 대한 논의와 시도도 알고 보면 경영의 효율성에 기인한 바 크다. 다른 공공분야에서와 마찬가지로 제한된 자원으로 맡겨진 임무를 효율적으로 수행하기 위해서는 민간분야의 경영기법의 도입 등 보다 효율적인 운영방법을 강구

---

166) Richard L. Rachin, "So You What to Open a Halfway House," Federal Probation, 1972, 36(1) : 34-36.

167) 이윤호, 『교정학』, 391면.

하지 않을 수 없게 되었다. 그러나 교정의 민영화가 이와 같이 단지 경제적 논리에서난 의해서 추구되지는 않았다.

이에 대하여 많은 사람들은 과밀수용으로 인한 교정 수요의 증대와 그로 인한 교정 경비의 증대, 공공기관에서 독점해 온 교정사업에 대한 불만 등 교정의 민영화를 이유로 꼽고 있다.168)

1) 교정수요의 증대

범죄성을 조장하거나 유발하는 사회적 환경의 악화는 전반적인 범죄발생량을 증대시키고, 과거 범죄자에 대한 교정교화에의 불만으로 범죄자에 대한 강경대응(get-tough policy) 등 형사정책의 보수화로 인해 교정시설에 수용되는 재소자의 수를 증대시킬 뿐만 아니라 수용된 재소자의 수용기간도 장기화되어 전체적인 시설수용인원을 증대시켜서 과밀수용을 초래하게 되었다.

이러한 과밀수용은 재소자에 대한 교화개선을 어렵게 하여 재소자의 누범화·재범화를 부채질하게 되고, 이는 직업적인 범죄자를 양산하게 되어 다시 이들의 과다수용과 장기수용으로 과밀수용은 더욱 악화되고 있다. 이러한 과밀수용에 대해서 사법부가 개입하여(hands-on) 재소자의 인권차원에서 이를 해소하도록 강제하고, 이에 대해서 교정당국에서는 대체로 시설수용을 줄이거나 수용능력을 증대시키는 방향에서 그 해결책을 찾으려고 한다.

따라서 과잉수용의 해결방안으로 더 밀접한 관계가 있는 것은 역시 수용능력의 증대라고 할 수 있다. 이러한 수용능력의 증대는 대체로 수용시설의 증설을 전제로 하기 때문에 막대한 예산을 요구하게 된다. 바로 이러한 입장에서 교정당국이 수용능력의 증대를 위해 찾아낸 돌파구가 교정의 민영화이다. 따라서 비용-편익차원에서 교도소의 벽을 사기업에 팔자(sell the walls)는 것이 그 이유이다.

2) 교정경비의 증대와 효율성

수용인구가 증대되면 이들을 수용하기 위한 시설의 증설이 따라야 함은 물론이고, 수용자들을 관리하기 위한 인력의 증원이나 재소자에 대한 처우비용의 증대 등 제반

---

168) 이윤호, '사설교도소의 허와 실: 미국의 경험', 교정 1990년 10월호, 통권 제174호, 한국교정학회, 15-19면.

비용이 증대되는 것은 당연하다. 이러한 경영마인드는 각급기관에서 추진하고 있는 민간기업의 경영마인드와 기법의 도입에서도 이를 입증할 수 있다. 이러한 주장의 배경에는 물론 교정에 대한 국가독점보다는 공개경쟁이라는 시장원리에 맡기는 것이 경제적이라는 인식을 저변에 깔고 있음이다.

3) 교정행정의 실패와 우려

공공기관인 교정당국이 범죄자를 처우하여 교화개선시키고 사회에 복귀시켜 재활할 수 있게 하여 사회와 완전히 재통합할 수 있도록 하려는 당초의 교정목표를 만족스럽게 달성하지 못했다는 것이다. 이에 대한 근거는 거의 모든 국가에서 경험하는 높은 재범률이라는 잣대로서 입증되고 있다. 더구나 최근에 강조되고 있는 교정이념이 사회재통합(social reintegration)이라는 사실을 고려할 때, 국가기관인 교정당국에만 의존하는 교정은 실패할 수밖에 없음을 알 수 있다. 이러한 의미에서 볼 때 국가의 사법기관보다는 사회복지기관이, 복지기관보다는 민간분야가 더 유리하다는 것은 의심의 여지가 없을 것이다. 이는 범죄자에 대해서 국가의 사법기관이 하면 할수록 그만큼 부정적 낙인의 정도와 그 영향이 심화되면, 부정적 낙인이 범죄자의 사회복귀와 재활 및 사회재통합을 어렵게 하는 가장 큰 장애요인이라는 사실이 잘 입증해 주고 있다.[169)]

2. 민영화의 문제점

교정의 민영화를 주창하는 입장에서는 교정시설은 정부기관보다는 민간기업에 의해서 보다 부드럽고 효과적으로 운영될 수 있고, 민간기업이 국가기관보다는 양질의 서비스를 보다 싼값에 제공할 수 있으며, 교도작업을 통하여 관리나 운영경비를 충당함으로써 교정시설도 이윤을 기초로 운영될 수 있고, 민간기업이 국가기관보다는 필요한 재화와 용역을 구매하는 데 훨씬 유리한 입장에 있다는 점을 들어 적극적으로 찬성하고 있다.[170)]

169) 이윤호, '비행소년의 교정교화' 186-210면, 청소년문제론, 한국청소년연구원, 1992, 208면.
170) Francs T. Cullen, 'The Privatization of Treatment: Prison Reform in the 1980' s,'Federal Probation. 1986, 50: 8-16.

그러나 국가의 사회통제와 형벌권을 민간인에게 위임하는 것이 옳은 것인가와 그것이 공공정책에 미치는 파급효과와 영향은 무엇인가라는 측면에서 평가되어야 한다. 그리고 전략적인 면에서는 교정직원의 저항은 없는가, 관리계층의 반대는 없는가 그리고 일반시민대중의 태도는 어떠한가를 고려하여야 한다는 것이다.

또한 행정적인 면에서는 민영화된 교정행정이 질적으로 향상되고, 행정책임성이 분명하며, 행정의 융통성은 확보되는가를 평가하여야 하는 것으로 간주되고 있다.

그리고 기술적인 면에서 법률적인 논점은 권한, 책임, 보안 그리고 계약명세 등을 분명히 하여야 하며, 재정적인 면에서는 민영화가 과연 효율적이고, 이윤을 남길 수 있으며, 그 성과가 사실적인가를 살펴보아야 할 쟁점으로 하는 필요성이 대두된다.

이 외에 교정의 민영화에 있어서 민영교정시설 근무자의 파업이나 노동쟁의, 교도작업시의 사고에 대한 책임의 소재, 민영교도소 종사자의 무기사용 여부와 그 한계, 재소자의 각종 권익침해가능성, 민영교도소에 수용될 수 있는 적정재소자의 선별문제 등이 고려되고 해결되어야 할 쟁점사항들이다.

5
chapter

분류심사와 누진처우의 이해

[학습목표]

1. 수형자에게 가장 중요한 신상문제에 대한 개별분류심사를 살펴본다.
2. 누진처우제도의 이해와 방법인 고사제와 점수제에 대하여 완전 숙지하도록 한다.

〈출제경향분석〉

- 10% 정도의 출제경향을 보이는 장으로 특히 행형의 목표인 수형자의 건전한 사회복귀를 위한 재사회화에 분류심사를 통한 부분은 매우 중요한 학습 부분이다.
- 가석방을 위한 준비단계인 누진처우 부분에 대해서는 확실한 숙지가 필요하다.

제 1 절 분류심사의 기초와 원리

1. 분류의 목적[1)]

1) 공공안전의 확보

공공의 안전이라는 것은 모든 교정관계자에게 있어서 가장 중요한 사항의 하나이다. 즉 그들에게 있어서 도주의 방지가 최우선적 과제인 것이다. 제대로 고안된 분류제도는 교정관계자로 하여금 각 재소자가 수용되어야 할 시설을 결정할 수 있도록 해준다. 상급교정기관에서는 분류제도를 재소자의 시설별 수용지정에 이용하고, 하급 일선기관에서는 시설 내에서 사동이나 사방의 지정을 위하여 이용할 수 있다. 즉 분류제도는 정도에 지나친 불필요한 구금을 하지 않으면서도 공공의 안전을 확보할 수 있는 수용지정을 가능하게 한다는 것이다.

2) 효율적 재소자관리

대부분의 교정당국에서는 내부재소자관리전략을 일정한 형태의 재소자분류에 기초하고 있다. 재소자분류는 직원으로 하여금 재소자들의 출입통제를 위한 장치를 함에 있어서 도움이 되고, 교도작업의 관리에도 작업이나 작업장의 위험성과 재소자의 위험성에 따라 적절하게 지정할 수 있게 해주며, 귀휴나 사회견학 또는 위부통근 등의 자격을 심사하는 데도 도움이 될 수 있어서 교정관리에 있어서 상당한 비중을 차지할 수밖에 없다.

3) 비용-편익적인 운영

교도소를 비용-편익적으로 운영하기 위해서는 정확한 재소자분류가 전제되어야 한다. 보안수준이 높은 중구금시설을 건설하고 운영하는 것은 그보다 보안수준이 낮은 경구금시설의 운영에 비해 그 비용이 훨씬 많이 필요하게 된다. 정확한 재소자분

1) 이윤호, '비행소년의 교정교화', 청소년문제론, 한국청소년연구원, 1992, 160면 이하 재인용.

류는 비용이 많이 드는 보안수준의 수용시설에 수용될 필요가 없는 재소자를 선별해 줄 수 있기 때문에 공적 자금을 지나치게 많이 사용하지 않고도 재소자의 보안과 감시의 필요성을 충족시킬 수 있다.

4) 효과적인 교정시설의 건축과 개보수

과거 오랜 동안 교정당국에서는 대체로 모든 재소자를 중구금시설에 수용한 다음 단순히 수용할 시설을 결정하기 위해서 분류하곤 했는데, 이러한 관행은 다수의 재소자가 불필요하게 보안이 철저하고 고비용이 드는 시설에 수용되는 결과를 초래하게 되었다. 그러나 잘 고안된 재소자분류제도를 교정당국으로 하여금 미래 재소자인구의 보안수준과 필요성을 과학적으로 평가하여 그에 따라 효과적인 교정시설의 확충계획을 수립할 수 있게 해준다. 즉 불필요한 중구금시설의 건축을 피함으로써 교정당국은 비용-편익적으로 교정시설을 건축하거나 개・보수할 수 있고, 장기적으로 중구금시설의 운영과 관련된 고비용의 시설운영경비를 줄일 수 있게 된다. 특히 최근과 같이 급속히 교정시설의 증축이 요청되는 시기에는 정확한 분류제도는 시설확충경비를 통제하는 데 중요한 요인이 될 수 있다.

2. 분류의 기본원리

1) 성별 중립성

비록 여성재소자에 대한 분류가 남성재소자의 분류를 위하여 고안된 분류제도에 의하여 분류되는 문제가 지적되고 있지만, 그 해결이 특별히 여성만을 위한 별도의 분류제도를 개발하는 데 있지는 않다. 잠재적인 법률적 문제와 여성재소자에 대한 지속적인 불평등의 현실적 위험으로 인하여 분류원칙으로써 성별이 작용하지는 않아야 한다. 이러한 가정은 특정한 성별에 기초한 분류제도가 비록 그것이 기술적으로는 이점이 있을 수 있지만, 법률적・헌법적 쟁점 때문에 받아들이기 어려운 실정이다. 그러나 특정한 시설 내에서 분류활동은 시설의 목적에 좀 더 접근하고 재소자에게 봉사할 수 있는 것이어야 한다. 여자교도소의 경우, 보안에 비해 교화개선에 더 큰 비중을 두고 있다. 그렇다고 폭력과 파괴적인 행동이 빈번하지 않은 남녀공용교도소나 남자교도소에서도 교화개선을 지향하는 바가 없는 것은 아니다.

2) 최소제한의 원리

물론 모든 교도소가 자체의 분명한 목표를 가질 필요가 있으나, 구금이 최소한의 범위에서 제한적이어야 한다는 원칙도 무시할 수 없다. 즉 범죄로 유죄가 확정되어 수용된 재소자는 자신의 안전과 동료재소자, 직원, 그리고 지역사회의 안전에 필요한 최소한으로 제한된 책임 내에서 수용되어야 한다는 것이다.

3) 분명한 목표

교정당국은 교정의 목표와 목적이 무엇이며, 분류가 어떻게 그 목표를 성취하는데 기여할 수 있을까에 관심을 가져야 한다. 또한 분류제도 자체의 보다 명확한 목표를 설정하는 것도 중요하다. 이러한 원칙은 분류제도가 얼마나 잘 운영되고 있는가를 평가하고자 하는 실질적 필요에 의해서 요청되고 있다.

3. 분류의 중요성

분류제도는 교정시설에 있어서 주요한 관리도구이다. 그렇다고 해서 분류제도가 모든 관리적 관심을 다 반영할 수는 없다. 과밀수용이 그 좋은 예이다. 실제로 과밀수용은 분류심사의 목적달성을 어렵게 하는데, 이런 경우에는 분류업무가 수용공간의 과밀도를 조절하는 기능, 즉 재소자의 이송을 주요 임무로 할 수밖에 없는 실정이다. 그 밖에 공범자의 분리수용 등 재소자관리도 그 한 예가 될 수 있다. 그러나 분류의 중요성은 교정목표의 달성에 접근할수록 가치가 있다.

배심원제도를 두고 있는 미국에서는 유죄가 확정된 범법자에 대한 분류는 특히 중요하다. 법원에서는 범법자를 구금하거나 일종의 보호관찰처분을 하거나 석방하기 위한 사법적 의사결정을 요하기 때문에, 범죄인이 어떤 비구금적 양형 중 하나를 받게 되면 그 처벌효과의 성공가능성에 대한 평가가 이루어져야 한다. 또한 범법자가 구금형에 처해진다면 구금기간 동안 그들을 수용관리해야 하는 책임이 있는 교도관들도 재소자를 분류하고, 분류에 따른 처우효과를 평가해 보아야 한다.

어떤 재소자는 비교적 낮은 수준의 감시나 보안을 요하는 반면, 다른 일부재소자는 격리된 사방에 구금되거나 철저하게 감독되어야 한다. 일부재소자는 자살 우려가 높을 수 있거나 정신질환을 가지고 있을 수 있기 때문에 이들은 일반재소자와 다르게 관리되고 처우되어야 한다. 반면에 일부재소자는 폭력의 위험성이 높고, 도주의 위험성도, 높으며, 빈번히 문제를 유발할 수 있다. 따라서 이들에 대한 행정적 징벌 결정에도 다양한 분류기제의 판단이 필요하다.

재소자의 행위나 행동이 종종 시간이 지남에 따라 변하기 때문에 수형기간중 재분류가 주기적으로 이루어진다. 예를 들어서 처음 위험한 것으로 분류되고 중구금시설에 수용된 재소자가 시간이 지남에 따라 더 이상 전혀 위험하지 않거나 위험성이 낮아졌을 때, 그들에 대한 보안등급도 그에 상응하게 바뀌어야 한다. 따라서 재분류는 재소자의 최초의 분류심사를 재고하고, 그것이 지속되어야 할 것인가를 결정하는 수단으로써 행해진다. 또한 석방예정자를 대상으로 분류제도를 이용하는 경우 다수의 재소자는 보호관찰부 가석방이나 조기석방에 적합한가를 평가받게 된다. 즉 과학적 분류기법을 통하여 이들에 대한 교화개선정도 및 재범가능성에 대한 세밀한 예측결과표가 그러한 결정에 유효한 판단자료로 활용될 수 있다.

대부분의 재소자분류는 성인범죄자에 관한 것이지만, 소년사법제도에 적용받는 다수의 청소년범죄자에게도 유효한 것으로 알려지고 있다. 물론 소년범죄자에 대한 시설수용은 마지막 수단이겠지만, 상당수의 소년범죄자가 구금되고 있으므로 소년범죄자에 대한 시설수용의 결정에도 분류제도는 중요한 의미를 갖게 된다. 소년범죄자 중에서도 마약관련자·조직범죄관련자·누범자 등은 그렇지 않은 소년범죄자와는 분명히 다르게 분류되어야 한다.

4. 분류의 기능

가장 일반적인 입장에서 분류의 기능을 보면 첫째, 범죄피의자에게는 다양한 유형의 프로그램이 고려되는데, 예를 들어 변호인단에서는 범죄피의자의 특성에 대한 과학적 증거를 들어 그에 대한 검찰의 기소보다는 전환(diversion)을 받아 마땅하다고 검찰을 설득하면서 대안적인 분쟁조정이나 전자감시가택구금 등을 매우 유용한 처벌

수단이라고 주장할 수 있다. 반면 시설에 수용된 범죄자에게도 학과교육이나 직업훈련 또는 외부통근이나 귀휴 등이 적절한가를 판단하게 된다. 즉 분류진단결과 그 재소자가 정상이라면 위에 열거한 처우대상이 될 수 있을 것이며, 준정상이라면 전문적 상담이 필요할 것이고, 정신병질 또는 정신이상이라면 정신과치료의 대상이 된다. 이러한 노력들은 모두 일정한 형태의 분류심사과정을 통하여 논의될 수 있는 것이다.

둘째, 모든 분류가 적합한 프로그램의 적용이나 범죄인의 상대적 위험성의 수준을 결정할 목적으로 행해지는 것은 아니다. 다수의 재소자가 기소・재판・양형 등의 초기의 형사사법절차에서 정신질환자임에도 이것이 무시되거나 미처 파악되지 않아 교정시설 내에서 고통 받을 수 있다는 사실이 교정관리의 어려움을 대변해 준다. 교정관리자의 입장에서 보면 수용관리상 문제를 야기하는 적어도 세 가지 유형의 재소자가 있다. 취약한 재소자(the vulnerable), 문제아(the trouble-makers), 그리고 정신적 비정상아(the mentally abnormal)가 그들이다. 역사적으로 범죄인의 정신질환문제가 경시되어 왔지만, 최근에는 더욱 중요시되어야 한다는 주장이 일고 있다. 실제로 분류는 교정시설로 하여금 재소자의 적절한 보안수준을 측정하고, 재소자의 직업적・교육적・심리적 필요성을 파악하며, 폭력적인 재소자를 비폭력적인 재소자로부터 분리할 수 있게 해주고 있다.

셋째, 분류의 분명한 우선순위와 목표는 역시 재소자의 위험성의 정도에 따라 적절한 보안수준의 시설에 그를 수용하는 것이다. 잘못된 수용시설의 지정은 위험성이 낮은 범죄자까지 높은 보안수준의 시설에 수용하는 결과를 초래하는데, 이는 보안수준이 높은 시설일수록 수용경비가 더 많다는 점에서 바람직하지 않다. 따라서 각 시설・사동・사방에 꼭 맞는 재소자가 수용되어야 하는 것인데, 이는 곧 과학적인 재소자분류제도가 전제되어야 가능하다. 범죄자가 보안수준으로 분류되고 수용되었다 하더라도 시간이 경과함에 따라 그들의 행동이 변할 수도 있고, 따라서 그들의 보안수준도 변할 수 있는 것이다. 이러한 이유로 대부분의 교정당국과 수용시설에서는 일정기간을 두고 재소자를 재분류하는 제도를 마련하고 있다. 이러한 재분류는 부족한 자원을 보다 효율적으로 활용할 수 있게 해주고, 한편 그러한 재분류는 재소자의 변화와 적응의 지표로서 매우 가치 있는 것으로 지적되고 있다. 흥미로운 것은 이러한 재분류가 재소자의 행위에 대한 사회통제와 밀접한 관련이 있는 것으로 알려지고 있다. 즉 보안등급의 상향조정은 바람직한 행위에 대한 긍정적인 보상과 관련이 있고, 반대로 강등은 금지된 행위와 관련이 있어서 부정적 처벌과 연관이 있었다.

넷째, 일부재소자는 다른 재소자에 비해 시설에 적응하는 데 더 많은 문제를 겪게 되지만, 이들을 추적하고 파악하는 것은 그 동안 비교적 성공적이었다고 할 수 있다. 일반적으로 이들에 대해서 노령재소자나 발달장애자를 처리할 수 있는 의료·임상시설, 폭력적이고 도주위험성이 높은 재소자를 위한 보안수준이 높은 시설, 그리고 일부재소자를 위한 보호적 구금시설 등 최소한 세 가지 유형의 시설이 필요하다는 주장이 제기되고 있다.

다섯째, 재소자를 통제하고 관리하는 하나의 방법은 재소자에게 교육이나 직업훈련프로그램에 참여하는 것에 대해서 보상을 하는 것이다. 왜냐하면 대부분의 시설에서 그러한 프로그램에의 참여를 긍정적인 것으로 간주하기 때문이다. 그래서 재소자가 교육프로그램에 참여하면서 보호관찰부 가석방으로 석방될 가능성이 높다는 것을 알게 된다면, 교도소규칙에 대한 동조성의 증대와 재소자교육수준의 향상과 그로 인한 취업가능성의 증대라는 적어도 두 가지 목표가 실현되는 것이다. 수용될 재소자의 유형과 그들을 수용할 시설공간이 충분한지 등을 안다는 것은 교정정책의 수립에 있어서 매우 중요한 것이다. 예를 들어 마약관계범죄자가 증대한다면 그들을 위한 시설과 프로그램의 증대가 필요한 것이며, 이를 위한 예산의 확보도 중요하게 되는 것이다.

여섯째, 지역사회교정기관에서도 프로그램에 참여할 자격이 있는 보호관찰대상자를 결정하기 위하여 분류제도를 이용할 수 있다. 다양한 유형의 지역사회교정이 운영되고 있지만, 자원의 한계와 수용의 한계로 인하여 참가자격을 결정하기 위해 분류기법이 이용되고 있다. 물론 최근 들어 지역사회 교정의 대상자가 그 범위나 유형에 있어서 많이 확대는 되었지만, 모든 유형의 범죄자가 다 지역사회교정에 적임자가 될 수 없는 것이다.

일곱째, 일반적으로 위험성의 평가를 통해 특정범죄자에게 가장 적합한 유형의 감시·독을 예견할 수 있다. 이처럼 심사분류의 가장 큰 이점 중 하나는 교정당국으로 하여금 범죄인을 위험성의 견지에서 평가할 수 있게 해준다는 사실이다. 여기서 감시·감독의 정도는 다른 사람에 대한 특정범죄자의 위험성의 정도에 따라 결정되어진다. 즉 더 많은 위험성을 제기하고, 자신이나 타인에게 더 위험한 것으로 예측되는 범죄자는 그만큼 더 철저하게 감시되는 것이다.

여덟째, 분류는 특정한 범죄자나 범죄집단에 선별적 무능력화가 바람직한가를 결정할 수 있게 해준다. 선별적 무능력화는 말 그대로 재범의 가능성이 높은 범죄자를 선별하여 시설에 수용함으로써 그들의 범죄능력을 무력화시키고, 반대로 재범의 가능성이 낮은 범죄자는 지역사회로 되돌려 보내자는 것이다. 물론 그들의 선별에 있어서 잘못된 긍정(false positive)과 잘못된 부정(false negative)의 문제는 있으나, 과밀수용과 그로 인한 수용경비의 과다 그리고 수용의 부정적 폐해 등으로 인하여 선별적 무능력화정책은 여전히 지속되고 있는데, 여기서 선별 그 자체가 곧 범죄자에 대한 분류라고 할 수 있는 것이다.

5. 분류심사의 영역

분류심사대상자를 어느 측면에서 어떻게 분류 심사할 것인가를 말하는 것으로서, 이는 대상자를 종합적 · 역동적으로 심사하기 위하여 면접, 신상관계, 신체적 · 심리적 · 환경적(가정 · 학교 · 지역사회 등) 측면과 행동관찰 등을 구체적 조사영역으로 하고 있다.

면접은 그 대상과 목적에 따라 조사면접 · 진단면접 · 치료면접으로 나누어질 수 있다. 진단면접은 자발적 면접과 비자발적인 면접으로 나눌 수 있다. 전자의 경우는 피면접자가 대화시에 저항을 느끼지 않고 스스로 감추거나 속이는 예는 적지만, 의식적 또는 무의식적으로 이야기 내용을 과장한다거나 소극적으로 마음속에 억압해 버리는 경우가 있다. 후자는 경찰관의 수사나 재판심리를 위한 조사 등과 같이 피면접자의 의사에 관계없이 면접이 이루어지는 것이다. 따라서 긴장이나 저항이 생기기 쉽고, 면접자의 기대에 따라 이야기하려 하며, 진실을 은폐시키는 일이 많다. 면접은 될 수 있는 한 자유롭고 수용적인 장면에서 행해져야 하며, 면접시간은 30~60분 정도가 바람직하다. 면접자는 질문에 대한 답변내용에 의거하여 피면접자의 성격을 이해하는 것도 중요하지만, 그 외에 안면, 표정, 자세, 답변태도, 이야기의 배후에 잠재된 내면적 갈등을 짐작하면서 비언어적 표현에도 세심한 주의를 기울여야 할 것이다.

신상관계는 그 재소자의 인적 사항 및 비행경력, 보호자 및 가족사항, 기타 주변참고인 등에 관한 사항을 주로 다루고, 신체적 측면에서는 신체의 발육상태, 각종 질환 등 건강상태와 신체 각 기관의 이상 여부 및 신체적 특징, 기능의 우열 등을 진단한다.

심리적 측면은 분류심사의 핵심적 영역인데, 주로 지능을 중심으로 한 능력관계, 성격이상자특징 · 정신병 등 정신질환의 유무 및 정도와 적응 및 욕구 등의 행동장애를 주로 측정한다.

환경적 측면은 모태로부터 현재까지 대상자의 모든 자연적 · 물리적 · 문화적 환경을 포함하는 것으로서 가정 · 학교 · 지역사회 환경적 측면을 교육심리학 · 범죄사회학 · 사회정신의학적 입장에서 다루고 있다. 행동관찰은 개인이 처해진 환경적 상황에 따라서 내재된 학습이 밖으로 표출될 때의 행동을 빠짐없이 관찰하여 그 결과를 가지고 성격과 행동과의 상호 관계를 측정 · 평가하여 진단하는 데 활용된다. 인간을 이해하는 방법(측정 · 평가)을 대별하면 언어적인 방법과 비언어적인 방법으로 나눌 수 있는데, 언어적 방법의 대표적인 것이 면접법이고 비언어적 방법의 대표적인 것은 행동관찰이라 할 수 있다.

6. 분류운용과 관련된 쟁점

1) 과밀수용의 영향

대부분의 교정시설이 과밀수용을 경험하고 있는 관계로 일부에서는 분류과정을 통해 재소자에게 적합한 보안수준의 시설에 가급적 빨리 재소자를 이송하는 제도로 그 의미와 기능이 축소되기도 한다. 이는 많은 수의 재소자로 인한 압력이 남성과 여성 범죄자 모두의 분류에 주요한 영향을 미치기 때문이다.

2) 훈련된 분류직원에 대한 접근

분류제도는 재소자를 진단하고 신입분류와 재분류를 수행할 수 있도록 훈련된 직원에 의해서 행해져야 할 필요가 있다. 그러나 비교적 지역사회로부터 원거리에 위치한 교도소의 물리적 환경으로 인하여 자격이 있는 우수한 전문가의 확보가 어렵다. 특히 근무여건, 근무시간이나 보수 등이 열악한 경우에는 이 문제가 더욱 심각해

지기 쉽다. 우리 나라의 경우도 교정시설에 처우업무담당자들이 있기는 하지만 그들의 전문성에는 의심의 여지가 있으며, 혹자는 분류는 초보적이지만 그래도 형태는 있는데, 이에 맞는 처우는 없다고 단언하기도 한다.

3) 서비스에 대한 접근

많은 경우 보안수준에 따라 재소자에게 제공될 수 있는 사동·사방·교도작업·교육훈련·상담 등 각종 교정서비스에 대한 재소자의 접근이 결정되고 있다. 이는 기본적으로 수용시설별·기능별 분류가 전제되어 있을 때 논의될 수 있는 것이지만, 우리나라는 여전히 수용시설의 기능별 분류가 완전하지 못하다.

4) 분명한 정책

일부재소자에 대한 수용지정에 있어서 분류정책이나 사용 중인 도구상 측정될 수 없는 요소들이 분류결정에 반영되기도 한다. 즉 객관적 분류요소로 검증되지 않은 요소들이 적지 않은 영향을 미치고 상당한 역할을 하게 된다. 그러나 이 경우는 재량권남용의 문제나 차별의 문제와 같은 어려움에 직면할 수 있다.

제 2 절 분류심사제도[2)]

1. 분류심사의 연혁과 성격

수형자의 분류는 그 역사가 매우 오래된 것이다. 남녀 재소자를 분리수용하고 성인범죄자와 청소년범죄자를 분리수용하는 것이 그것이다. 지금도 대부분의 교정 시설에서는 전체 수형자가 다수의 소규모 집단으로 분류된다. 만약 이러한 분류가 성공적이라면, 교도고의 목포를 성취하는데 연관된 다소의 특성에 따라 동질적인 소집단을 형성할 수 있을 것이다. 나아가 소집단에 따라 적절하게 자원을 투입함으로써 교정의 효율성을 신장시킬 수 있을 것이다.

2) 이윤호, 앞의 책, 145면 이하 재인용.

수형자의 분류가 성공적이기 위해서는 그 목표가 분명해야 하고, 교도소는 같은 목표를 기초로 자원을 확보하고 조직화해야 한다. 그러나 불행하게도 교정에 있어서의 분류관행은 다른 분야에서의 분류활동에 비해 분명하지 않은 점이 많다. 교정의 목표도 확실치 않고, 교정의 관행도 교정의 목표에 직접적으로 관련되는 것도 아니다. 따라서 어떤 특성을 중심으로 수형자를 어떻게 분류할 것인가가 분명치 않은 경우가 많다.

따라서 성공적으로 수형자를 분류하더라도 그것이 곧 교정문제에 대한 만병통치약은 될 수 없는 것이다. 기껏해야 수형자와 교도관 간의 매일같이 이루어지는 상호작용 과정의 하나로 좋은 출발점에 지나지 않는다. 그러나 바로 이 점이 성공적인 수형자 분류가 필요한 이유이다. 수형자분류를 통하여 수형자의 필요와 시설자원을 필적시킬 수 있음으로써 효율성을 향상시킬 수 있기 때문이다.

그런데 교정 분야에서의 분류제도는 그 역사가 오랜 것이라고 하였는데, 수형자를 분류하는 이유나 목적도 매우 다양한 것처럼 보인다. 우선 초기의 수형자분류는 그 목적을 분리수용(segregation)에 두어서 성별 · 연령별 분리수용을 위한 극히 초보적인 분류라고 할 수 있다. 그러나 대부분의 경우는 수형자 분류가 대체로 교정관리와 수형자처우라는 두 가지 어쩌면 같은 맥락인 것 같기도 하지만, 어쩌면 매우 상반된 두 가지 목표를 동시에 추구하고 있음을 알 수 있다. 우선 수형자 분류가 교정관리를 목적으로 하는 경우는 재소자를 위험성의 정도에 따라 보안등급과 수준에 맞게 수용하기 위해 분류하며, 공범자들은 함께 수용하지 않기 위해서 분류하고, 죄종별로 수형자를 분류하여 수용하며, 수형자의 특성에 때라 약자를 강자로부터 보호하기 위해서 분류하기도 하고, 교도소 내의 폭력과 재소자간 피해문제를 해결하기 위해서도 분류한다.

이 경우 교정시설의 보안수준에 따라 수형자를 분류하여 보안등급별로 재소자를 분류수용하는 것이 대부분이며, 이는 같은 시설 내에서도 보안수준별로 분리수용하기도 한다. 한편 교정처우를 목적으로 수형자를 분류하는 것은 소위 말하는 재소자의 필요에 상응한 처우라는 개별처우를 위한 분류라고 할 수 있다. 처우의 효과를 고양하기 위해서는 개별처우가 필요하며, 이를 위해서는 수형자의 분류가 전제되어야 하기 때문이다. 엄격한 의미에서 수형자분류는 바로 이 교정처우, 즉 개별처우를 위한 것이어야 하는데, 현대의 교정이 재소자의 처우를 통한 교화개선을 목적으로 한다는 데서 더욱 그 필요성이 절실한 것이다.

그러면 이러한 목적을 가진 수형자 분류는 무엇을 기준으로 어떻게 분류되는가? 물론 수형자를 분류하는 계획은 매우 다양할 수 있으나, 대체로 그 목적에 따라 상이한 다음의 세 가지 형태로 이루어지고 있다. 즉 가장 보편적으로 행해지고 있는 분류는 인성에 의한 분류, 보안을 위한 분류 그리고 특정 교정여건에 따른 필요에 의한 분류가 그것이다.

우선 인성에 의한 분류는 재소자를 그들의 인격특성에 따라 상이한 소집단으로 구분하는 것이다. 인성별 분류는 범죄자의 범죄행위를 결정했던 요인들을 과학적으로 검증함으로써 범죄자를 통제하고자 했던 실증주의 범죄학으로부터 영향 받은 바 크다. 물론 초기에는 법을 준수하는 사람과 범죄자를 구분하는 것으로 생각되었던 생리학적 특성에 기초하였으나, 오늘날은 이러한 생리학적 특성에 기초한 분류는 거의 사라지고 없다. 다만, 범죄행위는 과거의 경험에 의해서 결정되며, 따라서 인간의 행위는 예측될 수 있다는 실증학파의 기본전제는 아직도 가치 있는 것으로 받아들여지고 있다.

이러한 실증학파의 영향으로 교정에 있어서 심리학과 임상병리학이 도입되기에 이르렀고, 나아가 의료모형과 결합되었다. 그 결과 나타난 것이 바로 대인적 성숙도(interpersonal maturity level)라고 하는 I-Level검사이다. 이 제도는 범죄자를 각자의 시화심리학적 성숙의 단계에 따라 분류하여 그에 맞는 일련의 재소자에게 다 효과가 있는 것은 아니며, 재소자유형과 처우를 잘못 필적시키면 오히려 처우를 전혀 하지 않는 것보다 더 나빠질 수 있다고 주장한다.

이러한 I-Level검사는 교정당국에서 임상전문가에게 진단을 위한 면담을 행할 수 있게 하고 상이한 처우를 집행하는 데 필요한 훈련을 처우요원에게 제공한다면, 인성에 기초한 분류는 효과적일 수 있다고 한다. 그러나 그것은 매우 비용이 많이 들고 복잡하며, 매우 훈련이 잘된 그러나 흔치 않은 전문가에 크게 의존해야 하는 단점이 있다. 그 외 인성에 기초하여 수형자를 분류하는 것으로 미네소타 다면적 인성검사,[3)] 즉 Minnesota Multiphasic Personality Inventory(MMPI)로서 현재 거의 모든

3) MMPI 검사는 1943년 미네소타 대학(미)에서 처음 발표된 진단적 도구로서의 유용성과 다

교도소에서 광범위하게 활용되고 있다.

다음은 보안에 따라 분류하는 것으로서 아마도 수형자 분류라고 할 수 있는 것으로 소위 말해서 교도소라는 배를 부드럽게 운항하는 것이 기본적인 목표가 되는 것이다. 교도소의 부드러운 운영이란 바로 탈주나 도주사고의 기회를 최소화 하고, 교도소 내에서의 훈육문제나 폭력분제의 위험성을 극소화하는 보안과 관련된 두 가지 목표를 성취하기 위한 것이다.

그런데 수형자 분류가 교화개선이념이 지배하는 교정정책 하에서는 처우를 위한 분류가 주요 목표가 되나, 교정처우에 대한 비판과 불만 그리고 시민과 정치계의 보수화 등으로 교정처우를 위한 상이한 진단이 아니라 보안을 중요 관심 사항으로 다루게 되었다. 따라서 재소자를 그들의 위험성에 따라 각자의 보안수준에 맞는 시설에 분리 수용시키고, 동일시설에서도 사동과 사방을 구분하여 수용하고 있다.

그런데 문제는 재소자의 위험성과 보안수준에 상응하게 교정시설도 구분되어야 하나 현실적으로는 대부분의 교정시설은 중구금(maximum security)시설이지만, 대부분의 재소자는 사실상 그 위험성의 정도가 중구금 시설에 맞지 않는 위험성이 낮은 수형자들이라는 것이다. 즉 위험성이 극히 낮은 수형자가 중구금 시설에 수용되는 경우가 많은데, 이를 해소하기 위해서 시설을 다양화하거나 동일시설이라도 사동별로 보안수준을 다양화할 필요가 있다.

이러한 문제는 교정에 있어서 예측과 의사결정시 상존하는 보수성향 그리고 그로 인한 과다분류, 즉 잘못된 긍정(false positive)의 문제에 기인한다. 즉 교정효과보다는 문제 없는 교도소의 운영이 더 중요하기 때문이다. 또 다른 문제는 수형자가 수용된 시설의 보안수준에 따라 그들이 표출하는 위험성이나 행위형태 또는 규범 등이 서로 차이가 있는데, 그것은 시설에 분리수용되기 전부터 그러한 차이가 있어서가 아니라 시설에 수용됨으로써 자신을 그 시설의 규범에 적응시키기 때문이라고 비판한다. 즉 보안에 따른 분류는 재소자의 폭력적 행위가 사실은 수용환경에 적응하는 결과인데, 그것이 재소자의 본성인 양 잘못 가정하고 있다는 것이다. 바로 여기서 세 번째 분류, 즉 환경을 고려한 분류의 필요성이 제기된다.

양한 장면에서의 적용 가능성이 인정되었고, 현재 세계적으로 가장 많이 사용하고 있는 성격 검사이다.

지금까지의 분류는 재소자와 그가 처한 환경과 여건의 상호작용을 무시하고 있다. 우리가 관심을 갖고 있는 인간의 행위는 그 사람과 그가 처한 환경의 교류작용의 산물이지 환경으로부터 완전히 독립된 것일 수는 없다. 따라서 우리는 수형자의 분류와 그가 배치될 여건을 분리할 수 없는 것이다.

이러한 분류를 우리는 흔히 교류작용적 접근 또는 환경적 접근이라고 하며, 한편으로는 이 분류방법이 특정수형자가 무엇을 필요로 하며 그것은 어떤 교정환경에서 가장 바람직한가라는 수형자의 필요와 환경의 상호작용을 고려한다는 면에서 필요에 기초한 분류라고도 한다. 이러한 분류는 처우의 개별화와 전문화에 크게 기여할 수 있을 것으로 기대된다. 그러나 이를 위해서는 무엇보다 상이한 필요에 적합한 다양한 시설환경이 필요하나 현실적으로 그렇지 못하다는 데 한계가 있다.

수형자분류는 한 번에 끝나는 일회성 행사가 아니라 특정수형자를 어디에 수용하며, 그에게 어떠한 자원을 제공할 것인가에 관한 의사결정을 그의 전 수형기간을 통해서 이루어져야 한다. 수형자분류는 그래서 대체로 초기분류(initial classification) · 재분류(reclassification) · 석방 전 분류(prerelease classification)를 거치게 된다. 초기분류는 대개 교도소와 분리된 입소센터(reception center)에서 오리엔테이션과 검사를 위해서 이루어진다. 초기분류에서는 대개 경찰자료와 재판 전 심사자료에 주로 의존하여 신입재소자에 관한 각종 기록을 검토하거나 검사를 통해서 분류된다.

그러나 초기분류는 수형초기에는 재소자들이 대부분이 불안한 상태이기 때문에 민감하고 복잡한 심리학적 검사를 행하기가 쉽지 않다고 한다. 이렇게 해서 초기분류가 끝나면 보안수준에 따라 해당 시설에 수용되는데, 시설에 수용되면 다시 한번 분류가 재개된다. 이때는 시설에서의 사동과 사방, 교도작업 그리고 처우프로그램에 대한 배치를 중심으로 분류된다.

재분류는 초기분류에 비해 보다 상호작용적이고 한 번에 끝나지 않는다. 물론 시설에 따라 재분류의 횟수나 빈도는 다르지만, 대부분의 경우 현실적으로 특정수형자에게 문제가 생겼을 때 재평가되고 재배치되는 것이 보통이다. 즉 재분류는 훈육이나 징계과정에서 이루어지는 경우가 많다. 그러나 이보다는 주기적으로 재분류의 연속선상에 있는 것이라고 할 수 있으나 경우에 따라서는 수형자에게 큰 혜택이 될 수도 있어서 중요치 않을 수가 없다. 즉 대부분의 석방 전 분류는 보호관찰부 가석방을 전제로 가석방심사위원회에서의 가석방심사를 위한 사전준비로서 하는 분류이기 때문이다.

그렇다면 이러한 분류는 어떠한 기구에 의해서 이루어지는가? 대체로 교정시설 내의 분류과(classification unit), 분류 위원회(classification committee), 입소진단센터(reception-diagnosis center) 그리고 지역사회분류팀(community classification team)에 의해서 행해지고 있다.

먼저 첫 번째는 우리나라의 분류심사과와 같은 제도로서 재소자가 수용된 시설 내의 분류담당기관에 의해서 분류되는 것이 대부분인데, 이 경우 재소자를 심사하여 분류하고 그에 따라 처우프로그램을 추천하는 전문 인력에 의해서 이루어진다. 그러나 이러한 분류제도는 분류담당자에 의한 분류결과가 당국에 의해서 받아들여지지 않거나 분류에 따른 적절한 프로그램이 시설 내에서는 불가능하기 때문에 응용될 수 없는 경우가 많기 때문에 한계가 있다.

두 번째, 분류위원회제도는 시설 내에 수형자에 관한 처분 등의 의사결정을 집단적으로 행하는 위원회를 설치하여 수형자를 분류케 하는 것이다. 이 경우도 위원회에 배속된 전문 인력이 진단평가를 하고, 그 결과를 바탕으로 수형자의 분류와 처우에 관한 건의를 한다. 물론 위원회의 구성은 다양화할 수 있으나, 일반적으로 사회사업가 · 사회학자 · 교육담당자 · 직업훈련담당자 · 상담전문가 · 종교인 · 의료인 · 임상학자 등 수형자의 특정문제에 정통한 지식과 기술을 가진 사람들로 구성된다.

이 위원회에서 수형자의 보안등급, 학과교육이나 직업훈련배치, 작업지정 등을 결정한다. 그러나 이 경우도 구성원들이 대개 교도소 내 각 과를 대표하는 사람들이기 때문에 사실은 분류대상인 수형자에 대해서 잘 알지 못하고 대부분이 기록을 중심으로 분류되기 쉽다. 즉 수형자분류는 개별수형자의 필요에 기초하여 이루어져야 하지만, 위원회의 의사결정은 행정상의 필요와 편의를 기초로 이루어지기 쉽다.

세 번째, 진단센터제도는 모든 범죄자가 전문진단소로 보내져서 심사분류되고, 이를 바탕으로 훈련과 처우프로그램 및 수용시설이 건의되는 제도이다. 이 경우는 하나의 진단기관에서 분류에 필요한 모든 자류와 정보를 수집해야 할 책임을 지기 때문에 상당한 정도의 전문화를 전제로 한다. 이 제도는 제한된 자원으로 많은 범죄자를 분류할 수 있다는 면에서 행정적으로는 매우 편리하고 효율적일 수 있으나 몇 가지 문제점도 지니고 있다. 우선 진단소에서 만들어지는 많은 자류들이 사실은 보호관찰소에서도 작성되고 있는 실정이다. 그리고 수용인구가 늘어남으로써 분류를 받기 위해 대기하는 시간이 지나치게 길어질 수 있어서 분류를 위한다는 것이 오히려 범죄자를 한꺼번에 수용하는 위험성과 폐단을 겪게 될 수도 있는 것이다.

끝으로, 지역사회분류팀제도는 범죄자의 분류에 있어서 보다 광범위한 자원과 인력이 투입되어 참여해야만이 현실적인 분류가 가능하다는 필요성에 따라 제기된 제도이다. 그래서 이 팀은 보호관찰관이 사회적 환경조사서를 작성하고, 계약이나 자원봉사로 교정에 참여하는 지역사회의 의료진들에 의해서 의학적 또는 임상적 검사를 하고, 이를 기초로 교정당국에서는 범죄자의 필요를 충족시킬 수 있는 적절한 교정 프로그램을 검토하는 것이다. 이 제도가 실현되면 범죄자가 분류를 위하여 사회로부터 격리되어 시설에 수용될 필요가 없게 된다.

이러한 수형자 분류제도가 교정에 공헌한 바도 적지 않다. 우선 분류의 목표에서도 언급되었지만 수형자를 위험의 정도나 보안의 등급 등에 따라 분류함으로써 수형자관리 등 여러 면에서 교정관리의 효율화에 기여하였다. 더불어 처우의 추세가 점점 개별화와 전문화를 요구하는데, 수형자를 그가 필요한 처우의 내용에 따라 분류해 줌으로써 범죄자 처우를 보다 쉽고 효율적으로 행할 수 있게 한 공로도 있다.

그러나 한편으로는 수형자분류는 기본적으로 전문성을 요하는 일임에도 불구하고 필요한 전문 인력이 충분치 못하고, 분류에 상응한 다양하고 전문화된 시설과 처우의 방법이 개발되지 않았거나 실시되지 않아서 그 이용가치가 크지 않아 대부분 수형자 분류가 개발되지 않았거나 실시되지 않아서 그 이용가치가 크지 않아 대부분 수형자 분류가 교정시설의 유지와 행정편의에 따라 이루어지는 경우가 많다. 더 중요한 한계는 수형자 분류 시 단순한 검사기법을 이용하여 과거의 경험이나 행위를 기초로 미래행위를 예측하고자 하는 근본적인 문제를 안고 있다.

그런데 이러한 수형자분류가 교정에서는 대부분 성범죄자 · 정신질환범죄자 · 마약범죄자 등 범죄자의 특성별 분류를 중심으로 이루어지는 경우가 많은데, 이와 같은 범죄자 유형별 분류는 수형자를 분류하고자 하는 의도를 상당히 난감하게 하는 몇 가지 문제를 안고 있다.

첫째는 대부분의 분류제도가 약간의 중복과 모호성을 안고 있다는 점이다. 예를 들어서 일부 성범죄자는 마약중독자일 수도 있으며 정신질환자일 수도 있다. 그래서 이처럼 중복되거나 모호한 점이 많은 범죄자 분류는 사실상 분류된 집단의 특성이 분명치 않기 때문에 교정당국의 적정한 처우, 즉 개별처우 등을 위한 아무런 도움이 되지 못한다.

둘째로 범죄유형에 따라 수형자를 분류하는 것은 교정처우를 위해서는 바람직한 기초자료가 될 수 없다. 수형자 분류의 주된 목적이 수형자 관리와 처우를 효과적으로 수행하기 위함인데, 범죄유형별 수형자분류는 이에 대해서 큰 도움이 되지 못한다는 것이다. 즉 범죄유형별 분류가 범죄자의 특성을 구분하는 데는 도움이 될 수 있어도 범죄자가 가질 수 있는 교도소나 사회에 대한 안전이나 보안의 잠재적 위험성 등을 파악하고, 그에게 필요한 교정처우프로그램을 파악하고 집행하기 위해서는 더 세밀한 분류가 필요하다는 것이다.

이런 점에서 수형자 분류는 범죄유형별로 수형자를 끼워 맞추려고 하기보다는 장래의 범죄성의 확률이나 가능성에 따라 분류하는 것이 더 바람직할지도 모른다. 물론 인간의 미래행위는 예측이 어렵지만, 어느 정도의 교육된 추측은 할 수 있다. 예를 들어서 대부분의 10~20대는 교통사고를 내지 않음에도 불구하고 전체적으로 이들 10~20대는 장년층에 비해 보험료를 더 많이 내야 하는 것은 그들이 사고의 위험성이 더 높기 때문이다. 마찬가지로 위험성이 높은 특성을 가진 범죄자는 위협을 야기할 가능성이 높은 것으로 분류되고, 따라서 보호관찰시 엄격한 집중적인 감시·감독이 필요하고 시설 수용이 보안수준이 높을 필요가 있는 것이다.

끝으로 수형자를 분류하기 위해서 사용되는 범주 또는 범위가 분명해야 한다. 즉 분류의 기준이 명확해야 한다는 것이다. 일반적으로 범죄자를 분류하는 데는 다음과 같은 종류의 범주가 활용되고 있다.

범행범주(offense criteria)는 범죄자가 범한 범죄의 경중에 대해서 범죄자를 분류하며, 위험범주(risk criteria)는 미래 범죄행동의 가능성에 관해서 범죄자를 분류하고, 프로그램범주(program criteria)는 범죄자의 상황에 필요에 상응한 교정처우의 특성에 따라 범죄자를 분류한다.

물론 이들 범주가 항상 동일한 교정적 결과를 초래하는 것은 아니다. 즉 강력 범죄자의 상당수는 재범하지 않으며, 교정처우를 거의 필요로 하지 않는 범죄자라도 지역사회에 대한 위험을 초래할 수 있기 때문이다. 따라서 교정당국에서는 특정범죄자를 관리하기 위해서 가장 적절한 방법을 결정할 수 있도록 다양한 분류체제를 운영할 필요가 있는 것이다.

2. 분류처우제도

교정목표를 효율적으로 달성하기 위하여는 우선 수형자의 개성과 능력 및 범죄원인 등을 과학적으로 분석한 후 그 분석결과에 따라 각 수형자에 상응하는 개별적인 처우를 행할 필요가 있는바, 각 수형자가 지니고 있는 문제성을 명백히 밝히기 위한 과학적 심사가 분류심사이고, 그 분류심사 결과에 따라 분류된 수형자 집단별로 개별적인 처우계획을 수립하여 시행하는 것이 분류처우이다.

1) 분류심사

분류심사는 그 심사 단계에 따라 매월 1일부터 말일까지 검사의 형집행지휘서가 접수된 수형자에 대하여 행하는 신입심사와 사유 발생으로 인하여 행하는 재심사로 나누어 실시하고 있다. 심사내용은 범죄의 동기와 횟수를 규명하여 개선의 난이도, 사고발생 가능성 여부 등 보안상의 위험도를 측정하고, 성장과정 · 교육 정도 · 가정환경 및 지능지수 등을 측정하여 교정 · 교화에 필요한 계획을 수립하며, 직업 · 근로의욕 · 취미 · 소질 · 적성 등을 판단하여 부과할 작업 종목과 훈련방법을 결정하고, 신체 및 정신 상태의 이상 유무를 파악하여 보건 및 위생관리 대책을 강구하며, 보호자의 유무 · 근친 · 교우관계를 조사하여 석방 후 보호대책에 필요한 자료를 수집하는 것 등이다.

2) 분류의 판정

분류심사의 결과 개선급을 판정하게 되는데 개선급은 아래의 분류지표의 기준에 따라 다음과 같이 분류한다. 분류급별 판정기준표는 아래와 같다.

<table>
<tr><th rowspan="2">구 분</th><th rowspan="2">항 목</th><th colspan="4">점 수</th><th rowspan="2">평 점</th></tr>
<tr><th>0점</th><th>1점</th><th>2점</th><th>3점</th></tr>
<tr><td rowspan="3">범죄사항
(30점)</td><td>범 수</td><td>·</td><td>3범이상</td><td>2범</td><td>초 범</td><td></td></tr>
<tr><td>형 기</td><td>10년이상</td><td>5년이상
~10년미만</td><td>2년이상
~5년미만</td><td>2년미만</td><td></td></tr>
<tr><td>모든
범법행위건수</td><td>3회이상</td><td>2회</td><td>1회</td><td>없 음</td><td></td></tr>
<tr><td rowspan="7">범죄사항
(30점)</td><td>과거 교정시설
총수용기간</td><td>1년이상</td><td>6개월이상
~1년미만</td><td>6개월미만</td><td>초범자</td><td></td></tr>
<tr><td>과거 수용중
징벌횟수</td><td>3회이상</td><td>2회</td><td>1회</td><td>없 음</td><td></td></tr>
<tr><td>과거 보호시설
총수용기간</td><td>1년이상</td><td>6개월이상
~1년이하</td><td>6개월미만</td><td>없 음</td><td></td></tr>
<tr><td>재범기간</td><td>6개월미만</td><td>6개월이상
~1년미만</td><td>1년이상</td><td>초범자</td><td></td></tr>
<tr><td>범행시 흉기사용</td><td>·</td><td>소지사용</td><td>미소지사용</td><td>미사용</td><td></td></tr>
<tr><td>범죄동기</td><td>·</td><td>고의</td><td>우발·격정</td><td>과 실</td><td></td></tr>
<tr><td>미결시 생활태도</td><td>·</td><td>불량</td><td>보통</td><td>양 호</td><td></td></tr>
<tr><td rowspan="2">교정심리
검사결과
(6점)</td><td>T포기성향점수</td><td>·</td><td>61점이상</td><td>46~60점</td><td>45점이하</td><td></td></tr>
<tr><td>T공격성향점수</td><td>·</td><td>61점이상</td><td>46~60점</td><td>45점이하</td><td></td></tr>
<tr><td rowspan="2">입소전
생활사항
(6점)</td><td>폭력조직
가담여부</td><td>있음</td><td>·</td><td>·</td><td>없 음</td><td></td></tr>
<tr><td>최종학력</td><td>초등학교
중퇴이하</td><td>초등학교
졸업
중학교 중퇴
이하</td><td>중학교
졸업
고등학교
중퇴 이하</td><td>고등학교
졸업 이상</td><td></td></tr>
<tr><td rowspan="2">보호사항
(6점)</td><td>월평균 접견횟수</td><td>없음</td><td>·</td><td>·</td><td>1회이상</td><td></td></tr>
<tr><td>부모생존여부</td><td>부모사망</td><td>모 생존</td><td>부 생존</td><td>부모생존</td><td></td></tr>
<tr><td rowspan="4">판정기준</td><td colspan="2">개 선 급</td><td>점 수</td><td rowspan="4">판정결과</td><td>총평점</td><td>개선급</td></tr>
<tr><td colspan="2">A급</td><td>41점이상</td><td></td><td></td></tr>
<tr><td colspan="2">B급</td><td>31점~40점</td><td></td><td></td></tr>
<tr><td colspan="2">C급</td><td>30점이하</td><td></td><td></td></tr>
</table>

- A급 : 범죄 성향이 진전되지 아니한 자로서 개선이 가능한 자
- B급 : 범죄 성향이 진전된 자로서 개선이 가능한 자
- C급 : 범죄 성향이 진전된 자로서 개선이 곤란한 자
- 급외[4] : 가급, 나급, 다급 및 라급으로 구분하며 가급은 누진처우에서 볼 누진계

급상 제2급과 동일한 처우를, 나급은 제3급과 동일한 처우를, 다급은 제4급과 동일한 처우를, 라급은 접견에 한하여 제4급과 동일한 처우를 하고 있다.

분류급별 판정기준(개선급 분류 지표) 자료: 법무부 교정본부, 범지백서, 2008.

3) 분류수용

수형자는 분류급, 누진계급 및 죄질에 따라 초중구금시설(청송 제2교도소), 중구금시설(대전, 전주, 광주, 대구교도소 등), 경구금시설(기타 교도소), 개방시설(천안 개방교도소)에 분류수용하고 시설별 단계처우를 실시함을 원칙으로 하며, 또한 현재 결핵환자 및 정신질환 수형자는 진주교도소에, 한센병 수형자는 순천교도소에, 소년 수형자는 천안 및 김천소년교도소에, 그리고 보호감호병과 수형자는 청송교도소에 각 분류수용하고 있다.

3. 수형자의 분류

수형자의 분류는 단계적으로 입소 시에 행해지는 신입분류와 재소생활 중 정기 또는 수시로 행해지는 재분류로 구분되는 것으로, 전자는 신입심사에 의한 분류이고, 후자는 재심사에 의한 분류를 말한다.[5)]

1) 수용분류

현행 분류처우규칙에서는 성별, 국적, 형명, 연령 및 형기 등 절대적인 기준과 신체상의 질환과 정신장애·개선급에 의하여 분류기준을 정하고 있다.

---

4) 급외(가급, 나급, 다급, 라급)자는
   1. 집행할 형기가 6월 이하인 자
   2. 임산부
   3. 장애인 또는 3주 이상의 치료를 요하는 환자로서 작업을 감당할 수 없는 자
   4. 70세 이상인 자
   5. 의사소통이 곤란한 외국인
   6. 제4급의 자 중 규율을 문란하게 하여 누진계급에 의한 처우가 부적당하다고 인정되는 자

5) 김화수·오영근 외, 『한국교정학』, 한국교정학회, 2007, 278면.

(1) 성별, 국적, 형명, 연령 및 형기 등에 의한 구분[6)]

① W급: 여자수형자(Woman)

② F급: 외국인수형자(Foreigner)

③ I급: 금고수형자(Imprisonment)

④ J급: 20세 미만의 소년수형자(Juvenile)

⑤ Y급: 만 23세 미만의 성년수형자(Youth)

⑥ L급: 10년 이사의 장기수형자(Long-Term-Prisoner)

(2) 정신장애 또는 신체질환에 의한 분류[7)]

① M급: 정신장애자 (Mental Retardation)

ⓐ M_1급: 정신박약자(지능장애로 인하여 사회생활상 현저한 지장이 있는 자) 및 이에 준한 처우를 필요로 하는 자

ⓑ M_2급: 정신병질자(협의의 정신병으로는 인정되지 않으나 성격의 결함이 큼으로써 사회생활상 현저한 장애가 있는 자) 및 정신병질의 경향이 상당정도 인정되는 자

ⓒ M_3급: 정신병자(정신분열증, 조울증 등 협의의 정신병에 이환되어 있는 자), 정신병의 의심이 상당정도 인정되어 있는 자 및 강도의 신경증에 걸려 있는 자, 구금성 반응, 약물에 의한 중독증(강도의 약물의존을 포함)또는 알코올에 의한 중독증 및 그 후유증이 현저히 인정되는 자

② P급: 신체질환 또는 장애 있는 자(Physical retardation)

ⓐ P_1급: 신체상의 질병 또는 임신 및 출산을 위하여 상당기간의 의료 또는 양호의 필요가 있는 자

ⓑ P_2급: 신체상의 장애로 인하여 양호처우위 필요가 인정되는 자 및 맹농아자

ⓒ P_3급: 연령 70세 이상으로 노화현상이 상당 정도 인정되는 자 및 신체허약으로 인하여 양호처우를 필요로 한다고 인정되는 자

---

6) 수형자 분류처우 규칙 제15조 1호-6호.

7) 수형자 분류처우 규칙 제15조 7호-8호.

③ 개선급의 유형에 의한 분류[8)]

개선급은 분류지표의 기준에 따라 판정되며, 그 유형은 다음과 같다.

ⓐ A급: 범죄성향이 진전되지 아니한 자로서 개선이 가능한 자

ⓑ B급: 범죄성향이 진전된 자로서 개선이 가능한 자

ⓒ C급: 범죄성향이 진전된 자로서 개선이 곤란한 자

2) 처우분류[9)]

처우분류급은 수형자 처우상 중요지침이 되는 것으로 그 기준은 다음과 같다.

(1) V급: 직업훈련을 필요로 하는 자(Vocational training)

(2) E급: 교과교육을 필요로 하는 자(Educational Curriculum)

(3) G급: 생활지도를 필요로 하는 자(Living Guidance)

(4) R급: 작업중점 지도를 필요로 하는 자(Regular-Work)

(5) N급: 관용작업 적격자로 인정된 자(National Employment Work)

(6) Q급: 특별한 양호적 처우를 필요로 하는 자(Quasi-Patient Treatment)

(7) T급: 전문적 치료를 필요로 하는 자(Treatment of Medical care)

(8) H급: 자치적 처우가 적당하다고 인정되는 자(Halfway Treatment)

(9) O급: 개방처우에 적합한 자(Open Treatment)

(10) S급: 특수적 처우를 요하는 자Special Treatment)

3) 관리분류

수형자 계호의 정도 또는 처우곤란 유형에 따라 다음과 같이 관리분류를 하고 있다.[10)] 관리분류에 있어서 중요한 기본이 되는 요소는 위험성과 처우 곤란자로 내외부 출입 작업에 있어서 처우 분류의 기준이 된다.

(1) g_1급: 완화계호급으로 구외작업에 적합한 자

(2) g_2급: 중간계호급으로 구내관용작업에 적합한 자

---

8) 수형자 분류처우 규칙 제16조.
9) 수형자 분류처우 규칙 제18조.
10) 수형자 분류처우 규칙 제16호.

(3) g_3급: 엄중계호급으로 구외작업 및 구내관용작업에 부적합한 자

(4) g_4급: 특별계호급으로 관리에 특별한 주의를 요하는 자

제 3 절 누진처우제도[11]

1. 누진처우제도의 태동

누진처우제도(progressive stage system)는 재소자의 개선 정도에 따라 구금을 완화하고 자유를 확대하는 등 교정처우를 단계별로 시행하여 최상급재소자에게는 최종적으로 조기석방까지도 허가할 수 있는 제도를 말한다.

따라서 본 제도는 재소자 자신의 노력 여하에 따라 누진계급이 올라가고 그 정도에 따라 혜택도 주어지는 반면, 수형성적이 좋지 못한 재소자에게는 계급과 처우에 있어서 불이익을 감수하도록 함으로써 일종의 동전경제(token economy)에 해당하는 제도로 볼 수 있다. 재소자로 하여금 자신의 개선노력에 따라 처우는 물론이고 석방에 이르기까지 스스로의 운명을 개척할 수 있기에 재소자에게 희망을 심어줄 수 있어 재소자의 분발과 그로 인한 자력개선의 의지를 강화할 수 있는 제도이다.

그러나 이 제도로 효율적으로 기능하기 위해서는 몇 가지 조건이 전제되어야 하는데, 그 중에서 재소자의 분류와 수형성적 관리의 객관화와 효율화, 그리고 재소자의 지위보장과 개별처우 및 교도작업이 전제되어야 하고, 또한 처우의 성과를 높이기 위해서는 가석방과 연계되어야 하는 제도이다.

누진처우제는 1822년 영국에서 처음으로 교정과정을 4단계로 나누어 재소자의 수형성적에 따라 자유를 점차 확대시켜 주는 일종의 고사제에 시작하여 1840년 호주의 Norfolk교도소의 Machonochie가 이 제도에 점수제를 결합함으로 보다 발전적인 진전을 이루었고, 1854년에는 Walter Crofton이 아일랜드제를 시행함으로 널리 확대되기에 이르렀다.

11) 이윤호, 『교정학』, 박영사, 2007, 152면 이하.

위에서 누진처우의 전제조건으로서 누진점수의 채점이 제시되었듯이 누진처우에 있어서 누진점수의 채점은 매우 중요한 의미를 지니는데, 누진점수는 대체로 고사제와 점수제에 의해서 채점관리되고 있다. 우선 고사제(probation system)는 호주의 Grabam과 영국의 Stanly가 시행한 제도로서 수형생활에 중요한 몇 가지 사항에 대해서 고가점수를 부여하여 누진계급을 결정하며, 일정기간이 경과하면 수형성적을 고사하여 진급을 결정한다. 그러나 이 제도는 수형성적을 고사함에 있어서 결정권자 및 심사권자의 자의적 재량권의 남용문제가 있을 수 있고, 만약 객관성이나 형평성을 잃을 경우 이에 불만을 가지게 되는 재소자는 자력적 개선을 기대하기 힘들어진다는 비판을 받았다.

이러한 고사제도에 대한 비판을 고려하여 그 대안적인 방법이라고 할 수 있는 것이 바로 점수제(mark system)이다. 점수제는 Machonochie가 호주의 Norfolk에서 시작한 제도로서 고사제가 시간의 경과로 진급되던 것과는 달리 노동에 의해서 점수가 매겨지는 제도이다. 만약 시간의 경과에 따라 진급된다면 굳이 재소자들이 열심히 일하고 자력개선할 필요성이 희박해지기 때문에 노동에 의한 점수의 산정이 바람직한 것으로 간주되었다. 즉 노동에 의해서 주어진 자기의 점수를 소각하면 상위계급으로 진급할 수 있게 되는 것이다. 누진처우의 단계별 처우기준[12)13)]은 아래의 표와 같다.

---

12) 법무연수원, 『범죄백서』, 2008, 298면.

13) *급외(가급, 나급, 다급, 라급)자는 1) 집행할 형기가 6월 이하인자, 2) 임산부, 3) 장애자 또는 3주 이상의 치료를 요하는 작업을 감당할 수 없는 자, 4) 70세 이상인자, 5) 의사소통이 곤란한 외국인, 6) 제4급의 자 중 규율을 문란하게 하여 누진 계급에 의한 처우가 부적당하다고 인정되는 자.

누진처우의 단계별 처우기준

<table>
<tr><th colspan="2">단계
처우</th><th>1급</th><th>2급(가급)</th><th>3급(나급)</th><th>4급(다급)</th></tr>
<tr><td colspan="2">자 치 활 동</td><td>· 자치활동
(대표자선정)
· 매주 1회 토론회</td><td>· 자치활동
· 매주 1회 토론회</td><td>처우상 필요시</td><td>처우상 필요시</td></tr>
<tr><td rowspan="2">전화</td><td>회수</td><td>월 5회</td><td>월 3회</td><td>처우상 필요시</td><td>처우상 필요시</td></tr>
<tr><td>내용</td><td colspan="4">통화내용 청취 조건, 전화요금 자비부담 원칙</td></tr>
<tr><td rowspan="3">접견</td><td>회수</td><td>수시</td><td>월 6회</td><td>월 5회</td><td>월4회(라급은 접견만 4급 처우)</td></tr>
<tr><td>장소</td><td>적당한 장소</td><td>접견실(필요시 적당한 장소)</td><td>접견실(필요시 적당한 장소)</td><td>접견실</td></tr>
<tr><td>교도관 참여</td><td colspan="4">2급 이상 접견시 교도관 불참여 원칙(다만 3급 이하라도 처우상 필요시 교도관 불참여)</td></tr>
<tr><td colspan="2">서 신</td><td colspan="4">원칙적으로 발송할 서신의 요금은 자비부담으로 하고 일요일, 휴일, 휴게시간에 서신과 문서 등의 집필을 할 수 있고, 서신의 검열, 발송 및 교부는 신속히 하여야 하며, 서신발송의 회수는 제한없다. 그러나 교부가 불허된 서신은 당해 수용자에게 그 사유를 통지한 후 폐기한다. 한편 소장이 교화 또는 처우상 특히 필요시 누진급별 접견회수에 맞추어 횟수제한이 가능하다.</td></tr>
<tr><td colspan="2" rowspan="2">물 품 급 여</td><td colspan="4">수형자에 대한 급여는 계급의 진급에 따라 그 계급에 상응하게 한다. 다만, 식량, 음료 기타 건강을 유지함에 필요한 것은 계급에 의하여 구별하지 아니한다. 수형자의 거실에는 책상, 서화, 화분, 거울, 달력, 텔레비전 등의 비품을 둘 수 있다. 또한 라디오, TV시청, 시계착용, 신문열람, 가족 등의 사진소지 및 비치, 자기사진 송부는 계급별 처우를 하지 않으며 모든 수형자에게 적용한다.</td></tr>
<tr><td>차입물품 사용,
공동물품 대여</td><td>차입물품 사용,
공동물품 대여</td><td></td><td></td></tr>
<tr><td colspan="2" rowspan="5">교육 및 교회</td><td>경기 또는 오락회 월 2회</td><td>경기 또는 오락회 월 2회(2급 이상 소년수는 무제한)</td><td></td><td></td></tr>
<tr><td>사회견학</td><td>사회견학</td><td></td><td></td></tr>
<tr><td>사회봉사활동</td><td>사회봉사활동</td><td>처우상 필요시</td><td></td></tr>
<tr><td>외부의 종교행사 참석</td><td>작업상여금 1/3 이내 사용</td><td></td><td></td></tr>
<tr><td>영화등 관람(자비부담)</td><td>작업지도의 보조</td><td></td><td></td></tr>
<tr><td colspan="2" rowspan="4">작 업
(분류처우 심사표 참조하여 작업 지정)</td><td>작업상여금 1/2 이내 사용</td><td>개인작업
(1일 2시간 내)</td><td></td><td rowspan="4">전업불허원칙(다만, 처우 또는 작업형편상 필요사 전업 인정)</td></tr>
<tr><td>작업지도의 보조</td><td>교도관의 업무보조</td><td></td></tr>
<tr><td>개인작업
(1일 2시간 이내)</td><td>개인작업
(1일 2시간 이내)</td><td>작업상여금 1/4 이내 사용</td></tr>
<tr><td>교도관의 업무보조</td><td>교도관의 업무보조</td><td></td></tr>
</table>

2. 누진처우제도의 성격

누진처우제도는 수형자의 개선 정도에 따라 처우를 완화해 나감으로써 수형자의 자기개선노력을 촉구하는 제도이다. 결국 누진급의 승급과 함께 구금에 따른 강제를 완화하여 처우상의 특전과 자유를 확대하여 줌으로써 수형자의 개선을 촉진시키고자 하는 형사정책적 의미를 가지고 있다고 할 수 있으며 상기 분류처우제도와의 조화를 통해 수형자의 교정효과를 극대화하려는 제도라고 할 수 있다.

누진처우의 단계는 처우가 가장 나쁜 제4급으로부터 처우가 가장 좋은 제1급에 이르기까지 4단계로 나누고, 각 단계마다 일정한 책임점수를 부여하여 매월의 소득점수(소행, 작업, 상훈 등)로 책임점수를 공제해 나가다가 책임점수가 0으로 되었을 때 다음 상위 단계에 진급시키는 방법으로 실시하고 있다(점수제).

누진처우의 대상범위는 성질상 교육효과가 기대될 수 없는 자는 대상에서 제외하는 것이 일반적이다. 원칙적으로 장기수형자를 대상으로 하며 주로 작업 가능 여부에 따라 대상범위를 분류하고 있다. 누진처우의 대상은 구체적으로 징역수형자 및 금고수형자이다(수형자분류처우규칙 제2조). 다만 작업신청을 하지 않은 수형자에 대해서는 작업에 관한 규정만 적용되지 않는다.

누진처우의 대상에서 제외되는 수형자(급외자)는 ① 집행할 형기가 6월 미만인 자, ② 임산부, ③ 장애인 또는 3주 이상의 치료를 요하는 환자로서 작업을 감당할 수 없는 자, ④ 70세 이상인 자, ⑤ 의사소통이 곤란한 외국인, ⑥ 제4급의 자 중 규율을 문란하게 하여 누진계급에 의한 처우가 부적당하다고 인정되는 자이다(같은 규칙 제39조). 급외자라도 70세 이상인 자를 제외하고는 당해 사유가 소멸된 때에는 누진계급으로 편입될 수 있다(같은 규칙 제45조).

각 단계의 책임점수는 집행할 형기를 월로 환산하여 기본점수를 곱하여 이를 산정하는데 기본점수는 초범과 누범으로 나누어 분류심사에 의한 급별 판정에 따라 초범은 A급 2점, B급 3점, C급 4점, 누범은 A급 2.5점, B급 3.5점, C급 4.5점으로 하고 있고, 소득점수는 매월 채점하되 득점은 최고 소행점수 6점, 작업점수 6점, 상훈점수 3점으로 하여 수, 우, 미, 양, 가로 구분 채점하고 있다. 누진처우의 단계별 처우기준은 아래의 표에서 보는 바와 같다.

3. 누진처우의 측정방법

▸ **고사제(考査制)**: 1843년 호주의 그레이엄이 고안하였으며 일정기간이 경과한 후 그 기간동안의 행형성적을 직원이 보고하고 행형위원회가 심사함으로써 진급을 결정하는 방법을 말한다. 기간제라고도 하며 직원의 보고로 심사가 이루어지기 때문에 수형자의 진급이 행형직원의 자의적 판단에 좌우될 위험성이 있는 단점이 있다.

▸ **점수제(點數制)**: 수형자에 대한 각자의 책임점수를 정하여 놓고 행형성적을 통하여 얻은 소득점수로써 이를 소각시켜 나가는 것으로서 책임점수가 모두 소각되면 진급시키는 방식이다. 점수소각제라고도 한다. 우리나라는 점수제를 기본으로 하면서 고사제를 병행하고 있다고 보여진다.

1) 고사제

누진계급의 측정방법으로 고사제(기간제)는 1843년 호주의 제임스 그레이엄(James Graham)과 로드 스탠리(Lord Stanly)가 창안한 것으로 일정기간을 경과하였을 때에 그 기간 내의 교정성적을 담당교도관의 보고에 의하여 교도위원회가 심사하고 진급을 결정하는 방법인데, 이것은 교도관의 자의가 개입되기 쉽고 관계직원이 공평을 저하시킬 우려가 있다는 비판을 받는다.

2) 점수제

점수제(점수소각제)는 일일 또는 월마다의 교정성적을 점수로 나타내는 것이고, 교정성적에 따른 소득점수로 소각하여 진급시키는 것으로 교정성적이 숫자로 표시되므로 자력적 개선을 촉진할 수 있다. 그러나 규정점수를 소각만 하면 진급이 되므로 형식에 흐르기 쉽고, 가석방부적격자 등이 최상급에 진급하는 단점이 있다.

따라서 점수제는 재소자의 자발적 노력을 기대할 수 있으며, 노동력이라는 기준으로 점수를 산정하기 때문에 주관적이거나 자의적인 결정이나 재량권의 남용문제가 적고, 객관적이며 단순할 수 있다는 것이 장점으로 볼 수 있다는 것이 장점으로 볼 수 있다. 반면에 노동의 양은 쉽게 측정할 수 있어서 노동의 결가에 가치를 부여하게 되어 재소자들이 노동의 근본적인 가치를 중시하지 않고 기계적으로 노동하는 경향이 있을 수 있다. 그리고 더 중요한 문제는 단순히 노동의 점수로만 누진계급을 산정하기 때문에 경우에 따라서는 사회적 위험성이 높아 가석방되어서는 안 될 재소자가 최상급으로 진급하여 가석방되는 문제가 발생할 수 있다는 비판을 받는다.

그런데 이 점수제는 점수의 계산방법에 따라 England system과 Ireland system으로 구분하는데, 잉글랜드제는 점수를 매일 계산하는 반면 아일랜드제는 매월 계산한다.

이러한 점수제의 종류에는 잉글랜드제 · 아일랜드제 · 엘마이라제가 있다.

(1) 잉글랜드제(England System)

잉글랜드제란 수형자를 최초 9개월간 독거구금을 한 후에 공역(公役)교도소에 혼거시켜 강제노역에 취업시키고, 수형자들 고사급(考査級) · 제3급 · 제2급 · 제1급 · 특별급의 5급으로 나누어 책임점수를 소각하면 상급으로 진급시켜 가석방하는 것으로 소득점수를 매일 계산하는 것이 특징이다.

(2) 아일랜드제(Irish System)

우리 나라 누진처우방식과 유사한 아일랜드제는 마코노키의 개혁사상을 응용하여 1854년 아일랜드의 교정국장인 크로프톤(Walter Crofton)이 창안한 것으로 매월의 소득점수로 미리 정한 책임점수를 소각하는 방법이며, 잉글랜드제의 독거구금 · 혼거작업 · 가석방이라는 3단계에 반자유구금인 중간교도소제를 두고 있으며, 가석방자를 경찰감시에 붙인 점이 다르다. 당시 크로프톤은 휴가증(ticket-of-leave)제도를 시행했는데, 이것이 보호관찰부 가석방(parole)의 시초가 되었다고 한다.

(3) 엘마이라제(Elmira system)

Elmira제도는 자력적 개선에 중점을 둔 행형제도로서 일명 감화제라고도 하는데, 1876년 뉴욕의 Elmira에서 Zebulon Brockway에 의해서 시도된 새로운 누진제도이다. 나이 16살에서 30세까지의 초범자들을 위한 시설로서 수형자분류와 누진처우의 점수제(mark system), 부정기형 그리고 보호관찰부 가석방(parole)과 함께 운용되었다. 범죄자가 판사에 의해서 Elmira에 보내지면 교정당국이 당해 범죄에 대해서 법으로 규정된 최고형기를 초과하지 않는 범위 내에서 재소자의 석방시기를 결정할 수 있었다. Brockway는 바로 이 점을 매우 중요시하였는데, 그 이유는 재소자로 하여금

석방시기에 대해 지나친 희망을 갖는 것보다 정상시민으로의 복귀준비에 온 마음을 쏟을 수 있게 하기 때문이라고 주장하였다.[14)]

바로 이 목적을 위해서 Elmira에서는 학과교육 · 직업훈련 · 도덕교육 등의 과정을 제공하는 학교와 같은 분위기를 만들고자 하였다. 재소자를 3등급으로 분류하고, 이를 다시 부정기형과 연계하였다. 2등급으로 수용되어 아무런 문제를 야기하지 않고 학과과제를 완결함으로써 6개월 동안 월 9점씩 획득하면 석방에 필요한 1등급으로 격상될 수 있다. 그러나 2등급으로 들어 왔지만 자신의 개선에 관심을 갖지 않고 자신을 통제하지 못한다면, 오히려 3등급으로 내려갈 수도 있다. 결국 자신의 운명을 자기 개선을 통해서 스스로 결정짓게 된다는 것이다.[15)]

이러한 Elmira제도는 특히 청소년범죄자의 개선에 상당한 성공을 거둔 것으로 알려졌는데, 실제로 한 보고서에 의하면 81% 정도의 출소자가 대체로 개선된 것으로 분석되기도 하여 교정시설의 폐지라는 주장까지 나오게 되었다.[16)]

그러나 이 제도는 우선 청소년범죄자 중에서도 초범자만을 대상으로 하기 때문에 그 적용범위가 극히 일부에 지나지 않아 제한적이며, 더구나 건축형태, 교도관의 태도, 훈육의 강조 등은 과거와 크게 다를 바 없는 것이었다. 사실 교육이나 교화노력은 전통적인 처벌방법의 뒷전으로 밀리기 쉬웠다. 심지어 Brockway 자신도 태도가 변한 재소자와 가공적으로 교정시설규칙에 동조하는 재소자를 구분하기 어렵다고 호소하였다.

---

14) David J. Rothman, *Conscience and Covenience*, Boston : Little, brown, 1980, p. 32.
15) Ronald J. Goldfarb and Linda R. Singer, *After Conviction*, New York : Simon & Schuster, 1973, p. 41.
16) Rothman, *Conscience and Covenience*, p. 55.

6
chapter

교정교육과 교도작업

[학습목표]

1. 수형자의 교정교육의 내용을 살펴보고, 정역인 교도작업에 대하여 살펴본다.
2. 교도작업의 종류와 성격을 이해하고 우리나라의 교정작업 현실에 대해서도 이해하도록 한다.

〈출제경향분석〉

- 교도작업에 대하여 1문제 정도는 출제되고 있는 장으로, 교도작업에 대한 이해와 숙지가 필요하다.

제 1 절 교정교육의 실시[1)]

1. 생활지도교육

수형자에 대한 생활지도교육은 신입자 생활지도교육과 석방자 생활지도교육으로 나누어 행하고 있는바, 신입자 교육은 소 내 생활 전반에 대한 안내 및 준수사항과 처우의 내용 등을 소개하여 구금생활에 대한 공포감, 초조감을 해소시키고, 명랑하고 안정된 수용생활을 영위하도록 하기 위하여 모든 신입자를 대상으로 하여 2일간(12시간) 실시하고 있고, 석방자 교육은 수용생활 중 행한 각종 교정교육의 수용 상태를 재인식·점검하고 사회복귀에 필요한 정보와 지식을 제공하는 방법으로 석방에 임박한 모든 수형자를 대상으로 3일간(18시간) 실시하고 있다.

2. 재소자 정신교육

재소자에 대한 정신교육은 재소자의 건전한 민주의식과 준법정신을 함양시키고 인격도야와 개과천선을 촉진시키기 위해 실시하고 있으며 민주시민의식·인간의 존엄성, 참되게 사는 길 등의 과목을 2주간(78시간)씩 전 수형자에게 매년 1회 실시하고 있다.

3. 학과교육

수형자 중에서 학과교육을 필요로 하는 자에 대하여는 초·중·고등학교 수준의 학과과정을 설치하고 1년을 수업년한으로 하여 학과교육을 실시하고 있다. 초등과는 문맹자와 초등학교 중퇴 정도 학력의 수형자를 대상으로 기초적인 과목을, 중등과는

1) 이태언 외 공저, 『신보호관찰론』, 학현사, 2005, 329면 이하.

초등학교 졸업 정도 학력의 수형자를 대상으로 정규 중학교과정 중 필수적인 과목과 기초직업훈련과목을, 고등과는 중학교 졸업 정도 학력의 수형자를 대상으로 정규 고등학교 과정 중 필수적인 과목과 고급기능훈련에 필요한 과목을 각 교육하고 있다.

그 밖에도 교정시설 내에서 초·중·고등과 교육과정을 이수한 자에 대하여 공인 학력을 취득할 수 있도록 검정고시반을 편성·운영하고 있는데 이들에 대하여는 별도의 거실을 지정하고 작업을 면제시켜 주는 등의 혜택을 부여하여 면학분위기를 조성하는 한편 지도교사에 의한 집중지도를 실시하고 있다.

4. 사회 견학

구금생활로 인한 일반사회와의 단절 현상을 완화시키기 위하여 수형자로 하여금 사회현장을 직접 체험케 하는 현장교육의 일환으로 연평균 3,800명 내외의 수형자를 가나안농군학교, 문화유적지 등에 견학시키고 있다.

제 2 절 교도작업의 이해

1. 교도작업의 의의[2)]

교도작업이라 함은 교도소 등이 수용자의 노동을 이용하여 경영하는 일체의 작업을 말한다. 이러한 교도작업은 징역형 수형자의 정역복무로 인하여 교도소등에서 운영하는 작업에 강제로 수형자를 취업시키는 것이 본질이며, 예외적으로 금고수형자와 구류수형자 및 미결수용자에 대하여 본인의 신청에 의하여 부과하는 신청작업이 있거니와 이러한 모든 작업을 포괄하는 것을 가리켜 광의의 교도작업이라고 하는 반면, 협의의 교도작업은 전술한 바와 같이 형법 제67조에 의하여 "정역에 복무"하는 징역수형자의 작업만을 가리킨다.

2) 김화수·오영근 외 공저, 앞의 책, 475면 이하 재인용.

이와 같이 교도작업은 강제나 신청에 의하여 취업하는 것이기 때문에 일반사회에서 자유계약에 의하여 취업하는 노동자의 취업과는 법적 성격이 다르므로 민법이나 노동법 등의 적용이 배제된다. 그리고 교도작업과 구별되어야 할 개념으로서 행형법상의 자기노작 제도가 있거니와 이는 수형자가 여가시간을 활용하여 자신을 위한 노작을 자신의 수지계산과 책임하에 하는 것으로서 여기에 교도작업에 속하는 것은 아니다.

2. 교도작업의 본질과 목적

교도작업의 본질 내지 목적은 어떻게 해석하여야 하느냐의 문제는 교도작업이 형벌집행내용이 되기 때문에 형벌의 본질 내지 목적을 어떻게 이해하느냐와 직결된다.

따라서 여기서는 현대에 있어서의 주요 형벌이론과의 관계 하에서 교도작업의 본질 내지 목적을 규명해 보기로 한다.

1) 응보형론

응보형론에 의하면 형벌의 본질을 해악으로 보거나 범죄라는 악행에 대한 복수로서 고통의 부과에 있다는 입장을 고수한다면 교도작업 역시 강제노역으로 고통의 부과만으로 만족하게 된다.

2) 교육형론

교육형론이 보는 형벌의 본질은 수형자의 교육을 통한 재사회화를 실현시키는데 있는 것이므로 교도작업의 본질도 당연히 수형자의 개선 및 사회복귀를 지향하는데 있는 것이다.

3) 분배론

분배론은 형벌의 본질을 형사재판의 단계에서는 응보적 성질을 갖는 것으로 보고 있으나, 행형의 단계에서는 형벌본래의 응보적 성질이 배후로 퇴각하고 수형자의 개선만이 전면에 등장하는 것이라고 보고 있기 때문에 형벌의 집행내용인 교도작업의 본질은 수형자의 개선 및 사회복귀에 있다고 한다.

3. 제도적 가치

이와 같이 교도작업의 본질 내지 목적이 수형자의 개선을 통한 사회복귀에 있다고 할 때, 교도작업은 이러한 본질이나 목적을 실현하기 위하여 어떠한 기능을 수행하여야 하는가의 문제가 규명되어야 할 과제이다. 즉, 교도작업의 제도적 가치와 직결된 문제이다.

① 규칙적인 노동생활 영위
② 노동정신배양
③ 심신의 건강유지
④ 규율준수정신 배양
⑤ 공공생활상 자기역할과 책임 자각
⑥ 지식의 습득 등의 긍정적인 면이 있다 할 것이다.

4. 교도작업의 발전

고대 이집트에서는 수형자의 노동력은 국가의 자원으로 사용되었고 아테네, 로마에서는 기업가의 영리적 목적을 위하여 사용되었기 때문에 형벌은 곧 노동이라고 하는 개념이 확립되었으나, 이때에는 국가와 기업가가 수형자의 노동을 착취하는 노예노동에 불과하였고 범죄의 예방이나 수형자의 개선은 전혀 고려되지 않았으며, 중세 유럽에서는 단순히 고통을 주기 위한 방법으로 빈 우차를 끌게 하거나 포탄을 한없이 연발시킴으로써 일반예방적 효과에만 치중하였던 것이다.

이러한 행형의 암흑세기를 거쳐 16세기 후반 네덜란드의 암스텔담징치장에서는 처음으로 개선수단으로써 작업이 도입되어 소년에게는 기계노동, 수직, 수예 등의 작업을 과하였고, 여자에게는 방직, 선세공, 재봉, 편물 등 작업을 과하였다. 당시의 시민정신은 나태가 모든 악행의 원인이 되어 범죄를 저지른다고 생각하였고, 범죄자 중에서 가장 수가 많은 절도는 부랑인, 무숙자, 불량소년 등 나태한 생활에서 생기는 것이므로 절도를 벌하는 것보다는 노동에 의한 교육의 설비를 완전히 하여 이들을 교육시키지 않으면 안 된다는 사상에서 작업이 강제되고 개선을 촉진하는 수단으로 이해되었던 것이다. 이때부터 18세기에 이르기까지 인적 물적 자원의 개발이용의 요구에 따라 공공사업이나 도로건설 등에 자유형의 노동력이 광범위하게 공급되었고 18세기에서 19세기 중엽에 이르기까지는 호주 등 식민지 개발에 영국의 유형수 노동력이 제공되었다.

또한 이 시기에 계속되는 생산기술의 발전과 인구증가에 의한 노동력의 공급과잉은 교도작업에도 영향을 미쳐 교도소내의 실업사태를 가져와 수차를 밟는 공역을 과하기까지 하였다.

이러한 난국을 타개하기 위한 방법으로 수형자 노무의 dumping을 하게 되어 일반기업으로부터 민업압박이라는 이유로써 맹렬한 항의가 잇달아 각국에서 이의 문제가 논의되었고 미국에서는 1920년대의 불경기 때 민간노동조하의 반발로 교도소 제품의 시중반출을 감하는 법을 통과시키게 되었고, 연방정부에서는 1935년 "Ashurst Summer Act"에 의하여 이 원칙이 확립되었으며 그 대안으로 교도작업관용주의가 채택되기에 이르렀다.

교도작업관용주의는 수형자에 의해서 생산되는 모든 제품을 국가기관이나 공공단체 등의 수요에만 공급하고 개인이나 일반시장에 판매를 금하는 제도로서 미국에서 관용작업제도가 처음 시작된 곳은 New York주이며 1889년 New York주 의회는 관용공급법을 제정하여 교도소 감화원에서 생산된 제품은 주당국에 판매하도록 하는 대신 일반시장에서 자유기업 제품과 경쟁하는 것을 금지시켰다. 이러한 제도가 48개 중 24개 주에 실시되었으나 교도작업제품의 자유시장 판매반대여론은 더욱 거세어 자유시장에서 경쟁되는 각종 물품을 생산하는 교도작업의 금지, 교도작업으로써 활동기계에 의한 산업시설의 금지, 대량생산과 조업시간의 제한, 교도소의 특수개발산업의 신설허가금지, 제품에 대하여 죄인제품이란 렛텔의 첩부 등의 치명적인 제약이 가하여졌고, 1929년의 하웨스 쿠퍼법와 1935년 애슈어스트 삼너법에 의하여 더욱 제한을 받다가 동년에는 교도작업 제품의 수송판매를 제한하는 법이 제정되기도 하였다.

이와 같은 반대여론에 1934년 6월 교도작업의 전 운용자금을 회전기금으로 통합하는 법률이 공포되고 교도작업관용주의를 정식으로 입법화하고 연방교도작업산업공사가 창설되어 오늘에 이르고 있다. 이와 같이 교도작업은 행형의 역사만큼이나 교도작업의 발전과정도 길고 민간기업과 경쟁 등 우여곡절을 거쳐 발전하여 왔다.

5. 교도작업의 경영 방법[3)]

교도작업은 그 경영방법에 따라 직영작업, 위탁작업, 노무작업, 도급작업, 관용작업으로 구분되고 있다(교도작업규정 제4조). 이하 분설한다.

1) 직영작업

교도소에서 일체의 시설·기계·기구·재료·노무 및 경비 등을 부담하여 물건 및 자재를 생산·판매하는 작업을 말한다(교도작업규정 제4조 제1항). 이 방식은 교도소의 책임하에 운영하는 것이므로 수형자에게 필요한 기술습득 면에서는 유리하지만 제품의 판매가 부진할 경우가 문제가 된다.

2) 위탁작업

위탁작업이라 함은 사회내의 사업주인 위탁자로부터 작업에 사용할 시설·기계·기구 및 재료의 전부 또는 일부를 제공받아 물건 및 자재를 생산·가공 또는 수선하여 위탁자에게 교부하고 그 대가를 받는 작업을 말한다(교도작업규정 제4조 제2항).

이 작업은 수형자의 기술습득에 적합한 작업을 선택할 수 없다는 단점이 있으나 제품의 판매책임으로부터 자유로울 수 있다는 장점이 있다.

이들은 수시로 교도소내의 공장에 출입하게 되어 부정물품의 수수 등 기타 규율위반행위가 빈발하는 부수적인 문제점도 있다.

(1) 위탁작업 시행기간

위탁작업의 기간은 1년으로 하여 법무부장관의 승인을 받아 시행할 수 있다. 다만 재계약의 경우에는 지방교정청장의 승인을 받아 시행할 수 있다.

전술한 승인을 얻고자 할 때에는 위탁작업계약서안을 첨부하여 별지서식에 의거 시행일 전에 법무부장관(지방교정청장)에게 승인신청을 하여야 한다(교도작업규정 제40조).

---

3) 김화수·오영근 외, 앞의 책, 491면 이하.

(2) 위탁작업계약서의 명시사항

위탁작업계약시에는 다음의 사항을 명시하여야 한다(교도작업규정 제41조).

① 작업종류와 내용에 관한 사항

② 시행기간에 관한 사항

③ 1일의 취업예정인원에 관한 사항

1일 취업예정인원의 상·하한을 정하여 1일의 취업인원이 하한인원에 미달하거나 또는 휴업한 일수가 위탁자의 귀책사유에 기인하였을 경우에는 하한인원의 공임을 징수한다는 취지를 명기하여야 한다.

④ 과정 또는 대가의 결정과 징수에 관한 사항

⑤ 계약의 해지 또는 해제에 관한 사항

⑥ 대가의 담보에 관한 사항

⑦ 작업의 기술지도에 관한 사항

⑧ 위탁자와 수탁자가 부담할 시설·기계·기구 및 재료의 범위와 그의 하자에 관한 사항

⑨ 위탁자의 준수사항

⑩ 권리의무와 승계금지에 관한 사항

⑪ 기타 필요한 사항

(3) 위탁자가 제공한 기계·재료 등의 검수

위탁자로부터 당해작업에 사용할 시설·기계·기구 또는 재료 등의 제공이 있을 때에는 작업훈련과장은 작업담당자 및 작업기술담당자의 입회하에 검수관의 검수를 마친 후 별지서식에 의하여 위탁재료수불부를 비치하여야 한다(교도작업규정 제42조).

3) 노무작업

이는 교도소에서는 단순히 수형자의 노무만을 제공하고 그 공임을 지급받는 작업을 말한다(교도작업규정 제14조 제3항). 그리고 노무작업의 1일 취업인원은 작업의 종류, 작업장의 위치, 계호인력 등 작어조건을 참작하여 각 교도소장이 정한다(교도작업규정 제44조).

4) 도급작업

도급작업은 어느 공사를 완성할 것을 약정하고 그 공사의 결과에 따라 약정금액을 지급받는 작업을 말한다(교도작업규정 제4조 제4항). 이러한 유형의 작업은 50-60년대에는 더러 있었으나 최근에는 거의 없다. 시골의 저수지를 도급받아 이를 완성한 후 약정금액을 받는 경우이다. 도급작업을 시행하고자 할 때에도 도급작업계약서안을 첨부하여 법무부장관의 승인을 받아야 한다(교도작업규정 제46조).

5) 관용작업

이는 교도소의 기관 운영에 필요한 취사・청소・영선 등 대가 없이 행하는 작업을 말한다(교도작업규정 제4조 제5항).

이러한 관용작업에는 취사・청소・운반・세탁・영선・원예・악대・간병・이발・교정직원의 업무보조 등이 있다(교도작업규정 제48조).

6. 작업상여금 등

교도작업에 종사하는 모든 수형자에게 그 기능등급과 행형성적을 참작하여 작업시간에 따라 작업상여금을 계산한 후 매월 개인통장에 전액 입금시키며, 그 외에 작업중 신체상해를 입은 수형자에게 위로금을, 사망한 수형자의 유족에게 조위금을 각 등급에 따라 지급하고 있다.

7. 교도작업 관용주의

교도작업 관용주의란 교도작업을 통해 생산되는 모든 제품을 일반시장에 공급하면 사기업을 압박하는 측면이 있기 때문에 교도작업 제품을 국가기관, 공공단체, 국영기업체 등에 우선적으로 공급한다는 것을 말한다(교도작업관용법 제3조). 이러한 조치는 교도작업에서 생산되는 제품의 시장 유입도 차단하고 일반 시장제품에 비해 경쟁력이 떨어지는 교도작업 제품들을 국가기관이 앞장서서 구매함으로써 교도작업의 의미를 살리는 방법이 된다고 할 수 있다. 교도작업으로 인한 수익금은 교도작업특별회계법에 따라 모두 교도작업특별회계의 세입금 즉 국가의 재정수입으로 처리하게 된다.

8. 급여 및 의료

2008년 예산기준으로 수형자 1인당 1년 급식비는 113만7천원(끼당 약 1천원)으로 한국인 권장열량 2,500㎉를 참작하여 급식을 하고 있는바, 주식은 쌀 80%, 보리 20%의 비율(보호감호자는 쌀 90%, 보리 10%)로 지급하고 있으며 외국인 수형자에게는 급식비에 1일 1,100원의 가산금이 추가된다. 급식 이외에 의류, 침구 등 일상생활용품이 수형자에게 급여 또는 대여되며 필요한 경우에는 자비부담도 허용되고 있다.

또한 각 교정시설에 의사, 약사, 간호사 등으로 구성되는 의료진이 배치되어 수형자의 진료나 건강진단 및 방역과 보건관리에 종사하고 있으며 교정시설 안에서의 치료가 적절치 아니한 환자가 생긴 경우에 대비하여 2002년 말 현재 외부의 255개 병·의원(일반종합병원 82개, 준종합병원 76개, 일반병원 91개, 기타 6개)을 수형자 진단지정병원으로 정해 두고 있다.

제 3 절 우리나라에서의 발전

1. 문헌상 나타난 발전 과정

1) 조선시대

한편 우리나라는 갑오개혁 이전에는 죄수를 구금하여 작업을 과하였던 기록이 없고 다만 비슷한 도형의 집행방법에 대하여도 그 기록이 남은 것이 없으나 문헌상으로 보아 공도라는 것이 있는 바, 이는 관아의 사역 정도인 것 같으며 도형을 마친 자라도 노예에 입적하였다고 하나 현대행형에서 말하는 교도작업과는 거리가 먼 것이다.

갑오개혁 이후 징역처단예의 제정과 때를 같이하여 제정된 경무청관제중에 규정한 감옥의 주관사항 중「재감인의 작업에 관한 건」이라는 항복을 설정하여 교도작업의 실시를 구체화하였고 광무 2년 감옥규칙에서 비로소 정역을 과하여 동 규칙 제14조에는 복역 100일을 경과한 후에 각기 공전을 과정하고 이를 십분하여 그 이분을 중죄수에 급여하고 삼분을 경죄수에게 급여하며 기타는 감옥경비에 충당하였으며, 제15조는 공전 급여시기, 제16조는 면업일을 규정하고 있으나 실지 작업을 과하였다는 기록은 없다.

다만 재감자가 식량을 자급하기 위하여 소지금으로 볏짚을 구입하여 감방내에서 짚신을 만들어 순검에게 부탁하여 매각하거나 순검 등의 계호하에 시장에 나가 매각하여 자기비용에 사용하였다 한다. 그 후 광무 9년에 형법대전을 제정하여 역형을 다시 역형과 금옥형으로 나누고 역형에 한하여 정역을 과하도록 하였으나, 작업을 과할만한 시설이 미비하여 작업상황은 전과 다를 바 없었으며, 소내의 청소 등 잡역을 부과하였을 뿐이다.

한일합방 당시 수원의 경기감옥에서는 40여명의 수형자가 시내에 출역하여 시가지의 청소와 관리들의 집에 음료수를 운반해 주는 잡역을 하였으며 출역수의 임금도 감옥주임이 받아 보관하고 필요에 따라 일부를 급여하는 정도였다. 융희 2년에 조선감옥령이 제정되어 실시됨에 따라 일본인의 주문에 의하여 고공을 개시하였는데 이것이 현대 행형에서 말하는 교도작업 시초라 하겠다.

2) 일제시대

일제는 감옥운영에 있어서 형무작업을 매우 중요시했으며 형무작업의 목적을 "수형자의 건강을 유지하고 기술의 양습과 직업기능을 습득케 함으로써 석방후의 생활실력을 부여한다."고 표명하였지만 실제에 있어2서는 노동력을 최대한 이용하는데 두었다. 특히 말기에 이르러서는 보국대를 조직하여 군수공장과 군용비행장건설 그리고 해외 채광작업에까지 수형자를 동원하였다. 형무작업의 수입은 재감자 수용비용의 76%, 전체 형무예산의 40%에 달하였다.

3) 우리 정부수립 이후

(1) 초창기

우리 정부가 수립된 후 형무작업은 교육형주의를 실현하는 수단으로서 직업훈련과 근로정신의 함양에 큰 비중을 두고 운영의 기본방침을 정하게 되었다. 그러나 새로운 행형의 시책을 채 펴 보이기도 전에 6·25동란을 맞게 됨으로써 대부분의 형무소 시설이 파괴되고 형무작업은 더욱 곤경에 처하게 되었다. 전후 형무소에서는 불취업을 해소하고 합리적인 작업운영을 실현하는데 역량을 집중하였지만 국가재정 형편상 일시에 그 목적을 달성할 수 없는 일이었다.

1951년 시설복구 작업에 착수하면서 국가예산 이외에도 UNKRA(유렌재건단), ICA(국제협력처) 등의 지원을 받아 현대적 작업시설을 점차 확보해 나갔다.

제1공화국 시기의 형무작업은 경운·목공·양재·인쇄·철공 등의 수공업적 작업형태를 기계공업으로 전환하고 기계·면직·화공 등 현대산업 분야의 작업을 새로 도입하여 이를 크게 신장시켰다.

그러나 수탁작업과 노무작업은 제재·목공·제남 종목에서 일부 시행되었고 대부분은 직영작업으로 운영되었다. 그리고 당시의 경제적 불황은 형무작업운영에도 크게 영향을 미쳐 불취업수형자를 해소하는 문제는 각형무소의 당면과제 중의 하나였다. 1957년과 1958년의 불취업수형자의 비율은 30%에 달하였고 제1공화국 말기인 1960년 불취업자의 비율은 40%로 늘어났다. 이러한 불취업문제를 해결하고 또 수형자의 직업훈련을 강화시킬 목적으로 형무작업관용주의의 시책을 추진하는 한편 각 형무소의 수요물자를 우선적으로 자급자족하는 방안을 적극 추진하였다.

형무작업의 종목은 건국초기에는 일제시대의 작업시설을 인수하여 경운·연와·목공·양재공·초지공·기직공·인쇄공·단야공·방구공·혁공 등의 종목을 운영하였으나 6·25동란으로 대부분의 시설이 파괴되어 수복 후 작업시설을 새로 설비하면서 작업종목에 있어서도 점차 기계공업의 형태로 바꾸어 나갔다.

그리고 특이할 만한 것은 유엔범죄방지 및 범죄자처우에 관한 회의가 1960년 8월 8일부터 8월 20일까지 영국런던에서 개최되었는데 이때에 형무작업제품 국제전시회를 동시에 개최하였는바, 우리나라에서는 대표단의 파견과 함께 형무작업제품을 전시회에 출품하여 많은 호평을 받았다. 그러나 당시 형무작업생산품 중공업제품의 수준은 우수한 편이 못되었기 때문에 출품작품은 병풍, 자개찻장, 꽃방석 등 수공업 제품들이었다.

(2) 발전기

교도작업은 수형자의 근로정신을 함양하고 기술을 습득케 하여 사회에 복귀시킴과 아울러 국가세입을 증대하고 나아가서는 행형의 자급자족을 통해 국민의 부담을 경감케 하려는 목적으로 운영하는 것이다.

제1・2공화국 시대의 교도작업은 작업시설의 부족과 작업기술의 후진성 등으로 불취업자가 발생하고 작업실적도 부진하였다. 이에 대한 타개책으로 1961년 교도작업 특별회계법과 교도작업관용법이 제정되어 1962년부터 그 시행을 보게 되었다.

위의 제도는 교도작업의 예산을 일반회계와 분리시켜 경영체제의 합리화를 기하고 교도작업의 제품을 공공기관에서 우선적으로 구입케 함으로써 국가예산의 절감과 수형자의 직업훈련기회를 확대하고자 하는 것이었다.

제3공화국시대의 교도작업은 경제개발로 인한 사회변동에 대처하여 작업운영체제를 쇄신하는데 주력한 시기였다.

2. 교도작업의 운영

교도작업을 운영하는 기구로는 법무부 교정본부에 작업훈련과가 있어서 교도작업의 계획・관리・통계 등의 업무를 총괄관장하고 있으며, 일선교도소 등에는 소장을 정점으로 작업훈련과장의 지휘・통솔하에 교도작업특별회계의 재산 및 물품수급과 작업계획・경영・관리, 수용자의 직업훈련 등의 업무를 수행하고 있다.

그런데 교도작업의 합리적이고 능률적인 운영을 위하여 일선 교도작업업무는 다음과 같이 구분하여 체계적으로 집행되고 있다(교도작업규정 제5조).

1) 기획

작업운영의 계획수립, 작업진도추진, 심사분석에 관한 사항 및 기타의 업무에 속하지 아니한 사항

2) 구입

작업에 관한 계약예산, 자금의 집행, 작업용품의 구입에 관한 사항

3) 공장

작업명령시행, 생산품의 관리, 안전관리, 공장내의 작업용품에 관한 사항

4) 창고

생산재료, 물품의 보관, 출납 및 위탁자 제공 물품의 관리에 관한 사항

5) 통계

특별회계업무, 작업상여금 및 통계업무에 관한 사항

6) 주문 및 판매

수주의 확보 및 납품에 관한 사항, 그리고 교도소장 등은 경영의 규모, 직원의 배치인원 등을 감안하여 이상의 작업직원 업무를 분장하여야 하고, 다만 전임담당자를 배치하기 어려운 경우에는 1인의 담당자에게 다른 업무를 분장시킬 수 있으나 구입담당은 창고담당을 겸임할 수 없도록 하고 있다.

7) 경영회의

(1) 설치

교도작업의 운영상의 필요한 사항을 심의하기 위하여 각 교도소에 경영회의를 두고 각 교도소장은 매분기마다 1회 이상의 경영회의를 소집하여야 하며, 회의록을 비치하고 결의사항을 기재하여야 한다(교도작업규정 제7조).

(2) 작업지도 및 감독

이러한 교도작업을 효율적으로 운영하기 위하여 법무부장관은 1회이상 작업지도과 소속 공무원으로 하여금 교도소의 작업업무 및 운영상황을 지도·확인케 하여야 한다.

그리고 각 소장은 6개월에 1회 이상 소속 공무원으로 하여금 작업업무 및 운영상

황을 검사케 하여야 하고(교도작업규정 제17조), 작업훈련과장은 규정된 서식에 의하여 전월분의 교도작업운영현황보고서를 작성하여 소장에게 보고하고 소장은 이에 의거하여 매월 5일까지 법무부장관에게 보고하여야 한다(교도작업규정 제17조).

(3) 작업의 부과

부과기준은 다음 참작하여 작업에 임하도록 한다.

① 형기

② 건강

③ 기술과 직업

④ 장래의 생계

(4) 작업과정

작업과정은 취업시간 내에 완성하여야 할 작업의 분량, 즉 1일 생산고의 최저한도를 말한다.

취업수형자가 부과된 작업에 전력을 다하여 취업시간 내 최대한의 능률을 발휘할 수 있도록 소장은 수형자에게 부과하는 작업의 종류 및 1일의 작업과정을 정하여 해당 수형자에게 고지한다. 이러한 작업과정은 당해 수형자의 작업성적과 작업상여금의 계산비율 및 작업시간을 참작하여 부과하는 수량과정과 작업의 과정을 결정하기 어려운 작업은 당일의 작업시간을 작업과정으로 인정하는 시간과정이 있다.

작업과정은 개인별로 1일간, 또는 1개월간의 책임량을 정하여 부과한다(교도작업규정 제13조 제1항). 그리고 20세 미만의 수형자, 노쇠자·병약자 및 장애인에 대한 작업과정은 따로 정할 수 있다. 그러나 과정을 정함에 있어 각 수형자의 능력을 정확히 측정하기가 쉽지 않고 작업조건이 동일하지도 않으며 각 기관간의 통일된 기준이 없어 과정의 권위가 상실될 우려가 많다. 즉, 1일 작업시간내 많은 양을 제작할 수 있는 물품에 대하여는 과정을 정하기 쉬우나 1개의 물품을 제작하는 데 수일을 요하는 경우에 매일 작업과정을 과하기 곤란하므로 공동과정을 부과하여 작업에 충실한 수형자나 태만한 수형자나 동일하게 취급하게 되는 문제점도 있다.

(5) 작업의 종류

수형자에 과하는 작업의 종류는 법무부장관의 승인을 얻어 소장이 정한다. 작업의 종류의 신설 뿐만이 아니라 그 폐지와 중지도 승인을 얻어야 한다(교도작업규정 제10조).

(6) 작업시간

수형자의 작업시간은 몇 시간으로 하는 것이 타당한가 하는 문제는 수형자의 교화문제와 밀접한 관련을 가지며, 민간기업의 근로시간도 참작하여 결정하여야 한다. 각국의 입법례는 상이하며, 우리나라는 근로기준법에 규정되어 있는 민간기업 근로자의 근로시간과 같이 휴게시간, 식사시간 등을 제외하고 1일 8시간 기준 48시간이다. 그러나 계절에 따라 보안상 기타 불가능하다고 인정할 때에는 1시간 이내에서 조절할 수 있도록 하였다. 이는 동절기에 일몰후 수용자의 다수인원이 잔무처리 입실 등으로 집단이동에 따른 보안상의 위험을 방지하기 위함이다.

한편 작업량의 폭주, 납품기일의 촉박 등 작업운영상 필요한 때에는 주 12시간 이내의 연장작업을 시킬 수 있다. 이러한 작업시간의 규정에도 불구하고, 주 48시간의 작업을 시행하는 데는 운동 · 접견 · 목욕 · 교화행사 등 여러 요인들에 의하여 방해를 받고 있다.

(7) 작업성적의 검사

각 취업장의 담당교도관은 작업담당자 및 작업기술담당자의 입회하에 매일 1회 이상 취업자의 작업성적을 검사하여 작업일과표에 그 성적을 기록하고 매월 말에 이를 일괄하여 작업훈련과장에게 제출하여야 한다(교도작업규정 제13조 제2항).

(8) 휴업 또는 작업의 면제

① 휴업

국가경축일, 일요일, 기타공휴일(이는 관공서의 공휴일에 관한 규정에 의한 공휴일을 말함)과 12월 31일에는 작업을 과하지 아니한다. 다만 취사, 청소, 간호, 경리 기타 특히 필요한 작업은 이때에도 부과할 수 있다. 이러한 작업은 교도소 운영상 쉴 수 없기 때문이다.

② 작업의 면제

수형자 중 부모 · 배우자 · 자녀 또는 형제자매의 사망 통지를 받은 자는 2일간, 부모 또는 배우자의 기일은 1일간 작업을 면제한다. 다만 당해수형자가 작업을 계속하기를 원하는 때에는 예외로 한다.

(9) 신청작업

금고와 구류형을 받은 수형자는 정역의 의가 없고(형법 제68조), 미결수용자는 정역의 의무와는 전혀 무관한 신분이므로 이들에 대하여는 강제로 작업을 과할 수는 없다.

그러나 이들에 대하여도 본인의 신청이 있는 경우에는 작업을 부과할 수 있거니와 이러한 신청에 의한 작업을 신청작업이라고 한다.

이들도 일단 신청에 의하여 작업에 취업하게 된 후에는 일반 징역수형자의 취업의 경우와 전혀 동일하다.

따라서 신청에 의하여 취업한 자도 정당한 사유가 없는 한 작업을 중지하거나 작업의 종류를 변경하지 못한다.

(10) 작업상여금

① 개념

작업상여금이라 함은 수형자의 근로의욕을 고취시키고 작업능률을 향상시킴과 동시에 출소 후의 생활자금을 조성해 주기 위하여 작업에 출역한 자에게 작업의 종류 · 성적과 그 행장을 참작하여 지급하는 상여금을 말한다.

② 지급액

작업상여금의 지급액 산정기준은 우선 수형자의 취업작업이 수용자작업상여금규정 다음 〈표 6-1〉에 정한 유별작업종목 중 어느 종목에 해당하는지와 그 수형자의 작업성적의 등급 및 누진계급에 따라 결정된다.

(가) 유별작업종목

우선 〈표 6-1〉의 유별작업종목은 1류, 2류, 3류로 구분되어 있고 1류는 주로 기술작업으로서의 중노동, 2류는 단순작업으로서의 경노동, 3류는 관용작업과 직업훈련이

해당되거니와 수형자가 현재 취업하는 종목이 〈표 6-1〉에 나타난 어느 조목에 해당되는가가 우선 제1의 결정기준이 된다.

〈표 6-1〉 유별작업종목

구 분		작업종목
1류	기술작업 중 노 동	목공작업(가구공, 목형공, 제재공, 도장공, 선반공 등), 인쇄작업(인쇄공, 사진조판공, 도안공, 재판공, 재단공 등), 봉제작업(제단공, 미싱공 등), 철공작업(밀링공, 쉐파공, 절곡공, 판금공, 용접공, 연마공, 드릴공, 기계제작공, 연처리공, 선반공, 스테인리스공 등), 신발관련작업(양화공, 운동화공, 고무신공, 제혁공 등), 영농작업(경운공, 축산공 등), 직조·편직작업(복지공, 편직공, 피륙공 등), 식품작업(장류공, 어묵공, 젓갈공 등), 사출작업(멜라민, 플라스틱 제품류), 석공작업(석조각공, 벼루공 등), 시멘트관련작업(볼록공, 벽돌공, 콘크리트공 등), 종이관련작업(복사지공, 화장지공 등), 정비작업(자동차정비, 농기수리 등) 등에 취업하는 자로서 기술을 요하거나 중노동에 해당하는 종목 및 외부통근작업
2류	단순작업 경 노 동	목공작업(가구공, 목형공, 제재공, 도장공, 선반공 등), 인쇄작업(인쇄공, 사진조판공, 도안공, 재판공, 재단공 등), 봉제작업(제단공, 미싱공 등), 철공작업(밀링공, 쉐파공, 질곡공, 판금공, 용접공, 연마공, 드릴공, 기계제작공, 열처리공, 선반공, 스테인리스공 등), 신발관련작업(양화공, 운동화공, 고무신공, 제혁공 등), 영농작업(경운공, 축산공 등), 직조·편직작업(복지공, 편직공, 피륙공 등), 식품작업(장류공, 어묵공, 젓갈공 등), 사출작업(멜라민, 플라스틱제품류), 석공작업(석조각공, 벼루공 등), 시멘트관련작업(블록공, 벽돌공, 콘크리트공 등), 종이관련작업(복사지공, 화장지공 등), 정비작업(자동차정비, 농기수리 등), 단순노무작업, 위탁작업 등에 취업하는 자로서 단순작업이나 경노동에 해당하는 종목
3류	관용작업	3류 관용작업 중 취사부, 영전부 등과 같이 중노동에 해당하거나 특별한 기술이 필요하다고 인정되는 경우 및 이 규정 제4조 제2항에 해당하는 종목
	직업훈련	외부출장, 직업훈련생
	관용작업	취사, 청소, 운반, 세탁, 영선, 원예, 악대, 간병, 이발, 교정직원의 업무협조, 기타 자소운영에 필요한 작업 등 관용부요원 선정기준 등에 관한 규정에 의거 당해소장이 관용부요원으로 선정하여 관용작업에 취업하는 자
	직업훈련	공공직업훈련(양성, 향상, 정예, 지원직업훈련생), 일반직업 훈련생, 2주 이상 전일교육을 받는 정보화교육생, 전문학사과정 위탁교육생

※단, 작업직종의 신설 등으로 해당종목이 없을 경우에는 유사종목에 편입하여 지급

(나) 작업성적 등급

그 다음에는 수용자작업상여금규정에 규정된 작업성적 등급의 상중하 중에서 어느 등급에 해당하는지가 두 번째 기준이 된다.

(다) 누진계급

해당수형자의 누진계급이 1, 2, 3, 4급 중 어느 계급에 해당하는가가 마지막 기준이 된다.

(라) 구체적 계산방법

특정수형자의 취업종목이 목공작업이라면 우선 이는 1류 작업에 해당하고 작업성적 등급이 상위 50%에 해당하는 "상"이고 그 수형자가 누진계급 1급이라면 그 수형자의 1일 지급받는 작업상여급은 4,000원에 해당한다.

(11) 작업상여금의 종류

① 일반작업상여금

이는 작업의 종류·성적과 누진계급을 참작하여 모든 취업수형자에게 지급하는 상여금이고 1일 기준으로 볼 때 최고액은 4,000원 최하는 500원이다(수용자작업상여금규정 제3조 제2항).

② 특별작업상여금

교도작업발전에 공헌하고 기능이 우수한 장기수형자의 사회복지를 촉진하기 위하여 지급하는 상여금으로 최고 500만원까지 지급된다(수용자작업상여금규정 제3조 제3항 및 제16조 제1항).

(12) 위로금 및 조위금의 지급

① 위로금은 수형자가 작업중 부상을 당하거나 장애인이 된 때 그 정상을 참작하여 법무부장관이 정하는 기준에 따라 지급하는 일종의 보상금이다.

② 조위금은 수형자가 작업 중 사망한 때에 그 정상을 참작하여 법무부장관이 정하는 기준에 따라 지급하는 일종의 보상금이다.

③ 지급대상자

위로금은 석방할 때 본인에게, 조위금은 사망 후 그 상속인에게 지급한다.

④ 지급액

수형자 조위금 및 위로금 지급규정(예규작업 제214호, 1977.1.1)에 따라 조위금은 최저 4,420,000원에서 최고 13,260,000원까지 지급되고 위로금은 신체장애 등급에 따라 최저 4,176,000원에서 최고 12,528,000원까지 지급된다.

(13) 교도작업특별회계제도

종래의 교도작업 시설은 6·25사변으로 인하여 90%이상 파괴되었고, 기존시설마저 노후되고 전근대적인 수공업 형태를 취하고 있어 발전하는 산업사회 수요에 대처할 수 없는 실정이었다. 따라서 이러한 낙후성을 타개하고 교도작업의 합리적인 운영을 기함으로써 교도작업 본래의 목적을 달성하기 위하여 교도작업특별회계를 설치하고 교도작업에 의한 일체의 수입과 전입금, 차입금을 그 세입으로 하고 교도작업을 위하여 필요한 일절의 경비를 그 세출로 하는 독립채산제를 채택하게 된 것이다(교도작업특별회계법 제3조). 이러한 내용의 교도작업특별회계제도는 교도작업특벼회계법(법률 제859호 1961.12.23)과 동법 시행령(각령 제330호 1961.12.30) 및 동법 시행규칙(법무부령 제34호 1962.2.17)의 제정·시행으로 비롯된 것이다.

① 성격

특별회계예산이란 국가의 회계 중 특정한 세입으로 특정한 세출에 충당함으로써 일반의 세입세출과 구분되어 경리되는 예산으로써 국가의 세입세출은 통일적으로 경리되어야 한다는 예산단일의 원칙에 반하지만 정부가 자본을 투자하여 운영하는 사항의 수지를 명백히 하고 사업의 수행을 원활히 하기 위하여 행정기관의 재량권을 어느 정도 인정해 줌으로써 능률의 향상과 경영상의 합리화를 기할 수 있는 장점이 있다.

그러나 교도작업특별회계법은 다른 특별회계제도와는 약간 다른 특징을 가지고 있다. 즉, 교도작업특별회계는 수형자의 작업에 의하여 제품을 생산 판매하는 기업적 성격이 농후함에도 불구하고 교도작업이 수형자의 교화개선수단으로 운영되는 기업경영과는 다른 특수한 성격 때문에 기업예산회계법에서 인정하는 목간유용권, 예상이월수입금 마련제도 등 예산집행상 탄력성을 부여받지 못하였을 뿐 아니라 예산편성과 집행결산은 일반회계의 방식에 의하고 다만 사업의 성과를 분석하기 위하여 내부적으로 기업회계방식에 의한 결산을 하고 있을 뿐이다. 그렇지만 교도작업특별회계법도 일반회계와는 다른 여러 가지 특징적인 회계제도를 가지고 있으며 그 내용은 다음과 같다.

② 주요내용

교도작업특별회계는 특정한 세입 즉 교도작업에 의한 일절의 수입과 전입금, 차입금을 세입재원으로 하고 특정한 세출, 즉 교도작업을 위하여 필요한 일절의 경비를 세출로 하고 있다. 따라서 교도작업 세입의 원천은 교도작업에 의하여 얻어지는 일절의 수입과 일반회계로부터 보조를 받는 전입금 및 한국은행으로부터의 차입금이다.

교도작업특별회계의 세입은 제품판매수입 · 노임수입 · 교도작업특별회계소관의 재산매각대금 등 교도작업 운영수입이 기본적인 것이며, 전입금 · 차입금은 보조적인 것에 불과한 것으로 전입금은 교도작업의 세입총액이 세출총액에 미달될 때 또는 시설의 개량이나 확장에 필요한 때에 일반회계에서 보조금으로 받아들이는 것으로 특별회계를 시작한 초년도인 1962년도에 4천만원을 보조받은 이외에는 그 실적은 전혀 없다.

그리고 이 회계의 운영에 있어서 자금이 부족할 때에 이 회계의 부담으로 일시 차입하거나 세출예산의 범위 안에서 수입금출납공무원 등이 수납한 현금을 조체하여 사용할 수 있다(교도작업특별회계법 제6조 제1항).

그리고 이러한 일시차입금이나 조체금은 당해 회계연도 내에 이를 상환하거나 반환하여야 한다(교도작업특별획계법 제6조 제2항).

그리고 이 회계의 운영에 있어서 예측할 수 없는 예산 외의 지출 또는 예산초과지출에 충당하기 위하여 세출예산에 예비비를 계상할 수 있다(교도작업특별회계법 제5조).

(14) 교도작업 관용제도

교도작업관용제도는 1962년 1월 10일부터 법률 제960호로 시행된 교도작업관용법과 동법 시행령(1962.2.20. 각령 제461호) 및 동법 시행규칙(1965.11.6 법무부령 제86호)에 의하여 창설 · 운영되고 있는 제도이다.

즉, 교도작업관용제도는 상술한 법령에 의하여 창설된 것으로서 교도작업에 의하여 생산되는 물건 및 자재를 국가 또는 지방공공단체의 기관이나 국영기업체 또는 정부관리기업체에 우선적으로 공급하게 하여 교도작업의 능률을 향상시킴으로써 궁극적으로는 교정교화업무를 원활하게 수행하고자 하는 제도이다(교도작업관용법 제1조).

7
chapter

교정상담의 이해와 기법

[학습목표]

1. 교도관으로 임용시 수형자를 어떻게 지도하고 교화할 것인가를 학습하는 부문이다.
2. 교정상담 기법을 이해하고 활용할 수 있도록 이해하며 숙지하는 학습이 필요하다.
3. 행동수정 기법을 살펴보며, 각종 심리검사에 대해서도 숙지하도록 한다.

〈출제경향분석〉

- 1·2문제 정도가 출제되고 있으나 여러 가지 여건으로 인해 응보적 형태의 처우에 가까워 중요시되지 않는 경향이 있었다. 그러나 그러한 어려움에도 지역사회와 연계한 처우를 중심으로 한 교정교화 형태로 전환되고 있어 현대적 교정이념적 차원에서 주의깊게 학습할 부분이다.
- 심리검사와 행동수정 방법에 대하여 출제되고 있으며 건전한 사회복귀를 목적으로 하는 재사회화를 위한 교정교화에 있어서는 매우 중요한 부문임을 강조해 보며 앞으로는 많은 출제가 예상되는 부분이다.

제 1 절 교정상담의 이해

1. 상담의 성격과 의미[1)]

상담은 "한 개인이 자기를 이해하고 수용하는 과정을 도와주며, 자기의 현재 및 미래의 사회·경제적 환경을 평가하여 이 두 요소를 선택과 적응을 통해 통합하여 장차 개인적으로도 만족하고 사회·경제적으로도 효과적일 수 있도록 도와주는 것"(Clarence, 1957)이라고 정의되고 있다. 그리고 상담은 그 밑에 ① 진로와 취업지도 분야, ② 서비스 분야, ③ 카운슬링 분야, ④ 적응 분야, ⑤ 문제해결 분야, ⑥ 교육 분야, ⑦ 인간 발달 분야, ⑧ 통합 분야 등을 두고 있다.

그리고 상담을 규정하는 개념에 따라 여러 가지로 정의될 수 있겠으나 일반적으로 "상담은 도움을 필요로 하는 사람과 도움을 줄 수 있는 사람 사이의 개별적인 관계를 통하여 새로운 학습이 이루어지는 과정이다"라고 정의할 수 있다. 그리고 상담은 학습과정이나 상담과정을 통하여 자신의 잠재적인 가능성을 발견하고 그 가능성의 개발에 의하여 새로운 발달을 가져오는 학습 경험의 연속을 의미한다. 지금까지 확장된 관점을 학습해 나가는 과정이며 자신의 삶을 보다 풍요하게 할 수 있는 정보를 수집, 종합, 조직하는 경험을 누적하는 과정이다(김형태, 2000; 25).

그 밖에 상담에 대한 정의를 보면, ① 상담자와 내담자 사이의 전문적 관계형성으로 내담자의 삶의 터전을 이해하고 분명히 하며 유익한 선택을 통하여 제기된 문제를 해결하고 자기 목표에 도달할 수 있도록 학습하게 하는 것이다(Burks & Stefflre, 1979). ② 도움을 필요로 하는 자(내담자)가 전문적 훈련을 받은 자(상담자)와의 대면관계에서 생활과제의 해결과 사고, 행동, 정서 측면의 인간적 성장을 위해 노력하는 학습과정이다(정원식 외, 1978).

따라서 오늘날의 상담은 심리치료나 문제해결에 보충하여 어떤 문제의 예방 및 치료적인 의미의 정신건강 또는 건전한 방향으로의 인간 발달을 촉진시키기 위하여 상

1) 배임호·신석환 외, 『교정복지론』, 양서원, 2007, 255면 이하.

담 면접과 같은 직접적 봉사뿐만 아니라 교육, 훈련, 자문, 심지어 대중매체의 활용 등 다양한 방법을 활용함으로써 내담자의 변화는 물론 그가 속한 집단, 조직체, 지역사회 등의 환경을 개선시키려는 일종의 조력적 전문직을 의미하는 것으로 그 성격이 확대되고 있다.

2. 상담활동의 최근 동향

1960년대에 이르기까지 상담활동은 주로 정신역동 및 성격이론에 근거한 심리치료적 모형(Kuriloff)이었으며, 이러한 상담이론들은 그것이 Freud를 중심으로 하는 정신분석적 접근이든, Rogers를 창시자로 하는 내담자 혹은 인간 중심적 접근이든, 혹은 Skinner를 주축으로 하는 행동주의적 접근이든 간에 최소한 다음과 같은 세 가지 중요한 특징을 공유하고 있다. 즉, ① 이들은 내담자를 환자 또는 문제를 가진 부적응자로 보고 있다. ② 이처럼 문제가 개인 내에 있다고 보기 때문에 이들 이론은 성격을 재구성하거나, 자아개념을 강화시키거나, 혹은 징후적 행동을 제거하거나 간에 문제해결을 위한 장기간의 노력에 있어서 그 개인의 협력을 필요로 한다. ③ 이들은 '비정상적인' 개인을 '정상적'인 환경에 적응시키려는 의도를 함축적으로 지니고 있다. 요컨대, 이러한 치료적 모형에 의하면 상담의 대상은 주로 어떤 문제를 가진 개인이며, 상담의 과정은 상담자와 내담자의 대면관계에서만 이루어지며 상담의 목적은 병을 치료하거나 문제를 해결할 수 있도록 원조하는 것으로 인식되어 오고 있다. 이러한 상담활동은 극소수의 사람들에게만 도움을 줄 수 있고 대다수의 사람에게는 외면당하는 한계점을 지니고 있다.

즉, 상담실에서 대기하고 있다가 어떠한 문제를 안고 찾아오는 한정된 내담자에게만 도움을 주게 되고, 그 역할은 개인적·직접적·치료적 활동에만 국한함으로써 비교적 정상적인 사람들에게는 불필요한 존재로 인식되고, 신뢰성 상실과 아울러 대다수의 지역사회 공동체의 구성원들로부터 외면당하고 소외되는 결과를 가져오게 되었다.

1960년대 말 이러한 문제의 심각성이 많은 상담계와 관련 분야 지도자들에게 자극을 주게 되어, 보다 적극적이고 보다 많은 사람에게 도움을 줄 수 있는 새로운 상담모형 개발의 필요성이 제기되기에 이르렀고 마침내 1970년대에 접어들면서 상담의 발달적 모형과 생태체계적 모형이 그때부터 제시되었다(이형득, 1994; 15).

간략하나마 위에서 살펴본 몇 가지 상담의 활동의 동향에 대해서 정리하면 ① 상담의 목적이 심리치료나 문제의 해결에서 예방과 발달의 개념으로 확대되고 있다. ② 상담의 대상이 어떤 문제를 지닌 개인에서부터 조직체 자체 또는 지역사회 구성원으로 확대되고 있다. ③ 상담의 방법면에서 직접적인 상담에서부터 간접적인 전략을 포함하는 것으로까지 확충되고 있다.

3. 교정상담의 이해

19세기 후반 이래 행형의 궁극적인 목표는 범죄자에 대한 응보가 아닌 교화·개선임이 여러 전문가들과 실무자들에 의하여 지적되어 왔다. 1950년 제정된 우리나라의 행형법도 명목상으로는 교육행형의 입장을 취하여는 왔으나 실제에 있어서는 1980년대에 들어서야 범죄자의 교화기능을 중시하는 방향으로 궤도수정이 이루어 졌다. 교도행정이 교화의 기능을 담당하는 데에 가장 중요한 요소는 정확한 분류심사단계 후 이루어지는 처우방안의 적용일 것이다. 이 장에서는 범죄인을 대상으로 한 기존의 시설중심처우기법들에서 문제점이라고 지적된 부분들을 살펴보고, 외국의 사례들을 통하여 어떤 방향으로 우리나라 시설 내 처우방안의 개선이 필요한지에 대해 제안하여 보고자 한다.

1) 시설중심기법에 관한 이해

18세기 이전 유럽국가에서는 교정의 중요한 구성요소는 벌을 주는 것이므로 신체적인 고통, 추방, 노동의 동반이 죄에 대한 응징의 대가로서 당연한 것이라 여겨졌다. 이런 경향은 오늘날까지도 상당히 많은 부분 유지되고 있는데, 시설 내 교도작업이 바로 그 전통적인 행형의 관점을 그대로 유지하고 있는 처우라 볼 수 있다.

그 후 1970년대와 1980년대에 들어 기존의 교정기법이 재소자들의 재범에 전혀 효용성이 없다는 사실들이 몇몇 연구들에서 지적되기 시작하면서[2] 전통적인 '교정'의 개념이 단순히 응징의 차원 이상의 의미, 즉 범죄인의 '정상화'에 목표를 두어야 한

2) R. M. Martinson, *What Works-questions and Answers and Answers About Prison Reform Public Interest*, 35, 1974, pp. 22-54.

다는 점이 부각되기 시작하였다. 즉 범죄행동, 나아가 범죄적 사고로부터의 '정상화'란 전통적인 행형에 대한 관점을 응징의 '처벌' 개념에서 '재활'의 개념으로 변화시켰다.[3] 이와 같은 기본개념의 변화와 함께 지금 서구에서는 '재활' 개념을 현실화할 수 있는 다양한 종류의 시도들이 이루어지고 있다. 수많은 처우기법의 개발이 바로 그것이다.

우리나라의 경우, 특수한 목적을 수행하도록 지정된 수용시설을 제외하고는 사실 교도소현장에서 '재활'의 의미로 실시되고 있는 교정기법으로는 '직업훈련'과 '학과교육'이 유일하다고 할 수 있다. 이 절에서는 우선 현재 우리나라 상황에서 운용되고 있는 시설 내 기법들의 내용을 살펴보고, 외국에서 운영되는 교정 전문기법들의 도입가능성을 살펴보기로 하겠다.

(1) 시설중심기법의 개념

시설 안에서의 교정기법이란 교정실무자가 담당하고 있는 범죄인이나 비행청소년을 대상으로 한 교정기법들이다. 예컨대 교도작업, 학과교육, 교도소 내의 재소자의 심신단련과 친목을 위하여 교도소에서 매년 실시하고 있는 체육대회나 가족합동접견, 교화의 목적으로 수행되는 종교집회, 생활지도와 직업훈련 등이 이에 해당된다.

(2) 시설 내 기법의 내용

교정시설의 유형은 교도소 · 구치소 · 보호감호소 · 개방교도소 · 소년원 등을 들 수 있는데, 교도소가 이들의 대표성을 띠므로 여기서는 교도소의 프로그램을 중심으로 살펴보도록 하겠다. 법무부 교정국에서 재소자를 위해 실시하고 있는 정규프로그램은 '재소자교육 및 교화운영지침'이 규정하고 있는데, 이들 프로그램은 크게 교정교육 · 교회(敎誨) · 직업훈련 · 사회적 처우로 구분되어 있다. 구체적으로 재소자들의 범죄성을 제거하고 사회화시키는 것을 주요 목적으로 하는 교정교육의 종류로는 생활지도교육, 기법 및 임상적 조치, 정신교육, 학과교육, 정서교육, 교회(敎誨), 직업훈련, 사회적 처우 등이 포함된다. 이 중 우리나라 교정시설에서는 전문적인 기법 및 임상적 조치는 거의 없는 실정이다. 다만, 소년시설에서 일부 제한적으로 시행한 사례가 있기는 하다.

---

3) 최옥채, 『교정복지론』, 아시아 미디어리서치, 1999, 341면.

여기서 상담(counselling)이란 사람과 사람과의 관계이고, 상담자가 문제를 안고 있는 재소자를 원조하고 그 재소자가 가능한 한 자신의 힘으로 문제를 발견하고 스스로의 힘으로 해결하는 것을 목적으로 한다. 이 상담은 그 쌍방에 의견과 감정의 일치가 없으면 안 된다는 점에서 단순한 조언과 훈계와는 차원이 다른 것이다. 상담이 목표로 하는 것은 대상자 개인의 특수한 문제를 빨리 해결하는 데 있고 혹은 장기의 노력의 결과에 의해 대상자의 자기 이해와 내적인 성숙을 촉진하는 것이다.

교정에 있어서 case work란 개개의 재소자에 관한 정보의 수집과 정리 그리고 그 사람에 대한 사회와 관련지어진 처우를 행하는 것으로 여겨진다. case work는 한 번에 한 명의 대상자에게 실시하는 활동이고, 다음과 같은 목표를 지향하는 것이다. ① 정확한 개인기록을 작성하고 그에 대한 정보를 정리하는 것, ② 가족관계 및 그 외의 인간관계를 포함한 가까운 문제를 해결하는 것, ③ 본인의 사회적응성에 관한 문제점을 분석하고 본인이 납득할 만한 문제해결이 가능하도록 원조하는 것, ④ 석방이 가까운 재소자에 대해 적절한 지도원조 및 정보를 준비하는 것 등이다. 요컨대 case work의 기본은 각 재소자의 심리적 · 사회적 문제를 조사하고 진단하며 처리한다.

한편 임상업무(clinical service)는 각종 전문분야의 지식과 기술을 이용하면서 행하는 가장 집중적인 진단 및 치료적 처우활동인데, 그 목적은 다음과 같다. ① 개개의 재소자의 부적응의 원인을 발견하는 것, ② 범죄자행동의 개선을 도모하기 위한 정신의학과 심리학의 지식과 기술을 적용하는 것, ③ 재소자의 처우를 담당하는 다른 직원에 대하여 필요한 전문적인 지도 및 원조를 제공하는 것이다.

임상업무활동에 종사하는 직원은 통상의 정신과의, 임상심리학자, case worker, 간호사, 작업요법사 및 그 밖의 특별한 훈련을 받은 기술자이고, 이러한 임상업무의 조치는 특히 처우 곤란한 심신의 문제로 인해 괴로워하는 재소자의 처우를 담당하는 것이라 여겨지고 있다. 이렇게 기술되는 처우의 과학화 혹은 개별화는 그 내용으로 미루어 보아 실현이 용이하지는 않다. 전문성을 많이 요하는 개별화된 교정프로그램의 실시는 수년간의 훈련으로만 실현될 수 있기 때문이다. 그러나 과거 30년간에 있어서 처우의 과학화 혹은 개별화를 목표로 한 이론과 실무 활동은 전 세계적인 것이 되었고, 특히 미국에서는 더욱 융성하고 있다. 이러한 여러 활동은 우선 비행소년을 대상으로 시작되어 점차로 성인재소자에게도 적용되기에 이르고 있다.

(3) 시설 내 기법에 대한 평가와 전문화 문제

시설 내에서 이루어지고 있는 우리나라 교정기법의 내용에 대해 간략하게 살펴보았다. 최근 행형을 범죄인의 '재활'의 차원에서 새롭게 해석하려는 움직임이 우리의 상황에서도 역시 대두되고는 있으나, 규범학을 근거로 한 현행 교정처우정책은 이런 목적을 달성하기 위하여서는 부족한 점이 많다. 교정시설의 재소자에게 주어지는 서비스를 크게 물질적인 것과 심리적인 것으로 구분한다면, 우리나라의 교정시설은 주로 물질적인 서비스에 치중하여 왔다.

이는 우리의 풍요롭지 못한 경제상황과 맞물려 좀처럼 여건개선이 이루어지지 못하였기 때문인데, 이는 우선적으로 의식주에 집착하지 않을 수밖에 없었던 과거의 형편 때문이라 볼 수도 있다. 그러나 1989년 이후 재정적인 적자에서 점차로 벗어나기 시작한 교정현장의 상황을 고려하여 볼 때, 이제는 범죄인을 재활시키는데 보다 더 근본적인 목표를 두어야 한다.

이를 위하여서는 재소자들의 수요를 고려한 상담의 전문화가 꼭 달성되어야 하는데, 그러기 위해서는 기존에 실시하여 왔던 상담의 효율성을 평가해야 하고 상담의 재활적 기능을 향상시켜야 한다. 또한 기존상담의 개선뿐 아니라 구체적으로 범죄행동을 교정할 전문상담도 과감하게 도입하여야 한다.

(4) 범죄의 극악화 · 비정상화로 인한 치료개념의 도입

최근 범죄나 비행은 갈수록 잔인성의 정도가 심각해지고 있다. 예를 들면 존속살인, 계획적인 집단살인, 친고가 없는 익명의 대상에 대한 잔악해위, 학교폭력, 아동을 대상으로 한 강력범죄 등은 범행의 동기가 전통적인 범죄이론으로는 해명하기 힘든 요소들을 많이 내포하고 있다. 기존의 교정 · 교화방식으로는 이런 새로운 형태의 잔악행위에 대하여 적절히 대처할 수 없다. 따라서 이상행동 자체를 분석하고 교정하여 나가는 새로운 형태의 심리 치료적 요소가 가미되어야만 범행의 동기에 대한 이해에서부터 행동수정에 이르기까지 다단계적 교정이 가능할 것이다.

미국에서는 이미 오래 전부터 교정 장면에 치료개념이 도입되어 왔다.[4] 가장 흔히 사용되고 있는 접근법은 사례 상담(casework counseling)인데, 범법자와 상담직원

4) 조성희 · 김보경 · 김종률, 피보호감호자의 사회적응증진과 재범방지를 위한 교정처우프로그램에 관한연구, 한국형사정책연구원, 1997, 302면.

이 1 대 1의 접촉을 하여 문제를 해결해 나간다. 여기서 상담직원은 심리치료사·사회복지사·관찰사·청소년상담사 등이 될 수 있고, 그들로 하여금 재소자들이 현재 환경에 적응하고 미래에 대비할 수 있도록 돕는 데에 주력한다.

교정사례 상담은 ① 자신의 문제와 행동에 대한 통찰력을 증진하고, ② 자기의 자아정체성을 보다 잘 파악하며, ③ 장애가 되는 갈등들을 해결하고, ④ 바람직하지 못한 습관이나 반응양식을 변화하고, ⑤ 대인관계 및 경쟁관계를 개선하며, ⑥ 자기 자신과 주위세계에 대해 잘못된 생각을 교정하고, ⑦ 보다 의미 있고 충족적인 존재가 되도록 문을 여는 데에 목표를 두고 있다.

이를 위하여 상담직원은 재소자로 하여금 해당 교정상담에 참여하도록 요구할 수 있으며, 학과교육이나 직업훈련상담에 참석하도록 할 수 있는 것은 물론 심리 치료상담에 참가하여 평가를 받도록 할 수 있다. 교도소를 포함한 교정시설에는 전문치료자와 심리학자, 사회복지사들이 개발한 각종 처우상담들이 운영되고 있으며, 다방면으로 수감자들을 사회화시켜 줄 수 있는 시도를 하고 있다.[5)]

2) 교정 상담자의 역할과 자질

(1) 상담자의 역할

최근 상담의 강조점이 개인의 내적 변화 및 심리치료에서 가정, 조직체, 지역사회 등 내담자가 처한 생활환경을 개선하는 방향으로 옮겨감에 따라, 상담자의 역할도 종전에 비하여 한층 복잡하고 다양하게 되었다. 실제로 찾아오는 내담자의 문제해결에만 치중하던 종전의 치료적 모형에서는 상담자의 역할이 극히 제한될 수밖에 없었으며, 그의 활동장소도 상담실에만 한정되었다. 그러나 상담활동이 예방과 발달에 초점을 두게 된 오늘에 와서는 상담자의 역할과 활동장소도 매우 다양한 형태를 띠게 되었다. 따라서 상담자의 역할에 있어서 다양한 활동 또는 프로그램 등을 종합해 볼 때 다음과 같이 정리할 수 있겠다(이형득, 1994 : 75-81).

① 교육

문제의 예방과 인간 발달 증진에 장애가 되는 가장 큰 요인은 무지라고 볼 수 있다. 그러므로 상담자들은 인간 발달의 원리와 방법, 정신건강의 역동 및 방법 등에

5) V. Fox Introduction to Corrections, NJ : Prentice-Hall, Inc., 1972, p. 110.

관한 전문적인 지식을 여러 가지 방법으로 지역사회 주민들이나 관련기관의 성원들에게 교육함으로써 인간 발달 및 정신건강 증진에 이바지할 수 있다.

② 훈련

지역사회 구성원의 건전한 발달이나 정신건강은 소수 전문가들의 직접적인 조력활동만으로는 증진되기 어렵다. 그러므로 상담자는 그 지역사회의 주민이나 소속기관의 성원들에게 생산적인 삶에 필요한 여러 가지 기술을 훈련시킴으로써 그들의 발달과 정신건강 증진에 그 기술을 활용케 해야 한다. 이는 물에 빠져 죽어가는 사람들을 계속적으로 구해 주는 작업을 하는 것보다는 사람들에게 수영하는 기술을 가르쳐 줌으로써 스스로의 힘으로 헤엄쳐 나오도록 돕는 것이 궁극적으로는 더욱 효과적이라는 원리에 해당한다. 여기에는 문제해결, 의사결정, 의사소통, 인간관계, 자기주장 또는 생활설계 등 여러 가지 효율적인 삶의 문제와 직결되는 기술들의 훈련이 포함된다.

③ 자문

훈련의 경우와 마찬가지로, 전문가의 인력난에 봉착한 현실상황에서 상담자들이 직접적으로 개별 내담자나 환자를 취급하는 한편, 그 지역사회의 여러 대인봉사 관련 전문직종에 종사하는 사람들(목사, 교사, 공중보건원, 간호사, 사회사업가, 변호사, 의사, 경찰관…)의 임상적 혹은 발달적 측면의 자문에 응하는 간접적인 방법으로 보다 많은 사람들에게 도움을 줄 수 있다. 예를 들면, 부모, 교사, 고용주 등 각 기관이나 지역사회의 여러 인사들에게 자녀교육, 학생지도, 또는 인사관리와 관련된 여러 문제에 대하여 전문가로서의 의견을 제시해 주거나 문제의 효과적인 해결방법에 관한 자문에 응함으로써 그들을 도울 수 있다.

④ 조직개발

자문활동이 개인들을 상대로 하거나, 기관 또는 조직체를 대상으로 하는 두 가지 형태로 구분될 때 여기서 언급하려는 조직개발은 후자의 경우에 해당된다. 대부분의 성인들은 어쩌면 가정에서 보내는 것보다 더 많은 시간을 직장 등에서 보내기 때문에, 그들에게 있어서 일터는 자연적 생활공간으로 부각되고 있다. 그러므로 조직체는 오늘날 성원들의 심신의 발달과 정신건강을 위하여 매우 중요한 위치를 점하고 있다. 조직체 성원들의 건전한 발달과 정신건강을 증진시키려면 그 조직 자체의 분위기와 풍토가 발달에 도움되는 방향으로 개선되지 않으면 안 된다.

⑤ 지역사회 개발

주로 지역사회심리학의 지식과 방법에 토대하여 지역사회 전체를 대상으로 광역적·환경적인 여러 가지 인간 발달 또는 정신건강 프로그램을 개발하고 실행하는 역할이 여기에 속한다.

⑥ 조정

지역사회 안에는 인간 발달과 정신건강 증진에 직접·간접으로 참여하는 여러 기관이나 시설과 이에 관련된 각종 전문직들이 있다. 이들이 각기 독립적으로 활동하는 경우 인력이나 재정이 낭비될 뿐만 아니라, 때로는 갈등관계에 놓이게 될 가능성이 많아 인간 발달과 정신건강 증진운동에의 총력집중에 지장을 받게 된다.

그러므로 최근에 이르러 학자들은 이들 간에 상호 긴밀한 연락과 협력을 위한 하나의 조직망이 필요하다는 주장을 하고 있다. 상담학은 위치상 임상적 접근과 지역사회심리학적 접근의 중간에 있으므로 조정자로서의 역할을 담당하기에 적격이라고 볼 수 있다.

⑦ 상담면접

상담면접은 상담자의 고유한 역할들 중에서 가장 전통적인 것이다. 인간은 누구나 실직, 이혼, 가족의 사망 등과 같은 여러 가지 우발적인 위기 또는 정상적 발달과정에서 겪게 되는 다양한 위기의 상황에 처하게 된다. 이런 경우 그 위기상황을 원만히 해결하기 위하여 공감적으로 이해해 주고 수용해 주는 전문가의 도움을 필요로 한다. 특히 현대사회와 같이 급변하고 복잡한 상황에 처한 사람들에게는 과거 어느 때보다도 상담자의 도움을 필요로 하게 되는 경우가 더욱 많아졌다. 때문에 오늘의 상담자들은 이들의 요청에 부응하기 위하여 개인상담은 물론 집단상담을 통한 조력적 노력을 아끼지 말아야 할 것이다.

⑧ 옹호

때때로 우리 인간들은 대인관계 상황에서 부당한 거래를 하기 마련이다. 예를 들면, 타인의 권리를 침해하거나 권력을 가진 사람들이 다른 사람들을 억압하는 경우들이 이에 해당한다. 이러한 상황을 목격할 때, 상담자들은 부당한 취급을 당하는 사람들 편에 서서 그들의 권리를 옹호해 주는 옹호자의 역할을 담당해야 한다. 이를 위하여 상담자는 지역사회 내에서 자행되고 있는 부정과 불의에 민감해야 하는 한편, 이에 적절히 대응하는 방법도 터득해야 하고 불의와 과감히 싸울 수 있는 용기도 길러야 할 것이다.

⑨ 의뢰 및 위탁

상담면접이나 개인에 대한 이해활동을 통하여 상담자는 장기간의 심리치료를 필요로 하거나 타인 또는 사회에 손해를 끼칠 우려가 있는 사람들을 쉽사리 발견하게 된다. 이런 경우 상담자는 그들을 정신병원이나 기타 적절한 보호시설에 의뢰 또는 위탁함으로써 그 개인에게 도움을 줄 뿐 아니라, 그 지역사회의 안정에도 크게 기여하게 된다.

⑩ 연구

전통적인 접근에서는 정신적 문제에 대한 원인의 탐색과 치료방법에 관한 연구에만 치중하였기 때문에, 정상인을 주 대상으로 하는 상담자들은 연구자로서의 역할 수행을 소홀히 해온 게 사실이다. 그러나 상담활동이 문제의 예방과 성장·발달의 촉진에 초점을 두게 된 최근에 와서는 연구자로서의 상담자의 역할이 매우 확대되기에 이르렀다.

(2) 상담자의 자질

앞에서 상담자의 역할에 관하여 알아보았는데, 상담에 대한 보다 확장된 개념에 따라 오늘의 상담자들은 종전에 비해 한층 다양한 역할을 담당해야 한다. 그렇다면 이처럼 다양화된 역할을 감당하기 위하여 상담자들은 어떠한 자질을 갖추어야 할 것인가? 상담자의 자질에는 전문적 능력과 사람됨의 두 가지 측면이 있다. 따라서 우리는 먼저 상담자의 전문적 자질에 관하여 간략히 살펴본 후에, 인간적 자질에 관해서도 알아보고자 한다.

① 전문적 자질

상담은 조력전문직이다. 전문직에는 고도의 지식과 기술이 요구된다. 때문에 상담자는 상담에 관한 정규교육을 받은 후, 전문가로서의 자격증을 취득해야 한다. 전문가란 해당 분야의 이론에 통달한 자 또는 자기 자신의 이론적 위치를 다진 자를 말한다. 그러므로 상담자에게 있어서 전문적 자질을 함양하는 길은 우선적으로 상담에 관한 자신의 이론적 틀을 개발하는 것이다. 만약 상담에 관한 아무런 가정도 없이 그냥 상담에 임하는 상담자가 있다면 그는 전문가일 수 없을 뿐만 아니라, 오히려 내담자에게 손해를 입히는 결과를 초래할 것이기 때문이다. 상담은 이론과 기술 양자를 모두 필요로 하는 전문직이다. 따라서 이론에 정통하다고 하여 실제 상담을 효과적으로 할 수 있다는 보장은 없다. 이러한 의미에서 훈련을 통한 실제 상담능력의 터득이 상담자의 전문적 자질에 필수적인 요건이 된다.

② 인간적 자질

상담에 관한 이론적 지식과 실제적 기술만 지녔다고 하여 상담자의 자질을 모두 갖춘 것은 아니다. 효과적인 상담관계의 발전에는 상담자의 사람됨이 크게 작용하기 때문에, 상담자들은 바람직한 인간적 자질을 갖추어야 한다. 때문에 학자들은 효과적인 상담을 위하여 상담자가 지녀야 할 여러 가지 성격적 특징에 관하여 언급하고 있는데, 집단상담과 관련된 상담자의 인간적 자질을 다음과 같이 설명하고 있다(이형득, 1974; 85-87).

첫째, 인간에 대한 선의와 관심이다.

인간의 본성에 대한 긍정적 관점과 다른 사람의 안녕과 행복을 위한 진실한 관심은 효과적인 상담을 위한 필수 요건이다. 상담자는 자신의 이기적인 목적 달성을 위하여 내담자를 이용해서는 안 된다. 그러므로 상담자는 사람을 존경하고 신뢰하며, 그 나름으로의 가치를 인정해 줄 수 있어야 한다. 내담자들 중에는 존경하거나 신뢰하기 힘들 것 같아 보이는 사람도 적지 않다. 그러나 최소한 그들에서 적절한 관심을 기울여 줌으로써 그들과 정서적 관계를 발전시키지 않으면 안 된다. 심하게 상심하고 있거나, 절망상태에 빠진 내담자일수록 상담자의 온정과 관심을 필요로 하기 때문이다.

둘째, 자신에 대한 각성이다.

상담자는 자기 자신의 목표, 정체, 동기, 요구, 가치관, 느낌, 장점과 단점 등에 대하여 객관적으로 지각하고 있어야 한다. 자신이 누구이며 무엇을 어떻게 하고 있는가에 대하여 인식하지 못하는 상담자는 내담자를 도울 자격이 없다. 따라서 상담자는 항시 새로운 삶의 경험과 여러 가지 삶의 방식에 대하여 개방적인 태도를 가짐으로써 자신에 대한 각성을 촉진시켜야 한다.

셋째, 용기이다.

효율적인 상담자의 가장 중요한 개인적 특성 중의 하나가 바로 이 용기이다. 상담자는 실수나 실패의 가능성에도 불구하고 새로운 행동을 모험적으로 시도해 보는 용기있는 사람이어야 한다. 때로는 옳은지 그른지 확실치 않는 일이라도 신념과 육감대로 감행해 볼 수 있어야 한다. 이와 같은 모험적 태도는 지역사회 상담에 관여하는 상담자에게 더욱 절실히 요청된다. 그는 때때로 특정 조직체나 지역사회 전체를 대상으로 하여 그 풍토를 쇄신할 뿐 아니라, 부당한 취급을 받는 사람들을 옹호하는 역할도 감당해야 하기 때문이다. 반면에 그는 또한 실수했거나 실패했을 때, 그리고 자신의 지각이나 육감이 부정확하다고 판명되었을 때 그것을 솔직히 인정하고 수정할 수 있는 용기도 가져야 한다.

넷째, 창조적 태도이다.

이는 창의적이면서 모든 일에 주도적인 입장을 취하는 태도를 의미한다. 상담자는 항시 참신한 정신과 태도로 내담자를 상대해야 한다. 습관화된 기술이나 프로그램화된 자신을 내담자에게 보여서는 안된다. 끊임없이 새롭고 효과적인 방법을 고안하기 위하여 기존의 방법에 의문을 제기하고, 가능한 한 새로운 경험에 개방적이 되도록 힘써야 할 것이다.

다섯째, 끈기이다.

상담활동은 보람되고 즐거울 수도 있으나, 때로는 힘이 들고 고달프기도 하다. 때문에 상담자는 어떠한 압력과 고달픔에도 버텨나갈 끈기를 길러야 한다. 상담이 잘 진행될 때는 힘이 나지만, 내담자가 반항적이 되거나 도중에 상담을 중단해 버릴 때 쉽사리 사기가 저하되기 쉽다. 때문에 상담자는 이와 같은 어려움을 능히 극복할 수 있는 심신의 힘을 길러야 한다.

여섯째, 유머감이다.

상담은 엄숙하고 힘든 경험이기도 하지만, 다른 한편 유머적 차원을 필요로 한다. 상담자는 상담관계에서 단순히 고조된 긴장을 해소하기 위해서도 가끔 웃음과 유머를 활용해야 한다. 장시간 심각한 문제를 다룬 후에 유머를 통하여 심신의 이완을 도모하는 것은 진정한 의미의 치료에 도움을 준다. 따라서 효율적인 상담자는 유머감을 발달시킨 다음, 이를 상담과정에 적절히 활용할 수 있어야 한다.

제 2 절 교정상담 기법의 활용과 유형

1. 교정상담 기법의 이론적 고찰

앞 절에서 살펴보았듯이 교정기법은 교정복지의 실천 기술이며 비행 청소년과 범죄자의 재활, 나아가서는 범죄의 예방을 위한 구체적 노력이나 도구, 수단이라 설명하였다. 따라서 본 절에서는 1절에서 살펴본 상담의 제 이론들을 올바로 이해하고 습득하여 교정복지 측면에서의 이를 응용하는 교정상담기술과 조직화기술에 대해서 알아보겠다.

교정복지의 실천에 있어서 현장의 실무자나 교정복지 분야의 전문가는 비행청소년이나 범죄인의 재활, 나아가서는 범죄예방을 위한 상담가로서, 조직가로서 중요한 역할을 하여야 하며 상담이론과 기법에 대한 명확한 이해와 아울러 조직을 통한 적극적인 실천이 요구된다 하겠다. 특히 교정상담은 비행청소년이나 범죄자의 재활에 있어서 여러 분야의 관련인 또는 전문가의 개입을 요구하고 있으며 각자가 처해 있는 개인적·환경적 어려움, 그리고 심리적 부적응 상태를 변화시키거나 도움을 주는 것이다. 여기서는 많은 상담기법 중 비행청소년과 범죄인을 상대로 교정복지 실천현장에서 대체로 활용되고 있는 몇 가지 주요 이론을 알아보고 그에 따른 사례를 간략하게 제시해 보고자 한다.

1) 행동주의이론

인간은 누구든지 자기가 생각하고 있는 방향으로 행동하고 있다. 이러한 "목표를 위한 행동의 원인에는 무엇이 작용하며 그 뒤에는 어떤 힘이 작용하는 것인가"라는 의문을 가지고 있다. 이는 인간이 가지고 있는 개인차(Individual Difference)가 있어 행동으로 표출된다고 말할 수 있다. 따라서 개인차란 성격이라고 말할 수 있는데 이

성적인 사고로 행동한다면 별다른 일이 없는데 그렇지 못한 경우에 범죄행동으로 이어질 수도 있다.

이러한 의문 하에서 성격이론이란 행동이 어떻게 형성되어 어떻게 표출되는지를 설명하는 학문이다. 다시 말하면, 성격이론의 이해는 행동의 원인에 있어 "왜 사람들은 그들 나름대로 행동하고 사고하는가"라는 질문을 얻게 된다. 이런 측면에서 행동으로 표출되는 성격의 원인을 생각하게 되는데 이가 곧 '로키안 이론(Lockean Theory)', '칸티안 이론(Kantian Theory)', '로키안-칸티안 혼합이론(Lockean-Kantian Mixed Theory)'으로 나뉘어진다.[6)]

첫 번째는 인간을 둘러싸고 있는 주위 환경조건을 중시하는 이론이며, 둘째 이론은 인간의 자유의지를 주장하고 있다. 마지막은 두 측면 모두를 고려하는 이론 들이다. 이러한 측면에서 이론을 중시하는 요건에 따라 아래의 이론들과 연관하여 이해해 나가도록 학습한다.

2) 인간관계중심이론

긍정적이고 생산적인 인간관계는 그 개인의 기술에 의해 가능하다. 즉, 인간관계의 기술은 훈련을 통해 얼마든지 개발할 수 있다는 것이다. 인간관계훈련은 훈련자의 인간에 대한 이해와 일정한 형식을 갖춘 틀에 의해 가능하다. 이 틀을 프로그램이라 할 수 있으며 이 프로그램은 특정한 이론에 따라 만들어야 한다. 나아가 인간관계훈련에서는 훈련 참여자 자신에 대한 이해와 상대를 정확히 이해하는 데 초점을 둔다.

인간관계라 함은 가장 작은 단위인 '나와 너'의 양자관계로부터 시작하는 인간의 삶에서 나타나는 상호작용이라 할 수 있다. 그러므로 이러한 인간관계를 우리는 가정에서 가족관계, 직장에서 동료들과의 관계, 지역사회 안에서 주민과의 관계 등 매우 다양하게 꾸려 나가고 있다. 한 마디로 인간관계를 하지 않는 사람은 없고 모든 삶의 형태는 바로 인간관계에 의해 이루어진다(최옥채, 2000; 190).

인간관계 중심 상담에 있어서 상담과정과 주요 기법을 알아보면 다음과 같다.

(1) 상담과정

인간중심 상담이론은 그 특성상 상담과정이 명확히 구분되어지지 않는다. 단지 편

---

6) 김화수 외, 『한국교정학』, 한국교정학회, 2007, 201면.

의상 구분지어 아래의 표와 같이 크게 7가지로 요약 설명할 수 있겠다(장혁표 · 신경일, 1996; 130-131 재구성).

〈표 7-1〉 상담의 과정

제 1 단계	경직된 경험의 상태에 있는 개인이 자발적으로 상담하러 오기가 그리 쉽지 않다. 따라서 이 단계에서의 의사소통은 피상적이다. 곧 자신에 대해 기꺼이 털어놓지 않는다.
제 2 단계	첫번째 단계에서 내담자가 자신이 충분히 수용되고 있음을 경험하게 되면, 상담의 과정은 제2단계로 발전한다. 여기서는 가끔 감정들이 표출된다. 자신이 어떤 문제나 갈등을 갖고 있다는 인식을 보이기는 하지만 그 문제나 갈등이 하나의 객관적인 다른 사람의 문제처럼 지각되고 있다.
제 3 단계	제2단계에서 약간 느슨해지고 유동적으로 된 태도의 변화가 방해받지 않고, 계속 자신이 있는 그대로 수용되고 있다고 느낄 수 있게 되며, 보다 많은 감정들과 사적인 표현들을 하게 된다. 그러나 지금 여기서 자기가 느끼는 감정이나 경험이 아니고, 하나의 객체로서 자기와 관련된 경험들의 표현들이다.
제 4 단계	자신이 지속적으로 수용되고 있음을 느낄 때, 보다 자유로운 감정의 흐름이 가능해진다. 그래서 전에는 의식하기를 부인하던 감정들이 그대로 표현되기도 한다. 그러나 아직은 이러한 표현에 두려움을 느끼고 있다. 또한 문제에 대한 자기 책임의식이 약간씩 나타나기도 한다.
제 5 단계	수용적인 분위기 속에서 감정들이 지금 여기서의 느낌의 상태대로 표현된다. 전에 부인되었던 감정들이 두려움을 가지면서도 의식 속으로 흘러나온다. 자신이 갖고 있는 문제들에 대하여 자신이 분명하게 책임을 가지고 있음을 인정한다.
제 6 단계	전에는 부인되었던 감정들이 그때 그때 현재의 경험들로 수용된다. 이제까지 객체로서의 자아는 사라지고 경험의 과정은 현실적인 것이 된다. 내담자는 자신의 문제를 주체적으로 대처해 갈 수 있게 된다.
제 7 단계	이젠 상담자의 도움이 필요하지 않게 된다. 상담장면 바깥에서도 개인은 새로운 감정들을 즉시 그리고 충분히 느긋하게 경험할 수 있다. 자아는 경험의 과정에서 신뢰롭게 된다. 그리하여 개인은 자유롭게 경험하면서 만족하게 역할 수행하는 인간으로 성장한다.

(2) 주요 기법

인간 중심 상담에서는 상담기법보다는 상담자의 철학이나 태도를, 그리고 상담자의 언행보다는 오히려 상담관계를 강조한다. 상담의 기술에 있어서 상담자의 태도에 나타나야 할 적절한 조건과 상담자의 역할을 보면 다음과 같다(김형태, 2000; 74-75).

① 진실성(genuineness)

상담자가 내담자와의 상담관계에서 순간 경험하는 자신의 감정이나 태도를 있는 그대로 솔직하게 인정하고, 경우에 따라서는 솔직하게 표현하는 태도를 말한다. 상담자의 진실한 태도는 내담자와 더불어 탐색함이 없이 순수한 인간적 만남을 가능하게 하고, 내담자의 개방적인 자기 탐색을 촉진·격려하게 된다.

② 무조건적인 긍정적 관심(unconditional positive regard)

상담자가 내담자를 평가·판단하지 않고 내담자가 나타내는 어떤 감정이나 그 밖의 행동 특성들도 그대로 수용하며 그를 소중히 여기고 존중하는 태도이다.

Rogers는 내담자가 어떤 상태에 놓여 있는 존재이든 간에 그를 향한 무조건적인 긍정적이고 수용적인 태도를 경험하게 되면, 치료적 변화가 일어날 가능성이 더 커진다고 주장한다. 그래서 인간 중심적 접근에서 상담자는 실현 경향성을 갖고 있는 유기체에 대한 신뢰를 근거하여 충고나 지시, 그리고 해석 등과 같은 방법 대신에 비판단적인 이해와 진실한 반응으로, 그리고 가끔은 무조건적인 긍정적 관심을 내담자에게 전달하려 한다.

③ 정확한 공감적 이해(accurate empathic understanding)

상담자와 내담자가 상호작용하는 동안에 발생하는 내담자의 경험들과 감정들, 그리고 그러한 경험과 감정들이 상담의 과정 순간 순간에서 내담자에게 갖는 의미를 민감하게 그리고 정확하게 이해하려고 하는 노력을 말한다.

정확한 공감적 이해는 내담자로 하여금 있는 그대로의 자신에게 보다 더 가깝게 접근해 갈 수 있도록 격려하고, 보다 깊이 있게 그리고 강한 경험을 할 수 있도록 도와서 내담자 자신 내에 존재하는 자아와 유기체적 경험 간의 불일치성을 인지하고 해결할 수 있도록 하는 것이다. 이와 같은 이해의 방법에 진단이나 평가 같은 방법은 포함되지 않는다.

교정상담에서 인간관계 이론을 바탕으로 한 인간관계 훈련이 차지하는 중요성과 활용상 특성을 요약하면 다음과 같다(최옥채, 2000).

첫째, 교정상담 대상자에게 자신의 비행이나 범죄를 자연스럽게 깨달을 수 있는 기회를 제공한다.

둘째, 집단상담과 같은 실제 과정에서 필요로 하는 여러 가지의 소 프로그램으로 활용할 수 있다.

셋째, 집단활동에서 '나'를 이해할 수 있고, 나아가 인간관계 기술을 뛰어나게 향상시킬 수 있는 기회를 제공한다.

3) 정신분석 이론

심리학의 3대 주류를 정신분석학, 행동주의 심리학, 인도주의 심리학으로 든다면 교정상담 이론에서도 정신분석 이론은 최초의 심리학으로 분류할 수 있다(이형득 외, 1985). Freud 정신분석 이론이 심리학의 주요 이론으로 인정받고 나아가 최초의 심리학의 자리에 있다는 것은 이 이론이 모든 심리학 이론에 영향을 미치고 있다는 의미로 받아들여진다. 정신분석 이론에서 다루고 있는 주요 기술을 살펴보면 다음과 같다(김형태, 2000; 58-59 : 장혁표 · 신경일, 1996; 48).

(1) 자유연상(free association)

내담자로 하여금 마음속에 떠오르는 것이면 무엇이든지 이야기하도록 하는 방법이다. 즉, 아무런 제한 없이 고통스러운 것이든 즐거운 것이든 무엇이나, 또한 논리적이고 조직적이고 의미 있는 이야기가 아니더라도, 그리고 아무리 사소한 것이라 하더라도 의식에 떠오르는 것이면 무엇이든지 모든 것을 이야기하도록 하는 것이다.

(2) 꿈의 해석(interpretation)

상담자는 꿈이나 자유연상의 내용, 저항, 그리고 상담관계 자체의 의미를 지적 또는 설명하기도 하며, 그리고 가르치기도 한다. 해석은 자아로 하여금 무의식적인 재료를 의식화하는 것을 촉진시킴으로써 내담자로 하여금 무의식적인 재료들에 대한 통찰을 갖게 한다.

해석의 기술을 사용할 때 유의해야 할 두 가지 규칙이 있다. 첫째, 상담자는 내담자가 저항 혹은 방어적인 태도를 취할 때, 그 방어적인 행동의 이면에 숨겨져 있는 원인을 해석하기 전에 내담자의 방어나 저항 행동 자체를 지적하고 설명해 주어야 한다. 둘째, 상담자는 흔히 있을 수 있는 내담자가 표현한 감정의 대상적인 이면을 이해할 수 있어야 한다. 예를 들어, 내담자가 표현한 열등감은 그의 아버지나 어머니에 관한 부정적인 감정이라는 사실이 뒤에 밝혀질 때도 있기 때문이다.

(3) 꿈의 분석과 해석

꿈의 내용이 갖는 상징들을 탐구하여 숨겨져 있는 의미를 파악하는 것이다. 이 꿈은 두 가지 수준의 내용들을 가지고 있다. 그 중 '잠재적 내용'은 너무나 고통스럽고 위협적인 것들로서 가장되어 있으며 숨겨져 있고 상징적이며, 그리고 무의식적인 동기들로 구성되어 있다. '현시적 내용'은 바로 꿈속에 나타나는 꿈의 내용들을 말한다.

(4) 저항의 분석과 해석

'저항'이란 불안으로부터 자신을 방어하려는 경향을 말한다. 정신분석 초기에 내담자는 억압된 감정이나 생각들을 회상할 수 없거나 혹은 그 표현을 주저하는 경향을 보인다. 상담자는 내담자의 주의를 집중하게 하고 저항들 가운데서도 가장 분명한 저항현상을 해석하는 것이다. 저항 분석의 목적은 내담자가 그 저항을 처리할 수 있도록 하기 위해서 저항의 이유들을 각성할 수 있도록 도우려는 것이다.

(5) 전이의 분석과 해석

'전이'란 내담자가 어릴 때 어떤 중요한 인물에 대하여 가졌던 사랑이나 증오의 감정을 상담자에게 전위시킬 때 나타나는 현상이다. 전이현상의 장면에서 내담자는 사랑의 대치 대상의 역할을 하게 된다. 전이는 직접 언어적인 의사소통으로 나타날 수도 있고, 자유연상이나 꿈의 내용으로 나타나기도 한다.

Freud에 의하면, 내담자가 상담자와의 전이관계의 참된 의미를 점차로 각성하게 됨에 따라 내담자들은 그들의 문제와 밀접하게 관련되고 있는 과거의 경험과 갈등들에 대한 통찰을 획득하게 된다.

(6) 공감

상담자는 분석 장면에서 심층적인 공감을 통해서 느끼는 감정을 한 가정으로서 간직하고 적당한 자료가 충분히 모였을 때, 적당한 상황에서 해석하기 위해서 기다릴 수 있어야 한다. 여기에서 공감이라는 것은 다차원적이고 다각적인 경청을 통해서 가능해진다. 내담자가 의식적으로 체험하는 것을 같이 느끼는 공감이 있고, 그와 반대로 무의식에 숨겨진 것과 동일시하여 표면과는 다르게 공감이 일어날 수도 있다.

흔히 겉으로 드러나는 말마디에만 반응해서 '공감'하려는 것은 표층만을 두드리는 것에 불과하다. 따라서 전체적인 의미 맥락 속에서 종합적으로 이해될 때 상담자는 심층적 공감을 하는 것이다.

(7) 버텨 주기(holding)

"내담자가 지금 체험하고 있거나 혹은 뭔가 막연하게 느끼기는 하지만 감히 직면할 수는 없는, 끝없이 깊고 깊은 불안과 두려움을 상담자가 잘 알고 있다"는 것을 분석과정 안에서 적절한 순간에 적합한 방법으로 전해 주면서, 내담자에게 큰 힘으로 의지가 되어 주고 따뜻한 배려로 마음을 녹여 주는 것을 의미한다.

(8) 간직하기(containing)

상담자는 내담자가 두려워하는 모든 정동, 충동과 체험 등을 간직하여 완화시켜 주는 역할을 한다. 상담자는 내담자의 그런 감정에 즉시 반응하지 않고, 마음에 간직하여 뜸들이고 길들여서 위험하지 않도록 변화시킨다.

이 기법을 잘 활용하기 위해서는 상담자가 심한 좌절을 견뎌낼 수 있고 강한 감정을 통제할 수 있는 능력을 갖추어야 한다. 상담자는 내담자의 내적 위협을 내담자보다 신랄하고 절실하게 경험하는 동시에 적당한 거리를 유지하여 이러한 경험을 객관화함으로써 내담자가 치유하고 성장할 수 있도록 활용할 수 있는 융통성이 있어야 하기 때문이다.

이 기법은 버텨 주기와 직결되며, 상담자가 자기 자신의 역전이 반응을 통제하여 그것을 효율적으로 활용하기 위해서 필수적이다.

그러나 정신분석 이론을 일방적으로 비행청소년이나 범죄인에게 적용했을 때 상담자는 이들 범죄인과 비행청소년의 재활 능력을 무시하고 오직 자신이 '해결사'로 군림할 수도 있다. 그럼에도 불구하고 이 이론이 이들을 이해하는 데 이로운 점을 다음의 몇 가지로 요약할 수 있다(최옥채, 2000: 192).

첫째, 무의식을 설명함으로써 교정상담 대상자의 범죄와 비행과 평소 생활 양태의 동기에 대해 규명이 어려운 부분을 해결해 준다.

둘째, 성격 발달에서 유아기의 중요성을 강조한 점은 특히 비행청소년의 양육 상황을 이해하는 데 도움을 준다.

셋째, 교정상담 대상자가 유아기에 부모로부터 받은 영향을 이해함으로써 대상자의 행동에 미친 영향을 규명할 수 있다.

4) 지정행 요법(REBT)

지정행 요법(Rational-Emotive-Behavior Therapy)은 상담 혹은 정신치료 이론 중의 하나로 Albert Ellis에 의하여 개발되었다. 이 이론을 원래 합리적·정서적 요법(RET)으로 1950년대에 창안되어 지금은 지정행 요법으로 발전한 것이다. 지정행 요법은 인간의 적응문제가 합리적 사고방식의 유무에 의하여 크게 좌우한다고 보고 있으며, 개인의 이성적인 생각 내지 인지적이고 지성적인 사고의 과정을 강조하고 있다(홍경자·김선남, 1995). 즉, 사람의 사고, 판단, 결심, 분석, 활동 등을 강조하기 때문에 인간의 지적·행동적·활동적인 경향에 초점을 두고 있다. 예를 들면, 교정 상담 대상자의 그릇된 사고방식이나 신념체계를 사리에 맞게 잡아 주는 데 역점을 두고 있다. 그러므로 지정행 요법을 사용하는 교정상담가나 자원봉사자는 강한 논리와 이치에 맞는 판단력이 뛰어나야 한다(최옥채, 2000; 192). 따라서 지정행 요법에 있어서 그 목적과 주요 기술을 간략히 살펴보면 다음과 같다(이형득, 1994; 309-317).

(1) 상담의 목적

Ellis는 합리적·정서적 상담의 중요한 상담목적으로 두 가지를 제시했다. 그 중 하나는 내담자의 핵심적인 자기 파괴적 생각을 최소화하고 삶에 있어 더욱 현실적이고 관대한 철학을 갖도록 하는 것이다. 다른 하나는 삶에 있어 바람직하지 못한 결과가 나왔을 경우 자기 자신이나 다른 사람에 대한 비난을 줄이는 것이다. 이렇게 볼 때 이 이론의 상담목적은 내담자의 겉으로 드러난 어떤 행동과 관련된 그의 자기 파괴적 생각을 줄여서 그 행동을 바람직하게 변화시키거나 그의 행동 결과에 대해 자기 자신이나 다른 사람 또는 환경을 비난하지 않도록 하는 데 머물지 않고 내담자의 정서나 행동, 특히 부적절한 정서나 행동에 큰 영향을 미치는 신념, 또는 가치체계를 재검토하도록 도움으로써 성격이나 인생관을 근본적으로 변화시키는 데 있다고 볼 수 있다.

이상의 상담목적 달성을 위한 구체적인 상담목표 중 Ellis, Belkin, Corey의 이론을 요약하면 다음 10가지로 설명할 수 있겠다.

① 자기관심(self-interest)의 촉진이다. 내담자가 다른 사람에 대해서보다도 먼저 자기 자신에게 관심을 가지도록 하는 것이다. 이는 많은 비합리적 생각이 다른 사람을 지나치게 의식하기 때문에 생겨난다는 점과 관련된다. 그렇다고 내담자가 다른 사람에게는 전혀 관심을 가지지 않도록 한다는 것은 아니다. 사람은 남과 더불어 살아가기 때문에 완전히 자기 자신에게 빠져버린다든가 이기적이 되는 것도 합리적이거나 바람직한 것이 아니다.

② 사회적 관심(social interest)의 촉진이다. 사람은 좀처럼 고독한 삶을 택하려고 하지 않는다. 그들은 사회집단 속에서 다른 사람과 함께 효과적으로 살아가는 데 흥미를 가진다. 상담자는 내담자의 이러한 흥미를 촉진시켜야 한다. 내담자로 하여금 먼저 자기 자신에게 관심을 가지도록 하면서 다른 사람에게도 친절을 베푸는 등의 관심을 가지도록 한다. 다른 사람의 권리가 부당하게 제한당하지 않는 사회가 될 때만이 자신의 권리도 부당하게 제한당하지 않게 되어, 자신이 원하지 않는 불필요한 제한에서 벗어나 자신이 바라는 자유를 누릴 수 있게 되기 때문이다.

③ 자기지도력(self-direction)을 기르는 것이다. 내담자가 자신의 삶에 대해 책임을 지고 대부분의 자기문제를 독자적으로 처리할 수 있는 자기지도력을 갖도록 한다. 정서적으로 건강한 사람이라도 가끔은 다른 사람과 협력하거나 다른 사람의 도움을 받고 싶을 때가 있다. 그러나 이들은 다른 사람의 도움이 꼭 있어야만 한다고 생각하나 실제로 그렇게 도움을 요구하지도 않는다.

④ 관용성(tolerance)을 기르는 것이다. 내담자가 보다 관용적으로 생각하고 행동할 수 있도록 하는 것이다. 비록 상대방의 행동이 내담자 자신의 마음에 들지 않을지라도 그 사람을 비난하거나 욕하지 않도록 한다. 즉, 내담자로 하여금 상대방이 실수할 수 있는 권리가 있음과 상대방이 내담자의 마음에 들지 않는 행동을 할 수 있는 권리도 있음을 인정하도록 하는 것이다.

⑤ 융통성(flexibility)을 기르는 것이다. 내담자로 하여금 보다 융통성있게 생각하게 하고, 변화에 대해 개방적이 되도록 하며 다른 사람에 대해 고정관념을 가지지 않도록 한다.

⑥ 불확실성에 대한 수용(acceptance of uncertainty)이다. 내담자로 하여금 그가 불확실한 세계에 살고 있음을 깨닫도록 하는 것이다. 즉, 우리는 확실한 것이라곤 거

의 없는 불확실한 우연성의 세계에 살고 있음과 더불어서 이것이 결코 끔찍한 일도 아니며, 어쩌면 이러한 사실이 여러 면에서 우리를 황홀하게 하고 흥분시키는 것이 될 수도 있음을 내담자가 수용하도록 하는 것이다.

⑦ 심신을 몰입(commitment)하도록 한다. 건강한 개인은 자기 이외의 어떤 것에 완전히 몰입하는 능력이 있다. 내담자로 하여금 자기 이외의 사람이나 사물 또는 다른 사람의 생각 등 그 무엇에도 자신의 심신을 최대로 투입할 수 있도록 하는 것이다.

⑧ 과학적으로 생각할 수 있도록 한다(scientific thinking). 자신의 정서나 생각과의 관계 같은 내적 관계를 포함한 대인관계, 사물과의 관계에서 논리적이고 과학적인 법칙을 적용할 수 있도록 한다.

⑨ 자기자신을 수용할 수 있도록 한다(self-acceptance). 내담자가 단지 자신이 살아 있기 때문만이라도 자신을 수용하고, 자신이 이룬 업적이나 다른 사람의 평가에 자신의 기본적 가치를 두지 않도록 한다.

⑩ 모험을 할 수 있도록 한다(risk taking). 비록 무모할지라도(지나치게 무모해서는 안 되겠지만) 내담자 자신이 정말로 하고 싶어하는 것을 쟁취하기 위해 모험을 해보도록 한다.

⑪ 유토피아적인 생각을 갖지 않도록 한다(non-utopianism). 내담자가 아무리 노력해도 원하는 모든 것을 얻거나 싫어하는 모든 것을 피할 수 없다는 사실을 받아들이도록 한다. 비록 좌절감이나 절망감 등과 같은 부적절한 정서가 어리석거나 자기파괴적인 것이라 할지라도 이들은 완전히 피할 수는 없으며, 우리가 할 수 있는 최선의 방법은 이러한 부적절한 정서가 나타나는 빈도를 줄이고 강도를 약하게 하며 그 기간을 단축시키는 것뿐이라는 사실을 내담자가 분명히 알도록 한다는 것이다.

(2) 주요 기술

① 인지적 기술

RET에서 강조하는 인지적 기술은 비합리적 생각과 그에 근거한 비합리적이고 자기파괴적인 자기진술을 더 이상 계속하지 않도록 하기 위하여, 내담자의 생각 중 비합리적인 생각과 그에 근거한 자기언어를 찾아, 이를 합리적 생각과 그에 근거한 합리적 자기언어로 바꾸도록 하는 것이다. 이를 위해 RET에서는 논박(D : disputing)

기법이 많이 사용된다.

논박은 상담과정 중 비합리적인 생각과 자기언어를 확인한 후 이를 합리적인 생각과 자기언어로 재구성하기 위해 사용되는 기술이다. 이 기술을 좀더 구체적으로 살펴보면 다음과 같다(Ellis, 1979 : 오미향·김성희, 1987).

논박의 첫 단계는, 확인된 비합리적 생각과 그에 근거한 자기언어에 대해 규정하여 재진술토록 하는 것이다. 즉, '그 생각(비합리적 생각과 그에 근거한 자기언어)을 규정하여 재진술하면 어떻게 되는가?'라고 묻고 답하는 것이다. 여기서 '규정한다(defining)'는 것은 내담자가 어떤 사실에 대해 판단하거나, 자신이나 타인을 평가할 때 내담자가 막연하게 또는 지나치게 일반화한 것을 그 사실에 국한하여 재진술토록 하는 것이다. 다시 말해, 부적절한 정서를 유발하는 어떤 사실을 막연하게 또는 지나치게 일반화하였을 경우 이를 더욱 분명하게 규정토록 한다. 예를 들어, 수업시간 중 친구와 이야기를 하다가 교사에게 지적을 받고 엉뚱한 대답을 하여 친구들이 크게 웃었을 경우 '나는 바보야'라고 생각한다면 이는 너무 막연하다는 것이다. 즉, 구체적인 사실과 관련짓지 않고 너무 일반화했다는 것이다. 이런 경우 '답을 틀리게 말해서 친구들이 나를 바보라고 할 것이다'라고 규정하여 생각이나 자기언어를 재구성하는 것이다.

둘째 단계는, 규정하여 재구성한 생각이나 자기언어가 합리적인가를 묻고 답하는 것이다. 이는 그러한 생각이나 자기언어가 타당한 근거를 가지고 있지 못함을 밝히는 데 목적이 있다. 이 경우 상담자는 그러한 생각이나 자기언어가 하고자 하는 일에 도움이 되는지와 관련지어 그 부당성을 지적하도록 내담자를 돕는다. 처음에는 상담자의 도움을 받지만 결국은 내담자 자신의 논리로 그 부당성을 지적할 수 있도록 한다. 위의 경우를 다시 예로 들어 보면 '답을 틀리게 했다고 바보이어야 할 근거가 어디 있는가? 선생님 질문에 모두 답할 수 있는 학생이 있다면 과연 그는 학교에 다닐 필요가 있는가? 결코 그러한 학생은 없으며 그럴 수도 없다'와 같은 생각을 하거나 자기언어를 구성토록 하는 것이다.

셋째 단계는, 비합리적 생각이나 그 생각에 근거한 자기언어를 내담자가 하고자 하는 일에 도움이 되는 생각이나 자기언어로 대치토록 하는 것이다. 이 단계에서도 처음에는 상담자가 적극적으로 도와주지만 결국은 내담자 자신의 논리로 합리적 생각과 자기언어를 구성할 수 있도록 한다. 앞의 경우를 다시 예로 들어 보면 '선생님 질문에 답할 수 있었으면 좋았지만 그렇지 못했다. 수업중에 선생님 말씀을 잘 듣지 않으면 질문을 받기 쉽고 답도 못할 수 있다. 선생님이 나를 못마땅하게 여기실지도 모르니 이전보다 더욱 열심히 수업에 임해야겠다.'라고 생각하거나 자기언어를 구성하는 것이다.

이상에서 살펴본 바와 같이 인지적 기술의 대표적인 것이라고도 할 수 있는 논박은 특정 사실과 관련하여 내담자가 가지고 있는 생각이나 자기언어가 결국 내담자가 하고자 하는 일을 방해하는 비합리적인 것임을 알게 하고 이러한 비합리적인 것은 내담자가 하고자 하는 일에 도움이 되는 합리적인 생각이나 자기언어로 대치토록 하는 것이다. 이러한 논박을 보다 효과적으로 하기 위해서 인지적 과제(cognitive homework)나 독서법을 사용하기도 한다.

② 정서적 기술

정서적 기술은 문제행동과 관련된 생각을 바꾸어 정서와 행동을 바꾸려는 인지적 기술과는 다르다. 정서적 기술은 바로 정서를 바꾸어 행동을 바꾸려는 기술이다. 이는 인지, 정서, 행동이 서로 영향을 미친다는 데 근거한다. 이러한 정서적 기술은 바로 행동의 변화를 가져올 수도 있지만 비합리적 생각에 접할 수 있는 기회를 제공하기도 한다. 이 경우 정서적 기술은 비합리적 생각을 합리적으로 생각하게 하는 단서가 되기도 한다. Corey와 Ellis는 정서적 기술을 다음과 같이 제시하고 있다.

(가) **합리적 · 정서적 구상법**(rational-emotive imagery)

이 기술은 먼저 내담자로 하여금 습관적으로 부적절한 느낌이 드는 장면을 생생하게 상상하도록 한다. 그리고 그 장면에서의 그러한 부적절한 느낌을 적절한 느낌으로 바꾸어 상상하면서 부적절한 행동을 적절한 행동으로 바꾸어 보도록 한다. 이러한 정서와 행동의 시도는 그 장면과 관련된 비합리적 생각을 버리게 하거나 합리적 생각으로 대치시키는 계기를 마련할 수 있다. 예를 들면, 여러 사람 앞에 나가서 말하는 것이 불안한 경우, 그 장면을 생생하게 상상하면서 불안해하지 않고 즐겁게 느껴 보는 것이다. 이때 느낌의 변화는 생각의 변화와 밀접하게 관련되었음을 알게 할 수 있다. 즉, 그 장면에 대한 불안은 '실수를 해서는 안된다'는 비합리적 생각 때문임을 알게 하는 것이다.

(나) 역할연기(role-playing)

역할연기에는 정서적 요소와 행동적 요소가 있다. 내담자는 문제행동과 관련된 장면에서 어떤 느낌이 일어나는지를 알기 위하여 그 장면에서의 행동을 시도해 본다. 필요시 상담자가 상대역을 할 수도 있다. 이 기술에서는 그 장면과 관련된 불쾌감의 밑바탕이 되는 비합리적 생각을 알도록 하는 데 중점을 둔다. 예를 들어, 아버지의 지나친 꾸중에 반발하는 내담자의 경우를 생각해 보자. 상담자가 내담자 아버지의 역할을 수행하면서 내담자와 그 장면을 연기해 본다. 이를 통해 내담자는 아버지에게 얼마나 반발하는지를 알게 되고 그러한 반발은 '아버지의 간섭을 받는 것은 내가 어리석다는 증거다'라는 비합리적 생각 때문임을 알게 된다.

(다) 부끄러움 도전 연습(shame-attacking exercise)

이 기술은 행동에 대해 주위 사람이 어떻게 생각할지에 대한 두려움 때문에 하고 싶은 행동을 하지 못하는 행동에 대해 실제로 행동을 해 보도록 하는 기술이다. 이렇게 해 봄으로써 내담자는 자신이 생각한 것보다는 주위 사람들이 그렇게 관심을 가지고 있지 않음을 알게 된다. 따라서 자신의 생각이 비합리적임을 알게 된다. 이렇게 되면 내담자는 자신이 하고 싶은 일을 가로막고 있던 주위 사람의 반응이나 '인정해 주지 않으면 어쩌나?' 하는 생각을 더 이상 지속할 근거가 없다는 것을 배우게 된다.

(라) 무조건적 수용(unconditional acceptance)

내담자의 어떤 말이나 행동을 무조건적으로 수용하는 기술이다. 이러한 수용은 상담자의 언어나 비언어를 통해 내담자에게 전해질 수 있다. 이렇게 되면 내담자는 자신을 더 깊이 개방하게 되고 이것이 자신의 혼란된 정서와 접할 수 있는 계기를 제공해 줄 수 있다.

(마) 시범(modeling)

이 기술은 내담자가 정서적 혼란을 겪고 있는 문제에 대해 자신과는 다르게 생각하고 느끼고 행동하는 사람들의 생각, 느낌, 행동에 대해 시범을 보이는 것이다. RET에 익숙한 상담자는 상담과정에서 내담자가 생각하기에 충분히 화를 낼 수밖에 없는 상황에서도 화를 내지 않고(합리적 생각을 하게 되면 화가 나지 않음) 말하며, 비록 상담자 자신이 실수를 해도 죄책감이나 자기비하 없이 그 실수를 완전히 수용하는 행동을 보인다. 상담자의 이러한 행동은 내담자에게 하나의 시범이 될 수 있다.

(바) 유머(humor)

내담자에게 혼란을 일으키는 어떤 생각을 줄이기 위해 상담자는 유머를 사용한다. 예를 들어, 내담자가 "완벽하게 일을 해야지 그렇지 않으면 마음이 쓰여서 도저히 견딜 수 없습니다."라고 내담자(홍길동)가 말한다면 "홍길동 씨는 곧 하나님이 되실 것 같은 생각이 듭니다."라고 상담자가 말함으로써 내담자는 자신의 생각이 비합리적임을 알 수 있게 한다. 상담자는 내담자가 화를 내거나 죄책감을 가지는 것이 얼마나 어리석고 비생산적인지를 보여주기 위해 유머스런 합리적 노래(humorous rational song)를 사용하기도 한다.

이상의 6가지 기술 이외에도 모험하기, 자신을 드러내기(reveling one-self), 즐거움 주기(pleasure giving) 등의 기술이 사용될 수 있다. 모험하기나 자신을 드러내기와 같은 기술은 그렇게 해봄으로써 자신이 피하던 정서에 직면할 수 있게 됨과 동시에 염려했던 결과들이 나타나지 않으므로 새로운 정서를 경험하게 되고 그 결과 자신의 생각이 비합리적임을 알게 된다. 내담자가 자신에게 즐거움을 주는 행동을 해봄으로써 자신의 비합리적 생각을 변화시키는 계기를 마련할 수 있다. 예를 들면, 누군가에게 안겨 보는 (내담자에게 즐거움을 주는 행동) 경험은 '나는 절대로 남과 포옹할 수 없다'는 내담자의 비합리적 생각을 변화시킬 수 있다.

③ 행동적 기술

RET에서의 행동적 기술과 행동적 상담에서의 행동적 기술이 비록 같은 절차에 의해서 실시되더라도 그 기본 가정에 있어서는 다르다. 행동적 상담에서의 행동적 기술은 내담자의 생각이나 정서보다는 행동의 변화에만 초점을 둔다. 그래서 행동적 상담에서는 행동의 변화에 따라 생각이나 정서가 바뀌더라도 그것을 그렇게 중요하게 생각하지 않는다. 그러나 RET에서의 행동적 기술은 그 행동적 기술을 통해 행동의 변화뿐만 아니라 생각, 더 나아가 정서까지도 변화시키려는 데 더 강조점을 둔다. 그리고 행동의 변화를 통해 생각의 변화를 가져오게 하고 변화된 생각에 따라 정서와 행동을 더욱 확실하게 변화시킬 수 있다고 본다(이형득, 1994; 335).

그리고 지정행 요법은 인간의 불행과 정서적 장애의 근본 원인을 인간이 갖는 비합리적인 사고방식이나 잘못된 신념체계에서 비롯한다고 본다. 그러므로 상담과정에서는 교정상담 대상자가 가지고 있는 여러 가지 감정을 토로하도록 격려하기보다는 그 부정적 감정을 느끼게 하는 대상자 사고체계를 검토하고 분석하는 것이 중요한 치료기법이다. 즉, 대상자의 신념체계 안에 있는 비합리성을 찾아내고 반박함으로써 합리적인 태도를 갖도록 바꾸어 주면 불행의 원인이 되었던 부정적 감정에서 해방될 수 있다. 교정상담 대상자를 상담하는 데 지정행 요법의 활용은 다음과 같은 몇 가지 이점이 있다.

첫째, 지정행 요법은 논리성이 강하여 교정상담 대상자들이 주로 보이고 있는 인내심의 결여나 나태한 생활을 변화시키는 데 크게 도움이 된다.

둘째, 교정상담 대상자 중 청소년들에게 새로운 신념체계와 올바른 이상을 심어 주는 것은 이들의 생활변화를 위해 크게 도움이 된다.

셋째, 지정행 요법 기술은 쉽게 익힐 수 있어 특히 50대 이후의 보수성이 강한 교정상담가나 또는 범죄예방, 재범방지를 위해 활동하는 자원봉사자들에게 쉽게 활용될 수 있다.

한편 지정행 요법을 교정상담 대상자에게 활용하거나 적용할 때 자칫 실무자나 자원봉사자 자신의 틀에 맞추어 이들의 범죄나 비행의 방지만을 강조한 나머지 지나치게 지시적인 경향으로 흐를 수 있다는 점을 조심해야 한다. 예컨대, 지정행 요법이 강조하는 새로운 신념체계 구성이나 교정상담가의 절도 있는 생활상이 전이되어 교정 상담 대상자의 게으르고 자유분방한 생활을 단도직입적으로 차단하려 한다면 대상자가 오히려 교정상담가의 조언을 또 다른 압박으로 받아들일 가능성이 높아져 역효과를 가져올 수도 있다.

5) 사이코드라마

약 50여 년간에 걸쳐 발전되어 온 사이코드라마는 우리나라에서도 다양한 채널을 통해 소개되면서 일반인들에게도 상당히 알려진 전문 치료방법으로 자리를 잡았다. 물론 사이코드라마를 이끄는 연출자의 성향이나 방법에 따라 차이가 있으나 비행청소년들에게 교정상담 기술로 적지 않은 효과를 보고 있다. 특히 한국사이코드라마·소시오드라마학회는 정통 사이코드라마를 강조하면서 공주치료감호소를 비롯하여 교정현장에 크게 기여하고 있어 앞으로 교정현장의 실무자나 관련 전문가들에게 유용한 기술이 될 것으로 믿는다(최옥채, 2000; 195).

사이코드라마는 1912년에 Moerno에 의하여 고안된 정신치료법이며 특히 사이코드라마는 집단치료에서 활용되었다(안향림 외, 1994). 그러므로 Moerno는 집단치료의 창시자라 할 수 있다. "사이코드라마는 착각, 환각, 망상의 심연에 빠져들지 않고 상상력이라고 하는 인간의 기본적 특성을 이용해 지금 이곳의 현장에서 세계를 변화시키고자 하는 하나의 방법이다"(최헌진, 1995)라고 사이코드라마를 정의하고 있다. 즉, 심리적인 어려움을 가지고 있는 사람이 사이코드라마 지도자의 도움을 받아 스스로 모든 허물을 벗어버리고자 노력하면 모든 문제의 근원을 치유할 수 있다는 입장이다.

사이코드라마를 구성하는 요소로는 주인공, 보조자아, 치료자, 관객, 무대가 있으며, 한편 사이코드라마에서 활용하는 기법으로 독백, 역할 바꾸기, 거울기법, 빈의자기법, 이중자아기법 등이 대표적이라 할 수 있다.

사이코드라마의 주요 원칙과 기법을 정리하면 다음과 같다(법무부, 1999; 184-193).

(1) 주요 원칙

심리극 기법들은 지난 50년간 Moerno와 많은 사이코 드라마티스트에 의해 개발되었다. 심리극 기법은 일반적으로 4가로 나눌 수 있다. 즉, 기본기법, 장면기법, 갈등해결 기법, 워밍업 기법 등으로 구분하는데 아주 다양하여 300개가 넘으며, 변형도 가능하다. 그러나 그에 공통되는 원칙은 다음과 같다(한국사이코드라마학회, 1997).

(2) 주요 기법

① 실연(enactment)

집단원들은 극 형태로 삶의 장면을 묘사한다. 기억이나 환상에만 있는 만남들을 신체적으로 재연한다. 그 상황이 집단의 초점이 되면 그 사람은 주인공이 되며, 태도와 느낌에 대해 행위 형태로 그 과정을 경험하도록 한다. 실연은 과거일 수도 있고(기억, 경험을 새로이 해봄), 현재나 미래일 수도 있다(염려, 희망, 가정상황의 검증, 환상).

〈표 7-2〉 사이코드라마 프로그램

회 차	훈 련 과 정	내 용
1	방향 제시 및 자기 소개	• 프로그램 소개 • 자기 소개 • 서약서 작성
2	자발성 및 신뢰감 촉진하기	• 의자 앉기 • 장님 인도
3	내적 긴장 및 갈등 해소하기	• 음악 듣기 • 느낌이나 떠오르는 생각 이야기하기
4	상상력 표현하기	• 상상력을 통한 흉내내기 • 마술 상점
5	가족관계 그리기	• 가족 그림 그리기 • 역할 연기
6	두려운 존재와 대화하기	• 상상의 인물과 대화 연습하기 • 빈 의자 기법
7	죽음과 재생	• 유서 작성 • 임종과 재생, 혹은 부활 역할연기
8	미래의 모습	• 미래 시점 상상하기 • 역할연기
9	사회극	• 공항놀이 • 역할 바꾸기
10	마무리	• 잊고 싶은 일, 버리고 싶은 자신 버리기 • 경험과 느낌 정리 • 소감문 작성

② 이중자아기법(double)

주인공에게 보조자가 함께 하며, 숙련된 동료치료자나 집단원이 보조자로서 주인공의 위치나 느낌을 보여주는 데 지원자의 역할을 한다. 이중자아는 먼저 주인공과의 공감적 유대관계를 갖도록 해야 한다. 대체로 주인공 옆에서 약간 각을 지어 서며 비언어적 소통을 모방하고 일종의 '공동전선'을 편다. 이중자아는 심리극에서 가장 중요하고 기본적인 기법 중 하나이다.

③ 확대법(amplification)

주인공이 조용하게 말한 것을 이중자아나 연출자가 크게 반복한다. 어느 정도 큰 집단에서 특히 유용하다. 또는 주인공 자신이 더 강도있게 반복하도록 할 수 있으며, 또는 그래서 주어진 생각이나 느낌에 대해 더 많이 이야기할 수도 있다. 이중자아가

이 과정을 돕기도 한다.

④ 독백(soliloquy)

주인공은 평소에 숨겨 있거나 억압되었던 느낌과 사고를 관객과 함께 나눈다. 주인공은 혼자 행동할 수도 있다. 예를 들어, 집으로 걸어가거나 바쁜 하루 일과 후에 숨을 돌리거나, 곧 있을 일을 준비하는 등 충고를 주는 내용일 수도 있고, 용기를 북돋우는 말일 수도 있고, 꾸짖는 비난의 말일 수도 있다. 변형으로는 주인공으로 하여금 이중자아와 함께 걸어 다니며 독백하도록 할 수도 있고 주인공이 애완용 동물에게 말할 수도 있고 또는 내면의 대화를 바꾸어서 빈 의자와 만나게 할 수 있으며, 현재 역할의 보조자와 만나거나, 미래의 자아 또는 성격의 다른 한 면과도 만날 수 있다.

⑤ 구체화법(concretization)

심리극에서는 주인공이 추상적인 말을 좀더 구체적인 것으로 바꾸도록 함으로써 효과가 있게 된다. 왜냐하면 애매모호한 것은 문제를 직접 다루기를 회피하는 주된 방법이 되기 때문이다. 이 기법의 첫째 방법은 '권위계층과의 갈등'과 같은 일반적 문제를 주인공의 삶 속의 상관이나 부모나 교사와의 상황을 보여주는 구체적인 장면으로 바꾸는 것이다. 구체화하는 또 다른 방법은 은유를 실제적인 것으로 바꾸는 것이다. 예로 "내게서 좀 떨쳐 버렸으면" 하면 보조자가 주인공의 등에 부드럽게 매달림으로써 극화한다. 소외감을 증진시키려면 관객이 거리를 두고 물러나거나 조명을 끄거나 통과법을 사용한다.

⑥ 재연법(replay)

장면들을 변화하여 재상연할 수 있는데, 좀더 많은 환기, 좀더 행복한 결과, 좀더 효과적인 대인관계 전략, 두려운 상황에 탈감각적 반응 혹은 유사한 성과를 경험하도록 하기 위함이다. 장면, 참가자, 주인공의 행동, 다른 사람의 행동 등을 바꾸어 볼 수 있다. 그러나 한 번에 한 변수만 바꾸는 것이 최선이다.

⑦ 양가적 자아(multiple ego)

주인공은 빈 의자를 사용하거나 무대 위의 일정한 위치들을 사용하여 자아의 서로 다른 부분들을 나타내기도 하는데, 예로 양심과 유혹 등이다. 공간면에서 서로 분리되어 있는 여러 가지 역할을 해 봄으로써 – 보조자 도움이 있든 없든 – 주인공은 그

부분들이 어떤 위치를 표현하게 하고 나서 하나씩 만나 본다. 내면갈등을 구체화하는 데에 매우 중요한 기법이다.

⑧ 역할 교대(role reversal)

상호관계 속에서 주요 참가자들이 역할을 바꾼다. 주인공이 역할을 바꿀 때에 이것은 자기중심적 습관의 한계를 넘어서는 길이 된다. 역할교대가 필요할 때란 주인공이 다른 사람의 견해에 공감하는 것이 적합할 때이다. 또한 장면 설정과 보조자의 워밍업에도 역할 교대가 사용된다. 주인공은 역할을 바꾸어 그 장면에서 다른 사람이 어떻게 행동하는지 보여준다. 따라서 보조자에게 비언어적 단서를 제공함으로써 장면이 주인공의 경험과 흡사하게 진행되는 것이다.

⑨ 방백(asides)

상호작용하는 과정에서 주인공이 관객을 향해 자기 의견을 말할 수 있으며, 얼굴 방향이나 손을 들어서 상대방이 이러한 의견을 말하는 것을 모르는 것으로 표시할 수가 있다. 따라서 감추어진 생각이나 느낌이 밖으로 표현된 생각들과 병행해서 표현되기도 한다. 이것을 치료적 독백이라고도 한다.

⑩ 거울기법(mirror)

주인공은 보조자가 주인공이 보여주었던 역할을 다시 해 보이는 동안 뒤에 서서 지켜본다. 가족 간의 상호관계가 다시 보여질 수도 있고, 또는 부모가 자신의 어린시절 장면을 지켜봄으로써 자신의 부모역할 행위에 대해 통찰력을 갖게 될 수도 있다. 이 기법은 비디오테이프 기록을 사람이 직접 보여주는 것이다. 영향력있는 직면기법이 될 수 있으므로 조심해서 사용해야 한다. 주인공은 조롱의 대상이 되어서는 안 된다. 역할 교대 기법이 주인공의 비언어적 행동의 영향에 대한 피드백을 줄 때 거울기법과 유사해진다.

(3) 장면기법

① 요람기법(crib scence)

전 집단이 참가하여 마치 유아가 배부른 채 기분 좋게 뒹굴며 잠이 드는 경험을 하도록 한다. 부드러운 융단 바닥이나 매트 위에 이불을 덮고 편안한 자세로 눕는다. 치료자와 연출자는 한두 명의 동료치료자와 함께 돌아다니며 부드럽게 두들기며 '잠자고' 있는 사람들에게 다음과 같이 최면식으로 말한다. "엄마는 아가를 사랑해요. 아가를 돌봐줘요. 아주 착한 아가야…" 이런 식으로 최소 10분간 계속하며, 집단은 그 역할에서 아주 부드럽게 일으켜진다. "이제 아가는 잠을 깨요. 조금 움직여요. 몸을 조금 뻗어요…" 마침내 참가자들은 탈역할하고 원래 상태로 돌아온다. 일종의 최면으로 유사한 법칙들이 적용된다. 지시사항은 명료하고, 지지적이고, 간격을 충분히 하여 주어진다.

② 사망기법(death scence)

주인공은 중요한 사람(보조자가 역할하는)이 죽어가거나, 죽어서 입관되어 있을 때 말을 하도록 한다. 또는 주인공이 죽은 사람 역할을 하고 집단원들이 말을 시킬 수가 있다. 이 기법은 힘이 있으며, 주인공이 충분히 워밍업 된 상태가 되어 있어야 한다.

③ 미래 투사(future projection)

미래의 특정한 장면을 펼친다. 소장면을 포함하기도 한다. 가장 바라던 것과, 가장 두려운 일, 과장된 반응, 현실적 기대, 또는 닥쳐올 상황에 대해 탐색하기 등이다. 역할훈련에서 이 기법은 리허설과 행동연습에의 기회가 된다.

④ 마술가게(magic shop)

집단원들은 한 번씩 나와 자기가 가장 원하는 욕구를 인정해 주는 '상점주인'과 거래한다. 신비한 장면을 다소 재미있게 꾸미면서 상점 주인의 성격에 마술적인 힘이 있다는 점이 분위기를 만들어낸다. 관객집단으로 하여금 참여하여 이러한 교환이나 타협이 어느 정도 시적·낭만적 공평성이 있음을 알게 할 수 있다.

⑤ 꿈 실연 기법(dream presentation)

현재 일어나는 것처럼 실연된다. 보조자는 유생물, 무생물을 모두 묘사한다. 끝나지 않은 꿈을 끝냄으로써 두려움을 명료화하고, 긍정적이고 선택된 해결에 대해 인정하도록 한다. 심리극은 이처럼 꿈과 주어진 환상을 펼쳐볼 수 있는 좋은 기회가 되며, 내면의 경험을 증진시켜 준다.

⑥ 등뒤기법(behind the back)

주인공은 방구석으로 가고 집단에게서 돌아서 앉는다. 집단은 주인공이 없는 것처럼 하고 의견을 나눈다. 다른 방법은 주인공이 장면이나 상황을 보여준다. 그러면 집단은 인물에 대해서보다 문제에 대해 토론한다. 또 다른 방법은 집단이 주인공에게서부터 뒤돌아 앉도록 하고 어떤 자극이 있어도 아무 반응도 보이지 않도록 한다. 한편 주인공은 집단 개인 개인마다에 대해 자신의 느낌을 말하도록 한다.

(4) 갈등해결 기법

① 역할훈련(role training)

목적은 주로 역할을 연습 연마하는 데에 있다. 직장 면담에서 행동하는 방법, 데이트 신청하는 방법, 영업사원에게 거절하는 방법 등 기본 과업은 주로 초기에 있게 되며, 관련된 깊은 정서를 탐색하는 데는 노력을 하지 않는다.

② 통과기법(breaking in)

주인공은 소외감에 대처하는 노력으로 또는 내면의 느낌 속으로 빠져들기 위해 다음과 같이 한다. 안쪽을 향해 서로 붙들고 있는 10여 명의 집단원 안으로 힘을 들여(너무 폭력적이지는 않게) 들어가도록 한다. 일명 원돌파법(plunping in circle)이라고도 한다.

③ 분광기법

집단에게 토론주제가 되는 어떤 문제나 특성에 대해서 집단은 자기들이 서 있는 위치나 자기 스스로 평가하는 바를 보여주는데, 방에 보이지 않는 선을 긋고 그 선 위에 올라서도록 한다. 이 기법은 문제를 객관화하고 명료화하므로 토론의 여지가 많아진다. 행위사회측정학의 일차원 형태이다.

(5) 워밍업 기법

① 보조의자(auxiliary chair)

주인공이 실연 시 보조인물 역할을 하는 사람(보조자) 대신 빈 의자가 그 위치를 대신한다. 이 기법은 주인공의 공격적이거나 착한 느낌을 보다 자발적으로 표현하게 해주며, 집단의 구성에 따라 또는 주인공이 다른 사람 앞에서 느끼는 당혹감에 따라 달라진다. 매우 가치 있는 기법으로 일 대 일 치료적 장면에서 쓰이며, 게슈탈트 치료에서 중요한 부분이 되고 있다.

② 비밀 나누기

집단원들은 각자 종이 위에 비밀을 쓰고 통에 넣어 섞는다. 그리고 나서 비밀을 하나씩 꺼낸다. 각자는 자기 비밀을 뽑지 않도록 하며, 그 비밀을 읽은 후 마치 자기 비밀인 양 1~2분간 좀더 자세히 정성들여 설명한다. 이 기법은 9명 이하 집단에 가장 좋다. 워밍업으로 유용하며, 집단응집력을 갖게 하고 공감대를 형성하는 기법이기도 하다. 하지만 장난이 되지 않게 그리고 자신의 비밀이 노출될 수도 있으므로 신뢰도가 다소 높은 집단에서 조심스레 사용되어야 할 것이다.

③ 행위사회측정법

주인공은 가족들, 직업현장, 현재 집단, 기타 상황에서의 관계성에 대해 자각한 것을 마치 투시화나 조각처럼 보여준다. 거리감(멀고 가까움)을 구체적으로 보이며, 느낌을 얼굴 방향과 제스처로 나타낸다. Satir는 가족조각이라는 명칭으로 이 기법을 사용하고 있다. 동상 만들기라고도 불리운다.

④ 인도된 환상(guided fantasy)

지도자가 언어로 지시하는 대로 한다. 주인공은 이완하고 상상 속에서 지도자가 지시하는 대로 경험해 본다. 심리극 기법을 수정하여 주인공으로 하여금 상황이 일어나는 대로 대처하도록 변형되기도 한다. 이 기법은 집단 전체에게 할 수도 있으며, 모두 방에 흩어져 눕거나 머리를 가운데로 원을 그리고 누울 수도 있다. 워밍업이나 마무리 기법으로 유용하다. 주제로는 신체 내부나 바다 속으로 여행하거나, 기묘한 집이나 성을 탐험하는 것이다.

⑤ 동작과 춤(movement and dance)

주인공은 장면에서 아무 말 없이 움직이도록 할 수 있는데 목적은 정서를 보다 충분히 표현하기 위해서이다. 또는 장면에 워밍업되도록 하려는 것이다.

⑥ 음악과 리듬(music and rhythm)

준비작업이나 마무리를 위해 여러 가지 음악을 활용하는 기법이다.

이러한 기법을 응용한다면 교정상담의 실제에서 사이코드라마 전체가 아닌 부분을 활용할 수도 있다. 사이코드라마의 기술을 익혀 교정상담에 적용한다면 다음과 같은 유용한 점이 있다.

첫째, 적절히 표출하지 못해 억압되었던 개인의 경험이나 억눌린 감정 등 다양한 측면을 역할놀이 등을 통해 자각하게 하여 클라이언트의 자기인식을 향상시키고 감수성을 높여 대인관계를 유지, 향상시키는 데 유용하다.

둘째, 집단에서 활용함으로써 관객으로 있는 집단성원도 함께 치료의 과정을 경험케 할 수 있어 범죄나 비행의 유형이 같은 이들에게 공감을 줄 수 있고 예방과 치료에 효과적이다.

셋째, 역할분담 행동을 강화시켜 비행청소년들에게 다양한 가치체계를 경험하게 함으로써 자신의 부적응 행동을 이해하게 되어 적응력을 높일 수 있다.

넷째, 역할놀이를 통해 비행청소년의 비행 원인과 가족 간의 역동적 상호작용에 대하여 체계적인 자료를 얻음으로써 비행문제를 가족 속에서 재검토케 하고 유효한 치료방법과 예방대책을 탐색하는 데 도움을 준다.

2. 행동치료(행동수정)법

Skinner가 Pavlov의 여러 조건형성 이론을 그의 이론에 많이 포함시켰지만 많은 인간행동은 단순한 반사나 조건반응으로 구성된다고 믿지는 않았다. 그에 따르면 대부분 인간의 사회적 행동은 유기체에 의해 자유스럽게 발생한 행동인, 즉 2차적인 부류의 행동이다. 왜냐하면 이같은 행동 형태는 유기체가 그의 환경에서 행동을 일으키고, 환경을 통제하고, 그것에 의해 통제받는 활동적인 유기체를 의미하며 Skinner는 이 반응을 특별히 조작적(operant)이라 불렀다.

조작행동(도구적 혹은 조작적 조건화에 의해 산출된)은 반응에 뒤따르는 어떤 사건이 결정한다. 즉, 하나의 행동은 어떤 결과가 뒤따르고 그 결과의 특성은 유기체가 미래의 그 행위를 되풀이하는 경향을 조정한다. 행동수정의 주요 기법을 요약해 보면, 다음 바람직한 행동을 증강시키는 방법과 바람직하지 못한 행동을 감소시키는 방법으로 대별해 볼 수 있다(법무부, 1999; 22-23).

1) 정적행동 강화법

(1) 정적 강화

부모나 교사들이 일반적으로 사용하는 행동수정의 방법은 아동이 어떤 바람직한 행동을 할 때 보상하는 것이다. 이러한 보상을 '정적 강화자극'이라고 한다. 즉, 미래의 행동발생률을 향상시킬 수 있는 후속자극은 모두 정적 강화자극이라고 할 수 있으며, 이러한 후속자극으로 행동 강도를 증가시키는 과정을 '정적 강화(positive reinforcement)'라고 말한다. 흔히 사용되는 정적 강화에는 음식, 돈, 승진, 인정, 주목, 칭찬, 자유시간, 사탕, 어떤 특혜를 주는 것 등이 있다. 또한 여러 가지 간단한 언어 응답이 개인에게 자기 승인과 자존심을 앙양시켜 주는데 예를 들면 '좋았어', '훌륭해', '잘한다'와 같은 칭찬 등이다.

(2) 부적 강화

부적 강화(negative reinforcement)는 어떤 바람직한 행동을 할 때 학생이 싫어하는 대상물을 제거해 주는 방법을 말한다. 이때 제공되는 것을 부적 강화자극이라고 말한다. 정적 강화나 부적 강화나 모두 어떤 행동의 발생빈도를 증가시킨다는 점에서 동일하다. 다른 점은 정적 강화는 바람직한 행동을 함으로써 어떤 바람직한 것(예를 들면, 휴식, 칭찬, 음식, 돈 등)을 얻게 되고, 부적 강화는 바람직한 행동을 함으로써 어떤 불쾌한 것(예를 들면, 교사의 꾸중, 화장실 청소, 또는 구속)을 피할 수 있다는 것이 다르다.

(3) 차별강화

차별강화란 어떤 사람의 여러 행동 종목 중 어느 하나만을 골라 선택적으로 강화하는 방법을 말한다. 예컨대, 교사의 허락 없이 수시로 자리를 뜨고 돌아다니는 아동의 경우, 이 아동이 제자리에 앉아 있을 때에만 강화를 하고 그 외의 시간에는 강화를 회수하는 방법이다. 이때 행동수정 목표는 교사의 허락 없이 자리를 뜨고 돌아다니는 행동 자체이다. 차별강화의 기술은 학생이 이미 할 수 있는 어떤 행동을 더 자주 많이 하도록 할 때 사용된다.

(4) 행동조형

행동조형(shaping)의 기법은 아동이 한 번도 해본 적이 없거나 거의 하지 않는 어떤 새로운 행동을 가르치려고 할 때 효과적으로 응용될 수 있는 기법이다. 예컨대, 숙제를 전혀 해본 적이 없는 아동에게 숙제를 매일 해올 수 있도록 지도하는 것은 좀 어려운 일이다. 이와 같이 어떤 학생이 한 번도 해본 적이 없는 새로운 행동을 가르치는 데에 행동조형 또는 점진접근법이라는 방법이 유효하게 사용된다. 여기서 행동조형이란 어떤 최종 목표행동을 정해 놓고 현재 아동이 그 목표에 얼마나 유사한 행동을 할 수 있느냐 하는 것을 파악하는 데서부터 시작된다.

(5) 용암법

용암법(fading)이란 한 행동이 다른 사태에서도 발생할 수 있도록 그 조건을 점차적으로 변경해 주는 과정을 말한다. 예컨대, 집에서는 안경을 쓰지만 학교에 가면 안 쓴다든지 식구들 앞에서는 말을 잘 하지만 이웃이나 학급의 학생들 앞에서는 말을 못 한다든지 하는 경우에 용암법이 사용된다. 용암법은 어떤 특정한 행동을 일어나게 하는 자극을 점차 변화시켜 특정한 반응을 통제하고자 하는 변화된 자극이 되게 하는 것이다.

(6) 간헐강화

어떤 행동이 발생할 때마다 강화하지 않고 부분적으로 강화하는 것을 간헐강화(intermittent reinforcement)라고 한다. 조작적 조건화의 중요성은 모든 다른 조건이 동일하다면 강화된 행동은 반복되는 경향이 있으며, 반면 비강화되거나 처벌받은 행동은 반복되지 않거나 소멸되는 경향이 있다는 사실에 근거한다.

2) 부적행동 감소법

(1) 상반된 행동의 강화

Skinner가 말하는 바람직하지 못한 행동의 발생률을 감소시키기 위한 가장 훌륭한 방법은 상반되는 행동을 긍정적인 강화를 통해서 조건화하는 것이다. 그는 긍정적인 강화인자는 불쾌한 자극과 관련된 부정적인 부산물을 야기시키지 않는다고 주장했다. 그러므로 이 방법은 개인의 행동을 더 효과적으로 조형시킬 수 있다.

간단한 하나의 예가 이 방법의 적용 가능성을 시사해 준다. 유죄를 선고받은 중죄인은 대부분 감옥에서 견딜 수 없는 상황에 놓인다(외국의 여러 감옥에서의 최근 몇 년간의 폭동이 그 증거가 된다). 범죄를 교정하려는 대부분의 시도가 비참하게도 실패했는데 이것은 상습범과 재범의 비율이 높아진 것으로 알 수 있다.

이와 같이 Skinner의 방법은 감옥의 환경 조건을 재조정해서 법을 준수하는 사람과 비슷한 행동을 하면 긍정적인 강화를 주도록 하는 것이다. 예를 들면, 죄수가 사회에 적응할 수 있는 기술, 가치, 태도 등을 학습할 때 그 행동을 강화해 주는 것이다.

(2) 소멸

바람직하지 못한 행동의 발생률을 감소시키기 위하여 사용할 수 있는 또 하나의 방법은 그런 행동이 더 이상 강화될 수 없도록 이제까지 주어지던 강화를 차단하는 일이다. 그러면 그 행동의 발생률이 낮아지다가 결국 없어지는데 이런 현상을 소멸이라고 한다. 학생이 부적절한 행동을 할 때 교사가 신경을 쓰고 야단을 치면 그런 행동이 더 심해지는 경우가 있다. 즉, 교사가 신경을 써주고 관심을 가져주는 것은 그만큼 학생을 유쾌하게 하는 일이 되기 때문이다. 즉, 야단맞는 일이라 하더라도 교사가 무시하는 것보다는 낫기 때문이다. 이런 아동에게 가장 좋은 약은 그들의 행동을 무시하는 것이다.

(3) 벌

벌은 어떤 행동에 후속되어 그 행동이 재발될 확률을 감소시킬 수 있는 자극이다. Skinner는 이 벌을 현대생활에 있어 행위를 통제하는 가장 일반적인 기법이라고 말한다. 만약 어린애가 잘못을 하면 매를 맞거나 야단을 맞는다. 만일 학생이 시험을 볼 때 부정행위를 하면 제재를 당한다. 만약 어른이 도둑질을 하면 벌금을 물거나 감옥에 간다. 벌은 어떤 반응을 강화해 주기보다는 최소한 일시적으로 그 반응이 다시 발생할 가능성을 감소시킨다. 벌의 목적은 사람이 그 방법으로 다시 행동하지 못하도록 유도하는 데 있다.

많은 인간의 행동은 개인의 어떤 반응과 연관된 고통, 불쾌, 불안을 가져오는 혐오자극을 통해 통제될 수 있다. 일반적으로 널리 쓰이는 혐오자극 통제의 두 가지 방법은 벌과 부적(negative) 강화이다. 이 두 가지 방법을 나타내는 용어는 혐오자극 통제의 개념상의 정의나 행동의 효과를 나타내는 것과 흔히 동의어로 사용되어 왔는데 Skinner는 이를 구별하여 벌은 어떤 표적행동을 감소시키는 것이고 부적 강화는 어떤 표적행동의 발생 빈도를 증가시키는 것으로 설명하고 있다.

벌 : 지각생에게 청소당번을 시키니까 지각생이 줄어든다(지각생의 감소).
표적행동 : 지각, 벌 : 청소당번
부적강화 : 청소당번이 싫어 일찍 등교한다(일찍 등교하는 행동 증가).
표적행동 : 일찍 등교함, 부적 강화 : 청소당번을 면함.

(4) 혐오자극법

동물실험에서 많이 쓰지만 사람의 경우는 내담자가 강력히 요구하지 않는 한 윤리적 이유 때문에 잘 쓰지 않는다. 이 기법에는 두 가지가 있다. Pavlov식 혐오법(Pavlovian aversion)은 병적 행동을 없애기 위해서는 그것을 유발하는 자극이 생길 때마다 불쾌한 자극을 줌으로써 처음 자극이 생기지 않게 하는 방법이다. 동성애에 대한 충동이 일어날 때마다 전기자극을 준다. 즉, 동성애의 유쾌한 자극과 전기의 불유쾌한 자극을 짝지움으로써(pairing) 결국 동성애를 포기하게 만든다. 조작적 혐오법은 병적 행동이 일어났을 때 전기 작극, 술이나 음식에 구토제를 첨가하는 등 처벌의 형태로써 주는 방법인데 알코올중독자 치료에 쓰이기도 한다.

(5) 자극포화법

자극포화(stimulus saturation)는 혐오법(aversion)의 한 방법이다. 병적 행동을 충족시켜 줄 수 있는 자극을 정도가 넘도록 줌으로써 질려 버리게 하는 방법이다. 담배를 끊고 싶어도 안 되는 사람에게 그가 피우고 싶은 이상으로 피우게 함으로써 아예 생각조차 못하게 하는 방법이다. 강박행동 내담자에게 흔히 쓰여진다.

(6) 기타 방법

① 질책법

질책이란 어떤 방식으로든 인정하지 않는 표시를 하는 것이라고 한다. 질책은 언어적 진술이 보통이지만 손가락을 흔드는 것과 같은 동작이나 성난 표정도 질책이 될 수 있다. 질책의 이점은 부적응행동이 발생한 직후에 쉽게 적용할 수 있고 준비가 필요없으며 상대편에게 신체적 불편을 주지 않는다는 것이다.

질책은 사소한 행동의 잘못이더라도 문제가 발생한 직후에 제공되어야 한다. 어떤 학생이 친구와 이야기하려고 뒤돌아볼 때 곧 "똑바로 해"라고 말하는 편이 두 학생이 서로 이야기를 주고받을 즈음이 되어서야 "내가 너희들에게 조용히 하라고 몇 번이나 말했어"라고 소리치는 것보다 낫다. 또 다른 중요한 방법은 학생이 주의를 끌도록 눈짓을 하되, 되도록 학생 가까이 가서 하며 또한 문제를 명시해 주는 일을 한다. 행동이 나아진 후에는 인정하는 말을 해 주는 것이 중요하다.

질책 사용시 주의할 것은 질책을 관심의 형태로 학생이 받아들이거나 긴 설명이 필요한 질책이라면 오히려 강화의 역할을 하게 된다. 질책은 간단하고 예리해야 하며 적절한 행동에 대한 인정과 연합되어야 한다.

② 내폭요법

아동이 도피할 수 없는 환경 속에서 공포자극이 나타나게 치료 사태를 준비한다. 치료자는 아동의 공포와 관계있는 공포 사태를 말해 주고 아동으로 하여금 그것을 심상하게 하되 모든 감각을 통해 가능한 한 강하게 경험하게 한다. 이런 공포의 폭발이 내적 폭발이기 때문에 내폭이라고 한다. 이런 내폭이 반복되어도 해를 입지 않으므로 그 자극은 불안 야기력을 상실한다. 내폭요법자들은 처음부터 아동이 일으킬 수 있는 가장 무서운 장면을 가능한 생생히 심상하게 하는 것이 체계적 감각과 다른 점이다.

③ 격리법

격리법이란 수업중 그릇된 행동을 하는 아동을 일시적으로 다른 장소에 격리시키는 방법이다. 즉, 학생들이 수업중에 그릇된 행동을 한 다음에 받게 되는 정적 강화의 기회를 차단함으로써 그 행동이 강화되지 않도록 하는 일종의 벌이다. 예컨대, 수업중 이상한 몸짓으로 학생들을 웃기는 경우, 그의 그릇된 행동은 교실 안의 급우들에 의해 강화되고 있다고 할 수 있다. 그의 행동을 소멸시키기 위해 급우들의 웃는 행동을 통제하기보다 그 학생을 잠시 다른 곳에 격리시킴으로써 그의 이상행동이 강화받지 못하도록 한다.

3. 현실요법

현실요법은 1960년대 중반 이후 상담자들에게 급속히 인기를 얻게 되었으며 이는 정신건강 및 지역의 사회사업기관과 학교의 개인상담 및 집단상담에 적용되었다. 현실요법은 수많은 긍정적인 속성에 기인한다고 할 수 있는데, 즉 이해하기 쉽고, 기법이 적으며 상식을 기초로 하며, 결과 및 성취 지향적 · 문제 중심적이며, 시간, 자원, 노력에 있어서 효율적이다. 현실요법은 상식적이기 때문에 고도로 훈련된 전문가들뿐만이 아니라 책임감있는 다양한 종류의 사람들도 배우고 사용할 수 있으며 이 방법은 치료적이기보다는 예방적인 방법이다.

1) 주요 원리

현실요법은 내담자의 성공정체감을 발달시킨다는 목표를 달성하는 데 관련되는 여덟 가지 중요한 원리를 가진 활동적인 조력체제이다. 앞의 세 가지 원리는 유대관계와 동기에 초점을 둔 것이고, 나머지 다섯 가지는 내담자로 하여금 책임 있는 방식으로 자신의 욕구를 충족시킬 수 있도록 돕는 것을 강조하는 것이다(Glasser, 1981 ; 김형태, 2000 ; 167-170 재구성).

① 내담자와 개인적인 유대관계 맺기

현실요법에서 유대관계의 원리는 인간 중심 치료의 공감과 비슷하다. 현실요법가들은 개인적이며, 관심을 가지고, 순수하게 행동함으로써 라포와 신뢰감을 형성한다. "우리들의, 당신들의, 나는, 너는, 우리는, 우리들을" 같은 사적인 단어들이 개인적인 유대관계를 위해 사용된다.

② 내담자의 감정보다는 현재 행동에, 과거보다는 현재 시간에 초점 두기

현실요법에서는 먼저 행동이 변화되지 않는다면 현재의 감정이 변화되기는 매우 어려울 것이라고 주장한다. 내담자는 보다 책임있는 방식으로 삶을 시작할 수 있게 하기 위하여 자신의 행동을 자각하는 것이 필요하다. 감정을 변화시키기보다는 행동을 변화시키는 것이 더 쉽고, 감정의 변화는 행동의 변화에 수반되는 것이 보통이기 때문에 현실요법에서는 행동에 초점을 둔다.

③ 내담자로 하여금 자신의 행동을 평가하고 판단하도록 돕기

내담자는 자신의 행동을 평가하고 그가 현재 하고 있는 것이 자신의 욕구를 충족시킬 수 있는 것인지에 관해 가치 판단하는 것이 필요하다. 치료자는 내담자가 상담 장면 밖에서도 평가할 수 있도록 돕는데, 능동적이면서도 객관적이어야 한다. 또한 행동의 옳고 그름을 판단하는 사람은 반드시 내담자 자신이어야 한다.

④ 책임있게 행동하는 계획을 세우도록 돕기

내담자가 일단 자신의 행동이 잘못되었다는 것을 깨닫고, 보다 책임있는 방식으로 행동하기로 결정하면, 치료자는 내담자로 하여금 현실적인 계획을 발전시키도록 돕는 데 집중한다. 내담자에게 계획을 강요하는 것은 좋지 않다. 왜냐하면 내담자가 어떤 계획을 받아들일 것을 치료자가 아무리 원하더라도 결국 그 계획의 성공은 내담자에게 달려 있기 때문이다.

⑤ 내담자가 책임있는 행동 단계를 결성하고 서약하도록 돕기

Glasser의 서약원리는 계획을 성공적으로 수행하려는 내담자의 동기를 높여 준다. 계획에 대한 서약은 내담자를 그 계획 자체와 내담자를 돕는 사람과 함께 개인적인 관계로서 묶어 준다. 서약은 내담자가 행동 단계를 시작하도록 격려하고 강화한다. 서약에 의해 내담자는 일상적인 삶의 타성을 막을 수 있는 방법을 생각하고, 행동하도록 자극받는다. 서약은 자기자신과는 물론 조력자에 대한 약속이다.

⑥ 내담자가 계획을 수행 또는 완수하지 못한 경우 변명을 허용 않기

현실요법에서는 변명을 받아들이지 않기 때문에 어떤 계획이 왜 성공하지 못했는가를 밝히는 데 시간을 소비할 필요가 조금도 없다. 비록 내담자가 불운한 사연을 가지고 있거나 또는 어떤 사람이나 어떤 사건 때문에 계획의 완수가 방해를 받았다고 생각할지라도 그 계획이 실행되지 않았다는 것은 여전히 사실로 남아 있다. 더욱이 불수행을 변명한다고 해서 성공이 찾아오는 것도 아니다. 많은 내담자들이 처음 시도할 때에는 수많은 이유 때문에 성공하지 못한다.

⑦ 내담자의 실패에 대해 처벌은 하지 않되, 응분의 결과를 받아들이도록 하기

Glasser는 "우리는 처벌이 환자가 성공하는 데 필요한 유대관계를 방해한다고 믿는다"라고 말했다. 그는 처벌을 "신체적 혹은 정신적으로 고통을 주는 타인의 조치"

로 정의하였다. 실패에 대해 내담자를 말로 꾸짖는 것은 내담자를 비언어적으로 거부하는 것과 마찬가지로 처벌로 간주될 수 있다. 치료자가 하는 경미한 비판일지라도 내담자로 하여금 "난 틀렸어! 난 안돼"라고 말하도록 만들 수 있다. 이렇게 스스로 낙인을 찍어버림으로써 치료자가 제거하려고 하는 바로 그 실패정체감을 유발하고, 개인적 유대관계를 파괴한다. 따라서 처벌은 처음에는 약간의 효과가 있을지라도 처벌이 많으면 많을수록 문제해결로 나아가기보다는 문제해결을 또한 변병으로서의 역할만 할 뿐이다.

⑧ 절대 포기하지 않기

상담자는 내담자가 어떠한 말이나 행동을 하더라도 그의 변화 가능성에 대해 끝까지 희망을 버리지 않는다는 것이다. 내담자의 변화 가능성에 대해 포기하지 않는다는 것은 상담자가 진정으로 내담자가 친밀한 관계를 맺고 있다는 표시이며, 내담자의 소속감이 확고해지므로 계획을 실행하고 상담을 더욱 촉진시킨다.

내담자가 계획의 일부나 또는 전부에서 실패했다 하더라도 치료자가 절대로 포기할 수 없는 몇 가지 이유가 있다. 먼저 현실요법가들은 행동을 개인적 가치로서 판단하지 않는다. 행동에 실패했다는 것은 내담자가 그것을 하지 않았다는 것일 뿐이다. 둘째, 치료자의 '포기행동'에 대한 내담자의 모방은 이 체계의 원리에 상반되는 것이다. 셋째, 포기하는 것은 유대관계를 파괴할 수 있으며, 내담자의 자기가치감을 손상시키며, 내담자가 가진 대안들을 일축시켜 버린다.

2) 주요 기술

현실요법의 주요 기술은 앞에서 기술한 8가지 기본 원리를 사용하며, 대체로 이 원리를 따른다. 이 8가지 원리는 치료과정에 포함된 융통성있는 단계로 볼 수도 있다. 효과적인 치료자는 이 단계들을 잘 고수하지만 기계적으로 집착하지는 않는다. 성공적인 치료를 위한 왕도란 없다. 현실요법에서 기본적으로 사용되고 있는 주요 전략적 기술을 요약하면 다음과 같다(장혁표 · 신경일, 1996 : 이형득, 1994).

① 유대관계

치료자는 어떻게 내담자와 순수한 유대관계를 달성하고 촉진할 수 있는가? 모든 치료자들이 유대관계를 형성하는 유형과 기법은 독특하다. 내담자를 배려하는 태도를 표현하기 위해서 치료자는 그 순간에 당장은 되돌아오는 것이 없다 해도 인간에 대한 이해, 가치, 공유, 보살핌, 의사소통 및 관계를 열망하는 동기가 있어야 한다. 치료자는 안전하고, 성숙하고, 책임감 있으며, 비위협적이고, 현실과 확고한 접촉을 가지고 있어야 한다. 타인을 조종하거나 권위를 행사하지 않고, 그들을 통제하지 않으면서도 타인을 돕는 데 대한 순수한 관심을 가지고 있어야 한다.

② 여기-지금의 준수

비록 우리가 내담자의 현재 행동에 주의집중해야 한다는 것을 이미 알고 있다 할지라도, 조력전략으로서 현재 행동을 강조하는 것은 중요하다. 특히 초보 치료자의 경우 현재 행동에 초점을 유지하는 것이 어렵다. 많은 내담자는 현재의 고통과 불행에 기여했던 과거의 상처, 잘못 또는 사건을 논의하게 되면 도움이 될 것이라고 잘못 알고 있다. 이처럼 과거와 외적인 사건에 초점을 두는 것은 내담자가 성공정체감을 획득하는 데 아무런 영향도 미치지 못한다.

③ 현실요법의 원칙 실천하기

효율적인 현실요법가는 내담자가 보다 책임있는 행동을 학습하는 데 촉진적이 될 수 있는 바로 그 방법대로 생활하고 실천한다. 치료자는 다음과 같이 자신의 인간적·전문적 욕구를 책임있는 방식으로 충족시킨다.

첫째, 신체적·정신적 건강을 유지하기 위해 충분한 휴식, 운동 및 영양을 취한다.

둘째, 흥분되고, 긴박한 일을 피하고 부드럽고 조용하면서 전문적인 환경을 조성하는 방식으로 일정과 일을 계획한다.

셋째, 내담자와 자신의 일에 신선한 시각을 주고, 또한 '고갈(burnout)'에 대비하기 위하여 전문단체에 가입한다.

넷째, 다른 현실요법가들과의 회의 및 인간성장 프로그램에서 자신의 문제를 포함하여 실제 문제를 다루어 본다.

다섯째, 각 상담회기 사이에 내담자를 위한 적절한 치료전략을 연구하고, 종합하고, 계획하는 것을 계속하여 항상 준비하는 자세를 갖는다. 즉, 효과적인 현실요법가는 단순히 되는 대로 치료회기에 임하는 자유방임적 방법에 의존하지 않는다.

여섯째, 현실요법의 원리를 직장, 가정 혹은 다른 관계 상황에서 적용한다. 만일 현실요법이 내담자를 돕는 데 기여한다면 자기자신이 사용할 때도 마찬가지로 좋을 것이며, 자신의 방법에 믿음이 없다면 실천할 수 없을 것이기 때문이다.

④ 긍정적으로 되기

현실요법가들은 긍정적이며, 건설적인 계획과 행동에 대해 이야기하고, 초점을 두며, 강화한다. 다른 치료자에게 노출된 내담자는 치료자가 자신의 불행과 문제, 실패, 실망과 골치아픈 상황을 자꾸 반복해서 듣길 원한다고 믿을지도 모른다. 이러한 부정적이고 우울한 논의는 내담자를 더욱 우울하게 만들며, 사고나 행동을 개선하는데 기여하지 못한다. 촉진적인 전략이란 내담자가 진실로 비참하게(혹은 우울하다 혹은 무기력하다) 느끼고 있는 사실을 수용하는 방식으로 반응하는 것이며, 내담자가 부정적인 습관에서 벗어나, 지금-여기에서 건설적이며 긍정적인 것에 초점을 두도록 고무시키는 것이다.

⑤ 내담자의 불행에 대한 반응

치료자는 먼저 치료의 목적은 개인적인 책임감이며, 내담자의 불행은 무책임한 행동의 원인이 아니라 결과라는 사실을 인식하고 있어야 한다. 가끔 내담자들은 치료의 목적이 행복을 확인시켜 주고, 유지해 주는 것으로 오인하는 경우가 있다. 행복이란 내적인 특성이며, 행복한 특성을 소유한 사람만이 순수한 행복을 발견하고 유지할 수 있다. 또한 누구라도 특히 치료자가 내담자에게 행복을 줄 수는 없으며 행복이란 책임있는 행동에 뒤따라오는 것이다.

⑥ 전체적으로 보기

현실요법에서는 내담자, 유대관계, 내담자-치료자 관계의 변화 및 치료적 변화의 과정을 전체로서 다룬다. 각 과정, 만들어진 모든 계획, 서약서 또는 계약서, 모든 전화통화 및 달성된 소목표들은 전체와의 관계 속에서 고찰된다. 이러한 이유로 녹음이나 관찰 같은 치료과정 분석기법에 대해서는 거의 가치를 두지 않는다. 대신에 치료자는 내담자에게 특수한 목표나 상황에서 그들이 어떻게 행동하는가를 물어볼 따름이다. 전체는 부분의 합 이상일 뿐만 아니라 내담자가 계속적인 성취를 경험하는 체계적이고, 과학적이며, 점진적인 단계들로서 볼 수 있다.

⑦ 유머 사용하기

현실적인 관점과 유머의 사용은 인생의 중요한 측면이다. Glasser와 Zumin은 심리

치료에 유머 사용을 주장한다. 이들은 "인간이 자신의 어리석음과 실수, 우연한 잘못에 대해 웃을 수 있는 능력은 정신적으로 건전한 자아개념의 최고 형태이다"라고 말한다. 치료가 항상 즐겁고 우스운 것은 아니라 하더라도 내담자와 치료자는 우스꽝스러운 인간의 조건에 대해 민감성을 유지하는 것이 좋다.

⑧ 내담자에게 직면하기

현실요법에서는 내담자의 책임감을 강조하고 변명을 허용하지 않기 때문에 직면이 필수적이고 효과적인 전략이 되는 것은 당연한 일이다. 비처벌적 · 조력적인 방식으로 내담자에게 직면하려면 인간으로서 내담자의 가치와 잠재 가능성은 공격하지 않으면서, 변명이나 무책임한 행동을 무색하게 만드는 기술과 주의집중 및 배려가 요구된다. 처벌은 내담자로 하여금 아무도 자신을 보살펴 주지 않는다는 신념을 강화시키는 반면에 직면은 치료자가 내담자 자신을 존중하고 진지하게 받아들이고 있다는 신념을 강화시킨다. 내담자의 변명, 설명 혹은 합리화에 대해 직면하는 것은 때때로 어렵지만 적절히 사용되면 책임있는 행동을 향한 내담자의 변화를 촉진한다.

⑨ 의식적 사고 다루기

현실요법은 현재 내담자의 의식적 사고만을 의도적으로 다루며, 꿈이나 환상, 기타 억압된 무의식적 갈등의 영역에서 비롯된 내담자의 무의식적 사고에 관련되는 것을 피한다. Glasser는 "내담자의 무책임성의 주요 원인인 무의식적 측면에 대해 강조하게 되면 내담자로 하여금 현실 직면을 회피할 또는 다른 변명의 여지를 주게 된다"고 말한다. 치료자는 의식적인 면만을 다룸으로써 내담자로 하여금, 그 자신이 욕구를 충족시킬 수 없는 방식으로 현재 행동하고 있다는 것을 더 잘 깨닫도록 할 수 있다.

⑩ 내담자가 자신을 이해하고 수용하도록 돕기

치료자는 내담자를 현재 있는 그대로의 인간으로서 관계맺음으로써 신선하고 신뢰할 수 있는 관계의 모범이 된다. 가치와 잠재력을 가진 인간으로서 현재의 내담자를 수용하는 것은 내담자로 하여금 자신을 수용하도록 가르치는 첫 단계이다.

⑪ 책임있는 행동을 계획하기

성공정체감 획득의 기준은 반드시 내담자로부터 나온 것이어야 한다. 치료자는 촉진자로서 행동하지만, 계획, 목표 및 서약의 주인은 내담자이다. 가장 빈번한 잘못된 치료전략 중의 하나는 내담자에게 강요하는 식으로 치료자가 계획을 제안하는 것이다. 이러한 계획은 수용될 수 없다. 치료자는 내담자가 진실로 원하는 것의 핵심을 파악하고 현실적인 계획을 발전시키고, 주인의식을 갖도록 하는 것에 능숙한 것이 필수적인 조건이다.

4. 교류분석(TA)요법

교류분석은 의사거래분석, 의사교류분석이라고도 불려지는데 의사거래란 "두 사람 혹은 그 이상의 사람들의 관계 상황에서 일어나는 사회적 상호 교섭의 한 단위"이다(이형득 외, 1984; 236). 1950년대 Eric Berne에 의해 창시된 교류분석(transaction analysis)[7]은 계약과 결정이라는 치료 방식을 취한다. 이런 면에서 Woollams와 Brown은 TA치료를 "적어도 한 사람이 개인적인 변화를 위해 노력하고 있고 또 다른 사람, 즉 치료자는 그런 변화를 촉진하기 위해 TA 준거틀을 사용하고 있는 관계를 의미한다"고 말하였다. 교류분석에서는 정서적인 어려움을 부모의 불건전한 초기 메시지에 대한 반응으로서 부적절한 결정들이 내려진 결과라고 생각하며, 개인들은 새롭고, 더욱 적절한 결정을 내릴 수 있는 능력과 책임이 있다고 주장한다는 점에서 의사결정적 접근이라고 설명될 수 있다.

교류분석의 공통적인 특징 중 하나는 TA 상담자들이 공유하고 있는 개념을 설명하기 위해 일군의 개념과 어휘들을 사용하고 있다는 것이다. 이런 용어에는 부모(P), 어른(A), 어린이(C), 각본, 게임, 만성부정감정, 무시(discounting), 스템프(stamps), 스트로크, 계약, 결정 및 재결정들이 포함된다. 이런 점에서 Woollams와 Brown은 모든 TA치료자들은 자아상태 및 생활각본 개념을 가지고 치료하며, 자·타긍정(I'm OK-You're OK)이라는 가정에 기초한 치료접근을 강조한다.

하나의 치료방식으로서 TA는 대체로 집단상황에서 가장 많이 실행된다. 그 이유는 집단상황이 그 구성원들에게 자신의 상호작용 방식에 대한 중요한 피드백을 상호 교환할 수 있는 기회가 될 수 있을 뿐만 아니라, 적절한 행동적 변화를 강화할 수 있

7) 성격, 대인관계, 의사소통에 관한 이론의 하나로, 환자 또는 기타 사람들로 구성된 특정집단의 구성원간에 이루어지는 교류의 측면에서 상호 관계를 분석하는 기법이다.

도록 서로 서로 스트로크(자극에 대한 욕구)를 제공할 수 있기 때문이다. 그러나 TA는 또한 강도 높은 워크숍 형식으로 실행될 수도 있다. 어떤 TA이론가들은 이러한 강도 높은 경험이야말로 내담자의 빠른 변화를 가져올 수 있는 방법이라고 생각하기 때문이다(장혁표 · 신경일, 1996; 259).

5. 사회요법

사회적 요법(social therapy)은 지금까지의 심리적 또는 행동수정 프로그램의 약점을 보완하기 위해서 시도된 요법으로서 재소자들을 위해 건전한 사회적 지원 유형을 개발하고자 하는 것을 주요 내용으로 한다. 범죄가 범죄자 개인만의 문제라기보다는 개인적 적성이나 특성과 주변 환경의 복합적인 상호작용의 산물로 인식되는 마당에 범죄자 개인만을 대상으로 하는 어떠한 노력도 범죄자를 변화 개선시키기에는 충분할 수 없다는 각성에서 시작된 것이다.

여기서 우리가 사회적 요법이라고 이름 하는 이유는 이들 프로그램이 교도소 내에서의 친사회적인 환경의 개발을 시도하기 때문이다. 사회적 요법이라고 할 수 있는 대표적인 상담치료방법은 환경요법과 긍정적 동료부문화라는 것이 있다.

1) 환경요법

환경요법(milieu therapy)은 모든 교정환경을 이용하여 재소자들간의 상호작용의 수정과 환경통제를 통해서 개별재소자의 행동에 영향을 미치고자 하는 것으로서, 그 대표적인 프로그램이 발고 요법처우공동체(therapeutic community)이다. 이 요법처우공동체는 사실 여타의 요법처우와는 달리 시설 내의 사회 환경을 강조한다는 점에서 혁신적인 기법이라고 할 수 있다. 그러나 요법처우공동체는 여타의 처우요법을 무시하지 않고 그 속에 포함시키고 있다. 그럼에도 불구하고 처우의 대부분은 사회적 활동에 투자되고 있다.

이러한 관점에서 볼 때 요법처우공동체는 재소자가 자신이 살아가야 할 사회적 환경을 만들고 유지할 책임감을 가질 때 비로소 진정한 변화가 일어날 수 있다고 가정한다. 따라서 시설 내 모든 활동은 적적한 사회적 태도를 견지한 법을 준수하는 생활양식을 조장하는 재소자문화를 개발하는 방향으로 이루어져야 한다는 것이다. 이러한 프로그램은 모든 것이 친사회적인 시설환경이나 분위기를 엮어 내는 데 도움이 되는 시설정책의 중요한 변화를 전제로 한다. 시설 내 모든 관행이 관료적이지 않고 민주적이어야 하며, 모든 프로그램은 구금보다 처우에 초점을 맞추어야 하며, 시설의 일상적 활동이 억압적이기보다는 인본주의적 목적에 우선순위를 두어야 하며, 융통성이 중시되어야 한다는 것이다.

그러나 전통적 교정시설이 이와 같은 환경의 시설로 변화하기는 쉽지 않은 문제이기 때문에 이를 위해 필요한 몇 가지 전략을 강구할 수 있다. 우선 재소자와 교도관을 이러한 요법처우공동체에 적합한 사람으로 채용하고 수용한다. 그리고 교도소의 물리적 시설도 기숙사와 같이 설계되고, 가급적 개방적이어야 한다. 끝으로 가장 중요한 사항은 소규모 재소자집단이 매일 소집되어 교도소관리, 재소자와 교도관의 상호작용 그리고 재소자행위 등에 관한 문제를 토의할 수 있도록 하여야 한다.[8)]

요법처우공동체는 교도소 내 전체 생활단위에서 이루어지고 있으며, 개인적 의사결정기회를 많이 제공할 수 있고, 보안과 처우요원 간의 전통적 갈등이 존재하지 않는다는 이점이 있다. 그 외에 교도관과 재소자 사이의 대화와 언로의 괴리를 상당부분 메울 수 있었다. 반면에 현재의 과밀수용은 요법처우공동체의 실현을 어렵게 하며, 대부분의 교정당국에서는 그들이 통제력을 상실하는 것이 두려워 요법처우공동체를 시행하는 데 필요한 정도의 수형자자치를 허용하기를 꺼려한다.[9)]

따라서 요법처우공동체를 통제가 중시되는 교정시설에 도입하여 시행하기는 쉽지 않은 일이며, 더욱이 참여재소자에게 상당한 자율성을 부여하기 때문에 간헐적인 무질서의 위험성도 배제할 수 없다. 또한 현재의 교도소가 대부분 물리적 설계나 시설면에서 공동체처우를 시행하는 데는 장애요인으로 작용하기도 한다.

2) 긍정적 동료문화(positive peer culture)

이는 생산적인 청소년부문화를 형성하기 위한 집단적 접근법의 하나로서 집단지도상화작용(GGI)을 모태로 하기 때문에 시설 내 수용생활의 모든 면을 총동원하는 총체적 전략이다. PPC의 기본목표는 부정적인 동료집단을 생산적인 방향으로 전환

8) Clear and Cole, *op. cit.*, p. 344.
9) Bartollas, *op. cit.*, p. 137.

시키는 것이다. 이를 위해서 참여자에게 서로서로를 배려하도록 가르친다. 서로를 보살펴 줌으로써 청소년들은 문제를 파악하고, 그 문제를 해결하는 방향으로 노력하게 된다. 따라서 이러한 상호 보살핌이 확산되어 자연스럽게 되면, 상호 해침이란 자연스럽게 사라지게 되는 것이다.

PPC를 활용한 결과 청소년수용시설에서 수용사고가 적어지고, 프로그램이 더욱 부드럽게 운영될 수 있다는 사실이 밝혀지고 있다. 이 제도는 GGI와 마찬가지로 비행적 동료문화의 가치를 축소시키며, 청소년범죄자처우를 위하여 총체적인 전략을 활용하며, 범죄자에게 책임을 부여한다는 강점이 있다. 그러나 이 제도의 적용이나 효과성에 대해서 몇 가지 한계점도 지적되고 있다. 우선 이 제도가 부정적인 재소자 지도자의 영향을 과소평가하지는 않았는가라는 의구심을 불러일으킬 수 있다. 이보다 더 중요한 것은 일생 동안 약탈과 착취를 경험한 청소년범죄자들에게 상호 보살핌의 관계를 가르치는 것이 과연 가능한가라는 의문이 제기되기도 한다.[10]

3) 물리요법

지금까지 살펴본 각종 상담치료나 상담에 잘 반응하지 않고 별 효과가 없는 재소자에게는 아마도 보다 강제적인 기법이 필요한지도 모른다. 이들에게 이용 가능한 강제적 기법이 바로 물리요법(physical therapy)이며, 여기에는 약물요법과 같은 화학요법(chemotherapy) · 충격처우(shock treatment) · 거세 등이 포함될 수 있다. 물론 이들 요법이 반사회적 행위를 없애기 위한 계획의 일부로서 격한 고통을 부과하기도 하기 때문에 행동수정과 유사한 점도 없지 않다. 현재 거세나 충격처우와 같은 물리요법은 거의 활용되지 않고 있으나, 현재도 이용되고 있는 것은 진정제의 투약과 같은 약물요법이 주류를 이루고 있다. 이러한 약물투약은 사실상 사회적으로 수용될 수 없는 행위를 한 데 대한 준 처벌적인 것으로 이용되기도 한다.

이러한 약물요법이 때로는 환자(내담자)에 대한 종합적인 형가도 없이 이루어지고 있으며, 임상학자들에 의하면 약물 요법시 반드시 따라야 할 심리요법이 거의 실시되지 않고 있어 교정에 있어서의 약물요법에 대한 심각한 의문이 제기되고 있다. 약물의 오용은 곧 이들 유기요법(organic therapy)에 대해서 부정적인 시각을 갖게

10) Bartollas, *op. cit.*, p. 136.

하는데, 이는 범죄행위에 대한 생물학적 개입의 긍정적 가능성이 상당히 존재하기 때문에 약물요법의 가능성도 없지 않은 점을 고려할 때 매우 불행한 일이다.[11]

즉 다수의 유전적 문제나 생리학적 또는 생화학적 문제로 인한 범죄자에 대한 가장 효과적인 처우는 바로 이 약물요법일 수 있기 때문이다. 그러나 이러한 긍정적인 가능성은 항상 있지만 그 가능성을 적용할 대상, 즉 약물요법을 필요로 하는 범죄자와 재소자는 우리 사회의 전체 범죄자와 재소자 중 극히 일부분에 지나지 않는다는 점이나 강제적 상담치료라는 점에서 인권의 침해소지가 많다는 등의 문제가 지적될 수도 있다.

제 3 절 심리검사 및 척도지

심리진단적 검사에서는 검사자가 특수한 심리검사를 기초로 해서 개인적·정신적 특성과 행동양식에 대해 판단하게 된다. 이러한 심리진단을 목적으로 하는 심리검사는 "인간적 성취, 체험과 행동 영역에서 나타나는 개인차를 측정하여 기술하고, 또 원인을 진단해 내는 심리적 방법과 원칙에 관한 이론과 방법"이라고 정의할 수 있다. 즉, 심리진단검사란 인간의 성격, 능력 및 그 밖의 그 사람이 갖고 있는 심리적 특성의 내용과 그 정도를 밝힐 목적으로 일정한 조건하에 이미 마련한 문제나 혹은 직업을 제시한 다음 그 사람의 행동 또는 행동의 결과를 어떤 가정의 표준적 관점에 비추어 질적 혹은 양적으로 기술하는 절차라고 할 수 있다(강봉규, 2000; 25). 여기서는 대표적인 몇 가지만을 살펴보고자 한다.

1. MMPI(다면적 인성검사)

MMPI(The Minnesota Multiphasic Personality Inventory)는 세계적으로 가장 널

11) Judith Resnik and Nancy Shaw, "Prisoners of Their Sex : Health Problems of Incarcerated Women," in Ira Robbins(ed.), Prisoners' Rights Sourcebook, New York : Clark Boardman, 1980, pp. 319-413.

리 쓰이고 가장 많이 연구되어 있는 객관적 성격검사이다. 원래 MMPI는 1940년대 미국 미네소타 대학의 심리학자인 S. R. Hathaway와 정신과 의사인 J. C. McKinley에 의하여 비정상적인 행동을 객관적으로 측정하기 위한 수단으로 만들어졌다. MMPI의 일차적인 목적은 정신과적 진단분류를 위한 측정으로 만들어진 것이지 일반적 성격 특성을 측정하기 위한 것은 아니다. 그러나 병리적 분류의 개념이 정상인의 행동과 비교될 수 있다는 전제하에 MMPI를 통한 정상인의 행동 설명 및 일반적 성격 특성에 관한 유추도 어느 정도 가능할 수 있다. 다시 말하면, MMPI는 개인의 인성 특징의 비정상성 혹은 징후를 평가하여 상담 및 정신치료에 기여하기 위함은 물론, 비정상적이고 불건전한 증상이 진전될 가능성을 미리 찾아내어 예방 및 지도책을 도모하기 위한 검사이다.

질문지형 성격검사 문항에 대한 반응을 검토해 보면, 때로는 피검사자가 제시하는 자기보고와 타인이 그의 행동을 보고 느끼는 것에 차이가 있을 수 있다. 그 이유는 첫째로, 비록 검사문항을 제작한 사람들은 각 문항이 모든 피검사자에게 똑같은 의미로 해석되리라고는 하지만 항상 그런 것은 아니다. 예를 들면, "나는 자주 머리가 아프다"라는 문항이 있을 때, '자주'라는 말은 사람에 따라 하루에 한 번 혹은 한 달에 한 번 등으로 달리 해석될 수 있고, 이에 따라 '그렇다', '아니다'의 반응이 달라진다. 이렇게 검사문항에 내재하는 모호성 때문에 객관적으로 신뢰도가 높은 자기기술을 얻는 것은 어려운 일이다.

둘째 이유로는, 사람들 간에는 자기인식이나 적절한 행동을 보고자 하는 의지나 능력면에서 차이가 있기 때문이다. 그리고 MMPI의 특징 중의 하나는 검사태도를 평가할 수 있는 타당성 척도 4개를 포함하고 있는 것이다. 자기보고형 검사가 피검사자의 행동을 얼마나 정확히 반영할 수 있는가 하는 문제와 더불어 피검사자가 검사문항에 반응할 때 보이는 정직성 혹은 솔직한 태도 역시 중요하다.

2. MBTI

상담장면에서 MBTI(Myers-Briggs Type Indicator)[12]의 가장 기본적이고 보편적

12) C. G. Jung의 심리유형론을 근거로 하여 Katharine Cook Briggs와 Isabel Briggs Myers가

인 목적은 내담자로 하여금 자기 이해와 타인 이해 및 수용을 통해 자신을 심리기능적으로 성숙시키려는 데 있다. 또한 상담자의 측면에서 볼 때, 내담자의 유형을 이해함으로써 내담자의 가능한 행동을 예측하고 역동을 파악하는 데 도움이 될 수 있으며, 관계의 상호작용이나 가능한 어려움을 가정하고 다양한 상황을 효율적으로 대처할 수 있는 능력을 향상시킬 수 있다. 이러한 목적 외에도 MBTI가 상담장면에서 유용하게 활용되고 있는 중요한 이유는 MBTI가 정적이지 않고 역동적이며, 진단적이기보다는 안내지도적 성격을 띠며, 결과보다는 과정 지향적이기 때문이다(Ptovost, 1995). 또한 성격의 좋고 나쁨, 맞고 그름보다는 내담자 자신에게 자연스럽고 편안한 심리적 경향을 파악하도록 도와주고 개인의 대인 관계양상, 의사소통 패턴, 학습양식, 적성, 진로 등을 포함하여 자신을 이해하는 데 객관적인 토대가 되며, 타인에 성격의 역동을 이해하는 데 유용하기 때문에 상담장면에서 널리 사용된다고 볼 수 있다(김정택 · 심혜숙, 1993).

이처럼 상담장면에서 MBTI의 유용성이 많음에도 불구하고 다른 한편으로 상담자가 MBTI를 분명하고 명확하게 이해하지 못할 경우 성격 유형을 하나의 고정된 틀로 보고 내담자를 정형화하기가 쉬우며 가치가 편중된 해석을 하기가 쉽다. 또한 상담자가 자기 유형의 역동에 대한 이해와 확신이 없으면 MBTI가 상담자-내담자 역동을 이해하는 데 도움이 되지 못할 뿐만 아니라, 잘못 활용될 수도 있다. 따라서 MBTI를 상담장면에 활용하고자 하는 상담자는 우선 MBTI에 대한 뚜렷한 이해와 목적을 파악하고 있어야 하며 가치편중되지 않고 내담자의 심리적 기능의 어려움을 도와줄 수 있어야 한다.

3. 자아개념검사

KTC에서 1995년 발행한 정원식의 자아개념검사의 내용을 간략하게 살펴보면 다음과 같다. 임상심리 그리고 상담심리의 분야에서 연구를 거듭해 온 대부분의 심리

보다 쉽고 일상생활에 유용하게 활용할 수 있도록 고안한 자기 보고식 성격유형지표이다. 융의 심리 유형론은 인간행동이 그 다양성으로 인해 종잡을 수 없는 것 같이 보여도 사실은 아주 질서정연하고 일관된 경향이 있다는 데서 출발하였다. 그리고 인간행동의 다양성은 개인이 인식(Perception)하고 판단(Judgement)하는 특징이 다르기 때문이라고 보고 있다.

학자들은 학생 개개인을 이해하기 위하여 그들의 자아개념 혹은 자아구조를 알지 않으면 안 된다고 주장하고 있다. 즉, 한 개인이 자기자신에 대해서 가지고 있는 자아개념이 그의 행동에 많은 영향을 주고, 그의 성격과 정신건강에도 직접적인 관계가 있다는 것이다.

본 자아개념검사는 한 개인이 그가 처해 있는 생활의 장에서 자기자신 및 그의 주위 환경을 어떻게 느끼고 있는가를 알아보는 검사로서, 자기의 신체사항, 가족사항, 성격적인 면, 도덕적인 관념, 그리고 대인관계의 5가지 외적 측면에서 그 개인의 동일성, 자아의 수용 및 만족 그리고 외적 행동의 적극성과 소극성 등을 측정하는 것이다. 본 검사의 문항 수는 100개의 자기진술 내용으로서 자기자신의 영상을 나타내도록 짤막한 문장으로 되어 있다. 피검사자는 각 문항을 읽고 그 문항이 일상생활에서 자기자신과 관련된 정도에 따라 '항상 그렇다'고 생각하면 5에, '대체로 그렇다'고 생각되면 4에, '그렇다'와 '아니다'가 반반이면 3에, '대체로 그렇지 않다'고 생각되면 2에, '그런 경우가 거의 없다'고 생각되면 1에 ○표를 하도록 되어 있다.

본 검사에서 사용한 원문항들은 대부분 임상심리학자들의 상담과정에서 내담자들이 내놓은 이야기 중 자아준거가 되는 진술들로 이루어진 것이다. 이 밖에도 MMPI의 L척도에서 10개의 문항을 첨가하고 있다.

이렇게 수집된 문항들은 다음과 같은 조직에 따라서 분류하였다. 즉, 현상의 장을 내적 자아준거체제와 외적 자아준거체제로 분류하며 전자를 3개의 차원으로 나누고, 후자를 5개의 영역으로 나누어 3×5의 15개 유목을 형성하였다.

내적 자아준거체제는 ① 자기의 존중의식, ② 자기만족 혹은 자기수용, ③ 자기행동 경향으로 구분되고, 외적 자아준거체제는 ① 신체적 자아, ② 도덕적 자아, ③ 성격적 자아, ④ 가정적 자아, ⑤ 사회적 자아 등 5개의 영역으로 구분되어 있으며 이 외에도 타당도 척도인 한 개인의 자아평가유목이 독립되어 있다.

8
chapter

사회내처우

[학습목표]

1. 사회내처우를 이해하고 그 유형을 학습한다. 또한 보호관찰, 수강・봉사명령에 대하여 숙지한다. After Door와 Back Door에 대한 철저한 학습이 요구된다.
2. 소년선도보호제도의 이해와 판결전조사제도 및 환경조사, 새로운 제도인 결정전조사제도를 숙지하도록 한다.
3. 보호관찰심사위원회와 형의 선고유예와 집행유예, 가석방에 대해서도 살펴보도록 하며, 소년법에 대한 이해를 통하여 소년보호를 학습하고 갱생보호까지도 철저히 학습하도록 한다.

〈출제경향분석〉

- 이제까지의 학습은 시설내에서 이루어짐을 이해하였을 것이다. 과거의 행형은 교도소를 대표하는 시설내처우 중심이었으나 21세기의 교정행정은 사회내처우로 전환되고 있다.
- 출제 경향은 40% 이상을 점하고 있으며 형사사법기관의 평가에서 빈번히 출제되는 경향이 있다. 이러한 점을 감안, 상기 내용을 철저히 이해하고 숙지하는 노력이 필요하다.

제 1 절 사회내처우의 의의

사회내처우(다른 명칭은 비시설처우, 사회내교정, 지역사회교정, 보호적처우 등이다)는 범죄인을 일정한 시설 안에 구금·수용하지 않고 사회 안에서 자유로운 생활을 영위하면서 일정기간 지도와 통제를 받게 하는 형사정책상의 제도를 의미한다.[1] 사회내처우는 범죄인의 개별처우를 실현하기 위한 효율적 처우방법의 하나이며, 시설내처우에 대응하는 개념으로서 시설내처우의 폐단을 극복하기 위한 형사정책적 관심에서 등장한 것이다. 여기에는 종래의 구금행형보다 수형자의 사회복귀·재범 방지라는 행형목적을 더욱 효과적으로 달성할 수 있다는 믿음이 깔려 있다. 진정한 자유의 학습은 자유 가운데서 이루어져야 하기 때문에 최근의 행형정책은 시설내처우보다 사회내처우를 강조하는 경향을 띠고 있다. 그러나 사회내처우는 구금 형태만 다를 뿐이고 그 본질은 변함이 없어서 여전히 강압적·감시적이라는 비판도 받고 있다. 가장 전형적인 사회내처우로는 보호관찰제도를 들 수 있으며, 그 밖에 가석방제도, 사회봉사명령제도, 수강명령제도, 갱생보호제도 등이 있다.

제 2 절 사회내 처우의 필요성 및 형사정책적 의미

1. 필요성

19세기 후반부터 본격적으로 형성되기 시작한 사회내처우제도는 격리구금을 위주로 하는 시설내처우의 폐단을 극복하기 위한 대안으로 등장하였다. 그 등장배경으로는 다음과 같은 것을 들 수 있다. ① 실증적으로는 재범률이 증가함으로써 구금 상태에서 실시하는 교정효과에 대해 의문이 제기되고, 교도소가 오히려 범죄학교의 구실

1) 배종대, 『교정학』, 홍문사, 2005, 479면.

내지 낙인찍는 결과만을 초래한다는 고려가 들어 있다. ② 범죄자가 정상적 사회생활을 영위하고 준법태도를 익히기 위해 필요한 기회와 기술은 구금 상태에서 주어지기 어렵다는 생각을 반영하고 있다. ③ 구금의 가장 큰 폐해로 지적되는 악풍의 감염과 범죄의 학습은 범죄집단과 접촉을 통해서 생기는 것이기 때문에 이를 차단하기 위해서는 범죄를 하지 않은 정상집단과 접촉이 필요하다는 생각을 담고 있다. ④ 일탈을 사회적 유대관계의 약화·차단에 기인하는 것으로 보는 입장에서 일탈을 경험한 범죄자를 사회로부터 격리구금하는 것은 또 다른 일탈 가능성을 조장하게 된다는 우려를 반영하고 있다.

2. 형사정책적 의미

이러한 사회내처우제도는 최근에 와서 국제적으로도 그 실효성을 인정받아 각종 국제회의의 주된 관심사가 되고 있으며 각국에 그 적용을 권장하고 있는 실정에 있다.

사회내처우는, ① 시설내처우에 비해 상대적으로 재사회화 목적 달성에 효과적이다. ② 사회에 대한 고립·단절에서 오는 고통과 악영향을 없애고 열악한 교도소 환경으로부터 벗어나서 자유와 책임을 학습함으로써 점진적으로 사회적응력을 향상시킨다는 점에서 상당히 인도적이라는 평가를 받을 수 있다. ③ 낙인효과를 배제할 수 있기 때문에 낙인이 야기하는 재범을 예방하는 데 효과적이다. ④ 시설내 수용을 할 때 소요되는 운영경비를 절감할 수 있는 부수적인 경제효과도 있다. ⑤ 형사재판절차를 거쳐야 하는 상당수의 알코올중독자·마약사용자·경범죄자 등에 대해 사법우회절차(Diversion)를 적용할 수 있으므로 사법기관의 부담을 경감시킬 수 있는 형사정책적 의미 등을 가진다.

3. 비 판

반면 사회내처우에 대해 제기되는 비판점은 다음과 같다. ① 사회내처우는 구금형태만 바뀌었을 뿐 본질적으로는 형벌적 요소를 내포하고 있기 때문에 그 대상자는 처우의 비인격성과 강압성을 여전히 느낄 수밖에 없다. 따라서 인도적 처우라는 평가는 허구에 불과하다. ② 낙인효과와 관련해서도 사회내처우의 대상자가 되지 못하고 구금 상태에 있는 자에 대하여 낙인 의미가 더욱 강화되는 모순이 발생한다. ③ 사회내처우는 범죄인에 대한 교화·개선을 위한 것이라기보다는 과잉구금문제를 해소하기 위해 등장한 새로운 사회통제전략에 지나지 않는다는 등의 비판을 받는다.

교정주의에 입각한 전통적 범죄학의 입장과 낙인이론의 입장에서는 사회내처우에 대해 비교적 우호적이다. 그러나 비판범죄학은 사회내처우를 사회구조적 모순을 해결하지 않고 단순히 행형전략을 변화시킨 것에 불과하다고 보기 때문에 그 수용에 비판적 태도를 보이고 있다. 그러나 사회내처우는 시설내구금의 폐해를 줄이기 위한 방안으로 등장하였고, 오늘날 행형 동향 역시 구금을 완화하는 방향으로 나아가고 있음이 오늘의 현실이다.

제 3 절 사회내처우의 유형

보호관찰을 하는 경우에 구체적인 감독방법으로써 다양한 형태가 이루어지고 있다. 시설내처우의 대안으로 배상명령과 사회봉사·수강명령이 있고 갱(gang)집단이나 약물중독자 등에 대하여 주 5회 이상의 집중적인 접촉관찰과 병행하여 대상자의 신체에 전자추적장치(electronic monitor)를 부착하여 제한 구역을 이탈하면 즉시 감응장치가 작동되도록 하는 등 추적관찰을 실시하는 프로그램인 집중감독보호관찰(IPS: Intensive Probation Supervision)[2]과 형의 유예처분을 받은 초범자에 대해 3개월 내지 6개월간 Boot Camp라는 수용시설에 수감하여, 군대식 극기훈련 및 준법교육을 실시한 후 일반 보호관찰로 전환하는 충격보호관찰(Shock Probation)이 있다.

또한 음주운전자의 차량에 감시용 잠금장치(a guardian interlock)를 부착하거나 수시 소변검사 등을 통한 음주운전보호관찰(Driving While intoxi-cated Probation), 교통범죄자에 대하여 3~4개월간에 걸쳐 매주 일정 시간 실제 운전교습과 안전운전, 운전자의 사회적 책임 및 교통사고 사례 등에 관한 집단교육 등을 실시하는 교통사

2) 집중 감독보호관찰 이외에도 그것보다 완화된 형태인 "표준적 보호관찰(Standard Probation)과 어느 정도의 교육수준과 직업을 가지고 있고 전과기록이 없어 표준적 보호관찰도 할 필요가 없는 경우에 행하는 완화된 보호관찰(Minimum Supervised Probation)도 있다.

범보호관찰 등이다.[3] 시설내처우 외 대안 유형으로는 다음과 같다.

1. 배상명령

시설내처우의 대안의 하나로 범죄자로 하여금 자신의 범죄로 인한 피해를 범죄피해자에게 금전적으로 배상시키는 제도로써, 피해자에 대한 단순한 금전적 배상이라는 점에서는 하나의 처벌인 동시에 금전 마련을 위해서 일을 하거나 피해자를 배려한다는 등의 차원에서는 교화·개선적 기능도 가지고 있다.[4]

배상명령에 대한 자세한 내용은 제4장 제7절 중 구체적 대안의 유형을 참조하여 학습하기 바란다.

2. 사회봉사와 수강명령

사회봉사명령은 사실 위에서 기술한 범죄 가해자의 피해자에 대한 배상, 즉 Restitution의 하나로 볼 수 있으며, 시설수용이라는 형벌도 바람직하지 못하다고 판단될 때 범죄자로 하여금 지역사회를 위하여 일정한 봉사활동을 하도록 하는 대안적 처분이다.

이러한 처분은 봉사활동 배정 시에도 범죄자 개인의 취미, 특기, 신분, 적성 등을 고려하여 적절하게 지정할 필요가 있다. 예를 들어서, 청소년층의 우상인 유명 연예인에게는 갱생보호공단에 참여하게 하는 등의 방법이 있을 수 있다. 이러한 사회봉사명령이 현재 많은 형사사법 분야에서 체계적으로 활용되고 있는데는 다음의 4가지 이유가 있다.

① 사회봉사명령 자체가 병과처분으로서건 아니면 독립처분으로서건 형벌의 다양화라는 점에서 정당성을 인정받고, ② 가해자와 피해자를 화해시킬 수 있는 잠재성이 있으며, ③ 지금까지 소외되었던 피해자와 지역사회를 형사사법체제에 참여시킬

3) 『형사정책』, 법문사, 1997, 585면.

4) Burt Gallaway, "Restitution as Integrative Punishment", in Randy E. Barnet and John Hege Assessing the Criminal, Cambridge, MA: Ballinger, 1997, p. 331.

수 있는 하나의 방법이 되며, ④ 기존의 제도와 기관으로도 운영이 가능하다는 것이다.[5]

수강명령 제도는 대체로 청소년범죄자, 마약범죄자, 알코올중독범죄자나 음주운전자, 정신이상범죄자 또는 피해자 없는 범죄의 범죄자 등의 특수범죄자에게 적용되는 구금의 대안이다. 이들 유형의 범죄자들은 전통적 의미의 범인성, 즉 형사정책의 대상으로서 처벌받아야 할 문제라기보다는 다른 문제로 전통적·통상적 범죄자들과는 구별되며, 이들을 전통적인 방법으로 교정시설에 구금할 경우 범죄를 유발하였던 근원적인 문제가 더 악화되며 범죄학습의 부작용도 따르기 때문에 구금 대신 문제의 해결에 필요한 교육훈련을 받도록 하는 제도이다.

현재 여러 나라에서 다양한 형태와 명칭으로 수강명령이 시행되고 있는데, 대체로 Day Treatment Center, Attendance Center 등이 그 대표적 사례라고 할 수 있다. 이러한 수강명령의 운영은 법원에서 대상자와 시간을 정하고 보호관찰소에서 교육기관을 지정하여 관리·감독하면 좋을 것이다. 그러나 또 다른 바람직한 방안은 위에서 언급한 Day Training Center나 Attendance Center와 같은 수강명령전담기관을 두고 법원에서 대상자를 넘겨 받아 직접 교육훈련하는 것이다. 운영의 주체가 누구이며 실제 교육훈련하고 관리감독은 누가하건 수강명령은 거주 프로그램일 수도 있고 비거주 프로그램으로 시행될 수도 있다. 그러나 대부분의 경우는 비거주 프로그램으로 운영되고 있다.

3. 집중보호관찰

일반보호관찰에서와 마찬가지로 교정전문가들 사이에 "밀착" 감독의 의미에 대하여 합의된 바는 없다. 이는 상대적인 개념이어서 일반보호관찰보다는 감독의 강도가 높고, 구금에 비해서는 낮다는 의미이다. 밀착감시 보호관찰은 보호관찰대상자의 활동에 대해 보다 세밀한 감독을 통해 강도를 높이는 것이라고 정의할 수 있다. 즉 보호관찰 대상자와의 접촉을 늘리고, 대상자에 대한 통행금지시간을 지정하는 등 강도 높은 감독을 실시함으로써 대상자의 욕구와 문제점을 보다 정확히 파악하고, 이에

5) Gallaway, *op, cit.*, pp. 331-347.

알맞은 지도, 알코올 감독 및 원호를 실시하여 재범을 방지하고자 하는 보호관찰활동이다.

밀착감시 보호관찰은 보호관찰이 진정한 의미의 처벌이 아니라는 일반인의 정서를 상당히 완화시킬 수 있다. 즉 사법부가 “범죄에 대해 관대하다”는 느낌을 주지 않고 범죄자를 사회 내에서 처우할 수 있는 기회를 제공하고 있다. 보호관찰 방법은 갱 집단이나 약물중독자 등에 대하여 주 5회 이상의 집중적인 접촉관찰과 병행하여 대상자의 신체에 전자추적장치를 부착하여 제한구역을 이탈하면 즉시 감응장치가 작동되도록 하는 등 추적관찰을 실시하는 프로그램인 집중감독보호관찰(IPS: Intensive Probation Supervision)이 있다.[6]

이러한 집중감독보호관찰은 보호관찰부 가석방(Parole)이나 보호관찰부선고유예(Probation) 두 가지 경우 모두 활용 가능한 제도이다. 대상자의 선정은 대체로 범죄자의 위험성을 기준으로 이루어지는데, 약물남용 경험, 소년비행경력, 가해자와 피해자의 관계, 피해자의 피해액, 과거 보호관찰 파기 여부, 초범 시 나이 등을 고려대상으로 하여 위험성이 높은 보호관찰대상자를 집중보호관찰 대상자로 정하는 것이 보편적이다.[7] 밀착감시 보호관찰이라고 할 최초의 사례는 1984년 미국 일리노이 주에서 시작되었다. 일리노이 주의 밀착감시 프로그램은 세 단계로 구성되어 있는데, 대상자들이 다음 단계로 진행하기 위해서는 각 단계를 성공적으로 마쳐야 했다.

제1단계는 프로그램의 첫 세 달 동안 진행되고, 보호관찰관과 보호관찰대상자 간에 최소한 주당 5회 이상의 대면접촉을 갖는다. 보호관찰대상자는 고용증명서를 제출하거나 적절한 직업훈련과정에 출석하여야 하고, 직장이나 지역사회 봉사의무를 수행하는 오전 7시에서 오후 7시까지를 제외한 통행금지시간을 준수해야 한다. 또한 보호관찰대상자는 약물검사를 받아야 하고, 기간 내에 최소한 60시간의 지역사회 봉사를 수행해야만 한다. 보호관찰관을 포함한 보호관찰 담당기관은 경찰기록을 통해 매주 체포 여부를 점검한다.

제2단계는 3개월에서 6개월 정도의 기간이 소요되며, 보호관찰관과 대상자 간에 주당 3회의 대면접촉을 갖는다. 통금시간은 제1단계에 비하여 상당히 완화되었지만,

---

6) 정영석 · 신양균, 『형사정책』, 법문사, 1997, 585면.

7) Dean J. Champion, *Corrections in the United States*, Englewood Cliffs, NJ: Prentice-Hall, 1990, p.136.

40시간의 지역사회 봉사활동을 해야 하고 약물검사를 계속 받아야 한다. 또한 고용증명서와 적절한 직업훈련과정에 계속 출석하고 있는 증명을 제출하고, 매주 체포여부의 점검이 계속된다.

마지막으로 제 3 단계에서는 최소 6개월 이상의 기간이 소요되며, 이전 단계에서의 모든 준수사항들이 상당히 완화된 수준에서 계속된다.

4. 전자감시가택구금

이 제도는 시설수용을 대신하여 범죄자를 자신의 집에 구금시키고 전자장비를 이용하여 범죄자를 감시하는 일종의 중간처벌이다.[8] 원래, 강력범죄자의 수용인구가 폭증함에 따라 과밀수용이 초래되어 더 많은 재소자를 보호관찰로 석방할 수밖에 없으나 보호관찰관은 업무량의 과다로 사실상 아무런 역할을 하기 힘들어져 사회의 안전을 확보하기도 힘든 형편이 되자 그 해결책의 하나로 시도된 것이 바로 이 제도이다. 즉, 범죄자들이 교정시설 대신 자신의 집에 구금하여 형기를 살도록 하는 것으로서[9] 전사감시, 가택구금, 음성감독시스템 등이 이에 해당한다.

1) 전자감시(Electronic monitoring)

전자감시는 흔히 가택구금과 함께 사용되는 방법으로서 전자발신장치를 사용하여 범죄자가 특정 시간 동안에 특정한 장소에 있는지를 확인하기 위하여 사용되는 새로운 원격감시 시스템을 말한다. 전자감시는 1964년 쉬츠게벨(Schwitzgebel)이 최초로 고안하였으며, 1977년 뉴멕시코 주 지방법원 러브(Jack Love) 판사가 코믹잡지의 주인공 "스파이더맨"(spider man)에서 힌트를 얻어 컴퓨터 판매원인 고스(Goss)에게 최초로 전자팔찌(Bracelet)를 제작하게 하여 정신질환자와 일부 가석방자들을 감독

---

8) Richard A. Ball and J. Robert Lilly, "The Phenomenology of Privacy and the Power of: Home incarceration with Electronic Monitoring", in J. E. Scott and J. Hirschi(eds.), *Critical Issues in Criminology and Criminal Justice*, Beverly Hills. CA: Sage, 1987; Ronald P. Corbett and Ellsworth A. L. Fersch, "Home as Prison: The Use of House Arrest", *Federal Probation*, 1985, 49: 13-17.

9) Leonard E. Flynn, "House Arrest: Florida's Alternative Eases Crowding and Tight Budget", *Corrections Today*, 1986, pp.48: 64-68.

하기 위하여 처음으로 사용되었다. 보호관찰에 적용된 것은 1983년 미국 뉴멕시코 주에서 음주운전으로 기소된 범죄자를 감독하기 위한 실험적인 프로그램을 실시한 이후부터이며, 후에 뉴멕시코 주의 대법원은 상당수의 보호관찰 대상자에게 활용을 늘리는 것을 승인하였다.

전자감시는 원래 정신질환자를 추적하기 위해서 시도된 장치로서, 원격계측장비를 이용하여 범죄자가 정해진 시간에 정해진 장소에 있는지 여부를 확인하는 것이다. 전자장비가 범죄자의 발목이나 손목에 메여져서 그들의 형기가 끝날 때까지 특정 장소를 이탈하거나 원격계측장비를 제거하면 교정시설에 구금시키는 등의 강력한 제재를 가하지만 어느 정도의 교육수준과 직업을 가지고 있고, 전과기록이 없어 표준적 보호관찰도 할 필요가 없는 경우에 실시하는 "완화된 보호관찰"(Minimum Supervised Probation)이라 할 수 있다.

전자감시의 실시와 필요한 장비 구입 등 초기의 직접비용이 매우 높으나, 구금비용보다 낮고 시간이 흐름에 따라 가택구금과 함께 활용되는 전자감시방법은 범죄자가 매달 지불하는 유지비용의 수입을 통해 상당액을 보전할 수 있다는 점에서 유용성이 클 것으로 기대된다.

2) 가택구금(Home confinement, House arrest)

가택구금이란 수형자를 그 자택에 둔 채로 자유형의 일부 혹은 전부를 집행하는 프로그램을 말하며, 영어로는 home detention의 명칭을 사용한다. 범죄자를 사회에 두면서 그의 자유를 제한한다는 의미에서 전술한 집중감독보호관찰과 유사한 면이 있으나, 집중감독보호관찰이 보호관찰을 기본으로 하고 있는 것에 비해 가택구금은 자유형으로서의 성격이 강하다는 점에 차이가 있다.10)

가택구금은 거의 대부분 전자감시제도와 함께 적용되는데, 그 이유는 보호관찰관의 과중한 업무로 대상자의 감시감독이 제대로 이루어지지 못하면 사회의 위험을 초래하기 때문에 교정시설의 과밀수용을 해소함과 동시에 적절한 감시감독을 통한 사회안전의 확보를 위해서이다. 가택구금은 통행금지가 지난 저녁시간과 주말 동안에 범죄자의 주거지에 강제구금시키는 방법을 이용하는 중간적인 처벌이다. 가택구금은

10) 정영석 · 신양균, 앞의 책, 585-586면.

교도소나 구치소에 구금시키는 방법에 대한 대안으로써 1971년 미국 미주리 주의 세인트루이스에서 처음으로 시작되었다. 이후 켄터키, 조지아, 매사추세츠, 캘리포니아, 메릴랜드, 워싱턴 DC 등을 포함한 다른 주로 확산되었다.

전자감시와 가택구금은 많은 상호 보완적 관찰방법으로 이러한 전자감시와 가택구금은 많은 이점이 있는 것으로 평가되고 있다. 먼저, 비구금적 대안인 이 제도를 활용함으로써 교정시설의 수용인구의 과밀을 줄일 수 있다는 것이다. 두 번째로 운영경비의 절감이다. 즉 시설에 구금하지 않고 가정에 구금하기 때문에 구금에 필요한 경비가 절감되고 보호관찰관이 전자장치로 감시하기 때문에 그만큼 업무량이 줄어들어 경비가 많이 절감된다는 것이다. 세 번째로 비구금적 대안이라는 사실이다. 즉 구금으로 인한 낙인이 없고, 지역사회에서 가족과 함께 생활하며 직장생활을 할 수 있으며, 자신의 교화·개선에 도움이 될 수 있는 각종 교육훈련과 상담도 받을 수 있다는 것이다. 끝으로, 전자감시 가택구금이 실제로 재범률을 많이 줄였다는 것이다. 한편 전자장비의 개발과 그 이용에 대한 기술 지원 등의 방법으로 이 제도가 교정의 민간화(privatization)에 기여한 바도 크며, 이 제도를 이용하면 전자장비의 조작에 대한 간단한 지식 이외에는 보호관찰관에게 특별히 교육훈련할 것이 없다는 점도 긍정적으로 평가되고 있다.

앞으로 사회의 범죄는 증가할 것이고 그만큼 수용인구도 늘어날 것이지만 수용능력은 한계가 있기 때문에 비구금도 문제보다는 장점이 더 많다는 점에서 앞으로 더욱 활성화될 것으로 기대되고 있다. 다만, 혹자는 앞으로의 전자감시 가택구금에는 보호관찰관의 업무량을 덜어 주기 위해서도 그렇지만 지역사회와 범죄자의 재화합과 재통합을 위해서 보다 많은 민간자원봉사자를 참여시키는 것이 바람직하다고 주장한다.[11]

3) 음성감독시스템(CVS)

우리나라에서 시험 실시중인 음성감독시스템(curfew voice supervise system)은 법무부에서 2002. 1. 29. 전국보호관찰소장 회의 시 시연회를 통하여 성매매, 야간 주거침입 및 강절도사범 등 야간시간대 범죄위험성이 높은 사범 중 "특별준수사항"으

11) David E. Duffee and Edmund F. McGarrell, *Community Corrections*, Cincinnatti: Anderson Publishing Co., 1990, pp. 89-90.

로 외출제한명령을 받은 보호관찰대상자를 상대로 주거 여부를 확인하는 "외출제한명령 음성감독시스템"을 구축, 2003년 상반기부터 소년사범을 중심으로 운용, 발표된 제도이다. 이에 대한 연구의 결과 발전을 가져와 시험 실시중인 외출제한명령감독의 개념은 법원 또는 보호관찰심사위원회로부터 외출제한명령이 부과된 보호관찰대상자에 대하여 컴퓨터에 대상자의 음성을 등록하고, 전화상의 음성 비교분석을 통하여, 대상자의 자택 여부를 확인하는 첨단 프로그램이다.

본 시스템의 도입에 따른 기대효과로는 첫째, 대상자의 재택 여부 확인업무를 시스템이 대신 처리해 줌으로써 보호관찰 인력절감 효과를 거둘 수 있으며, 둘째, 자동화된 시스템을 통한 철저한 감독으로 감시장치를 착용할 필요가 없기 때문에, 인권침해 논란을 방지할 수 있으므로, 궁극적으로는 국가 예산 절감, 제도의 실효성 확보, 이를 통한 보호관찰 신뢰 제고 등의 효과가 기대되고 있다.

주요 국가의 운영사례를 살펴보면 먼저 미국의 경우 1970년대 말 보호관찰처분이 지나치게 관대하다는 비판으로 감독 강화가 요청됨에 따라 1982년 플로리다 주에서 최초로 도입된 이후 전 지역에서 실시되고 있으며 성인 소년을 불문하고 집중보호관찰대상자, 가석방자 중 명령 부과자이다. 영국의 경우 1991년 "Crminal Justice Act"에 의거 본격 도입되었으며 적용대상자는 미국과 같다. 그 외에도 호주, 캐나다, 뉴질랜드 등 선진 각국에서 널리 활용되고 있는 제도이다(재택 여부 "음성감시", 문화일보 사회 1, 2002. 9. 24.).

5. 충격보호관찰과 병영훈련

충격보호관찰 또는 분리선고(split sentence)는 범죄자가 짧은 기간동안 구치소나 교도소에 구금되어 있다가 다른 보호관찰 프로그램으로 석방되는 형태의 보호관찰 프로그램이다. 엄밀한 의미에서 이는 범죄자가 실제로 구금되기 때문에 완전한 보호관찰이라고는 말할 수 없다.

충격보호관찰의 목적은 범죄자에게 고립과 교도소 생활의 고충과 정서적 어려움을 가르쳐 주고, 수용의 경험을 통해 교도소 생활의 엄격함을 체감하도록 개인에게 "충격"을 준다. 또한 장기적인 교도소 생활의 폐해에 물들지 않고 범죄자로 하여금 자신들의 범죄의 심각성을 일깨워 주고, 범죄자에게 필요한 사항을 보다 면밀히 평가할 기회를 제공하고 교도소에서 제공하는 훈련 및 교육서비스를 이용할 수 있다. 그리고 구금을 통해 사회에 대하여 안전을 제공할 수 있다는 것이다.

충격보호관찰의 기본 전제는 구금의 "충격"이 범죄자로 하여금 장차의 범죄행위 가담을 회피하게 만든다는 것이다. 그러므로 충격보호관찰 프로그램은 억제와 재통합이라는 두 가지 중심주제를 갖고 있다. 이 프로그램은 대상자가 자발적으로 참여하도록 하고 구금의 기간이 비교적 짧은 범죄자들을 대상으로 한다.

충격보호관찰의 한 형태로서의 병영훈련(boot camp)은 교도소 수용 대신에 군대와 같은 환경에 구금시키는 방법이다. 충격보호관찰과 병영훈련과의 차이는 충격보호관찰이 범죄자에 대하여 군대와 같은 엄한 훈련에의 참여를 선고하지 않고 구치소 구금만을 선고하는 반면에, 병영훈련 프로그램은 재소자의 행동을 통제하기 위하여 군대와 같은 엄한 규율과 훈련을 실시하는 프로그램을 제공한다.

병영훈련은 군훈련소의 교육과 같이 범죄자들에게 엄한 규율과 신체 단련, 노동을 시키는 90~180일 정도의 단기 교정교육 프로그램이다. 병영훈련의 교육을 성공적으로 이수한 대상자는 감독 강도가 높지 않은 지역사회의 시설로 이관되게 된다. 1993년 당시 병영훈련은 미국 내에서 절반 이상의 주에서 공식적으로 운영되고 있고, 도시나 군 단위에서 운영중인 비공식적인 병영훈련 프로그램까지 포함하면 상당수에 이르고 있다.

병영훈련은 1983년 조지아 주의 교정국에서 특별대안적 구금 프로그램(SAI: Special Alternative Incarceration)을 운영함으로써 처음으로 시작되었다. 병형훈련의 기간은 대개 3개월에서 6개월 정도이다. 이 기간동안에 병영훈련 입소자들은 행진, 작업과 재활에 필요한 수업에 참여한다. 일반적으로 이 프로그램은 어린 범죄자들을 대상으로 한다. 1993년에 미국 28개 주의 교정당국에서 43개의 병영훈련 프로그램을 운영하였고, 다른 많은 주들에서도 유사한 프로그램의 운영을 계획하고 있었다.

종래의 장기적인 구금형에 대한 대안으로서 마련된 병영훈련의 기본 가정은 다음과 같이 정리할 수 있다.

① 병영훈련에 입소한 상당수의 어린 초범자들은 단기간의 강도 높은 구금생활에 이어 장기간의 밀착지역사회 감독을 받아야 한다.

② 이러한 어린 범죄자들에게는 자신들의 그동안의 삶에서 받아 보지 못했던 자기 통제의 정신력과 육체적인 근성을 계발하는 군대 같은 분위기의 교육이 도움이 될 것이다

③ 이러한 소년들은 긍정적이고 준법적인 가치를 개발하며 미래의 합법적인 고용 상태를 확보하기 위하여 적절하고 충분한 교육 및 직업훈련, 약물치료와 일반적인 상담 등을 받을 필요가 있다

④ 이에 소요되는 비용은 사실상 장기간 범죄자를 구금하는 전통적인 형사사법적 제재 형태에 비하여 적을 것이다.

병영훈련 프로그램들은 이전에 구금의 경험이 없으면서 덜 심각한, 비폭력범죄로 기소되어 교도소에 구금될 만한 범죄를 저지른 젊은 청소년들을 주로 대상으로 한다. 훈련대상자의 선발과정은 주에 따라 다르다. 20개의 주에서는 법관의 선고시에 병영훈련 입소를 선고할 수 있고, 또한 교정당국에서 재소자가 교정당국으로 넘어올 때 병영훈련 입소명령을 내릴 수도 있다. 4개의 주에서만 보호관찰이나 가석방 담당 기관에서 결정을 내리도록 되어 있다. 모든 대상자들은 병영훈련 프로그램에 자발적으로 지원하는 형태를 취하고, 이를 위하여 서명을 받고 있다. 이는 개인의 인권에 대한 침해라는 비난을 피하기 위한 것이다. 물론 자발적으로 병영훈련 프로그램에서 탈퇴할 수도 있다.

병영훈련과 기술, 그리고 육체적 단련에 더하여 병영훈련의 교육과정에는 감정표출요법, 재교육, 약물방지교육과 석방 전 교육과 같은 처우 프로그램 등이 있다. 엄격한 강사들은 보호관찰대상자들에게 긍정적인 투영과 지원을 통하여 역할기대를 충족시킬 인물, 상담자, 행동변화의 주체로 역할을 할 것을 요구한다.

제 4 절 보호관찰

1. 보호관찰제도의 개념

보호관찰제도(Probation bewährungshilfe)란 범죄자의 자유를 박탈하지 않고 사회

내에서 생활하게 하면서 지시되어진 준수사항의 이행을 위해 지정된 보호관찰 담당자(보호관찰관)의 지도와 원호를 통하여 개선·교육함으로써 재범을 방지하고[12] 관찰의 기간이 종료되면 원만하게 사회에 복귀할 수 있도록 돕기 위한 제도이다. 일반적으로 형의 유예부 보호관찰제도(probation)와 가석방부 보호관찰제도(parole)[13]의 두 종류로 나눌 수 있으나 양자가 통합되어 사용되는 것이 보편적이다. 본 제도는 전통적으로 크게 두 기능으로 나눌 수 있는데 첫째는 보호관찰관이 대상자에 대한 개별적인 상담자로서 범죄자를 보호·감독하는 기능이고 둘째는 보호관찰관이 사회자원의 활용자의 입장에서 범죄자(대상자)의 개선·교육을 위해 사회단체와 관련을 맺으면서 원호와 보도하는 일에 역점을 두는 기능이다.[14] 그런데 1980년대 이후에는 보호관찰은 범죄자를 사회에 복귀시키기 위한 수단이 아니라, 범죄행위에 상응하는 제재(sanction) 내지 형벌의 일종으로 이해하여, 범죄자의 자유를 제한하며 또한 피해자에 대해 배상(reparation)을 행할 것을 내용으로 삼는 경향이 있으나[15] 본서에서는 전통적인 기능을 중심으로 서술하였다.

2. 보호관찰제도의 법적 성격

보호관찰이란 용어는 일본에서 처음으로 사용되었는데[16] 이는 영·미법계의 probation제도와 parole제도를 대륙법계의 선고유예제도와 통합적인 입장에서 명명한 것으로 그 정의는 매우 다양하게 쓰이고 있다. 처음부터 두 제도는 그 연혁적인 면이나 활용의 면이 전혀 달랐었기 때문에[17] 양 제도를 결합한 관찰제도의 법적 성격을 어떻게 파악할 것인가 하는 문제는 쉬운 일이 아니었다. 그렇기 때문에 본 제도는 그 용어의 정의만큼이나 그 법적 성격도 다의적일 수밖에 없고[18] 더욱이 보안처분제도

12) 이재상, 『사회보호법론』, 경문사, 1981, 165-167면.
13) 菊田幸一, 『保護觀察の理論』, 有信堂, 1969, 3面.
14) 오영근, 보호관찰제도의 생활화 방안, 형사정책(제1호), 형사정책학회 86, 197-198면.
15) Lynn Zeller Barelay, *Social Services in Probation under a Justice as Fairness Model Change A Juvenile Justice Quarterly*, Sept., 1983, pp.120-124.
16) 菊田幸一, 前揭書, 8面.
17) 菊田幸一·西村春夫 共著, 『犯罪非行と人間社會』, 評論社, 1984, 496面.
18) Grünwald Sicherungs-Verwahrung, Arbeithaus vor beugende Verwahrung und Sicherungs auf Sicht in Entwarf, 1964, ZStW 76, S. 662.

와의 관계를 고려해 볼 때 그 한계의 규정도 지난(至難)한 일이라 아니할 수 없다.[19] 따라서 본 제도의 법적 성격을 파악하기 위해서는 부득이 영·미법계의 probation 및 parole의 성격과 대륙법계의 산물인 선고유예제도의 성격을 중심으로 하여 개별적으로 고찰할 수밖에 없을 것이다.

1) 영·미법계에 있어서의 보호관찰제도의 성격

영·미에서는 보호관찰제도를 probation의 입장에서 이해하고 있으나 본래 이 제도는 대상자에게 형의 집행을 개시하지 않고 일정한 준수사항을 제시하여 국가기관의 감독을 조건으로 형을 유예하는 제도이기 때문에 외견상 형의 집행유예(sursis)나 선고유예(suspended sentence)와 비슷한 것으로 볼 수가 있다. 그러나 양자는 그 지향하는 목적은 같으나 제도의 시행 취지가 전혀 다르기 때문에 반드시 같은 것으로 볼 수는 없다. 특히 우리나라 형법에서는 보호관찰에 대한 의식이 전혀 없이 집행유예나 선고유예가 독자적으로 운영되어 왔기 때문에 외견적 이론적 타당성만 가지고 파악해서는 안될 것이다.[20] 즉 형법 제정 당시에 보호관찰에 관한 이론적 정립이 없는 상태에서 비록 사안이 지극히 경미한 범죄에 한하여 선고유예를 활용한들 이들에게 다시 보호관찰을 부하는 것이 타당할 것인가, 또 집행유예를 받는 사람 모두를 반드시 보호관찰에 부쳐야 할 것인가 하는 데에 문제가 있다.[21]

미국에서는 1948년 이후 probation order는 범죄자가 정신질환적 상황에서 범행한 경우에 실시되어 왔기 때문에[22] 대륙에 있어서의 보안처분과 같은 취지로 실시되었다고 볼 수 있겠다. 또한 영국에 있어서도 1948년 형사재판법에서 probation order의 조건으로 probation hostel, 인가probation home제도에 의하여 범죄자를 시설 내에 수용토록 하고 있다(영국 형사재판법 제3조). 또한 미국의 모범형법전 제301·1조 및 몇몇 주에서 시행하고 있는 바의 중죄자를 probation기간 중 일정한 기간을 교도소 내에 구금하고 나머지 일정기간 동안은 probation에 부하는 shock probation제[23]와

19) 이재상, 『보호처분의 연구』, 법문사, 1979, 150면.
20) 안재영, 법원과 비행소년의 사회복귀기관 상호간의 협력, 청소년 범죄연구(제2집), 1984, 41면.
21) 안재영, 앞의 논문, 150면.
22) J. E. Hall Williams, *Criminology and Criminal Jutice*, Butterworths, London, 1982, p.198.
23) shock probation이란 straight probation에 대한 용어로 후자는 피고인을 전혀 궁금하지 않으며 전자는 일정기간 동안 피고인을 구금하는 점에서 차이가 있다.

같은 것도 행위자에 대한 원호와 지도에 중점을 두고 있는 것이라고 하겠다.[24]

또 일부 주에서는 probation기간의 일부는 군교도소(County Jail)에 복역하는 것을 전제로 하여 probation에 처하는 경우도 있다.[25] 이런 제도들을 생각해 보면, 특히 shock probation은 parole에 유사한 제도임을 알 수가 있는데 이는 범죄자를 사회 내에 처우하여 원조한다고 하는 probation의 본래의 의미와는 거리가 있음을 알 수 있다.

2) 대륙법계에 있어서의 보호관찰의 성격

영ㆍ미법계는 Common Law 사상에서 판례법에 의해 구체적인 사례에 입각하여 합리적인 형벌제도의 도입이 가능하나, 대륙법계에서는 성문법의 바탕 위에서 법제가 운영되기 때문에 새로운 제도가 도입되기 위해서는 우선 법제적인 바탕이 마련되어야 하는 등 해결해야 될 단계들이 많다고 하겠다. 독일에서는 보호관찰제도를 광범위하고도 다의적으로 이해하고 있으나 대개 세 가지 입장으로 나눌 수 있다. i) 형이 집행유예나 가석방에 수반되는 보호관찰제도(Bewährungshilfe), ii) 법률에 규정된 범죄에 한하여 형의 집행 종료 후에 적용되는 보호관찰, iii) 보안처분의로서의 집행유예 가석방을 받은 경우에 적용되는 보호관찰(Schutzaufsicht) 또는 지도관찰(Führungsaufsicht) 등으로 나누어 볼 수 있다. 그러나 ii)와 iii)의 경우는 보안처분의 한 방법으로 보는 것이 일반적인 견해이므로[26] i)의 경우만이 보편적인 의미의 보호관찰제도라고 말할 수 있다. 이 경우에 있어서도 그 성격은 다음 세 가지 측면에서 고찰해 볼 수가 있다.

① 보호관찰을 자유형의 변형(Modifikation der Freiheitstrafe)[27] 또는 형집행의 변형(Modifikation der Vollstreckung)[28]으로 보는 견해이다. 이 견해에 의하면 보호관찰은 준수해야 될 일정한 사항을 제시하고 이의 시행을 지도ㆍ감독하고 보도ㆍ원호함으로써 개과천선하게 하려는 것으로 준수사항을 위반하게 되면 집행유예나 가석방을 취소하거나 재구금하게 되는데 그렇지 않는 경우에도 보호관찰의 기간을 잔형

24) Clemens Bartollas, *Introuduction to corrections*, New York, Harper and Row Publishers Inc., 1981, p.147.

25) E. H. Sutherland and D. R. Cressey, *Principle of Criminology*, 9th edition, New York, J. B. Lippincott, 1974, p.499.

26) Schönke-Schönder-Stree, StGB.21 Aufl., 1957, S 682.

27) Schönke-Schönder-Stree, ibid, S. 596.

28) Lacekner, Niedershriffen, Bd, 1, Bonn, 1956, S. 224.

기간과 일치하게끔 하고 있으므로 형벌과 보안처분제도와는 깊은 관계가 있으며[29] 또 범죄가 발생한 것을 전제로 하여 부과되므로 시설 내 수용처분과 자유로운 상태와의 중간 단계적 형식으로 파악될 수 있기 때문에 결국 자유형의 변형이라고 말할 수 있다는 것이다.[30]

② 독립된 제재 수단으로 보는 견해이다. 이 견해에 의하면 만약 보호관찰제도를 단순히 자유형의 변형으로 본다면 이는 고유 의미의 보호관찰제도라고 할 수 없을 것이며, 또 보호관찰에 의해 자유형이 변형되는 것이 아니라 전혀 내용이 다른 제도로 대체되는 것이라고 보아야 하기 때문에[31] 보호관찰제도를 형벌도 보안처분도 아닌 제3의 형법적 제재방법(ein dritter Weg der kriminalrechtlichen Sanktlonen)[32]으로 보는 견해이다.

이는 범죄자를 사회 내에 존치시켜 시설 내에 수용하게 되면 소위 '단기자유형의 폐단'을 면할 수 있고 또 범죄자를 장래 범행의 위험으로부터 보호함으로써 재사회화를 실현하는 데 있어서 현실적으로 최선의 방법이라고 볼 수 있기 때문에 자유형의 변형도 보안처분의 하나도 아닌 제3의 추적[33](ein ditte Spur in Strafrecht)이라고 말할 수 있다는 것이다.

③ 보안처분의 일종이라는 견해이다.[34] 이는 범죄자의 특별예방을 목적으로 하는 보안처분에는 자유박탈적인 면이 있고, 또 이와 같이 자유형의 집행 종료 후의 보호관찰과 같은 보안처분이 있으므로 양자 간에는 전혀 차이가 없다고 한다.[35]

그러나 보안처분은 제도의 목적이 책임무능력자에 대한 사회방위처분이지만 보호관찰제도는 범죄자의 갱생보호를 목적으로 하기 때문에 양자는 구별된다고 보아야 하며, 또 보안처분은 시설 내의 처우를 원칙으로 장래에 범죄위험이 있는 자를 대상으로 하는데 비해 보호관찰제도는 사회내처우를 원칙으로 하며 범죄행위자를 대상으

29) 松本勝, 『保護觀察制度の諸問題』, 日本の矯正と保護(제3권), 有斐閣, 1981, 83面.
30) 이재상, 1979, 150-151면.
31) 위의 책, 151면.
32) Jescheck, Lehrbuch des Strafrechts, Allgemeiner Teil, 2 Aufl, Berililn, 1972 S.58.
33) Burns, Rechts Grundlage und Zulässigkeilts grenzen Strafrechtlicher Auflagen und Weisungen, GA, 59, S. 386.
34) Schmidt, Reform des Strafvollzugs, ZStW. 64, 1952, S. 7.
35) 이 형법, 제215조도 이런 경우를 보안처분이라 보고 있으며 독 형법도 이를 보안처분의 장에 규정하고 있다.

로 하는 점에서 중대한 차이점이 있다고 볼 것이다.

④ 현대사회에 있어서 범죄 원인이 다양한 것처럼 그 대책에 있어서도 다양성이 요구되는 것이므로 범죄자의 성향이나 범죄의 질에 따라 어떤 경우는 형벌로, 어떤 경우는 보안처분의 방법으로, 또 경우에 따라서는 보안처분과 완전한 자유와의 중간 단계로서의 보호관찰처분으로 다양화되어야 한다고 볼 때 보호관찰제도를 독립된 제 3의 처분이라고 보는 것이 좋을 것 같다.

그러나 현실에 있어서는 제도의 도입 과정이나 발전 과정에 있어서 보안처분제도와 보호관찰제도가 혼합적으로 교류되고 있어 명확하고도 분명한 구별은 어려운 일이라고 하겠다.[36)]

3. 우리나라의 보호관찰

1) 보호관찰 관련 법률

보호관찰제도는 10여 년간의 준비기간을 거쳐 1988년에 보호관찰법이 제정됨으로써 구체화[37)]되었는데 이듬해인 1989.7.1부터 이 법이 시행됨으로써 전국에 걸쳐 일제히 보호관찰소가 개소되어 실질적인 활동이 시작되었다. 우리나라 보호관찰제도의 기본법인 보호관찰 등에 관한 법률은 보호관찰에 관하여 일반법이 갖는 보편적 특성을 가지고 있다. 그러므로 보호관찰에 관한 일반적 기준을 제시하며 실질적 보호관찰법[38)]에 대한 기본이 된다.

또한 보호관찰 등에 관한 법률상 죄를 범한 자에 대한 법규범성의 형법의존, 보호관찰을 조건으로 하는 형의 선고유예나 형의 집행유예에 관한 특례규정, 보호관찰대상자의 구인, 유치와 그 집행에 관한 사항의 형사소송법 준용 규정은 형사일반법에 대한 특별법적 성격을 가진다.

---

36) E. H. Sutherlland and D. R. Cessey, *ibid.*, p.499.

37) 이태언, "보호관찰의 전문화 방안에 관한 연구", 부산외대논총 제30집, 2005, 7면.

38) 보호관찰법은 1988년 12월 31일 법률 제4509호로 제정되었으며, 전문 61조 부칙 제1항, 제2항으로 구성되었고, 1993.3.10 법률 제 4543호, 1995.1.5 법률 제 4933호로 보호관찰 등에 관한 법률로 전문 개정되었으며, 1996.12.12 법률 제5178호로 전문 개정되었고 1997.12.13 법률 제5453호로 일부 개정이 있었다.

따라서 범죄인의 재범예방활동이나 개인 및 사회공공복지가 동법에 근거한 국가 행정기관에 의하여 이루어진다는 점과 보호관찰 기관의 조직, 설치, 보호관찰 업무 처리전반에 걸쳐 규정하는 것을 감안할 때, 동법은 사회복지법적 성격과 행정법적 특성을 지니고 있다. 1989년 5월에 보호관찰소직제[39]도 공포되었다.

2) 보호관찰의 목적과 기능

보호관찰 등에 관한 법률은 제1조에서 "범죄인에 대한 체계적인 사회내처우로 건전한 사회복귀를 촉진하고 개인 및 공공의 복리를 증진함과 아울러 사회를 보호함을 목적으로 한다."라고 규정하여 동법이 사회복지실현을 도모하는 법임을 분명히 하고 있다. 보호관찰의 실제에 있어서 범죄인에 대한 환경조사 및 개선활동이나 사회의 인적·물적 자원을 매개로 한 보호관찰대상자의 사회적응지도, 위기대처능력 함양, 원호 및 응급구호 등은 사실상 개인 및 공공의 복지향상을 위한 국가 차원의 노력이라 할 수 있다.

보호관찰의 첫 번째 기능은 범죄통제로서, 이는 범죄자의 행위에 대한 적절한 감시와 감독을 통하여 보호관찰 대상자들이 재범을 하거나 새로운 범죄를 저지를 가능성을 줄이는 것으로 보호관찰의 목표이자 기능이다.

또한 보호관찰을 받고 있는 범죄자들은 자신을 개선하거나 사회에 복귀할 수 있는 기회를 갖는다. 이들은 자신의 보호관찰관으로부터 다양한 형태의 원호를 받아야 하며, 고용의 기회를 제공받거나 새로운 직업으로의 인도를 받을 수 있다. 또, 자신의 안정을 위하여 가족과 함께 살 수 있다. 보호관찰의 또 다른 중요 기능은 바로 처벌인데, 보호관찰대상자들은 항시 영장 없는 수색 및 체포에 종속되어 있다. 이들은 엄격한 보호관찰 프로그램 요건과 조건에 충실해야 한다. 한 가지 또는 그 이상의 이 같은 요건 또는 조건을 따르는데 있어서의 실패는 자신의 보호관찰프로그램이 취소될 수 있는 결과를 가져올 수 있다.

3) 보호관찰 대상자

보호관찰 대상자는 ① 보호관찰을 조건으로 형의 선고유예를 받은 자, ② 보호관찰을 조건으로 형의 집행유예를 선고받은 자, ③ 가석방 또는 가퇴원된 자, ④ 소년

39) 직제는 1989. 5. 26 대통령령 제12713호로 공포되었는데 전문 9개조와 부칙으로 구성되었다.

법의 규정에 의하여 보호처분을 받은 자 등이다(보호관찰법 제3조). 보호관찰에 관한 사항을 심사·결정하기 위하여 보호관찰심사위원회를 두고(제5조 1항), 보호관찰 사무를 관장하기 위하여 보호관찰소를 두고 있다(제14조 1항). 보호관찰은 법원의 판결이나 결정이 확정된 때로부터 시작되며, 보호관찰 대상자는 대통령이 정하는 바에 따라 주거·직업·생활계획 기타 필요한 사항을 관할 보호관찰소장에게 신고하여야 한다(제34조).

보호관찰대상자가 지켜야 할 준수사항은 ① 주거지에 상주하고 생업에 종사할 것, ② 악습을 버리고 선행을 하며 범죄성이 있는 자들과 교제, 회합하지 아니할 것, ③ 보호관찰관 및 보호위원의 지도·방문에 응할 것, ④ 주거를 이전하거나 1개월 이상의 국내외 여행을 할 때는 보호관찰관에게 신고할 것 등이다. 그러나 보호관찰대상자에게는 각자 범죄의 동기, 주위환경, 성격적 특성 등[40]이 다르기 때문에 일반적으로 부과되는 법적 준수사항만으로는 각자의 특성 있는 범죄성향을 교정하기란 매우 어려운 일이다.

4) 보호관찰의 지도·감독·원호

지도·감독이란 보호관찰관이 대상자의 재범을 방지하고 건전한 사회복귀를 촉진하기 위하여 행하는 보호관찰의 핵심이자 실질적 내용이 되는 조치를 말하며, 보호관찰관은 대상자와 긴밀한 접촉을 갖고 항상 그 행동 및 환경 등을 관찰하고 대상자에 대해 준수사항을 이행함에 적절한 지시를 행하는 것이다. 원호란 대상자에게 자조의 책임을 인식시켜 자력갱생의 의욕을 촉진시키고, 대상자가 자력갱생을 수행하기 위하여 자발적으로 노력하는 과정에서 자기의 힘으로는 해결할 수 없는 직면한 장애가 있거나 문제가 있을 때 그 해결방법을 몰라 고민하는 경우 물심양면으로 도와주는 일체의 조치이기도 하다.[41],[42]

요컨대, 원호는 보호관찰대상자의 개선과 자립갱생을 위하여 구체적으로 숙박, 위업알선, 직업훈련의 기회제공, 환경개선 및 기타 행정지원, 사회적 자원의 수혜대상이 되도록 주선해 주는 조치를 말하고 이는 비권력적이며 은혜적, 복지적 성격을 띠

40) 이무웅, 『보호관찰제도론』, 풍남, 1991, 200면.
41) 藤本英雄, 『刑事政策』, 日本評論社, 1968, 95面.
42) 小川太朗, 『自由刑の展開』, 一粒社, 1964, 178面.

고 있는 것이다.[43)]

따라서 보호관찰담당자에 의한 이 원호활동이야말로 대상자를 자립 갱생시키는 유형적 담보인 동시에 마지막 단계인 최후의 보루를 의미하는 것으로서 매우 중요한 것이다. 보호관찰관은 이러한 막중한 업무목적을 수행하면서, 원호 및 응급구호를 위해 필요한 경우에는 국공립기관, 갱생보호기공단, 기타 단체에 대하여 수용보호 기타 적절한 원조 또는 협력을 요청할 수 있다.

5) 협력 처우네트워크

사회내처우를 실효성 있게 하기 위한 보호처분 대상자들에 대한 처우상의 유관기관 네트워크 구성의 필요성이 요즘 들어 점차 제기됨에 따라 유관기관들과의 협의를 통한 네트워크가 구성될 가능성이 커지고 있는데 그 이유는 비행청소년들에게 최상의 집중적인 재활서비스를 제공하기 위해서는 그들에게 필요한 서비스에 관한 정보를 체계화하여 적재적소에 서비스를 제공할 수 있는 체제를 마련하지 않으면 안 되기 때문이다.

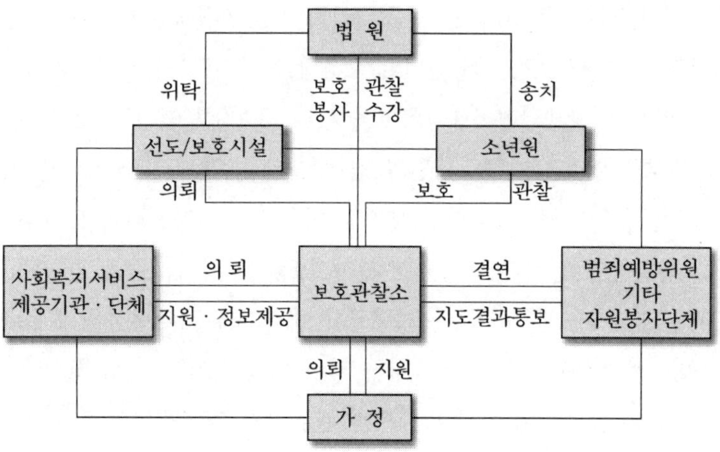

〈그림 8-1〉 비행 청소년에 대한 처우네트워크 구성도

따라서 지역사회에 산재한 자원의 유기적 연결을 통해 비행소년들에게 보다 체계적이고 효율적인 서비스를 제공하는 것을 목표로 관련기관 · 단체 및 시설간 '비행청

43) 차용석, "보호관찰제도의 효율적 시행방안", 청소년범죄연구 제7집, 1989, 20면.

소년 네트워크'를 구성하여 지역사회 연계체계를 구축해야 할 필요성이 대두되게 된 것이라고 할 수 있다.

보호관찰은 형사정책, 교육학, 사회사업학, 심리학 등 보호관찰에 필요한 전문적 지식과 소양을 갖춘 국가공무원인 보호관찰관과 보호관찰관을 도와 보호관찰대상자를 지도·원호해주는 민간봉사자인 범죄예방자원봉사위원이 담당하고 있다. 현재 보호관찰대상자 수에 비해 보호관찰관의 수가 현저히 부족하므로 범죄예방위원으로 하여금 보호관찰관을 도와서 지도·원호 등 보호관찰에 관한 업무를 담당하게 하고 있다. 유관기관, 단체들간의 협의체가 결성된 것을 전제로 하여 그려 본 "비행으로 인해 보호처분을 받은 청소년에 대한 지도·감독·원호 처우네트워크 구성도"는 위의 그림과 같다.

제 5 절 행형제도상 보호관찰의 연혁

여기서는 행형 제도상에 나타난 우리나라의 보호관찰제도의 연혁을 살펴보기로 한다. 우리나라의 행형제도는 1984년의 갑오경장을 분기로 하여 구획된다. 즉 갑오경장 이전의 행형제도는 생명형·태장형·도형 및 유형제도를 내용으로 하는 엄격한 형벌제도가 중심을 이루었고, 또 형벌의 집행을 위한 일시적 구금의 방법으로서 소박한 구금제도도 있었다.[44] 그러나 갑오경장 이후에는 서양문화의 도입과 그 영향으로 형성된 개화사상이 정치적 변혁과 더불어 행형제도의 획기적인 개편을 초래하였다. 즉 1894년 11월에는 감옥규칙이 제정되어 범죄자의 개과천선을 염두에 둔 일종의 계급처우범으로 볼 수 있는 징역표라는 것이 제정되었다.[45] 이 당시에 행형의 관리권은 내부대신의 소관이었고, 지방에서는 관찰사가 경찰행정의 일부로서 직접 소관하여 집행하였으나, 1908년부터는 법부대신이 장악하고 운영하였다. 이때부터 사실상 근대적 행형제도가 실시되기 시작한 것으로, 행정부 소속하에 근대적 행형시설을 설치하고 초보적인 구금의 분류제도를 실시하게 되었다. 1911년에는 종래의 감옥규

44) 박도향·김용우, 『행정법학』, 국민서관, 1971, 10면.
45) 권인호, 『행형사』, 국민서관, 1973, 411면.

칙을 보완한 조선감옥령이 제정되었으나 현실적인 발전을 보지 못하고 근대적 행형으로서의 명목만 남기고 말았다. 1912년에는 법원의 조직이 개편되어 고등법원과 복심법원 그리고 지방법원의 삼급·삼심제의 재판제도가 확립되었고,[46] 지방법원 사무관할지역의 일부를 관장하기 위해 지방법원의 지원이 신설되었으며, 각 법원에 검사분국도 병설되었다. 1912년 10월에 경성감옥[47]이 준공된 이후 수용인원의 증가로 인하여 곤란이 심하던 차에 1919년 만세사건으로 격증한 피의자[48]를 수용할 수가 없어 공장·교회당 등을 임시감방으로 사용하였다. 1923년부터는 소년수형자에 한하여 계급제도를 실시해 오다가 1938년 1월 1일부터 본 제도의 장점을 따서 일급 성인범죄에 대해서도 형행누진처우제도를 확대·실시함으로써 일대전기가 이룩되었다.[49] 또한 1912년 총독부령 제33호로 가출옥 규칙이 재정되었고, 1937년 4월에는 총독부훈령 제9호로 가석방심사규정이 제정·실시되었는데 이러한 일련의 조치는 보호관찰제도의 출발점이라 할 수 있다.

그러나 엄밀한 의미에서 우리나라 보호관찰제도의 내용인 갱생보호활동은 1943년 3월에 조선사법보호사업령·동위원회령·사법보호감찰규칙 등이 제정됨으로써 시작

46) 권인호, pp. 417-418의 표에서 인용. 〈법원의 명칭과 그 관할지역〉

명칭과위치			관할구역
고등법원	복심법원	지방법원	도명
고등법원 + (경성부)	경성	경성	경기도·강원도
		공주	충청남도
		함흥	함경남도
		청진	함경북도
	평양	평양	평안남도
		신의주	평안북도
		해주	황해도
	대구	대구	경상북도
		부산	경상남도
		광주	전라남도
		전주	전라북도

47) 경성감옥은 무기인 및 10년 이상의 죄수를 수용하였고, 서대문 감옥은 보통죄수에 대한 사무를 집행하였다(권인호, 417-418면 참조).

48) 1918년에는 수용인원이 11,609명이던 것이 1919년 말에는 증가한 15,161명으로 되었다. 이로 인해 장기수형자의 수용을 위하여 해주·함흥·대전에 감옥이 신설되고 영등포·청진·신의주·전주·목포의 분감이 본감으로 승격되었으며 강릉·김천·안동의 6곳에 분감이 신설되었다. 1923년에는 개성·김천의 분감이 본감으로 승격되었고, 청소년 수형자들을 위해 2개의 소년형무소가 신설되었다(권인호, 427-428면 참조).

49) 권인호, 앞의 책, 429면.

되었다고 하겠다. 이들 법령에 의해 전국에 재단법인으로서 17개의 사법보호회와 3개의 사법보호조성회 그리고 5개의 사법보호위원회가 설립되었는데, 이들은 국고보조와 약간의 자체 사업수입에 의해 미온적으로 운영되었다.[50] 광복 후 1961년 9월에 새로이 갱생보호법이 제정·공포됨으로써 종래의 사법보호라는 명칭 대신 갱생보호라는 용어를 사용하게 되었다. 그리고 과거의 재단법인 사법보호회·사법보호위원회 등이 해산되고 그 재산과 사업을 계수한 공법인인 갱생보호회가 각 도청 소재지에 설치되었으며 그 산하에 각 교도소 소재지마다 갱생보호소가 설치되기에 이르렀다. 1963년 2월에는 갱생보호법의 일부가 개정되어 종래 갱생보호의 대상에서 제외되었던 소년원의 퇴원자 및 가퇴원자까지도 포함되었다.

또 갱생보호기관을 통합하여 법무부 장관의 감독하에 공법인인 중앙 갱생보호회를 설립하였고 그 산하기관으로 서울특별시·부산직할시 및 각 도에 8개의 지부와 교도소 소재지에 9개의 지소를 설치하였다.[51] 특히 1953년 9월 18일 우리 형법의 제정으로 형의 집행유예제도와 그 당시 대부분의 유럽제국과 일본에서도 채용하지 못하고 있었던 영·미식의 선고유예제도를 과감히 입법화함으로써 형사입법사상 큰 발전을 이룩하였다. 그러나 영·미에서는 물론 대부분의 유럽제국에서도 법제화되었고 일본에서도 이의 도입을 위하여 입법화 준비를 하고 있는 보호관찰제도는 유예제도와 상호 불가분의 관계가 있음에도 불구하고 이를 형법에서 제외함으로써 입법상의 심한 불합리와 불균형을 가져왔다.[52] 형의 유예제도 자체와 본래 목적을 달성하기 위해서도 보호관찰제도가 시행되어야 한다는 점에서 볼 때, 이러한 입법은 납득하기 어려운 것이라고 하겠다.[53]

이에 앞서 건국 후인 1950년 3월 2일 법률 제105호로 행형법이 제정·공포되었고,[54] 1961년 12월 23일에는 이 법을 민주 행형제도에 합치시키기 위해 대폭 개정되었다가, 1962년 12월 24일 법률 제1222호로 다시 개정하여 귀휴제도를 도입·신설함으로써 민주 행형제도로서의 면모를 갖추게 되었다.[55] 특히 행형법 제11조 2항에 의

50) 김용우, 『행형문집』, 국민서관, 1982, 315면.
51) 유인학, 한국갱생보호제도의 문제점에 관한 고찰한 대논문집(8집), 1974, 222면.
52) 류기천, 『형법학(총론)』, 일조각, 1981, 371면.
53) 신창언, 보호관찰제도에 관한 연구, 서울대학교 석사논문, 1975, 4, 6.
54) 이 행형법전은 14장 69개조 9개의 부칙으로 구성되어 있다.
55) 권인호, 앞의 책, 453면.

해 종래에는 수형자의 형기 · 죄질 · 범행 횟수 · 성별 및 연령을 참조하여 거실과 작업실을 구별하여 수용하는 데 불과했으나, 새로이 수형자의 개성과 능력 및 범죄원인을 과학적으로 진단 · 분류하여 수형자의 개별처우에 적정을 기하기 위하여 1964년 7월 14일에는 예규교 제39호 법무부 장관의 훈령으로 수형자의 분류심사방법을 정하여 실시하게 되었다. 1969년 5월 13일에는 법무부령 제111호로서 교정누진처우과정을 제정하여 분류심사와 行狀심사를 일원화하기에 이르렀다.[56]

이 교정누진처우제도의 목적은 선고된 자유형의 형기를 수 개의 단계로 나누어 수형자의 반성과 개선의 노력 정도에 따라 처우를 완화할 수 있게 하여, 그들로 하여금 분발노력하게 할 기회를 줌으로써 희망을 가지고 자력적인 개선을 하게끔 유도하는 데 있다고 할 것이다.[57] 한편 소년에 대해서는 1958년 7월 24일 법률 제489호로 소년법이 제정되어 같은 법 제32조 1항 호에서 보호처분의 내용의 하나로 소년에 대한 보호관찰을 규정함으로써 입법사상 처음으로 보호관찰이란 용어가 법문에 사용되었다. 그러나 이 규정을 구체화하는 세부 규정이 마련되지 못하였기 때문에 현실적으로 비행소년의 재범을 막는 데는 도움이 되지 못하였다.[58]

1975년 7월 16일에는 법률 제2769호로 사회안전법이 제정되어 국가의 존립을 위태롭게 하는 반국가사범으로부터 국가의 안전을 유지하기 위해 보안처분의 내용으로 보호관찰처분을 규정하였다.[59] 본 법의 제정 목적은 제1조에서 보는 바와 같이 '특정범죄를 다시 범할 위험성을 예방하고 사회복귀를 위한 교육 · 개선이 필요하다고 인정되는 자'에 한하여 적용함으로써, '국가의 안전과 사회의 안녕을 유지'하는 것을 목적으로 하기 때문에 엄밀한 의미에서 볼 때 일반 범죄자의 갱생과 복귀를 위한 본래의 보호관찰제도와는 현저한 차이가 있었다.[60] 그러한 것이 1980년 12월 18일 법률 제3286호로 사회보호법이 제정 · 공포되어 보호처분의 종류로서 보호관찰제도를 규정하였고(같은 법 제3조), 같은 법 제10조 1항에서는 보호관찰의 대상자를 규정하

56) 권인호, 앞의 책, 453면.
57) 권인호, 앞의 책, 454-455면.
58) 갱생보호회, 한국갱생보호제도의 개선, 1971, 8면 참조.
59) 사회안전법 제4조 1항은 '보안처분의 대상자 중 죄를 다시 범할 위험성이 있다고 의심할 충분한 이유가 있어 교육개선이 필요한 자에 대하여 보호관찰처분을 할 수 있다'고 규정하고 있다.
60) 이진우, 『사회안전법강해』, 법문사, 1975, 121-124면.

였으며, 제11조에서는 보호관찰의 내용을 규정함으로써 현재까지의 어떤 다른 법률보다도 보호관찰 본래의 모습에 근사한 규정을 두게 된 것이다. 그러나 본 법에 의한 보호관찰도 엄밀한 의미에서 볼 때, 형의 집행을 종료·면제한 뒤에 사회방위적 처분으로서의 성격이 짙은 보호관찰을 부하는 점에서 본래의 보호관찰제도의 형식과는 차이가 있다고 하겠다.[61]

이들 법 외에도 1978년 광주지방검찰청에서 소년범죄에 대한 선도조건부 기소유예제도를 창설하여 실시한 결과 그 반응이 매우 좋다고 판단되어, 1981년 1월 20일 법무부 훈령 제88호로서 소년선도보호지침을 제정하여 전국에 확대·실시하게 되었다.[62] 또한 법무부에서는 1983년 1월 보호관찰 시험실시지침을 마련하여 부산 지방검찰청 관내에서 보호관찰을 시험적으로 실시하다가 다음해인 1984년 3월부터 전국적으로 확대·실시하였다. 1988년 12월 31일에 보호관찰법이 제정되어 시행도 하지 않은 채 1989년 6월에 일부 조항을 개정하여 동년 9월 1일부터 보호관찰법에 의한 보호관찰제도가 실시되었다.

보호관찰제도가 본격적으로 실시되어 활성화 단계에 도달한 1995년 1월에 보호관찰법은 보호관찰 등에 관한 법으로 법의 명칭을 바꾸어 종래의 갱생보호제도를 보호관찰제법에 수용함으로써 조문이 증가되어 보호관찰제도에 관한 기본법으로서 자리잡게 되었다. 1995년 12월 형법이 일부 개정되면서 경과규정에 의해 1997년 1월부터 성인범에까지 보호관찰제도가 확장되었는데 성인범에 있어 집행유예나 선고유예의 경우 보호관찰을 부과할 수 있도록 했고, 가석방의 경우에도 일정한 경우에 보호관찰을 부과하도록 하여 이 제도가 실시된 지 8년만에 적용의 범위가 크게 확장되었다. 이상에서 1894년 갑오경장 이후의 우리나라 형정에 있어서 보호관찰제도를 연혁적으로 고찰해 보았는데, 이 제도는 앞으로 행형제도의 혁신적인 개혁적 제도가 될 것으로 믿는다.

---

61) 법무부, 사회보호법 업무처리지침, 1981, 22면 참조.

62) 곽영철, 소년선도보호제도이 운영현황과 개선방향, 청소년 범죄연구(제1집), 법무부, 1983, 15면.

제 6 절 사회봉사 · 수강명령

1. 사회봉사명령

봉사명령(community service order)은 일반적으로 유죄나 비행성이 인정된 범죄자 · 비행소년에 대하여 독립한 형의 일종으로서 또는 형의 유예의 조건 내지는 보호처분의 조건으로서 일정한 기간 내에 특정한 시간 동안 사회봉사(community service; gemeinnütsige Arbeit; travail d'intér t général)에 종사하게 하는 제도로서 원래 영국에서 1972년 형사재판법의 개정에 의하여 창안되었다.

이러한 사회봉사명령제도의 개념을 분석하면, 사회봉사명령은 일정한 기간 내에 특정한 시간 동안 사회봉사를 명하는 제도이다. 즉, 사회봉사명령은 사회봉사를 내용으로 하는 제도이다. 사회봉사에 대하여는 명문의 규정이 없으나, 사회봉사적 성격을 지니는 근로에 종사하는 것이라고 할 수 있다. 이는 사회봉사명령이 사회에 대한 범죄로 인한 피해의 배상(reparation)과 범죄자의 사회에의 재융합(reintegration)이라는 요소를 지니고 있는 제도라는 측면에서 당연한 것이다.

또한 이러한 사회봉사적 근로는 무보수의 근로이어야 한다. 이는 사회봉사명령이 지니는 형벌적 요소를 반영하는 것이다. 사회봉사는 판결 또는 보호처분 등에서 정하여진 일정한 기간 내에 특정한 시간 동안 행하여져야 한다. 동 기간과 사회봉사시간은 법령에 따라 판결 또는 결정으로 정하여진다.

이러한 사회봉사는 강제노역에 해당한다. 이에 따라 영국을 비롯한 유럽국가에서는 유럽 인권규약(The European Convention for the Protection of Human Rights and Fundamental Freedoms) 및 국제노동규약(The International Labour Office Convention for the Suppression of Forced or Compulsory Labour)이 시설 외에서의 강제노동을 금지하고 있다는 이유 등을 들어 대상자의 동의를 전제로 한다. 그러나 우리 헌법이 "누구든지 법률에 의하지 아니하고는 체포 · 구속 · 압수 · 수색 또는 심문을 받지 아니하며, 법률과 적법한 절차에 의하지 아니하고는 처벌 · 보안처분 또는 강제노역을 받지 아니한다"고 규정하고 있어(제12조 제1항 후단), 법률에 의한 강제노역을 허용하고 있으므로 대상자의 동의를 조건으로 하지 않는다 하더라도 문제는 없다.[63]

2. 수강명령

수강명령(attendance center order)이란 유죄판결을 받은 범죄인이 자유형의 집행에 대신하여 지정된 사회교육시설 내지 교화시설에서 일정한 기간동안 교육 또는 학습을 받도록 명하는 것을 말한다.[64] 수강명령의 주된 목적은 주로 경미한 범죄자에 대하여 심성을 계발하고 올바른 가치관을 심어 주며, 성행을 교정하여 사회에 정상적으로 복귀할 수 있도록 촉진하는 데에 있다. 수강명령은 시설내처우의 폐단을 줄이고, 비용을 절감할 수 있고, 그리고 지역사회의 관심과 협력을 이끌어 낼 수 있는 제도이다.

우리나라에서의 수강명령제도는 1989년부터 도입되어 시행하고 있다. 처음에 이 제도는 비행청소년에 대한 선도조건부기소유예처분의 조건으로 실시해 오던 것을 1988년 개정된 소년법에서 보호관찰처분을 받는 16세 이상의 소년에게 사회봉사명령과 선택적으로 수강명령을 할 수 있도록 한 후 보호관찰관이 그 집행을 맡아 왔으며, 1997년 1월 1일부터는 집행유예를 받는 성인범죄자에게도 적용할 수 있게 되었다. 그동안 소년범에 대하여 실시한 결과 수강명령제도에 대한 긍정적 평가를 내리게 되었고,[65] 이를 기초로 전체 형사범까지 확대 실시하게 된 것이다.

제 7 절 소년선도보호제도

소년선도보호란 접촉선도・원호선도를 포함한 개념으로 전술한 바와 같이 1978년

63) 박형남, 사회봉사명령제도의 적정한 운용방안, 법원행정처, 사회봉사・보호관찰제도 해설, 1997, 25면.
64) 김일수, 『새로 쓴 형법총론』, 박영사, 1996, 670면.
65) 한국형사정책연구원, 수강명령제도와 교육내용에 관한 연구, 1995 참조.

광주지방검찰청에서 소년범죄에 대하여 선도조건부 기소유예제도를 창안하여 실시함으로써 시작되었다.[66] 접촉선도는 귀주처가 있는 유예소년과 접촉을 가져 상담 등의 방법으로 소년의 반사회성을 교정하고 지식과 기술을 습득시키며 정서를 순화시켜 건전한 사회인으로 복귀하게 하는 선도방법이다. 원호선도는 귀주처가 없거나 있더라도 귀주시키는 것이 부적당한 유예소년에 대하여 선도위원의 주거나 복지시설에 주거하게 하여 의·식·주를 제공하면서 접촉선도하는 것을 말한다. 소년선도보호지침의 내용을 중심으로 소년선도 보호제도의 내용을 고찰해 보면 다음과 같다.

1. 선도유예의 개념

선도유예란 선도조건부 기소유예를 줄인 말로, 선도위원이 선도를 조건으로 기소유예처분을 하는 것을 말한다(소년선도보호지침 제3조 1항). 이는 선도보호제도의 중심 개념으로서 그 법적 성질은 일종의 보호관찰부 기소유예처분이라고 할 수 있다.[67]

2. 선도유예의 대상과 절차

선도유예는 범죄내용의 경중에 관계없이 재범의 가능성이 적은 18세 미만의 비행소년을 주된 대상으로 한다. 그러나 공안사범, 마약사범, 흉악범, 조직적 또는 상습적 폭력배, 치기배, 현저한 파렴치범은 원칙적으로 대상에서 제외된다. 소년사건의 주임검사는 필수적 참작자료와 임의적 참작자료로써 유예소년을 선정한다(동 지침 제14조). 필수적 참작자료는 사건의 죄질과 범정을 살펴 비행성 유예자료표와 소년환경조사서의 자료를 참작하며, 임의적 참작자료는 소년의 보호자·교사·직장의 상사의 의견, 피해보상 여부, 피해자의 감정 등의 자료를 참작하는 것이다. 이러한 참작자료를 참고하여 주임검사는 대상자를 위해 선도위원을 선정하여 유예소년의 선도보호책

66) 유예선도제도의 모체는 광주 지방검찰청에서 작성된 「소년범 처리지침」인데, 이는 1972년에 서울 지방검찰청에서 작성한 '학생사범 단속요강'을 보완한 것이다(김량균, 소년선도보호제도에 대한 회고, 청소년범죄연구 제4집), 법무부, 1986, 148면 참조.

67) 곽영철, 앞의 논문, 18면.

임의 인수를 권고하는데[68] 이 경우 선도위원은 유예소년의 주변 사정을 미리 조사하여 개선 가능성을 뒷받침할 의견서와 당해 지역 대표선도위원의 의견서를 첨부한 후 주임검사에게 제출하여야 한다. 이 때 주임검사는 유예소년으로부터 준수사항과 보호자로부터의 서약서도 제출받아 기록에 편철하고, 이들에게 조치사항을 예고한다. 서약서에는 준수사항을 이행하여 새 사람이 되겠다는 내용[69]과 선도위원의 활동에 적극 협조하겠다는 것, 그리고 선도보호의 활동에 적극 협조하겠다는 것, 그리고 선도보호의 과정에서 선도위원의 지시에 순응·협조하겠다는 내용이 규정되어 있다.

3. 선도유예의 기간

유예소년에 대한 선도기간 즉, 관찰기간은 6월이며, 다만 3개월씩 2차에 걸쳐 연장할 수 있다(동 지침 제49조 1항). 연장의 여부는 검사가 담당선도위원의 의견을 듣고 결정되며, 선도 경과가 좋아 연장할 필요가 없다고 판단되면 선도를 해제한다(동 지침 제50조, 51조).

4. 방문선도

방문선도란 소년원이나 소년교도소를 방문하여 원생이나 수형소년을 접촉선도하는 것을 말하는데, 이는 선도유예보다 1년 후인 1982년 1월 1일부터 시행되었다. 원생에 대한 방문선도는 ① 소년원에 입원한 후 단기 1월, 중기 2월, 장기 6월이 경과할 것, ② 입원 후 교과교육·직업교육 성적이 우 이상이고, 생활지도 성적이 현저히 양호할 것, ③ 보호자가 없더라도 그가 교육함이 부적합할 것 등과 같은 소년이 대상

68) 인수에는 자진인수와 권고인수가 있다.

69) 동 지침 제19조(준수사항) : ① 석방 후 늦어도 3일 이내에 선도위원을 방문할 것, ② 선도기간 내에 임의로 주거지를 이전·이탈하지 아니하고, 주거지를 이동하거나 장기 출타 시에는 선도위원에게 신고할 것, ③ 선도기간 중 선도위원과 수시 접촉을 갖고, 선도상의 지침에 순응할 것, ④ 정업에 종사하며 맡은 일을 태만히 하지 않을 것, ⑤ 과법의 잘못을 반성하고 각오를 새롭게 할 것, ⑥ 피해자의 손해를 배상하는 데 전력을 다하고 항상 사죄하는 마음을 가질 것, ⑦ 이상의 사항을 위반하였을 때 유예사건의 재기소 등 불이익 처분을 받더라도 이의없이 이를 감수할 것 등이다.

이 된다. 또 수형소년에 대한 방문선도는 ① 교도소 입소일에 관계없이 잔형기간이 1년 미만일 것, ② 입소 후 소내 성적이 3급 이상일 것, ③ 보호자가 없거나 있더라도 그가 교육함이 부적합할 것과 같은 소년이 대상이 된다(동 지침 제23조).

소년원장 등은 매월 5일 이내에 수용자를 방문, 선도대상자를 추천하여 그 소년의 가족과 함께 검사장 등에게 송부하고 전담검사가 이를 토대로 적합 여부를 결정하여 대상소년을 선정한다. 이 경우 선도위원은 월 1회 이상 수용시설을 방문하여 원생이나 수형소년을 지도·교양하게 한다. 선도기간은 단기를 5월, 중기를 10월, 장기를 1년으로 하며, 장기의 경우 퇴원 또는 가퇴원 시까지 연장할 수 있다. 수형소년의 선도기간은 1년을 넘지 않는 범위 내에서 석방 시까지로 하며 가퇴원·가석방의 잔형기는 유예소년에 준하여 선도·보호한다(동 지침 제49조). 1982년 첫해 전국의 방문선도위원은 375명이었다.70)

5. 선도보호제도의 문제점과 개선결과

선고유예제도는 외국의 입법에나 형사정책의 운용에는 없는 우리나라 특유의 소년법 보호대책으로서, 공무원이 아닌 민간인인 선도보호위원에 의해 이루어진다는 점과 법원에서 유죄판결을 받지 아니한 비행소년에 대하여도 실시할 수 있다는 점에서 본래의 보호관찰제도와는 차이점이 있다. 운용상의 문제점은 ① 선도위원이 무보수의 명예직일 뿐 아니라 직무수행 과정의 필요한 경비를 자신이 부담하면서도 사회적 특권이 일절 인정되지 않기 때문에 지속적인 효과를 기대하기가 곤란하다. ② 상임선도위원은 소년비행이나 범죄 및 상담에 전문가가 아니라도 지역사회의 신망있는 인물이면 누구나 가능하기 때문에 이들에 의해 효과적인 교정처우가 가능할지 의문이다. ③ 실제적으로 선도위원들이 타직책도 겸하고 있기 때문에(예, 개발위원·자문위원·청소년담당위원·갱생보호위원 등) 이 직책들을 하나하나 효과적으로 이행할 수 있을지가 의심스럽다. ④ 의원직이 자발적으로 얻어지는 게 아니라 관에 의해 위촉되기 때문에 여기에 따르는 문제가 있을 수 있다. ⑤ 선도보호는 선도관찰제도의 하나인데도 법적인 근거 없이 훈령 정도의 형식으로 규율하는 것과 대상자 선정에

70) 법무부 보호국 통계, 1983.

있어서 법원에 의한 유죄판결이나 판단을 거치지 않고, 수사 단계에서 검사의 판단으로 보호관찰에 부하는 것도 문제점이다.

그런데 이러한 문제점에 대한 개선방안은 말할 것도 없이 외국의 입법례와 같이 전면적으로 보호관찰제도를 도입하여 선도보호가 발전적으로 해체되어 흡수되어야 하는 것이다.71) 이러한 문제점을 보완하기 위하여 관계법령을 개정, 보호관찰부 선도유예제도를 1997년부터 실시해 오고 있으나 이해 부족으로 다소 미미한 실정이나 이러한 보호관찰소 선도유예제도가 정착되면 일본 등의 경우처럼 선도위원은 공무원인 전문직 보호관찰관을 도와 관찰업무를 보조하는 등 보다 적극적인 활동이 기대될 것이다.

6. 보호관찰소 선도조건부기소유예

보호관찰소 선도조건부기소유예(선도위탁)제도는 수사검사가 피의자에 대한 죄질, 정상 등을 참작하여 보호관찰소의 전문적인 선도를 조건으로 기소유예를 하는 제도로서 '95. 5월 소년범부터 실시한 뒤 '96. 7월 성인에까지 확대되어 오늘에 이르고 있다. 수사검사는 관할보호관찰소에 선도위탁서를 송부하며 보호관찰관에게 선도경과통보서를 요청할 수 있고 전담검사는 보호관찰관의 의견을 들어 선도기간을 3월씩 2차에 걸쳐 연장할 수 있다. 선도기간중 선도대상자가 재범 또는 준수사항을 현저히 위배하거나 소재 불명된 때에는 전담검사는 보호관찰관의 의견을 들어 선도위탁의 취소가 가능하고 선도위탁 취소 시에는 선도조건부 기소유예한 사건을 재기 수사한다.

71) 김진환, 앞의 논문, 121면.

제 8 절 판결전조사제도

1. 판결전조사제도의 개념

판결전조사제도(Presentence Investigation system)는 형사소송절차에 있어서 유죄가 인정된 자에게 적합한 처우를 찾아낼 수 있도록 판결을 내리기 전에 피고인의 인격·소질·환경에 대한 과학적 조사를 하여 이를 양형의 기초로 사용하는 제도를 말한다. 광의로는 기소여부를 결정하기 위한 기소전조사도 여기에 포함된다.[72] 따라서 법원은 소년에 대한 형사사건에 관하여 그 필요사항의 조사를 조사관에게 위촉할 수 있으며, 소년에 대하여 형법규정에 의한 보호관찰 등을 명하기 위하여 필요하다고 인정하는 때에는 그 법원의 소재지 또는 피고인의 주거지를 관할하는 보호관찰소의 장에게 범행의 동기, 직업, 생활환경, 교우관계, 가족 상황, 피해 회복 여부 등 피고인에 관하여 필요한 사항의 조사를 요구할 수 있다(보호관찰 등에 관한 법률 제19조 제1항). 현재 일반 법원에는 조사관이 없기 때문에 조사관에 의한 조사보다는 보호관찰소에 의한 조사가 주로 활용되고 있으나, 향후 사법보좌관제도가 시행되면 전자의 방법도 그 활용도가 증가할 것으로 기대된다(법원조직법 제54조 제2항).[73]

이 제도는 현행법상으로는 소년범에 국한하여 제한적으로 인정되고 있으나 충실한 양형 자료의 수집을 위하여 일반범에 대하여도 확대하여야 한다는 의견이 대두되고 있으며 판사의 성향에 따라 중요사범의 성인범도 본 제도를 활용하고 있다.

판결전조사제도는 형사정책적으로 양형의 합리화뿐만 아니라 개별적인 교정의 합리화에도 유용하게 이용될 수 있다는 장점을 가지고 있다.[74] 이 제도의 필요성을 구체적으로 말한다면 첫째, 양형의 합리화를 위해 필요하다는 점이다.

재판의 결과를 놓고 볼 때 법관마다의 차이와 동일한 법관이라 하더라도 개개 사

---

72) 배종대, 앞의 책, 370면.
73) 법원행정처, 『새로운 형사재판실무』, 2002, 25면.
74) 배종대, 앞의 책, 370-371면.

건의 상이에서 비롯되는 형의 불균형이 문제될 수 있다. 그러한 경우, 재량권의 적정한 행사가 보장되기 위해서는 양형의 기초 자료가 상세하게 수집 조사되어 법관에게 객관적 사실 그대로 제공되는 제도적 장치가 필요하게 되는데 바로 이러한 필요성에서 발생한 제도의 하나가 판결전조사제도이다.

둘째, 처우의 개별화를 위해서 필요하다. 근대 이후 제재 중심의 응보형주의 형벌관에서 교육·목적형주의로 전환한 이래 형벌은 범죄인의 위험성을 치유하여 건전한 사회 일원으로 복귀시키는 교육수단으로 인식되어졌으며 더 이상 범죄인에 대하여 고통과 침해를 가하는 제재로서만이 아니라 범죄인의 사회복귀라는 의미에서 위험성 치료방법의 하나로 발전하였다. 이러한 입장에서 보면 양형은 피고인에 대한 처우방법의 선택이며 그 처우는 피고인의 개선·갱생에 가장 적합하도록 개별화·다양화되지 않으면 안 된다. 이러한 경우 과학적이고 합리적인 처우의 개별화를 위해서 판결전조사제도가 필요하다.75)

2. 판결전조사제도의 기능

판결전조사제도의 기능은 크게 형벌의 개별화 기능과 범죄인 처우에 대한 자료제공의 기능을 들 수 있다. 첫째 기능은 유죄 사실의 인정이 아니라 법원의 적절한 양형을 포괄적으로 조사하여 범죄인에게 선고될 개별적 처우에 대한 적응성이 있는가를 합리적으로 평가함으로써 형벌이 적절하게 개별화되도록 하는 기능을 수행하는 것이다. 즉 재판의 측면에서 Probation을 부과하여 석방함으로써 Probation 성공 가능 여부를 판별하는 것은 재판에 있어 효율적인 판결을 선고하게 하는 보조적인 기능을 수행하며(재판 보조), 피고인의 측면에서 피고인에 대한 판결전조사를 실시하는 것은 각 피고인에 대한 Probation 및 개별적 처우의 적정한 결정을 가능하게 함으로써 피고인을 보좌하는 기능을 수행하기도 한다(피고인 보좌). 또한 사회복지적인 측면에서 판결전조사는 범죄인의 건전한 사회복귀를 촉진하고 개선가능성을 증대시키는 등 범죄인의 갱생을 위한 준비적 기능을 수행하기도 한다(범죄인 갱생 준비).

둘째 기능은 판결전조사는 법관에 의한 판결 후 범죄인의 개별적 처우 그 자체에

75) 법원행정처, 앞의 책, 2002. 25-26면.

관한 건전한 기초 제공이라는 기능이다. 즉 판결전조사는 보호관찰처분을 받은 자에 대한 보호관찰관의 적절하고 효과적인 감독과 보호를 가능하게 하는 기능을 수행하며(보호관찰관의 적절한 보호감독 원조), 실형을 선고받은 자에 대한 교정당국의 과학적 분류와 재소자 프로그램의 실시, 석방계획의 수립 등을 행하는 데 유용한 기초자료가 됨으로써 효과적인 교정대책의 수립과 실시에 도움을 주고 있다(교정당국의 활동 원조). 또한 판결전조사는 또한 가석방의 실시 여부를 결정하고 가석방기간 중의 보호감독을 철저하게 행사하는 것을 용이하게 한다(가석방 실시).[76)]

3. 판결전조사제도의 요소

판결전조사의 요소로는 일반적으로 다음과 같은 것을 들 수 있다.

① 법관의 편익에 제공되는 종국처분 전의 사전 조사일 것

② 범죄사실에 대한 조사가 아니라 피고인의 인격과 환경에 대한 사회적 조사일 것

③ 전문적 지식과 경험을 가진 자에 의하여 조사될 것

④ 조사방법은 과학적이고 조사내용이 소송당사자 일방의 유·불리에 구애받지 않는 객관성을 가질 것 등을 요소로 한다.

4. 한국에서의 운용현황

이러한 판결전조사는 보호관찰 등에 관한 법률 제19조에 의하여 소년범에 한하여 법원이 보호관찰소장에게 요청함에 따라 보호관찰관이 범죄인의 성격, 가정환경, 성장과정, 경력, 전과, 교우관계, 피해회복 여부 등 범죄에 영향을 미치는 제반사항에 관한 사실조사를 하는 것이다. 이 제도는 보호관찰처분의 적합성 판별과 법원의 적정판결에 도움을 주고, 나아가 보호관찰의 효과성을 확보하는 데 그 목적이 있다.

한편, 보호관찰소에서는 소년원·교도소 등 시설에 수용중인 소년범에 대한 환경을 조사하여 필요한 경우 개선활동을 실시할 수 있다. 이는 가석방·가퇴원의 심사자료로 활용하는 한편, 가석방·가퇴원 전에 환경조사를 하여 범죄유발요인을 제거

---

76) 이태언 외, 앞의 책, 395면.

함으로써 건전한 사회복귀기반을 조성하고, 효율적인 보호관찰실시의 여건을 마련하는 데 그 목적이 있다.

이러한 목적에 따라 소년범에게만 양형의 자료로 활용하도록 하였으나 2007년 11월 법무부 정책위원회에서는 형사재판에서 법관이 과학적, 합리적으로 보호관찰 등을 결정함에 도움이 될 수 있도록 판결전조사제도를 성인범에게까지 확대하는 방안을 심의 의결한 것은 시사하는 바가 크다 하겠다.[77] 이에 따라, '인간 존중의 법질서'를 지향하고 있는 법무부는 판결전조사의 성인범 확대가 적정한 보호관찰 명령의 선고를 가능하게 하여 궁극적으로 범죄인들의 사회복귀나 재범감소를 돕는데도 유용하다고 판단하였기 때문이다. 이러한 성인범에 대한 판결전조사제도가 필요하다는 판단하에 성인범에 대한 판결전조사가 소년범에 대한 판결전조사보다도 많이 이루어지고 있었는데 법률 일부 개정을[78] 통하여 성인범에 대해서도 판결전조사가 가능하도록 규정한 점은 다행이라고 본다.

제 9 절 검사결정전 조사제도

1. 결정전조사제도의 개념

검사의 결정 전 조사 제도란 2008년 6월 22일부터 소년법에 신설되어 시행되고 있는 제도로 검사는 소년 피의사건에 대하여 소년부 송치, 공소제기, 기소유예 등의 처분을 결정하기 위하여 필요하다고 인정하면 피의자의 주거지 또는 검찰청 소재지를 관할하는 보호관찰소의 장, 소년분류심사원장 또는 소년원장(이하 "보호관찰소장등"이라 한다)에게 피의자의 품행, 경력, 생활환경이나 그 밖에 필요한 사항에 관한 조사를 요구할 수 있는 진일보한 제도이다. 본 제도가 소년법 개정에 의거 전반적으로

77) 실무상 행해지고 있는 성인범에 대한 판결전조사제도의 법적 근거도 마련되어 법무부에서는 2008년 4월 소년범에 대해서만 규정되어 있는 판결전조사규정을 고쳐 형사 '피고인'에 대해서는 소년과 성인을 구별하지 않고 판결전조사를 실시할 수 있도록 입법예고하였다.

78) 법률 제9168호(2008.12.26)의 개정을 통해 성인범에 대해서도 판결전조사가 가능하도록 규정하는 "보호관찰 등에 관한 법률"을 일부 개정하였다.

실시되기 이전 대구지방검찰청에서 실시한 내용은 아래의 표와 같다.[79]

〈표 8-1〉 소년 및 가정폭력 사건 처리 현황(2006년)

구 분	계	구공판	구약식	보호사건 송치	기소유예	기타
소년사건	5,383명 (100%)	199 (3.69)	491 (9.12)	1,076 (19.98)	2,698 (50.12)	919 (17.07)
가정폭력사건	1186명 (100%)	27 (2.27)	140 (11.80)	250 (21.07)	391 (32.96)	378 (31.87)

주 1. 기소유예 사건 중 선도조건부 기소유예는 296명
2. 기소유예 사건 중 상담조건부 기소유예는 127건 139명

이 제도의 시행은 서울남부지검으로 2006. 4. 1.구속된 소년 및 가정폭력사건에 시행, 2006. 6. 1. 불구속사건에 대하여도 확대 시행하여 2007. 2월 말 기준 총 84건에 대해 환경조사를 실시(소년사범 74건, 가정폭력사범 6건, 상습절도 등 기타 4건)하였으며, 구속사건은 서울보호관찰소 남부지소에, 불구속사건은 서울소년분류심사원에 조사의뢰 하였다. 또한 수원지검은 2007. 4. 2. 시행하였으며 수원보호관찰소에 조사의뢰하였다. 대구지검 경주지청도 2007. 4. 1. 시행하였으며 대구보호관찰소 포항지소와 경주지소(2007. 7 개소 후)에 조사의뢰하였다.

2. 효과 및 시행

이 제도의 효과로는 검찰업무의 효율성, 전문성 및 사건 처분의 내실화 제고하였으며 인력자원과 전문지식이 풍부한 보호관찰관 등을 환경조사에 활용함으로써 환경조사를 내실화하는 한편, 검사는 사건의 실체규명 수사에 집중함으로써 범죄수사와 양형자료의 규명 절차를 분리할 수 있다는 점에 있다. 보호관찰관으로부터 수사기록만으로는 확보하지 못한 피의자의 가정환경, 범행의 심층적 원인, 교화가능성 등 재범 예측에 필요한 자료 등을 제공받아 결정함으로써 전문성 및 처분의 내실화 제고하였으며 소년범 처리에 대한 검찰의 주도적 역할을 확보하였다.

또한 구공판시 소년보호사건 송치가 예상되는 소년사건을 검찰에서 각종 기소유

79) 대구지방검찰청 형사1부에서 기획, 입안(2007.4.23)하여, 시행하는 기소결정전조사 제도사례를 재구성하였다.

예제도를 활용하거나 직접 소년보호사건 송치함으로써 소년범 처리에 대한 검찰의 주도적인 역할확보가 가능하였으며 형사절차의 신속성을 도모하고 검찰단계에서의 결정전조사서를 기록에 편철함으로써 법원에서 별도의 조사절차를 거치지 않고 처분할 수 있도록 하여 절차의 신속성에 기여하였다.

시행은 현재 대구보호관찰소 조사업무 담당자는 3명(조사팀장을 겸임하는 행정지원팀장을 제외하면 실질적으로는 2명이 담당)으로 인력사정을 감안하여 구속사건은 출장조사가 가능한 대구보호관찰소에서, 불구속사건은 대구소년원 소년분류심사원에서 담당하였다.

3. 구체적 시행 방안

대구지검의 경우 시행 시기는 2007. 5. 1.부터이며 대상사건은 구속사건 중 소년 및 가정폭력사건, 기타 상습범이다. 불구속 소년사범 중 피의자의 성향, 환경, 재범가능성 등이 구약식, 소년부송치, 기소유예(선도, 보호관찰, 소년분류심사원 교육이수조건) 등 검사 결정이나, 기소되는 경우 판결선고시 형의 양정에 중요한 고려 요소가 될 것으로 예상되는 사건(단순 기소유예 대상 사건은 제외)과 연계하여 소년을 선도하기 위해 구속사건의 경우 보호관찰조건부 기소유예를, 불구속사건의 경우 소년분류심사원에 의뢰하여 조사하였다.

위와 같은 환경조사결과를 토대로 기소유예처분을 할 경우 각 기관의 조사업무심사원 교육조건부 기소유예를 활용하였다. 소년담당검사가 관리하였으며 조사사항은 범행동기, 비행에 이르게 된 경위, 피의자의 성격, 가족상황, 성장과정, 생활환경, 교우관계 등이며 개선가능성과 보호자의 관심 및 보호능력 등을 보았다. 시행절차는 〈그림 8-2〉와 같다.

당사자 동의 및 진술거부권 고지는 주임검사가 결정전 환경조사가 필요하다고 판단되는 사건을 선정한 후, 피의자 및 보호자(미성년자의 경우)의 동의서를 받으며 보호관찰관 등으로부터 환경조사를 받음에 있어 진술을 거부할 수 있다는 진술거부권을 고지한다.

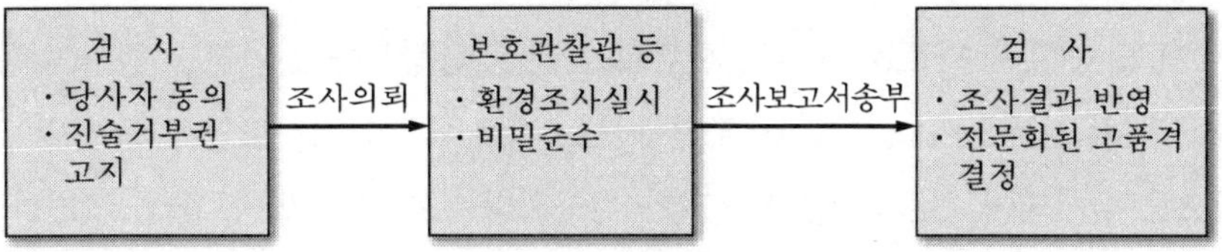

〈그림 8-2〉 기소결정전 조사제도 시행절차

4. 조사 처리 방법

보호관찰소 또는 소년분류심사원에 조사를 의뢰하며 대구지방검찰청은 대구보호관찰소 또는 대구소년원 소년분류심사원에 공문으로 기한을 명시하여 조사를 의뢰한다. 서울남부지검의 경우 구속사건은 5일, 불구속사건은 1개월 기한을 주고 있는바 대구지방검찰청도 이에 준하여 처리하며 보호관찰관은 소환 또는 방문의 방법으로, 소년분류심사원에서는 소환의 방법으로 환경 조사활동을 하도록 한다. 조사보고서 송부는 보호관찰관 등은 조사보고서 작성한 후 이를 검사실로 송부하며 검사는 조사보고서를 참조하여 기소여부를 결정하고 공판절차에서는 증거로도 제출한다.

5. 기대 및 발전 방향

법원의 판결전조사제도는 소년에 한정된 조사였지만 보호관찰제도 시행시 활용되어 오고 있었으나, 검사의 결정전조사제도는 활용되지 않았다. 처음 시도는 서울남부지검에서 2006. 4. 1.구속된 소년 및 가정폭력사건에 시행하다가 그해 6월부터 불구속사건에 대하여도 확대 시행하여 도입하였다. 이러한 제도의 긍정성을 인정하여 소년법 제49조의2[80] 개정으로 검사의 결정전 조사 제도가 신설되었는데 활용 성패의

80) 제49조의2(검사의 결정 전 조사) ① 검사는 소년 피의사건에 대하여 소년부 송치, 공소제기, 기소유예 등의 처분을 결정하기 위하여 필요하다고 인정하면 피의자의 주거지 또는 검찰청 소재지를 관할하는 보호관찰소의 장, 소년분류심사원장 또는 소년원장(이하 "보호관찰소장등"이라 한다)에게 피의자의 품행, 경력, 생활환경이나 그 밖에 필요한 사항에 관한 조사를 요구할 수 있다.

문제는 보호관찰소 조사 전담 전문가가 양성되느냐의 문제는 있으나 조사한 소년의 품행, 환경 등 분석된 자료를 토대로 사건의 처리를 담당하는 소년전담 검사의 활용에 따라 기대되는 제도이다. 그리고 조건부선도 기소유예제도를 도입하여 그간 법무부 훈령으로 실시되어 왔으나 법적 근거가 미약하다는 비판을 받아 왔다. 그러나 소년법 제49조의 3항[81] 신설로 법적인 근거를 마련하게 된 점이다.[82]

제 10 절 환경조사 및 개선활동

1. 개념

환경의 문제는 분위기의 조정이라는 면에서 생각해 볼 수 있다. 즉 잠재적 범죄자가 처해 있는 환경이 불량하여 범죄를 야기시킬 경우에는 그 환경을 변경시키거나 조정해야 한다. 즉 환경 자체를 조정해야 한다.[83] i) 가정의 환경에 병리적 요인이 많은 경우에는 친척집이나 기타 다른 곳으로 이사를 하게 한다거나, ii) 학교생활에 적응이 안될 때에는 자기의 수준에 맞는 학급이나 학교로 전학하는 일, iii) 교우관계에 있어서도 불량한 친구집단으로부터 이탈하도록 해야 한다.

2. 보호관찰 등에 관한 법률의 내용

1) 의의 및 기능

환경조사와 환경개선활동은 대상자가 사회로 복귀한 뒤에 원만하고도 건전한 사회생활을 할 수 있는 충분한 환경을 준비하는 데 큰 뜻이 있다. 즉, 수용자가 가정이나 생활 주변의 불량한 환경의 개선 없이 바로 사회에 복귀하게 되면 출소 후에 재

81) 제49조의3(조건부 기소유예) 검사는 피의자에 대하여 다음 각 호에 해당하는 선도(善導) 등을 받게 하고, 피의사건에 대한 공소를 제기하지 아니할 수 있다. 이 경우 소년과 소년의 친권자·후견인 등 법정대리인의 동의를 받아야 한다. [본조신설 2007.12.21]

82) 신석환, 보호관찰제도의 활성화 방안, 경성대학교 박사학위논문, 137면.

83) 정동기, 일본의 가석방제도, 청소년범죄연구(제6집), 법무부, 1988, 193면.

범을 할 가능성이 매우 높기 때문에 이를 방지 내지 개선하기 위해 환경조사 및 환경개선활동을 할 필요가 있다. 이 작업은 피고인이 수감될 때부터 착수하여 석방될 때까지 단계적, 지속적, 계획적으로 해야 한다.[84] 환경조사활동은 i) 가석방 심리를 위해서도 중요한 자료가 되며, ii) 교정시설에 처우하는 경우에 참고자료가 되고, iii) 가석방 후 보호관찰을 할 때에 기초자료로서 이용이 되어지기 때문[85]에 중요한 의미를 가진다.

2) 환경조사 및 환경개선활동의 방법

수용시설의 장은 소년수형자나 소년법 제32조 1항 6호 및 7호의 보호처분을 받은 자를 수용한 때에는 거주예정지를 관할하는 보호관찰소장에게 신상조사서를 지체없이 송부하여 환경조사를 의뢰하여야 한다(법 제26조 1항). 이 경우 환경조사의 의뢰를 받은 보호관찰소의 장은 수용자의 범죄 또는 비행의 동기, 수용 전의 직업, 생활환경, 교우관계, 가족 상황, 피해 회복 여부, 생계대책 등을 조사하여 이를 당해 수용시설의 장에게 통보하여야 한다(제26조 ②).

환경조사 사항은 i) 인수인의 가족관계 및 주변의 상황, ii) 범죄 또는 비행에 대한 사회의 감정, iii) 피해 변상 여부 및 피해자의 감정, iv) 수용 전의 직업생활환경 및 교우관계, v) 석방 후 취업계획 또는 생계의 전망, vi) 범죄나 비행의 동기, vii) 기타 참고사항 등을 조사하여야 한다(시행령 제12조).

수용시설의 장은 환경조사 및 환경개선활동에 대한 조사를 의뢰한 후 수용자의 신상에 변동이 있을 때에는 거주예정지를 관할하는 보호관찰소장에게 그 사실을 통지해야 한다(시행령 12조 ①항). 보호관찰소의 장은 환경조사나 환경개선활동을 하는 경우는 수용자와의 면접 또는 통신, 가족 및 관계인과의 협의, 수용시설, 기타 관계기관의 협조에 의하여 계속적으로 환경을 조정하여야 하며, 이 과정에서 본인의 의사를 존중하고 본인, 가족 및 관계인의 신뢰와 협력을 얻도록 노력하여야 한다(시행령 제13조). 보호관찰소장은 환경조사의 결과에 따라 수용자의 사회복귀를 촉진하기 위하여 필요하다고 인정하는 때에는 본인, 가족, 관계인의 동의 또는 협력을 얻어 본인의 환경 상태의 개선을 도모할 수 있으며(제27조 1항) 수용시설의 장도 심사위원

84) 보호관찰의 실무(제3집), 법무부, 1986, 2면.
85) 보호관찰의 실무, 3면.

회 상임위원 보호관찰관 및 범죄예방위원으로 하여금 수용자와의 면접, 관계기관의 열람 등의 편의를 제공하여야 한다(제27조 ②항).

성인수형자에 대해서는 보호관찰사안조사서를 작성하는데 교도소, 구치소, 소년교도소장은 징역 또는 금고 이상의 형의 선고를 받는 성인에 대하여 형법 제51조의 규정에 의하여 가석방심사위원회에 가석방심사 신청을 하는 때에는 신청과 동시에 가석방심사 신청대상자의 명단과 신상조사를 당해 교도소, 구치소, 소년교도소의 소재지를 관할하는 심사위원회에 송부를 해야 하는데, 이 때 심사위원회는 교도소장 등으로부터 대상자의 명단과 신상조사서를 송부받은 때에는 성인수형자를 면담하여 직접 제26조 2항에 규정된 사항, 석방 후의 재범위험성 및 사회생활에 대한 적응 가능성에 대한 조사를 해야 한다(법 제28조 ②). 이렇게 하여 환경조사가 이루어진 뒤에 보호관찰소의 장은 환경개선의 실시결과를 수용시설의 장과 수용시설 소재지의 보호관찰심사위원회에 통보하여야 한다(법 제27조 ③).

제 11 절 보호관찰심사위원회

보호관찰제도를 효율적으로 운영하기 위해서는 조직이 합리적으로 이루어져야 한다. 보호관찰 등에 관한 법률은 제 2 장(제 5 조 내지 제 18 조)에서 보호관찰의 기관에 관하여 규정하고 있다. 보호관찰 등에 관한 법과 동 시행령 및 동 시행규칙 그리고 보호관찰소 직재를 중심으로 보호관찰의 기관에 대하여 살펴보겠다.

1. 심사위원회의 기능

보호관찰위원회는 법무부 소속으로 고등검찰청 소재지를 비롯한 대통령령이 정하는 지역에 설치하도록(법 제 5 조 2항) 규정되어 있다.[86] 즉 현재 고등검찰청이 설치

86) 보호관찰심사위원회의 직제는 보호관찰 등에 관한 법률 제 5 조 제 2 항과 제 13 조의 규정에 의하여, 보호관찰심사위원회의 설치 및 조직에 관한 필요한 사항을 정하기 위하여 1989년 5월 26일에 대통령령 제 12 조 714호로 공포되었는데, 전문 8조와 부칙 2개로 구성되어 있다.

되어 있는 서울·부산·대구·광주·대전에 설치하고 있다.[87)]

심사위원회가 관장하는 사항은 다음과 같다(법 제6조).

1. 가석방과 그 취소에 관한 사항
2. 가퇴원과 그 취소에 관한 사항
3. 보호관찰의 가해제와 그 취소에 관한 사항
4. 보호관찰의 정지와 그 취소에 관한 사항
5. 가석방중인 자의 부적기형 종료에 관한 사항
6. 이 법 또는 다른 법령에 의하여 심사위원회의 관장사무로 규정된 사항

위의 사항을 심사하기 위해 정기적으로 또는 필요가 있을 때에는 임시회의가 소집되는데 회의 시에는 희의의 전·말을 회의록에 작성하여 이를 위원장과 출석위원이 기명·날인한 결정서를 작성하여야 한다.

2. 심사위원회의 구성

심사위원회의 구성은 위원장을 포함하여 5명 이상 9명 이하의 위원으로 구성하는데(법 제7조 ①항), 그 중 3명 이내의 상임위원을 두게 되어 있다. 위원장은 검사장 또는 고등검찰관인 검사 중에서 법무부 장관이 임명하고 심사위원은 판사, 검사, 변호사, 보호관찰소장, 지방교정청장, 교도소장, 소년원장 및 보호관찰에 관한 지식과 경험이 있는 자 중에서 임명 또는 위촉하게 되어 있다(법 제7조). 위원회의 업무는 상임위원 등에 의해 기초되어서 전체 위원회에 회부되어 확정되어지고, 또 확정된 내용은 상임위원 등에 의해 집행될 것이기 때문에 심사위원회의 운영은 이들 상임위원들에 의해서 이루어지게 된다. 그래서 보호관찰시행령[88)]은 제3조에서 상임위원의

87) 보호관찰심사위원회의 직제에 규정된 5개와 심사위원회의 명칭과 위치 및 관할구역은 다음과 같다.

서울보호관찰심사위원회	서울특별시	서울특별시, 인천광역시, 경기도, 강원도
부산보호관찰심사위원회	부산광역시	부산광역시, 경상남도
대구보호관찰심사위원회	대구광역시	대구광역시, 경상북도
광주보호관찰심사위원회	광주광역시	광주광역시, 전라남도, 전라북도, 제주도
대전보호관찰심사위원회	대전광역시	대전광역시, 충청남도, 충청북도

88) 보호관찰시행령은 전문 37개조와 부칙 2개조로 되어 있는데, 1989년 6월 23일 대통령령 제

자격에 관하여 상세히 규정하고 있다.[89] 상임위원회에는 위원장과 심사위원 외에도 간사 1인, 서기 1인, 고용직 1인 등의 직원을 두도록 하고 있다. 심사위원회의 구성 및 조직은 다음과 같다.

제 12 절 형의 선고유예제도

1. 선고유예제도의 개념

형의 선고유예제도는 19세기 중반 영국의 재판관행에서 시작되었다. 영국의 형사재판에서는 절차상으로 유예의 확정과 형의 선고는 분리되어 활용되었다. 배심원들에 의해 유예가 확정되더라도 형의 선고는 법관의 전권사항이므로 정상을 참작하여 유예를 선고할 수 있었다. 이러한 영국에서의 재판관행이 미국에도 파급되어 보호관찰제도와 결부되어 probation제도가 이루어졌다.[90] 이처럼 영·미에서는 형의 선고유예제도가 발달하였는데 일본에서는 이 제도가 대정(大正) 말 이래 형법 개정의 내용으로 취급되어 왔는데 개정형법 초안에 의하면 금고 이상의 전과가 있는 범인은 여기서 제외되고, 6개월 이하의 징역이나 금고, 5만 엔 이하의 벌금이나 구류 또는 과료를 언도받은 경우에 대해서만 상당한 정상참작이 있는 경우에 판결의 선고를 유보하고 6개월 이상 2년 이하의 기간 내에 결정으로 보호관찰부 선고유예를 하도록 하고 있다. 선고유예의 기간이 무사히 경과되면 면소판결을 받은 것과 같은 효력이

12736호로 공포되었다.

89) 2급 또는 3급 상당의 상임위원은 다음에 해당하는 자로 보호관찰에 관한 지식과 경험이 풍부한 자 중에서 임명한다. ① 판사, 검사 또는 변호사의 직에 5년 이상 재직한 자, ② 대학에서 형사정책학·행형학·법리학·사회사업법·교육학·심리학 기타 보호관찰에 필요한 전문분야를 담당하고 조교수 이상의 직에 5년 이상 재직한 자, ③ 교원자격증 소지자로서 교원으로 15년 이상 재직한 자, ④ 4급 이상의 교정직·보도직·보호관찰직·검찰사무직 또는 법원사무직 국가 공무원으로 3년 이상 재직한 자, ⑤ 한국 갱생보호공단의 3급 이상 직원으로 5년 이상 재직한 자로 하고 있으며 4급 상당의 상임위원의 경우 ①②의 경우는 재직기간 제한 없이 자격만 있으면 족하고, ③의 경우는 10년 ④의 겨우 5급직에 5년 이상 재직한 자, ⑤의 경우는 4급직에 5년 이상 재직한 자를 하고 있다(시행령 제3조).

90) 이태언, 『형법총론』, 형설출판사, 1997, 403면.

있다.[91]

일본에서는 유죄판결의 선고유예제도만 인정하고 있으나 선고유예제도를 형법에 규정할 것인가에 대해서는 현재까지 명확한 결론을 내리지 못하고 있는데 여기에는 두 가지 문제가 있다. 첫째는 만족할 만한 보호관찰제도를 실시하기 위해서는 이러한 식의 선고유예가 편벽된 것이 아닌가 하는 것이고, 둘째는 기소유예제도는 장래로 보아 선고유예로 축소될 것이 아닌가 하는 점이다. 즉 종래 기소유예에서 취급하였던 사건을 선고유예로 흡수하는 것이 타당한가 하는 데 대한 의문이 있다.[92]

2. 법적 성격

선고유예제도는 검찰관의 기소의 남용을 시정하려는 뜻도 있기 때문에 선고유예제도는 판결을 하지 않으므로 사회적으로 전과자로서의 각인을 찍지 않아 자격 제한을 비롯한 불리한 처분을 받지 않기 때문에 범인의 갱생이나 사회복지를 용이하게 하는 형사정책적인 목적도 가지고 있어 선고유예제도를 유죄판결의 형식으로 처리하게 되면 선고유예 본래의 취지와 모순이 생기게 된다. 일본에서 선고유예의 입법을 반대하는 이유의 하나는 현재 검찰에 의한 기소유예와 법원에서의 집행유예제도가 잘 활용되어 있기 때문에 '옥상옥'이라고 보기 때문이다. 그러나 검찰의 기소남용으로 인한 인권침해적이라는 이유와 형벌의 개별화의 취지에 따라 형벌의 완화를 기할 수 있다는 뜻에서 선고유예제도를 채용해야 한다는 견해도 강하기 때문에 실보다는 득의 입장에서 본 제도를 채용해야 한다고 보는 것 같다.[93]

3. 요건

형법 제59조는 "①1년 이하의 징역이나 금고, 자격정지 또는 벌금의 형을 선고할 경우에 제51조의 사항을 참작하여 개전의 정상이 현저한 때에는 그 선고를 유예할

91) 藤本哲也, 『刑事政策』, 法學書院, 1982, 55面.
92) 京田幸一, 『保護觀察の理論』, 有信堂, 1969, 15-16面.
93) 藤木哲也, 前揭書, 55面.

수 있다. 단, 자격정지 이상의 형을 받은 전과가 있는 자에 대하여는 예외로 한다. ② 형을 병과할 경우에도 형의 전부 또는 일부에 대하여 그 선고를 유예할 수 있다"고 규정하고 있다. 이에 의하면 선고유예의 요건은 다음과 같다.

1. 1년 이하의 징역이나 금고, 자격정지 또는 벌금의 형을 선고할 경우
2. 개전의 정상이 현저할 것
3. 자격정지 이상의 형을 받은 전과가 없을 것
4.. 한 개의 형의 전부에 대한 것일 것

제2항의 취지는 형을 병과할 경우 하나의 형의 전부에 대해 선고유예를 할 수 있다는 것을 의미하고, 하나의 형의 일부에 대한 선고유예는 허용되지 않는다.[94] 예를 들어 1년 징역형과 500만원의 벌금을 병과하는 경우 벌금형은 선고하고 1년 징역형은 선고유예할 수 있으나, 1년 징역형의 일부만을 선고유예할 수는 없다. 즉, 1년의 징역형 중 8개월의 징역형은 선고유예하고 4개월의 징역형만을 선고하는 형식의 선고유예는 허용되지 않는다.

제 13 절 형의 집행유예제도

1. 집행유예의 개념[95]

집행유예란 피고인에게 징역 또는 금고의 형을 선고하면서, 다만 일정기간 형벌의 집행을 유예하고 그 기간이 경과한 뒤에는 형선고의 효력을 잃도록 하여, 피고인이 유예기간 동안 재범을 하거나 준수사항을 위반한 경우에는 선고된 형을 집행하는 제도를 말한다(행법 제62조). 형을 선고하면서 그 집행을 하지 않는 것은 예외적인 일이다. 이와 같은 예외를 인정하는 이유는 피고인이 장차 재범을 하지 않고 사회에서 정상적으로 살아갈 수 있음이 예상됨에도 불구하고 징역, 금고 등의 형을 집행하는 경우에는 피고인의 사회복귀에 방해가 되고 이로 인해 오히려 재범가능성이 높아지

94) 김화수 · 오영근 외, 『한국교정학』, 한국교정학회, 2007, 636면.
95) 기화수 · 오영근 외, 앞의 책, 637면 이하.

기 때문에, 이는 피고인 본인에게는 물론이고 사회에도 바람직하지 않다는 데에 있다. 이런 의미에서 집행유예는 특별예방의 목적을 위해 응보, 일반예방의 목적을 포기 내지 억제하는 것이라고 할 수 있다.

현행형법이 집행유예를 선고하면서 보호관찰, 사회봉사·수강 등을 명할 수 있도록 규정한 것(제2조의 2)도 집행유예에서 특별예방목적을 좀더 효과적으로 달성하기 위한 것이라고 할 수 있다.

2. 법적 성격

집행유예제도는 영미의 Probation제도와 유사하지만, Probation에서는 일반적으로 보호관찰이 부과되는 데 비해 우리나라에서는 1995년 개정형법 이전까지에서는 집행유예에 보호관찰을 부과하지 않았다는 점에서 차이가 있다.

현행형법에서도 보호관찰을 명할 것인가는 법관의 재량에 속하므로 우리의 집행유예는 단순한 집행유예와 보호관찰 등이 부과된 집행유예로 나눌 수 있다. 전자는 Probation과 다른 성격이지만 후자는 Probation과 같은 성격의 제도라고 할 수 있다. Probation을 우리의 보호관찰부 집행유예나 보호관찰부 선고유예와는 다른 독자적인 제도로 이해하는 견해도 있지만, 같은 제도로 보아야 할 것이다. 단순한 집행유예제도는 변형된 형벌집행이라고 할 수 있으며 보호관찰 등이 부과된 집행유예는 형벌의 성격과 보안처분의 성격을 모두 지니고 있으면서도 이들과는 구별되는 독자적 형사제재 혹은 제3의 형사제재라고 할 수 있다.

3. 집행유예의 요건

법원은 1년 이상 5년 이하의 기간 동안 선고된 형벌의 집행을 유예할 수 있는데 그 요건은 다음과 같다.

1) 3년 이하의 징역 또는 금고의 형을 선고할 경우

3년 이하의 징역 또는 금고라 함은 법정형이 아닌 선고형을 의미한다(대판 89도

780). 집행유예는 징역, 금고를 선고하는 경우에만 가능하고, 사형, 벌금, 구류. 과료, 몰수에 대한 집행유예는 인정되지 않는다. 이에 대해 사형과 벌금형의 집행유예제도를 도입해야 한다는 주장이 있다. 사형의 집행유예제도의 도입은 사형을 제한하기 위한 것이고, 벌금형의 집행유예제도를 도입하자는 견해는 벌금형을 납입하지 않는 경우 노력장유치가 되는데 노역장유치에 대해서는 집행유예제도가 없으므로 가난한 사람들에게는 자유형의 집행유예보다 벌금형이 더 무거운 결과를 초래한다는 것을 그 근거로 제시한다.

2) 정상에 참작할만한 사유가 있을 것

형법 제51조의 사항을 참작하여 그 정상에 참작할 사유가 있어야 한다. 정상참작 사유라 함은 형벌의 집행을 하지 않더라도 재범을 하지 않으리라고 인정되는 경우라고 해석하는 것이 지배적인 견해이다.

3) 금고 이상의 형 선고판결 확정시부터 그 형의 집행종료 또는 면제 후 3년의 기간내에 범한 죄가 아닐 것

(1) 취지

이러한 사람을 집행유예대상에서 제외하는 것은 이전에 형을 선고받고 일정기간 이내에 재범을 한 경우로 이는 정상참작의 여지가 없기 때문이라고 할 수 있다. 여기에서 3년의 경과 여부는 현재의 판결선고시를 기준으로 한다.

(2) 집행유예기간 중의 재차 집행유예의 가부

집행유예기간 중 재차 집행유예가 가능한가에 대해 긍정설과 부정설이 대립한다.

판례는 동시적 경합범관계에 있는 범죄들에 대해 한꺼번에 판결을 하였다면 집행유예가 가능하나, 하나의 범죄에 대해 집행유예가 선고되고, 이후 다른 범죄에 대해 공소가 제기된 경우에는 집행유예가 가능하다고 한다(대판 1989.9.12 87도 2365).

그러나 2005년 개정형법은 금고 이상의 형선고 판결확정 이후에 범한 죄에 대해서만 집행유예를 할 수 없다고 규정하였으므로, 집행유예 기간 중에 있는 자가 집행유예판결 이전에 범한 죄에 대하여는 집행유예를 할 수 있다고 해석된다.

4) 하나의 형의 전부에 대한 것일 것

형이 병과되는 경우 그 중 일부의 형에 대해서만 집행유예를 하는 것은 가능하다(제62조 2항). 그러나 예컨대 징역형 중 1년 6개월만을 집행 유예하고 6개월은 집행하는 것과 같이 하나의 형의 일부에 대한 집행유예는 허용되지 않는다. 많은 국가에서는 일부의 형의 집행유예를 인정하고 있는데 이는 범죄인에게 구금의 충격을 줌으로써 사회복귀를 촉고하기 위한 것이다. 이를 충격적 보호관찰이라고 한다. 우리나라에도 이러한 제도를 도입할 필요가 있다.

4. 집행유예의 실효 및 취소

1) 집행유예의 실효

집행유예의 실효라 함은 일정사유가 있는 경우 집행유예의 선고가 당연히 효력을 상실하는 것을 말한다. 집행유예의 선고를 받은 자가 유예기간 중 금고 이상의 형의 선고를 받아 그 판결이 확정된 때에는 집행유예의 선고는 효력을 잃는다(제63조). 집행유예 기간 중 금고 이상의 형의 확정판결을 받으면 되고 대상 범죄사실일 집행유예선고 전후인가는 문제되지 않는다. 즉 유예기간 중 재범을 했다는 것을 기준으로 하는 것이 아니라 유예기간 중 형의 '선고' 및 '확정'을 기준으로 하는 것이다. 이에 대해서는 집행유예를 선고받은 후 재범을 한 경우에만 집행유예선고가 실효되도록 해야 한다는 비판이 제기된다.[96] 집행유예제도의 취지가 판결 이후 재범방지를 목적으로 하는 것으로 이해할 때 이 비판이 타당하다.

2) 집형유예의 취소

(1) 개념

집행유예의 취소란 일정한 사유가 있는 경우 법원의 재판에 의해 집행유예선고의 효력이 상실되는 것을 말한다. 집행유예의 실효는 법원이 재판 없이 이루어지는 데

96) 손동권, 568면; 이재상, 43-12면; 임웅 563면. 이 입장에서는 입법론상 재검토를 요한다고 한다.

에 비해, 집행유예의 취소는 법원의 재판에 의한 것이라는 점에서 차이가 있다.

집행유예의 취소에는 취소사유가 있는 경우 법원은 반드시 집행유예를 취소해야 하는 필요적 취소와 법원의 재량에 의해 취소여부를 결정할 수 있는 임의적 취소가 있다.

(2) 필요적 취소

집행유예의 선고를 받은 후 피고인이 금고 이상의 형의 선고를 받아 집행을 종료한 후 또는 집행이 면제된 후로부터 5년을 경과하지 아니한 것이 발각된 때에는 집행유예의 선고를 취소한다(제64조 1항).

(3) 임의적 취소

보호관찰이나 사회봉사 또는 수강을 명한 집행유예를 받은 자가 준수사항이나 명령을 위반하고 그 정도가 무거운 때에는 집행유예의 선고를 취소할 수 있다(제64조 2항).

5. 집행유예의 효과

집행유예를 선고받은 사람은 1년에서 5년의 기간동안 형벌집행이 유예되고, 집행유예의 선고를 받은 후 그 선고의 실효 또는 취소됨이 없이 유예기간을 경과한 때에는 형의 선고는 효력을 잃는다(제65조).

(1) 의미

형의 집행유예제도는 주로 초범자에 대하여 일정한 기간을 정하여 형의 집행을 유예하는 제도인데 그 기간중에 취소의 사유가 없으면 형을 집행하지 않는 재판상의 처분을 말한다. 이것은 유예의 기간이 경과되면 자동적으로 형의 선고가 실효되는 조건부 유죄판결제도이다. 유럽대륙에서 19세기 말에 영·미의 선고유예제도를 대륙의 형사절차에 적합하게 변경하여 도입한 것이 집행유예제도인데 벨기에에서는 1888년, 프랑스에서는 1891년에 이 제도가 입법화되었다.[97] 그 뒤 유럽 각국으로 전파되

97) 이재상, 『형법총론』, 박영사, 1986, 554면.

었고 미국의 일부 주에서도 선고유예와 병행하여 채택하고 있다. 이 제도는 probation제도와 결부되어 발전되어졌는데 유럽에서는 이 제도가 두 가지 형태로 발전되었다. 즉 독일에서는 행정처분에 의해 형의 집행을 유예하고 유예기간이 무사히 경과되면 형의 집행만을 면하는 조건부 특사주의로서 1895년 이후부터 실시되고 있으나 최근에는 조건부 면제주의 입장으로 바뀌고 있다.

또 하나는 프랑스, 벨기에와 같이 유죄판결의 효력을 상실하게 하는 조건부 유죄판결주의인데 우리나라 형법(§60-64)이나 일본에서도 이 입장을 취하고 있다.[98]

대륙법계에서는 처음에는 보호관찰제도와 별도로 시행되었으나 최근에는 두 제도가 결합되어 가는 경향이 있다. 집행유예제는 범인의 자각을 바탕으로 사회복귀를 용이하게 하기 위한 제도이기 때문에 집행유예 선고를 받은 자는 보호관찰 등에 관한 법률에 의한 보도, 원호, 지도, 감독을 받음으로써 본 제도의 취지를 달성할 수 있다고 본다.

(2) 효과

우리나라에서는 조건부 유죄판결주의를 취하고 있기 때문에 집행유예의 선고를 받은 후 1년 이상 5년 이하의 기간동안 무사히 경과하면 형의 선고가 실효되는 것으로 본다. 이는 형의 집행이 면제될 뿐 아니라 처음부터 형의 선고가 없었던 것과 같아 전과자로도 되지 아니한다. 그러나 집행유예기간 중 이로 인해 실직을 당한 자는 집행유예기간이 끝났다고 당연히 복직되는 것은 아닌 즉 형의 실효는 장래에 대해서만 발생하기 때문에 기존의 법의 효과에는 영향을 미치지 아니한다.[99]

집행유예제도는 법률상의 은전으로서 형사정책적으로는 실형을 받으면 전과자가 되어 사회복귀가 어렵기 때문에 이러한 어려움을 제거하고 범인이 아무 지장 없이 사회생활을 계속할 수 있도록 하자는 제도이다. 이렇게 함으로써 일정한 기간동안이라도 범인이 스스로 행동을 자제하여 갱생·복귀에 적극적으로 나아갈 수 있게 된다. 일본에서는 재범을 집행유예에 처하는 경우는 필요적 보호관찰로 규정하고 있는데, 초범의 경우에는 재량으로 보호관찰에 붙일 수 있게 하고 있다.

---

98) 정성근, 『형법총론』, 법지사, 1986, 554면.
99) 정성근, 앞의 책, 679면.

제 14 절 가석방

1. 가석방의 의미

가석방제도(bedingle enrlassung)란 자유형, 보안처분, 보호처분의 시행을 이유로 교정시설에 수용되어 있는 자를 일정한 수용기간의 만료일 이전에 석방하는 제도인데 그 석방 전 준비로서 수용자 본인에 관한 신상조사를 하고 거주환경을 조사하는 등 사회적 조사를 실시하여 위와 같은 자에 대해 가석방이 적당한가의 여부를 결정하게 된다. 일정한 심리의 절차를 거쳐서 가석방에 해당하는 자에 대하여[100] i) 일정한 사항을 준수할 의무를 부과하고, ii) 석방의 조건을 위반하는 경우에는 시설에 재수용할 가능성을 유보하며, iii) 준법적인 시민생활로 돌아갈 수 있도록 지도 또는 원호하는 것을 내용으로 하는 보호관찰에 부치게 되며, iv) 가석방이 취소되지 않은 채 일정한 기간이 경과된 경우에는 자유형 또는 보안처분이나 보호처분 집행을 완료한 것으로 된다.

가석방제도는 자유형의 집행중에 있는 자가 개전의 정이 현저할 때에 형기가 만료되기 전에 임시로 석방하여 가석방의 기간을 별다른 문제없이 경과하게 되면 잔형이 집행된 것과 같은 효과를 발생하는 행정처분이다.[101] 이 제도는 두 가지 형사정책적 측면에서 의의가 있다. 첫째는 대내적 효과로서 수형기간 중에 행상이 양호하고 개전의 정이 현저한 자에 대해 포상을 함으로써 수형자의 수형기간을 바르게 유도하여 교정·교화의 효과를 극대화한다는 것이고, 둘째는 대외적 의의로 조건부로 잔형기간 동안 사회 내에서 사회적응 훈련을 쌓게 하여 재범을 방지하여 재사회화한다는 것이다. 선진 각국에서는 주로 재사회화(resocialize)로 인한 재범의 감소라는 입장에서 주로 후자의 입장에서 가석방을 행하고 있다. 이것은 물론 완전한 석방이 아니고 parole 기간 중에는 관념상으로 법률상의 구속 상태에 있는 것이다.

100) 安形靜男,『假釋放, 保護觀察, 少年講座(Ⅲ卷)』, 大盛出版社, 1983, 107面.
101) 정성근, 앞의 책, 680면.

2. 연혁

가석방제도는 19세기 최대의 형사정책적 제도로서 1800년 영국의 유형지 오스트레일리아에서 실시한 「선행의 경우에 주는 가석방 허가서」에서 유래한 조건부 석방제도인데[102] 뒤에 경찰감시가 보충되어졌다. 이 제도는 그 후 영국, 미국 등지로 이행되었는데 parole이란 명칭은 미국에서 에루마이라 제도에서 부정기형과 불가분의 관계를 가지고 수형자들이 교도소라는 시설에서 떠날 수 있도록 허락이 된데서 유래되었다. 유럽에서는 1862년 작센(Sachsen)지방에서 처음 실시된 이후 각국으로 전파되었는데 우리 형법은 제72조 이하에서 가석방제도의 규정을 두고 있다.

3. 법적 성격

가석방제도는 행정처분으로 법무부에서 시행하는데 이 제도의 목적을 은혜적인 보상이라는 것과 형벌의 개별화라는 견지에서 위험한 범죄자, 상습범죄자 등에 대하여 사회방위의 견지에서 또 시설석방자에 대한 사회적 위로라는 견지에서 보는 경우가 있다. 일본 개정형법 초안은 「형의 집행을 중지하고 그 갱생에 기하여」라는 조항에서 갱생·사회의 복귀 원호의 취지 등을 밝히고 있다.

가석방의 성격에 대하여 다음과 같이 4가지 견해가 있다.[103]

1) 은전설

가석방은 시설 내의 규칙을 준수하여 개전의 정이 있는 자에게 은전이나 포상을 베푼다는 의미가 있다는 것이다. 이 견해는 가석방의 의의가 형기의 종료 전에 석방한다는 점에 중점을 두는 것으로 시설 내에서의 질서유지라는 점에서는 뜻이 있으나 처우의 목적이 본인의 재범 방지와 사회적 적응에 있다는 점을 경시해서는 안된다. 이 설은 시설 내의 규율 위반 행위에 대해서는 엄격히 규제해야 한다는 주장이 내포

102) 이재상, 앞의 책, 563면, 이태언, 앞의 책, 401면.
103) 安形靜男, 前揭書, 109-110面.

되어 있는데 견해가 과거의 다수설이었다.

2) 행형(교정)수단설

가석방은 자유형 또는 보안처분 · 보호처분의 집행의 한 형태라는 견해이다.

부정기형제도나 누진처우와 연동시켜서 그 최종 단계를 시설 외에 두는 것을 가석방제도의 의의라고 보는 것이다. 수용자들이 시설 내에서의 자유의 제한을 극복하고 출소한 후 사회생활을 하는 동안 적응의 능력이 입증된 경우에 가석방을 하게 되는데 시설 내에서의 성적이 양호한 자에 대하여 선택적으로 가석방을 허가하게 된다고 한다.

3) 사회방위수단설

앞의 두 설은 소내의 성적이 양호하여 사회의 적응이 용이한 자에게 가석방을 허락한다는 것인데 대해 이 설은 가석방은 사회방위의 수단으로서 사회적으로 위험한 수용자에 대하여 행하는 것이다. 가석방은 보호관찰의 기능과 연결되어져야 제도의 취지를 살릴 수 있다.

4) 필요적 이행 단계설

가석방은 교정시설에 있어서 고도의 관리된 생활과, 자유로운 시민생활의 중간에 위치하는 것으로서 필요적 이행 단계라고 볼 수 있는데 원칙적으로는 모든 수용자에 대하여 부여해야 한다는 설이 있다. 일본에서는 초등소년원 수용소나 단기처우 과정의 소년원생들은 거의 전원이 가퇴원된다. 또 장기형 · 무기형의 수형자는 가석방 신청이 한두 번 기각이 되지만, 최종적으로는 가출소가 될 가능성이 많다. 이런 수용자들에게 가석방은 자유로운 사회생활에 이르는 필요적 이행 단계이다. UN에서 발행하는 책자에서도 4)의 성격이 가장 타당한 것으로 보고 있다.[104)]

최근에 와서 미국의 일부 주에서는 가석방제도를 폐지하고 있는데 이의 폐지를 고무적으로 보는 학자가 많아져 간다.[105)] 일본에서는 실무상으로 처우의 개별화 수단으로 사회의 응보감정과 사회복귀의 요청이 균형을 이루는 입장에서 가석방의 허부

104) 安形靜男, 前揭書, 111面.
105) 上揭書, 111面.

를 결정하고 있다.

4. 수형자의 가석방

가석방은 시설에 수용되어 있는 범죄자들의 갱생을 촉진하기 위해 형기 만료 전에 석방하여 사회복귀의 기회를 부여하는 제도로서 징역 또는 금고형의 수형자에 대한 가석방과 소년원 수용자에 대한 가퇴원 및 피보호감호자에 대한 가출소가 있다.

본래의 의미의 가석방은 범죄자들에 대한 갱생보호의 수단으로서 시설 내의 처우에서 사회 내의 처우로 이행시키는 과정이라고 할 수 있다. 1989. 7. 1.부터 시행된 보호관찰법에 의하면 가석방된 소년수형자, 가퇴원된 소년원수용자 및 가출소된 보호관찰자에 대하여만 보호관찰이 실시되어 체계적인 사회내처우가 행하여지고 있을 뿐, 가석방된 성인수형자의 경우에는 일정한 준수사항을 지키도록 하고 필요한 경우 갱생보호회의 보호를 받도록 하는 것 외에 성인수형자에 대한 체계적인 처우가 행해지지 못하고 있는 실정이었으나 1994. 4. 1. 성폭력범죄의 처벌 및 피해자보호 등에 관한 법률의 시행으로 성폭력범죄자인 성인에 대하여 보호관찰을 실시하였으며 1995. 12. 29. 개정형법(법률 제5057호)에 의하여 1997. 1. 1.부터는 가석방자에 대해 보호관찰을 필요적으로 부과하도록 규정하여 성인에 대한 보호관찰을 전면 실시하기에 이르렀다.

또한 1989. 7. 1.부터 시행된 보호관찰법(1997. 12. 12. 보호관찰 등에 관한 법률로 명칭 변경)의 제정으로 성인수형자와 소년수형자의 가석방은 각각 절차를 달리하게 되었다. 소년수형자는 보호관찰심사위원회에서 가석방을 허가하고 있으나 성인수형자에 대한 가석방은 교도소장이 수형자 중 무기형의 경우는 10년 이상, 유기형의 경우는 형기의 3분의 1을 경과한 자로서 그 연령, 범죄내용, 죄명 및 형기, 수형 중의 행형성적, 재범의 위험성 여부 등을 종합적으로 고려하여 법무부 장관 소속하의 가석방심사위원회 심사를 거친 후 법무부 장관에게 신청하여 법무부 장관의 허가를 받아 실시한다.

가석방은 그 실시기간에 따라 일반가석방과 특별가석방으로 구분된다. 일반가석방은 월 1회 실시되고, 특별가석방은 매년 삼일절, 석가탄신일, 광복절, 성탄절 등 년 4

회에 결쳐 실시되며 가석방 기간 중 재범하여 금고 이상의 형의 선고를 받고 그 판결이 확정되면 실효되고, 또한 보호관찰 기간 중 준수사항을 위반한 때에는 가석방이 취소되어 각 재수용된다.

5. 소년수용자의 가퇴원 · 가석방

1) 가퇴원

소년원에 수용된 보호소년이 수용된 후 6개월이 경과하면 소년원장이 보호관찰심사위원회에 이를 통보하고 보호관찰심사위원회에서는 소년원장의 신청 또는 직권으로 보호소년의 인격, 교정성적 등의 제반 사정을 참작하여 가퇴원의 적부를 심사하여 가퇴원이 적절한 것으로 결정한 때에는 법무부 장관의 허가를 얻어 가퇴원을 실시한다. 보호관찰심사위원회에서 가퇴원을 결정하는 경우 6월 이상 2년 이내의 기간을 정하여 보호관찰을 실시하게 되며 가퇴원자가 가퇴원이 취소됨이 없이 보호관찰 기간을 경과하게 되면 퇴원한 것으로 간주한다.

2) 가석방

소년수형자가 무기형의 경우 5년, 15년의 유기형의 경우 3년, 부정기형의 경우 단기의 3분의 1을 경과하면 가석방을 허가할 수 있다. 가석방의 절차는 소년수형자를 수용하고 있는 교도소, 구치소 및 소년교도소의 장이 위 기간을 경과한 소년수형자에 대하여 보호관찰심사위원회에 통보하고 보호관찰심사위원회에서는 위 통보가 있은 후 수용시설의 장의 신청 또는 직권으로 수형소년의 인격, 교정성적, 생활태도 등 제반 사정을 참작하여 가석방의 적부를 심사하여 가석방이 적합한 것으로 결정한 때에는 법무부 장관의 허가를 받아 가석방을 실시한다.

가석방된 수형소년에 대하여는 보호관찰이 실시되며 가석방된 후 재범 등으로 인해 그 처분이 취소됨이 없이 가석방 전에 집행을 받은 기간과 동일한 기간이 경과되면 잔형의 집행을 종료한 것으로 간주되고 있으나 가석방된 후 부정기형의 단기가 경과되고 보호관찰성적이 양호한 때에는 보호관찰심사위원회에서 위 기간이 경과되기 전이라도 잔형의 집행을 종료한 것으로 결정할 수 있다.

3) 피보호감호자의 가출소

피보호감호자는 일반 수형자와 달리 형의 집행을 받고 있는 자가 아니라 형의 집행을 마치고서도 그들이 갖고 있는 재범의 위험성으로부터 사회를 보호하기 위해 재범의 위험성이 없어졌다고 인정될 때까지 시설에 수용하여 교화·개선하는 것이므로 이들에 대하여는 일정기간 이상의 감호집행을 가출소의 자격요건으로 하지 않고 있다. 즉 사회보호위원회에서는 감호집행이 개시된 후 매 1년마다 직권으로 피보호감호자들에 대한 교화·개선 정도를 심사하여 사회적응능력을 갖추었다고 인정되는 자에 대하여 결정으로 가출소를 허가하고 있으며, 위원회의 결정은 최종적인 것으로서 소년의 가석방 또는 가퇴원의 경우와 달리 법무부 장관의 허가를 요하지 않는다.

가출소된 피보호감호자들에 대하여는 3년간의 보호관찰이 실시되며 가출소가 취소됨이 없이 보호관찰기간이 경과하거나 보호관찰기간 중이라도 보호관찰성적이 양호하여 사회보호위원회가 보호감호집행면제 결정을 할 경우에는 나머지 감호기간에 대한 집행이 면제된다.

제 15 절 소년에 관한 보호관찰

1. 개념

사회가 발전함에 따라 소년범죄는 수적 면에서의 증가뿐 아니라, 질적 면에서도 조폭화하는 현상이 현저하여 각국은 소년범죄를 심각한 사회문제로 인정하고 이의 해결을 위해 노력하고 있다. 한 걸음 더 나아가 성인범죄를 해결하는 참된 방법은 바로 소년범죄를 효과적으로 예방·처우함으로써 가능하다는 각성하에 현재 소년범죄 문제는 형사학 내지 형사정책학의 가장 중요한 연구대상이 되고 있다.[106] 소년범죄자는 일반 성인범죄자와 동일한 형사사건으로 취급하여 전과자로 만들기보다는, 미숙한 소년의 비행을 보호의 차원에서 특별히 취급하여 소년으로 하여금 건전한 사회

106) 김기두, 『한국소년범죄연구』, 박영사, 1970, 9면.

인으로 육성되도록 지도하는 것이 최선의 방법이라고 하겠다.

우리나라에서는 보호관찰이란 용어는 1958년 소년법이 제정되면서[107] 처음으로 명문화된 이후 일부의 형사법규에도 규정되었으며, 또 소년선도의 경우는 법규의 근거도 없이 실시되고 있을 뿐 아니라, 현실적으로 이에 대한 전문적인 기구의 설치가 미흡한 데다 대부분의 경우 피관찰자에 대한 보도·원호 등의 복지적인 면보다는 감호와 감독의 면에 중점을 두어 실시함으로써 본래의 보호관찰제도에서 노리는 효과를 크게 거두지 못하고 있다고 하겠다.

영·미를 비롯한 다른 나라의 경우와 같이 소년범죄는 범죄라는 차원이 아니라 비행이라는 차원에서 대책이 이루어져야 하는데, 종래의 시설 내의 처우는 교육형 이론의 사상적 영향을 많이 받아 개선을 위한 많은 연구와 노력이 있는 것은 사실이나 시설내처우라는 그 자체에 많은 문제점이 내포되어 있기 때문에 인도적인 요청이나 사회공리적 요청 면에서도 시설 내에 수용하는 처우방법을 필요한 최소한의 범위로 제한하고 이에 대체할 수 있는 방법으로서의 사회내처우를 적극 활용하는 것이 바람직하다고 보는데 최근에 와서는 소년부법원 등에서도 소년사건의 심리에 있어 이 제도를 많이 활용하고 있는 추세이다. 결국 시설내처우와 사회내처우의 양면을 유기적 관련성을 가지고 운영하는 것이 소년범 해결에 최선의 방법이 될 것으로 본다.[108] 즉 소년법원에서 단기처우 후 형기에 해당하는 대부분의 기간 동안은 보호관찰에 처함으로써 양자를 유기적인 방법으로 관련지어 운영하는 것이 바람직할 것이다. 일반적으로 소년원의 퇴원은 가퇴원의 형식으로 행하여지고 있으나, 가퇴원 등의 조건에 위반하는 경우, 사후 관찰조치로서의 가퇴원의 취소나 사후에 지도하는 일이 거의 없이 가퇴원한 소년들이 방치 상태에 처해 있기 때문에 가퇴원 이후에 대한 효율적인 보호·개선이 거의 이루어지지 못했던 것이 사실이었다.

107) 소년법은 1958년 7월 24일 법률 제489호로 제정되었는데, 1963년 7월 31일과 1977년 12월 31일 1988년 12월 전면 개정을 거쳐 1996년 1월 5일 법 4929호로 개정되어 오늘에 이르고 있다. 소년법은 4장 71개조와 부칙 3개조로 구성되어 있다.

108) 갱생보호회, 갱생보호의 직원직무교육교재, 1986, 127면.

2. 소년법의 변화

개정 소년법의 보호관찰 관련 주요내용과 변화내용을 정리하여 보면 다음과 같다. 우선 법 적용 연령 및 촉법소년, 우범소년 연령을 인하하였는데 만 19세는 대학생 연령대로, 소년범의 연령이 낮아지고 범행내용도 사회적 문제화로 이어지기 때문이다. 따라서 범죄소년은 20세 미만에서 19세 미만으로, 촉법 및 우범 소년은 12세 이상에서 10세 이상으로 변화하였다. 그러므로 만 19세는 이 법이 적용 되지 않고, 만 10세와 만 11세 소년에게는 이 법이 적용됨을 알 수 있다.

최근 우리나라의 촉법소년에 대한 통계를 살펴보면 2005년에는 촉법소년의 인원이 소년범죄 법원접수 전체인원의 24.8%에 해당하고 있으며, 촉법소년의 비율이 지속적으로 증가하고 있다. 이는 소년범죄가 저연령화되고 있다는 주장에 대한 증거가 되고 있다. 이와 같이 소년범죄의 저연령와 소년의 육체적 · 정신적 발육의 정도가 과거보다 빨라졌다는 점과 비행소년의 조기발견과 조기처우가 범죄예방에 중요하다는 점을 고려한다면 촉법소년의 하한연령을 인하하는 것이 타당하다.

3. 소년보호제도 운용의 변화

최근 개정한 소년법은 소년보호사건에 국선보조인 제도를 도입하였다. 기존의 소년법은 형사소송법상의 국선변호인제도 같은 것이 없어 소년범의 인권에 미흡함을 보완하고자 하였는데 특히 위탁소년에 대하여는 국선보조인 선임이 필수적이며, 위탁소년이 아니라도 필요시 국선보조인 선정이 가능토록 하였다.

또한 보호처분의 다양화와 내실화, 보호처분의 기간을 조정하여 현실에 맞게 조정, 보완하였다. 기존의 소년법은 소년의 품행 교정을 위한 실효성 있는 처분이 되지 못하였고 실효성 제고 및 인권보호를 위해 보호처분의 기간을 조정의 필요성이 제기되었다.

이와 함께 사회봉사명령 및 수강명령을 독립처분으로 하여 활용을 확대하였으며 1개월 이내 소년원에 송치하는 처분을 신설하여 보호관찰 명령에 대한 준수의무를 확대하였다. 그리고 인성위주의 대안교육을 강화하였고, 청소년단체 상담 · 교육, 외출제한명령, 보호자교육 명령제도를 도입하였다. 사회봉사명령 및 수강명령 시간 및 단기보호관찰 기간을 각각 연장한 것과 장기 소년원 송치처분의 수용상한 기간도 명문화한 것도 다양한 변화 중의 하나로 주목된다.

마지막으로 검사 결정전조사제도를 도입하였는데 그간 소년사건 수사단계에서 소년의 품행 및 환경조사가 미흡하거나 부족하였는데 검사가 보호관찰관 등 전문가가 조사한 소년의 품행, 환경 등 분석자료를 토대로 사건의 처리를 할 수 있도록 명문화하였다. 그리고 조건부 기소유예제도를 도입, 명문화하였는데 그간 법무부 훈령으로 실시되어 왔으나 법적 근거가 미약하다는 비판을 받아 왔었다.

이제까지 범죄예방에 대한 지역사회인사의 자원봉사자에 대한 정책적 활용방안이 마련되어 있지 않아 혼선이 있었는데 소년법에 명문화와 동시에 선도의 내용을 범죄예방위원 선도, 소년선도 · 교육과 관련된 단체 · 시설에서의 상담 · 교육으로 다양화함이 특색이다. 이러한 활동 규정은 경미한 소년범에 대한 사법절차 회부를 막을 수 있어 낙인방지 및 범죄예방에 기여하는바가 매우 크다고 말할 수 있다. 비행예방정책 기본 규정을 신설하였는데 구법에서는 소년사건의 사후처리 절차만을 규정하여왔으나 신법에서는 청소년 비행 예방을 위해 체계적이고 종합적인 비행예방 대책 마련하는데 중점을 두고 있다.

제 16 절 비행소년에 대한 사회적 처우[109)]

1. 청소년봉사국

청소년범죄자는 성장단계에 있는 미성숙한 존재이며, 따라서 그들은 합리적 의사결정의 능력이 부족한 관계로 범죄행위도 그들의 자유의사에 의한 공리적 결정의 산물이라기보다는 환경적 결정론에서 원인을 찾는 거의 타당하다. 더불어 그들은 성장단계에 있어서 교육과 상담치료를 통한 개선의 가능성도 높으며, 그들의 범행동기도

109) 이윤호, 앞의 책, 315면 이하.

대부분은 우연한 것이어서 그들의 범인성이 크게 우려하거나 깊은 정도가 아니라고 간주되고 있다. 이러한 견지에서 소년사법은 청소년범죄자들을 처벌하기보다는 청소년들의 비행을 유발하거나 조장하는 사회환경을 개선하고 기존의 사회제도나 기관으로 하여금 청소년들의 필요에 보다 책임 있게 잘 반응하도록 하는 데 초점을 맞추어야 한다는 것이다.

이러한 주장의 배경에는 다음과 같은 논리가 깔려 있다.

첫째, 청소년은 자신을 계발하고 발전시킬 수 있는 적절한 기회를 가질 기본적 권리가 있다.

둘째, 청소년정책에 있어서 청소년은 철저히 소외되고 그들을 대신한 성인들은 잘못된 의사결정을 할 위험성을 갖고 있기 때문에 청소년들의 권리는 각종 구조적 절차에 의해서 집행될 수 있다.

셋째, 이처럼 청소년을 옹호하는 입장에서는 청소년들의 생활에 영향을 미치는 제도나 기관에 초점을 맞추고 있다.

넷째, 청소년들은 자신의 권리는 적절하게 보호받도록 할 권한이나 힘을 가지고 있지 못하다.

다섯째, 도시화나 산업화의 영향으로 학교나 사회기관이 가정을 대신하는 경우가 증대되기 때문에 더욱 청소년들의 권리를 보호할 가치가 커진다. 따라서 청소년사법은 청소년들의 필요에 주의를 기울이고 상응한 제도나 체제의 변화를 위해 능동적이고 활동적으로 노력해야 한다는 것이다.[110)]

청소년교정보호에 있어서 가장 큰 문제로 지적되는 것이 바로 비행소년에 대한 부정적 낙인의 영향이다. 비행소년이나 전과자라는 낙인이 곧 비행소년들을 전문범죄꾼으로 만들기 쉽기 때문에 사법절차상의 낙인을 피할 수 있는 전략이 필요하게 되었다.[111)]

그런데 이러한 필요성과 정당성을 가장 잘 표현한 실험이 바로 미국에서의 청소년봉사국이라고 할 수 있다. 미국의 「사법행정과 법집행에 관한 대통령위원회」가 이 점을 인식하고 청소년봉사국에 대한 관심을 표명하였다. 그들은 보고서에서 청소년

110) Smykla, *op, cit.*, pp.176-178.
111) Smykla, *op, cit.*, pp.178-179.

범죄자에게 불필요한 부정적 낙인을 지우지 않고, 필요한 통제가 가능한 절차와 서비스를 제공하고, 협의할 제도의 필요성을 언급하였다.112) 그들의 주장의 요체는 바로 청소년범죄자들을 전통적 사법제도 밖에서 처리할 수 있는 지역사회청소년봉사기관, 즉 청소년봉사국의 설치였다.113) 즉 청소년범죄자들을 집 가까이서 비사법적으로 처리하는 것을 골자로 한다.

청소년봉사국의 개념을 정리하자면 청소년문제를 해결하기 위해서 지역사회자원을 동원하고, 기존의 청소년자원을 강화하고 새로운 자원을 개발하며, 비행유발조건의 치유를 위한 긍정적 프로그램을 증진시킴으로써 사법제도로부터 청소년을 전환시키기 위해 설치된 비강제적·독립적인 공공기관이라고 할 수 있다.114)

따라서 이러한 청소년봉사국의 목적은 여러 가지일 수 있으나 가장 대표적인 것은 전환(diversion)이다. 전환제도가 성공적이기 위해서는 청소년범죄자의 전환이 강제적이지 않아야 한다. 그래서 청소년봉사국에의 위탁도 당연히 자발적인 것이어야 한다. 일단 청소년이 봉사국에 위탁되면, 그가 제2의 범죄를 행하지 않는 한 당해 비행으로 법원으로 다시 돌려보내져서는 안 된다는 것이다.

이들 목적을 달성하기 위해서 청소년봉사국은 주로 다음의 세 가지 기능을 수행한다.

먼저 청소년봉사국은 서비스중개(service brokerage)기능을 한다. 청소년을 위탁하거나 추적함으로써 청소년이 필요로 하는 서비스와 그를 위해 가용한 서비스 사이의 간극을 메운다는 것이다.

두 번째로 전환에 필요한 자원이 파악되고 확보되지 않는 한 단순한 전환은 별 의미가 없기 때문에 봉사국에서는 필요한 서비스를 계약하고, 자원을 개발하기 위하여 사회와 시민과 손잡고 노력해야 하는 것이다.

세 번째로 청소년문제를 유발했던 학교나 가정 또는 사회적 문제와 환경을 변화시키지 않고는 청소년들이 정상적인 시민으로 재적응하기는 어려운 일이기 때문에 문제아나 청소년들에게 불이익을 주고, 따라서 그들의 반사회적 행동에 기여했던 기존 체제나 제도의 관행과 태도를 수정하는 노력을 경주해야 한다.115)

112) President's Commission, *op. cit.*, 1973, p.83.

113) President's Commission, *op. cit.*, pp. 223-224.

114) Sherwood Norman, *The Youth Service Bureau : A Key to Delinquency Prevention*, Paramus, NJ : National Council on Crime and Delinquency, 1972, p.8.

115) Norman, *ibid.*, pp. 1-15.

청소년봉사국에 대한 평가는 그렇게 긍정적이지 못한 것 같다. 원래 청소년봉사국은 자원의 조정과 전환을 대표적인 목표로 삼았으나, 실제 운영결과를 보면 두 가지 목표가 모두 만족스럽게 이루어지지 않았음을 알 수 있다. 봉사국에의 위탁이 주로 경찰이나 법원 등이 아니라 학교나 학부모 등이었다는 사실은 공식기관으로부터 위탁받은 청소년들을 비공식적으로 전화시킨 것이 아니라, 처음 의도했던 집단과 전혀 다른 새로운 집단을 대상으로 했다는 결과가 되어 오히려 더 많은 수의 청소년을 공식기관의 대상으로 삼는 결과를 초래하였다는 것이다. 한편 봉사국이 자원과 서비스의 중심적인 조정역할을 담당할 것으로 기대하였으나 처음부터 조정될 자원 자체가 부족하여 소기에 성과를 얻을 수 없었다는 것이다. 따라서 봉사국이 성공하기 위해서는 유관기관과 지역사회의 적극적인 참여와 협조를 전제해야만 한다는 것을 보여주고 있다.

2. 대리가정

대리가정(foster homes)은 소년법원이나 가정법원에서 비행소년의 실제가정에 두지 않고 대리 또는 양육가정에 보내어 24시간 보호와 훈련을 받도록 하는 제도이다. 대리가정은 청소년범죄자를 위한 의미 있는 지역사회교정의 매우 중요한 한 부분을 차지하고 있는데, 그것은 과거의 경험과 현재의 가정에서 적응상 문제가 있는 청소년에게 청소년이라는 어려운 시기에 자신을 지탱할 수 있게 해 주는 감정적·물질적 자원을 제공하는 가정적 분위기를 제공함으로써 그 청소년으로 하여금 자신감을 갖게 해 주기 때문이다.

청소년이 정상적으로 발전·성장하기 위해서는 청소년은 자신이 사랑받고 있고 존경받고 있다는 것을 느낄 수 있어야 한다. 대리가정은 안락한 숙식의 제공과 청소년에 대한 관심의 표명을 통하여 청소년에 대한 사랑을 표현할 수 있다. 청소년의 언어적·비언어적 의사에 귀기울이고, 청소년의 문제와 한계를 이해하고 수용하며, 청소년의 성취에 대해서 반응하고 그것을 인정해 줌으로써 청소년이 자신이 존경받고 사랑받고 있으며, 자신도 남을 사랑하고 존경하도록 느끼게 하는 데 도움을 줄 수 있다.116)

그러나 대리가정을 운영하는 것이 쉬운 것만은 아니다. 우선 청소년들은 상상 할 수 없을 정도로 매우 다양한 특성을 가지고 있고, 그들이 안고 있는 문제 또한 매우 다양하고 복잡하며, 그들의 출신성분과 성향도 가지각색이기 때문에 청소년들의 이러한 다양성에 상응한 대리가정의 확보가 쉽지 않다. 대리과정과 주관기관이 상호 긴밀하게 의미 있는 관계를 유지하여 대리가정과 위탁청소년이 상호 잘 융화하지 못한다면 서로 적응하기가 어려워져서 대리가정에서는 청소년을 위탁받은 것에 대하여 후회하게 되고, 결과적으로 다른 가정으로 다시 보내지게 되며, 이러한 상황이 빈번하게 일어나고 있는 것이 현실이고 보면 이집 저집 돌려지는 청소년은 오히려 더 나쁜 감정을 갖게 된다.

더욱이 물론 이들 대리가정에서는 국가로부터 약간의 지원을 받지만 대리가정을 필요로 하는 많은 청소년을 수용할 정도로 충분한 대리가정을 확보하기가 쉽지 안하. 사실 가장 바람직한 대리가정은 진짜 가정 같은 분위기를 제공하는 것이지만, 친자식에 대한 가정교육도 어려운 판인데 문제 있는 남의 자식을 자기 집에서 양육하고자 하는 가정이 많을 수 없는 것은 당연한 것이기 때문이다.

이처럼 진짜 가정 같은 환경을 제공할 수 있을 정도로 만족할 만한 대리가정은 많지 않으며, 상당수 청소년은 대리가정위탁에 대한 부정적 감정을 가지기고 한다. 이들 청소년 중 일부는 파괴적이고 장애가 많아서 대리가정에 위탁되어 힘들고, 일부는 지나치게 일탈적이어서 위탁이 곤란하다. 한편 일반적으로 대리가정을 잘 선별하지만 일부 대리부모는 부모로서 능력이나 자질이 모자라는 사람이 적지 않다.117)

3. 집단가정

일종의 장기거주프로그램으로서 집단가정(group homes)은 가족 같은 분위기에서 가정과 같은 생활을 강조하는 비보안적(nonsecure) 거주프로그램이다. 집단가정에서는 법원에 의해서 위탁되었거나 보호관찰의 조건으로서 보내진 청소년들에게 개인적·사회적 서비스와 구조화된 생활환경을 제공한다. 때로는 집단가정이 시설에 수용

116) Smykla, *op, cit.*, p.201.

117) Yitzhak Bakal and Howard Polsky, *Reforming Corrections for Juvenile Offenders : Alternatives and Strategies*, Lexington, MA : Heath, 1979, pp.113-114.

되었다가 사회로 복귀하는 청소년을 위한 과도기적 주거시설로서도 이용되기도 한다.

집단가정은 정상적인 가족집단생활, 학교출석, 취업유지, 문제해결을 위한 부모와의 공동노력 그리고 지역사회에의 참여 등을 강조한다. 그러나 현실적으로는 집단가정에 위탁된 많은 청소년들이 집단가정을 긍정적으로 보지 않고 더 심한 처벌을 피하기 위해서 어쩔 수 없이 선택된 것에 불과한 것으로 여기고 있다는 사실이다.

그럼에도 불구하고 집단가정은 상당한 장점을 가지고 있다.

첫째, 비행소년을 전통적인 교정시설에 수용하지 않고 수용되었던 청소년도 사회복귀를 위하여 위탁되기도 하기 때문에 집단가정이 청소년범죄자의 비시설수용에 크게 기여하고 있다.

둘째, 집단가정은 자기 의존, 독립성 그리고 건전한 대인적 · 사회적 관계를 강조하기 때문에 청소년이 가능한 한 정상적으로 생활할 수 있는 기회를 제공해 주어 이것이 곧 정상적인 사회복귀에 큰 도움이 된다.

셋째, 집단가정은 대부분 지역사회 내에 위치하기 때문에 위탁된 청소년들은 자신의 가정과 가가이서 생활할 수 있게 하여 가족관계나 친구관계가 유지되기 쉽다.

넷째, 집단가정은 지역사회에서의 독립적인 생활에 필요한 정보 · 기술 · 자기통제 등을 가르치기 때문에 청소년의 정상적인 사회화에 기여할 수 있다.118)

4. 주간처우

물론 비행청소년에 대해서는 어느 정도의 통제와 압력이 가해질 필요가 있지만, 24시간 그러한 통제와 압력을 받고 그러한 압력을 야기시키는 사람들과 24시간 생활하기보다는 매일 밤 가정으로 돌아갈 수 있는 기회를 주는 것이 더 바람직할 수도 있다. 또한 야간에는 집으로 돌아가기 때문에 청소년에 대한 부모의 관심과 참여를 고조시킬 수도 있다. 더불어 숙식이 제공되지 않고 직원이 많이 필요하지 않기 때문에 비용이 적게 든다. 그 밖에 거주처우에 비해 강제성이 적고 처벌지향적인 것이 아니다. 이러한 것들이 주간처우센터를 정당화시켜 주는 논거들이다.119)

118) Task Force on Residential Facilities, A Handbook for Group Home Developers, Pittsburg : Citizen Education/Action Group for Criminal Justice, 1978, pp.6-8.

119) LaMar T. Empey, George E. Newland, and Stephen G. Lubeck, The Silverlake

비거주주간처우의 가장 대표적인 프로그램의 하나가 미국 Florida의 연합해양연구소(Associated Marine Institute)에서 실시한 일종의 해양탐사이다. 이는 민간에 의해 사적으로 운영되는데, 청소년봉사국의 전환이나 법원에 의해서 위탁된 청소년들에게 생산적인 행동을 자극하기 위해서 바다를 이용하는 것이다. 청소년들은 여기서 기본적인 학과교육 외에 수영이나 스킨스쿠버 등의 훈련을 받게 된다. 이 프로그램에 위탁되기 위해서는 청소년이 15세에 18세의 나이로 적어도 평균적인 지능을 가지고, 국졸 이상의 학력을 소지하고, 마약 등에 중독되지 않아야 한다. 청소년들은 본인의 가정이나 대리가정에서 생활하면서 이 프로그램에 참여하게 된다. 일정기간의 훈련이 끝나면 스쿠버다이버 공인자격증을 얻을 수 있는 이점이 있고, 거주프로그램에 비해 청소년들에 의해 훨씬 선호되고 있으며, 청소년들에게 자신감을 심어 줄 수 있는 장점도 있으나 비용이 많이 들고, 중요 비행자보다는 경미 비행자에게나 적합한 프로그램으로 보인다.

5. Outward Bound[120)]

이 프로그램은 참여자로 하여금 자신의 인성 중 검증되지 않았거나 새로운 분야를 발견하도록 권장하는 일종의 실험적 학습환경이다. 이 프로그램의 목표는 학생들로 하여금 자신의 경험을 통하여 무언가를 배울 수 있게 하는 상황을 제공하는 것이다. 대부분의 경우는 황야에서의 생존프로그램(wilderness camp)으로 운영되는데, 이를 통하여 거의 불가능한 일로 보이는 일을 극복함으로써 참여자로 하여금 자시 의존심(self reliance)을 갖게 하고, 자신의 개인적 가치를 입증하게 하며, 자아관(selfhood)을 갖게 해준다.

이 프로그램의 기본적 구성은 기술훈련(skill training), 스트레스와 곤경(stress/hardship),

Experiment : A Community Study in Deliquency Rehabilitation, Process Report No.2, Los Angeles : Youth Studies Center, University of Southern California, 1965, p.130; Smykla, *op, cit.*, p.197에서 재인용.

120) outward bound(능력개발-拓展訓練)은 대양을 향해 원대한 꿈을 품고 어떤 역경에도 굴하지 않는 도전정신으로 미지의 세계를 찾아 항해를 떠나는 탐험정신을 뜻하며 1941년 독일계 영국인 대안 교육가 Kurt hahn에 의해 설립되었다. 오늘날 흔히 들을 수 있는 아웃도어라는 용어는 아웃워드 바운드(outward bound)의 커리큘럽 중에서 처음 사용된 말로 대자연 속에서의 자아 발견과 심신 정화에 그 의미를 두고 있다(www.daum.net 참고).

문제해결(problem-solving), 반성(reflection) 그리고 평가(evaluation)로 이루어진다. 기술훈련은 참여자가 특정환경에서 안전하고 능력있게 기능할 수 있게 기술을 개발시키는 것이고, 스트레스와 곤경이랑 암반등반이나 위기상황 등에 처하게 하여 참가자로 하여금 그러한 도전적 상황에 대한 자신의 반응을 시험해 보게 한다. 문제해결 부분은 문제상황에 직면했을 때 그 문제를 분석하고 해결책을 강구하도록 하며, 서비스는 장애인과 함께 일을 하고, 구조활동에 참여시키고, 또는 일반작업을 통해서 환경과 타인에 대한 책임감과 계발하도록 한다. 반성이라는 것은 참가자로 하여금 자신의 경험을 거울삼아 새로운 직관을 개발하게 하며, 평가는 참가자가 자신의 반응을 날카롭게 하여 비판적은 평가와 건설적인 행동을 권장하는 것이다.[121]

제 17 절 갱생보호

1. 갱생보호의 의의

갱생보호(更生保護, after-care)란 형사처분을 받은 자에 대한 교정사업의 최종 단계로서 형사처분이나 보호처분을 받은 자에게 정신적·물질적으로 원조를 함으로써 사회의 일원으로 복귀할 수 있는 기반을 조성하여 범죄인의 재범을 방지하고 사회 적응을 돕는 보호활동을 말하는 것이다.[122] 넓은 의미의 갱생보호는 범죄인의 사회복귀를 촉진하기 위한 공공적인 활동 일체를 말하는데 이에는 출소자의 보호와 같은 비권력적이고 임의적인 보호 즉 좁은 의미의 갱생보호를 포함하여 보호관찰과 같이 국가가 권력적이고 강제적으로 행하는 유권적인 보호를 말한다. 그러나 좁은 의미 내지 보통 말하는 갱생보호는 범죄인의 사회복귀를 촉진하기 위한 공공적인 활동 가운데서 권력적인 부분을 제외한 비권력적인 부분만을 말한다.

갱생보호를 넓은 의미로 유권적 갱생보호라고도 하는데 이것은 보호관찰의 결정과 실시를 국가기관이 실시하고 준수사항의 중대한 위반으로 인한 취소사유가 있으

121) Bartollas, *op. cit.*, p.98.
122) 신석환 외, 『신보호관찰론』, 학현사, 2005, 226면.

면 보호관찰을 취소하고 유예된 형을 선고하거나 집행함으로써 형의 집행과 같은 시설내처우로 강제적으로 전환할 수가 있다. 그러나 일반적으로 갱생보호는 좁은 의미로 쓰이는데 이는 갱생보호의 담당자가 주로 민간인, 민간단체 또는 공법인 등으로 비정부기관이라는 특성을 갖고 있어 보호·조치를 보호대상자의 신청이나 동의 없이는 강제로 할 수가 없고 또 보호에 불응한다 한들 아무런 제재를 가할 수도 없는 입장에 있다.

2. 갱생보호의 필요성

수용시설에서 출소한 사람들은 사회로부터 상당한 기간 격리된 생활을 함으로써 현실에 대한 적응이 어렵기도 하고 구금생활 동안에 허황된 계획을 세웠다가 출소 후에 그 계획들이 현실과 부합되지 않게 되므로 사회생활을 올바르게 영위하기가 어렵게 되어 있다. 뿐만 아니라 수감생활로 인해 본인뿐 아니라 가정적으로 궁핍하여 자립을 위한 경제적인 도움을 받기가 어려워 재범으로 나아가는 경우도 적지 않다. 이들에 대한 중간처우적인 보호적 역할을 함으로써 그간의 사회변화를 경험하게 하여 형편에 맞는 계획을 세워 생활에 적응할 수 있도록 지도, 원호함으로써 정상적인 사회복귀를 도울 필요가 있다.

이와 같은 이유로 사회에 대한 정보가 어두운 출소자들에게 적절한 사회적 원조가 필요하여 그들을 정상적인 사회인으로 복귀하도록 국가적 공적인 배려가 필요한 것인데 교정시설과 사회를 잇는 다리와 같은 이러한 역할을 감당하는 갱생보호제도가 필요한 이유인 것이다. 이것은 형사정책적으로 재범을 막는 데 있어서도 중요한 역할을 하게 된다.

교도소나 소년원 등에 교정처우를 받고 출소한 경우 그대로 두면 재범을 할 우려가 크기 때문에 afrer-care로서의 갱생보호가 꼭 필요한 것으로 범죄대책들 중에서 갱생보호는 가장 중요한 내용의 하나라고 볼 수 있다.[123)]

123) 박재윤, 범죄대책의 올바른 방향, 갱생보호 창간호(96년 9. 9).

3. 갱생보호의 연혁

1) 외국의 발전과정

갱생보호는 18세기 유럽에서 시작된 자연법과 계몽주의사상이 기독교적인 박애사상이 영향을 미쳐서 형성된 제도이다. 갱생보호는 국가가 주도하는 경우와 민간인이나 민간단체가 주도하는 두 가지 경우가 있는데, 영·미법계 국가에서는 민간인에 의한 갱생보호사업에서 출발하여 국가의 공적업무로 발전하였고, 대륙법계 국가에서는 국가 주도하에서 시작되다가 민간인 및 민간단체가 참여하는 방향으로 발전하였다.[124] 영국에서는 1862년에 갱생보호법(Discharged Prisoner Aid Act)이 재정되었고, 1907년에는 범죄자 보호관찰법에 의해 유권적 갱생보호제도인 probation이 실시되었으며 1936년에는 전국 석방수형자 원호협회가 창설되었다. 미국에서는 민간단체의 자선적 활동에서 시작되었는데 R. Wister가 1776년에 개인 재산을 투자하여 필라델피아협회(Philadelphia Society for Assisting Distressed Prisoners)를 창설하여 출소 후 어려운 생활을 하고 있는 범죄자들을 도왔다. 이 협회는 1787년에 교도소의 비참함을 감경코자 하는 필라델피아협회(Philadelhpia Society for Alleviation the Miseries of public prisoners)로 개칭하여 행형개량과 출소자 보호사업에 힘썼는데, 이 운동은 그 후 여러 주로 파급되어 각 주에 교도소협회가 창설되었고 국고의 보조도 받게 되었다.[125]

일본에서는 1882년(명치 15년)의 감옥법에 별방유치제도를 규정했으며 1888년에는 일본 감옥협회가 설립되었고, 1926년(대정 3년)에는 출소자 보호에 대한 전국 단체로 재단법인 보도회가 조직되었는데 이것이 오늘날의 일본갱생보호협회로 발전하였다.[126] 1932년에는 소년법에서 소년범에 대해 소년보호위원회가 보호관찰을 할 수 있도록 하였는데 이 법에서 소년원 가퇴원자, 형집행 유예소년, 가석방된 소년범 등에 대해서는 반드시 소년보호위원의 관찰을 받도록 하여 전면적인 유권적 보호관찰

124) 정진연, 갱생보호에 관한 연구, 갱생보호 '97년 봄호, 한국갱생보호공단, 1997. 9면.
125) 정진연, 앞의 책, 9면.
126) 更生保護會, 日本의 保護司制度, 1971.

제도를 도입하였다. 2차 대전 후에는 법의 개정으로 갱생보호제도가 전면 개편되어 출소자의 보호사업을 국가의 책임으로 하였는데, 이것을 내용으로 하는 법이 갱생긴급보호법이었다. 1949년에는 범죄자예방갱생법을 통해 가석방된 성인범도 보호관찰을 받도록 하였고, 1953년, 1954년에는 형법의 일부 개정에 의해 성인의 집행유예자에 대해서도 보호관찰을 인정하게 되어, 전면적인 유권적 갱생보호제도를 확립하였다.

2) 우리나라의 발전과정

우리나라의 갱생보호는 민간독지가의 은혜적인 구호사업활동에서 시작되었다. 기록상으로는 1911년에서 1912년에 걸쳐 당시 감옥의 직원규약에 의해 민간독지가의 협력을 얻어 보호협회가 발족되었다. 이 때에는 독지가의 자선에만 의지하였으므로 형사정책상 체계적인 효과는 기대할 수가 없었다. 그러다가 1942년 조선사법보호사업령과 동 보호위원회에 의하여 일본의 사법보호제도와 동일한 형태로 운영되었다.[127]

그 후 1958년에는 현행 소년법의 근간이 된 소년법이 제정되었고 지금까지 4차에 걸친 개정이 있었다.[128] 현재 사용하고 있는 보호관찰이란 용어는 1958년 소년법이 제정되면서[129][130] 처음으로 명문화된 이후 일부의 형사법규에도 규정되었으며, 또 소년선도의 경우는 법규의 근거도 없이 실시되고 있을 뿐 아니라, 현실적으로 이에 대한 전문적인 기구의 설치가 미흡한 데다 대부분의 경우 피관찰자에 대한 보도·원호 등의 복지적인 면보다는 감호와 감독의 면에 중점을 두어 실시함으로써 본래의 보호관찰제도에서 의도하는 효과를 크게 거두지 못하고 있다고 하겠다.

그러나 이때부터 정부의 지원받아 오다가 1961년 법률 제730호로 갱생보호법이 제정되어 법무부 장관의 감독 하에 공법인체인 갱생보호회가 설립되었고(같은 법 제6조), 1981년에는 법무부의 직제 개편으로 보호국이 신설되어 갱생보호 사무를 전담

127) 朝鮮司法保護領(制令 第9號, 1942年 3月 23日 制定), 同保護委員會令(勅令 第93號), (金振煥, 更生保護의 理論과 實際 및 改善方法, 法務硏究(第8輯), 法務硏修院, 1981, p.77).

128) 이태언 외, 앞의 책, 342면.

129) 소년법은 1958년 7월 24일 법률 제489호로 제정되었는데, 1963년 7월 31일과 1977년 12월 31일, 1988년 12월 전면 개정을 거쳐 1996년 1월 5일 법 4929호로 개정되어 오늘에 이르고 있다. 소년법은 4장 71개조와 부칙 3개조로 구성되어 있다.

130) 2007년 12월 21일 법률 제8722호로 소년법의 일부 개정, 공포된 후 6개월이 경과하는 2008년 6월 22일부터 시행되고 있다. 소년법은 4장 71개조와 부칙 6개조로 구성되어 있다.

함으로써 획기적인 발전을 하게 되었다. 이와 같이 갱생보호회는 당초에는 민간단체로 발족한 것이었으나, 지금은 국가와 민간이 병합한 기구로 운영되고 있는 사실이다.[131] 일반적으로 갱생보호제도에는 피보호자의 신청이나 동의에 의해 개시되는 임의적 보호관찰제도[132]와 선고유예·집행유예 및 가석방이 행하여진 후 국가에 의해 강제적으로 갱생보호에 붙이는 유권적 보호관찰제도[133]가 있다.

그러다가 1986년에 다시 개정이 되면서 갱생보호 대상자의 자립의식 고취와 경제적인 자립기반 조성을 통해 사회복귀를 시킴으로써 재범을 방지하고 보호사업의 건전한 육성을 기하도록 하였다. 그러다가 1995년 1월 5일에는 사회 내의 처우에 관한 법을 통합하여 서로 역할분담을 통해 출소자의 사후관리업무에 효율성을 높이기 위해 갱생보호법과 보호관찰법이 통합되어 보호관찰 등에 관한 법률로 공포되어 이 법에 의해 종래의 갱생보호회가 한국갱생보호공단으로 새 출발하게 되었다

4. 갱생보호의 내용

1) 갱생보호의 대상자

종래에는 갱생보호의 대상자를 법 제3조에서 ⅰ) 징역 또는 금고형의 집행이 종료되거나 그 형의 집행이 면제된 자, ⅱ) 가석방된 자, ⅲ) 형의 집형유예를 받은 자, ⅳ) 기소유예처분을 받은 자, ⅴ) 소년법 제32조 제1항 제1호 내지 제3호, 또는 제6호 규정에 의한 보호처분을 받은 자, ⅵ) 소년원법 제7조의 규정에 의해 퇴원 또는 가퇴원된 자, ⅶ) 사회보장법에 의한 보호감호 또는 치료감호의 집행이 종료되거나 가출옥 또는 치료위탁된 자 등이었다. 그러나 보호관찰 등에 관한 법률에 갱생보호법이 흡수 통합된 뒤에는 같은 법 제3조 2항에서 갱생보호의 대상자를 "형사처분 또는 보호처분을 받은 자로서 자립갱생을 위한 숙식 제공, 여비 지급, 생업도구, 생업조성물품의 지급 또는 대여, 직업훈련 및 취업알선 등 보호의 필요성이 인정된 자"라고 함으로써 과거에는 7가지 경우로 제한을 하였으나 제한규정을 두지 않아 대상

131) 권순영·허주욱 공저, 『행형학』, 일조각.
132) 이 제도를 영·미에서는 prisoner's aid라고 한다.
133) 이 제도를 영·미에서는 probation, parole이라고 한다.

의 범위를 확대하였다.

이와 같이 갱생보호 대상자는 제한이 없으나 실제에 있어서 우리나라는 본인의 동의나 신청이 있는 경우에 한한 임의적 갱생보호의 방법이기 때문에(법 제63조 1항) 대상자 중의 일부에 불과하게 되어 있다. 그러나 보호관찰 대상의 소년에 대해서는 법 제41조에 의해 보호관찰소장이 원호 응급구호를 위해 필요한 경우 국공립기관 갱생보호사업자, 한국갱생보호공단, 기타 단체에 대하여 수용보호 기타 적절한 원조 또는 협력을 요청할 수 있어 필요적 갱생보호적 성격을 갖는다. 갱생보호를 하도록 결정된 경우는 대상자에게 미리 자립 계획을 수립하도록 할 수 있다(시행규칙 제40조 ②).

2) 갱생보호의 절차

갱생보호를 받을 수 있는 절차는, 갱생보호의 대상자 중에서 갱생보호를 받고자 하는 자가 서면으로 갱생보호공단에 신청을 하고, 관계기관이 갱생보호 대상자에 대한 갱생보호신청을 하는 경우는 갱생보호대상자의 전과 및 처분의 내용, 신상관계, 갱생보호대상자가 희망하는 보호방법 등을 기재한 서면을 갱생보호공단에 제출해야 한다(법 제66조). 갱생보호공단은 신청을 받은 경우 이를 심사하는데, 자료는 신청서의 기재사항 및 갱생보호대상자와의 면담 등을 해야 할 것이다.

3) 갱생보호의 방법 및 개시

갱생보호는 크게 ① 숙식 제공, ② 여비 지급, ③ 생업도구, 생업조성금품의 지급 또는 대여, ④ 직업훈련 및 취업 알선, ⑤ 갱생보호대상자에 대한 자립지원, ⑥ 제1호 내지 제5호의 보호에 부수하는 선행지도 등으로 되어 있다.

5. 갱생보호사업자

민간인으로서 갱생보호사업에 참여하고자 하는 자는 법무부령이 정하는 바에 의해 법무부 장관의 허가를 받아야 하며 허가받은 사항을 변경할 때도 법무부 장관의 허가를 받아야만 변경이 가능하게 함으로써 다른 목적으로 전용할 수 없도록 규정하고 있다(법 제67조).

6. 한국법무보호복지공단(구, 한국갱생보호공단)

갱생보호사업은 위에서 설명한 바와 같이 민간인 사업자에 의한 경우도 있으나 주체적으로 실시하는 것은 국가적 기구인 공단 형태의 한국갱생보호공단에 의해서이다. 각국에서도 갱생보호사업의 형태는 대개 i) 순전히 개인 또는 사적 단체가 행하게 하거나, ii) 반공적인 조직으로 갱생보호업무는 사적 단체가 하되 그 감독은 국가가 행하는 경우, iii) 갱생보호업무를 국가의 책임 하에 국가기관이 행하는 경우인데 오늘날은 대개 민간단체와 국가기관에 의한 보호사업이 병행되고 있다. 왜냐하면 범죄는 사회적 현상이기 때문에 개인으로서의 사회와 감독기관인 국가의 공동 책임이라고 볼 수 있기 때문에 이들을 위한 after-care도 공동 보조를 맞출 필요가 있기 때문이다.

우리나라의 경우 갱생보호공단은 1995년 1월 5일 보호관찰 등에 관한 법률에 의해 갱생보호법이 통합됨으로써 이 법에 근거하여 1995년 6월 20일 종래의 갱생보호회가 한국갱생보호공단으로 설립등기를 하게 되었다.

갱생보호공단은 법인체로 등기되었는데 법 제76조에 의한 조직이 이루어져 임원이 선임되었다. 즉 한국갱생보호공단은 서울에 소재하고 있는 본부 이외에 전국 대도시에 12개의 지부가 있고 5개의 출장소가 있으며, 각 지부에는 헌신적인 민간독지가가 갱생보호위원으로 위촉되어 갱생보호업무를 돕고 있다. 그 밖에 5개의 민간갱생보호법인이 법무부 장관의 허가를 받아 갱생보호사업을 수행하고 있다. 갱생보호법과 보호관찰법이 통합되어 보호관찰 등에 관한 법률로 공포되어 이 법에 의해 종래의 갱생보호회가 한국갱생보호공단으로 새 출발하게 되었다

그러다가 갱생보호라는 용어의 부정적 이미지를 개선하고 갱생보호사업을 효율적으로 추진하기 위하여 법률 제9168호(2008.12.26)로 "보호관찰 등에 관한 법률"을 일부 개정하여 "한국법무보호복지공단"을 설립하였고, 공포 후 3개월이 경과한 날인 2009년 3월 27일부터 시행하도록 개정하였다.[134)]

134) 신석환, "보호관찰제도의 활성화 방안에 관한 연구" 경성대 박사학위논문, 2008, 76면.

9
chapter

보안처분제도

[학습목표]

1. 보안처분제도의 개념과 발전과정을 살펴본다.
2. 보안처분의 종류를 숙지한 후 우리나라의 보안처분을 이해하고 치료감호소에 대해서도 학습한다.

〈출제경향분석〉

• 형사사법기관의 평가에서 출제경향이 높은 학습의 장이다. 보안처분의 종류와 치료감호에 대하여 1-2 문제는 빠지지 않음을 기억하고 학습해 나간다.

제 1 절 보안처분의 개념 및 필요성

1. 보안처분의 개념[1)]

보안처분(Sicherungs Massnahme, Measure of Security)이란 범죄를 저지른 범인의 장래에 대한 위험을 방지하기 위하여 형의 대신 또는 형의 보충으로 과하는 자유의 박탈과 제한을 포함하여 범인을 격리, 개선하는 일체의 처분을 말한다.[2)]

보안처분의 의의는 각국의 입법형식 또는 학자의 견해에 따라 동일하지 않으나 대개 광·협의 두 뜻으로 대별된다.

광의에 있어 보안처분이란, 범죄의 위험을 예방하기 위해서 형벌과는 별도로 형벌대체효과로서 국가에 의해서 행해지는 개선, 교육, 보호 등의 일체의 처분을 말하며 반드시 범죄행위가 발생되었음을 전제로 하는 것은 아니다. 이 경우의 보안처분에는 사람에 대한 대인적 보안처분뿐 아니라 물건에 대한 대물적 보안처분도 포함된다.

이에 대해 협의의 보안처분이란, 범죄행위의 발생을 전제로 하여 형벌의 대체 또는 보충으로서 행위자의 자유를 박탈하는 것을 내용으로 하는 법원의 처분을 말한다.

또한 보안처분을 그 대상자를 사회로부터 격리하는 데 주안을 두는 경우를 보안처분(Sicherungs Massnahme) 대상자를 교육 개선하는 데 주안을 두는 경우를 개선처분(Bessernde Massnahme)이라고 구별하기도 한다.[3)] 본래 보안처분이란 용어는 대륙법계 국가에서 사용되고 정립된 개념인데, 이러한 용어의 개념은 영·미법계에서는 존재하지 않는다. 왜냐하면, 독일 중심의 대륙법계에서는 형벌의 개념이 고정화되어 있고, 형벌이 범죄예방수단으로서는 일정한 한계가 있기에 이 제한을 극복하기 위한 보완책으로서의 보안처분은 형벌과는 다른 것으로 이해될 필요성이 있으나 영·미법계에서는 형벌 개념 자체가 고정화되어 있지 않기에 형벌의 한계성 문제가

1) 이태언 외, 『신보호관찰론』, 학현사, 2005, 247면 이하.
2) 瀧川幸辰, 『刑事法の事典』, 有斐閣, 1958, 699面.
3) 이진우, 『사회안전법독해』, 법문사, 1975, 102면.

생기지 않으며 따라서 별도로 보안처분이란 개념이 필요치 않았다는 것이다.[4)]

어쨌든, 보안처분이란 개념은 범죄예방수단으로서의 형벌의 한계성 때문에 형벌 이외의 방법으로 형벌적 효과를 거두는 형벌보충적 요구로서 대두되어 실제적 사실에 대처하는 실천과정에서 형성되었기에 처음부터 이념적으로 구성된 개념이 아니어서 한 마디로 정의를 내리는 것은 어려운 일이나 형벌과의 상호 보완적 면에서 실제 적용의 반복을 통해 일정한 유형을 추출하여 일정한 정의에 도달할 수밖에 없어, 금후에도 계속 형사법 연구의 한 과제가 될 수 있다고 보겠다.

이러한 입장에서 우리는 기왕의 노력에 의한 전기의 정의를 좀 더 구체적인 면에서 "보안처분이란 특정인의 범죄행위 또는 범죄적 행위를 전제로 하고 그 자의 장래의 위험을 방지하기 위하여 형벌 이외의 방법으로서 형벌을 보충 또는 대신하는 법원이 선고하는 자유의 박탈이나 제한을 수반하는 격리, 또는 개선의 처분이다"[5)]라고 할 수 있다.

2. 필요성 및 성질

본래 보안처분은 주관주의 형법이론의 산물이기 때문에 객관주의 이론에서는 용납될 수 없는 것으로 생각되어 왔으나 형벌을 속죄라고 보는 객관주의 이론에 의하더라도 속죄가 불가능하거나 불완전한 행위자로서 범죄의 위험성이 여전히 있다면 형벌 보충으로서의 보안처분이 불가피하다는 이론 추출이 가능하다.

결국 객관주의에 있어서나 주관주의에 있어서나 보안처분은 속죄되지 않는 범인 또는 교육, 개선되지 않은 행위자를 대상으로 하게 되는데 크게 볼 때 보안처분의 내용은 ⅰ) 범죄인을 개선하여 사회에 복귀시킬 것을 목적으로 하기 위하여 교육적 방법을 쓰는 경우와, ⅱ) 범죄인을 사회로부터 배제시키기 위해 격리하는 두 방법 중 어느 경우든 형벌 이외에 보안처분의 필요성을 인정하게 되는 것이다.[6)] 다만 이렇게 보안처분으로 다스리지 않을 수 없는 인물이 실제상 있을 수 있냐 하는 문제가 있을 수 있다.

---

4) 小川太郎, 『法律學體系(保安處分)』, 有信堂, 1952, 10面.
5) 유기천, 『형법학(총론)』, 일조각, 1972, 385면.
6) 木野英一, 『刑事學の新思潮と新刑法』, 有斐閣, 1932, 235面.

라비노비츠(Ravinovitz)는 종래 형벌제도의 기초가 되었던 근본원리가 불충분하며 그 원리의 기준인 가장 위험한 범죄에 대한 예방이 불완전하다고 보고서 i) 누범방지의 필요, ii) 책임무능력자에 의한 범죄, iii) 소년범죄에 대한 특별조치의 필요, iv) 단기자유형의 폐단, v) 행형제도의 결함 등의 원인이 형벌 이외에 범죄예방을 위한 특별예방책인 보안처분이 필요하게 된 이유라고 밝히고 있다.[7)]

우리는 자주 신문 등의 보도를 통해서 정신병자가 발작으로 살인을 하는 경우를 볼 수 있고, 이러한 피의자가 정신병자임에 틀림없다면 처벌할 길이 없다. 우리 형법에 의해서도 제10조 1항의 "심신 상실로 인해 사물을 변별할 능력이 없거나 의사를 결정할 능력이 없는 자의 행위는 벌하지 아니한다"는 규정에 의해 검찰에서 불기소되거나 기소된다 하여도 법원에서 무죄선고를 받고 석방될 수밖에 없다.

또한 책임무능력자 등에 의해 행해지는 수많은 범죄를 죄가 성립되지 않는다고 하여 방치를 한다면 언제 다시 끔찍한 범죄를 저지를지 모를 정신병자와 같은 위험인물을 이웃에 두고 안절부절, 노심초사하면서 지내야 하는 선량한 이웃은 어떻게 보호되어야 할 것인가는 중요한 문제가 아닐 수 없다.

또 오래 전에 실화로 부모를 도끼로 찍어 죽였으나 정신분열증이란 이유로 법원에서 무죄선고를 받아 석방된 동생의 신병을 인수하여 귀가하는 도중 마을이 보이는 언덕길에서 동생의 재범을 염려한 형이 미리 비극을 막는다는 생각으로 소지하고 있던 '잭크 나이프'로 동생을 찔러 죽이고 자신도 자살했다는 슬픈 이야기는 형법의 기능이 책임능력자에 대한 응보에만 그칠 게 아니라 사회방위도 중요하며 정신병자의 행위처럼 행위를 책임능력의 견지에서만 다룰 게 아니라 새로운 방법을 모색해야 할 필요성이 있다고 보이는데 이것이 보안처분이 필요한 첫 번째 이유이다. 둘째로, 현행법은 누범자 특히 알코올중독자, 마약중독자 등 상습범인들의 재범 방지를 위해서도 너무 무력하다. 어느 나라에서나 누범이나 상습범들이 수형자 중 많은 비중을 차지하는 데 갈수록 이러한 경향이 늘어만 간다.

이것은 형벌이 누범, 상습범에 대하여 결국 응보의 역할도, 교육의 역할도 제대로 못하고 있다는 결론이 나오는데 이것 역시 형벌 외에 보안처분이 필요한 이유이다. 셋째로, 단기자유형에 대해서도 문제점이 많다. 일년 이하의 단기자유형의 선고를 받

7) 刑事法硏究會, 『法律學小辭典』, 有斐閣, 1960, 595面.

고 복역하는 동안 교도소 내의 복역수와 생활하면서 범죄 실행의 질적 고도화의 교육을 받고 교도되기는커녕 흉악범으로 성장되어 출소되는 경우가 허다하기에, 교도소를 범죄학교라고 부르는 것을 가볍게 생각할 문제가 아니라고 본다. 넷째로, 소년범에 대해서는 현행법에 의해서도 교육목적인 성격이 없는 바는 아니나, 앞길이 창창한 이들에게 형벌주의에서 전반적인 보호주의로 전환하여 고통이 따르는 형벌보다 교육 개선에 중점을 두는 보안처분이 더욱 유용하다고 본다. 다섯째로, 노동혐기자에 대한 경우 때문에도 보안처분이 필요하다.

1975년 1월 1일부터 시행된 개정 독일 형법 등은 현대 형사정책 특히 형사학이 형법의 목적으로 제시한 범죄와의 전쟁과 범죄인의 사회복귀에의 이념을 달성하기 위한 입법적 노력의 결과라 할 것이다. 이러한 유럽제국의 형법 개정으로 탄생된 형법의 내용은 현대 형법의 제재(Sanktionnen) 또는 법적 효과(Rechtsfolgen)를 합리적 합목적적으로 재편성하였다고 볼 수 있다. 이러한 노력에 발맞추어 서구 형법학에서는 범죄론보다 형벌론에 대한 연구가 중시되고 있는 실정이다. 그래서 서구 형법학에서는 범죄론에서 형벌론으로 형법학의 중점이 옮겨가는 과정에 있다고 말할 수 있다.[8] 또한 서구를 포함한 세계 각국의 현대 형법은 형벌론에서 형벌과 보안처분의 개별화의 이념 하에 실정에 맞는 최선의 처벌방법을 찾는 노력도 병행하고 있다.

서구제국의 노력이 이러함에도 우리 형법은 제3장에서 형벌에 관한 규정만 두고 있고 형법 연구도 범죄론에 집중되어 있을 뿐 형벌론은 사실상 형법에서 서자 취급을 받아 학자들의 연구대상에서 소외되고 있는 실정이다. 그러나 1995년 12월의 형법 개정으로 형벌론의 내용이 대폭 확대되었는데 이같은 추세는 더욱 강화될 것이다. 우리나라는 1981년 12월에 사회보호법이 제정됨으로써 본격적으로 보안처분이 실시되고 있으나 법원에서 이를 활용하는 경우가 극히 적어 활성화되지 못하고 있는데 전통적인 형벌 외에도 보안처분이 많이 활용되어야 할 것으로 생각된다. 특히 1995년에 완성되어 국회에 제출되었던 형법개정소위원회가 마련한 개정안에는 보안처분이 형법으로 통합되었는데 국회 통과 과정에서 부분적으로 용인되었을 뿐 대체로 관철되지 못했다.

---

8) 이재상, 『보안처분의 연구』, 법문사, 1975, 1면.

3. 보안처분의 사적 고찰

독일의 하트만(H. Hartman) 교수가 "현대 형법에서 보안처분을 전혀 인정치 않는 국가는 없다"고 말할 정도로 오늘날 대부분의 국가에서 형법에서나 또는 특별법의 형태로 보안처분제도를 운영하고 있다. 보안처분의 형법상 지위와 중요성을 살펴보기 위해 이를 발생사적 입장에서 고찰해 보는 것은 매우 뜻있는 일이다. 보안처분이 근년에 와서 문제시되고 있는 것은 그 이론이 새롭기 때문이 아니고 본래 행정처분으로서의 보안처분이 형식상 형법에로 편입되었다는 사실, 말하자면 처분이 형벌 대신 또는 이에 우선하여 형사법적 취급을 받게 되었다는 사실에 있다고 할 것이다. 확실히 보안처분은 오랜 역사적 · 시대적인 산물로서 발달해 왔고 그간 많은 법률 형식을 거쳐 금일에 이르고 있는데 형벌도 내용에 있어서는 말할 것도 없이 일정한 보안처분적 기능을 가지고 있어서 장래 일어날 위법행위에 대해 사회를 방위해야 한다는 목적을 가지고 있다. 이런 입장에서 보안처분의 역사는 형벌의 기원과 같이 발전되어 왔다고 말할 수 있다.[9)]

각국에서 발전되어 온 보안처분제도는 일반적으로 다음의 5기로 나누어 설명할 수가 있다.[10)] 그러나 라비노비츠(Rabinovitz)는 원시적 단계, 유기적 단계, 전성기의 3기로 구분하고 있다.[11)] 이하에서는 5분설적 입장에서 처분의 발생사적 고찰을 시도해 본다.

---

9) 법제처, 각국의 보안처분제도(법제자료, 1975, 75집), 7면.

10) 安平正吉, 『保安處分理論』, 주정書店, 1979, 57-59面에는 아래와 같이 나눈다.

① 제1기 : 로마법 이래 19C 말 Stooss 제1형법초안 성립까지로 특색은 보안처분을 특수적 범죄행위로 보고 개별적, 예외적 조치를 인정.

② 제2기 : Stooss 제1안 성립 이후 1차 대전 종말 후, 독, 오, 이 중심으로 형법개정안이 출현할 때까지로 특색은 「보안처분은 형벌을 보충하는 제도이다.」로 이해.

③ 제3기 : 1921년 Ferri 형법초안 성립 후 1929년 멕시코 형법에 이르는 기간으로 러시아(구 소련), 쿠바 등에 형법입법이 이뤄짐. 특징은 보안처분을 형벌과 구분하지 않는 일원주의적 태도, 1930년 벨기에 사회방어법, 1933 독 Nazzi 입법, 1935년 스페인 형법.

④ 제4기 : 1930년 이 형법 성립 후 오스트리아 형법, 1934년 프랑스형법 초안까지로 형벌과 보안처분의 이원주의.

⑤ 제5기 : 1930년 벨기에 사회방어법, 1933년 독 Nazzi 입법, 1935년 스페인 특수상습범인에 대한 입법까지로 보안처분이 특별법 형식으로 제정되던 시기.

11) 木村龜二, 『刑事法講座(VOIIII)』, 有斐閣, 1955, 655-657面.

1) 원시적 보안처분

(1) 기원

보안처분제도가 형법상 실제적 문제로서 논의의 대상이 된 것은 1893년 칼 슈토스(C. Stooss)의 스위스 형법초안 이후의 일이다. 그러나 그 이전에도 많은 학자, 실무가에 의해 논의되어 왔는데 특히 형벌과 구별하여 최초로 보안처분에 주목한 학자는 1780년의 크라인(E. F. Klein)이다. 물론 그 이전에도 원시형벌이라 볼 수 있는 평화상실(Freidloslegung)이 있었는데 원시집단의 생활상 이익을 침해하는 자가 있을 때 단체의 장은 질서유지를 위해 그 자를 그 단체에서 추방함은 물론 그의 재산을 몰수하고 심지어는 생명마저 박탈했다. 그 뒤 단체로서의 원시적인 평화집단들이 국가적 차원으로 발전한 후에는 국가 형벌권의 일종으로 국가의 대표자, 전시에 군의 지휘자, 종교의 지도자직에 있는 자들이 자기의 안전과 재산을 보호하기 위해서 질서파괴자들을 추방하거나 재산을 몰수했다. 특히 로마법에 이르러서는 이러한 처분이 형벌과 구별되어 그 자체가 특수적 제도로 인식되었으며 특히 정신장애인에 대한 형법적 조치로서 개별적인 보안처분을 공법 중에 인정하였던 것이다.

(2) 중세의 보안처분 형태

중세에 들어와서 보안처분은 독일적인 특성으로서의 발전이 뚜렷했다. 중부 독일에서는 무의식적인 범죄자를 보안구금에 처하고 남부 독일에서는 정신병자를 배에 태워 띄워 보내버렸다. 또한 소년범에 대하여는 그의 후견인을 징계에 회부함으로써 형벌에 대신했다고 한다.

그러나 엄밀한 의미에서 보안처분의 개념이 역사상 최초로 등장한 것은 1532년에서 1871년까지 독일에서 통용된 카로리나(Carolina) 형법전이라 할 수 있다. 동 법전 제176조에는 범죄행위가 기대되고 충분한 보정(保正)이 없는 사람에 대하여는 부정기의 기간 동안 감호할 수 있도록 되어 있다. 그러나 카로리나(Carolina) 형법전상의 보안감호는 판결 후 뿐 아니라 주로 판결 전에 집행하는 것으로 미결구금적 성질이 강했기 때문에 현대적 의미에서의 보안처분으로 보기는 어렵다.[12]

---

12) 이재상, 앞의 책 14-15면.

(3) 크라인(E. F. Klein)과 프로이센 일반 란트법

형법과 보안처분을 개념적으로 명확하게 구분한 것은 계몽주의(Enlightenment)사상에 의한 자유주의 사상이 대두된 후의 일이다. 이 시대의 보안처분이론 개척의 선구자는 Klein이다. 그는 소위 혐의형을 검토하고 그것은 형벌이 아니고 보안처분이라고 했다. 1774년 독일의 공통지방법에서는 그의 주장에 따라서 보안처분이 규정되었다. 그러나 형법에서 보안처분을 도입하는 문제는 아직 시기상조였다. 1871년의 독일의 공통지방법에서는 그의 주장에 따라서 보안처분이 형법의 내용으로 규정되기 시작했다.[13)]

Klein에 의하면 보안처분은 행위자의 위험성을 기초로 하고 위험성은 사정에 따라서 변경, 증가, 감소할 수 있으므로 그 기한도 판결선고 시에 추정될 수 없다는 점에서 형벌과 구별되지만 보안처분의 선고는 시민의 자유를 위해서 법관에 의해 선고되어야 한다는 것이다. Klein의 이러한 노력에 의해 법관에 의하여 정기로 선고되는 자유형과 부정기로 선고되는 보안구금이야말로 Klein이론의 요체라 할 수 있다.[14)]

2) 유기적 보안처분

19세기에 들어와서 헤겔(F. Hegel) 철학이 형법의 지배적 사상이 되어 형벌 이외의 보안처분은 국가의 보편의사를 부정하는 것으로 보는, 극히 정신적 관념으로만 생각하여 위협과 응보만을 강조하였기 때문에 특별예방적인 보안처분은 형법 영역에서 완전히 추방되어 버렸는데 19세기 후반기에 리스트(Franz. V. Liszt)에 의해 비로소 Klein의 이론이 부활하게 되었다.[15)]

Liszt는 성격적 범죄에 대한 유효한 법률적 투쟁수단으로서 특히 부정기형의 입법을 요구하고 상습범인으로서 개선이 필요한 범인에 대해서는 형벌을 중지하고 개선소에 수용할 것을 광범위하게 주장하여[16)] 형벌의 사회방위적 목적을 고조시켰다. 이

13) 瀧川辛辰, 『刑法事典』, 有斐閣, 1958, 700面.

14) Liszt, E. F. Klein und die Unbestimmte Verurteilung, Strafrechtliche Aufastze und Vortrage Bd2 S.152.

15) 安平正吉, 前揭書, 72面.

16) Liszt는 1882년 Marburg 대학강령(Maburger Universitats Programm)인 「형법에 있어서 목적사상」의 강연에서 종래 고전학파의 입장에서 전개되고 있던 응보형주의에 대해 새로운 목적형주의를 제창했다.

러한 Liszt의 사상은 페리(Ferri)의 실증주의사상[17]과 더불어 보안처분이론의 발전에 새로운 기초를 마련했다. 그러나 Liszt는 Klein과 같이 형벌 이외 특별한 보안처분을 발전시킨 것이 아니라 형벌은 순수한 보안형벌일 수 있고 범죄에 대한 투쟁으로서의 형벌과 보안처분의 이원주의는 독단(doktrinar)에 불과하다고 주장했다.[18]

(1) 칼 슈토스안

형법에 최초로 보안처분을 규정한 것은 1893년의 스위스 통일형법 초안이다. 이 초안은 Carl Stooss에 의해 기초된 것으로 이원주의를 취하고 있다. Stooss안이라 불리어지는 이 법에 규정되어 있는 보안처분에는 다음과 같은 것이 있다.

① 위험성 있는 책임무능력자 한정책임능력자에 대한 치료감호처분

② 주요 범인에 대한 교정소 수용 및 음식점 출입금지처분

③ 노동혐기자에 대한 노역장 수용처분

④ 누범자에 대한 교정 및 보호감호

⑤ 직권 및 친권남용자에 대한 권리박탈 처분

⑥ 위험물 소각처분

⑦ 예고처분 등인데 이 Stooss안을 계기로 각국의 보안처분에서 그의 견해가 채택된 바 i) 1909년의 독일 형법을 비롯하여, ii) 1918년의 스위스, iii) 1920년의 오스트리아, iv) 1921년의 이탈리아, v) 1926년의 체코, vi) 1927년의 일본, vii) 1927년의 이탈리아 Locko안, viii) 1932년의 스페인 등의 형법규정이 그것이다.[19]

(2) 영국의 경우

영국은 1860년에 형사정신병자감호법(Criminal Lunatic Asylum Act)을 제정하여 상습범에 대하여 통상의 형벌이 범죄예방에 충분한 효과를 거둘 수 없으므로 이에

17) Ferri, Enrico(1856-1929) : 이탈리아의 형법학자, 정치가로 1880년 Boronia대 교수 1909년 이후 Rome대 교수로 형사학에 있어 이탈리아 학파의 수립자이다. Rombroso에 사사했으나 그의 학설에 사회학적 색채를 가미하여 인류학적 원인 외 물리학적 원인, 사회학적 원인을 가하여 범죄원인의 삼원설을 수립한 바 특히 사회적 원인을 강조하여 『범죄사회학』이란 저서를 내기도 했다.

18) Liszt를 정점으로 하는 사회학적 형벌이론에 의하면 보안처분과 형벌과의 구분은 없어지고 보안형벌은 형벌과 보안처분의 요소를 모두 가지게 됐다.

19) 현재 명확히 보안처분을 형법에 규정, 시행하고 있는 나라는 다음과 같다. 스웨덴(1927), 유고(1929), 덴마크(1930), 이탈리아(1930), 프랑스(1932), 독일(1932), 스페인(1933), 스위스(1937), 낭천신장 p.700.

대해 부정기적인 일종의 협의의 보안처분을 인정하였고 그 후 1907년 보호관찰법과 소년법을, 그리고 1908년에는 범죄예방법을 제정하여 중죄를 범한 범인이 배심에 의해 상습범으로 인정될 때는 강제노동을 선고하고 범인의 성질 또는 생활 상태의 개선을 위하여 자유를 장기간 구속함이 사회 일반의 이익이 될 때는 징역형의 집행 후 성인범에 대해서는 계속 5년 이상 10년 이하의 예방구금[20]을 언도할 수 있게 했다.

(3) 독일의 형법초안

영국의 보안처분제도는 특별히 단행법적 입법의 형식으로서 유럽 제국에 직접 영향을 주게 된 바 그 영향으로 독일은 법전의 결함과 사회 상태의 급격한 변화에 따라 수차례 형법 개정안을 제출했다. 1909년 독일 형법 초안은 Stooss안을 모방하여 형벌 이외의 보안처분으로서, i) 노동소수용, ii) 주벽 교정, iii) 일반적 위험성 있는 한정책임능력자의 감치, iv) 상습범인 특히 직업상 상습범에 대한 처분을 인정하여 광의의 이원주의에 입각하여 위험 상습범에 대하여는 장기의 보안형을 인정하였다. 1913년 및 1919년 소위 위원회안은 형벌과 보안처분을 구별하여 원칙상 병과를 인정하나, 일정한 경우에는 형벌로 대체할 수 있도록 하고 그 처분의 집행은 경찰에 위임하였다. 그 후 1927년 의회안은 보안처분제도에 크게 변혁을 가하여, i) 한정책임가능자의 치료 및 양육처분, ii) 주벽교정, iii) 노동소 수용, iv) 보안감치, v) 보안감시, vi) 국외 추방 등 6종을 인정하였고 보안처분을 행정관청의 관할로 이관하여 법원에서는 처분을 허용하느냐의 여부를 판정하는 제한만을 인정하였으며 처분을 과하는 데 있어서의 세부 사항은 행정관청이 결정토록 하였다. 이 외에도 오스트리아를 비롯한 유럽 각국에서 형벌을 보충하는 제도로서 형법전에 보안처분을 인정하고 있다.[21]

3) 일원주의적 보안처분

독일을 중심으로 한 유럽제국의 보안처분은 범죄로부터 사회를 방위한다는 일종

20) Preventive detention에 의하면 30세 이상자로서 3회 이상 2년 이상의 형을 받을 자가 다시 2년 이상의 형에 해당하는 죄를 범할 때는 공공의 방위상 필요하다고 인정되면 형에 대신하여 5년 이상 14년 이하의 범위에서 법원이 정하는 기간 예방구금을 할 수 있게 했다. 독일의 보안감호도 이에 가까우나 이는 중첩적인 사후구금의 형식을 취한다. 우리나라에서는 구 국가보안법의 보호구금과 비슷하다(법률학사전), p.650.

21) 瀧川辛辰, 『刑法事典』, 有斐閣, 1958, 700面.

의 도덕적 책임주의에 기초한 응보적 정의론에 입각하여 형벌에 대한 보충제도로 인정된 행정조치적 성격을 띤 사회정책에 불과한 셈이다. 이러한 종래의 태도에서 진일보하여 형벌이 범죄로부터 사회를 방위한다는 역할을 보안처분에 대해서도 같은 역할을 인정함으로써 즉 형벌과 보안처분을 동시하는 입장이 되었는데 이것이 1921년 이탈리아의 Ferri 형법 개정안에 반영되었다. 그 뒤 1926년의 소련 및 쿠바 형법초안과 1929년의 멕시코 형법전은 이런 유형의 것들이었다.

(1) 페리(Ferri)의 이탈리아 형법초안

Ferri 형법초안은 1926년 소련 형법에 중대한 영향을 미친 바로 사회주의적 사상을 철저하게 형법에 반영한 사회방어의 견지에서 구성된 개정안으로서 형법의 장래의 한 방향을 제시했다고 볼 수 있는데 형사법은 범인의 정신 및 신체 상태의 여하를 불문하고 법적 제재를 가해야 한다는 입장에서 몇 가지 특징적 규정을 두고 있다. i) 형법전은 범죄에 대한 법전이고, ii) 종래의 범죄행위 중심주의에서 범인 중심주의로 되어야 하고, iii) 범죄의 객관적인 경중보다 범인의 위험성 정도에 중점을 두어야 하고, iv) 사회방어의 입장에서 종래와 같은 심리적, 인류학적인 범죄인 분류 대신 성인범과 소년범으로 구분해야 하고, v) 일반범과 정치적 범인을 중요시하며, vi) 형사책임의 기초를 개인에게 둘 것이 아니라 국가 및 사회에 대한 법률적 책임에 두어야 하고, vii) 형사제재에 대한 본질을 종래의 도덕적 책임에서 탈피하여 위험성에 대한 사회방어의 유효수단으로서 제재성에서 구하고, viii) 단기자유형 특히 일수를 따지는 구금제의 폐지를 주장했다.

이러한 Ferri의 초안은 이탈리아에서는 1927년 소위 로코(Locko)안에 의해서 좌절되고 말았지만 거기에 나타난 사상은 보안처분을 포함하여 넓은 의미로 사회방어처분으로서 이후 각국의 형법규정에 큰 지침이 되었다. 즉 1926년의 소련 형법, 멕시코 형법, 쿠바 형법초안에 영향을 미친 것이다.

(2) 러시아와 쿠바

러시아(구 소련) 형법은 유럽 각국의 자본주의 국가적인 법치주의, 죄형법정주의의 원칙을 탈피하고 자본주의적 이데올로기(ideology)에 의한 형법체계를 비판하고 형법이론을 순 사회주의적 이념에 바탕을 둔 프롤레타리아(Proletariat) 독재를 옹호하기 위한 합목적적인 이익보호에 따른 구성을 하게 됐다.

그 결과 러시아에서는 형벌이란 용어 대신에 사회방어처분이란 용어를 광범위하게 사용하여 범죄진압주의에 입각하여 범죄를 실행한 자는 물론 범죄예방이라는 입장에 의해서도 범죄 실행 전이거나, 사회에 대한 위험성이 없어진 자라도 사회방어에 필요하다고 정책적으로 결정되면 사회방어처분을 행사할 수 있도록 했다. 쿠바의 형법초안도 소련의 방어이론과 Ferri 형법의 정신에 의해 1926년 소위 「국민공동체 보호의 형법」이란 기치 아래 8개의 기본 사상에 입각하여 구성되었다.[22] 이러한 기본 사상에 따라 법관의 자유재량을 제한하지 않고 법관은 형법전에 정해진 사회방어 또는 사회예방 수단 중에서 임의로 선택하여서 선고할 수 있게 됐다.

4) 이원주의적 보안처분

(1) 이탈리아

이탈리아 형법학자 Ferri가 초안한 일원주의적 Ferri 형법초안은 이탈리아에서는 채택되지 못하였다. 1930년에 제정되어 1931년에 시행된 이탈리아의 형법은 Ferri적 실증주의자들의 주장과는 달리 형법에서의 목적을 '전체 국가의 보호 및 국가정치에의 봉사'라는 파시즘(Facism)적 전체주의(Totalitalism)[23]에 둠으로써 개인의 보호가 아니라 사회 또는 국가적 이익의 보호라는 방향에서 제정되었다. 죄형법정주의가 규정되기는 하였으나 이는 국가권력 수행에 모순되지 않는 범위 내에서만 인정되었다. 특히 보안처분은 형벌과 별도로 행위자의 반사회적・반국가적 위험성이 있을 때 부정기적으로 과하도록 되어 있었다.

---

22) 8개 기본 사상은 ① 범인은 본질적으로 일반인과 같으나 환경에 의해 물리적 필연법칙의 지배를 받게 되어진다. ② 범죄란 특유한 현상이 아니고 일정한 사회적 환경에 따른 현상에 불과하고, ③ 형벌은 피해자에 대해서는 개인적인 복수를 방지하고 가해자에 대해서는 새로운 범행으로부터 사회를 방어하려는 데 있다. ④ 양형은 범인의 위험성 정도에 두고 형법전은 형벌 집행에 관한 법규를 포함한다. ⑤ 일정인이 침해에 이르기 전이라도 사회적 위험성이 있을 때는 방어수단을 연구해야 하고 ⑥ 형벌법규는 가능한 한 간단명료해야 하며, ⑦ 범인은 법규위반자이고 범죄는 법규위반이며 형벌법전은 국민공동체의 보호법이어야 한다(법제처간 법 제자료 75집 1975), 19면.

23) 세계사대사전(1976), 서울 민중서관, p.974에 의하면 1928년 이후 정권을 획득하고 정당정치를 부정하고 1국 1당제를 취하면서 당과 국가조직을 결합하여 국민의 전 생활을 집중적으로 국가권력하에 통제하며 전 권력을 장악하는 절대적인 전체 의사를 설정하여 그것에 조직적으로 봉사하는 것을 미덕으로 삼는 사상.

(2) 폴란드 및 프랑스 형법에서의 처분

현대 형법전 중에서 가장 조문이 적은 1932년 제정의 폴란드(Poland) 형법은 응보형사상을 기초로 하여 목적형사상도 가미하여 제정되었다. 일반범에게는 고유의 형벌 외에 보충으로서의 보안처분제도를 인정함과 동시에 소년범에서는 완전히 응보형주의를 탈피하여 교육 및 개선에 주력하였으며 개선 불능의 상습범에 대하여는 형벌을 가하는 경우에도 형벌을 보안처분보다 우선하게 하였다. 프랑스는 1885년 누범자에 대해서는 협의의 보안처분의 하나인 르네가숑(Relegation)을 인정하여 누범자를 국내 특정지 또는 해외 식민지로 추방했으나 이로서는 위험범인 처우에 부족하다고 느껴 1905년 정식으로 보안처분에 관한 규정을 두었고 1934년 형법개정안에서도 이를 가결했다. 형벌과 보안처분의 이원론적 입장을 취하는 경우는 형벌 집행 후에 보안처분을 실시하는데 이 과정을 법원의 권한에 속하게 하고 있다.

5) 특별법 형태의 보안처분

형법의 부속법적인 특별법에 의해 정신장애인, 상습적 공공위험성이 있는 범인 등을 부정기적으로 처벌하는 국가도 등장하였다. 1930년 벨기에(Belgium) 사회방어법, 1933년의 나찌(Nazzi) 독일에서의 위험상습범인에 대한 보안 및 개선처분에 관한 법, 그리고 1975년 우리나라의 보안관찰법과 1980년의 사회보호법 등이 이런 형식이다. 형법에서 보안처분에 관한 명문의 규정이 없는 나라에서도 특수한 범죄에 대해 특별단행법의 형태로 보안처분을 규정하고 있는 경우가 많다.

제 2 절 보안처분의 입법례적 고찰

본 장에서는 보안처분의 종류를 면밀히 살펴보고 서구 몇 나라와 일본 등지에서 시행되고 있는 보안처분의 입법례를 연구하려 한다.

1. 보안처분의 종류

보안처분은 여러 측면에서 분류할 수 있으나, 각국의 현행형법 또는 형법초안에 규정되어 있는 보안처분을 비교법적으로 분류하면 우선 성인에 대한 보안처분과 소년에 대한 보안처분으로 구별할 수 있다. 소년에 대한 보안처분으로는 일본의 경우 i) 보호관찰소의 관찰에 부하는 것, ii) 교호원 또는 교호시설에 송치하는 경우, iii) 소년원의 송치 등으로 되어 있으나 다른 나라의 소년에 대한 입법례도 이와 대동소이하다고 말할 수 있다.

성인에 대한 보안처분은 대개 다음과 같이 설명할 수 있다. 성인에 대한 보안처분에는 대인적 보안처분과 대물적 보안처분으로 대별되며 대인적 보안처분은 다시 자유박탈적 보안처분(Mesures de Surete Privative de Liberte), 자유제한적 보안처분(Mesures de Surete Restrictive de Liberte), 권리상실을 수반하는 보안처분(Meaurea de Surete Comprant Undecheance de Droits), 명예침해를 수반하는 보안처분(Meaurea de Surete Comport Une Atteinte Honotifi Que) 등으로 분류된다. 그러나 정확하게 대인적 또는 대물적 보안처분 중 어디에 속하는가 하는 것이 일정하지 않은 경우가 있다. 예를 들면, 선행보증(Sicherheit für Wohlverhalten)이 어디에 속하느냐 대해서 1932년 프랑스 형법초안 제70조는 자유제한적 처분으로서 대인적인 것에 속하게 한 반면에 미국 형법 제236조에서는 대물적 처분으로 규정했다. 나찌시대의 독일 형법 제42조 a에 규정되어 있던 거세는 대인적 처분이지만 위의 분류에 비춰볼 때 별개의 고유한 범위에 속한다고 볼 수밖에 없다.

이와 같은 의미에서 윤리적으로 엄격한 분류는 불가능에 가깝고 또 실익도 없다.[24] 아래에서는 대인적 보안처분은 자유박탈을 수반하는 것과 그렇지 않는 것만으로 구별함에 그치려 한다.

(1) 자유박탈을 수반하는 보안처분

① 책임무능력자 및 한정책임능력자에 대한 치료감호소 소수용 : 독일 형법 제63

24) 木村龜二, 『刑事法講座(Vol. Ⅲ)』, 有斐閣, 1955, 685面.

조, 스위스 형법 제14조, 제15조, 프랑스 형법초안 제69조 1항, 일본 개정형법초안 제26조 1항 등에 규정되어 있다.

② 주벽자 및 마취제의 사용자에 대한 교정소 수용 : 독일 형법 제64조, 스위스 형법 제44조, 프랑스 형법초안 제69조 2호, 일본 개정형법 가안 제126조 2호 등

③ 부랑, 걸인 및 노동혐기자 등에 대한 노동소 수용 : 독일 형법 제66조(폐지됐음)

④ 범죄의 상습자 및 위험자에 대한 예방소 수용 : 독일 형법 제66조, 스위스 형법 제42조, 프랑스 형법 제69조 1호, 일본 개정형법 가안 제126조 4호, 영국 범죄예방법, 벨기에 사회방위법

(2) 자유박탈을 수반하지 않는 대인적 보안처분

① 직업 등의 금지 : 독일 형법 제70조, 프랑스 형법초안 제70조 1호

② 거주 제한 : 스위스 형법 제16조, 프랑스 형법초안 제72조 2호

③ 국외 추방 : 1930년 독일 형법 초안 제55조 6호, 스위스 형법 제42조 1단, 프랑스 형법초안 제70조 3호

④ 보호 감시 : 독일 형법 제68조, 스위스 형법 제47조, 프랑스 형법초안 제70조 4호, 일본 개정형법 가안 제144조[25)]

⑤ 선행 보증 : 스위스 형법 제57조, 프랑스 형법초안 제70조 5호, 일본 개정형법 가안의 유보조항인 제126조 제5호.

⑥ 거세 : 나찌 독일 형법 제42조 a 제5호에 규정되어 있으나 1946년 1월 30일의 관리위원회법 제1조 11호 a에 의해 폐지되었다.[26)]

⑦ 음식점 출입 금지 : 1930년의 이탈리아 형법 제215조 3항 5호

(3) 대물적 보안처분

① 몰수 : 프랑스 형법초안 제71조 1호

② 영업소 폐소 : 동 제2조

25) 木村龜二, 658面에서는 일본 개정형법 가안 제144조 이하의 보호관찰은 보안처분이라 칭하지 않는다.

26) 단종은 우생학적 견지에서 미국 인디애나 주의 형법에서 최초로 규정하였고 덴마크, 핀란드, 멕시코, 일본의 갱생보호법(1948년)에서 인정하고 있다. 거세는 독일 외에도 1944년의 스웨덴 거세법, 1950년의 핀란드 단종거세법, 1935년 덴마크 단종거세에 관한 법률, 1948년의 일본의 위생보호법 등이 있다(법제처, 법제자료75집, 1975, p.64).

③ 법인 등의 해산 : 동 제3호

2. 외국의 보안처분제도

1) 스위스

스위스 형법은 Stooss의 노력에 의해 1893년의 제1차 초안이 발표된 이래 수 차의 개정을 거쳐 1938년에 결실되어 1942년부터 시행하게 되었다. Stooss안의 기본 정신은 형벌의 본질을 응보에 있고 형벌의 목적은 법익보호에 있다고 하면서 응보는 결국 범죄를 방지하려는 국가목적의 수단에 지나지 않으며, 이러한 범죄 방지 목적으로서의 형벌의 적용을 결정함에 있어서 목적형이론을 응보형이론과 관련시킴으로써 구파이론의 바탕 위에서 목적형론을 받아들이게 되었다. Stooss 사상은 국가에서 진정 필요한 것은 이루어진 부정을 이유로 국가가 응보를 행사하는 게 아니고 또 다른 범죄를 방지하기 위함이 큰 목적이라는 것이다.[27]

이원주의는 Liszt 등의 목적형적 일원주의와 전통적인 응보형적 일원주의의 타협으로서 Stooss가 제창한 이론이다. 이 이원주의의 시행에는 3가지 방법이 있는데 i) 병과주의, ii) 대체주의, iii) 택일주의가 그것으로 각각 특징과 장・단점이 있으나 대체로 병과주의 대체주의가 활용되고 있다.[28] 스위스 형법이 인정하는 보안처분은 성인의 경우[29]와 소년의 경우[30]에 따라 방법을 달리하고 있다.

2) 독 일

① 1870년의 독일 형법전과 형법 학설의 영향은 당시 각국의 형법학에 일대 변혁

---

27) 安平正吉, 『保安處分法理論』, 有斐閣, 1970, 131-132面.

28) 平野龍一, 保安處分の硏究, 日本刑法學會, 1959, 85-86面.

29) 성인의 경우 ① 책임무능력자, 한정책임능력자의 보호구금처치 또는 보양, ② 상습범인의 보안구금, ③ 노동혐기자, 나태자에 대한 노동소 수용, ④ 상습명정자, 마약탐닉자 등의 교정처분.

30) 소년에 대해서는 연령에 따라 내용이 다르다.
① 아동(7~14세 미만) : 감시교육과 치료처분, 형벌보다는 징계적 성격이 강하다.
② 소년(14~18세 미만) : 감시교육과 치료처분
③ 청년(행위 당시 18~20세 미만) : 성적 퇴폐자는 노동교육시설에 수용한다. 그 외 평화보증과 대물적 보안처분으로서의 몰수 등을 과하기도 한다.

을 일으키게 하였을 뿐 아니라, 특히 Liszt 및 그의 문하생들에 의한, 소위 신파 형법학의 사상과 형사정책적 제언은 현대의 형법학 발전에 획기적인 기여를 했다. 독일 형법학은 1871년 5월 15일에 제정된 것을 근간으로 중세 후기의 형법의 잔학성을 인도주의 정신에 따라 전환시키고 법원의 자의를 방지하기 위해 범죄와 형벌과의 균형 사상을 도입시킨 산물로서의 공을 세웠다.[31)]

② 입법과정

• 1909년 형법개정 예비초안에서는 구파의 이론적 기초 위에서 신파의 요구를 가미한 것이었다. 전통적인 체제를 유지하면서 자유형제도의 개선을 기도하고 있는바 형벌에 의한 범죄예방의 불완전성을 보충하기 위해서 보안처분제도를 인정했다.[32)]

• 1967년 및 현행법상 제도는 모든 개선방법을 다 실시했으나 개선 불능이 자명한 경우에만 최후수단으로서 보안처분을 명하고 있는데, 현행법상 보안처분을 대별하면 ⓐ 균형성의 원칙, ⓑ 자유박탈 처분, ⓒ 자유박탈을 수반하지 않는 것으로 나눠볼 수 있다.

3) 이탈리아

1930년 10월 9일 제정(시행은 1931년 7월 1일)된 이탈리아 형법은 1927년의 로코(Locko)안에다가 약간의 수정을 가하여 성립한 것이다. 그 정신은 종래의 구파 및 실증학파의 주장과는 전혀 다르며 형법의 제1차적인 목적을 전체 국가의 보호 및 정치적 편의에의 봉사라는 데 두고 종래의 코-드 페나르(code-penar)에 기초한 개인보호의 정신에 반대하면서 절대적인 사회적, 단체적 또는 국가적인 이익보호에 목표를 두었다. Ferri안과는 달리 도의적 봉사개념이 아닌 거기에 대응하는 순수한 형벌을 인정하고 책임능력 및 책임조건의 존재를 원칙으로 하면서 형벌과 보안처분을 구별하여 종래의 독일 초안보다는 국가권력의 행사범위를 확장하여 이의 탄압으로서의 형벌과 사회적 위험성 대책으로서의 보안처분의 행사를 인정하고 있다. 또한 형벌교육을 독일에서는 범인의 개선을 인도적 입장에서 고찰하고 있는 것과는 달리, 국가

---

31) 瀧川春雄, 보안처분연구, 일형법학회, 1959, pp.42-43.

32) 이 초안에서는 보안처분의 종류로 ① 노동소 수용, ② 음식점 출입 금지 주벽교정소수용(§43), ③ 시민적 영양 상실(§45), ④ 거주제한(§53), ⑤ 몰수 · 폐기처분(§54), ⑥ 위험성 있는 책임무능력자 한정책임능력자에 대한 보안처치(§65), ⑦ 소년범에 대한 교육처분(§69②)이 있다.

권력으로서 범인을 위협하는 권력적 의미의 것이었다. 또한 형벌로서의 보안처분의 목적을 달성할 수 있도록 보안처분을 별도로 인정함으로써 넓은 의미에서 이원주의를 취하고 있는 게 특징이다.[33] 또한 보안처분을 대인적인 것과 대물적인 것으로 나누고 있다.[34]

4) 프랑스

① 1934년의 프랑스 형법개정안은 전문 496조 중 총칙이 143개조인데 총칙은 다시 제1장 형벌법규, 제2장 형벌 및 보안처분, 제3장 범죄, 제4장 가벌성의 주관적 제 요건으로 구성되어 있어, 총칙의 중요성과 특이성을 동시에 볼 수 있다. 대체로 이 초안은 코-드 페나르의 형법안을 가능한 한 수용하고 또한 최근 서구 제국의 입법 초안에 나타나 있는 형벌이론 및 형사정책적 요구를 최대한으로 프랑스화하여 채용하였다. 개정안의 기본 정신은 ⅰ) 형벌의 중점을 행위주의에서 인도주의로 전환했다. 이런 견지에서 형벌조직을 분화하고 철저히 개별화하며 또한 보안처분을 광범위하게 인정하고 있다. ⅱ) 종래의 각국 입법과 초안을 본따 고도의 사회방위주의의 입장을 취하였고, ⅲ) 범인을 개별화한 결과로 법관의 권력을 증대하여 자유재량의 범위 내에서 법규에 따라 형벌을 선고하는 외에 집행 전의 시 소에 관한 효력의 문제 즉, 국제형법적 규정을 중요시하였다.[35]

보안처분에 대한 규정이 개정안에서 최대의 쟁점이었는데 대체로 이탈리아 형법에 따라 보안처분을 3종류로 구분하였다.[36]

---

33) 安平正吉, 前揭書, 240-241面.

34) 柏木千秋, 保安處分硏究, 日刊法學會, 1959, 126-134面에 의하면 1) 대인적 보안처분에는 ① 농원형무소 또는 노동소에의 송치(§216), ② 치료감호소송치(§219-221), ③ 사법정신병원에의 송치(§97-98) ④ 교정원에의 송치-소년에 대한 경우, ⑤ 보호관찰처분, ⑥ 일정한 시·도·면 또는 주의 거주금지 ⑦ 주점 및 알코올을 제공하는 장소에의 출입금지(§233), ⑧ 외국인의 국외추방(§235). 2) 재산적 보안처분에는 ① 선행보증, ② 몰수 등이 있다.

35) 安平正吉, 前揭書, 262-263面.

36) 吉川經夫, 保安處分硏究(Franceの保安處分), (東京, 日本刑法學會, 1595), 101-117면은 이 3종을 ① 자유박탈에 대한 것(§69) ; ⓐ 치료소수용, ⓑ 노동소수용, ⓒ 걸인 및 방랑인에 대한 공적 걸인노동소 수용, ⓓ 마약중독자에 대한 처분, ⓔ 선행보증 등 11종, ② 대물적 보안처분으로 ⓐ 특별몰수, 시설 폐쇄로 나누고, ③ 소년에 대한 교육보호처분인데, ⓐ 양친, 후견인, 감독자에 인도, ⓑ 감독부 자유, ⓒ 수영소 처분 : 초등교육을 종료치 못한 13세 미만자에 대한 위숙, 학교 수용·휴가실시 등 외출 인정, 이수 후 수료증을 주어 사회복귀를 용이하게 하고 있다.

5) 영 · 미

영국, 기타 보통법체계 국가에서는 보안처분이라는 특별한 개념이 존재하지 않는다. Security Measure 또는 Preventive Measures라는 용어조차도 범죄예방을 위하여 행할 수 있는 조치 및 외국 제도에 대한 단순한 번역어에 불과하다. 영 · 미에서는 형벌 기타 제재 수단을 과거의 범죄행위에 대한 응보(retribution)라는 면에서보다도 범인 자신에 대한 위협(intimidation), 배헤(incapacitation), 개선갱생(reformation), 특히 잠재적인 범죄자에 대한 위협(deterrence) 등 장래에 있어서의 범죄행위에 대한 예방이라고 하는 면을 중시하고 있다. 따라서 영 · 미에서 보안처분을 문제로 삼는 경우에는 보안처분에 관하여 광협의 여러 정의에 적합한 제도를 고찰하기보다는 대륙법계에서 일반적으로 보안처분의 대상으로 하고 있는 특수한 범죄자에 대해 어떠한 법적 조치가 강구되고 있는가를 검토함이 영 · 미에서의 형사정책을 이해하는데 도움이 된다. 따라서 여기서는 형벌이나 보안처분이란 용어와는 관계없이 정신장애인, 알코올 마약중독자 및 상습범에 대한 영 · 미법상의 규정을 개관하려 한다.

① 심신장애인의 경우 영국에서는 3종으로 구분하는데[37] 법원은 정신장애인으로 소송능력을 결했다고 판정된 피고인에게 정신병원에 수용을 명할 수 있다. 미국의 경우도 영국법을 계수하여 대동소이하나 각 주에 따라 고유제도가 있다(미 형소법 1970년의 제4조, 제5조).

② 중독자의 경우 마약을 사용하게 된 동기는 호기심이나 문화적인 전통에 기인된 경우가 많고 술을 과음하는 것도 정신질병의 징후로 볼 수 있다. 알코올중독으로 인한 직접효과보다는 간접효과가 더 크다 할 것이다.[38]

③ 상습범인에 대한 경우 영국의 예방구금법 및 교정훈련은 상습범에 대한 특이한 보안처분으로서 세계적인 주목을 받았으나 1967년 형사재판법에 의해 폐지되었다. 미국에서는 정신질병자 또는 성적 질병자를 위한 특수한 입법을 제외하면, 상습범에 대하여 형벌 이외 처분을 적용하는 방법은 존재하지 아니한다.[39]

---

37) 莊子邦雄, 保安處分硏究(美國의 保安處分), 日本刑法學會, 1959, 171面에서는 심신장애인을 ① 심신질환자, ② 심신결함자, ③ 심신질환이나 결함자로 치료가 가능한 자로 나눈다.

38) 미국에서 금주법 시행 1년 전에 범죄로 체포된 자 2/3가 알코올중독자였고 구금소에는 1/3로 감소됐으나 그 후 곧 전과 거의 같은 비율이었다고 한다. Edwin. H. Sutherland(1924). The Principle of Criminology(김기두 역, 147면).

6) 기타 제국의 보안처분

소련에서는 이탈리아의 Ferri 형법초안을 근간으로 1926년에 현행법이 제정되었는데 사회방위이론의 개념을 지배계급의 입장에서 개인의 자유를 어느 한도에서 보장해야 할 것인가에 중점을 두었다. 형법을 자본주의적 부르주아 계급에 의해 제창된 이론 내지 형태로 보고 형법을 공산주의 실현의 한 방법으로 이용하려 하며 유물일원론으로서 세계 만인공통의 철학적 기초 위에서 개혁사상에의 봉사란 입장에서 법제도를 운영하고 있다.[40)]

일본의 경우는 전통적 형벌제도의 운영 만으로서는 장래적 위험에 대해 사회의 안전을 보장할 길이 없다고 보고서 인격에 결함이 있는, 재범 가능성이 있는 자에게 예방을 위한 필요를 인식하고 대정 15년 형법개정강령을 제정한 이래 보안처분의 형법규정화를 위한 노력을 계속해 왔다. 소년범 등에 대해서는 이미 보안처분을 도입 시행하고 있다.[41)]

제 3 절 보안처분제도의 운영상문제점

1. 형벌과의 관계

형벌과 보안처분과의 관계에서 가장 문제가 되는 것은 그 범위의 확정에 관한 것이다. 오늘날 세계 각국의 형법 및 형법초안에서 인정되어 있는 형벌과 보안처분과의 관계는 ⅰ) 형벌이 부과되지 않는 경우에만 보안처분을 인정하는 나라도 있고, ⅱ) 보안처분이 인정되지 않는 경우에 형벌이 부과되는 경우도 있는데 결국 이 양자의 경우는 서로 교착하는 원과 같은 경우라 볼 수 있다.[42)]

예를 들면 책임무능력자에 대한 감호처분, 불능범에 대한 보안처분은 형법상 형벌

39) 법제처, 각국의 보안처분제도, 75집, 1975, 113면.
40) 安平正吉, 前掲書, 202-231面.
41) 安平正吉, 前掲書, 307面.
42) 木村龜二, 前掲書, 666面.

이 부과되지 않는 경우의 보안처분이다. 또 보안처분은 범죄에 의한 위험성이 있는 특정한 경우에 부과되는 것으로 되어 있으나, 그와 같은 특수한 위험이 존재하지 않는 범죄에 대해서는 보안처분을 부과하지 않고 형벌만 적용된다.

따라서 보안처분이 부과되지 않는 경우에만 형벌이 과해진다고 말할 수 있다. 이와 같이 형벌의 범위는 보안처분의 범위와 일치하지 않는다. 이렇게 볼 때 양자는 서로 다른 제도라고 말할 수 있다. 그러나 보안처분도 범죄예방의 목적을 가지고 있다는 점에서는 형벌과 그 성질이 동일하다고 말할 수 있겠기로 금일의 형벌제도에서 형벌과 보안처분을 분명히 구별한다는 것은 어려운 일이다.[43]

형벌과 보안처분의 본질의 문제에 대해서는 종래의 응보주의적 견지에서는 양자는 전혀 별개의 것으로 생각되어 왔다.[44] 양자가 서로 근본적으로 다른 것은 형벌은 과거에 행해진 범죄에 대해서 그 범죄에 나타난 행위자의 책임을 기초로 거기에 상당한 응보를 가하는데 대해 보안처분에서는 이미 저질러진 죄는 단지 과거사로 처벌의 근거가 안되고 처분의 기초는 행위자의 위험성 여부이며 장래의 위험성에 대한 예방으로 본다. 그러므로 보안처분은 범죄의 결과에 상당할 필요가 없고 위험성 예방에 적당한 것이면 되는 것이다.

또한 형벌은 응보여서 그 내용은 해악이며 윤리적 성질을 갖고 있으나, 보안처분은 도덕적 이론적으로 무색한 것이어서 그 내용은 반드시 해악일 필요가 없다고 할 것이다. 또 형벌은 일반예방을 목적으로 하나 보안처분은 특별예방을 본질로 한다. 마지막으로 형벌은 형사처분이기 때문에 법원에 선고되어야 할 것이나, 보안처분은 일종의 행정처분이라고 볼 수 있기 때문에 반드시 법원에서 선고할 것이 아니고 행정관청의 권한으로도 가능한데, 이와 같은 현상을 형벌과 보안처분의 이원론적 관계라고 말한다.[45]

그러나 이것보다 더 근본적인 문제는 ⅰ) 형벌과 보안처분을 동시에 병과할 경우 어느 것을 먼저 집행해야 하는가가 과제이다. 스위스 형법초안은 보안처분을 먼저 실시한 뒤 그 집행의 효과 여하에 따라 형의 집행을 면제할 수 있음을 인정하는데 응보형의 입장에서는 이해가 어려운 일이다. ⅱ) 형벌과 보안처분과의 선택을 법원

43) 朴木堂, 『刑事政策法論』, 有斐閣, 1944, 231面.
44) 正木亮, 『刑事政策論』, 有斐閣, 1944, 231面.
45) 木村龜二, 前揭書, 667面.

에서 결정할 수 있는가 하는 문제인데 독일의 초안은 법원에서 형과 같이 또는 형에 대신하여 보안처분의 선고를 인정하는 견해를 취하고 있다.[46)]

2. 인권보장과의 관계

우리 헌법 제11조 1항은 죄형법정주의의 입장에서 그 후반에 "누구든지 법률에 의하지 아니하고는… 형벌과 보안처분을 받지 아니하며 형의 선고에 의하지 아니하고는 강제노역을 당하지 아니한다"고 하면서 형벌뿐 아니라 보안처분도 법률에 의하도록 함으로써 보안처분이 행정조치적 성격이 있다고는 하나, 기본권을 침해하는 면에서는 형벌과 다름이 없다고 보고 있는 것이다.

그래서 범죄 성립이 인정되지 않는 경우는 물론, 성립이 인정되는 경우라도 형벌 대신 보안처분을 과하는 것은 법률에 규정이 없는 한 위헌[47)]으로 봄으로써 기본권 보장, 나아가서는 인권보장을 최대한으로 배려하고 있다고 본다. 그러므로 현실적으로 범죄를 범하지 않은 일반인에 대하여 보안처분을 과할 경우에는 개인의 자유가 부당하게 침해될 우려가 있으므로 그 자가 범죄의 위험성이 있음이 과학적으로 충분히 입증될 경우에만 국한시켜야 될 것이다.[48)]

보안처분이 1933년 나찌시대에 나찌정권에 의해 최초로 제도화되었다는 점에서 보안처분은 나찌적 사고의 산물로서 인간의 존엄과 가치를 부정하고 기본적 인권을 침해하는 제도로 오해를 받아왔기에 독일에서도 보안처분은 1913년 형법초안 이래 계속 형법개정운동의 중요한 목표로서 제안되어 와 나찌의 산물이 아니라는 데 의견의 일치가 됐다 하더라도 그의 합목적성의 관점에서, 인간의 자유를 제한하는 제도라는 점에서 인간의 존엄과 가치를 규정한 헌법상의 기본권에 관한 규정에 위반되는 게 아닌가 하는 문제가 끊임없이 제기되고 있다.

---

46) 牧野英一, 『刑事學の思潮と刑法』, 有斐閣, 1932, 237面.
47) 김철수, 『신헌법학개론』, 법문사, 1981, 334면.
48) 염정철, 『형법도해』, 고시학회, 1960, 135면.

3. 보안처분제도의 문제점

보안처분제도의 전반적인 채택에도 문제점이 있다고 본다. 현재 일본에서도 형법전에 보안처분 조항을 신설할 것인가 여부에 관해 오랫동안 찬·반 양론으로 나뉘어져 심각하게 논의가 진행되고 있는바 그 논점을 몇 가지로 정리하면 i) 정신장애인의 범죄율이 과연 일반인의 범죄율보다 높은가 낮은가,[49] ii) 재범의 예측이 가능한가 불가능한가, iii) 외국의 동향이 어떤가 하는 문제이다.

그러나 범죄율의 고저에 불구하고 정신장애인 범죄대책은 필요하며, 재범의 예측도 어느 정도만 가능하면 보안처분이 허용되어야 할 것이요 외국의 동향은 어디까지나 참고자료에 지나지 않기 때문에 앞서 제시한 쟁점이 근본적인 문제가 될 수 없다고 할 것이다. 문제는 정신질환자까지 대상에 포함시키는 것이 과연 옳으며 보안처분의 중시로 인권침해의 우려는 없는가, 보안처분의 요건이 완만히 진행되지 않았는가 하는 것이 사실상의 문제이다.[50] 보안처분 설치를 반대하는 자의 견해 중 하나는 보안처분을 받은 자를 위한 새로운 시설, 교육을 담당할 교육요원들의 훈련 등으로 과다한 비용과 시간이 들 것을 염려하기도 한다.[51]

아래에서 일반적인 문제점에 대하여 살펴보기로 한다.

1) 일원주의와 이원주의

보안처분의 입법형식에 관한 문제점으로 일원주의로 하느냐 이원주의로 하느냐에 대해서는 대부분의 국가에서 이원주의를 취하고 있기 때문에, 결국 이원주의가 무난하다고 본다.

2) 위험성의 판단기준

위험성의 판단기준이 보안처분제도의 채택 여부와 관련하여 가장 심각하게 논의되는 부분이다. 인간은 단순한 기계나 동물이 아니며 고도의 지능 작용을 행하는 이

49) 陽順宗一, 『犯罪統制近代化』, 株式會社ぎょうせい, 1977, 107面.
50) 澤登俊雄, 『保安處分制度化の批判的 考察』, 法律私報, 1981, 53권 12호, 58面.
51) 安平政吉, 前揭書, 31-32面.

성인이기에 그의 장래 행위는 언제나 불확정적일 뿐으로 어느 누구도 범죄적 개연성이 없는 자가 없으니 문제는 어느 정도의 위험성이 있어야 보안처분의 대상이 되느냐 하는 것으로, 이 판단기준을 잘못 정할 경우 인권 침해의 우려가 크다. 그렇기 때문에 보안처분제도의 채택에는 형사학적 지식이 전제가 되어야 할 것이다.[52)]

3) 정치적 악용의 우려

이는 앞의 경우와 다른 각도에서 인권문제와 연결된다. 즉 보안처분은 과거의 범죄에 대응해서가 아니고 장래의 범죄성에 대응하여 과하기 때문에 정치적인 보복으로 이용될 때 큰 문제가 된다. 이를 방지하기 위해 보안처분의 법정주의가, 요망되나 궁극적으로는 위정자의 양심이 문제일 것이다.

4) 기간과 집행순서 및 형벌과의 대체방법 인정의 여부

보안처분의 정신상 위험조건이 존재하는 한 처분은 부정기적으로 지속되어야 하는데 인권존중의 입장에서 법률상 설정된 기간 내에 운영에 문제가 많다. 또한 형벌과 집행의 순서상 어느 것을 먼저 할 것인가 또는 대체해야 할 것인가 병과할 것인가도 문제가 된다.

5) 가석방과 시효의 인정 여부

보안처분 집행중 가석방을 허가할 것인가, 누진제를 인정할 것인가, 시효를 인정할 것인가 하는 문제도 인권 옹호의 문제와 관련지어 볼 때 쉽게 결정될 문제가 아니다. 여러 나라의 입법례는 시효제도를 설정하여 시효기간의 경과 후에도 법원의 결정이 있을 때는 집행할 수 있게 하는 경향도 있다.[53)]

52) 신진규, 『형사학』, 법문사, 1977, 99-292면.
53) 신진규, 앞의 책, 293면.

제 4 절 우리나라의 보안처분제도

앞에서 살펴본 바로 서구, 일본 등 대부분의 나라에서 자국의 범죄적인 풍토에 알맞은 보안처분제도를 실시하고 있음을 보았다. 우리나라에서도 1958년의 국가보안법에서 시작하여 1975년에는 사회안전법이 시행되었고, 더욱이 1981년부터 사회보호법의 실시로 비록 특별법적인 형태로나, 우리나라도 뒤늦게나마 보안처분제도를 도입 실시함으로써 세계와 보조를 맞추었다고 본다. 다만 외국에서는 보안처분을 형법상 형벌과 양립케 함으로써 일반적 형태를 취하고 있음에 비하여 우리나라는 독립적인 특별법 형태로 운영하고 있음이 다르다.

우리나라의 사회보호법이나 보호관찰법은 현대 각국이 요구하는 법원에 의한 보안처분의 필요한 내용들을 명문으로 규정하고 있으나 보안처분을 받은 자에 대한 후속조치로서의 사회보호시설이 아직도 미비된 상태에 있기 때문에 본 제도의 운영에 애로가 있다고 본다. 즉 보호감호자를 위한 시설이 부족하여 교도소나 소년원의 시설을 이용하도록 하고 있으나 일반재소자와 관련해 볼 때 문제점이 많다.54) 최근 용인에 대규모의 치료감호소가 개설되어 시설 문제가 호전됨으로써 보안처분제도의 활성화에 큰 도움이 되고 있다. 무릇 제도가 모두 그렇듯이 그 설립취지를 달성하기 위해서는 우선 제도 자체에 실익이 있어야 할 것이요 그렇기 위해서는 먼저 제도의 실시에 필요한 제반 여건의 확립이 수반되어야 하는 것이다. 법관이 현실적으로 보안처분을 명함에 있어 이를 효율적으로 순화시킬 수 있는 바탕이 되어 있어야 효과가 있을 것은 말할 필요도 없다.55)

우리나라에서 시행되고 있는 보안처분적 성격을 가지고 있는 법들을 일반적인 것과 특별법적(국사범)인 것으로 나누어 고찰해 보겠다.

---

54) 보호감호시설로서 보호감호소를 설치할 것을 예상하고 있으며(시행령 제3조 1항) 보호감호소가 설치될 때까지는 교도소, 소년범 구치소, 유치장 등을 감독시설로 대응할 수 있도록 하고 있다(법 부칙 제4조, 시행령 부칙 제2조).

55) 사회보호법 시행 후 법원에 의한 보호처분판결이 다수 있었으나, 집행상 문제인지 차츰 유명무실해 갔으나, 1997년부터 사실상 전면적으로 보호관찰이 실시되었기 때문에 활성화가 기대된다.

1. 일반적 보안처분제도

우리나라에서도 국사범을 제외한 일반적인 보안처분을 규정하고 있는 법률은 예상외로 그 수가 많으나 그 중 몇 가지 종류를 살펴봄으로써 참고로 제시하고 총체적인 의미에서 보안처분법이라고 볼 수 있는 사회보호법에 관하여 중점적으로 고찰하겠다.

1) 윤락행위 등 방지법상의 보안처분

윤락행위 방지법 제7조 제1항의 4호, 7호에서[56] 환경 또는 성행으로 보아 윤락행위를 하게 될 현저한 우려가 있는 여자들을 보안처분의 대상자로 규정함으로써 각국의 예에 따르고 있다.

2) 마약법상의 보안처분

마약법 제50조[57]와 습관성 의약품관리법 제30조 같은 규정으로 많은 입법례가 마약 등 중독자에 대한 수용처분 또는 치료처분을 사법처분으로 규정하고 있는데 우리 입법은 타국에 비해 특이하다.[58]

각국의 입법례가 마약중독자의 범죄행위와 이에 대한 법원의 유죄판결이 마약중독자의 수용처분의 전제가 되고 있음에도 위의 우리의 양 입법은 '중독 증상을 근절키 위해 필요하다고 인정되는 경우'에만 보안처분의 대상으로 한정하고 있다.

3) 전염병예방법상의 보안처분

전염병예방법 제29조 내지 제33조에 처분의 경우를 규정하고 있으며 검사법 제13

56) 윤락행위 방지법 제7조 1항: 국가는 윤락행위의 상습이 있는 자와 환경 또는 성향으로 보아 윤락행위를 할 현저한 우려가 있는 여자를 선도 보호하기 위해 복지부 장관이 지정하는 중요 도시, 기타 필요한 곳에 보호지도소를 설치한다.

57) 마약법 제50조 ① 복지부 장관, 서울, 각 광역시장, 도지사는 마약의 중독 증상을 근절하게 하기 위해 필요하다고 인정할 때는 마약중독자를 격리수용장소에 강제수용하거나 또는 지정하는 기관에서 치료할 수 있다. ② 전 항의 구체적 사항은 대통령령으로 정한다.

58) 프랑스 공중위생법 627-628조는 행정관청의 규칙이 정하는 바에 따라 특별시설에서 해독치료를 명하며 미국에서는 1930년대 Lexinton의 연방공중위생 Service 병원에 수용 또는 자발적으로 입원케 되는데 행정처분의 방법으로 시행된다.

조와 결핵예방법 제23조도 위의 법과 같은 입법취지이다.

4) 모자보건법상 보안처분

불임수술을 긍정하고 있는 바 같은 법 제9조[59]는 외국의 단종 거세와 입법취지를 같이하고 있다고 본다.

5) 소년법상의 보안처분

소년법 제32조에서 소년부판사는 심리결과 보안처분의 필요성이 있는 경우에 몇 가지 종류의 보안처분을 인정하고 있는 바 i) 보호자 또는 보호자를 대신하여 소년을 보호할 수 있는 자에게 감호를 위탁하는 것(1호 처분), ii) 호보관찰관의 단기보호관찰을 받게 하는 것(2호 처분), iii) 보호관찰관의 보호관찰을 받게 하는 것(3호 처분), iv) 아동복지법상의 아동복지시설 기타 소년보호시설에 감호를 위탁하는 것(4호 처분), v) 병원, 요양소에 위탁하는 것(5호 처분), vi) 단기로 소년원에 송치하는 것(6호 처분), vii) 소년원에 송치하는 것(7호 처분)을 병합하여 처분할 수 있도록 하고 있다.

2. 사회보호법상 보안처분

(1) 1980년 12월 사회보호법[60]이 제정되어 1981년부터 시행됨으로써 우리나라에서도 범죄에 대한 국가적 방위수단은 급진적이고도 중요한 전환기를 맞이했다. 사회보호법은 수 개의 형을 받거나 수 개의 죄를 범한 자 즉 상습범죄자와 범죄를 목적

59) 법 제9조 ① 의사가 환자를 진단한 결과 대통령령이 정하는 질환에 이완된 것을 확인하고 그 질환의 유전 또는 전염을 방지하기 위하여 그 자에 대하여 불임수술을 행하는 것이 공익상 필요하다고 인정될 때에는 대통령령이 정하는 바에 따라 복지부 장관에게 불임수술 대상자 발견을 신고해야 한다. ② 복지부 장관이 ①항의 규정에 의한 보고를 받았을 때는 대통령령이 정하는 바에 따라 그 환자에게 불임수술을 받도록 명령할 수 있다.

60) 1980년 12월18일 법률 제3286호로 제정되어 있는데 7장에 걸친 43개 조문과 부칙 5개조로 되어 있다. 1장은 총칙(4개조) 2장은 보호처분에 대한 것으로 7개 조문, 3장은 보안처분의 절차에 관한 것으로 10개조, 4장은 집행에 관한 10개조, 5장은 사회보호위원회에 대한 4개조, 6장은 보칙으로 7개조, 7장은 부칙으로 1개조로 되어 있다. 동년 12월 31일자로 시행령이 대통령령 10125호로 26개조와 부칙 3조로 제정되었고 1981년 1월 24일에는 법무부령 221호로 40조에 이르는 시행법칙이 제정되었다. 이 법은 1987년 12월 4일, 1994년 1월 5일, 1995년 1월 5일 및 1996년 12월 12일 등 4차에 걸쳐 개정이 되었다.

으로 하는 단체 또는 집단의 수괴나 외부인 및 심신장애인, 마약류 중독자, 알코올 중독자 등의 보호처분 대상자가 죄를 범하여 재범의 위험성이 있고 특수한 교육 개선 및 치료가 필요하다고 인정되는 경우에는 그러한 범죄자의 사회복귀를 촉진하고 또 사회를 보호하기 위해 보호처분을 할 것을 규정하고 있다.[61]

사회보호법이 비록 보호처분이란 새로운 용어를 쓰고 있으나 사회보호법에서 규정하고 있는 처분이 그 성질상 보안처분임은 이론이 있을 수 없다.[62]

사회보호법에서 보안처분제도가 도입됨으로써 범죄에 대한 법적 효과로서 형벌만을 규정하고 있던 우리 형법상의 형벌체계는 보안처분에 의해 보완되고 그 결과 형벌과 보안처분이라는 이원적인 제재체제가 형성되었다고 볼 수 있다.[63] 두말할 것도 없이 국가는 개인에 의해 범해진 각종 범죄에 대해 효율적이고도 개별적인 대책을 세워 범죄예방 내지는 재범 방지에 노력해야 하는 것은 국가적 형벌권의 과제이고 세계 각국의 형사법도 이러한 현대적 요청인 범죄대책의 효율화를 위해 제재체제를 다양화하고 형벌과 보안처분을 개별화하는 작업을 통해 범죄인의 인격적·질적 여하에 따라 특수한 방법을 선택하여 그의 사회복귀를 위해 노력하고 있다. 최근 수년간 세계 각국은 형법 개정을 위한 입법활동과 학문적 연구가 맹렬히 전개되고 있다.

우리 형법은 총칙 제3장의 형벌 단독 조항을 그대로 유지하는 입장을 취하고 있는바 사회보호법은 현행 형법상의 이러한 미비점을 보완하여 상습범죄자와 심신장애인 및 중독자에 대한 보안처분을 하기 위해 제정된 법률이기 때문에 전통적인 형벌을 보완할 수 있을 것이다. 이 법은 죄를 범한 보안처분 대상자에 대하여 형벌에 대신하거나 이를 보충하여 보안처분을 과하게 함으로써 형법상 형벌일변도에 대한 보완으로서의 역할을 감당할 수 있을 것이다.[64]

(2) 사회보호법상 보안처분은 주로 재범자를 대상으로 하는 보호감호, 정신장애인, 심신장애인, 마약, 향정신성의약품, 대마, 알코올 중독자 등에 대한 규정인 치료감호와 가석방자 등에 대한 보호관찰의 3종으로 규정함으로써, 다른 나라에서 시행하고 있는

61) 사회보호법 제1조(목적), 제2조(보호처분의 대상자)

62) 보안관찰법이 제정 당시에 보안처분이란 용어를 썼기 때문에 이와 혼동을 피하기 위해 보호처분이란 용어를 쓰고 있다.

63) 이재상, 사회보호법론, 11면.

64) 보안처분을 인정하는 국가는 대개 형법상의 규정으로 형벌과 보안처분을 동시에 규정하고 있는데 한국처럼 특별법의 형태로 규정하고 있는 나라는 벨기에의 방위법 등이 있다.

제도 중에서 우리의 실정에 맞는 제도를 선별적으로 도입했다고 볼 수 있다. 다만 법관이 선고과정에서 어느 정도로 사회보호법상의 제도를 활용하느냐가 문제이다.

3. 보안관찰법상의 보안처분

보안관찰법[65]은 1975년 7월 18일에 제정되었고 1989년 6월 16일 전면 개정되었다가 1991년 1월 22일에 부분적인 개정이 되어 현재 시행되었는데 이로써 우리는 최초로 비록 국사범에 한한 것이지만 비로소 사실상 의미에서의 보안처분제도를 가지게 되었다. 물론 앞에서 설명한 바로 현행법 중에서도 소년법상의 보호처분이며 국가보안법상의 보도구금과 그 밖에 형법,[66] 군형법,[67] 반공법[68] 등에 보안처분적 요소가 없지 않으나 이러한 조문들은 명문상으로 보안처분이라 불리어지지도 않았고 또 체계적인 보안처분제도라고 말할 수도 없었다.

이하에서 보안관찰법의 의미, 목적, 그리고 성격을 살펴봄으로써 같은 법에 규정된 보안처분의 내용을 개관하겠다.

우선 보안관찰법 제1조는 "이 법은 특정범죄를 다시 범할 위험성을 예방하고 사회복귀를 위한 교육 개선이 필요하다고 인정되는 자에 대하여 보안처분을 과함으로써 국가의 안전과 사회의 안녕을 유지함을 목적으로 한다"고 규정함으로써 법 제정의 의미와 목적을 밝히고 있다. 형법상으로도 형벌의 정의를 규정한 입법례는 드물다고 보는데 그것은 형벌은 하나 하나가 인류가 오랜 경험으로 인식하고 있기 때문에 새삼스레 정의를 내릴 필요없이 자명한 것이기 때문인 줄 안다.[69]

그럼에도 불구하고 이 법이 이같은 일반적 경향과는 달리, 보안처분의 정의를 규

65) 보안관찰법은 1975년 7월 16일 법 2769호로 제정된 전문 28개조와 부칙으로 구성되어 있으며, 공포와 동시에 대통령령 제 7696호로 보안관찰법 시행령이 전문 29개조와 부칙으로 공포되었고, 또 1975년 7월 21일에는 법무부령 191호 같은 법 시행규칙이 5장 60조와 부칙으로 공포되었다. 이 법이 1989년 3월 25일 대폭 개정되면서 보안관찰법으로 이름이 바뀌었다. 그 뒤 1991년 11월에 다시 개정되어 현재에 이르고 있다.

66) 형법상에서 보안처분에 관한 요소(보안처분적 성질)는 14종인데, 형법각론 중 87조에서 101조까지이다.

67) 군형법상 보안처분적 요소는 11개조임(군형법 §5-§16).

68) 국가보안법 제4조, 제5조(제1항 중 제4조 제1항 6호에 해당하는 행위를 제외한다.), 제6조, 제9조 제1항 제3항(제2항의 미수범은 제외한다.) 제4항 등이다.

69) 한옥신, 『신형법(전)』, 국가법정학회, 1979, 228면.

정하고 있는 것은 이 법이 가지는 특수성 때문인 것으로 보여진다. 이 특수성이란 본 법이 보안처분에 관한 일반법이 아니고 특정범죄에 관한 보안처분이라는 점이다. 즉 본 법은 모든 범죄의 재범을 방지하려는 것이 아니고 특정범죄의 재범을 방지하려는 데 있기 때문이다. 그 특정범죄의 종류는 제2조에 열거되어 있다.[70] 이 제2조 규정범죄의 특징은 반국가적 사범인 것이다. 즉 국가 존립을 위태롭게 하는 범죄이므로 이로부터 국가와 사회를 방위해야 할 필요성은 어느 범죄에서보다 크다 할 것이다. 그런 반면에 반국가사범의 예방적 진압이라는 명목으로 남용될지 모르는 국가권력의 부당한 행사로부터 국민의 인권을 보장해야 한다는 요청도 적지 않다. 이와 같이 대립하는 양 요청에 대해 어느 한 쪽에도 치우치지 않고 국가와 개인을 다 같이 보호해야 할 것이다. 그런 의미에서 본 법 제1조는 이러한 필요성과 이에 대한 방책을 천명한 것이라 할 수 있다.

또한 본 법의 성격은 특정범죄의 재범 자체를 방지하려는 것이 아니고 그 위험성을 예방하려는 데 있다. 법률 용어로서의 위험성은 여러 가지 의미로 사용되고 있으나 보안처분의 전제로서의 위험성은 형벌 법규가 보호하는 법익의 침해 가능성을 의미한다. 모름지기 보안처분은 이러한 법익침해의 가능성을 예방하는 것을 목적으로 하는 것이다.[71] 본 법 제1조의 취지는 "국가의 안전과 사회의 안녕질서 유지"의 목적 달성을 위해서는 간접적으로 격리처분도 할 수 있음도 가능하게 되어 있다.

4. 구 사회보호법상의 보안처분

사회보호법(2005년 8월 폐지)은 보호감호, 치료감호, 보호관찰이라는 세 종류의 보안처분을 규정하였다(제3조). 이 중에서 보호감호는 동종 또는 유사한 죄로 수 개의 형을 받거나 수 개의 죄를 범하여 범죄의 상습성이 인정되는 자에게 보호감호시설에 격리 수용하는 것을 내용으로 하는 보안처분으로서 법정요건에 해당하는 자에

70) 이진우, 『사회안전법강해』, 법문사, 1975, 84면.

71) 보안관찰법상 보안처분의 대상범죄 : 제2조 "본 법에서 보안처분대상자라 함은 각1호에 해당하는 죄로서 금고 이상의 형의 선고를 받고 그 집행을 받은 사실이 있는 자를 말한다." ① 형법 제87조-제90조, 제92조-제101조 ② 군형법 제5조 내지 제8조, 제9조, 제16조 ③ 국가보안법 제4조, 제5조(제1항 중 제4조 제1항 6호에 해당하는 행위를 제외한다.), 제6조, 제9조 제1항 제3항(제2항의 미수범은 제외한다.) 제4항.

게 형벌과 동시에 선고되었다. 이 경우 집행은 형벌집행이 종료된 이후에 보호감호시설에 수용되었다. 그리고 보호감호시설의 수용은 7년을 초과할 수 없었고(제7조 제3항), 집행개시 후 1년마다 심사하여 가출소 여부를 결정하였다. 그런데 상습범에 대해서 형벌도 가중하고 보호감호도 부과하는 것은 이중처벌이라는 이유로 사회보호법의 폐지(2005년)를 통하여 보호감호제도와 이와 결부된 보호관찰제도는 폐지되었다. 다만 치료감호제도와 이와 결부된 보호관찰제도는 치료감호법의 제정을 통하여 그대로 유지되고 있다.

5. 치료감호법상의 보안처분

치료감호는 심신장애 또는 마약류·알코올 그밖에 약물중독상태 등에서 범죄행위를 한 자로서 재범의 위험성이 있고 특수한 교육·개선 및 치료가 필요하다고 인정되는 자에 대하여 적절한 보호와 치료를 함으로써 재범을 방지하고 사회복귀를 촉진하는 것을 목적으로 하는 보안처분이다.(제1조). 우리나라는 성질이 다른 심신장애자와 중독자를 함께 치료감호시설에 수용하지만, 독일의 경우는 정신병원수용(Unterbringung in Einem Psychiartrischen Krankenhaus)과 중독치료시설수용(Unterbringung im Einer Entzienhungsanst alt)으로 나누어 규정[72]하고 있다.

1) 치료감호의 요건

치료감호는 다음의 하나에 해당하고 재범위험성이 있을 때에 부과된다(제2조 제1항). (가) 심신장애자로서 형법 제10조 제1항의 규정에 의하여 벌할 수 없거나(심신상실자) 동조 제2항의 규정에 의하여 형이 감경되는 자(심신 미약 자)가 금고 이상의 형에 해당하는 죄를 범한 때, (나) 마약·향정신성의약품·대마 그밖에 남용되거나 해독작용을 일으킬 우려가 있는 물질이나 알코올을 식음·섭취·흡입·흡연 또는 주입받는 습벽이 있거나 그에 중독된 자가 금고 이상의 형에 해당하는 죄를 범한 때이다. (가)의 심신장애자와 심신 미약 자에 해당하는 피 치료 감호자의 병명은 주로 정신분열증, 정신지체, 조울증, 성격(인격)장애, 간질, 명정성 등이다. 그리고 충동조

72) 손동권, 『형법총론』, 율곡출판사, 2005, 701면.

절장애와 같은 성격적 결함은 원칙적으로 심신장애로 보지 않지만 그 정도가 심한 경우 심신장애로 인한 범죄로 본다. (나)의 남용되거나 해독작용을 일으킬 우려가 있는 물질은 대통령령으로 정하도록 규정하고 있다(제2조 제2항). 보안처분의 부과를 위해 필수적으로 요구되는 재범의 위험성에 대한 판단은 판결 선고 시를 기준으로 한다.

2) 치료감호의 내용

치료감호의 선고를 받은 자에 대하여는 치료감호시설에 수용하여 치료를 위한 조치를 한다(제16조 제1항).치료감호시설의 수용은 15년을 초과할 수 없고, 약물중독의 피 치료 감호자를 치료감호시설에 수용하는 때에는 2년을 초과할 수 없다(제16조 제2항). 치료감호의 집행은 검사가 지휘하며(제17조 제1항), 치료감호와 형이 병과된 경우에는 치료감호를 먼저 집행한다. 이 경우 치료감호의 집행기간은 형기에 산입한다(제18조). 치료감호심의위원회는 피 치료 감호자에 대하여 그 집행개시 후 매 6월 종료 또는 가 종료 여부를, 가 종료 또는 치료 위탁된 피 치료 감호자에 대하여는 가 종료 또는 치료위탁 후 매 6월 종료 여부를 심사·결정한다(제22조). 치료감호심의위원회는 치료감호만을 정하여 그의 법정대리인, 배우자, 직계친족, 형제자매에게 치료감호시설 감호와 형이 병과되어 형기 상당의 치료감호를 집행 받은 자에 대하여는 상당한 기간을 정하여 그 법정대리인 등에게 치료감호시설 외에서의 치료를 위탁할 수 있다(제23조 제2항).

10 chapter

범죄의 형사법적 대책

[학습목표]

1. 범죄대책과 예방의 의미를 살펴본다.
2. 범죄이론을 학습하고 범죄에 대한 억제모델은 무엇이 있는가를 알아본다.
3. 형사사법기관에 대하여 숙지하고 소년보호에 대한 원칙과 특칙을 구분, 정리하여 숙지한다.
4. 소년형사처분에 대해서 학습하고 여성범죄자와 특수범죄자에 대해서도 살펴본다.

〈출제경향분석〉

- 출제경향이 15-20% 정도로 높은 단원으로 최소한 범죄이론을 완전 숙지하고, 범죄억제 모델을 이해하도록 한다.
- 소년보호처분과 형사처분을 이해한 후 소년보호의 원칙과 특칙을 숙지한다.

제 1 절 범죄대책과 예방의 의미

본 장에서는 보호관찰제도에 대한 구체적인 학습 이후에 범죄대책에 대하여 형사정책적 측면에서 살펴보고자 한다. 범죄자에 대한 대책 또는 범죄에 대한 예방이론은 형사정책의 결론적인 설명 부분이 된다. 범죄에 대한 대책은 예방과 발생된 결과에 대한 처우, 교정방안이 있지만 예방이 바람직할 뿐만 아니라 효율성이 높은 것이 사실이다. 그러나 현실적으로 예방을 위하여 수사력을 투입하거나 사회조직을 가동하는 일은 쉽지 않다. 수사기관은 발생된 범죄에 대한 처단을 담당하고 교정기관(사회내처우 포함)은 범죄자의 교정에 힘쓰며, 이에 버금가는 힘과 조직을 가진 사회단체는 범죄예방쪽을 담당하는 이중적인 제도를 운영하게 되면 어느 사회이고 간에 범죄의 건수를 훨씬 줄일 수 있을 것이다.

범죄는 세균과 같아 세균이 일정한 원인력이 있는 한 평시에는 잠복되어 있다가 적당한 온도와 습도가 맞추어지면 활동하게 되는 것과 같이 범죄도 범죄적인 요소들이 각 사람 속에 내재되어 있는데 이것이 적당하게 타이밍이 맞으면 발동을 하게 되는 것이다. 따라서 어느 누구도 전혀 범죄성과 무관한 사람은 없다. 성경에서도 죄성이 없는 의인이 하나도 없다고 선언하고 있다. 각종의 범죄행위는 다양한 인간 행위나 자연현상과 같이 범죄 행위를 적극적으로 유발하는 힘과 그것의 발생을 억제하는 힘의 역학관계에 따라 범죄가 발생하기도 하고 발생하지 않기도 한다. 범죄 실행의 동기가 되는 범죄 유발력을 구성하는 요소들은 개별적인 욕구나 욕망, 유혹의 대상인 사물의 가치 정도 등일 것이다. 욕구도 여러 면으로 분석[1]할 수 있는데 ① 생리적 욕구의 결핍(섭취의 욕구, 산소, 수분, 음식, 감각의 만족), 긴장(방출의 욕구 : 분비물, 유분비, 탄소분비, 대소변), 해(害), 회피의 욕구(불쾌, 열, 냉한, 고통의 회피) 등이 있고, ② 심리적 욕구에는 ⅰ) 사물에 관련된 욕구(획득, 보존, 질서화, 구성), ⅱ) 우월, 성취, 인정, 과시 등과 같이 자기 주장에 관련된 욕구, ⅲ) 방패, 회피, 방어, 반발과 같은 방위에 관련된 욕구, ⅳ) 공격, 굴종, 비난 회피 등의 Sadism적인

1) 신진규, 『범죄학 겸 형사정책』, 법문사, 1995, 100면.

것, ⅴ) 소속, 거부, 보유, 의존 등 애정에 관련된 욕구, ⅵ) 인지, 설명 등 경험의 추구에 관련된 것이 있다.

그리고 욕구도 순위가 있는데 1순위는 배고픔, 성욕 등 생리적인 욕구이고, 2순위는 안전의 욕구, 자기실현의 욕구 즉 외부로부터 위험을 피하고자 하는 욕구, 3순위는 애정 욕구, 집단에의 소속 욕구, 4순위는 존경스러운 평가를 받고자 하는 욕구, 5순위는 자기실현의 욕구, 즉 예술적 재능의 발전을 도모하고자 하는 욕구 등이다.

그러나 이러한 욕구는 사람의 성격이나 기질에 따라 다르게 나타난다. ① 논리적인 사람, 즉 진리 탐구를 중시하고 지식의 체계화 등에 관심이 많은 인간, ② 부의 축적, 이익의 증대, 경제적으로 유용한 사물의 획득과 처분에 흥미가 많은 경제적인 인간(der Ökonomische Mensch), ③ 예술활동에 관심을 가지며 거기에 도취하는 경향의 심미적인 인간(der aesetische Mensch)으로 경제생활에 별 관심이 없는 인간, ④ 자기를 희생하면서 사회복지 증진, 사회사업 등에 몰두하는 사회적 인간(der Soziale Mensch), ⑤ 권력을 행사하여 남을 지배하고 많은 사람에게 영향을 주는 일에 관심이 많은 권력적 인간(der Macht Mensch), ⑥ 신비의 세계, 초월적 가치에 관심을 갖는 종교적인 인간(der religiöse Mensch) 등이 있다.[2)]

이상과 같은 기질의 차이가 각 사람의 욕구, 욕망 구조의 차이를 가져와 동일한 유혹 사물에 대해서도 유혹의 정도가 다른 것이다. 이같이 성격이나 기질이 다르게 된 것은 유전적인 것과 환경적인 것 등 많은 복합적인 이유들이 있을 것이다.

범죄를 유발시키는 또 하나의 요인인 유혹 사물의 가치 크기로, 이에 대한 인식의 정도는 객관적일 수도 있고 주관적일 수도 있으나 주로 주관적인 판단에 따른다. 또 자신이 처한 환경에 따라 유혹 사물을 보는 시각이 다르며, 직업에 따라서 유혹 사물의 크기도 다르고 성별과 연령 등의 차이에 따라 달리 나타난다.

제 2 절 범죄 억제력의 요소

범죄를 억제하는 내심의 요소들은 내부적인 것과 외부적인 것으로 나눌 수 있다.

2) 신진규, 앞의 책, 101-102면.

① 내부적인 것으로는 도덕적인 양심의 강도 여하이다. 도덕의식, 법의식은 각 사람에 따라 정도가 다른데 이것이 범죄 억제력의 차이인 것이다. 인도주의적인 권선 징악적 사고에 의해 사람은 사랑, 자비, 동정심 등 많은 기능들이 발동된다. 종교적인 차원에서 신앙적 양심도 이와 같은 맥락의 문제인데 어느 면에서는 윤리나 법, 도덕의식, 준법의식보다 더 강한 범죄 억제 모델일 것이다.

② 외부적인 억제 요소는 범행을 못하게 되는 원인이 내적인 것이 아니라 현실적, 외부적인 것으로서 i) 피해자가 개인적으로 행사하는 억제력은 그의 방어능력일 것이다. 격투기의 능력 정도에 있어 대상 가옥에 대한 철저한 방어 시설들 같은 것이고, ii) 일반 사회인이 집단적으로 행사하는 억제력이 있는데 이는 사회적 통제 작용으로 나타난다. 과거 농업사회에서는 지연이나 혈연 등의 인간적 관계가 사회통제적 기능으로 역할을 했으나 도시화가 되면서 이러한 전통적 개념이 사라지자 사회통제는 느슨하게 되었다. 오늘날에는 어른이 어른으로서의 역할을 못하고 스승이 제자들에게 스승 노릇을 못하게 되었다. 요즘은 각 조직에서도 나이 많은 선임자들은 도리어 젊은 신참자들의 눈치를 살펴야 함으로써 인격적 권위를 상실하게 되었다. 나이 많은 간부급 내지 선임자는 정년이 가까워 퇴직해야 할 입장에 있고 젊은 신참자는 자신이 상대적으로 오래도록 조직에 머물 것이기 때문에 주인의식을 갖게 된다.

③ 국가의 사법기관에 의한 통제력이다. 즉 검찰, 경찰, 법원 등 법을 집행하는 기관의 작용인 법적 통제작용에 의한 것인데, i) 범죄 인지 및 범죄자 검거 능률 여하에 따라 다른데 검거율이 높으면 이들에 의한 통제력이 효과가 있게 된다. ii) 인지, 검거된 범죄자에 대한 형사적, 행정적 징벌의 크기에 따라 통제력이 다르게 된다. 징벌의 양이 크고 무거울 경우 국가사법기관에 대한 외포심이 증대되어 범죄 회피적 기질이 우세하게 된다.

결국 범죄의 예방은 범죄의 억제력에 의해 좌우되므로 유발요인보다는 억제적 요인이 강하면 범죄는 발생하지 않는다. 가정, 학교, 교회 등이 앞장서서 구성원들의 도덕심이나 윤리성의 신장, 준법정신의 고양이 필요할 뿐만 아니라 국가에서도 합리적인 법 집행을 통해 범죄 충동적 유혹을 차단하도록 해야 할 것이다.

제 3 절 범죄이론[3)]

1. 아노미이론

사회구조적 접근방법은 아노미론이 있다. Anomie란 문화목표와 제도화된 수단 간의 괴리, 즉 성공목표에 대한 강한 충동을 느끼면서도 비합법적 수단방법을 사용하여서라도 꼭 달성해야겠다는 것이거나 아니면 성공목표 자체를 외면해 버리고자 하는 심적 충동을 말하는데 이러한 Anomie가 상대적으로 불만이 많은 하층민으로 하여금 범죄를 강요하는 요소가 된다는 것이다. 이 이론의 대표적 학자인 Merton에 의하면 사회의 소외계층이라 볼 수 있는 하층민은 그 사회가 목표로 하고 있는, 또는 사회의 현실적인 구조에 대해 불만이 많아 기초체제에 동조하기보다는 비협조적인 입장을 취하고 있는 점에 관심을 가져야 한다고 한다. 그는 범죄를 사회가 생산한 악(socially derived sin)이라고 보았다.[4)]

Merton은 사회문화구조는 두 개의 요소로 구성되어 있는데 하나는 문화적으로 규정된 목표(culturally defined goals, pruposes of interests)이고, 또 하나는 제도적 규범(institutional norms)이라고 한다. 문화적으로 규정된 목표란 성공해야 할 목표 내지는 성취욕구이고, 제도적 규범은 그 성공목표에 도달하기 위한 합법적인 수단이다. 그런데 이 두 요소가 조화를 이루지 못할 때 문제가 된다. 정상적인 방법 즉, 제도적 규범에 합당한 합법적인 방법을 통해서 목표에 도달하려는 사람이 있고, 또 비합법적인 이상행동을 통해서라도 꼭 목표를 달성하려 하거나 아니면 성공목표 자체를 포기하고 나름대로의 특유한 목표나 행동을 추구함으로써 위로를 받으려는 쪽[5)]으로 나가게 되는데 이러한 현상은 사회문화의 구조적 모순에서 기인한다. 이러한 Anomie의 심리 상태가 사회에 일반화되어 있을 때에, 즉 사회 자체의 구조가 사람

3) 김상균, 『범죄학원론』, 양서원, 2004, 81면 이하.
4) R. K. Merton, Social theory and social structure rsv, ed, 1957.
5) 신진규, 앞의 책, 290-291면.

들로 하여금 Anomie 상태에 빠지도록 압력을 주는 경우를 아노미 사회(Anomie society)라고 한다.

Merton의 연구에 의하면 Anomie사회에서 사람들이 반응하는 방식은 다음과 같은 5가지 유형이 있다고 한다.[6)]

① 동조형(conformity) : 사회의 모든 현상을 정상적·통상적인 것으로 받아들임으로써 불만 없이 살아가는 계층들이다.

② 개신형(innovation) : 사회의 현실에 기본적으로 불만을 가지면서 현실의 성공목표를 적극적으로 추구하지만 그 과정에서 수단과 방법을 가리지 않고 성취하려는 계층들인데 이 과정에서 범죄적 행위도 불사하게 된다.

③ 의례형(ritualism) : 현실의 높은 성공목표에 관심을 가지지 않고 제도적 규범수단에 충실하여 순종적인 생활을 해나가는 사람들로서 범죄나 비행에는 가담하지 않은 순진한 복종형이다.

④ 퇴행형(retreatist) : 극도의 욕구불만 계층으로 현실적인 성공목표는 포기하고 제도적인 생활규범에 복종할 것도 거부하면서 반사회적 생활을 즐기는 자들인데 알코올, 마약중독자나 부랑자들이 여기에 속한다.

⑤ 반역형(rebellion) : 사회의 성공목표나 제도 중 일부는 인정하고 일부는 배척하는 기질로서 갈등을 크게 느끼는 계층인데, 현실적인 제도의 개혁을 주장하여 데모나 혁명에 가담하는 유형들이다.

위의 분류 중에서 범죄와 친한 계층은 개신형, 퇴행형 및 반역형들로서 현실적인 규범을 무시하고 일탈적 행동을 자행할 그룹들인데 형사범에 특히 친할 수 있는 계층은 개신형이다. 이들은 적극적으로 제도적인 규범들을 배척하고 수단방법을 가리지 않고 성공목표를 달성하려는 계층들이다. 이들은 사회가 요구하는 성공목표에 대해 희망과 기대를 가짐과 동시에 그들에게 허용되고 있는 제도적·규범적인 수단은 극도로 제한되어 있어 성공목표에 대한 요구와 제도적 수단에 대한 요구를 도저히 따를 수 없기 때문에 불만과 갈등에 가득찬 계층들로 목표와 현실과의 차이가 클수록 일탈행위가 더 커지게 된다.

6) 신진규, 앞의 책, 291면.

2. 문화적 기회구조 이론

문화적 기회구조의 이론(Theory of differential opportunity structures)은 Surtheland의 문화적 접촉의 이론과 Merton의 Anomie이론을 종합하여 범죄와 비행의 문제를 설명하려는 것으로 Cloward와 Ohlin에 의해서 주장되었다.7)

Surtheland의 문화전달 또는 문화적 접촉이론은 비합법적인 범죄적 행동방식을 학습환경의 접근 가능성만 문제로 삼고 합법적·준법적인 행동방식을 전하는 학습환경의 접근 가능성 문제는 경시하고 있다고 보고, Anomie이론은 이와 반대로 성공목표에 도달하는 방법인 합법적 수단의 기회차별성만 강조할 뿐 현실적으로 불가능하여 비합법적인 수단의 접근 가능성의 차별에 관해서는 별로 언급하지 않은 결점이 있다고 한다.

그러나 사람들이 비행성을 학습하거나 실제 행동으로 옮김에는 합법적인 것과 비합법적인 방법과의 차이를 느끼게 되는데 이 과정에서 비행으로 나아가는가, 합법적인 방법으로 나아가는가가 결정된다고 본다. 이것은 기회구조의 개념을 도입하여 설명하는데 비행성 학습의 기회구조와 비행행위 수행의 기회구조의 양면에서 분석함으로써 비행성의 과정을 해명할 수 있다는 것이다.

분화적 접촉이론의 중심되는 내용은 범죄행위란 습득되는 행위이며, 그 습득 내용은 범죄행위 자체를 배우는 것뿐 아니라 범죄에 대한 동기·태도, 합리화, 행동 등도 배우는데 이 모든 문화적 내용을 배운 사람은 범죄자가 된다는 것이다.

3. 문화지체 이론

문화지체의 이론(cultural lag theory)이란 사회 내의 각종 사회문제, 즉 실업문제, 노동문제, 교통사고, 이혼, 소년비행 및 범죄문제 등은 결국 사회 내의 각종 문화의 부조화적인 변동·발전에 기인한다고 보는 이론이다. 즉 문화간의 변동·발전의 속

7) R. A. Cloward, "llegitimate Means, Anomie and Devlant Behavier", Am,Soc, Rev, 24, 1959, pp.164-176.

도가 서로 달라서 부조화를 이룰 때 사회문제가 발생한다는 것으로 미국의 Ogburn이 주장한 이론이다. 구체적으로 말하면 인간사회의 문화에는 기본적인 생계와 관련된 기계, 식품생산, 교역 등 물질문화(material culture)와 이와 관련해서 이루어지는 결혼생활·가정생활, 종교·도덕·법·정치·교육제도 등의 적응문화(adaptive culture)가 있는데 일반적으로 물질문화가 선행적으로 발전·변화하고 적응문화는 뒤따라 서서히 변하게 되는데 이 과정에서 적응문화가 효율적으로 변화·적응하지 못하면 문화의 지체가 일어나는데 이 과정에서 이혼·범죄와 같은 각종 사회문제가 일어나게 된다는 것이다.[8)]

이에 의하면 범죄를 포함한 사회문제는 양자간에 있어 변화의 속도가 적절히 조정되지 못했기 때문에, 즉 사회개발정책(social planning)의 잘못 때문에 일어난다고 한다. 이 이론은 타당성도 있으나 다음과 같은 비판도 받고 있다.

첫째, 이 이론은 범죄 발생의 일반적인 배경을 설명하는 데 적합하나 개별적인 범죄를 설명하는 데는 미흡하기 때문에 구체적인 개인적·사회적 원인의 분석이 필요하다.

둘째, 문화의 지체란 상대적인 개념이기 때문에 어느 한 개인에게 지체라고 인식될 수 있다고 하여 다른 사람에게도 반드시 그럴 수는 없다는 것이다.

이와 같은 이유로 문화지체이론을 현실적으로 적용하기 위해서는 각자 가치관의 차이에 따른 인식의 내용을 조정할 수 없는 문제점이 있다.

4. 낙인이론

낙인이론(Labelling theory)은 H. Becker, E. Lemert 등에 의해 정립된 이론인데 비행을 행위보다는 행위자에 중점을 두는 것으로 1차적인 일탈보다는 일탈행위가 계속되는 습관적인 행위인 2차 일탈을 사회학적으로 중요한 것으로 보면서 모든 비행행위는 사회적으로 그에게 부과된 역할을 수행하는 과정에서 일어나는 것이라고 보는 이론이다.[9)] 낙인이론을 형성하는 기본개념으로 ① 사회적 상호작용론 ② 이차적

8) W. F. Ogburn and M. Nimkoff, *Sociology*, 1940, pp.886-893.
9) 김호준, 청소년비행과 측정, 청소년범죄 연구(제7집), 법무부, 1989, 181면.

일탈 ③ 악의 극화 ④ 충족적 자기예언의 성취 ⑤ 싸움에 진개의 이데올로기 등 5가지를 들 수 있다.

먼저, ⓐ 사회적 상호작용론이란 범죄는 소질적 요인이나 환경적 요인에 기본을 둔 것이 아닌 범죄자로서 낙인찍힌 자(범죄자)와 낙인을 찍는 자(형사사법 기관이나 사회 등)와의 상호작용 과정에서 나타난다. ⓑ 이차적 일탈, 즉 일탈의 증폭은 최초의 범행(일차적 일탈)에 의해 생긴 범죄자 혹은 형무소출신이라고 낙인찍힌 개인이 사회적 핸디캡을 갖게 돼 낙인을 받은 자는 스스로도 부정적 자기관념을 굳혀 재범(이차적 일탈)을 벌인다. ⓒ 악의 극화는 범죄자가 주인공이고 형사사법기관이나 사회가 연출가나 관객이 되어 악의 드라마가 상영된다. 비행소년 대책의 요점은 이 악의 드라마화의 회피이다. ⓓ 자기충족적 예언이란 개인에 대한 부정적 예언(예를 들면 교사가 어느 학생에게 비행소년이 된다고 지적)이 당사자에 대해 주위의 거부반응을 불러일으키고 당사자라도 일탈적 정체성을 굳혀 예언대로 일탈의 결과를 낳게 된다. 마지막으로 ⓔ 싸움에 진 개의 논리란 싸움에 진개의 논리란 권력자의 편에서 범죄를 바라보고 낙인을 찍게 되는 경우를 의미하는 말이다.

백커는 「누구의 편에 서는가?」를 논하는 논문 중에서 전통적인 범죄학자가 국가권력 측의 이긴 개(overdog)의 이데올로기에 기초를 두고 있는 것을 비판하면서, 범죄학자는 싸움에 진 개(underdog)의 이데올로기 측에 서야한다고 주장하였다.

낙인이론은 범죄학의 이론 면에 그치지 않고 범죄대책 면에 큰 공헌을 남겼다. 우선 이론 면에서는 낙인이론은 자기보고식 연구의 활성화를 촉구해 범죄는 특이한 소질이나 환경을 가진 이들에 의해 일어나는 것이 아니라는 것을 밝혀 「우리는 모두 범죄자인가」라는 관점을 제시했다(범죄는 인종, 계층을 넘어 보편적으로 보이는 현상이다). 또 범죄의 현실이나 통계간의 상관관계 조사를 촉구해 정신적 공황(Moral-Panic)론을 제기했다.

즉, 통계상에서는 범죄증가가 보여도 그것은 경찰이나 메스미디어에 의해 만들어진 국민의 정신적 공황에 의한 것이고, 범죄증가의 사실은 환상 내지는 신화에 불과한 것이 아닌가라는 의문을 나타낸 것이다. 또 이 이론은 이와 같이 경찰이나 메스미디어가 범죄에 관한 특정의 정보를 선택해 국민에 제공하여 일정 형태의 일탈행위를 부각시켜 사회적 반향을 과도하게 높인 것이 통제강화의 목적으로 이어진다고 비판하였다. 또, 낙인이론은 재량권을 많이 가진 형사사법기관이 범죄자 처리과정에 있어서 임의적으로 범죄자와 비범죄자를 선별하는 것이 아닌가라는 선택문제(selective section)의 관점도 제시했다. 특히 미국의 경우는 체포, 기소, 평결, 형량의 각 단계에 있어 인종이나 사회 계층에 관한 편견이 있는 것이 아닌가의 문제가 되었다.

범죄대책 면으로는 〈사회통제의 강화-일탈〉이란 명제에서 형사사법기관은 「불개입주의원칙」을 취해야 할 것이라는 주장이 제기되었다. 여기서 구체화된 정책은 4D정책이라 불린다. 여기서 4D는 ① 비범죄화(Decriminalization) ② 비시설화(Deinstitutionalization) ③ 다이버전(Diversion) ④ 적정절차(Due process)를 의미한다. 이 4D 정책은 미국만이 아닌 유럽 각국에 1970년대의 주도적인 형사사조가 되었다.

5. 표류이론

1960년대를 맞이한 무렵까지 주류였던 사회학 결정론에 반기를 든 것은 맛샤(David Matza)의 표류이론(drift theory)이었다. 맛샤에 의하면 비행은 외재적인 환경요인이나 사회적 압력에 의해 필연적으로 일어나는 것이 아니라 비행자의 자유의지에 근거하여 일어나는 것이다. 물론 표류이론도 완전히 환경적 요인을 무시한 것은 아니다 즉, 맛샤는 「(유전, 환경에 의해)결정되기보다 (자신의 의지에 의해)결정한다」라고 한 바 있다.

일본의 형법학에서 부드러운 결정론이라 하면「사회적인 비난에 의해 의지가 결정될 가능성이 있다.」는 자유의지에 관한 헤이노 박사의 견해를 상기할 수 있다. 하지만 이것은 맛샤에 의해 제창된 부드러운 결정론에 일치하지는 않는다. 맛샤의 주장은 인간의 행동은 환경적 제약을 받아도 최종적으로는 자신의 자유의지로 결정하는 것이고 상대적 의사자유론에 가깝다.[10]

1) 표류이론의 기본개념

맛샤에 의하면 비행소년은 지배적인 합법적 가치체계를 완전히 부정한 것은 아니

10) 이태언 · 김상균 외, 앞의 책, 121-122면.

다. 즉, 비행소년은 때로는 합법적 가치체계에 따르고, 때로는 반항한다. 바꿔 말하면 비행소년은 합법적 가치체계와 비합법적 가치체계 사이를 왔다 갔다 하는 이른바 표류하는 것이다. 또 소년은 어느 시기에 범죄를 저질러도 생애범죄를 계속하는 것이 아닌 거의 일과성에 그친다.

맛샤는 이런 현실을 설명가능한 이론은 표류이론 뿐이라고 역설하였다. 즉, 거의 모든 비행소년은 성인이 된 후 비합법적 가치체계 사회에서 합법적 가치체계의 사회에 도달하여 법을 준수하는 생활을 보내는 사실은 비행이 많은 소년에게 있어 표류중인 일시적 현상이란 점을 대변하는 것이다.

2) 중화의 기술

또 맛샤는 사이크스(Gresham Sykes)와 함께 비행소년이 위법행위를 저지를 때 스스로의 행위를 정당화한다고 생각해 이것을 중화(neutraliztion)의 기술이라 불렀다. 이 중화기술은 5가지로 유형화된다. 즉, ① 자기책임의 부인(스스로 하는 것이 아닌 어쩔 수 없이 범죄를 저지름), ② 가해의 부인(누구에게도 피해를 주지 않는다), ③ 피해자 부인(나쁜 쪽은 오히려 피해자 쪽이다), ④ 비난자에 대한 비난(자신을 비난하는 자는 위선자이다), ⑤ 고도의 충성심에 호소(동료 간의 충성 때문에 범죄를 저질렀을 뿐이다) 등이다.

즉, 소년들은 비행에 도달한 경우에 이런 중화기술을 이용, 스스로의 비행을 정당화시킨다. 반면, 이런 것에 의해 소녀들은 비합법적 가치체계의 사회에 그치지 않고 합법적 가치체계의 사회에 돌아갈 수 있다.

6. 통제이론[11)]

1) 사회적 통제이론

전통적인 범죄학이 오직 범죄자 고유의 범죄요인에 초점을 맞춰, 범죄에 대한 통제 메커니즘을 관심 밖에 둔 것을 반성하는 것이 통제이론이다. 이 이론은 「왜 범죄가 일어나는가」가 아닌 「왜 범죄는 일어나지 않는가」에 관심을 가지고 범죄에 도달

11) 이태언 외, 앞의 책, 125면 이하.

하지 않는 통제의 메커니즘을 탐구하려 했다.

즉, 이 이론은 인간은 누구나 범죄를 저지르는 가능성이 있다는 전제를 세워(성악설에 가깝다) 사람들이 법률에 따르는 이유를 찾으려 한 것이다. 낙인이론이 「통제의 강화가 일탈을 낳는다」라고 생각한 것에 비해서 통제이론은 「통제의 해이함이 일탈」라 생각하였다. 통제이론은 예전 1950년대에 후술할 리즈(Albert J. Reiss)나 나이(F. Ivan Nye)에 의해 주장되었다. 특히 1970년대에 들어와 낙인이론이 후퇴함에 따라 급속히 지지자를 얻어 1980년대 미국에서는 지배적인 범죄학이론이 되었다.

(1) 허쉬의 유대이론

사회통제의 약화가 일탈을 낳는다는 발상자체는 뚜르켐에서 시작되어 시카고학파, 아노미론으로 이어져 왔으나 현대의 통제이론의 주창자는 허쉬(Traris Hirshi)이다. 허쉬에 의하면 비행을 저지하는 4가지 사회적 끈(본드)이 있다고 한다(bonding theory). 즉 ① 애착(attachment)의 끈: 애착은 양친이나 교사에 대한 애정, 존경을 가리킨다. 예를 들면 그들에게 폐를 끼치고 싶지 않다는 기분이 비행을 저지르게 한다. ② 몰입(commitment)의 끈: 노력은 범죄로 이어지는 이익득실을 비교형량해 합법적으로 목표를 향해 노력하는 것을 가리킨다. 가령 진학이나 취직을 위해 노력할 때 비행이 저지된다. ③ 관여(involvement)의 끈: 합법적 활동에 관련되어 비행을 할 시간이 없는 것으로 예를 들면 시험공부나 동아리활동에 열심히 활동할 때 비행이 억제된다. ④ 신뢰(belief)의 끈: 사회적 규칙에 따르지 않으면 안 된다는 의식이고, 예를 들면 당초 비행행위에 대한 회의의식이 강한 경우 비행이 억제된다.

(2) 통제이론의 기원

통제이론의 역사를 보면, 전술한 사회적 통제이론에 대해 리스(Albert Reiss)의 「자기통제능력」, 나이(Nye)의 「가족적 통제」를 들 수 있다. 또 레크레스(Walter. C. Reckless) 등은 「범죄나 비행의 새로운 이론」과 「범죄의 문제」에서 제지이론을 제창하였다. 여기서는 범죄촉진요소와 통제요소가 나뉘어 고려된다.

범죄촉진요소로는 ① 사회적 압력(생활의 빈궁, 가정불화, 기회의 결여 등)이나 ② 사회적 유인력(친구, 비행하위문화, 매스미디어 등)이 있다. 이에 대해서 범죄의 제지요소로는 외적 통제력과 내적 통제력이 있다. 이에 전자는 가족을 시작으로 인간관계 등에서 자라나는 윤리관이나 소속의식, 주위의 기대, 끈기 등이 있다.

후자는 자기통제, 자아, 책임감, 목적의식, 상승지향 등을 가리킨다. 범죄의 촉진요소에 착안한 경우 자기관념이 「비행절연체」가 되어 스스로를 준법적이라 평가하는 자는 비행을 일으키지 않는다. 반면, 범죄통제요소에 착안하면 자기개념이란 내적 억제력이 늘어나 환경 같은 외부적 통제력을 겸해 준비한 자가 비행에 도달하기 어렵다.

2) 자기통제이론

허쉬는 1990년대에 들어와 「사회적 통제이론에서 자기통제이론으로」란 슬로건을 내세워 갇프레드슨과 함께 자기통제이론을 주창했다. 그들은 1990년에 「범죄의 일반이론」에서 범죄의 요인을 「자기통제력(자기억제력)의 결여, 약화」에서 찾았다. 여기서 자기통제력이 약한 자란 누구인가? 그들에 의하면 자기통제력이 약한 자는 「충동적이고 무감각하고, 신체적 위험을 갖고 있고 또 근시안적, 비언어적인 성향을 가진 자」를 의미한다. 허쉬와 갇프레드슨은 범죄를 저지르는 것은 이런 특징을 가진 자라 생각했다.

그들의 이론을 정리하면 그 내용은 9가지로 요약할 수 있다.

① 범죄는 순간의 욕망을 만족시키는 것이다(자기통제력이 약한 자는 순간적인 욕망을 만족시키려 한다).

② 범죄는 안이하고 단순한 욕망을 채우는 것이다(자기통제력이 약한 자는 근면성이나 인내심이 부족하다).

③ 범죄는 자극적이고 스릴을 즐기는 것이다(자기통제력이 약한 자는 모험을 좋아한다).

④ 범죄는 총체적으로 보면 이익이 적다(자기통제력이 약한 자는 결혼이나 일 및 대인관계 면에서 불안정하다).

⑤ 범죄는 기술이나 계획성을 필요로 하지 않는다(자기통제력이 약한 자는 기술을 쉽게 포기한다).

⑥ 범죄는 피해자에 고통을 준다(자기통제력이 약한 자는 자기중심적이고 피해자의 고통을 생각하지 않는다).

⑦ 범죄는 즉시적인 쾌락을 추구한다(자기통제력이 약한 자는 범죄 이외에도 흡

연, 음주, 도박의 중독 또는 습관성을 가지고 있다).

⑧ 범죄는 범죄자나 재물간의 상호작용의 결과이다(자기통제력이 약한 자는 사회성이 없다).

⑨ 범죄는 초조함에 대한 해방이다(자기통제력이 약한 자는 인내력이 없고 갈등을 야기하고 말보다 폭력을 잘 사용한다).

7. 합리적 선택이론

영미에서는 1980년대에 접어들면서 합리적 선택이론이라 불리는 범죄학이론이 급속히 대두했다. 합리적 선택이론은 범죄학 고유의 이론은 아니나 범죄에 관해서 다음과 같이 설명한다. 범죄자는 「범죄에서 얻은 이익(benefit)이 크게」하거나 「범죄에 실패할 때의 손실(cost)이 적게」 하는 것을 고려해서 범죄의 유무, 방법, 장소 등을 선택한다. 이 이론에서는 범죄는 합리적인 인간이 자유의지에 기본으로 한 것이고 유전이나 환경의 산물이 아니라고 본다.

합리적 선택이론은 경제학의 호모 이코노믹의 가설(「인간은 기대되는 자기의 효용계수를 최대화하려 한다」)을 기초로 하고 있다. 이 이론은 18세기에 베까리아나 벤담이 주장한 고전파 범죄학과 비슷하게 범죄에 의해 야기되는 비용과 이익을 비교형량해 범죄의 실행여부를 결정하는 합리적인 범죄인상을 전제로 하기 때문에 「고전파 범죄학의 부활」이라고도 평가되고 있다.

8. 환경범죄론

환경범죄학의 1980년대 후반부터 주목받게 된 것은 형사사조로서 범죄예방론이 대두된 1980년대 후반부터이다. 그럼 이 시기에 범죄예방론이 대두된 배경은 무엇인가?

첫째, 형사사법시스템에 대한 실망이다. 1970년대 이후 사회복귀모델이 후퇴하고 정의모델이 대두하게 되었다. 하지만 이 정의모델에서도 범죄는 계속 증가해 1980년대 이후 형사사법제도가 범죄의 증감에 차지하는 역할은 현실적으로 한정적인 것이 아닌가, 혹은 전혀 없는 것이 아닌가 하는 주장이 강해지기 시작했다. 이런 상황 속에서 1980년 중반에 「범죄실행 후에 형사사법기관이 범죄를 사후 처리하는 시스템」에서 「커뮤니티(cummunity)를 기반으로 범죄실행 자체를 사전에 저지하는 시스템」으로의 전환을 주장하는 범죄예방론이 대두됐다. 따라서 영미의 형사정책이 1970년대에서 1980년대 전반의 「사회복귀사상의 후퇴→정의모델의 대두시대」에서 많은 변혁을 가져와 21세기에 걸쳐서 「커뮤니티를 기반으로 한 범죄예방론의 시대」로 전환하려는 시대이다.

둘째, 범죄원인론에 대한 실망과 합리적 선택이론의 대두이다. 종래의 범죄원인론은 범죄요인을 생물학적·심리학적 접근 및 사회학적 접근방법에서 분석했다. 하지만 1980년대 전후부터 이들 접근방법에서는 범죄요인 탐구가 곤란할 뿐 아니라 요인을 안다 해도 쉽게 대책을 세울 수 없다는 비관론이 높아져 범죄의 원인탐구에서 범죄예방의 기대가 높아졌다. 한편 영미의 범죄학에 있어 합리적 선택이론이 강한 지지를 받는 것을 주시할 필요가 있다.

전술한 합리적 선택이론이 대두한 결과로서 두 개의 형사정책적 결론이 도출된다. 하나는 저지형 이론이고 하나는 범죄예방론이다. 즉 합리적 선택이론은 합리적 인간상을 전제로 하나, 합리적 인간은 형벌의 저지효과를 이해하는 측면이다. 범죄가 예방된다면(범죄성공률이 낮다면) 실행으로 옮기지 않는 측면을 가지고 있는 것이 전제된다. 하지만 억제이론에 대해서 효과가 실증되지 않았다든가, 사형이나 장기구금형의 증가를 부르는 역기능이 우려된다.

1) 환경범죄론의 기초이론

환경범죄학은 구체적으로 어떤 이론을 기초로 하고 있는지에 대한 주요이론의 내용을 간단히 소개하면 다음과 같다.

(1) 방어공간이론

방어공간이론(defensible space theory)은 제이콥스(J. Jacobs)와 뉴만(O. Newman)이 주장해 후술할 환경설계론의 선구가 된 이론이다. 미국의 건축 저널리스트인 제이콥스는 1950년대 후반 뉴욕의 한 도시에 대한 구체적인 조사를 기초로 1961년에 「미국 대도시의 생과 사」를 출판했다. 이 책은 환경이 시민의 안전성에 주는 영향을 논한 최초의 저서로 평가받고 있다. 그녀는 당시 급격히 증가하는 주택의 고층화가 범죄를 유발한다고 지적해 다음과 같은 범죄예방을 위한 기본원리를 제안했다. ① 공적 공간과 사적 공간을 명확히 구별한다. ② 가로의 시야가 확보되게 건물 방향을 연구한다. ③ 가로가 보색에 이용되게 한다 등을 주장하면서 그는 거리에 익숙한 사람이 범죄예방에 기여한다고 하였다. 이로부터 유명한 거리의 감시자(eyes on the street)개념이 제시되기도 하였다.

한편, 뉴만은 1972년에 「지키기 쉬운 주공간」이란 책을 썼다. 이 책은 제이콥스의 문제제기를 계승하여 주거환경에 대한 실태조사를 행한 것이다. 1950년대부터 1960년대에 걸쳐 미국에 고층공공단지가 세워졌으나 뉴만은 이들 공공주택이 범죄의 온상이 된다고 지적했다. 그리고 뉴만은 경찰력에 의한 것이 아닌 지역사회통제(community control)에 의한 범죄예방을 해야 한다는 입장에서 새로운 환경설계방법을 제안했다.

그에 의하면 지키기 쉬운 주공간의 4원칙은 다음과 같다. ① 영역성(territory)의 설정: 이것은 외부에서의 침입을 막기 위해 거주지를 블록화 해 각 블록마다 영역성을 강하게 한다. ② 자연적 감시(natural surveillance): 이것은 건물배치 등의 환경설계에 의해 거주자가 구역을 일상적으로 감시할 수 있도록 하는 것이다. ③ 거주지의 이미지형성: 이것은 치안이 나쁜 거리라는 낙인이 붙지 않도록 거리를 가꾸는 것이다. 즉 범죄에 취약하게 보이지 않고 주변 지역사회로부터 고립되지 않도록 이웃과 지역사회를 조성하는 것을 의미한다. ④ 입지조건(milieu)의 정비: 이것은 주택지를 안전지대에 인접시켜 배치하는 것이다. 주거단지의 입지조건은 범죄의 발생과 관계가 깊기 때문에 이를 배제하기 위해 건물군의 형태나 배치에 유의하고 주거단지를 안정성이 높은 지역에 배치하도록 배려한다. 랩(Lab)은 범죄가 적고 감시가 많은 지역 안에 거주지가 위치하는 것이 범죄예방에 유리하다고 설명하였다.

(2) 방범환경설계론

제이콥스나 뉴만의 문제제기를 받아 환경설계의 테마에 최초로 손을 댄 이는 제퍼리(Jeffery)이다. 제퍼리는 1971년에 「환경설계에 의한 범죄예방」을 발간하여, 범죄실행 후에 범죄자를 처벌하는 종래의 형사사법 방법을 격렬하게 비판하고 범죄실행 전에 환경을 직접 통제하여 범죄예방을 해야 할 필요성을 주장했다. 그는 종래의 사회복귀모델이나 억제형론을 철저히 비판해 환경공학에 기반을 둔 방범환경설계론

(CPTED)은 뉴만의 「지키기 쉬운 주공간」이 주택지를 대상으로 한 것에 비해 주택지 이외의 학교나 상업지에도 시야를 넓힌 종합적인 환경설계를 목표로 한 것으로 그 후 많은 연구 프로젝트가 조직되고 이 개념의 체계화가 시도되었다.

단, 최근에는 제퍼리가 생물학적 관점도 혼합한 독자적 방범환경설계론을 전개하고 있어 실제로 추진되고 있는 CPTED에는 그의 영향은 미미하다. 또 최근의 방범환경설계론의 실용매뉴얼에 의하면 방범환경설계론은 4가지 전략에 기본을 두고 있다. ① 감시의 강화(예: 가로조명의 개선, 전자감시장비 이용), ② 외부인의 행동규제(예: 출입구축소, 열쇠나 철책담장 설치), ③ 주민에 의한 방범활동 원조(예: 활동을 위한 장소제공, 가두활동 지원), ④ 방범의식 계몽(예: 방범캠페인, 경찰과의 연계 강화).

(3) 상황적 범죄예방론

상황적 범죄예방론은 1970년대 중반부터 영국 내무성 조사본부를 중심으로 조사연구가 진행되어 서서히 구체적 정책이 실시되었다. 주요 보고서는 1980년대의 클라크(Ronald Clark)와 메이휴(Pat Mayhew)가 공동으로 쓴 「설계에 의한 방범」, 1981년 힐(Kevin Heal)과 레이콕(Glaria Laycock)이 쓴 「상황적 범죄예방」, 1992년 클라크가 쓴 「상황적 범죄예방-성공사례의 case study」가 있다.

이 이론이 만들어진 직접적 계기는 비행소년을 수용하는 중간처우 등의 처분효과를 조사한 결과 「소년의 도주이나 일탈행위의 가능성은 소년들의 발달과정이나 성격에 의존하는 것이 아니고 시설에서 그때 그때의 상황(특히 도주, 일탈행위가 가능한가 아닌가)에 의존한다」는 결론을 얻었다.

상황적 범죄예방론은 이 조사결과를 기본으로 「범죄기회를 주는 상황」을 없애는 것이 범죄예방의 핵심이라고 주장하였다. 상황적 범죄예방은 4가지 기본원칙에서 이루어진다. (a) 범죄예방의 목적은 범죄의 기회를 감소시키는 것이다(기회감소이론). (b) 범죄예방의 대상은 구체적인 특정의 범죄형태이다. (c) 범죄예방의 방법은 범죄자의 갱생이나 환경의 일반적 개선이 아닌 범죄발생의 가능성이 있는 환경에 직접 뛰어들어 관리, 설계 및 조작을 하는 것이다. (d) 범죄예방의 중점은 범죄를 실행할 때 들어가는 노력과 리스크를 높게 해서 범죄에서 얻는 이익을 감소시키는 것이다.

(4) 일상활동이론

일상활동이론은 펠슨(Marcus Felson) 등이 「사회문화와 범죄발생의 경향-일상적 활동적 접근」이라 쓴 논문에서 제시한 것이다. 펠슨 등은 범죄가 실행되는 기회는 일상생활에 있어서는 다수 있고, 범죄의 표적이 무방비에 방치되어 있는 경우에는 범죄가 발생하는 것이 아닌가 하는 문제의식에서 연구를 진행했다. 펠슨은 미국의 일상활동의 변화와 범죄율의 관계를 1947년부터 1974년의 자료를 근거로 검토했다. 그들은 1960년대 이후의 생활양식(life style)의 변화로서 ① 청소년 인구의 증가 ② 휴대용 소형전자제품의 보급 ③ 맞벌이 가정의 증가와 전통적 사회연대의 약화를 들어서 이것이 1960년대 이후의 범죄증가에 기여했다고 결론지었다.

그들은 범죄를 발생시키는 구체적 요소로서 위에서 지적한 생활양식의 변화로 인하여 다음과 같은 세 가지 요소를 지적했다. ① 잠재적인 범죄자, ② 적당한 범죄 목표, ③ 감사자의 부재가 범죄발생요소이다. 이처럼 펠슨 등은 범죄는 일상적인 활동의 기회구조 중에서 발생한다고 생각해 범죄기회의 감소를 목적으로 생활양식을 변화시켜야 한다고 주장하였다.

(5) 깨진 창 이론

황폐이론(incivility theory)이라고도 불리는 「깨진 창 이론(broken windows theory)」이라고도 한다. 하나의 깨진 창의 방치가 주민에게 나쁜 사회심리학상의 영향을 주고 그 결과, 거리 전체가 황폐화된다는 이론이다. 즉 창의 파손이 방치되는 것은 한편으로는 그와 같은 행위가 주민에 의해 비난받지 않고 주민상호존중심이나 시민으로서의 의무감이 희미해지는 것을 의미한다.

그 때문에 이런 것이 계기가 되어 지역환경의 황폐가 광범위하게 퍼지게 되어 범죄의 증가가 되면서 지역 전체의 방범환경의 의식이 낮아져 거리 전체가 황폐화되는 것이다. 이 이론은 윌슨과 게링이 1982년에 발표한 논문 「깨어진 창 · 경찰과 지역안전(broken windows: the police and neighborhood safety)」에서 제창한 것이다. 또 그들은 여기에서 현실의 범죄 유무보다도 지역환경을 황폐화시키는 자의 존재가 지역주변에 범죄에 대한 불안감을 주기 때문에 경찰을 중심으로서 지역환경의 황폐화를 막고 지역사회 전체를 지키는 것의 중요성을 역설했다.

9. 신범죄생물학이론

범죄생물학의 영역에는 20세기 전반부터 가계 및 쌍생아에 대한 많은 연구성과가 보고되었으나 1960년대에는 쇠퇴했다. 또 1960년대 중반에는 XYY염색체 연구가 일시적으로 각광을 받았으나 단명으로 끝나기도 했다. 이렇게 1970년대에는 범죄생물학에 대한 관심은 급속히 약화되어졌다. 하지만 유럽에서는 1980년대 이후 범죄생물학이 새롭게 정비되어 부활한 사실은 흥미로운 일이 아닐 수 없다. 물론 1980년대에 주목받기 시작한 범죄생물학은 종래의 범죄생물학과 같지 않다. 새로운 범죄생물학은 종래의 범죄생물학의 문제점을 자발적으로 인식하고 그것을 극복하기 위하여 시도하였다.

과거의 범죄생물학의 문제점으로는 3가지로 요약해 볼 수 있다. (a) 유전적 숙명론에 의존하여 현실의 범죄현상(예를 들어 인간의 성장에 의한 범죄율의 변화 등)을 충분히 설명하지 못하고 있다는 점이다(이론적 문제점). (b) 조사대상의 표본수가 적고 통제집단과의 비교가 충분하지 못해 조잡한 분석방법이다(방법론적 문제점). (c) 결국 범죄에 관한 악성의 생물학적 요소는 배제해 불량한 자손의 출산을 억제한다는 우생학적 사상으로 연계되기 쉽고 정치적으로 악용될 소지가 있다(정치적 문제점).

이에 대해 1980년대 이후에 등장한 새로운 범죄생물학의 기본적인 입장은 인간의 행동은 유전에 의해 일시적으로 결정되는 것이 아닌 유전과 환경의 상호작용에서 일어난다고 생각하였다. 즉 개인의 생물학정 특징은 유전만으로 일어나는 것이 아닌 환경에 의해서도 생기며 개인은 유전에 의한 요소에 규정된 것만이 아닌 환경에 선택적으로 적응해 간다고 생각하였다. 범죄생물학에 있어서 유전학적 특징이 그다지 강조되지 않고 생화학이나 신경생물학의 방법을 중요시하는 특징을 가지고 있는 것이 특징적이다.

10. 급진주의 범죄이론

전통적인 범죄학에 대해 「자본주의 체제에 봉사하는 보수적 학문」이라고 비판, 사회변혁을 위한 이론의 수립을 주장한 급진주의 범죄학은 특히 영·미에서 1970년대에 각광을 받았다. 이 범죄학은 영국에서 「신범죄학(New Criminology)」이라 불리는 한편 미국에서는 「비판범죄학(Critical Criminology」 등의 이름으로 사용되고 있다. 이런 급진주의 범죄학은 오늘날에는 변모를 거듭, 레프트 리얼리즘을 표방해 관념론에서 현실주의로의 전환을 주장하고 있다. 새로운 범죄학의 움직임인 레프트 리얼리즘을 상세히 검토하기 전에 그런 전신인 초기 급진주의 범죄학의 동향에 대해 개관하는 것도 의미 있는 작업이라고 생각한다. 급진주의 범죄학의 탄생은 1986년 영국의 젊은 범죄학자들이 전통적인 범죄학에 대응할 목적으로 「NDC(National Deviancy Conference=전국일탈회의)」를 설립한데서 기원을 찾을 수 있다. 또 미국에서도 급진주의 범죄학자에 대해 정치적 압력이 격해져 1976년에는 버클리대학의 범죄학부는 없어지게 되었다. 이른바 「버클리 사건」이다.

(1) 레프트 리얼리즘(Left Realism)

급진주의 범죄학 중에는 1980년대 초 관념적인 신범죄학은 「법과 질서」정책에 대항 못하고 굳어져간다고 예측하고 빨리 현실적인 정책 논의에 참가해야 할 것이라고 주장하기도 했으나 소수에 그쳤다. 하지만 1980년대 중반 이후 일련의 범죄 실태조사를 직접 계기로 「혁명이 필요한 것은 급진주의 범죄학이다」란 주장이 급진주의 범죄학 자체에서 많은 동조를 받게 되어, 레프트 리얼리스트 범죄학이 등장하게 되었다. 그리고 종래의 급진주의 범죄학을 「좌익 관념주의」라 비판, 현실주의로서의 전환을 주장하는 자도 나타났다. 대표적 주장 자로 영(J. Young), 마듀(Roger Mathews), 리(John Lea)를 들 수 있다.

1980년대 후반 레프트 리얼리즘이 탄생한 배경은 무엇인가? 여기에서는 일반적인 배경에 주목할 필요가 있다. 세계적으로 사회주의 국가의 붕괴를 들 수 있다. 즉 독일의 베를린 벽 붕괴, 소련의 해체, 또 일련의 동구제국의 탈 사회주의화를 볼 때 급진주의 범죄학의 목표인「국가와 형벌 없는 사회」의 건설 자체가 환상이란 주장이 높아졌다. 영국에서 급진주의 범죄학을 중심으로 연구환경에 변화가 보였다. 즉 지방자치단체에 개혁적인 단체장이 많이 등장해 그들의 조사연구에 예산을 지원하여 주었다. 미국에선 종래 급진주의 범죄학과는 다르게 젊은 연구자들이 보수적 정치사조에 대항해 급진주의적인 관점에서 조사연구를 시작했다. 특히 페미니즘운동이나 인종차별 반대운동 등 시민운동의 고조에 종래 급진주의 범죄학이 충분히 대응치 못하는 것이 분명해졌다.

(2) 레프트 리얼리즘의 주장

그러면 새롭게 대두된 레프트 리얼리즘 범죄학의 주장은 어떤 것인가? 이에 대한 설명을 ① 연구방법 ② 연구대상 ③ 범죄자관 ④ 범죄대책론 등 네 가지로 나누어 설명해 볼 수 있다.

먼저 연구방법적인 면에서 보면, 추상적 용어의 나열에 불과하다는 비판이 강했던 관념적 논의에서 탈피를 꾀해「도그마(이론)에서 리서치(조사)로의 전환」이 진행되었다. 범죄통계에 대한 급진주의 범죄학자의 종래 인식은 권력자가 지배하기 위해 조작한다는 부정적인 인식이 팽배하였으나 통계에 의한 사회학적 조사를 자신들도 해 보기로 하였다. 구체적 테마로서 소년비행, 약물범죄, 여성범죄 등의 범죄문제 또 경찰이나 형무소의 개혁문제 등에 주로 사회학적 방법을 이용하면서 접근하여 연구결과를 기반으로 전통적인 범죄학에 도전하였다.

11. 페미니스트 범죄론

앞에서 설명한 것처럼 1970년대 이후 영·미의 범죄학은 전통적 범죄학과 새로운 범죄학이 대립하는 구도 속에서 발전을 거듭하였다. 하지만 그러면서도 최근의 영·미에서는 이런 종래의 -신구범죄학 모두- 범죄학의 방법 그 자체에 의문을 갖는 움직임이 대두되었다. 이것이 바로 페미니스트 범죄학이다. 페미니스트 범죄학도 여러 입장이 있으나 공통분모로 뽑아 볼 수 있는 문제의식은 3가지로 요약할 수 있다.

(1) 지금까지 여성범죄연구는 여성에 대한 편견에 기초를 한 것이 아닌가? (2) 종

래 범죄학이론에는 여성이 무시된 것이 아닌가? (3) 형사사법과정에서 여성은 부당하게 차별받는 것은 아닌가?

페미니스트의 주장이 범죄학에서 주목을 받게 된 배경에는 사회적 페미니즘 운동의 증가가 뒤에 있다. 페미니즘에 관한 통일된 정의는 없으나 일반으로는 남녀평등권이나 여성해방을 지향하는 사상을 의미하는 것이라 이해된다. 이런 사상은 프레-페미니즘(pre-feminism)이라 불리는 시대까지 거슬러 가면 유럽에서 200년이 넘는 긴 역사를 갖추고 있다.

현대적 의미의 페미니즘은 1960년대 이후 급속한 발전을 이루었다. 페미니즘 범죄학은 이런 페미니즘의 문제제기를 기반으로 1970년대에 주장되기 시작해 1980년대에 주목을 받기 시작했다. 페미니스트 범죄학의 선구자적인 업적은 크라민의 논문 「여성범죄의 원인론-관련문헌의 해부」와 스마트의 저서 「여성 범죄 및 범죄학」이다.

제 4 절 범죄대책의 모델

범죄대책의 목적 설정과 관련하여 C. R. Jeffery는 범죄억제 모델, 사회복귀 모델, 환경설계를 통한 범죄통제 모델 등 세 가지 범죄대책의 모델을 제시하고 있으며,12) Reppetto는 주택건축과정에서 공동체의 익명성을 줄이고 범죄자의 침입과 도주를 차단하며 순찰·감시가 용이하도록 구성하여 범죄예방을 도모하여야 한다는 '방어공간(defensible space)'의 개념을 특별히 사용하였다.

1. 범죄억제 모델

범죄억제 모델은 형법의 형벌을 수단으로 범죄를 미연에 방지하려는 모델을 말한다. 이것은 주로 범죄인을 교화·개선하여 범죄가 다시 일어나지 않도록 하는 데에 중점을 두는 전통적 방법에 속한다. 즉 범죄예방의 방법으로서 진압적 방법을 사용하는 유형으로 볼 수 있으며 이러한 억제 모델은 처벌을 통한 범죄예방의 효과를 높

12) C. R. Jeffery, Crime Prevention through Environmental Design, 1971, pp.78-119.

이기 위해서 처벌의 신속성(swiftness), 확실성(certainty), 엄격성(severity)을 요구한다.[13]

2. 사회복귀 모델

사회복귀 모델은 범죄억제 모델과 비교하여 범죄인에 대한 처우에서 차이가 있다. 이 모델은 임상적 치료를 통해 개선하는 방법 또는 지역활동 · 교육 · 직업훈련 등을 이용하여 사회복귀를 도와주는 방법을 사용한다. 범죄인의 복지에 대한 관심도 이 모델에 의해 본격적으로 시작되었다고 할 수 있다. 사회복귀 모델은 현재 행형의 가장 중요한 기초를 이루고 있다. 반면에 이 모델의 한계는 범죄인의 개인적 특성에 따라 범죄정책을 수시로 변화시켜야 하는 점이다. 사회복귀 효과가 개인에 따라 차이가 나는 것도 단점의 하나라고 할 수 있다.

3. 환경설계를 통한 범죄통제 모델

환경공학을 통한 범죄통제 모델은 범죄정책에 국한하지 않고 사회 전반의 분위기를 조정함으로써 범죄를 줄이려는 것을 말한다. 이것은 각종 도시환경정책, 주거환경정화 등의 외부적인 것뿐만 아니라 사회 구성원에 대한 교육과 인간관계 개선, 정치 · 경제 · 문화 등과 관련한 포괄적 정책을 포함하고 있다. 그러나 범죄가 환경의 영향을 받는다는 것은 어쩌면 상식에 속하는 문제이기 때문에 이것을 범죄대책의 모델이라고 보는 것은 무리가 있다. 이 모델의 의의가 있다면, 반사회적 행위를 형법적 수단을 우선적으로 이용하여 통제하려는 데 대한 반성에 있다고 할 수 있다.

4. Reppetto의 범죄예방 모델

이 모델은 범죄행위에 대한 위험과 어려움을 높여 범죄기회(crime opportunity)를 줄임으로써 범죄예방을 도모하려는 방법으로써 특별히 '상황적 범죄예방 모델'이라

13) 박상기 · 손동권 · 이순래 공저, 형사정책, 한국형사정책연구원, 2003, 360면.

불리어진다. 그리고 범죄 발생 요인으로서 범죄욕구, 범죄능력 및 범죄기회를 들면서 범죄기회가 주어지면 누구든지 범죄를 저지를 수 있는 것으로 보는 일상범죄이론이 상황적 범죄예방 모델의 이론적 근거가 된다.

상황적 예방이론에 대해서는 한 지역의 상황적 예방활동의 효과는 다른 지역으로 확산되어 다른 지역의 범죄예방에도 긍정적인 영향을 미치게 된다는 소위 '이익의 확산효과(diffusion of benefit)'를 인정하는 견해가 대두되고 있다. 그러나 상황적 범죄예방활동은 다른 시간, 다른 장소에서의 범죄행위로 전이되는 소위 '전이효과(displacement effect)'가 있을 뿐이라는 부정적인 시각도 대두되고 있다. 특히 T. A. Reppetto는 전이양상을 시간적(temporal) 전이, 전술적(tactical) 전이, 목표물(target)의 전이, 지역적(territorial) 전이, 기능적(functional) 전이의 다섯 가지로 분류하였다.[14] 이에 따르면, 상황적 범죄예방활동은 전이효과를 가지기 때문에 사회의 전체적인 측면에서 범죄를 줄일 수 없게 된다는 것이다. 그리고 상황적 범죄예방활동은 높은 담, 철조망 등 과도한 경비시설에 의해 요새화된 사회(fortress society)를 형성하고, 국가기관(大兄: big brother)에 의해 과도하게 통제되는 국가통제사회를 만들어 결국에는 국민의 인권을 침해할 소지를 안고 있다는 비판을 받는다.[15]

이상에서 제시된 모델들은 상충관계에 있는 것이 아니라 보완관계에 있다고 할 수 있기 때문에 어느 하나를 배제할 수 있는 것은 아니다. 그리고 범죄억제 모델은 어느 정도의 형사정책을 사후적으로 평가·분류하는 데에는 유용한 방법일 수는 있으나 형사정책의 구체적 방향을 정하기에는 너무 추상적 내용으로 되어 있는 것이 흠이다.[16] 따라서 이러한 모델들은 구체적 사회환경에 적응하여 서로 보완되거나 통합적으로 활용되는 것이 바람직하다.

14) Reppetto, Crime prevention and the displacement phenomenon, Crime & Delinquency, 1976.
15) 기광도, 범죄예방활동에 관한 이론, 형사정책연구소식 제26호, 1994, 30면.
16) 배종대, 『형사정책』, 홍문사, 2003, 303-304면.

제5절 형사사법기관의 이해

본 절에서는 범죄수사기관에 의하여 입건된 범죄자에 대한 경찰, 검찰 및 법원 등의 처리내용을 살펴보고자 한다. 또한 범죄사건의 처리과정, 즉 범죄수사기관에 의하여 입건된 범죄자에 대한 비범죄화론(다이버전)과 경찰, 검찰 및 법원 등의 처리 내용을 살펴보면 다음과 같다.

1. 비범죄화론

1) 개념

비범죄화론(혹은 탈범죄화, decriminalization, Entkriminalisierung)이란 형사사법절차에서 특정범죄에 대한 형사처벌의 범위를 축소하는 것을 의미한다. 이에는 수사기관이 형벌법규가 존재함에도 불구하고 사실상 수사하지 아니함으로써 달성되는 수사상의 비범죄화, 재판 주체가 더 이상 범죄로 판단하지 않음으로써 달성되는 재판상의 비범죄화, 입법자에 의한 법률규정 그 자체의 폐지를 통한 입법상의 비범죄화가 가능하다.[17]

우선적으로 국가는 형법의 보충성원칙에 따라 단순히 사회윤리와 도덕에 맡길 수 있는 영역이 형법에 범죄로서 규정되어 있다면 이를 비범죄화하는 것이 합리적이다. 이러한 관점에서 현행 형법전에서 혼인빙자 간음죄(제304조)가 대표적인 비범죄화 대상으로 거론된다. 결혼해 주겠다고 거짓말을 하고 여자와 정을 통한 행위는 단순한 도덕적·윤리적 비난 대상에 불과하며 강간죄처럼 상대방의 법익을 강제로 침해하는 범죄실질은 없다는 것이다. 이처럼 단순히 도덕 또는 윤리의 위반에 해당하는 행위를 비범죄화함으로써 형법을 탈도덕화 내지 탈윤리화시켜야 한다는 관점에서 비범죄화 대상으로 거론되는 것으로는 간통죄, 낙태죄 및 단순도박죄 등이 있다.

17) 김창군, 비범죄화의 실현방안, 형사정책 제8호, 1996, 50면 이하.

그리고 최근에 제정된 '장기 등 이식에 관한 법률'은 뇌사를 사망 그 자체로 보지는 않았지만 의사가 뇌사 상태에 있는 환자로부터 장기를 적출하여 이식하는 행위에 대해 그 적법성을 인정하는 방법으로 비범죄화시켰다. 또한 소극적 안락사에 대한 비범죄화의 움직임도 현재 의료계에 의해 활발히 전개되고 있다. 비범죄화론은 특정 행위에 대한 법적 규제와 비규제라는 형사정책적 접근론이다. 그러나 비범죄화론이 자칫 범죄행위에 대한 사회적 동의를 의미하는 것으로 오인될 수 있는 점을 경계하여야 한다.

2) 다이버전의 개념

다이버전(diversion)이란 다양한 개념으로 사용되고 있지만 일반적으로는 공식적 형사절차로부터의 이탈과 동시에 사회내처우 프로그램에 위탁하는 것을 그 내용으로 한다. 이는 형사사법기관이 통상의 형사절차를 중단하고 이를 대체하는 새로운 절차로의 이행을 의미하며, 이를 통하여 형사제재의 최소화를 도모할 수 있다는 점에서 통상의 형사절차에 해당하는 보석이나 구속적부심사제도와는 차이가 있으며, 다이버전은 형사사법의 탈제도화(deinstitutionalization)라는 의미에서 낙인이론의 산물이라고 할 수 있다. 즉 낙인이론에서는 사회적 낙인이 일탈행동을 더욱 증가시킬 수 있으며, 기존의 사회통제체제가 범죄문제를 해결하기보다는 더욱 악화시킨다는 가정을 하며 이에 따라 다이버전운동(diversion movement)이 발생한 것이다.[18] 일부 낙인이론가들은 경미범죄의 경우에 형사처벌대상에서 제외하는 것이 오히려 사회에 이익이 된다는 급진적 무개입정책(radical non-intervention)을 주장하기도 한다.

일반 형사절차에서 다이버전은 진행 단계별로 체포 전 다이버전, 기소 전 다이버전, 공판절차 개시 전 다이버전으로 분류될 수 있으며, 주체에 따라 경찰에 의한 다이버전, 검사의 다이버전, 법원에 의한 다이버전이 있을 수 있다. 또한 통상의 형사절차로부터 이탈된 다이버전 대상자에 대한 처우 실시 여부에 따라 단순 다이버전과 개입형 다이버전(예: 범죄인에 대한 교육과 직업알선, 지역사회의 처우프로그램, 의학적 · 심리적 치료, 피해자에 대한 손해배상이나 화해)으로 나눌 수 있다.[19]

---

18) Akers, Criminological Theories, 2ed., 1997, p.104.
19) 이기헌, 낙인이론에 대한 비판적 고찰, 서울대학교 박사학위논문, 1988, 107면: 박상기 · 손동권 · 이순래 공저, 392면.

2. 경찰

경찰은 치안유지의 1차적인 책임을 진 기관으로 범죄의 예방과 진압기능을 모두 담당하고 있는데 현재 정부행정조직상 행정자치부의 외칭으로 되어 있다. 경찰은 형사정책의 최전방에 위치하여 국민의 생명과 신체, 재산 등을 실질적으로 보호하고 있으므로 이같은 기능을 실질적으로 행사할 수 있도록 필요한 권한이 주어져야 한다.

경찰은 국민의 일반 치안을 담당하는 일선기관이기 때문에 국민의 사생활 관계 이외의 일체의 분야에 개입하여 공공의 안녕과 질서유지의 직무를 수행하고 있는데 구체적으로는 범죄의 예방, 진압, 수사, 경비, 요인경호 및 대공관계업무, 치안정보의 수집, 작성, 배포, 교통의 단속, 위해를 말한다. 최근 파출소 관할지역을 중심으로 24시간 체제로 순찰활동을 하고 있으나 형식에 치우친 방지 등의 일체의 치안업무이다(경찰관직무집행법 제2조). 그러나 이 중 대표적인 것이자 경찰의 일상적인 활동은 범죄의 예방·진압과 수사관계활동 등일 것이다.

1) 범죄예방과 진압

경찰의 범죄예방활동은 일반적인 방범활동과 특별방범활동으로 나눌 수 있다.

일반적 방범활동은 범죄예방적 활동으로서 범죄의 기회나 유발요인을 제거하는 노력인데 순찰활동이나 외근 방문을 통해 범죄 발생의 가능 지역을 돌아보거나 호구조사, 불심검문, 경찰제지, 피난 등의 조치를 하며 필요한 경우에는 보호조치 및 각종 법령위반행위를 사전에 단속하는 일을 말한다. 최근 파출소 관할지역을 중심으로 24시간 체제로 순찰활동을 하고 있으나, 형식에 치우친 감이 있다. 주차질서 단속, 불법노점행위, 도로무단점유, 쓰레기 무단투기 등 기초질서 확립 차원에서 많은 위법적 요소가 있지만 이에 대한 구체적인 단속이 없는 것이 아쉽다.

특별방범활동은 특별한 대상이나 사항을 상대로 하는 방범활동인데 이것은 국민이나 지역민의 이해나 협력을 얻어 장기적, 지속적으로 실시함으로써 우범적인 요소를 순화시켜 가는 것이다. 범죄성이 큰 자들에 대한 순화교육이며 취업알선, 생활지도를 내용으로 하는 방범보도, 방범정보수집, 방범진단, 방범홍보 등이 있는데 우리나라도 이들 제도를 활성화하도록 노력하여야 할 것이다. 특히, 지역민들로 구성되는 자율방범활동을 육성, 지원함으로써 경찰활동을 보완할 수 있도록 활성화시키는 것이 좋다고 본다.

2) 범죄의 수사

범죄수사의 기능은 범죄가 발생했을 때 이에 대한 범인의 발견, 확보, 증거의 수집, 보전을 위한 활동을 총칭하는 것으로서 경찰은 검찰수사를 보조하는 입장에 있기 때문에 특히 초동수사에 있어 만전을 기해야 한다. 수사에 있어 경찰의 역할은 사건의 발생을 인지한 후 수사를 개시해야 하는데 수사의 단서는 주로 고소, 고발이겠으나 현행범 체포나 변사자의 검시, 불심검문, 신문기사나 소문 등에 의해서도 할 수 있다. 수사가 진행되면 일단 피의자의 신원을 확보하는 것이 문제인데 피의자의 신원을 확보하였을 때는 체포나 구속의 방법으로 신병을 확보하여야 할 것이고 피의자를 모르는 상태에서는 이를 밝히는 데 주력을 하게 된다. 어쨌든 발생된 범죄를 설명할 수 있는 증거를 다방면으로 수집해야 하는데 이 과정에서 상당한 전문성이 필요한 것이다.

경찰의 수사방법으로는 임의수사와 강제수사가 있으나 이론적으로 임의수사가 원칙이지만 현실적으로 강제수사가 대부분 활용되고 있다. 강제수사는 피의자에 대한 체포, 구속, 압수 수색, 검증, 현행범의 체포나 긴급체포 등이 있다. 사전영장이 필요하나 긴급체포 등의 경우는 사후영장제도를 인정하고 있다. 피의자를 체포, 구속하는 것은 증거인멸의 방지, 도주의 방지, 법정에의 출석을 확보하기 위한 필요 때문에 이 과정에서 인권침해와 관련된 문제들이 자주 발생되고 있다.

3. 검찰

범죄를 수사하고 공소를 제기하여, 법원에 법의 정당한 적용을 요구하는 국가행정작용이다. 현재 우리나라에서는 국가소추주의와 기소독점주의에 의해서 국가기관인 검사가 이 작용을 담당하고 있다. 즉 일반의 형사소송에 있어서는 검사가 국가기관으로서 검찰권을 행사한다. 검사는 각자가 단독제의 관청으로서 모두 자기의 이름으로 검찰사무를 행할 권한을 가지며, 각자가 국가기관으로서 의사를 결정 · 표시한다. 다만 검사동일체의 원칙에 따라 상명하복의 관계에 서지만, 직무상으로는 독립성을 가진다. 그 직무의 내용을 보면 형사상 공익의 대표자로서 ① 범죄수사, 공소제기와 그 유지에 필요한 행위, ② 범죄수사에 관한 사법경찰관리의 지휘감독, ③ 법원에 대한 법령의 정당한 적용의 청구, ④ 재판집행의 지휘 감독, ⑤ 국가를 당사자 또는 참가인으로 하는 소송과 행정소송의 수행 및 감독, ⑥ 다른 법령에 의하여 그 권한에 속하는 사항으로 민사상 금치산, 한정치산 선고를 신청하고, 부재자의 재산관리 및 회사의 해산명령을 청구하며, 외국 회사 지점의 폐쇄명령을 청구하는 등의 직무를 행한다. 검사의 임명에는 법관과 같이 엄격한 임명자격이 요구되는 반면, 정치적 압력을 배제하기 위하여 강력한 신분보장이 인정되고 있다.

기타 업무로 각 지방검찰청에서는 각 지역의 범죄예방위원들을 관리하며 선도조건부 기소유예제도의 활용을 위해 선도상담실을 운영하고 있다. 범죄예방을 위해서는 검찰은 별다른 활동을 하지 않는다. 대국민관계에 있어 일선 치안유지의 책임은 경찰에 있기 때문이다. 다만 검찰은 범죄 진압적인 입장에서 경찰을 지휘하여 수사에 주도적인 위치를 확보하는 데 불과한 제2선의 기관이다. 범죄피해자는 주로 경찰에 고소, 고발하겠지만 검찰에 직접 고소, 고발하는 경우도 있는데 이 때 검찰은 그 서류를 관할경찰로 넘겨서 경찰로 하여금 기초조사를 하도록 하고 있다.

1) 검찰조직과 검사동일체

검찰사무를 통괄하는 기관을 검찰청이라 하는데, 검찰청은 법무부에 소속한다. 검찰청은 법무부 장관을 정점으로 대검찰청 · 고등검찰청 · 지방검찰청의 3종이 있고, 각각 사법부인 대법원 · 고등법원 · 지방법원에 대응하여 설치되고 있다. 검찰청은 행정기관이지만, 그 기능과 조직이 사법권과 밀접한 관련이 있어서 준사법적 기능 또는 준사법적 기관이라고 일컬어진다. 검찰청은 검찰청법에 의하여 설치되며 검찰청의 공무원은 검사와 검찰청 직원으로 나눈다. 검사의 직급은 검찰총장 · 고등검사장 · 검사장 및 검사로 구분한다(검찰청법 제6조). 검찰청 직원으로는 검찰청에 관리관 · 검찰이사관 · 검찰부이사관 · 검찰서기관 · 수사서기관 · 검찰사무관 · 마약사무관 · 검찰주사 · 마약수사주사 · 검찰주사보 · 검찰서기보 · 마약수사서기보 및 별정직

공무원을 둔다(같은 법 제45조).

검사는 검찰을 구성하는 구성원으로 단독제 행정관청이지만 준사법기관으로서 지위가 보장되며 검찰권 행사에 있어서는 검사동일체의 원칙에 의해 상사의 명령과 지휘・감독에 복종해야 하는데 이는 범죄의 수사나 공소의 제기, 유지 및 재판의 집행 등의 검찰권을 행사함에 있어 전국적으로 균형을 이루게 함으로써 검찰권 행사에 공정을 기하고 전국적으로 통일된 수사망을 확립하여 범죄에 효율적으로 대처하기 위함이다.

검사동일체원칙의 내용은 ① 검사는 조직체를 이루고 있기 때문에 상명하복의 관계에 있다. 검찰총장과 각 검사장, 지청장 등은 검찰사무에 관하여 소속 검사를 지휘・감독하고 당해 검사는 이에 복종하여야 한다. ② 직무 승계와 이전의 권한인데 소속 검찰청의 장은 소속 검사의 직무를 자신이 처리하거나 다른 검사가 처리하도록 할 수 있다. 이 권한이 정치적으로 남용되면 담당검사는 맡은 사건을 소신껏 처리하는 도중에 검사 교체를 통해 수사활동을 왜곡할 수 있는 소지가 많다. ③ 직무대리권인데 각급 검찰청의 장이 유고시에는 차장검사가 자동적으로 소속장의 직무를 대리한다는 것이다. 이와 같은 내용의 검사동일체의 원칙은 장・단점이 각각 있다.

장점으로는 검사가 사건을 처리하는 도중에 전보나 퇴직을 하더라도 소송법상 전혀 문제가 없으므로 당해 사건이 재판에 계류 중이었을 경우 관여 검사가 경질이 되어도 공판절차를 갱신할 필요가 없다는 점이다.

2) 검사의 소송법상 지위

형사소송법상 검사는 많은 권한을 부여받고 있는 바 다음과 같다.

① 수사의 주체이다. 검사는 범죄의 혐의가 있다고 생각될 때는 범인, 범죄 사실과 증거를 수사해야 한다. 이 때 검사가 할 수 있는 수사과정상의 행위는 피의자의 신문, 참고인 조사, 피의자 구속, 체포, 긴급체포, 압수, 수색, 검증, 판사에 대한 영장청구권, 판사에 대한 강제처분청구권, 증거보전청구권, 수사지휘권, 수사종결권 등인데 해당 부서장인 검사가 이를 행한다.

② 공소의 주체인데 어느 나라건 간에 공소권은 검사가 독점으로 수행하는 검사의 고유 권한이다. 검사가 공소권을 행사함에 있어 적정을 기하기 위한 제도적인 장치

로서 불기소처분의 통지, 불기소이유의 통지, 재정신청, 검찰항고 등의 제도를 두고 있다. 즉 검사의 공소권 행사에 불만이 있는 경우는 위와 같은 제도를 활용함으로써 간접적으로 공소권 행사에 개입할 수 있다. 공소권자로서 검사는 재판이 진행되는 동안 소송당사자로서 원고의 지위를 갖게 되는데 공판정 출석권, 기소요지 진술권, 공판기일 변경신청권, 기피신청권, 피고인 신문권, 증거조사 신청권, 증거조사 참여권, 증인 신문권, 증거조사 후의 검사의 의견진술권, 변론재개 신청권, 공소장 변경 신청권, 상소권, 당사자로서의 권리를 가진다.

③ 법령의 정당한 적용의 청구권에 있어서도 독자적인 지위를 가지는데 비상상고 제도, 공소장의 적용법조 명시제도, 상소제도 등은 검사가 법원에 대하여 요구할 수 있는 권리이다.

④ 재판의 집행기관이다. 검사는 재판의 결과를 집행하는데 특히 사형, 자유형의 집행을 위하여 당사자를 확보하기 위해 형집행장을 발부하여 구인할 수 있다.

⑤ 인권옹호기관으로서의 지위인데 특히 경찰이 수사과정에서 혐의자나 피의자를 구금한 경우 구속장소인 유치장을 순방한다. 검사장이나 지청장은 불법체포, 구속의 유무를 조사하기 위해 검사로 하여금 관할 수사관서의 피의자 체포, 구속장소를 감찰하게 하고 감찰하는 검사는 체포·구속된 자를 신문하고 관련 서류를 조사할 수 있다. 이 결과 구속이나 체포가 적법한 절차에 의하지 않았다고 의심할 만한 상당한 이유가 있을 때에는 즉시 체포 또는 구속된 자를 석방하거나 사건을 검찰에 송치할 것을 명하여야 한다.

3) 기소편의주의

검사가 공소권을 행사함에 있어 사건을 검토한 결과 기소할 만한 사유가 못된다고 볼 때에는 불기소를 할 수 있는데 불기소처분에도 기소유예와 좁은 의미의 불기소로 나누어 볼 수 있다. 기소유예는 범죄혐의가 인정이 되고 법원에서 유죄판결을 할 가능성이 높음에도 형사정책적인 고려에서 일정한 기간 공소를 유예하는 것을 말한다.

기소편의주의는 적절하게만 운영이 되면 법원의 재판량을 경감시키고 범죄자에 대한 개별적 처우효과를 기할 수 있어 좋지만 이 제도가 악용되어 검사의 자의적인 판단이나 정치적인 압력에 의해 불공정하게 이용되면 검찰독재의 위험성이 내포되어 있다. 기소유예제도는 이렇게 활용하기에 따라서 약이 되고 독이 되기도 하는데 이 같은 폭넓은 재량권을 인정하는 이유는 형사정책적인 입장에서의 일반예방 내지 특별예방적 효과를 거둘 수 있기 때문이다.

특별예방적 관점에서는 단기자유형의 폐해를 방지할 수 있고 전과자라는 낙인이나 자격 상실 등을 회피할 수 있을 뿐 아니라 특히 검찰이 즐겨 사용하는 선도조건부 기소유예제도와 결합하여 범죄소년을 소년절차의 초기 단계에서 방향을 바꾸어 범죄예방자원봉사위원에 의한 선도, 보호를 받도록 하여 소년의 재범 방지와 재사회화에 기여하게 된다. 일반예방적 관점에서는 범죄예방을 고려하여 처벌의 필요가 없다고 볼 때 기소를 유예하는 경우이다.

인권의 측면에서 볼 때 피해자도 반드시 형사처벌을 원하지 않을 수도 있겠지만 범죄 행위로 인한 재산상, 정신적인 피해에 대해서는 반드시 가해자로부터 최소한의 보상을 받도록 검찰이 이 과정에서 최선을 다하여 중재(역할)를 해야 할 것인데 원만하게 수습이 안될 경우는 기소를 하는 이에 대한 제도적인 장치가 필요하다.

검사의 불기소 처분에 대해서도 이미 말한 대로 ① 재정 신청으로 고소, 고발인은 그 검사 소속의 고등검찰청에 대응하는 고등법원에 그 처분의 합당성 여부를 심사해 주도록 청구하는 것인데(형소법 제260조 제1항) 이를 재판상준기소절차라고 한다. 그러나 모든 사건에 적용되는 것은 아니고 형법 제123조의 타인의 권리행사방해죄, 제124조의 불법체포, 감금죄, 제125조의 폭행가혹행위죄 등 공무원의 직권남용죄에 대해서만 가능하도록 되어 있다. 재정신청은 불기소통지를 받은 날로부터 10일 이내에 서면으로 해야 한다. ② 헌법소원으로도 가능하다. 즉, 고소, 고발인은 검사의 불기소처분에 대해 그로 인해 헌법상 보장된 기본권이 침해되었다고 볼 때는 헌법재판소에 소원할 수 있는 것이다. 이 때는 검찰항고나 재정신청 절차를 먼저 거쳐야 한다(헌재법 제68조 제1항). ③ 항고, 재항고인데 이것은 일반적으로 널리 활용되고 있는 제도이다. 검사의 불기소 처분에 불복이 있는 고소, 고발인은 그 검사가 소속하고 있는 지방검찰청이나 지청을 거쳐 서면으로 관한 고등검찰청 검사장에게 항고할 수 있고 이 항고를 기각한 경우에는 검찰총장에게 재항고도 할 수 있다(검찰청법 제10조 제1항, 제2항). 이와 같은 검찰항고는 검사의 불법, 부당한 불기소처분에 대해 검찰 내부에서 재검토하게 함으로써 신속하게 시정을 촉구하는 제도이기는 하나 검사동일체원칙의 현행 제도하에서 효율성에는 의문을 제기할 수 있다. 검찰항고는 불기소통지를 받은 날로부터 30일 이내에 해야 하며, 항고인에게 책임없는 사유로 인해 항고를 못했음을 소명한 때는 그 사유가 없어지는 날로부터 항고기간 30일을 기산한다. 기소 중지의 사유가 없어졌거나 새로운 증거가 발견된 때에는 그 사유를 소명하면 항고기간을 경과한 후에도 항고할 수 있다(검찰청법 제10조 제4항). 고소, 고발인이 검사의 처분에 불만이 있어 고등법원에 재정신청을 한 건에 대해서는 검찰항고를 할 수가 없다. 검찰항고서를 송부받은 고등검찰청에서는 항고가 이유 있다고 생각되면 당해 지방검찰청이나 지청에 재수사를 지시한다. 검찰항고는 서면으로서만 가능하다.

4. 법원

법원은 범죄자에 대한 대책에 있어 최종적인 처분을 하는 기관인데 경찰이나 검찰의 역할은 결국 법원의 정당한 처분에 협력하는 입장에 있는 것이다. 형사재판은 범죄자의 범죄행위에 대해 기계적, 자동적으로 법을 적용하는 것이 아니고 재판과정을 통해 피해자의 감정과 피고인의 심적 상황 등 가변적인 상황적 요소들을 면밀히 파악하여 범죄 방지와 범죄자의 재사회화를 위한 그러면서도 피해자의 입장을 충실히 고려하여 합리적으로 결론을 도출함으로써 재판의 형사정책적 기능을 실질적으로 구현하여야 하는 것이다.

1) 재판의 기능

검사가 사건을 기소하게 되면 최종적인 처리는 법원에서 하게 되는데 법원은 증거에 입각하여 검사의 주장의 타당성을 판단하여 피고인에게 형벌을 가할 것인지의 여부를 결정하게 된다. 유죄를 인정하더라도 형벌의 종류와 양을 결정해야 하는데 이 양형의 과정을 통해 범죄자에 대해서는 그가 행한 행위에 대한 응분의 처분받게 하지만 동시에 범죄자에 대한 갱생이나 양심 회복을 위한 교육기능도 가지며, 일반 국민에게도 범죄자가 처벌되는 과정을 통해 법을 지키며 살아야겠다는 인식을 가르치게 됨과 아울러 동시에 사회의 정의구현 내지 회복하게 되는 것이다. 이와 같이 사건 하나 하나의 재판을 통해 범죄인과 일반인에게는 범죄행위의 결과가 어떻다는 것을 깨닫게 함으로써 위하적인 기능을 갖게 되고 국가나 사회를 위해서는 준법정신의 함양을 통한 질서유지에 협력하는 형사정책적으로 커다란 영향을 미치는 결과가 된다.

형법 각칙에서는 각 범죄에 따른 형의 상한과 하한의 폭이 광범위하여 법관의 재량권이 너무 크다는 점도 있으나 법관 입장에서도 너무 융통성이 큰 재량의 여지 때문에 양형에 고민할 경우도 많다. 양형의 과정에서 문제되는 것은 ① 양형의 근거, ② 범죄자의 인적 특질과 범행에 조화를 이룬 적정절차에 입각했는가 여부, ③ 지역간, 시기적으로 양형 정도에 차이는 없는가, ④ 외국의 동종 사건과 비교할 때 문제가 없는가, ⑤ 검사의 구형과 양형, 법관의 인적 특질과 양형과의 상관관계 등이다.

2) 형의 유예제도

재판과정에서 형이 경미하거나 특별히 참작할 사유가 있을 때에는 유죄를 인정하여 일정한 형을 선고하더라도 이를 일정기간 동안 유예하는 제도가 바로 집행유예이며, 선고유예는 집행유예보다도 더 엄격하여 초범인 경우 질적으로나 양적으로 범죄가 경미한 경우에 선고 자체를 유예하는 경우이다. 이 제도들은 범죄자에게 실형을 집행하지 않은 채 사회생활을 하도록 하면서 자신의 행위에 대한 반성을 촉구한다는 점에서 경우에 따라서는 유용한 제도인데 최근에는 이들을 보호관찰, 사회봉사명령, 수강명령에 붙임으로써 제도의 효율성을 높이고 있다.

제6절 소년사법처우

소년범죄는 성인범에 비하여 상습성의 정도가 약하여 개선 가능성이 크다는 점 등을 이유로 통상의 형사절차와는 다른 특별한 처우절차를 두고 있는데 보호처분의 의의와 이에 관련된 법률을 살펴보고, 소년형사사건의 특징과 원칙, 비행소년과 소년수형자의 처우를 설명하고자 한다. 다음 〈표 10-1〉은 소년보호사건처리절차도이다.

〈표 10-1〉 소년보호사건처리절차도(범죄예방정책국)[20]

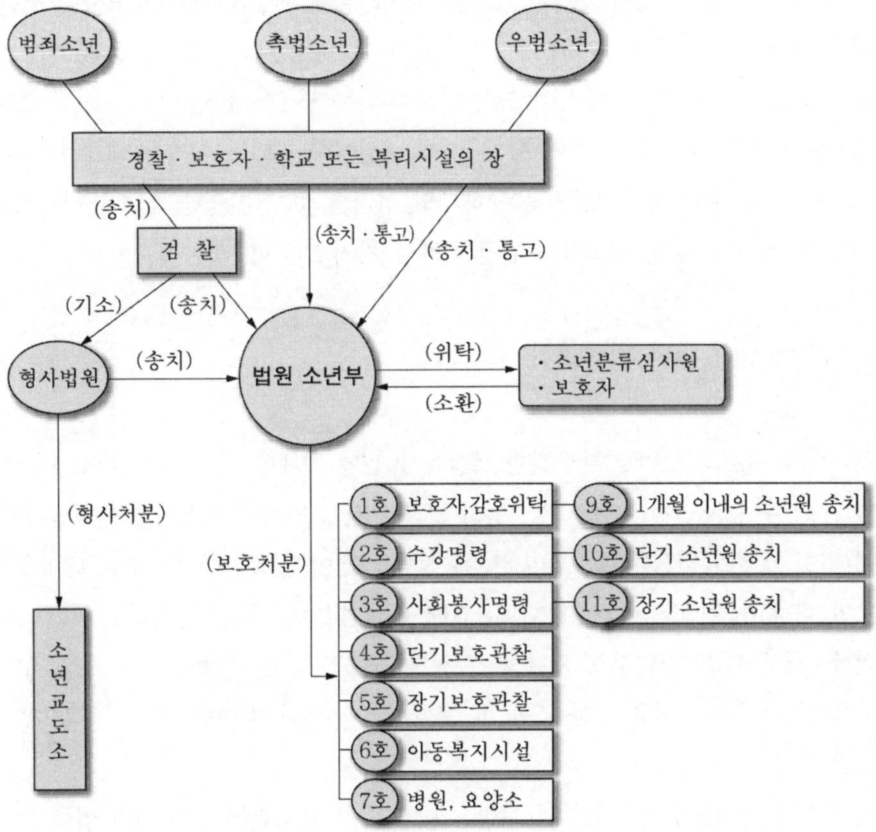

1. 보호처분의 의의

보호처분은 ① 죄를 범한 소년, ② 형벌법령에 저촉되는 행위를 한 10세 이상 14세 미만의 소년, ③ 보호자의 정당한 감독에 복종하지 않는 성벽이 있거나, 정당한 이유 없이 가정에서 이탈하거나, 범죄성 있는 자 또는 부도덕한 자와 교제하거나 자기 또는 타인의 덕성을 해롭게 하는 성벽이 있으면서 동시에 장래 형벌 법령에 저촉

20) 소년법 제32조가 종래 1호처분에서 7호처분이었으나 소년법 개정으로 2008년 6월 22일부터 1호처분에서 10호처분으로 변경되어 처분되고 있다.

되는 행위를 할 우려가 있는 10세 이상의 소년에 대한 교화·개선·보호를 위해 소년의 환경 조정 또는 성행교정에 필요한 처분을 말한다. 따라서 보호처분은 소년의 비행에 대한 책임을 묻는 수단으로 기능하기보다는 소년의 범죄위험성에 대처하기 위한 수단으로서 보안처분의 일종으로 이해해야 한다. 그 대상이 되는 소년 가운데 범죄소년이 포함되어 있고, 보호처분은 이에 대하여 부과되는 형벌을 대체하는 수단으로 사용되기 때문이다. 보호처분은 해제의 성격은 없고 미숙한 소년을 사회에 잘 적응할 수 있도록 육성, 교화하기 위한 목적을 가지고 있다.[21]

2. 소년보호에 관한 법률과정

우리나라 최초의 소년보호에 관한 법률은 1942년 일제에 의해 실시된 조선소년령이었다. 그 후 1958년에는 현행 소년법의 근간이 된 소년법이 제정되었고 지금까지 4차에 걸친 개정이 있었다. 특히 1988년에 전면 개정이 있었는데, 그 주요 내용을 살펴보면 다음과 같다.[22] ① 소년호보사건에서 적법절차원칙을 강조, ② 보호처분이 현실화·세분화, ③ 소년부 송치결정 시 신병처리 근거 및 책임에 대한 규정, ④ 사형·무기형의 금지연령을 상향 조정, ⑤ 보호사건에 대한 밀행주의를 구체적으로 명시하고 있다.

이 밖에도 소년보호에 관한 법률로는 소년원법,[23] 보호관찰 등에 관한 법률,[24] 아동복지법,[25] 청소년보호법[26] 등이 있으나 개별 법률마다 소년의 보호방법에서 소년법과 차이가 있다. 소년원법은 소년원과 소년분류심사원의 조직과 기능 그리고 기타

21) 배종대, 앞의 책. 472-473면.

22) 개정요강은 18세 이상의 소년이 살인·강도·강간죄를 범하였거나 상습범은 보호처분의 대상에서 제외하였으나, 개정법률에는 반영되지 않았다. 실제로 미국 일리노이 주는 살인·강도·강간죄를 소년법원의 관할에서 제외하고, 일본도 사형·무기 또는 단기 3년 이상의 징역 또는 금고에 해당하는 범죄를 저지른 소년을 소년법의 보호대상에서 제외하고 있다.

23) 1988. 12. 31. 법률 제4058호 전면 제정(1990. 12. 27. 법률 제4268호로 개정, 전문6 장 53조 및 부칙).

24) 1995. 1. 5. 법률 제4933호 전면 개정. 원래 명칭은 보호관찰법이었으나 1995년의 전면 개정으로 이름이 바뀌었다.

25) 1981. 4. 13. 법률 제3438호 전면 개정.

26) 1997. 3. 7. 법률 제 5297호 제정. 같은 해 7. 1.일 시행 1999.2.5일 이 법이 개정됨에 따라 미성년자보호법은 폐지.

소년의 교정교육 등에 관해 소년형벌이 어떻게 구성되어야 하는가를 내용으로 하고, 소년법은 소년범죄자의 건전한 육성을 위해 어떠한 보호조치와 형사처분을 해야 하는가를 다루고 있다. 즉 전자는 후자의 목적, 즉 소년범죄자의 건전한 육성을 구체적으로 실현하기 위한 법률이라고 할 수 있다. 보호관찰 등에 관한 법률은 소년법 제32조 제1항 2, 3호에 의해 보호관찰처분을 받은 보호소년을 지도·원호함으로써 건전한 사회복귀를 촉진하고 효율적인 범죄예방활동을 전개하여 개인 및 공공의 복지 증진과 사회보호를 목적으로 하는 점에서 반사회성 있는 소년의 환경 조정과 성행교정을 위한 보호조치와 형사처분을 규정하는 소년법과 구별된다.

아동복지법은 18세 미만의 아동이 건전하게 출생하여 행복하고 건강하게 육성되도록 그 복지를 보장하는 방법, 즉 아동의 건전한 육성환경을 마련함으로써 아동을 보호하기 위한 목적을 가지고 있다. 청소년보호법은 19세 미만의 청소년에게 유해한 매체물과 약물 등이 유통되는 것과 청소년이 유해한 업소에 출입하는 것 등을 규제하고 청소년을 청소년폭력·학대 등 청소년 유해행위를 포함한 각종 유해한 환경으로부터 보호·구제하는 것을 목적으로 한다. 청소년보호법은 소년보호를 내용으로 하는 점에서 소년법과 동일한 목적을 가지고 있지만, 청소년을 각종의 유해환경으로부터 보호·구제함으로써 범죄원인이 되는 요인을 제거하겠다는 간접적이면서도 광범위한 방법을 사용한다. 이에 반해 소년법을 비롯한 기타 소년보호관련법률은 미성년자, 아동 및 청소년들에게 직접 비행행위를 하지 못하게 금지하고 이에 위반하면 대상이 되는 소년을 직접 처벌함으로써 그들을 보호한다는 직접적 방법을 사용한다.

3. 소년보호의 원칙

소년범죄인을 특별히 처우해야 하는 이유는 성장발육기와 인격형성 단계에 있다는 범죄 주체의 특성 때문이다. 인격의 미성숙은 한편으로는 범죄오염의 가능성을 높여 주지만, 다른 한편으로는 특별한 보호와 처우를 통해 범죄감염으로부터 쉽게 벗어날 수 있는 이유가 될 수도 있다. 이러한 점으로 인하여 소년이 건전하게 자랄 수 있는 사회환경을 조성하는 동시에 문제소년의 비행원인을 제거함으로써 소년과 사회를 범죄로부터 보호해야 할 필요성이 있는 것이다. 이와 같은 소년보호정책의 이념은 범죄가 발생하기 전에 범죄를 예방하고, 범죄인의 처벌보다 사회에 대한 적응을 쉽게 할 수 있도록 교육에 중점을 두는 것을 특징으로 한다. 이는 범죄인에 대한 적극적 보호와 범죄인의 사회복귀를 위한 교육을 내용으로 하는 현재 형사정책의 이념에도 일치된다. 소년보호이념은 다음과 같은 원칙을 내용으로 한다.[27)]

1) 인격주의

인격주의는 소년을 보호하기 위하여 소년의 행위·태도에서 나타난 개성과 환경을 중시하는 것을 말한다. 소년보호절차는 교육기능 및 사법기능을 동시에 수행해야 하기 때문에 객관적 비행사실만 중요하게 취급되어서는 안 되고, 소년의 인격과 관련된 개인적 범죄 특성도 함께 고려하여야 한다.

2) 예방주의

예방주의는 소년법의 목적을 범행한 소년의 처벌이 아니라 이미 범행한 소년이 더 이상 범죄를 범하지 않도록 하고 그리고 장차 죄를 범할 우려가 있는 우범소년이 범죄에 빠지지 않도록 범죄예방에 비중을 두는 것을 말한다.

3) 개별주의

개별주의는 소년사건에서 소년보호조치를 취할 때 소년 개개인을 1건의 독립된 사건으로 취급하는 것을 말한다. 이는 범죄인에게 알맞은 처우를 찾는 형벌의 개별화 이념을 기초로 구체적 인간을 대상으로 한다. 인간은 서로 다른 개성을 가지고 있고 다른 환경 속에서 범죄를 저지른다는 것을 전제로 한다. 그러므로 성인범죄의 경우와 마찬가지로 소년사건에서도 조사를 할 때 행위자의 개별적 범죄성향을 파악하는 데 치중해야 한다. 특히 소년은 인격 등 성장과정에 있기 때문에 개별적 보호와 처우를 통해 비교적 쉽게 사회에 적응시킬 수 있기 때문이다.

4) 과학주의

예방주의와 개별주의를 추구하기 위해서는 반드시 소년의 범죄환경에 대한 연구와 소년범죄자에게 어떤 종류의 형벌을 어느 정도 부과하는 것이 적당한가에 대한 연

27) 배종대, 앞의 책, 458-461면 이하.

구・검토가 필요하다. 그러므로 소년범죄에 대한 법률의 단순한 적용보다 소년을 교육하고 보호하는 데 적합한 대책을 전문가의 의견을 들어 결정하는 것이 중요하다.

5) 교육주의

교육주의는 반사회성이 있는 소년의 건전한 육성을 위한 환경 조성과 성행의 교정에 필요한 보호처분을 행하고, 형사처분을 할 때 특별한 조치를 취해야 한다는 것을 말한다. 다시 말하면 소년범죄에 대해서는 처벌을 위주로 할 것이 아니라 치료・개선을 우선해야 한다는 것을 의미한다. 따라서 소년보호절차와 보호활동의 모든 과정에 걸쳐 교육적 정신이 관철되어야 한다. 특히 소년범은 성인범에 비해 범죄감염이 쉬운 만큼 교육적 효과도 쉽게 거둘 수 있다는 것을 염두에 두고 성격결함, 가정환경, 사회환경의 개선에 교육주의의 정신을 반영해야 한다.

6) 협력주의

협력주의는 효율적 소년보호를 위해 국가는 물론이고 소년의 보호자를 비롯한 민간단체 등이 서로 협력해야 한다는 것을 말한다. 사법으로서 국가권력은 소년보호수단을 강구할 때 그 다양성이나 포괄성 등에서 흠결이 있기는 하지만 소년보호조치를 강제할 수 있는 국가적 권위를 가지고 있다. 다른 한편 소년의 보호자를 포함한 민간단체는 국가기관의 힘이 미칠 수 없는 부분까지 보호조치를 취할 수 있지만 실천의 강제성에서는 한계가 있다. 그러므로 효율적 소년보호를 위해서 양자의 장점을 서로 보완시킬 수 있는 협력관계를 유지하는 것이 무엇보다도 필요하다. 예컨대, 소년호보정책의 국가독점을 지양하고 소년보호 관련민간단체, 교육기관, 가정 등의 협력을 이끌어내야 한다.

7) 밀행주의

밀행주의는 보호소년을 개선하여 사회생활에 적응시키고 건전하게 육성하기 위해서는 문제소년을 가급적이면 노출시키지 않아야 한다는 것을 의미한다. 만일 소년의 과거 비행이 노출되면 사회로부터 전과자라는 낙인이 찍혀 사회진출이 어려운 것은 물론이고, 그로 인해 미래에 대한 희망을 포기하는 원인이 될 수도 있기 때문이다. 따라서 밀행주의 소년의 제68조 제1항도 조사 또는 심리 중에 있는 보호사건 또는 형사사건에 대해 성명, 연령, 직업, 용모 등에 의하여 그 자가 당해 본인으로 추지할 수 있는 정도의 사실이나 사진을 신문 기타 출판물에 게재 또는 방송할 수 없다고 규정하고 있다.

4. 소년형사사건의 특징[28)]

1) 심리절차상의 특칙

(1) 심리의 분리

소년에 대한 형사사건의 심리는 다른 피의사건과 관련된 경우에도 심리에 지장이 없으면 그 절차를 분리하여야 한다(소년법 제57조). 이는 소년에 대한 처우를 개별화하기 위한 것으로서, 다른 성년 피고사건 또는 다른 소년 피고사건과 함께 심리할 경우 대상 소년에 대한 개별화된 처우 결정이 사실상 곤란하게 된다는 것을 고려한 것이다. 실무상 모든 소년사건에 대하여 일률적으로 위 규정에 따라 절차를 진행할 수는 없겠지만, 가급적 위 규정의 취지가 반영될 수 있도록 운영의 묘를 발휘할 필요가 있다고 하겠다.

(2) 심리의 방침

소년에 대한 형사사건의 심리는 친절하고 온화하게 하여야 하고(소년법 제58조 제1항), 소년의 심신 상태, 성행, 경력, 가정 상황, 기타 환경 등에 대하여 정확한 사실을 규명함에 특별한 유의를 하여야 한다(같은 조 제2항).

소년형사사건에 대하여는 빠른 심리를 위하여 공소가 제기되면 통상의 공소제기 순서에 따르지 아니하고 지체없이 다른 사건에 우선하여 심리기일을 지정하여야 한다(형소규칙 제179조). 소년사건의 경우에는 수감기간이 길어질수록 피고인에게 미치는 악영향이 크므로 가급적 신속하게 사건을 처리함으로써 범죄로부터의 오염을 방지할 필요가 있다고 할 것이다. 현재 대다수 법원에서 소년전담 재판부를 두고 있으나, 업무여건상 전담재판부를 설치할 수 없는 경우에도 위 규정의 취지에 따라 신속한 처리를 도모하여야 할 것이다.

28) 법원행정처, 『새로운 형사재판 실무』, 2002, 128-132면.

2) 처분상의 특칙

(1) 사형, 무기형의 완화

죄를 범한 때에 18세 미만인 소년에 대하여는 사형 또는 무기형으로 처할 것인 때에는 15년의 유기징역으로 하며(소년법 제59조), 다만 특정 강력범죄를 범한 때에는 20년의 유기징역으로 한다(특정강력범죄의 처벌에 관한 특례법 제4조 제1항). 기준시점은 변론 종결 시나 판결선고 시가 아닌 "행위시"임을 유의할 필요가 있다. 사형 또는 무기형은 법정형이 아닌 처단형을 기준으로 하며, 이때에는 부정기형을 선고하는 것이 아니라 정기형인 15년의 유기징역형을 선고하여야 한다. 경합범 가중 결과 처단형의 상한이 징역 15년 또는 20년(특정강력범죄에 해당하는 경우)을 초과하는 경우에도 그 이상의 형을 선고할 수 없는 것으로 해석함이 일반적인 견해이다.

(2) 부정기형

소년이 법정형 장기 2년 이상의 유기형에 해당하는 죄를 범한 때에는 그 법정형기의 범위 내에서 장기와 단기를 정하여 선고하되, 장기는 10년, 단기는 5년을 초과하지 못한다(소년법 제60조 제1항). 다만 특정강력범죄를 범한 경우에는 장기는 15년, 단기는 7년을 초과하지 못한다(특정강력범죄 처벌에 관한 특례법 제4조 제2항). 기준시점은 행위시가 아닌 "판결선고시"이며, 법정형이 사형, 무기징역으로만 규정되어 있는 경우에는 감경하더라도 정기형을 선고하여야 한다. 피고인이 항소심 심리 중에 성년이 되면 정기형을 선고하여야 하고, 이 경우 단기형을 기준으로 불이익변경금지의 원칙이 적용된다.

그러나 행형 실무는 통상 장기를 기준으로 집행되고 있으므로 양형을 함에 있어서도 이러한 점을 고려하여야 한다.

(3) 법률상 감경

소년의 특성에 비추어 상당하다고 인정되는 때에는 그 형을 감경할 수 있다(소년법 제60조 제2항). 소년의 경우 성인보다 책임능력이 미약하다는 점을 고려한 규정이다.

(4) 성범죄의 경우 필요적 보호관찰

성폭력범죄를 범한 자가 소년인 경우 형의 선고를 유예할 때에는 반드시 1년 동안 보호관찰을 받을 것을 명하여야 하며, 형의 집행을 유예할 경우에는 반드시 그 집행유예기간 내에서 일정한 기간 동안 보호관찰·사회봉사 또는 수강을 받을 것을 명하여야 한다(성폭력범죄의 처벌 및 피해자보호 등에 관한 법률 제16조). 법문상 불분명한 점은 있으나, 집행유예를 선고하는 경우 보호관찰은 반드시 명해야 하고 이와 더불어 사회봉사명령 또는 수강명령 중 어느 하나를 병과해야 하는 것으로 해석함이 상당하다.[29] 따라서 집행유예를 선고하는 경우에는 보호관찰+사회봉사명령, 보호관찰+수강명령, 보호관찰+사회봉사명령+수강명령의 주문만이 가능하다고 할 것이다.

(5) 환형처분의 금지

18세 미만인 소년에 대하여는 벌금에 대한 환형유치선고를 하지 못한다. 다만 판결선고 전 구금일수나 소년분류심사원에 위탁된 임시조치기간은 노역장에 유치된 것으로 보아 형법 제57조를 적용할 수 있다(소년법 제62조). 위 단서에 따라 미결구금일수 등을 벌금에 관한 환형유치기간에 산입하는 경우의 주문 형식은 다음과 같다.

〈주문 기재례〉

이 판결선고 전에 구금일수(또는 위탁기간) 23일을 1일 금 30,000원으로 환산하여 위 벌금액에 산입한다.

(6) 소년부송치

법원은 소년에 대한 피고사건을 심리한 결과 벌금 이하의 형에 해당하는 범죄이거나 보호처분에 해당할 사유가 있다고 인정한 때에는 결정으로써 사건을 관할 소년부에 송치하여야 한다. 소년부송치를 할 수 있는 연령에 관하여 특별한 제한이 있는 것은 아니지만, 일반적으로 18세 이상의 소년에 대하여는 소년법이 예상하는 교육적인 기능이 대단히 제한적이라는 점, 18세 이상인 자의 범행이 날로 흉포화, 전문화되고 있는 실정 등을 감안할 때 18세 이상의 소년에 대하여 소년부 송치 결정을 함에 있어서는 신중한 판단이 요망된다 하겠다.

---

29) 법원실무제요, 소년·비송, 300면.

(7) 자격에 관한 법령의 적용

소년으로 범한 죄에 의하여 형의 선고를 받은 자가 그 집행을 종료하거나 집행의 면제를 받은 때에는 자격에 관한 법령의 적용에 있어서는 장래에 향하여 형의 선고를 받지 아니한 것으로 본다(소년법 제67조). '소년으로 범한 죄'란 범죄 시 소년임을 의미하고 형선고 시 또는 현재 소년임을 필요로 하는 것은 아니다. 공무원이 되는 자격, 공법상의 선거권, 피선거권, 공법상의 업무에 관한 자격, 상법상 법인의 이사나 감사 또는 지배인이 되는 자격 등이 이에 해당한다.

5. 현행 소년법의 검토[30]

1) 소년법 적용 연령 상한선 하향 조정(제2조)

제2조(소년 및 보호자) 이 법에서 "소년"이란 19세 미만인 자를 말하며, "보호자"란 법률상 감호교육(監護敎育)을 할 의무가 있는 자 또는 현재 감호하는 자를 말한다.[전문개정 2007.12.21]

2) 촉법소년 및 우범소년의 연령 하향 조정(제4조1항2호)

제4조(보호의 대상과 송치 및 통고) ① 다음 각 호의 어느 하나에 해당하는 소년은 소년부의 보호사건으로 심리한다.

1. 죄를 범한 소년
2. 형벌 법령에 저촉되는 행위를 한 10세 이상 14세 미만인 소년
3. 다음 각 목에 해당하는 사유가 있고 그의 성격이나 환경에 비추어 앞으로 형벌 법령에 저촉되는 행위를 할 우려가 있는 10세 이상인 소년
   가. 집단적으로 몰려다니며 주위 사람들에게 불안감을 조성하는 성벽(性癖)이 있는 것
   나. 정당한 이유 없이 가출하는 것
   다. 술을 마시고 소란을 피우거나 유해환경에 접하는 성벽이 있는 것

---

30) 본 소년법은 2008년 6월 22일부터 많은 부문이 개정되어 시행되는 내용으로, 소년 비행 및 보호관찰과 관련한 중요 부문을 간추려 설명하고자 한다.

② 제1항 제2호 및 제3호에 해당하는 소년이 있을 때에는 경찰서장은 직접 관할 소년부에 송치(送致)하여야 한다.

3) 보호관찰소장의 통고처분 신설(제4조3항)

제4조(보호의 대상과 송치 및 통고) ① 다음 각 호의 어느 하나에 해당하는 소년은 소년부의 보호사건으로 심리한다.

1. 죄를 범한 소년
2. 형벌 법령에 저촉되는 행위를 한 10세 이상 14세 미만인 소년
3. 다음 각 목에 해당하는 사유가 있고 그의 성격이나 환경에 비추어 앞으로 형벌 법령에 저촉되는 행위를 할 우려가 있는 10세 이상인 소년
   가. 집단적으로 몰려다니며 주위 사람들에게 불안감을 조성하는 성벽(性癖)이 있는 것
   나. 정당한 이유 없이 가출하는 것
   다. 술을 마시고 소란을 피우거나 유해환경에 접하는 성벽이 있는 것

② 제1항 제2호 및 제3호에 해당하는 소년이 있을 때에는 경찰서장은 직접 관할 소년부에 송치(送致)하여야 한다.

③ 제1항 각 호의 어느 하나에 해당하는 소년을 발견한 보호자 또는 학교·사회복리시설·보호관찰소(보호관찰지소를 포함한다. 이하 같다)의 장은 이를 관할 소년부에 통고할 수 있다.[전문개정 2007.12.21]

4) 보호관찰소에 대한 법원의 결정전조사 의뢰(제12조)

제12조(전문가의 진단) 소년부는 조사 또는 심리를 할 때에 정신과의사·심리학자·사회사업가·교육자나 그 밖의 전문가의 진단, 소년 분류심사원의 분류심사 결과와 의견, 보호관찰소의 조사결과와 의견 등을 고려하여야 한다.[전문개정 2007.12.21]

5) 소년심리절차에서 국선보조인제도 신설(제17조의2)

제17조의2(국선보조인) ① 소년이 소년분류심사원에 위탁된 경우 보조인이 없을 때에는 법원은 변호사 등 적정한 자를 보조인으로 선정하여야 한다.

② 소년이 소년분류심사원에 위탁되지 아니하였을 때에도 다음의 경우 법원은 직

권에 의하거나 소년 또는 보호자의 신청에 따라 보조인을 선정할 수 있다.

1. 소년에게 신체적 · 정신적 장애가 의심되는 경우
2. 빈곤이나 그 밖의 사유로 보조인을 선임할 수 없는 경우
3. 그 밖에 소년부 판사가 보조인이 필요하다고 인정하는 경우

③ 제1항과 제2항에 따라 선정된 보조인에게 지급하는 비용에 대하여는 「형사소송비용 등에 관한 법률」을 준용한다. [본조신설 2007.12.21]

6) 소년심리절차에 피해자 진술권 보장(제25조의2)

제25조의2(피해자 등의 진술권) 소년부 판사는 피해자 또는 그 법정대리인 · 변호인 · 배우자 · 직계친족 · 형제자매(이하 이 조에서 "대리인등"이라 한다)가 의견진술을 신청할 때에는 피해자나 그 대리인등에게 심리 기일에 의견을 진술할 기회를 주어야 한다. 다만, 다음 각 호의 어느 하나에 해당하는 경우에는 그러하지 아니하다.

1. 신청인이 이미 심리절차에서 충분히 진술하여 다시 진술할 필요가 없다고 인정되는 경우
2. 신청인의 진술로 심리절차가 현저하게 지연될 우려가 있는 경우 [본조신설 2007.12.21]

7) 소년심리절차에서 화해권고 신설(제25조의3)

제25조의3(화해권고) ① 소년부 판사는 소년의 품행을 교정하고 피해자를 보호하기 위하여 필요하다고 인정하면 소년에게 피해 변상 등 피해자와의 화해를 권고할 수 있다.

② 소년부 판사는 제1항의 화해를 위하여 필요하다고 인정하면 기일을 지정하여 소년, 보호자 또는 참고인을 소환할 수 있다.

③ 소년부 판사는 소년이 제1항의 권고에 따라 피해자와 화해하였을 경우에는 보호처분을 결정할 때 이를 고려할 수 있다. [본조신설 2007.12.21]

8) 독립처분으로서 수강명령과 사회봉사명령제도 도입(제32조1항2,3호)

9) 1개월 이내의 소년원 송치제도 도입(제32조1항8호)

제32조(보호처분의 결정) ① 소년부 판사는 심리 결과 보호처분을 할 필요가 있다고 인정하면 결정으로써 다음 각 호의 어느 하나에 해당하는 처분을 하여야 한다.

1. 보호자 또는 보호자를 대신하여 소년을 보호할 수 있는 자에게 감호 위탁
2. 수강명령
3. 사회봉사명령
4. 보호관찰관의 단기(短期) 보호관찰
5. 보호관찰관의 장기(長期) 보호관찰
6. 「아동복지법」에 따른 아동복지시설이나 그 밖의 소년보호시설에 감호 위탁
7. 병원, 요양소 또는 「보호소년 등의 처우에 관한 법률」에 따른 소년의료보호시설에 위탁
8. 1개월 이내의 소년원 송치
9. 단기 소년원 송치
10. 장기 소년원 송치

10) 아동복지시설, 소년보호시설 감호위탁과 보호관찰 병과 가능(제32조2항3,4호)

11) 1개월 이내 소년원 송치와 장기 보호관찰 병과 가능(제32조2항5호)

② 다음 각 호 안의 처분 상호 간에는 그 전부 또는 일부를 병합할 수 있다.

1. 제1항제1호 · 제2호 · 제3호 · 제4호 처분
2. 제1항제1호 · 제2호 · 제3호 · 제5호 처분
3. 제1항제4호 · 제6호 처분
4. 제1항제5호 · 제6호 처분
5. 제1항제5호 · 제8호 처분

12) 사회봉사명령, 수강명령 부과연령 하향조정(제32조3, 4항)

③ 제1항 제3호의 처분은 14세 이상의 소년에게만 할 수 있다.

④ 제1항 제2호 및 제10호의 처분은 12세 이상의 소년에게만 할 수 있다.

⑤ 제1항 각 호의 어느 하나에 해당하는 처분을 한 경우 소년부는 소년을 인도하면서 소년의 교정에 필요한 참고자료를 위탁받는 자나 처분을 집행하는 자에게 넘겨야 한다.

⑥ 소년의 보호처분은 그 소년의 장래 신상에 어떠한 영향도 미치지 아니한다.

[전문개정 2007.12.21]

13) 보호관찰처분의 부가처분 신설(제32조의2)

제32조의2(보호관찰처분에 따른 부가처분 등) ① 제32조 제1항 제4호 또는 제5호의 처분을 할 때에 3개월 이내의 기간을 정하여 「보호소년 등의 처우에 관한 법률」에 따른 대안교육 또는 소년의 상담・선도・교화와 관련된 단체나 시설에서의 상담・교육을 받을 것을 동시에 명할 수 있다.

② 제32조 제1항 제4호 또는 제5호의 처분을 할 때에 1년 이내의 기간을 정하여 야간 등 특정 시간대의 외출을 제한하는 명령을 보호관찰대상자의 준수 사항으로 부과할 수 있다.

③ 소년부 판사는 가정상황 등을 고려하여 필요하다고 판단되면 보호자에게 소년원・소년분류심사원 또는 보호관찰소 등에서 실시하는 소년의 보호를 위한 특별교육을 받을 것을 명할 수 있다. [본조신설 2007.12.21]

14) 단기보호관찰 기간의 연장(제33조2항)

제33조(보호처분의 기간) ① 제32조제1항제1호・제6호・제7호의 위탁기간은 6개월로 하되, 소년부 판사는 결정으로써 6개월의 범위에서 한 번에 한하여 그 기간을 연장할 수 있다. 다만, 소년부 판사는 필요한 경우에는 언제든지 결정으로써 그 위탁을 종료시킬 수 있다.

② 제32조제1항제4호의 단기 보호관찰기간은 1년으로 한다.

③ 제32조제1항제5호의 장기 보호관찰기간은 2년으로 한다. 다만, 소년부 판사는 보호관찰관의 신청에 따라 결정으로써 1년의 범위에서 한 번에 한하여 그 기간을 연장할 수 있다.

④ 제32조제1항제2호의 수강명령은 100시간을, 제32조제1항제3호의 사회봉사명령

은 200시간을 초과할 수 없으며, 보호관찰관이 그 명령을 집행할 때에는 사건 본인의 정상적인 생활을 방해하지 아니하도록 하여야 한다.

⑤ 제32조제1항제9호에 따라 단기로 소년원에 송치된 소년의 보호기간은 6개월을 초과하지 못한다.

⑥ 제32조제1항제10호에 따라 장기로 소년원에 송치된 소년의 보호기간은 2년을 초과하지 못한다.

⑦ 제32조제1항제6호부터 제10호까지의 어느 하나에 해당하는 처분을 받은 소년이 시설위탁이나 수용 이후 그 시설을 이탈하였을 때에는 위 처분기간은 진행이 정지되고, 재위탁 또는 재수용된 때로부터 다시 진행한다. [전문개정 2007.12.21]

15) 검사의 결정전 조사제도 신설(제49조의2)

제49조(검사의 송치) ① 검사는 소년에 대한 피의사건을 수사한 결과 보호처분에 해당하는 사유가 있다고 인정한 경우에는 사건을 관할 소년부에 송치하여야 한다. ② 소년부는 제1항에 따라 송치된 사건을 조사 또는 심리한 결과 그 동기와 죄질이 금고 이상의 형사처분을 할 필요가 있다고 인정할 때에는 결정으로써 해당 검찰청 검사에게 송치할 수 있다. ③ 제2항에 따라 송치한 사건은 다시 소년부에 송치할 수 없다.[전문개정 2007.12.21]

제49조의2(검사의 결정 전 조사) ① 검사는 소년 피의사건에 대하여 소년부 송치, 공소제기, 기소유예 등의 처분을 결정하기 위하여 필요하다고 인정하면 피의자의 주거지 또는 검찰청 소재지를 관할하는 보호관찰소의 장, 소년분류심사원장 또는 소년원장(이하 "보호관찰소장등"이라 한다)에게 피의자의 품행, 경력, 생활환경이나 그 밖에 필요한 사항에 관한 조사를 요구할 수 있다.

② 제1항의 요구를 받은 보호관찰소장등은 지체 없이 이를 조사하여 서면으로 해당 검사에게 통보하여야 하며, 조사를 위하여 필요한 경우에는 소속 보호관찰관·분류심사관 등에게 피의자 또는 관계인을 출석하게 하여 진술요구를 하는 등의 방법으로 필요한 사항을 조사하게 할 수 있다.

③ 제2항에 따른 조사를 할 때에는 미리 피의자 또는 관계인에게 조사의 취지를 설명하여야 하고, 피의자 또는 관계인의 인권을 존중하며, 직무상 비밀을 엄수하여야

한다.

④ 검사는 보호관찰소장등으로부터 통보받은 조사 결과를 참고하여 소년피의자를 교화 · 개선하는 데에 가장 적합한 처분을 결정하여야 한다. [본조신설 2007.12.21]

16) 검사의 조건부 기소유예제도 신설(제49조의3)

제49조의3(조건부 기소유예) 검사는 피의자에 대하여 다음 각 호에 해당하는 선도(善導) 등을 받게 하고, 피의사건에 대한 공소를 제기하지 아니할 수 있다. 이 경우 소년과 소년의 친권자 · 후견인 등 법정대리인의 동의를 받아야 한다.

1. 범죄예방자원봉사위원의 선도
2. 소년의 선도 · 교육과 관련된 단체·시설에서의 상담 · 교육 · 활동 등 [본조신설 2007.12.21]

17) 비행예방정책 관련 규정 신설(제67조의2)

제67조의2(비행 예방정책) 법무부장관은 제4조제1항에 해당하는 자(이하 "비행소년"이라 한다)가 건전하게 성장하도록 돕기 위하여 다음 각 호의 사항에 대한 필요한 조치를 취하여야 한다.

1. 비행소년이 건전하게 성장하도록 돕기 위한 조사 · 연구 · 교육 · 홍보 및 관련 정책의 수립 · 시행
2. 비행소년의 선도 · 교육과 관련된 중앙행정기관 · 공공기관 및 사회단체와의 협조체계의 구축 및 운영 [본조신설 2007.12.21]

6. 비행소년(소년원)의 처우

소년원은 소년법원에서 송치한 14세 이상 19세 미만의 범죄소년, 형벌법령에 저촉되는 행위를 한 10세 이상 14세 미만의 촉법소년과 성격 또는 환경에 비추어 장래 형벌법령에 저촉되는 행위를 할 우려가 있는 10세 이상 19세 미만의 우범소년을 수용하여 교정교육을 하는 국가시설이다.

소년원은 사법적 기능보다는 교육적 기능을 중시하여 비행에 대한 책임을 추궁하

는 것이 아니라 국가가 소년들의 보호자가 되어 엄격한 규율 밑에서 기초적인 교육훈련과 의료를 베풀며 생활지도와 교과교육 및 직업훈련을 행함으로써 이들의 왜곡된 성격과 행동을 교정하고 건전한 소년으로서 인격을 도야케 한다는 점에서 소년교도소와는 그 성격을 달리하고 있다.

우리나라의 소년원제도는 일제 말기인 1942년 경성소년원(현 서울소년원)의 개원이 그 효시로서 현재(2002. 12)는 전국 대도시에 13개의 소년원이 설치되어 있다.

1) 분류처우 및 수용보호

(1) 분류조사

소년원에서는 소년법원으로부터 보호처분을 받고 송치된 소년에 대하여 교정교육과 개별처우에 필요한 각종 자료를 수집하기 위한 분류조사를 한다. 분류조사에서는 소년의 가족관계, 성장환경, 교육력, 직업력 및 비행력 등 생활사를 중심으로 한 사회환경적 조사를 위시하여 지능, 성격, 적성, 취미, 학력조사 등 심리검사와 신체 및 정신상의 이상 유무를 밝히기 위한 의학적 검진과 행동관찰, 보호자상담 등이 이루어진다.

이와 같은 과정을 통하여 밝혀진 제 사실과 소년법원 및 소년분류심사원에서 송부된 자료를 참고로 보호소년처우심사위원회에서 이를 종합심사하여 개별처우계획을 수립하게 된다.

(2) 분류수용

우리나라의 소년법원은 소년원송치처분을 함에 있어서 소년원의 종별은 지정하지 아니한 채 소년원측에 이를 일임하고 있다. 그런데 최근 소년원에 수용되는 소년들의 문제점을 분석해 보면 더욱 복잡·다양화되는 양상을 보이고 있다. 따라서 법무부에서는 이들 본인의 장래 진로 등을 종합 고려하여 개별적인 특성에 따라 처우를 하는 것이 효과적이라는 판단 아래 소년원을 정보통신학교와 정보산업학교, 인문계 중·고등학교, 직업능력개발훈련소년원, 의료·재활교육소년원으로 분류하고, 같은 소년원 안에서도 학생들의 연령, 비행의 질, 입원횟수, 공범유무, 교육정도 등에 따라 분류수용하고 있다.

수용기간은 소년법 제32조 제1항 제9호 및 제10호, 보호소년수용지침에 의하여 단기로 소년원에 송치된 소년의 경우에는 수용기간이 6월을 초과하지 못하도록 되어 있다.

한편, 제7호 처분으로 소년원에 송치된 소년의 경우에는 2000년 9월까지는 비행력과 교육성과에 따라 6월 이상 25월 미만의 범위에서 중기와 장기로 구분・운영되어 왔으나, 2000년 10월 「보호소년수용지침」 개정을 통해 제7호 처분을 '일반A과정', '일반B과정', '일반C과정' 3개 교육과정으로 세분하고 교육기간도 최장 19개월 미만으로 단축하였다.31)

소년원법 제34조는 보호소년이 22세에 달한 때에는 퇴원시키도록 하는 한편, 교정의 목적을 달하였다고 인정할 때에는 보호관찰심사위원회에서 퇴원 심사・결정한 후 법무부장관의 허가를 받아 이를 퇴원시킨다.

2) 교육과정 및 내용

소년원에서의 처우는 원생의 특성과 심신 발달 정도를 고려하여 명랑한 환경 속에서 규칙적인 생활에 익숙하게 하고 근면한 정신을 함양하며 건전한 생활경험을 풍부히 체득케 하여 사회부적응의 원인을 제거함과 동시에 각자의 장점을 더욱 개발함으로써 몸과 마음이 모두 건전한 소년으로 육성하는 것을 목적으로 한다.

(1) 생활지도

소년원 학생이 지닌 왜곡된 성행과 생활습관을 교정하고 사회생활에 적응하지 못하는 제반 요인을 제거하기 위하여 모든 생활현장에서 종합적이고 체계있는 생활지도를 하고 있다. 생활지도는 바람직한 습성과 건실한 생활태도를 가지게 하는 교육활동으로서 기초적인 일상생활지도로부터 전문적인 교정치료와 진로지도, 사후지도 등에 이르기까지 그 영역이 매우 광범위하다.

입원 초기에는 언어, 식사, 취침, 기상 등 일상생활에 필요한 기초적인 행동양식을 비롯하여 공중도덕, 기본예절, 사회규범 등을 읽히도록 지도하고 시간이 지남에 따라 원생의 창의력과 자율성을 북돋우면서 바람직한 인간관계의 형성과 참여의식을 고취하기 위하여 자치회 등 광범위한 집단지도를 하며, 나아가 원생의 정서 순화와 인간성장을 돕기 위하여 독서, 영화감상, 레크리에이션 등을 지도하고 있다. 구체적 내용

31) 「보호소년수용지침」 개정(2008. 6. 22)에 따라 일반 A・B・C교육과정 분류를 폐지함.

으로는 행사지도, 학예지도, 정서지도, 상담지도, 건강지도, 훈련지도, 현장학습, 종교지도, 기타 자치회 및 원내신문 발간 등이 있다.

(2) 교과교육 및 특성화교육

소년원 학생들은 일반학교 학생들과는 달리 학력과 연령은 물론, 입원시점이 다르므로 효율적인 교육을 위해서는 다양한 교과교육과정을 마련할 필요가 있다.

이러한 이유로 종래에는 소년원을 교과교육소년원과 특별소년원 및 종합소년원 등으로 구분하여 운영하고 있었으나 소년원이 특성화학교 체제로 전환된 이후에는 순수한 교과교육은 인문계 중·고등학교인 청주소년원에서만 실시하고 있다. 그 외의 특성화 중·고등학교들은 전체 교육시간 중 약 30%를 교과교육에 할당하고 약 70%는 실용영어와 컴퓨터 교육에 집중하고 있다.

(3) 직업능력개발훈련

소년원의 직업능력개발훈련은 학생들에게 직업에 대한 올바른 의식과 필요한 기본 기능을 습득시켜 경제적으로 자립할 수 있는 기반을 마련하는 한편 근로정신을 함양하여 재비행을 예방하는 데 그 목적이 있다.

소년원의 직업능력개발훈련이 본격화된 것은 1973년 노동부의 인가를 받아 안양소년원에 공공직업훈련소를 병설한 것을 시발점으로 하여 점차 전국의 각 소년원으로 확대되었으며, 1981년부터는 고도산업사회에 적응할 수 있는 우수한 기능인력을 양성하기 위하여 직업훈련체제와 방법을 개편하여 부산, 광주, 대전 등의 소년원을 직업훈련소년원으로 지정, 운영해 왔으나 2000년 9월 소년원이 특성화학교체제로 전환되면서 경쟁력이 취약한 직종을 폐지함과 동시에 컴퓨터 산업디자인 등 유망직종을 신설하였다.

3) 출원(퇴원 및 가퇴원)

소년원법 제43조는 보호소년이 23세에 달한 때에는 퇴원시키도록 하는 한편 23세에 달하지 아니한 경우에도 수용중인 원생이 개전의 정이 현저하며 충분히 교정되었다고 인정될 때에는 소년원장이 법무부 장관의 허가를 받아 퇴원시키도록 하고 있다.

또한 보호소년이 교정성적이 양호하고 재범의 위험성이 없다고 판단되는 경우에는 소년원장이 보호관찰심사위원회에 가퇴원심사를 신청하고 보호관찰심사위원회에서는 소년원장의 신청에 따라 보호소년의 인격, 교정 성적, 생활태도 등을 종합적으로 고려하여 가퇴원의 적부를 심사·결정한 후 법무부 장관의 허가를 받아 가퇴원을 시키고 있으며 가퇴원자에 대하여는 전술한 보호관찰이 실시된다.

7. 소년분류심사원의 처우

소년분류심사원의 법적 근거는 소년법 제12조 "소년법원이 소년보호사건을 조사 또는 심리함에 있어서 정신과의사, 심리학자, 사회사업가, 교육자 기타 전문가의 진단 또는 소년분류심사원의 분류심사결과와 의견을 참작하여야 한다"는 규정이다. 소년분류심사원은 소년법 제18조 제1항 제3호에 의하여 위탁된 소년을 수용하여 소년의 자질을 분류심사하고, 소년법원에 그 결과를 송부하여 재판자료로 사용토록 하기 위해 설치된 기관이다. 합리적이고 과학적인 분류심사를 위해 의학, 심리학, 교육학, 사회학, 기타 전문지식을 활용할 수 있다.

보호소년을 소녀분류심사원에 위탁하는 것은 소년법원의 임시조치로서 감호조치의 성격을 가지고 있다.[32] 여기에는 사법적 측면과 보호적 측면이 함께 내재되어 있는데, 전자는 소년신병 확보의 관점에서, 후자는 소년법원에 의한 잠정적인 소년보호기능을 수행하는 관점에서 바라본 것이다. 이 경우에도 예외 없이 소년보호이념이 우선하기 때문에 소년의 신병 확보가 소년보호기능에 우선할 수 없다. 그러한 취지는 "소년을 명랑하고 조용한 환경에 두어 심신이 안정된 가운데 자질의 분류심사와 심판을 받을 수 있도록 하여야 한다"는 소년분류심사원처우규정 제2조에 잘 표현되어 있다.

32) 배종대, 앞의 책, 555면.

8. 소년수형자의 처우

1) 개 요

소년교도소는 소년범죄자를 성인범죄자와 격리처우하기 위하여 설치된 기관이다. 징역 또는 금고형의 선고를 받은 소년에 대하여는 소년교도소에 수용함을 원칙으로 하고 일반교도소에 수용하는 경우에도 특히 분계된 장소에서 수용하도록 하고 있다. 일반교도소 내의 특히 분계된 장소에서 형을 집행하는 경우는 잔형기가 6월 미만인 경우, 여죄가 있는 경우, 환자의 경우 등 교도소장이나 소년교도소장이 특별한 사정이 있다고 인정한 때에 6개월을 초과하지 아니하는 기간에 한한다.

소년교도소는 현재 천안과 김천 등 2개소에 설치되어 있는데 모두 남자만을 수용하고 있으며 천안소년교도소는 초등학교 졸업 이상의 초범자를, 김천소년교도소는 미취학자, 초등학교 중퇴자 및 누범자를 각 수용하고 있다.

그리고 여자의 경우에는 일반교도소 내의 별도의 장소에 수용하고 있다.

2) 소년처우상의 특성

소년교도소의 소년수형자에 대한 처우내용은 성인교도소의 경우와 대체로 동일하므로 이곳에서는 소년교도소의 특이한 점만 보기로 한다.

(1) 학과교육

소년교도소에서는 수형자 등 교육규칙(법무부령 제401호)에 따라 초등기초반, 초등학교과정에 해당하는 초등과, 중학과정에 해당하는 중등과, 고등학교과정에 해당하는 고등과의 각 과정을 두어 학과교육을 행하고 있으며, 이러한 4개 과정의 학과교육 이외에 별도로 검정고시반을 편성, 운용하여 소년수형자에게 각급 검정고시에 응시할 기회를 주고 있다.

그 뿐만 아니라 소년수형자에게 사회의 정규 고등학교과정을 이수할 기회를 주기 위하여 1981년 제2학기부터 인천소년교도소에 제물포고등학교 부설 방송통신고등학교를 설치 운용해 오다가 1990년 12월 23일 천안소년교도소로 이전한 후에는 천안중앙고등학교부설 방송통신고등학교를 설치·운용하고 있으며, 김천소년교도소에는 1982년 제1학기부터 김천중앙고등학교부설 방송통신고등학교를 설치·운용하고 있다.

(2) 직업훈련

① 공공직업훈련

1969년 이래 노동부의 인가를 받아 천안소년교도소(법무부 제10 공공직업훈련소)와 김천소년교도소에 법무부 제17 공공직업훈련소를 각 설치·운용하고 있는 바, 2002년 12월 현재 천안소년교도소는 자동차 정비, 건축 배관, 전기용접 정보기기운용, 애니메이션 등 11개 직종의 훈련을 김천소년교도소는 조적, 미장, 양복봉제, 도배, 이용, 자동차 정비 등 8개 직종의 훈련을 각 실시하고 있고, 이에는 기능사보의 자격취득을 목표로 하는 양성훈련과정과 2급 이상 기능사의 자격 취득을 목표로 하는 향상훈련과정이 있다.

② 일반직업훈련

노동부의 허가 없이 면허를 취득하기 위하여 실시하는 훈련으로 천안소년교도소는 일반기계조립 1개 직종의 훈련을, 김천소년교도소는 인장공 1개 직종을 설치하여 장애인 직업훈련 과정으로 실시하고 있다.

(3) 생활지도

소년수형자의 건전한 생활자세를 확립하고, 자기개선의지를 고취하며 사회생활에 필요한 여러 가지 지식과 정보를 제공함으로써 사회 복귀를 촉진시키기 위하여 생활지도교육을 실시하고 있는 바, 그 중에는 신입자를 대상으로 수용생활 안내, 행형법 등을 교육하는 신입자 생활지도와 출소 1개월 전의 수형자를 대상으로 국가관 확립 등을 목표로 하는 석방예정자 교육(정신교육) 등이 포함되어 있다.

(4) 교화활동

소년수형자의 의식을 개선시키고 정서를 순화함으로써 교정목적을 달성하기 위하여 다양한 개별 및 집단 교화활동이 행하여지는데 이에는 종교지도, 상담, 수용자 생일위로회, 보호자좌담회, 사회참관, 불우이웃돕기, 체육대회, 음악회, 한자교육, 정보화교육, 외국어교육 등이 있으며, 특히 천안소년교도소는 충의소년단을, 김천소년교도소는 화랑소년단을 각 조직하여 교육활동, 봉사활동, 야외활동 등의 집단활동을 활발히 하고 있다.

제 7 절 여성수형자

1. 여성범죄의 원인

1) 여성범죄의 제이론

(1) 생물학적 이론

가) 롬브로조(C. Lombroso)와 페레로(Ferrero)의 견해

롬브로조와 페레로는 여성범죄를 근본적으로 격세유전과 사회적 진화론의 관점에서 설명하고 있다. 격세유전의 개념은 개인의 범죄적 요소가 인간발달의 초기진화단계에서 생물학적 결함이 있다는 것을 의미한다. 범죄자는 정상적인 법의식을 가진 시민보다 진화수준이 매우 낮다고 주장한다. 사회적 진화론이란 개인 혹은 집단이 그들에게 주어진 역할을 더 효율적으로 기능할 수 있도록 신체적 혹은 심리적인 특성을 개발할 수 있다는 것을 의미한다. 여성은 진화단계에 있어서 남성보다 낮은 수준에 있으며 따라서 범죄를 저지를 잠재력이 남성보다 더 크다고 한다. 그러나 대부분의 건전한 여성들은 그런 진화단계의 낮은 수준을 상쇄할 수 있는 특성들, 모성애, 성적 냉담, 나약성 등의 속성에 의해 범죄를 자제할 수 있는데 반하여 여성범죄자들은 이러한 요인들을 결여하고 있어서 유아적이고 비이성적인 욕구를 제어할 수 없기 때문에 범죄를 저지르는 것이라고 보았다.[33] 그들에 의하면 범죄인과 비범죄인을 확연히 구별하여 범죄자는 신체적인 비정상성의 특징을 갖는다고 하여 생래성범죄자설을 주장하면서 여성범죄자들도 신체적인 특성 면에서 정상적인 여성들과 구별된다고 주장하였다.

---

33) C. Lombroso W. Ferrero, *The Female Offender* (New York: D. Appleton and Company, 1900), p. 109에 있는 내용을 장석헌의 "여성범죄에 관한 연구", 한국공안행정학회보 제2호에서 재인용.

나) 폴락(O. Pollack)의 견해

폴락은 여성범죄의 특성과 범죄량을 연구할 목적으로 여성범죄에 대하여 다음의 내용에 관심을 두었다.

첫째, 은닉성으로 여성범죄는 일반적으로 사람들이 인식하고 있는 것보다 훨씬 많고 지능적이지만 그것이 남성범죄보다 감추어져 있고 보고되지 않기 때문에 여성범죄가 적은 것으로 이해되고 있다고 지적하였다.[34] 폴락에 의하면 여성범죄가 실제보다 낮게 보고되는 이유는 여성범죄자의 피해자가 영아, 남편, 혹은 가족이기 때문에 신고하지 않을 뿐 아니라 경찰이나 법원 등 형사사법기관이 여성범죄에 대해서 관용을 베풀고 있으며, 더욱이 여성들은 남성보다 지능적, 계획적으로 범죄를 저지르기 때문에 사기성이 있다고 주장한다.

둘째, 여성은 생물학적으로 사기성이 있다고 주장한다. 여성이 남성보다 사기성이 많은 이유는 여성의 행위를 묵인하는 성적인 관습과 남성과 여성의 신체적 차이에서 특성이 나타난다는 것이다.

셋째, 여성범죄의 피해자가 면식이 있거나 한정되어 있다고 본다. 그는 여성범죄의 피해자는 그들과 가까이 있는 사람들, 즉 남편, 자녀, 가족, 연인과 같은 대상에게 한정적으로 범행을 한다고 주장한다.[35]

넷째, 여성들의 범죄수법은 비폭력적인 방법에 의한 경우가 많다고 한다. 즉 여성에 의해 이루어지는 살인의 수단은 독살이며 그것에 사용된 독극물은 수은이나 비소라는 것이다. 그러나 여성범죄는 사소한 범죄수준을 일단 넘어서면 잔혹하고 폭력적으로 변한다.

다섯째, 여성은 범죄에 직접가담하지 않고 그 배후에서 범죄와 관련되어 있다.[36] 여성이 일반적으로 소극성, 수동성에 특성에 기인하고 현대사회의 범죄가 조직화, 집단화되어 가고 있다는 것을 의미하기도 한다. 이외에도 기혼여성이 독신여성보다 범죄자가 될 확률이 높고 여성의 나약성이 범죄와 관련된다는 지적도 있다.

---

34) Allison Morris, *Women, Crime and Criminal Justice* (Oxford: Blackwell Ltd., 1987), pp. 22-23.

35) Otto Pollak, *The Criminality of Women* (Philadelphia: University of Pennsylvania Press, 1950), pp. 8-14.

36) 신진규, 『범죄학 겸 형사정책』, 서울: 법문사, 1990, 184면.

다) 코위 등의 견해

코위 등(J. Cowie and E. Slater)은 격세유전의 개념을 거부하고 롬브로조와 페레로의 접근방법에 매우 유사한 두 가지 특징이 있는 연구를 하였다. 첫째, 범죄가 생물학적 요인이 작용하고 있다면 제거될 수 없는 병리의 신호라는 입장을 취하였다. 따라서 그들의 연구는 비행소녀와 정상소녀를 구별하는 변수를 찾는데 중점을 두었다. 특히 그들은 이런 변수를 결함있는 지능, 비정상적인 중추신경기능, 손상된 신체 등에서 찾았으며, 이런 소녀들은 우둔하고 난폭하며 사악하다고 주장하였다. 둘째, 여성들은 폭력, 강도 등에 참여하지 않는데 그 이유는 불법적인 기회부족 혹은 확고한 사회통제 때문이 아니라 여성의 염색체와 호르몬의 구성 때문이라고 하였다. 그들은 사회적·환경적 요인을 경시하고 있으며, 여성이 사회적·환경적 범죄유발요인에 더 면역성이 있다고 주장한다. 따라서 소녀는 생물학적인 변태성이 사회적·환경적 요인과 결합할 때 범죄자로 된다. 여성범죄는 여성의 생물학적 소질의 면에서 논의되어야 하고 도덕성의 이중기준이 존재하고 있으며 이러한 기준은 여성범죄의 분석에 아무 도움이 되지 않으며 여성범죄의 특성에 있어서도 성적(sexual)이라고 주장한다. 신체적 차이의 행위표현에 있어서 XX염색체를 가진 여성과 XY염색체를 가진 남성간의 염색체구조를 예로 든다. 범죄는 Y염색체와 관련되어 있고 여분의 Y염색체를 가진 XYY염색체의 남성은 정상인보다 범죄자에 흔히 나타난다는 것이다.[37]

(2) 사회화과정이론

① 코높카의 견해

코높카(G. Konopka)는 일화적인 증거와 개인 신상조사에 매우 신뢰성을 가지고 분석적이기보다는 기술적으로 연구한 것에 주목할 할만하다. 그는 사회적인 요인을 무시하고 있으나 비행행위는 기존의 문화범위 내에서 합리적이고 의미있는 행위라고 인식하고 있는 반면에 개인적인 부적응의 원인으로 사회적 요인을 다룰 성질이 아니라고 주장한다.[38] 그러나 모든 여성비행자는 부모지도의 부족과 결손가정, 빈곤가정에서 나타날 가능성이 많다고 하며, 비행자로 정의되는 법체계를 무시하고 비행자로

37) J. Cowie, et. al., *Delinquency in Girls* (London: Heinemann, 1968), p. 171.
38) G. Konopka, *The Adolescent Girl in Conflict* (Englewood Cliffs, N. J.: Prentice-Hall, 1966), p. 40.

낙인찍히는 과정을 중시하고 있다.

② 호프만과 부스타만테의 견해

호프만과 부스타만테(D. Hoffman & Bustamante)는 선진화된 서구산업사회에서 소녀와 소년의 사회화는 문화적으로 다른 방법으로 행해지고 있다고 한다. 소녀는 일반적으로 더 가까이 감독되고 다양한 사회적·경제적 계급에 따라 다양하나 양심과 자아인식의 발전은 소녀와 소년 사이에 상당히 다양하다는 사실을 인정하지 않는다. 소녀는 폭력을 회피하고 자기방어기술을 배우려고 하고 보호를 추구하며 폭력, 무장강도, 혹은 갱싸움에 종사할 수 있는 기술적인 능력이나 힘을 가지지 않고 있다고 주장한다.

여성이 그런 범죄에 참여하는 경우에도 그 방법은 성역할과 사회화를 반영하게 된다. 살인의 경우 여성은 최소한의 폭력으로 부엌칼 등을 이용하여 그들의 친척이나 애인을 살해하는데, 이것은 여성이 지배하는 가정 내의 세계를 반영하고 있으며 보통 가재도구를 무기로 이용하여 범행을 한다.[39] 침입강도와 노상강도의 경우 여성은 보조적인 역할을 수행하고 그들의 성역할에 더 적은 소득을 기대하며 범행에 가담한다. 따라서 소녀의 분화적 사회화는 여성에 의해 범해지는 범행형태 뿐 아니라 사회참여의 특성을 반영하고 있다.

(3) 여성해방론

① 아들러와 사이몬의 견해

아들러(Freda Adler)와 사이몬(Rita Simon)은 미국의 여성범죄가 증가하고 있는 점에 대하여 비교문화론의 입장에서 전 세계적으로 일어나고 있는 여성해방운동의 흐름이 여성의 행동형을 남성의 행동형에 접근시켰고, 이로 인하여 여성범죄의 증가와 조폭화가 발생하고 있다[40]고 지적하고, 그 원인을 여성의 사회적·경제적 지위향상에서 찾았다. 즉, 여성범죄의 증가는 여성의 사회적인 역할이 변화하고 경제적 독립을 추구함에 따라 연유된 것이라는 것이다. 사이몬은 여성해방운동의 영향을 받아

39) D. Hoffman & Bustamante, "The Nature of Female Criminality," *Issues in Criminology*, Vol. 8, No.2, 1973, p. 131.

40) Freda Adler, "The Interaction between Women's Emancipatioin and Female Criminality: A Cross-cultureal Perspectives," *International Journal of Criminology and Penology*, Vol. 5. 1977, p. 110.

여성들이 전통적인 남성범죄(강도, 폭력, 살인 등)에 관여하게 되었다고 보았으며, 특히 화이트칼라여성의 고용이 증대함으로써 사기, 횡령 등 화이트칼라 범죄가 의미있게 증가하였다고 주장하였다.

② 스미스의 견해

스미스(L. S. Smith)는 소녀들의 폭력행위가 증가하고 있는 것은 행위보다 정의의 변화가 이미 일어났다는 것을 암시하고 있다고 하였다. 즉 경찰, 사회사업가, 기타 사회통제기관이 여성의 사회적 · 경제적 해방 때문에 여성범죄를 폭력적 혹은 남성적으로 정의한 것이다.[41] 비행갱소녀들은 범죄를 전형적인 여성역할의 측면에서 행하고, 성적으로 문란하여 그들의 남성친구로 인해 갱에 가입하고 남성에게 묵시적으로 영향력을 행사한다고 주장하고 있다.

2) 여성범죄의 제 원인

(1) 생물학적 · 생리학적 원인

여성은 월경기에 불쾌감을 느끼고 정도의 차이가 있을 뿐 대부분의 여성들이 심리적으로 동요하게 된다고 한다. 월경시에는 두통, 복통, 신경증상, 식욕부진 등의 고통과 같은 자각증상을 갖게 되고, 그 과정에서 정신적 저항력이 약화되고 그것이 원인이 되어 범죄와 관련된다는 것이다.[42] 이런 현상은 남편이나 자녀를 비롯한 가족들에 대해 평소와 같이 자상하고 세심한 태도를 유지할 수 없게 되고 정서의 불안정으로 인한 감정의 폭발, 타인을 중상하는 언동, 권위에 대한 반항, 질투와 육체적 고통을 잊기 위한 알코올류의 복용을 경험하게 된다. 이러한 생물학적 · 생리학적 현상은 월경기간 중 뿐 아니라 월경직전, 직후에도 나타난다고 한다.[43]

또 여성의 갱년기는 여성의 심리나 생리에 심대한 영향을 미치므로 여성이 경험하는 정서의 불안정, 활력의 감퇴, 초조와 불안, 난소의 위축, 지방질의 증가, 안면의 주름살, 사지 근육의 이완 등의 현상이 나타나고 성적 욕구가 감퇴하여 결혼의 행복감

---

41) L. S. Smith, "Female Delinquency and Social Reaction," *Paper Presented at the University of Essex*, Women and Delinquency Conference, 1975, p. 11.

42) 파이어슨(S. Firestone)은 여성의 생물학적 현실, 즉 출산 · 육아 등에 관련되는 여성의 생리적 특징이 여성억압을 발생시키는 근본적인 원인이라고 보고 있다.

43) 이러한 현상을 일컬어 월경전증후군(Premenstration, PMS)이라고 한다.

도 감소하게 된다. 이러한 갱년기 여성은 심리적으로 미혼여성보다 기혼여성에게 더욱 현저하게 나타나며 통계적으로 갱년기인 40~50대 기혼여성의 범죄율이 높게 나타나는 것도 여성의 성적 매력의 상실이나 인생의 위기라는 인식이 더욱 강하게 작용하는 것으로 보인다. 따라서 갱년기에는 감정이 기초로 되는 범죄, 즉 모욕, 명예훼손, 위증 등의 음해적인 범죄를 비롯하여 방화 및 쇼핑절도(shoplifting) 등의 범죄가 발생할 가능성이 높다고 한다.

(2) 심리학적 원인

여성의 폭력범죄는 심리학적인 요인과 밀접한 관계가 있다고 보는 것이 학자들의 일반적인 견해이다. 예컨대 질투와 원한 같은 심리적 상황은 여성으로 하여금 비계획적이고 맹목적인 충동행위를 야기시킬 가능성이 크고, 여성심리의 특이한 수동성이나 감수성이 범죄와 관련될 소지가 크다고 한다.[44] 그리고 질투와 원한에서 나오는 충동적 행위는 인간관계의 신뢰배반이라는 속성상 살인, 상해, 방화와 같은 폭력행위로 분출될 가능성이 높다. 부부간의 불화, 애인으로부터의 배신에서 생겨난 원한이나 성적 이유에 의한 질투는 여성의 감정에 있어서 가장 소중한 부분을 자극한 경우에 해당되므로 애정에 관계된 여성범죄는 자연스럽게 예상된다. 그리고 여성의 심리적 특성이 수동적이고 감정적이기 때문에 이런 경우의 여성심리상태 역시 감정적으로 자포자기나 체념적·응보적일 것으로 생각된다.

특히 원한은 분노와 달리 일시적인 감정작용이 아닌 집념의 결과이기 때문에 여성의 파멸, 사회적 매장, 심지어 살인, 방화와 같은 범죄를 자행하게 된다. 특히 여성의 복수심 같은 원한감정은 복잡한 계산에 개입하는 것이고 비밀폭로 등 간접적인 방법에 의해 해소하려는 경향이 있으나 원한의 정도가 심하면 복수대상자의 집에 대한 방화나 살인이 범해질 가능성을 배제할 수 없는 경향이 있다.

(3) 사회학적 원인

최근에 여성범죄가 남성화하고 있다는 사실은 여성과 관련된 사회적 조건들이 어떤 변화가 있음을 시사하고 있다. 여성의 사회적 역할이 과거와는 달리 많은 변화가 있음은 주지의 사실이다. 그러나 아직까지 여성의 사회적 역할은 남성과 동질적인

44) 정진연, "여성범죄에 관한 연구", 형사정책 제8호, 한국형사정책학회, 1996, 184면 이하.

차원에서 이루어지지 않고 가정유지의 부담을 안고 있다. 따라서 남성의존적이라는 여성특유의 기본적 틀 속에서 벗어나지 못하고 있다. 그러나 현대사회에서 여성은 육체적·성적·감정적으로 해방되거나 독립하려는 경향이 있어서 남성의존적인 기존의 태도에 변화를 초래하고 있기 때문에 여성의 고용과 교육기회의 확대, 사회적 역할의 증대 등으로 사회생활의 활동영역이 넓어져 양적으로 여성범죄가 증가하고 있다.

그리고 여성의 성에 대한 가치관의 변화가 여성범죄와 관계가 있는 것으로 보인다. 지금까지 성윤리에 있어서 여성은 남성보다 엄격하게 취급되어 왔다.

또한 여성의 생활환경이 여성폭력범죄와 관련된다. 여성은 생활환경에 의해 폭력성이 형성되고 빈곤가정의 경제적 부담을 담당하는 경우에는 인내심을 갖지 못하고 폭력범죄로 연결될 가능성이 있다. 즉 가정파탄이나 가정불화의 환경에서 성장한 여성이나 폭력에 대한 방관적 환경에서 성장한 여성은 폭력성향이 내재할 가능성이 크다는 것이다. 여성폭력범죄 중 살인은 산업화 및 핵가족화 이전까지는 고부간의 갈등으로 인한 살인이 주로 자행되었으나 봉건적 사회구조가 붕괴된 이후에는 자녀살해, 남편살해, 애인살해 등의 방향으로 전환되고 있는 경향을 나타내고 있다.

2. 여성범죄의 유형별 특성

1) 재산범죄자

(1) 절도

절도는 여성들이 범하는 비율이 상당히 높은 범죄이며 우리나라는 여성범죄 중 절도가 차지하는 비율은 그다지 높지 않으나 미국, 영국, 독일, 프랑스, 일본 등에서는 절도가 여성범죄의 50%이상을 차지하고 있다. 절도는 여성범죄 중에서 사기나 횡령과 함께 대표적인 범죄로 인식되어 있다. 여성의 절도수법은 주거를 침입하지 않고 범하는 비침입절도가 대부분을 차지한다. 1984년 일본에서 조사한 자료에 의하면 비침입절도는 68,600명의 절도여성 중 83.5%의 분포를 보이고 있다.

쇼핑절도는 남성이 주거부정, 실업, 부랑생활을 하고 있는 경우에 많이 진행됨에 반하여, 여성의 경우는 일상적인 생활을 하고 있는 주부, 미혼여성 등에 의해 범행되는 경향을 볼 수 있다. 남녀의 이러한 차이는 절도의 대상을 선택하는 데서도 나타나는데 남성이 식료품을 선택한다면 여성은 의류, 장식품 등을 선호한다는 점이다. 그리고 이러한 유형의 절도는 처음부터 의도된 것이 아니고 지나가는 길이나 자신도 모르는 사이에 행해지는 것이 일반적이다.

쇼핑절도의 수법도 커다란 가방에 넣어버리는 경우가 남성 54%, 여성 81%를 차지하고 이와 같은 쇼핑절도는 다음과 같은 특징을 가지고 있다고 한다. ① 초범자가 많다. ② 발각되지 않는 한 반복하기 쉽다. ③ 연령분포는 16세를 정점으로 하여 하락하는 현상을 나타낸다. ④ 절도가 많이 발생하는 시기는 3월, 7월, 11월이었다. ⑤ 범행시간은 하교하는 3시부터 6시까지에 집중되어 있다. ⑥ 작은 수의 집단에 의한 범행이 많다. ⑦ 범행대상은 의류, 화장품 등 멋을 내는 것과 관계가 있다. ⑧ 범행장소는 점포, 슈퍼마켓, 백화점이다.

그리고 최근에는 여성 쇼핑절도죄의 연령이 점차 저하되는 경향을 보이면서 그 동기도 욕구충족형, 체험원망형, 쾌락형의 범행이 늘어가고 있다는 사실은 이와 같은 여성 쇼핑절도죄는 월경과도 관계가 있는 경우가 많고 상습적으로 범행을 반복하는 여성은 정신상태의 이상으로 인해 죄의식이 희박한 경우도 많다고 한다.

(2) 사기

여성범죄 중 절도가 대부분을 차지하는 외국과는 달리 우리나라는 형법범 중 사기의 구성비가 가장 높게 나타나고 있다. 사기가 여성범죄의 주요유형으로 등장하게 된 배경은 여성범죄자의 특성인 교활성과 사악성, 그리고 손쉽게 불법이익을 추구하겠다는 의식의 변화에서 찾을 수 있다. 다시 말하면 우리나라의 경제구조상 계, 사채, 부동산투기 등 불법적인 금융수단을 동원하는 경우가 많으며 여성들이 주로 이에 관여하면서 재산증식의 기회가 확대되고 사기범행의 기회가 보다 많이 제공되는 것으로 이해된다.

그러나 사기는 치밀하게 계획된 지능적 범죄보다 기만성이 높은 인격적 특징에 의한 범죄가 많음을 특징으로 한다. 즉 여성사기죄는 다른 여성범죄자에 비해 지능이 상대적으로 높을 뿐만 아니라 인격적인 문제가 있는 경우가 많으며 자신 스스로 거짓말에 취해 공상허언을 하며 수치심이 결여된 경우가 많다. 따라서 여성사기는 절도 등에서 얻은 이익보다 사기가 훨씬 더 큰 불법적인 재산상, 금전상의 이익을 가져온다는 점에서 성행하게 된다.

2) 폭력 범죄자

(1) 살인

여성범죄 중 살인의 비율은 각국마다 공통적으로 극소수로 나타나고 있으나 사악성을 나타내고 있는 것이 보편적이다. 여성은 육체적인 열등성, 여성의 전통적인 사회적 역할, 수동적이고 소극적이며 정동적인 심리적 특성, 생리적 조건 등이 여성살인의 수법, 피해자, 동기 등에 있어서 남성살인과 다른 특징적인 요소로 나타나는 것이다. 여성살인의 수법을 보면 남성의 공범으로 남성을 교사하여 범죄를 실행하는 경우가 많고 남성의 협력을 받기 어려운 경우에는 주로 독살을 범행수법으로 사용한다.

이때 사용되는 독물은 살충제, 농약, 쥐약 등이 많이 사용되고 있는 바 그 이유는 가사를 정돈하고 음식물을 준비하는 여성들의 전통적인 역할에 비추어 구입하기가 용이하고 의심을 받지 않는 독물을 음식물 등에 투입할 기회가 쉽게 주어지게 되기 때문이다. 따라서 독물에 의한 살인은 단독범인 경우가 많고 여성의 범죄가 발각되기 어렵게 하는 요소가 되는 반면, 여성이 남성을 공범으로 하여 살인을 하는 경우에는 발견이 비교적 용이해진다. 물론 이러한 여성의 독물사용은 상대방을 육체적으로 직접 제압하기 어려운 육체적 열등성에 기인하나 이를 극복하기 위해 독물을 사용한다는 사실은 점차 퇴색되어 가고 있다. 그리고 여성의 격정살인에 있어서는 식칼, 도끼, 끈, 수건 등 여성의 일상생활에서 밀접한 관계가 있는 물건을 사용하는 경우가 독물을 사용하는 경우보다 많다.

여성살인의 피해자를 보면 시부모, 남편, 애인, 자녀 등 주변의 인물이 많다는 점이다.[45] 실제로 핵가족화와 여성해방운동이 일어나기 전까지는 봉건적인 울타리에서 주로 시부모, 남편이 범행의 대상이었으나 산업화, 가족제도의 변화 이후 애인, 자녀, 영아 등의 살인은 여성과 관계가 있다는 인식을 새롭게 해 주었다.

여성살인의 동기를 보면, 자녀를 살인한 경우에는 경제적 곤란, 가정불화 및 갈등, 자녀의 병약으로 인한 노이로제가 주요한 원인이 된다. 애인을 살해한 경우에는 치

45) 김상균, 여성살인범의 심리적 특성에 관한 연구, 경호경비연구 제3호, 2000. 6면.

정, 질투, 원한, 불화, 갈등 등이 주원인이 된다. 또한 여성살인범의 학력은 중학교 졸업자가 대부분이고 연령은 30대가 주류를 이루며 비행경력은 적고 초범이 절대다수라는 것이다. 그리고 생활정도는 중류이며 배우자가 있는 경우가 많고 출소 후 재범 가능성이 적은 것으로 보고한 연구가 있다.

영아살해의 유형은 두 가지로 나눌 수 있다. 하나는 미혼여성의 영아살해이고 다른 하나는 기혼여성의 영아살해이다. 미혼여성의 영아살해는 주로 임신을 주위에 알려지지 않게 하려는 의도에서 비롯된다. 이 경우에 해당하는 임신동기는 감정적 · 충동적 행위에 의한 형태가 가장 많고, 살해의 동기는 윤리관의 결핍이나 남자로부터의 배신, 중절수술 비용이 없는 경우 등이다. 이와 같이 임신 그 자체를 숨기려는 의도에서 나타나는 영아살해를 아노미형이라고 명명하는 학자도 있다. 기혼여성의 영아살해는 주로 빈곤이 원인이지만 아노미형 영아살해도 있으며 최근에 혼외 성관계에 의한 임신을 감추기 위한 영아살해도 자주 발생하고 있다.

영아살해의 수법은 질식사, 교살, 두개골골절, 화상, 익사 등의 수법이 사용되는 경우가 많고 여성이 출산으로 인해 자제력을 상실한 경우나 맹목적인 분노의 감정에 빠진 경우 등에 있어서는 바늘, 가위, 식칼 등 여성이 일상생활에 쉽게 획득할 수 있는 물건으로 영아를 난자하는 경우도 있다.

이러한 범죄경향은 혼자서 숨겨온 임신과 준비되지 않은 분만으로 인해 극도의 당황과 공포, 수치심에 사로잡힌 여성은 출산의 흔적을 없애기 위해 영아를 화장실, 하수구에 빠뜨리거나 얼굴에 모포를 덮어 질식시키거나 손으로 목을 조르는 등의 방법과 칼이나 가위 등으로 난자하기도 하며 살해한 후 흔적을 불태우거나 자신의 연고지에 은닉하는 경우가 많다는 것이다. 따라서 여성의 영아살해는 위와 같은 유형과 동기로 인하여 분만으로 인한 흥분상태에서 실행된다고 할 것이다.

(2) 강도

여성범죄 중 강도는 프랑스를 제외하고 극소수를 나타내고 있고 주로 남성과의 공범으로서 범죄를 수행한다. 강도는 피해자인 상대방을 물리적으로 제압한 후 금품을 탈취하는 형태의 범죄로서 남성에 비해 육체적인 조건이 열등한 여성이 강도를 실행하는 경우는 극히 드물고 여성이 강도를 범하는 경우는 남성강도죄의 공범으로서 남성의 범행을 교사하거나 방조하는 사례가 많은 것이 일반적이다.

이 경우 여성이 주로 담당하는 방조자로서의 역할은 망보기를 비롯하여 감시인의 주의를 다른 곳으로 돌려 공범인 남성이 강도를 쉽게 범행할 수 있도록 도와주는 데 불과하다. 이런 역할에서 여성범죄는 피해자를 범행이 용이한 곳으로 유인하거나 주의를 산만하게 하거나 피해자가 사법당국에 신고하지 못하게 하기 위해서 여성의 성적 매력을 그 범행수단으로 하는 미인계를 사용하기도 하며 이런 수법을 특히 야간 주거침입절도의 경우 유용한 수단이 된다. 미국, 일본 등에서 발생하고 있는 여성강도단의 경우에도 이와 같은 미인계가 사용되기도 한다.

여성강도범이 단독 혹은 남성과 공동으로 범행을 한 경우 여성이 자신의 성적 매력을 이용하여 피해자인 남성을 인적이 드문 야산이나 여관으로 유인한 후 공범인 남성으로 하여금 강도를 실행케 하거나 금품을 탈취하는 것이 일반적인 유형이다. 따라서 미인계 수법이야말로 여성강도범의 전형적인 특징이라 할 수 있다.

(3) 상해

여성상해는 일상생활 중의 사소한 감정대립이나 분쟁으로 인한 말다툼 끝에 어느 일방이 상대방에 대한 또는 쌍방에 대한 폭력행사의 결과로 볼 수 있는 것이 대부분이다. 이 경우 남성보다 여성이 보다 더 사소한 문제에 집착하거나 분쟁이 일단 폭력행사로 이어진 후에는 감정의 대립이 점점 첨예하게 되어 좀처럼 화해하려고 하지 않는 경향이 있다. 여성강력범죄 중 상해의 특징은 남성에 대한 악성폭력에서 나타난다고 한다.

즉 여성상해에 있어서 나타나는 유일한 여성적 방법은 얼굴에 강한 산을 끼얹는 방법으로 피해자의 용모를 추하게 만드는 형태의 범죄로서 그 피해자는 대개 남성인 경우가 많다. 이러한 여성상해범은 남성에 대해 갖고 있는 매우 복잡한 심리구조와 밀접한 관계가 있다. 즉 이와 같은 여성상해는 남성이 가해여성의 연인인 경우에 주로 범해지는 것으로서 남성이 성실하지 못하거나 여성을 배신한 것에 대한 복수심에서 상대방의 육체적 매력의 상실을 기도하는 것이 보통이나 때에 따라서는 상대방 남성의 현실적인 배신보다는 잠재적인 배신의 가능성에 대비하기 위해 남성의 용모를 추하게 만드는 경우도 있다. 따라서 피해자인 남성을 영원히 자신만의 연인으로 확보하려는 심리적인 동기하에서 상해를 저지르게 된다는 것이다.

(4) 방화

여성범죄 중 방화는 각 국가마다 1%미만을 차지하고 있으며 여성의 원한, 분노 등의 동기에서 격정적으로 자행되고 있다. 방화는 살인과 함께 대표적인 격정범죄로 분류되고 있고 원한, 분노, 증오 등으로 인한 감정적 동요나 정서적 불안정에 의해 격정적·폭발적으로 범행된다. 이와 같은 원시적 형태인 방화는 남녀의 성차가 별로 없으며 여성들이 상처받기 쉬운 심성의 소유자이고 정서적으로 약하다는 점에서 볼 때 여성적 성격이 강한 범죄가 방화로 생각할 수 있다. 일본의 한 연구에 의하면 여성방화범의 경우 그 동기가 원한, 분노 51.7%, 치정관계 12.3%를 나타내고 있어 남성방화범의 보험사기나 절도의 용이성 같은 이욕적 동기는 적다고 한다.

여성방화범의 동기가 이욕적인 요인이 적고 원한, 분노나 치정 등 격정적인 요인이 많은 것은 격정이변성과 격정결정성이 강한 여성심리에 근거하고 있기 때문이다. 한편 방화는 남녀를 불문하고 정서적 충동의 조절과 억제력이 부족한 인격적 경향이 주된 원인이 되는 범죄로서 정신박약을 비롯한 정신병리적인 요인이 수반되는 경우가 있으나 같은 인격이상자에 있어서도 남성방화범은 충동의 조절과 억제력을 소멸시키는 알코올, 기타 마약류를 복용한 상태에서 범행을 하는 경우가 많음에 비해 여성방화범은 이와 같은 예는 드물고 월경 등 여성고유의 생리현상으로 인해 정서가 불안해지고 충동의 조절, 억제력이 약해진 상태에서 범행을 저지르는 경우가 많다.

3) 마약류 범죄자

마약류는 중독성이 흥분제로서 졸음을 없애고 피로감, 권태감, 우울증 등을 해소시키고 정신적 긴장감을 주어 작업능력을 증진시키는 작용을 하는 반면에 정신의존성 강화, 내성형성 등의 부작용을 수반하고 있다. 특히 이러한 마약류의 계속적인 복용은 만성중독으로 되어 수면부족, 식욕감퇴 등을 초래하여 개인의 건강을 해치고 환각이나 환상, 환청 등 정신분열 등을 나타내어 타인에게 위해를 가할 가능성이 높아진다.

그러나 마약류를 계속 복용하면 그 욕구가 강해지고 양도 증가하여 결국 중독성에 이르게 된다. 중독 후에 체내에 약기운이 없어지면 금단증상이라는 신체적·정신적 현상이 일어나 그로 인해 더욱 더 사용을 그만두지 못하게 된다. 이런 상태에서 마약류 구입이 어려워지면 급기야는 수단과 방법을 가리지 않고 마약류의 획득에 전념하게 되어 쉽게 거짓말, 사기, 절도, 폭력 등의 행위도 발생하는 것이다.

여성이 마약류를 복용하게 되는 일반적인 동기나 특징을 보면 여성자신의 능동적인 요구에 의해서라기보다는 여성의 주위에 있는 복용경험자의 권유에서 비롯되는 것이 대부분이다. 예컨대 그 복용경험자는 애인, 폭력단 관계자, 환각제 등의 사용자 등이다. 그리고 이러한 여성들은 비행과 친화성이 크고 중학교 전에 이미 비행을 경험한 사람이 많고 생활전반에 교우관계가 불건전하다고 한다. 또한 마약류는 폭력단 조직이 지배하고 있기 때문에 마약류를 구하기 위해서는 폭력단에 가담할 수밖에 없게 되고 폭력단 문화에 접근하는 과정에서 성 접촉이 개재한다는 것이다. 일본의 한 조사에서 여성마약류 남용자는 마약남용에 빠지기 쉬운 공통점이 있다고 주장하고 있다. 이 조사는 폭력단원의 처, 폭력단 주변에 있는 호스티스, 무직여성, 여학생, 무직소녀 등 마약류 남용자 7명을 대상으로 성격특성, 생활환경 등을 분석하였다.

여성의 성격특성면에서 마약류 남용여성은 외견상 명랑한 것 같으나 주체성이 결여되고 타인에 대한 의존적 경향이 크다는 것이다. 그러한 여성들은 의존성으로 인하여 마약류를 매개로 하여 다른 사람과의 인간관계를 맺고자 한다. 한편으로 허영형, 도덕성결핍형, 표면적인 충동형, 부화뇌동형, 의지결핍형, 애욕형, 정서불안형, 자기중심형의 성격을 지닌 여성들은 마약류와 가까워질 수 있는 가능성이 큰 것으로 보인다.

생활환경의 면에 있어서 그러한 여성들의 생활태도는 건전하지 못하고 주위의 환경이 비정상적이다. 예컨대, 여성이 결손가정이나 기능적으로 결함이 있는 가정에서 애정결핍을 경험하면서 성장한 경우이다. 또한 배우자의 이혼, 남성편력, 실업, 가족간의 갈등 등 비정상적인 가정분위기에서 생활하는 여성들이 마약류에 접하기 쉽다는 것이다. 그리고 성인여성의 생활주기에서 나타나는 중년위기가 그 요인으로 작용하는 경우도 있다. 따라서 이러한 여성들의 성격특성이나 비정상적인 생활환경은 결국 마약류 남용과정으로 연결되어 가정파탄을 초래하고 가산을 탕진하여 결국 살인이나 절도 등의 범죄에 몰입하게 되는 것은 당연한 귀결이라 할 것이다.

3) 여성수형자의 처우

여성수형자의 처우는 아래 내역과 같다.

① 소장은 여성수형자에 대하여 여성의 신체적·심리적 특성을 고려하여 처우하여야 한다.

② 소장은 여성수형자에 대하여 건강검진을 실시하는 경우에는 나이·건강 등을 고려하여 부인과질환에 관한 검사를 포함시킬 수 있다.

③ 소장은 생리 중인 여성수형자에 대하여는 위생에 필요한 물품을 지급할 수 있다.

④ 소장은 여성수형자가 미성년자인 자녀와 접견하는 경우에는 차단 시설이 없는 장소에서 접견하게 할 수 있다.

여성수형자 처우 시의 유의사항으로는 ① 소장은 여성수형자에 대하여 상담·교육·작업 등(이하 이 조에서 "상담등"이라 한다)을 실시하는 때에는 여성교도관이 담당하도록 하여야 한다. 다만, 여성 교도관이 부족하거나 그 밖의 부득이한 사정이 있으면 그러하지 아니하다.

② 제1항 단서에 따라 남성교도관이 1인의 여성수형자에 대하여 실내 에서 상담등을 하려면 투명한 창문이 설치된 장소에서 다른 여성을 입회시킨 후 실시하여야 한다.

임산부인 수형자의 처우는 ① 소장은 수형자가 임신 중이거나 출산(유산을 포함한다)한 경우에는 모성보호 및 건강유지를 위하여 정기적인 검진 등 적절한 조치를 하여야 한다.

② 소장은 수형자가 출산하려고 하는 경우에는 외부의료시설에서 진료를 받게 하는 등 적절한 조치를 하여야 한다.

유아의 양육에 대해서는 ① 여성수형자는 자신이 출산한 유아를 교정시절에 서 양육할 것을 신청할 수 있다. 이 경우 소장은 다음 각 호의 어느 하나에 해당하는 사유가 없으면, 생후 18개월에 이르기까지 허가하여야 한다.

1. 유아가 질병·부상, 그 밖의 사유로 교정시설에서 생활하는 것이 특히 부적당하다고 인정되는 때
2. 수용자가 질병·부상, 그 밖의 사유로 유아를 양육할 능력이 없다고 인정되는 때
3. 교정시설에 전염병이 유행하거나 그 밖의 사정으로 유아양육이 특히 부적당한 때

② 소장은 제1항에 따라 유아의 양육을 허가한 경우에는 필요한 설비와 물품의 제공, 그 밖에 양육을 위하여 필요한 조치를 하여야 한다.

3. 여성범죄에 대한 대책

1) 여성전용교정시설의 확대

우리나라의 일반교정시설 중에서 일정한 구역을 정하여 여성재소자를 수용하는 분계주의(分界主義)는 남녀간의 격리만을 위한 수단으로서는 별다른 문제가 없다고 볼 수도 있다. 그러나 근래 교정의 큰 물결이라고 할 수 있는 수형자에 대한 교정교화후 사회복귀라는 측면을 고려한다면 적극적인 교화활동을 시행하기에는 미흡한 환경이다. 현행 행형법에 명시되어 있는 남녀재소자의 격리수용원칙에 따라 교정시설 내에서 여성재소자는 시설물의 사용에 크게 제한을 받을 수밖에 없는 실정이다.[46]

현재 한국에는 청주여자교도소를 신설하여 운영하고 있으나 아직도 전국의 교도소에는 많은 수의 여성범죄자가 분산 수용되어 있다. 여자교도소를 증설한다는 것은 한편으로 여성범죄자의 교정발전을 위하여 남성범죄자와의 동등한 처우를 요구하게 되는데 이 경우 동등한 처우가 여성수형자의 특수한 필요와 처우의 시행에 걸림돌이 될 수 있다.[47] 그러나 전국의 각 시설에 수용되어 있는 소수의 인원에 대하여 체계적인 교정이나 교화를 한다는 것은 어려우므로 여자교도소를 증설하여 실질적인 사회복귀능력을 함양시켜 주고 여성생리에 적합한 처우를 가능하게 함으로써 여성범죄의 근원적인 방지에 기여할 수 있을 것으로 생각한다.

2) 직업훈련의 활성화

직업훈련이란 자유형을 선고받고 복역 중인 자에게 출소 후 사회의 각종 직업에 취업할 수 있도록 기술을 가르쳐주고 기능을 숙달시키는 훈련을 말한다. 현재 각 교정시설에서 실시하고 있는 직업훈련은 공공직업훈련과 일반직업훈련으로 구분되는

---

46) 예를 들어 종교집회, 취미활동, 후생 및 교육시설, 직업훈련장, 의무실, 목욕탕 등의 시설도 부족하거나 시설이 미비한 실정이다.

47) Nichole Hahn, "Equity or Difference?" pp. 7-11 in Female Offenders: Meeting Needs of a Neglected Population, American Correctional Association, 1993, p. 3.

데, 공공직업훈련이란 직업훈련기본법에 의해 노동부의 인가를 받아 각종 기능사자격의 취득을 목표로 하는 훈련을 말한다. 일반직업훈련은 직업훈련기본법상의 훈련기준을 적용받지 않고 실시되는 훈련으로 각 기관의 현지실정에 따라 시의적절하게 연마시키고 있다. 직업훈련의 중요성이 부각됨에 따라 다양한 종목이 있으나 여성수형자가 참여할 수 있는 종목은 극히 제한적이다. 현재 청주여자교도소에서는 한복기능사, 기계자수기능사 등 2개의 1년과정과 양장, 조리, 미용기능사 등 6개월과정 등 5개 직종이 시행되고 있으나 수형자의 형기, 연령, 학력, 취미 등을 고려하여 IT분야, 제과・제빵, 디자인 등 다양하고 유망한 직종을 개설하여 여자수형자가 출소 후 자립할 수 있는 기술들을 습득토록 해야 할 특단의 대책이 필요한 실정이다.

3) 교정시설의 개방화

남자수형자와는 달리 자녀가 있는 여성수형자에게는 자신의 수감으로 인한 자녀들의 생활에 대한 염려와 불안이 교정에 상당한 영향을 미친다.[48] 자녀를 위하여 아무 것도 할 수 없다는 죄책감과 무력감을 느끼게 되고 이러한 감정은 출소 이후에도 지속적으로 느끼게 된다.[49] 더 큰 문제는 여자수형자가 임산부일 경우나 자녀가 유아일 경우이다. 임산부에 대한 교정관리는 물론이고 양육에도 많은 문제점이 노출된다.[50] 따라서 어떠한 방법으로건 교도소에 구금된 어머니와 사회 내의 자녀가 통합될 수 있도록 하는 정책과 방법이 있어야 하는 것은 분명하다.[51]

48) 이윤호, 『교정학』, 박영사, 1995, 275면 이하.
49) B. R. Price & N. J. Sokoloff, *The Criminal Justice System and Women*, New York: Clark Boarfman, 1982, p. 157.
50) 현행 행형법에는 여자수형자가 유아의 대동을 신청할 때에는 생후 18개월까지 같이 있도록 허용하고 있다.
51) 이윤호, 『교정학』, 박영사, 332면.

제8절 특수범죄자 처우[52)]

시설교정이건 지역사회교정이건 교정의 대상이 누구인가, 즉 교정대상의 특성이나 구성에 따라 적용되는 교정관리와 처우 또한 상당한 차이를 둘 수밖에 없다. 그것은 사람의 질병과 같이 외상의 치료와 내상의 치료는 분명히 다르기 때문이다. 또한 병을 치료하기 위한 약품도 이 세상에는 만병통치약이 있을 수 없듯이 범죄자도 각자 안고 있는 문제가 다를 수 있고, 필요로 하는 것이 다를 수 있는 것이다. 예를 들어서 교육수준이 아주 낮은 범죄자라면 가장 먼저 그의 문맹을 퇴치하기 위한 교육이 우선되어야 하며, 직업훈련은 가장 기술 수준이 낮은 종목이 바람직할 것이다.

물론 어떤 점에서는 모든 재소자가 다 각기 독특한 개성과 특성, 문제와 필요가 다를 수 있다. 즉 엄밀히 말해서 이 세상에는 꼭 같은 두 사람이 있을 수 없기 때문이다. 이 때문에 사실은 범죄자나 수형자를 몇 개의 집단으로 분류한다는 것이 있을 수 없는 일 같지만, 그래도 집단으로 분류할 수 있는 것은 집단에 가라 동일집단구성원들은 유사한 경험이나 특성, 문제나 필요를 가지는 반면 다른 집단과는 다른 면이 있기 때문이다. 그래서 우리가 범죄다의 집단에 관해서 논하는 것은 몇 가지 특성을 공유하고 있는 개인에 관한 논의를 하는 것과 마찬가지이다.

1. 정신질환범죄자

정신질환의 종류는 너무나 다양하기 때문에 여기서는 구체적으로 정의하거나 기술하기는 곤란하다. 다만, 정상적인 사람에 비해서 정신질환을 가진 사람이 분별력이나 이성, 자제력 등이 결여되었거나 부족하기 때문에 때로는 폭력적일 수 있는 등 상당한 위험요소가 있다는 사실은 분명한 것 같다. 그래서 가장 쉽게 설명하는 것이 비록 뇌질환에 의해서 야기되지 않았을지라도 우리가 이해할 수 없는 행위를 성명하기 위해서 쓰여지는 용어가 정신질환이라는 것이다.[53)] 물론 이러한 정의는 정신질환을

52) .이윤호, 앞의 책, 362면 이하.

지나치게 일반화하고, 따라서 교정에 있어서 정신질환의 문제를 과대평가하는 결과를 초래할 수 있다.

이처럼 정신질환에 대한 개념규정의 문제로 교정에 있어서 정신질환의 문제가 어느 정도인지도 정확하게 평가하기 힘든 형편이다. 일부에서는 범죄자의 아주 작은 일부만이 정신질환자라고 할 수 있다고 하고 혹자는 물론 범죄자의 정신질환수준이 정상인에 비해서는 상당히 높다고 할 수 있지만, 그것은 구금과 수용의 조건으로 인해서 일시적인 정신질환을 유발했을 수도 있다고 주장하기도 한다.[54]

수형자들의 정신질환율이 높은 것이 과연 구금에 의한 것인지 아닌지는 수형자의 입소 전 정신질환경력을 보면 알 수 있을 것이다. 몇 가지 경험적 연구경과에 의하면 수형자의 상당수가 입소 전에 정신질환상담들을 받았고 자살을 시도한 경험이 있는 것으로 나타나서 수형자의 정신질환율이 높은 것이 전적으로 수용의 조건에 기인한다고는 볼 수 없는 것 같다.[55] 그러나 앞으로 사회가 복잡해질수록 사회 전체의 정신질환율이 높아질 것이고, 따라서 수형자의 정신질환율도 높아질 것으로 기대되어 교정에 있어서 정신질환의 문제도 더욱 심각해질 것이다.

그런데 문제는 교정당국이 정신질환수형자를 처우하려고 할 때, 그 효과가 교정의 처벌적 관점으로 인해서 줄어들게 되는 것이다. 이는 교정시설이란 처음부터 환자의 치료를 위한 병원은 되지 못하기 때문이다. 더욱이 정신질환의 치료조차도 수형자에 대한 처벌과 연관시키기 쉽기 때문에 그 효과가 감소될 수밖에 없다. 정신질환자들에 대한 치료가 가장 성공적이기 위해서는 두말할 필요도 없이 수형자에 의한 자발적 참여일 것이다.

따라서 정신질환수형자의 치료와 처벌을 완전히 분리하는 것은 어려운 일이다. 그것은 우선 정실질환과 범죄성의 인과관계가 분명하지 않음에도 불구하고 일반시민과 사회가 정신질환수형자의 질환이 치료되어 안전하다고 판단될 때만 석방되도록 요구하기 때문이다. 더구나 정신질환이 완전히 치료되었는지 여부도 확실하게 알 수 있는 것도 아니다.

---

53) Thomas S. Szasz, *Law, Liberty, and Paychiatry*, New York : Macmillan, 1963, p.12.

54) Joseph J. Cocozza, Mary E. Melick, and Henry J. Steadmam, "Trends in Violent Crime among Ex-Mental Patients," *Criminology*, 1978, 16 : 317-334.

55) Loren H. Roth and Frank R. Irvine, "Psychiatric Care of Federal Prisoners," *American Journal of Psychiatry*, 1971, 128 : 56-62.

그렇다면 이들 정신질환수형자들을 위해서 무엇을 어떻게 해야 할 것인가? 물론 정신질환수형자에 대한 치료와 처우는 문제의 임상적 특성과 그가 수용된 교정 환경에 따라 다르다. 이에 미국의 의학협회(American Medical Association)는 교정시설에서의 의료서비스에 관한 지침을 낸 적이 있는데, 다음은 그 지침 중 정신질환과 관계된 주요 부분이다.[56]

① 교정직원은 감정혼란 · 성장지체 · 화학물의존성 등의 증상을 인지할 수 있도록 훈련될 필요가 있다.

② 모든 신입수형자는 자격 있는 심리학자에 의해서 면담되고, 만약 필요하다고 판단되면 14일 이내에 임상병리검사를 받도록 한다.

③ 임상병리적 문제는 즉각적인 조치를 요한다.

④ 정신질환수형자의 배방 · 작업배정 · 징벌 · 이송 등이 임상전문가의 자문 없이 이루어져서는 안 된다.

⑤ 당해 시설에서 치료하거나 조치할 수 없는 정신질환수형자는 즉시 치료가 가능한 시설로 이송한다.

⑥ 세밀한 의료검사를 요하는 수형자를 위해서는 자격 있는 의료진에 의해서 개발되고, 건강의료분야의 훈련받은 교정직원이 실행할 수 있는 특수한 프로그램의 개발이 필요하다.

2. 약물범죄자

1) 마약범죄자

마약은 다양한 면에서 범죄와 관련되고 있다. 우선 마약을 소지하거나 판매하서나 또는 사용하는 것 자체가 범죄행위로 규정되어 있다. 그리고 중독상태 등 마약의 영향으로 이성을 잃거나 판단력과 자제력을 잃어서 범죄행위에 가담하거나 마약에 중독되어 값비싼 마약을 구하기 위해 필요한 돈을 마련하려고 절도를 하는 등 마약과

56) American Medical Association, Standards for Health Services in Jails, Chicago, 1979, Lee H. Bowker, Corrections : The Science and the Art, New York : Macmillan Publishing co., 1982, p. 130에서 재인용.

범죄의 관련성은 상당히 넓은 것으로 인식되고 있다.

실제로 미국의 경우 수형재소자들의 1/3이 범행시 불법약물의 영향 하에 있으며, 8대 중요 범죄를 범한 범죄자의 상당수가 범행시 마약의 영향 하에 있었다고 시인하고 있고, 검거된 범죄자 중 조사된 표본의 반 이상이 마약을 복용한 것으로 밝혀졌다.[57] 이러한 자료는 결국 수형인구의 상당수가 마약에 중독되지는 않았을지 모르지만, 적어도 약물의 경험이 있거나 범행시 약물의 영향을 받았음을 암시하고 있어서 교정에 있어서 약물남용의 문제가 심각함을 알 수 있다.

마약범죄자는 교정에 두 가지 중요한 문제를 초래한다고 한다.

첫째는 마약수형자는 자신의 범행시 마약의 역할 때문에 범죄자가 되었다는 것이다. 즉 마약소지나 판매 또는 제조 그리고 마약남용으로 인한 범행 등으로 수형되었다는 것이다.

둘째는 마약범죄자가 수형중에는 수형자의 마약의존성의 영향에 대해서 교정당국이 인식하고 있어야 한다. 마약범죄자는 교도소에 있건 사회에 나오건 재범과 재수감의 가능성 때문에 교정당국에 잠재적 통제문제를 야기시킨다.

이러한 마약범죄자들을 위한 처우프로그램은 그리 성공적이지 못했고, 더러는 논란의 대상이 되기도 하였다. 마약에 대한 사회운동이 활발해지면서 마약사범에 대한 임상적 처우가 활발해지고, 특수수형자로서 마약중독자를 위한 특수한 마약처우시설이 문을 열기도 하였다. 그러나 흥미롭게도 시설수용보다 중독자를 위한 비 거주처우프로그램이 더 효과적이라는 증거도 나오기 시작하였다. 보호관찰대상자에 대한 규칙적인 소변검사를 실시한 결과 재중독률 · 재범률 등이 줄어들기도 하였다.

이런 이유로 약물남용은 교정에 대하여 심각한 딜레마를 초래하였다. 물론 마약사범의 단순한 약물남용은 그리 심각한 범행은 아닐 수 있지만, 마약과 관련된 폭력과 범죄성이 매우 심각한 문제로 대두되고 있다. 이러한 통제문제에 대한 효과적인 처우대안이 부족이 마약사범에 대한 처벌이 처벌되는 행위의 심각성을 능가하게 되는 상황이 벌어지게 되었다.

57) Bureau of Justice Statistics, Department of Justice, Drug Use and Crime, Special Report, Washington, D.C. : U.S. Government Printing Office, 1988

2) 알코올 중독범죄자

알코올중독은 마약중독에 비해 범죄와의 관계가 비교적 간접적이라고 할 수 있다. 그러나 음주는 마약과는 달리 널리 이용되고 있고 쉽게 구할 수 있으며, 비교적 비용이 비싸지 않아 어떤 면에서는 생활의 일부라는 데 문제가 있다. 그런데 알코올중독이 실업, 가족해체 그리고 범죄와 관련될 때 사회적 문제가 되고 사회적 관심사가 된다. 특히 다수의 교통사고가 음주관련 사고이고, 적지 않은 수의 대인범죄, 특히 폭행 등이 음주와 관련된 것이며, 가정폭력의 상당수도 음주에 기인한 것이다. 알코올중독이나 과음은 판단력을 흐리게 하고, 자제력을 잃게 하며, 이해력을 감소시키기 때문에 범죄로 이어지기 쉽다.

이러한 음주와 범죄의 유관성을 단적으로 증명하기는 쉽지 않지만, 보통시민과 재소자의 음주를 비교할 때 재소자가 일반인에 비해 과음하는 수가 3배 이상인 것으로 알려지고 있다.[58] 수형자 중 강간 · 폭행 · 절도사범의 상당수가 입소 전과음자였다는 연구도 보고되고 있다. 특히 재소자와의 인터뷰결과에 따르면 그들이 범행하기 직전에 술을 마셨다고 답하였다. 그 중에서도 강간과 폭행사건이 범행직전 음주한 비율이 가장 높은 것으로 알려지고 있다.

알코올중독범죄자에 대한 연구의 대부분은 시설에 수용된 범죄자를 중심으로 이루어졌지만, 알코올중독범죄자는 교전시설뿐만 아니라 보호관찰이나 기타 지역사회교정에 있어서도 문제를 유발할 수 있다. 이들 알코올중독자가 음주하여 취할 때 폭력적일 수 있기 때문에 이들을 다루는 것이 기분 좋은 일도 아니고, 안전하지도 않은 것일 수밖에 없다.

그 밖에 알코올 중독자의 처우에 관련된 문제는 또 있다. 가장 큰 문제는 음주를 일탈이 아니라 놀이적 행위로 보는 시민과 사회의 태도이다. 결과적으로 이들에 대한 처우도 음주 그 자체보다는 그들의 음주행태와 특성을 이해시키는 데 초점이 맞춰질 수밖에 없다. 이것이 바로 알코올중독자로 하여금 자신의 음주행위를 관리하고 통제할 수 있도록 집중적인 동료의 지지와 지원을 제공해 주는 단주동맹과 같은 프로그램이 가장 효과적인 프로그램으로 인식되는 이유이다.[59]

58) Clear and Cole American Correction(2nd ed.), Pacific Grove, CA : Brooks/Cole Publishing Co., 1990, p.184.

그러나 단주동맹과 같은 프로그램은 범죄자에 대해서는 크게 활용도가 높은 것은 아니다. 이유는 알코올 중독범죄자의 대부분은 하류계층출신인 데 비해, 단주동맹은 주로 중산층지행성이 강하기 때문이다. 그리고 단주동맹은 전적으로 자발적인 참여에 의하는 것인데, 양형의 조건으로 단주동맹에의 참여를 요하는 것과 같은 교정분야에서의 강압적 처우의 특성상 그 활용도가 낮다는 것이다. 이는 알코올중독범죄자에 대한 단주동맹이나 알코올중독치료소 등의 프로그램이 결코 교정시설에서 그냥 수용하는 것보다 더 효과적이라는 증거를 찾지 못했다는 연구결과가 이를 잘 대변해 주고 있다.[60]

3) 성범죄자

교정의 대상이 되고 있는 성범죄자는 대개 강간 등 성폭행자, 아동에 대한 성학대자 그리고 매춘범이라고 할 수 있다. 이들 성범죄자에 대한 교정당국의 대응은 대체로 성범죄에 대한 일반사회의 태도에 의해서 크게 영향을 받고 있다.

(1) 성호르몬

성호르몬과 범죄의 연관성에 대해서도 주지하고 있는 바와 같이 「월경과 범죄」란 테마를 중심으로 이루어졌다. 여기에는 「호르몬 일반이상이 정신면에서 장해를 일으켜서 범죄원인이 된다」고 한 가설을 규명하는 방식으로 논의되었다. 이에 대해서 오늘날의 연구는 여러 호르몬의 구체적 작용에 관심을 두고 있다.

인간은 태아기와 신생아기에 남성호르몬의 영향을 받고 성별의 차이가 생긴다. 즉 성별에 관계없이 모든 태아기는 수정 후 잠시동안은 여성의 특질만을 보유한다. 하지만 4,5개월이 경과하면 Y염색체를 갖는 태아에 고환이 형성된다. 그리고 여기에서 안드로겐이라 불리는 남성호르몬이 분비되기 시작해 급속히 남성으로 성분화가 진행하는 것이다. 안드로겐에는 테스토스테론, 안드로스테론, 레히드로에피 안드로스테론 등이 있다. 이 중 테스토스테론이 자강 작용이 강한 남성호르몬으로 공격성과의 관

59) Robert Fred Boles, "Types of Social Structure as Factors in 'Cures' for Alcohol Addiction," Applied Anthropology, 1942, 1 : 1-13.

60) Keith S. Ditman, George G. Crawford, Edward W. Forgy, Herbert Moskowitz, and Craig macandrew, "A Controlled Experiment in the Use of Court Probation for Drunk Arrests," American Journal of Psychiatry, 1967, 124 : 160-163.

련성이 지적되었다.

테스토스테론은 남성의 2차 성징(음부의 성장, 수염발육, 변성 등)을 발현시키고 뼈나 근육의 발육을 돕는다. 최근의 연구에는 이 테스토스테론의 수준과 공격성, 충동성 및 반사회성의 사이에 밀접한 관련이 있다는 견해가 대두하고 있다. 미국에는 「강간범의 테스토스테론은 일반인보다 많다」라고 보고된 적도 있다.

(2) 테스토스테론의 실증적 연구

테스토스테론에 관한 연구에는 동물을 대상으로 한 것과 인간을 대상으로 한 것이 있다.

동물에 관한 연구에는 원숭이에 대한 실험이 많다. 케이반이 1982년 발표한 연구에는 독신으로 사육되는 수컷 원숭이들에서 같은 양의 테스토스테론이 검출되고, 암컷 원숭이를 한 마리씩 데려다 주어도 테스토스테론의 증가량의 개체 차는 거의 보이지 않았다. 하지만 혼합집단에 수컷원숭이를 넣으면 테스토스테론에 개체 차가 생기는 것이 발견되었다. 또 원숭이 사회내의 지위 변동은 테스토스테론의 수치변화에 밀접한 관련이 있다고 말할 수 있다. 즉 두목 원숭이는 다른 원숭이보다 테스토스테론의 수치가 높은 것이다. 또 암컷 원숭이에 탄생 전 혹은 탄생 직후에 테스토스테론을 투입하면 공격성이 높아진다는 보고도 있다. 그 외 호르몬 균형과 환경간에 밀접한 관계가 있다는 견해가 있으나 이 관계에 대해서는 연구 진행중이다.

그럼 인간의 공격성에 대한 테스토스테론의 영향은 어떠한가? 이 점에 대해 다음과 같이 연구성과가 보고되었다.

첫째, 폭력범 수형자와 재산범 수형자를 비교한 결과 폭력범 수형자 집단이 가진 테스토스테론의 수치가 높다.

둘째, 소년의 폭력행위와 테스토스테론의 관련성을 조사해 폭력행위 도발의 유무로 나눈 경우 도발이 있는 폭력행위에 테스토스테론의 영향이 더 많았다.

셋째, 신체적인 공격과 테스토스테론의 수준과는 관련성은 없으나 언어에 의한 공격하는 밀접한 관련이 있다.

넷째, 테스토스테론이 높은 경우 폭력에 의존하기 쉽고 자극에 민감하게 반응하기 쉽다. 단 테스토스테론과 공격성의 관련성은 인간의 경우 동물실험 시 기대된 것처럼 강한 것은 아니라는 지적도 있다.

또 1991년에 미국의 에리드와 쿤츠는 테스토스테론을 포함한 안드로겐의 뇌기능에 대한 영향이 인간의 반사회적 행동과 관련된다고 주장했다. 즉 에리스와 쿤츠는 안드로겐의 뇌기능에 미치는 영향에 의해 사람에 따라 더 많은 환경적 자극을 원하고 처벌에 대한 내성이 강해져 충동적인 정서불안정이나 반사회적인 정서상태에 빠져들기 때문에 폭력범 등 중대한 범죄를 촉진시킨다고 설명하였다.

(3) 성호르몬과 범죄연구의 평가

이처럼 오늘날에는 테스토스테론을 시작으로 한 성호르몬과 인간의 공격성간에 무엇인가 연관성이 있다는 견해가 강하다. 하지만 그러면서도 이제까지 성호르몬이 범죄에 영향을 미치는 메커니즘은 충분히 밝혀져 있지 않다. 또 성호르몬의 이상이 범죄를 직접 야기시키는지도 증명되지 않았다. 연구방법면에서도 아직까지 범죄자와 일반시민을 비교한 테스토스테론 연구가 충분히 이루어져 있지 않다. 또 1987년 루빈은 이제까지의 성호르몬과 범죄의 관련성에 대한 연구를 검증한 결과 테스토스테론과 폭력범죄의 관련성을 제시하는 결정적인 증거를 찾지 못하였다고 주장해 종래의 연구결과 자체를 의문시하였다. 지금까지의 평가를 요약하면 성호르몬과 범죄와의 관련성에 대해 많은 과제를 안고 있고 앞으로 보다 구체적인 연구결과를 기대할 형편이다.

한편 성호르몬과 범죄의 관련성에 대해서는 해명되지 않은 부분이 많이 남아 있음에도 불구하고 현재 미국에는 성범죄자에 대한 의료적 처우 중에 체내의 테스토스테론을 감소시키는 약품이 사용되고 있다. 또 성범죄자의 거세를 위해 에스트로겐이나 프리게스테론 등의 여성호르몬의 투여(약물거세(藥物去勢))가 이루어지고 있다. 하지만 이런 의료적인 처우에 대해 장기간 약물을 투여한 경우의 부작용이나 잠재적 위험성에 대한 우려도 생각해야 할 것이다.

(4) 성범죄자의 유형

① 남성성 재확인형

남성성 재확인형(power-reassurance rapists)은 여성에게 자신이 남성임을 과시하기 위해 강간하는 자들이다. 실제 이들은 외모나 체격에서 남성다움을 찾아보기 어렵다. 그만큼 왜소한 경우가 많다. 여성을 지배하는 통제력을 느끼고 싶어 하지만 사회적 · 성적으로 여성들과 교제하는데 있어 자신감이 매우 결여된 사람들이다. 자신의 남성성을 확인하려는 욕구가 매우 강한 자들로 성행위에 대한 환상에 사로잡힌 사람들이다. Douglas와 Olshaker는 이들을 '비이기적 강간범(unselfish rapists)'이라 부르고 있다. 즉, 자신이 여성을 욕보이고 있음에도 불구하고 마치 상대방을 배려하고 있다고 착각하는 듯한 모습을 보이기 때문이다(Palermo & Farkas, 2001).

이들은 강간시에 여성으로 하여금 스스로 옷을 벗게 하고 이를 통하여 피해자인 여성도 섹스를 즐긴다는 혼자만의 환상을 부추기게 된다. 이들은 매우 외로운 자들로 실제 여성과의 사귐이나 성행위에 자신이 없기 때문에 성에 대한 환상에 지배되어 있다. 환상의 핵심은 사실을 왜곡하여 지각하는 것으로 피해자가 강간당하는 것을 즐길 것이며 아마도 자기와 성적 유회에 빠질 거라고 생각하는데 있다. 만약 피해자가 자신의 환상대로 움직이지 않거나 이를 거부하고 무시한다고 생각되면 피해자에게 큰 위협을 가해 살해하는 경우가 많다. 이러한 유형의 강간은 가해자들이 그들의 남성다움에 대한 불안을 해소하기 위하여 범행을 저지르게 되는 경우이다. 그러나 범행 이후에도 불안이 해소되지 않고 더 깊어지면, 또다시 강간을 저지르게 되는 등 반복적으로 범행을 하게 된다. 주로 이런 유형의 강간범들은 범행 전에 미리 범행계획을 치밀하게 세우고 피해자를 물색하여 피해자를 유혹 내지 유인하여 강간을 저지르는 계획적인 범행을 하는 특성을 보인다.

이들 중에는 심각한 자위행위, 노출증, 음란전화, 복장도착증, 페티시즘 등을 포함한 다양한 성적 일탈(sexual deviance)의 경험을 갖고 있다. 따라서 강간을 한 후에 환상을 재현하기 위한 방편으로 피해자의 속옷이나 사진 등 개인적인 의미가 있는 물품을 범죄의 기념품을 갖고 가는 경우가 많고(Hazelwood, 1987 : 이수정 외, 2006), 성적 유희를 위한 환상시스템의 작동으로 살해 후에 사체훼손을 한다.

② 사이코패스형

비교적 많은 강간범들이 반사회적 성격장애(antisocial personality disorder)를 갖고 있다고 한다.[61] 반사회적 성격장애자는 사이코패스와 같은 성격특성을 가지고 있음

61) DSM-Ⅳ(the Diagnostic and Statistical Manual-Ⅳ)에 의하면 반사회적 성격장애는 다른 사람의 권리를 무시하고 침해하는 광범위한 행동양상을 보이는 자료 법규를 자주 위반하며 자신의 이익이나 쾌락을 얻기 위해 거짓말을 반보하고 충동적이며 자주 폭력을 행사하는 자들이다. 반사회적 성격장애는 불안장애, 우울장애, 물질관련장애, 신체화장애, 그리고 병적

에는 틀림없지만 스트레스에 대한 반응을 반사회적으로 할 뿐으로 이를 사이코패스와 같은 위험한 성범죄자라고 부르지는 않는다. 따라서 반사회적 성격장애자와 사이코패스는 엄격한 면에서 구별된다. 사이코패스는 반사회적 성격을 실제로 표출하는 자('real' actor)로 자기중심적(self-centered)이고, 냉담(callous)하며, 가차 없는(remorseless) 사람으로 양심의 제지를 받지 않고 타인에 대한 배려나 동정심이 심각히 훼손된 자들이다. 이들은 '도덕적 백치(moral imbecility)'라 불리거나 '타고난 강간범(born savages)'이라고 한다. FBI 행동과학연구소에서는 연쇄 강간 후 살인하는 연쇄살인범에 이런 유형이 많다고 하면서 이들의 성적 공격행동은 매우 이기적이고 충동적으로 행동하며 피해자에게 과도한 폭력을 행사한다고 한다. 즉, 피해자의 입장을 전혀 고려하지 않고 피해자들과의 어떠한 의사소통 및 교류도 시도하지 않는 자들로 성범죄 프로파일링의 목적으로 접수된 사건들 중에서 두 번째로 많이 관찰되는 유형이라고 한다.

③ 권력형

권력형(Power-assertive rapist)은 자신의 우월성, 우세, 통제를 매개로 하여 성적인 범죄행위를 저지르는 자를 말한다. 성폭력 사건 중에서 많은 부분이 권력형 성폭력이다. 이는 전체의 과반수 이상을 점하는 유형으로 이들 범인이 노리는 것은 자신의 힘, 남성다움, 정복, 우월, 지배, 성적이 매력을 과시하기 위한 목적이다. 범인들은 상대방이 처음에는 반항하다가 뒤에 가면 굴복하여 기쁘게 응할 줄로 기대한다. 이들은 상대방을 납치하고 또 묶기도 한다.

이들은 자기의 주체성 성적역가, 힘 지배성을 증명함으로써 자신 속에 있는 열등감, 왜소감을 부정하려고 안간힘을 쓰며 그래서 자주 같은 범행을 저지른다. 이들의 성범죄의 주기는 일정하지 않고 산발적이다. 이들은 성범죄의 대상으로 동년배 또는 연하의 여성인 경우가 많으며, 클럽이나, 술집 같은 곳에서 피해자를 물색한 후에 매너 좋은 신사적인 태도로 피해자의 환심을 산 후에 범행을 저지른다. 이 유형은 데이트 강간의 일 유형으로 이해할 수 있다. 실제의 범행시 이들은 발기상태를 유지하는데 문제가 있을 수 있으며(impotence), 사정을 너무 빨리하는 조루증이나 늦게 하는

도박과 기타 충동조절 장애를 동반하는 경우가 많다. 이 장애의 진단을 받기 위해서는 적어도 연령이 18세 이상이어야 한다.

지루증의 문제를 겪는 것이 대부분이고, 그런 것 없이 성교를 치루더라도 원하던 성적 만족은 얻지 못한다. 사후 피해자를 검사해 볼 때 대개의 경우 질 내에서 살아있는 정자를 발견치 못하며, 신체에 상처도 별로 없다.

강간시 이들 범인은 피해자에게 성감이 어떻냐? 평소 당신의 성생활은 어떠했느냐? 이름은? 등과 같은 질문을 자주 던진다. 그래서 피해자는 이런 경우 처음에는 대항 거부하는 자위책을 섣불리 쓴다. 피해자들은 뒤에 이들 범인이 되돌아오지 않을까 몹시 겁을 내며, 행위시 강제였긴 하지만 그와의 대화에 응했던 자신을 몹시 분해하고 수치스럽게 여긴다. 이런 유형의 강간범은 사춘기 때 정상적인 이성애의 발달을 경험하지 못하였고, 노출증이니 관음증, 동성애와 같은 비정상적인 성적 경험을 많이 한 사람이라고 알려져 있다. 이들이 자신의 비정상적인 성적활동에 대하여 죄의식을 느끼고 수줍어하기도 하고, 여성에 대한 정상적인 이성관계를 형성하지 못하는 경우도 있다. 하지만 이들은 일상적인 사회생활에 특별한 문제를 보이지 않기 때문에 전형적인 강간범으로 보이지 않는다.

④ 분노치환형

분노치환형(displaced anger rapists)은 대체로 범죄자가 증오하는 사람과 비슷한 외모나 분위기가 있는 사람을 선택하여 강간을 하는 자들이다. 공격패턴은 일정한 패턴은 없으나 상당히 폭력적이고, 주로 신체적 학대를 목적으로 피해자를 공격하고, 이들은 본인이 중요하게 여기는 어떤 여성에 대한 분노를 느끼고, 공격 후에 분노가 감소하면서 긴장감이 점차 사라진다. 다시 말해 이들은 자신이 늘 분노하고 두려워하는 대상이 따로 있으며, 복수하고 싶은 심정을 항상 지니고 있다. 그래서 이들은 다른 대상을 공격하고 난 후에 어느 정도 분노가 해소될 수 있지만 그러나 결국 분노가 다시 생겨나고 문제의 원인인 여자들을 향해 분노를 표출하지 않으면 극도의 긴장감에 시달리므로 이를 해소하고자 연쇄적으로 범행을 한다.

얼굴모습, 키, 체중, 옷차림새, 몸가짐 등의 여러 면에서 자신이 이전에 분노를 느꼈던 여성과 비슷한 사람을 피해자로 선택한다. 이들은 여성에게 분노감을 가지고 있으며, 여성들을 처벌하고 모욕감을 주기 위한 방편으로 섹스를 활용한다. 과거 자신에게 큰 모욕감을 준 여성들인 어머니, 아내, 애인 등과 비슷한 여성들을 공격하는데 물리적 폭력을 곧바로 사용함으로써, 피해자를 굴복시켜 피해자가 방어할 기회조차 없는 경우가 많다. 폭력을 가하는 동안 피해자가 모욕감을 견디면 그치는 경향이 있으나 반항하면 잔인한 살인에 이르기도 한다.[62] 이들은 성장기에 계모 등으로부터 모진 학대나 배신감, 어머니로부터의 유기, 애인으로부터의 실연 등의 경험을 갖고 있고, 과거의 여성들과 비슷한 자를 공격의 대상으로 삼는다는 점에서 특이하다.

⑤ 강간충동형

강간충동형은 많은 경우 충동조절장애(impulse-control disorder)를 갖고 있는 사람들이다.[63] 강간충동형은 충동조절장애자라고 할 수 있다. 물질의존이나 이상성욕도 여기에 해당한다. 이상성욕에 의한 강간범죄자가 바로 강간충동형이다. 이 유형은 다양한 성적 일탈을 경험한 전력이 있고, 이들의 모든 생각과 관심의 초점은 변태성욕적인 환상 속에서 강제적인 성행위를 통한 자신의 성욕충족에 맞추어져 있다. 집요할 정도로 섹스에 몰입해 있다는 점에서 성적인 강간범(sexual rapist)이라 부른다. 이들의 파트너나 피해자는 낯선 사람이 대부분이다. 이들이 강제로 성관계를 갖고 싶다는 충동에 사로잡히면, 이런 충동을 억제하거나 다른 방법으로 해소하지 못하여 긴장하고 불안해하다가 강간을 함으로써 긴장과 불안을 해소하고 만족감과 안도감을 느낀다. 그러나 이내 강간충동이 일어나 연속적으로 강간에 몰입한다. 이들은 거의 매일 강간만을 생각하거나 강간대상을 물색하기에 강간범죄의 상습범이 되고 강간을 거듭할수록 수법이 대담해지며, 강간 후에 절도나 강도를 하기도 한다. 그러나 주목적은 강간이기 때문에 절도나 강도의 목적으로 침입 후 성충동을 느끼거나 신고를 저지할 목적으로 강간하는 유형과는 판이하게 다르다.

---

62) 이들은 스스로가 참을성이 있다고 느낀다. 따라서 자신들은 분노에 대한 과잉통제형이라고 한다. 분노를 느끼면서도 그것을 겉으로 표현하지 않는 사람들은 적절한 상황적 요인에 의해 순간적으로 억압된 감정을 표출하기 쉽다. 즉, 분노에 대한 과잉통제형이 오히려 도발적인 상황에서 분노를 공격행동으로 바로 연결되기 쉽다는 것이다. 즉, 분노를 유발하는 요인이 있을 때는 분노가 한층 강해지며(anger → rage), 이 때 이를 참지 못하고 범행을 저지른다. 분노를 조절하는 힘이 매우 약하다는 점이다.

63) 충동조절장애는 본인에게는 물론 다른 사람에게 해가 될 수 있는 행동에 대한 충동이나 욕망 또는 유혹을 이겨내지 못하는 것이 특징이다. 이들은 어떤 행동을 수행하기 전에 긴장감이나 각성상태가 고조되는 것을 느끼고, 행동을 취할 때 기쁨이나 만족감 또는 안도감을 경험한다. 그러나 행동을 하고 난 다음에는 크게 후회를 하기도 하고, 자책을 하기도 하며 죄의식을 느낀다. 이런 충동조절장애에는 간헐적인 폭발성 장애, 병적도박, 병적 방화, 발모광 및 달리 분류되지 않는 충동조절장애가 있다.

⑥ 음락살인형

이 유형은 연쇄음락살인자(serial lust killer)에 의한 강간으로 FBI는 이들의 범행이 매우 특징적임을 설명하고 있다. 이들은 성적 만족을 위해 상당기간동안 세심한 주의를 기울여 피해자를 선택하고 강간현장도 매우 기괴하고 정상적인 성행위의 패턴과는 판이하게 다르다고 한다. 피해자에 대한 완벽한 통제를 바탕으로 가학적인 쾌락을 즐기는 자들이다. 이들은 강간, 계간을 하면서 성기에 대한 훼손이 극심할 정도로 지나치다. 피해자를 목 조르고 찌르면서 쾌감을 느낀다. 목을 잘라놓은 시체하고 성행위를 하기도 한다. 이렇게 파괴를 해놓고는 이를 원상태로 되돌리기 위해 다시 꿰매어 놓기도 한다. 환상을 자극하거나 살해하기 위한 도구들인 포르노테이프, 망치, 칼, 톱, 술 등이 현장에 즐비하다. 즉, 이들의 범행은 파괴와 원상복구이라는 상징적인 요소들이 혼합된 모습을 보인다. 이들은 범행 시에 스스로가 짐승이라는 생각에 사로잡히기도 하고 자신이 아닌 마치 다른 사람의 행동으로 생각하기도 한다. 음락살인의 변형된 형태로서 시체애호증(Neocrophilia)을 들 수 있다. 이는 성관련 살인과는 약간의 차이가 있는데 성적 살인이 과격하고 가학적인 성적 행위를 통한 살인을 한다면, 시체애호증은 죽은 시체에 대하여 성적 각성(흥분)을 경험하고 있는 자로서 시체를 대상으로 성행위를 하는 자를 말한다. 이는 이미 사망한 사체나 죽어가는 사람을 보면서 성교를 하거나 자위를 함으로써 성적 쾌감을 느끼는 자이다.

위에서 설명하고 있는 성범죄자의 여러 가지 유형에서 보듯이 강간이 성(sexuality)에 의해서 동기 지어진 범죄인 경우도 있지만 폭력적 강제에 의해 동기지어진 신체적 침범이라는 폭넓은 인식으로 말미암아 형사사법의 두 가지 큰 변화가 있었다. 하나는 강간의 범죄를 성별 중립적(gender-neutral) 성적 폭행 또는 일반 폭력범죄의 특수한 사례로 재규정하는 움직임이다. 두 번째 변화는 강간피의자에 대한 보다 엄한 처우를 지향하는 추세이다.

이러한 성폭력범죄자는 교정관에게 특별한 어려움을 야기시킨다. 실제 폭력적 범죄자는 비이성적태도와 예측 불가능한 행위유형 때문에 교도소 내에서 보안의 위험성이 클 수 있다. 그러나 강간범이 수감중 수형자폭력의 표적이 될 확률이 높다. 예를 들어 수형자문화와 사회체계에서 대부분의 강간범은 수형자사회체계의 가장 밑바닥이다. 강간범에 대해서는 수형자지배의 형태로 치욕적인 신체적 · 성적공격이 보편적이다. 그래서 예측 불가능할 정도로 공격적이거나 또는 예측 가능할 정도로 공격에 취약하건 간에 교도소에서의 성폭력자는 보안의 위험성을 항상 불러일으킨다.

(5) 성도착증과 성적 장애자의 범죄

성도착증이라는 보통사람과 달리 비정상적인 대상 또는 방법으로 성적 만족을 추구하려는 성적 장애이다. 성적 장애에 다한 ICD-10의 분류에 의하면 복장도착증, 여성물건애, 노출증, 관음증, 소아기호증, 가학증, 피학증 등이 있다. 이러한 성적 장애가 전부 성폭력과 연결되는 것은 아니지만 성폭력을 상대의 의사에 반하는 일체의 성적 강제력의 행사라고 광의로 해석한다면 성도착증은 성폭력과 관련지을 수 있다. 또 이외에도 청음증 즉 청각과 후각, 촉각 등을 통하여 성적 흥분을 추구하는 것도 성도착의 개념에 포함되어야 할 것으로 보이며(천정환, 2006; 400-401), 포르노그라피 등 성적 흥분을 추구하기 위하여 비디오 또는 인터넷을 지나치게 자주 이용하는 것도 성도착의 개념에 포함되어야 할 것으로 판단된다.

성도착적인 행태로서 어린이를 상대로 성적 만족을 추구하는 소아기호형이 있다. Cohen Seghorn 및 Calmas는 가해자의 심리적 프로파일을 설명하기 위해 아동 성폭력범을 3가지로 분류하였다.[64] 아동 성폭력으로 유명한 Groth는 그의 후기 연구에서 소아기호증을 고착형과 퇴행형으로 나누고 이들의 공통적인 특성을 밝혀내고 있다. 그에 따르면 아동 성폭력범들은 ① 수동적이고 복종적이다. ② 고립, 타인과의 분리, 자기소외와 같은 감정이 강하다. ③ 공허함, 불안정, 우울 같은 감정 상태에 자주 빠진다. ④ 이성과의 성관계에 좌절 경험이 많고, 자신감이 없으며 의기소침하다. ⑤ 내적인 불안감을 자기 자신의 미성숙을 상징하는 아동과의 성관계로 대치하는 경향이 강하다고 한다.

심각한 어린이 성폭행 범은 고착형과 공격형이 혼합된 상태이다. 성적 취향이 완전히 아동에게 고착되어 있으며, 남아나 여아나 모두 피해 대상이 될 수 있다. 이들의 성적공격은 공격형과 마찬가지로 매우 위험하고 잔인하다. 아동에게 이상성욕을

64) 고착형 소아기호증(pedophile fixated type), 퇴행형 소아기호증(pedophile regressed type) 및 공격형 소아기호증(pedophile aggressed type)이 그것이다. 이 중에서 매우 위험한 유형이 공격형인데, 이들은 아이들을 공격함으로써 성적 흥분을 느끼게 되는 사람들로 아동과 폭력적이거나 가학적인 성행위를 즐긴다. 대부분의 소아기호증은 아이를 귀여워하는 것이 많고 유인이나 위협의 방법으로 아동을 성폭행하는 것이 일반적이기 때문에 공격형은 매우 드물다.

경험하는 자들로 성적 환상이 있고, 이를 실제의 행위에서 표출하고자 하는 자들로 매우 드물게 보이는 유형이라고 한다.

성 장애는 심리적 · 기질적 이유 또는 복합적인 이유로 파트너와 원활한 성행위를 가질 수 없는 일체의 경우를 말한다. ICD-10에서 성장애의 유형으로 성욕결핍 또는 상실증, 성적 혐오, 절정감 부전, 조루증, 성충동과다증이나 기질적 장애 등을 포함하고 있다. 성 장애는 특히 개인에게 심리적 좌절감과 패배감을 심어주고, 성적 콤플렉스를 형성하게 하여 성적 파트너 내지 어떤 대상에 대하여 성적 폭력이나 성적인 유형이 아닌 다른 방법으로 폭력이나 살인과 같은 것으로 나타날 수 있다. 성장애가 범죄와 관련될 수 있는 것은 성적 혐오증이나 조루증, 발기부전 등이며, 성적 살인이나 연쇄성범죄자의 대부분이 성적 장애를 가지고 있는 경우가 많다.

(6) 아동성학대

아마도 아동에 대한 성적 학대보다 비난을 많이 받는 범죄도 많지 않을 것이다. 아동성학대(child molester)에 대한 일반적 분노감이 매우 높기 때문에 아동성학대에 대한 낙인 또한 적지 않다. 따라서 아동성학대에 대한 논의와 연구도 최근에 와서 매우 활발한 편이다.

아동에 대한 성적 학대에 관한 많은 논의와 연구결과에 따르면, 아동성학대범의 90% 정도가 그 스스로 아동기 성적 학대의 피해자였다고 밝혀지고 있다. 그리고 20% 정도의 아동성학대범이 50세 이상이고, 아동성학대의 상당수가 피해자와 가해자 간에 불안한 유대감에서 시작하여 점차적으로 성적 접촉으로 전환된다는 특징을 가지고 있다.[65] 대부분의 피해자가 범죄로 인하여 혼돈스러워하며, 자신의 학대자에 대한 감정적 유대가 상당히 현실적이기 때문에 죄의식을 느끼게 된다. 그들은 대체로 그러한 행동이 잘못되었고 나쁘다는 것을 알고, 더구나 그러한 행동이 유쾌한 느낌을 불러일으켰을 때는 상황이 더욱 복잡해진다. 그래서 아동에 대한 성적학대는 많은 요소를 내포한 복잡한 범죄이지만, 일반적으로 가해자의 개인적 무력감에서 유발되는 것으로 알려지고 있다.[66]

65) Daniel Glaser, *Crime in Our Changing Society*, New York : Holt Reinhart & Winston, 1978, p. 370.

66) Clear and Cole, *op. cit.*, p. 180.

아동에 대한 성적 학대가 사회의 공분을 불러일으키는 것은 물론 그것이 약자인 아동에 대한 성적 학대라는 점에서이지만, 이 범죄에 대한 사회적 공분의 태도가 형사사법에도 그대로 영향을 미치게 되어 이들 아동성학대범은 법원이나 교도소에서도 가장 경멸받는 존재이다. 구금된 아동성학대범은 공료수형자들로부터 지속적인 위협, 실제폭력 그리고 일상적 적개의 표적이 되기 일쑤다. 더구나 대부분의 교도소에서는 이들 아동성학대범에 대해서는 거의 아무런 처우를 제공하지 못하거나 않기 때문에 이들에게 있어서 교도소에서의 수용의 경험은 무서운 것일 수밖에 없다. 이러한 사정으로 간혹 교정당국에서는 이들 아동성상대범, 특히 소아기호증을 가지고 있는 성범죄자들을 보다 안전하게 수용하기 위해서 별도의 시설수용을 하거나 별도의 사동을 설치하기도 한다.

(7) 매춘범죄자

매춘(prostitution)은 성범죄라기보다는 일종의 경제범죄로 보는 것이 바람직할 수도 있다. 그것은 매춘이 서비스제공자와 서비스수혜자 간의 불법적인 경제적 교류이기 때문이다. 즉 재물로서 성을 사고팔기 때문에 매춘이 범죄가 되는 것이지 남녀간의 성적 문제로 범죄가 되는 것은 아니라는 것이다. 매춘에 대한 국민적 태도도 분명치는 않다. 매춘을 규제는 하되 합법화시키자는 개혁적인 입장에서 매춘을 완전히 청소하자는 강경보수적 태도에 이르기까지 매우 다양하다. 그러나 최근의 후천성면역결핍증(AIDS)으로 인하여 감염여성의 매춘행위를 금지하는 등 매춘을 보다 철저히 규제하는 방향이다. 그러나 어떤 경우이든 인류의 역사를 통하여 어느 사회, 어느 국가에서도 매춘은 어떤 형태로든 존재해 왔고, 매춘행위자에 대한 처벌 또한 대부분 시설수용에까지는 이르지 않고 있다.

매춘이 경제적 범죄의 특성이 강한 관계로 교정사업가들은 매춘부를 위한 직업알선에 관심을 집중시킬 수밖에 없다. 그러나 매춘부의 전직은 그들이 대개 시장성 있는 기술이 없고, 교육수준이 낮으며, 상당수가 약물에 손을 대고 있으며, 일을 좋아하지 않는 경우가 많아서 대부분의 매춘부가 자신의 생활 형태를 바꾸고자 하지 않기 때문에 사실상 어려운 형편이다.[67] 더구나 매춘이 사회적 문제는 될지라도 사회에 대한 직접적인 위험을 유발하지는 않기 때문에 국가나 사회는 물론이고, 교정당

67) James H. Bryan, "Apprenticeships in Prostitution," *Social Problems*, 1965, 12 : 287-297.

국의 관심에서도 그 우선순위가 뒤로 밀릴 수밖에 없다. 그 결과 매춘범죄는 일종의 무관심한 처벌을 받는데 지나지 않고 있다.[68]

그 외 범죄자 중에는 범인성이 내재화되고 고착화되어 의도적으로 범죄를 하는 계획범이 아니라 격정이나 충동 등 특수한 상황에 의해서 범행을 하게 된 범죄자가 있는데 이를 상황범죄자라고 하며, 기타 직업범죄자와 화이트칼라 범죄자가 있다.

특수수형자중 60세 이상의 고령수형자와 장기수형자도 있다.

4) 노인수용자

노인수용자 등의 처우에 대해서는 적정한 배려가 요구되는 사항으로 아래의 내역을 참조한다.

① 소장은 노인수용자에 대하여 나이·건강상태 등을 고려하여 그 처우에 있어 적정한 배려를 하여야 한다.

② 소장은 장애인수용자에 대하여 장애의 정도를 고려하여 그 처우에 있어 적정한 배려를 하여야 한다.

③ 소장은 외국인수용자에 대하여 언어·생활문화 등을 고려하여 적정한 처우를 하여야 한다.

④ 노인수용자·장애인수용자 및 외국인수용자에 대한 적정한 배려 또는 처우에 관하여 필요한 사항은 법무부령으로 정한다.

68) Clear and Cole, *op, cit.*, p. 180.

11
chapter

범죄의 형사정책적 대책

[학습목표]

1. 교정시설내 처우를 살핀 후 '형의 집행 및 수용자의 처우에 관한 법률'을 학습한다.
2. 접견을 비롯한 수형자의 처우의 내용을 알아본 후 피감호자에 대해서도 학습한다.

〈출제경향분석〉

- 이 장에서 1-2 문제 정도는 출제되는 경향이 높으며 특히 교정직 특별전형시에는 20% 정도가 출제되는 부분이다. '형집행법령'에 대한 전반적인 숙지와 학습이 요구된다.

제 1 절 교정시설내 처우

1. "형의 집행 및 수용자의 처우에 관한 법률" 해설[1)]

1) 총칙

"형의 집행 및 수용자의 처우에 관한 법률" 중 중요부문에 대하여 간단히 설명하고자 한다. 제1조에서 이 법의 목적은 수형자의 교정교화와 건전한 사회복귀를 도모하고, 수용자의 처우와 권리 및 교정시설의 운영에 관하여 필요한 사항을 규정함을 목적으로 한다.

이 법에서 사용하는 용어의 뜻에 대해서 다음과 같이 정의하였다.(제2조)

1. "수형자"란 징역형·금고형 또는 구류형의 선고를 받아 그 형이 확정된 사람과 벌금 또는 과료를 완납하지 아니하여 노역장 유치명령을 받은 사람을 말한다.

2. "미결수용자"란 형사피의자 또는 형사피고인으로서 체포되거나 구속영장의 집행을 받은 사람을 말한다.

3. "사형확정자"란 사형의 선고를 받아 그 형이 확정된 사람을 말한다.

4. "수용자"란 수형자·미결수용자·사형확정자, 그 밖에 법률과 적법한 절차에 따라 교도소·구치소 및 그 지소(이하 "교정시설"이라 한다)에 수용된 사람을 말한다.

제6조에서는 교정시설의 규모 및 설비에 대하여 설명하였다.

① 신설하는 교정시설은 수용인원이 500명 이내의 규모가 되도록 하여야 한다. 다만, 교정시설의 기능·위치나 그 밖의 사정을 고려하여 그 규모를 증대할 수 있다.

② 교정시설의 거실·작업장·접견실이나 그 밖의 수용생활을 위한 설비는 그 목적과 기능에 맞도록 설치되어야 한다. 특히, 거실은 수용자가 건강하게 생활할 수 있도록 적정한 수준의 공간과 채광·통풍·난방을 위한 시설이 갖추어져야 한다.

---

1) 제3조제4항 중 「행형법」 제5조제1항을 「형의 집행 및 수용자의 처우에 관한 법률 제8조로 한다」는 법률 제9136호 일부개정 (2008. 12. 11.)된 내용으로 2008년 12월 22일부터 시행하고 있다

또한 교정시설 설치·운영의 민간위탁에 대한 사항이다(제7조).

① 법무부장관은 교정시설의 설치 및 운영에 관한 업무의 일부를 법인 또는 개인에게 위탁할 수 있다.

② 제1항에 따라 위탁을 받을 수 있는 법인 또는 개인의 자격요건, 교정시설의 시설기준, 수용대상자의 선정기준, 수용자 처우의 기준, 위탁절차, 국가의 감독, 그 밖에 필요한 사항은 따로 법률로 정한다.

교정시설의 순회점검에 대하여는 다음과 같이 정하였다(제8조).

법무부장관은 교정시설은 운영, 교도관 및 경비교도의 복무, 수용자의 처우 및 인권실태 등을 파악하기 위하여 매년 1회 이상 교정시설을 순회점검하거나 소속 공무원으로 하여금 순회점검하게 하여야 한다.

교정시설의 시찰 및 참관에 대하여 판사와 검사는 직무상 필요하면 교정시설을 시찰할 수 있다(제9조). 또한 ②제1항의 판사와 검사 외의 사람은 교정시설을 참관하려면 학술연구 등 정당한 이유를 명시하여 교정시설의 장(이하 "소장"이라 한다)의 허가를 받아야 한다는 업무의 한계를 규정하고 있다.

2) 수용자의 처우

수용자의 처우에 대해서는 제11조에서 다음과 같이 설정하였다.

구분수용에 대해서는 일부 개정된 내용으로

① 수용자는 다음 각 호에 따라 구분하여 수용한다.

1. 19세 이상 수형자: 교도소
2. 19세 미만 수형자: 소년교도소
3. 미결수용자: 구치소
4. 사형확정자: 교도소 또는 구치소. 이 경우 구체적인 구분 기준은 법무부령으로 정한다.

② 교도소 및 구치소의 각 지소에는 교도소 또는 구치소에 준하여 수용자를 수용한다.

구분수용의 예외시에 적용되는 규정은 다음과 같다.

① 다음 각 호의 어느 하나에 해당하는 사유가 있으면 교도소에 미결수용자를 수

용할 수 있다.

1. 관할 법원 및 검찰청 소재지에 구치소가 없는 때
2. 구치소의 수용인원이 정원을 훨씬 초과하여 정상적인 운영이 곤란한 때
3. 범죄의 증거인멸을 방지하기 위하여 필요하거나 그 밖에 특별한 사정이 있는 때

② 취사 등의 작업을 위하여 필요하거나 그 밖에 특별한 사정이 있으면 구치소에 수형자를 수용할 수 있다.

③ 수형자가 소년교도소에 수용 중에 19세가 된 경우에는 교육·교화 프로그램, 작업, 직업훈련 등을 실시하기 위하여 특히 필요하다고 인정되면 23세가 되기 전까지는 계속하여 수용할 수 있다. [개정]

분리수용에 있어서는 ① 남성과 여성은 분리하여 수용하며 ② 제12조에 따라 수형자와 미결수용자, 19세 이상의 수형자와 19세 미만의 수형자를 같은 교정시설에 수용하는 경우에는 서로 분리하여 수용한다. [개정]

제4장에 속한 수용자의 처우 에 있어서는 전염성 질병에 관한 조치로 소장은 전염의 우려가 있는 질병의 발생과 확산을 방지하기 위하여 필요하다고 인정하면 수용자에 대하여 예방접종·격리수용·이송, 그 밖에 필요한 조치를 하여야 한다.

제37조 외부의료시설 진료 등에 있어서는 ① 소장은 수용자에 대한 적절한 치료를 위하여 필요하다고 인정하면 교정시설 밖에 있는 의료시설(이하 "외부의료시절"이라 한다)에서 진료를 받게 할 수 있다.

② 소장은 수용자의 정신질환 치료를 위하여 필요하다고 인정하면 법무부장관의 승인을 받아 치료감호시설로 이송할 수 있다.

③ 제2항에 따라 이송된 사람은 수용자에 준하여 처우한다.

④ 소장은 제1항 또는 제2항에 따라 수용자가 외부의료시설에서 진료 받거나 치료감호시설로 이송되면 그 사실을 그 가족(가족이 없는 경우에는 수용자가 지정하는 사람)에게 지체 없이 통지하여야 한다. 다만, 수용자가 통지를 원하지 아니하면 그러하지 아니하다.

⑤ 소장은 수용자가 자신의 고의 또는 중대한 과실로 부상 등이 발생하여 외부의료시설에서 진료를 받은 경우에는 그 진료비의 전부 또는 일부를 그 수용자에게 부담하게 할 수 있다.

또한 자비로 치료하도록 되어 있는데 소장은 수용자가 자신의 비용으로 외부의료시설에서 근무하는 의사(이하 "외부의사"라 한다)에게 치료받기를 원하면 교정 시설에 근무하는 의사(공중보건의사를 포함하며, 이하 "의무관"이라 한다)의 의견을 고려하여 이를 허가할 수 있다.

3) 접견 · 서신수발 등

수용자에게 가장 관심이 있는 부분으로는 접견 · 서신수수 및 전화통화 등이 있는데 접견은 ① 수용자는 교정시설의 외부에 있는 사람과 접견할 수 있다. 다만, 다음 각 호의 어느 하나에 해당하는 사유가 있으면 그러하지 아니하다.

1. 형사 법령에 저촉되는 행위를 할 우려가 있는 때
2. 「형사소송법」이나 그 밖의 법률에 따른 접견금지의 결정이 있는 때
3. 수형자의 교화 또는 건전한 사회복귀를 해칠 우려가 있는 때
4. 시설의 안전 또는 질서를 해칠 우려가 있는 때

③ 제2항에 따라 녹음 · 녹화하는 경우에는 사전에 수용자 및 그 상대방에게 그 사실을 알려 주어야 한다.

④ 접견의 횟수 · 시간 · 장소 · 방법 및 접견내용의 청취 · 기록 · 녹음 · 녹화 등에 관하여 필요한 사항은 대통령령으로 정한다.

또한 접견의 중지 등이 규정되어 있는데 교도관은 접견 중인 수용자 또는 그 상대방이 다음 각 호의 어느 하나에 해당하면 접견을 중지할 수 있다.

1. 범죄의 증거를 인멸하거나 인멸하려고 하는 때
2. 제92조의 금지물품을 주고받거나 주고받으려고 하는 때
3. 형사 법령에 저촉되는 행위를 하거나 하려고 하는 때
4. 수용자의 처우 또는 교정시설의 운영에 관하여 거짓사실을 유포하는 때
5. 수형자의 교화 또는 건전한 사회복귀를 해칠 우려가 있는 행위를 하거나 하려고 하는 때
6. 수형자의 교화 또는 건전한 사회복귀를 해칠 우려가 있는 행위를 하거나 하려고 하는 때

서신수수로는 ① 수용자는 다른 사람과 서신을 주고받을 수 있다. 다만, 다음 각

호의 어느 하나에 해당하는 사유가 있으면 그러하지 아니하다.

1. 「형사소송법」 아닌 그 밖의 법률에 따른 시선의 수수금지 및 압수의 결정이 있는 때

2. 수형자의 교화 또는 건전한 사회복귀를 해칠 우려가 있는 때

3. 시설의 안전 또는 질서를 해칠 우려가 있는 때

② 제1항 본문에도 불구하고 같은 교정시설의 수용자 간에 서신을 주고받으려면 소장의 허가를 받아야 한다.

③ 소장은 수용자가 주고받는 서신에 법령에 따라 금지된 물품이 들어 있는지 확인할 수 있다.

④ 수용자가 주고받는 서신의 내용은 검열받지 아니한다. 다만, 다음 각 호의 어느 하나에 해당하는 사유가 있으면 그러하지 아니하다.

1. 서신의 상대방이 누구인지 확인할 수 없는 때

2. 「형사소송법」이나 그 밖의 법률에 따른 서신검열의 결정이 있는 때

3. 제1항 제2호 또는 제3호에 해당하는 내용이나 형사 법령에 저촉되는 내용이 기재되어 있다고 의심할 만한 상당한 이유가 있는 때

4. 대통령령으로 정하는 수용자 간의 서신인 때

다음은 전화통화에 대한 부분으로 ① 수용자는 소장의 허가를 받아 교정시설의 외부에 있는 사람과 전화통화를 할 수 있다.

② 제1항에 따른 허가에는 통화내용의 청취 또는 녹음을 조건으로 붙일 수 있다.

③ 제42조는 수용자의 전화통화에 관하여 준용한다.

④ 제2항에 따라 통화내용을 청취 또는 녹음하려면 사전에 수용자 및 상대방에게 그 사실을 알려 주어야 한다.

교도소 문화에 대한 부분은 집필에 관한 것으로 규정은 다음과 같다.

① 수용자는 문서 또는 도화를 작성하거나 문예·학술, 그 밖의 사항에 관하여 집필할 수 있다. 다만, 소장이 시설의 안전 또는 질서를 해칠 명백한 위험이 있다고 인정하는 경우는 예외로 한다.

② 제26조는 제1항에 따라 작성 또는 집필한 문서나 도화의 소지 및 처리에 관하여 준용한다.

③ 제1항에 따라 작성 또는 집필한 문서나 도화가 제43조제5항 각 호의 어느 하나에 해당하면 제43조제7항을 준용한다.

④ 집필용구의 관리, 집필의 시간 · 장소, 집필한 문서 또는 도화의 외부반출 등에 관하여 필요한 사항은 대통령령으로 정한다.

이상에서 간단히 살펴보았지만 형집행법령에 따르면 기존 허가 사항이었던 서신 · 집필 · 접견이 수용자의 기본적 권리로 전환되고 서신검열은 '원칙적 검열-예외적 무검열'에서 '원칙적무검열-예외적 검열'로 전환돼 수용자와 서신 상대방의 프라이버시가 보호되었다.

4) 특별한 보호

특별한 보호로서는 임산부인 수용자의 처우가 있다.

① 소장은 수용자가 임신 중이거나 출산(유산을 포함한다)한 경우에는 모성보호 및 건강유지를 위하여 정기적인 검진 등 적절한 조치를 하여야 한다.

② 소장은 수용자가 출산하려고 하는 경우에는 외부의료시설에서 진료를 받게 하는 등 적절한 조치를 하여야 한다.

또한 유아의 양육에 있어서는

① 여성수용자는 자신이 출산한 유아를 교정시절에서 양육할 것을 신청할 수 있다. 이 경우 소장은 다음 각 호의 어느 하나에 해당하는 사유가 없으면, 생후 18개월에 이르기까지 허가하여야 한다.

1. 유아가 질병 · 부상, 그 밖의 사유로 교정시설에서 생활하는 것이 특히 부적당하다고 인정되는 때

2. 수용자가 질병 · 부상, 그 밖의 사유로 유아를 양육할 능력이 없다고 인정되는 때

3. 교정시설에 전염병이 유행하거나 그 밖의 사정으로 유아양육이 특히 부적당한 때

② 소장은 제1항에 따라 유아의 양육을 허가한 경우에는 필요한 설비와 물품의 제공, 그 밖에 양육을 위하여 필요한 조치를 하여야 한다.

수형자 처우의 원칙으로 수형자에 대하여는 교육 · 교화프로그램, 작업, 직업훈련 등을 통하여 교정교화를 도모하고 사회생활에 적응하는 능력을 함양하도록 처우하여야 한다.

5) 개별처우 계획

또한 개별처우계획의 수립 등으로 ① 소장은 제62조의 분류처우위원회의 의결에 따라 수형자의 개별적 특성에 알맞은 교육·교화프로그램, 작업, 직업훈련 등의 처우에 관한 계획(이하 "개별처우계획"이라 한다)을 수립하여 시행한다.

② 소장은 수형자가 스스로 개선하여 사회에 복귀하려는 의욕이 고취되도록 개별처우계획을 정기적으로 또는 수시로 점검하여야 한다.

제57조의 처우에 있어서는

① 수형자는 제59조의 분류심사의 결과에 따라 그에 적합한 교정시설에 수용되며, 개별처우계획에 따라 그 특성에 알맞은 처우를 받는다.

② 교정시설은 도주방지 등을 위한 수용설비 및 계호의 정도(이하 "경비등급"이라 한다)에 따라 다음 각 호로 구분한다. 다만, 동일한 교정 시설이라도 구획을 정하여 경비등급을 달리할 수 있다.

1. 개방시설 : 도주방지를 위한 통상적인 설비의 전부 또는 일부를 갖추지 아니하고 수형자의 자율적 활동이 가능하도록 통상적인 관리·감시의 전부 또는 일부를 하지 아니하는 교정시설

2. 완화경비시설 : 도주방지를 위한 통상적인 설비 및 수형자에 대한 관리·감시를 일반경비시설보다 완화한 교정시설

3. 일반경비시설 : 도주방지를 위한 통상적인 설비를 갖추고 수형자에 대하여 통상적인 관리·감시를 하는 교정시설

4. 중(重)경비시설 : 도주방지 및 수형자 상호 간의 접촉을 차단하는 설비를 강화하고 수형자에 대한 관리·감시를 엄중히 하는 교정시설

③ 수형자에 대한 처우는 교화 또는 건전한 사회복귀를 위하여 교정성적에 따라 상향조정될 수 있으며, 특히 그 성적이 우수한 수형자는 개방시설에 수용되어 사회생활에 필요한 적정한 처우를 받을 수 있다.

④ 수형자는 교화 또는 건전한 사회복귀를 위하여 교정시설 밖의 적당한 장소에서 봉사활동·견학, 그 밖에 사회적응에 필요한 처우를 받을 수 있다.

⑤ 학과교육생·직업훈련생·외국인·여성·장애인·노인·환자, 그 밖에 별도의

처우가 필요한 수형자는 법무부장관이 특히 그 처우를 전담하도록 정하는 시설(이하 "전담교정시설"이라 한다)에 수용되며, 그 특성에 알맞은 처우를 받는다. 다만, 전담교정시설의 부족이나 그 밖의 부득이한 사정이 있는 경우에는 예외로 할 수 있다.

⑥ 제2항 각 호의 시설의 설비 및 계호의 정도에 관하여 필요한 사항은 대통령령으로 정한다.

교육과 교화프로그램 으로서는 ① 소장은 수형자가 건전한 사회복귀에 필요한 지식과 소양을 습득하도록 교육할 수 있다.

② 소장은 「교육기본법」 제8조의 의무교육을 받지 못한 수형자에 대하여는 본인의 의사 · 나이 · 지식정도, 그 밖의 사정을 고려하여 그에 알맞게 교육하여야 한다.

③ 소장은 제1항 및 제2항에 따른 교육을 위하여 필요하면 수형자를 외부의 교육기관에 통학하게 하거나 위탁하여 교육받게 할 수 있다.

④ 교육과정 · 외부통학 · 위탁교육 등에 관하여 필요한 사항은 법무부령으로 정한다.

6) 작업과 직업훈련

수형자들에게 가장 필요한 부문으로는 수형자의 작업과 직업훈련이 있는데 작업의 부과는 ① 수형자에게 부과하는 작업은 건전한 사회복귀를 위하여 기술을 습득하고 근로의욕을 고취하는 데에 적합한 것이어야 한다.

② 소장은 수형자에게 작업을 부과하려면 나이 · 형기 · 건강상태 · 기술 · 성격 · 취미 · 경력 · 장래생계, 그 밖의 수형자의 사정을 고려하여야 한다.

수형자는 자신에게 부과된 작업과 그 밖의 노역을 수행하여야 할 작업의무가 있다.

또한 신청에 따른 작업으로는 소장은 금고형 또는 구류형의 집행 중에 있는 사람에 대하여는 신청에 따라 작업을 부과할 수 있다.

외부 통근 작업 등의 규정 내용으로는 ① 소장은 수형자의 건전한 사회복귀와 기술 습득을 촉진하기 위하여 필요하면 외부기업체 등에 통근 작업하게 하거나 교정시설의 안에 설치된 외부기업체의 작업장에서 작업하게 할 수 있다.

② 외부 통근 작업 대상자의 선정기준 등에 관하여 필요한 사항은 법무부령으로 정한다.

직업능력개발훈련 규정으로는 ① 소장은 수형자의 건전한 사회복귀를 위하여 기술 습득 및 향상을 위한 직업능력개발훈련(이하 "직업훈련"이라 한다)을 실시할 수 있다.

② 소장은 수형자의 직업훈련을 위하여 필요하면 외부의 기관 또는 단체에서 훈련을 받게 할 수 있다.

③ 직업훈련 대상자의 선정기준 등에 관하여 필요한 사항은 법무부령으로 정한다.

수형자에게 작업의 면제사항이 있는데 ① 소장은 수형자의 가족 또는 배우자의 직계존속이 사망하면 2일간, 부모 또는 배우자의 기일을 맞이하면 1일간 해당 수형자의 작업을 면제한다. 다만, 수형자가 작업을 계속하기를 원하는 경우는 예외로 한다.

② 소장은 수형자에게 부상·질병, 그 밖에 작업을 계속하기 어려운 특별한 사정이 있으면 그 사유가 해소될 때까지 작업을 면제할 수 있다.

7) 귀휴

귀휴에 관한 사항으로는 ① 소장은 6개월 이상 복역한 수형자로서 그 형기의 3분의 1(21년 이상의 유기형 또는 무기형의 경우에는 7년)이 지나고 교정성적이 우수한 사람이 다음 각 호의 어느 하나에 해당하면 1년 중 20일 이내의 귀휴를 허가할 수 있다.[개정]

1. 가족 또는 배우자의 직계존속이 위독한 때
2. 질병이나 사고로 외부의료시설에의 입원이 필요한 때
3. 천재지변이나 그 밖의 재해로 가족, 배우자의 직계존속 또는 수형자 본인에게 회복할 수 없는 중대한 재산상의 손해가 발생하였거나 발생할 우려가 있는 때
4. 그 밖에 교화 또는 건전한 사회복귀를 위하여 법무부령으로 정하는 사유가 있는 때

② 소장은 다음 각 호의 어느 하나에 해당하는 사유가 있는 수형자에 대하여는 제1항에도 불구하고 5일 이내의 특별귀휴를 허가할 수 있다.

1. 가족 또는 배우자의 직계존속이 사망한 때
2. 직계비속의 혼례가 있는 때

③ 소장은 귀휴를 허가하는 경우에 법무부령으로 정하는 바에 따라 거소의 제한이나 그 밖에 필요한 조건을 붙일 수 있다.

④ 제1항 및 제2항의 귀휴기간은 형 집행기간에 포함한다.

8) 미결수용자 처우

미결수용자의 처우에 있어서는 미결수용자가 수용된 거실은 참관할 수 없다는 금지 규정이 있으며 미결수용자로서 사건에 서로 관련이 있는 사람은 분리수용하고 서로 간의 접촉을 금지하여야 한다.

또한 변호인과의 접견 및 서신수수 규정으로는 ① 제41조제2항에도 불구하고 미결수용자와 변호인(변호인이 되려고 하는 사람을 포함한다. 이하 같다)과의 접견에는 교도관이 참여하지 못하며 그 내용을 청취 또는 녹취하지 못한다. 다만, 보이는 거리에서 미결수용자를 관찰할 수 있다.

② 미결수용자와 변호인 간의 접견은 시간과 횟수를 제한하지 아니한다.

③ 제43조제4항 단서에도 불구하고 미결수용자와 변호인 간의 서신은 교정시설에서 상대방이 변호인임을 확인할 수 없는 경우를 제외하고는 검열할 수 없다.

조사 등에서의 특칙은 소장은 미결수용자가 징벌대상자로서 조사받고 있거나 징벌집행 중인 경우에도 소송서류의 작성, 변호인과의 접견·서신수수, 그 밖의 수사 및 재판 과정에서의 권리행사를 보장하여야 한다. 경찰관서에 설치된 유치장은 교정시설의 미결수용실로 보아 이 법을 준용하도록 되어 있다.

제88조 (준용규정) 형사사건으로 수사 또는 재판을 받고 있는 수형자와 사형확정자에 대하여는 제84조 및 제85조를 준용한다. [개정]

사형확정자의 수용은 ① 사형확정자는 독거수용한다. 다만, 자살방지, 교육교화프로그램, 작업, 그 밖의 적절한 처우를 위하여 필요한 경우에는 법무부령으로 정하는 바에 따라 혼거수용할 수 있다. ② 사형확정자가 수용된 거실은 참관할 수 없다.[개정]

사형의 집행은 ① 사형은 교정시설의 사형장에서 집행한다.

② 공휴일과 토요일에는 사형을 집행하지 아니한다.

9) 상담

개인상담 등의 내용을 개정하였는데 ① 소장은 사형확정자의 심리적 안정 및 원만한 수용생활을 위하여 교육 또는 교화프로그램을 실시하거나 신청에 따라 작업을 부과할 수 있으며 ② 사형확정자에 대한 교육·교화프로그램, 작업, 그 밖의 처우에 필요한 사항은 법무부령으로 정한다. [개정]

10) 안전과 질서유지

전자장비를 이용한 계호는 제94조에서 ① 교도관은 자살·자해·도주·폭행·손괴, 그 밖에 수용자의 생명·신체를 해하거나 시설의 안전 또는 질서를 해하는 행위(이하 "자살 등"이라 한다)를 방지하기 위하여 필요 한 범위에서 전자장비를 이용하여 수용자 또는 시설을 계호할 수 있다. 다만, 전자영상장비로 거실에 있는 수용자를 계호하는 것은 자살 등의 우려가 큰 때에만 할 수 있다.

보호실 수용은

① 소장은 수용자가 다음 각 호의 어느 하나에 해당하면 의무관의 의견을 고려하여 보호실(자살 및 자해 방지 등의 설비를 갖춘 거실을 말한다. 이하 같다)에 수용할 수 있다.

1. 자살 또는 자해의 우려가 있는 때
2. 신체적·정신적 질병으로 인하여 특별한 보호가 필요한 때

② 수용자의 보호실 수용기간은 15일 이내로 한다. 다만, 소장은 특히 계속하여 수용할 필요가 있으면 의무관의 의견을 고려하여 연장할 수 있다.

③ 제2항 단서에 따른 기간연장은 7일 이내로 하되, 계속하여 3개월을 초과할 수 없다.

④ 소장은 수용자를 보호실에 수용하거나 수용기간을 연장하는 경우에는 그 사유를 본인에게 알려 주어야 한다.

⑤ 의무관은 보호실 수용자의 건강상태를 수시로 확인하여야 한다.

⑥ 소장은 보호실 수용사유가 소멸한 경우에는 보호실 수용을 즉시 중단하여야 한다.

또한 강제력을 동원한 진정실 수용에 대한 규정으로는 ① 소장은 수용자가 다음 각 호의 어느 하나에 해당하는 경우로서 강제력을 행사하거나 제98조의 보호장비를 사용하여도 그 목적을 달성할 수 없는 경우에만 진정실(일반 수용거실로부터 격리되어 있고 방음설비 등을 갖춘 거실을 말한다. 이하 같다)에 수용할 수 있다.

1. 교정시절의 설비 또는 기구 등을 손괴하거나 손괴하려고 하는 때

2. 교도관 및 경비 교도(이하 이 장에서 "교도관 등"이라 한다)의 제지에도 불구하고 소란행위를 계속하여 다른 수용자의 평온한 수용생활을 방해하는 때

② 수용자의 진정실 수용기간은 24시간 이내로 한다. 다만, 소장은 특히 계속하여 수용할 필요가 있으면 의무관의 의견을 고려하여 연장할 수 있다.

③ 제2항 단서에 따른 기간연장은 12시간 이내로 하되, 계속하여 3일을 초과할 수 없다.

④ 진정실 수용자에 대하여는 제95조제4항부터 제6항까지의 규정을 준용한다.

수용자의 안전한 보호를 위해서는 보호장비의 사용이 있는데 그 규정은 다음과 같다.

① 교도관은 수용자가 다음 각 호의 어느 하나에 해당하면 보호장비를 사용할 수 있다.

1. 이송・출정, 그 밖에 교정시설 밖의 장소로 수용자를 호송하는 때
2. 도주・자살・자해 또는 다른 사람에 대한 위해의 우려가 큰 때
3. 위력으로 교도관등의 정당한 직무집행을 방해하는 때
4. 교정시설의 설비・기구 등을 손괴하거나 그 밖에 시설의 안전 또는 질서를 해칠 우려가 큰 때

보호장비의 종류 및 사용요건의 규정은 ① 보호장비의 종류는 다음 각 호와 같다.

1. 수갑
2. 머리보호장비
3. 발목보호장비
4. 보호대(帶)
5. 보호의자
6. 보호침대
7. 보호복
8. 포승

② 보호장비의 종류별 사용요건은 다음 각 호와 같다.

1. 수갑・포승: 제97조제1항제1호부터 제4호까지의 어느 하나에 해당하는 때
2. 머리보호장비: 머리부분을 자해할 우려가 큰 때
3. 발목보호장비・보호대・보호의자 : 제97조제1항제2호부터 제4호까지의 어느 하

나에 해당하는 때

4. 보호침대 · 보호복: 자살 · 자해의 우려가 큰 때

③ 보호장비의 사용절차 등에 관하여 필요한 사항은 대통령령으로 정한다.

보호장비는 남용되어서는 안 되는데 ① 교도관은 필요한 최소한의 범위에서 보호장비를 사용하여야 하며, 그 사유가 소멸하면 사용을 지체 없이 중단하여야 한다는 규정이 있다.

② 보호장비는 징벌의 수단으로 사용되어서는 아니된다.

교도관의 강제력의 행사내용으로는 ① 교도관등은 수용자가 다음 각 호의 어느 하나에 해당하면 강제력을 행사할 수 있다.

1. 도주하거나 도주하려고 하는 때
2. 자살하려고 하는 때
3. 자해하거나 자해하려고 하는 때
4. 다른 사람에게 위해를 끼치거나 끼치려고 하는 때
5. 위력으로 교도관등의 정당한 직무집행을 방해하는 때
6. 교정시설의 설비 · 기구 등을 손괴하거나 손괴하려고 하는 때
7. 그 밖에 시설의 안전 또는 질서를 크게 해치는 행위를 하거나 하려고 하는 때

② 교도관등은 수용자 외의 사람이 다음 각 호의 어느 하나에 해당하면 강제력을 행사할 수 있다.

1. 수용자를 도주하게 하려고 하는 때
2. 교도관등 또는 수용자에게 위해를 끼치거나 끼치려고 하는 때
3. 위력으로 교도관등의 정당한 직무집행을 방해하는 때
4. 교정시설의 설비 · 기구 등을 손괴하거나 하려고 하는 때
5. 교정시설에 침입하거나 하려고 하는 때
6. 교정시설의 안(교도관이 교정시설의 밖에서 수용자를 계호하고 있는 경우 그 장소를 포함한다)에서 교도관등의 퇴거요구를 받고도 이에 응하지 아니하는 때

③ 제1항 및 제2항에 따라 강제력을 행사하는 경우에는 보안장비를 사용할 수 있다.

④ 제3항에서 "보안장비"란 교도봉 · 가스분사기 · 가스총 · 최루탄 등 사람의 생명과 신체의 보호, 도주의 방지 및 시설의 안전과 질서유지를 위하여 교도관등이 사용

하는 장비와 기구를 말한다.

⑤ 제1항 및 제2항에 따라 강제력을 행사하려면 사전에 상대방에게 이를 경고하여야 한다. 다만, 상황이 급박하여 경고할 시간적인 여유가 없는 때에는 그러하지 아니하다.

⑥ 강제력의 행사는 필요한 최소한도에 그쳐야 한다.

⑦ 보안장비의 종료, 종류별 사용요건 및 사용절차 등에 관하여 필요한 사항은 법무부령으로 정한다.

11) 무기의 사용 규정

교도관의 가장 중요한 무기의 사용에 대한 규정은 다음과 같다.

① 교도관등은 다음 각 호의 어느 하나에 해당하는 사유가 있으면 수용자에 대하여 무기를 사용할 수 있다.

1. 수용자가 다른 사람에게 중대한 위해를 끼치거나 끼치려고 하여 그 상대가 위급한 때

2. 수용자가 폭행 또는 협박에 사용할 위험물을 소지하여 교도관등이 버릴 것을 명령하였음에도 이에 따르지 아니하는 때

3. 수용자가 폭동을 일으키거나 일으키려고 하여 신속하게 제지하지 아니하면 그 확산을 방지하기 어렵다고 인정되는 때

4. 도주하는 수용자에게 교도관등이 정지할 것을 명령하였음에도 계속하여 도주하는 때

5. 수용자가 교도관등의 무기를 탈취하거나 탈취하려고 하는 때

6. 그 밖에 사람의 생명·신체 및 설비에 대한 중대하고도 뚜렷한 위험을 방지하기 위하여 무기의 사용을 피할 수 없는 때

② 교도관등은 교정시설의 안(교도관이 교정시설의 밖에서 수용자를 계호하고 있는 경우 그 장소를 포함한다)에서 자기 또는 타인의 생명·신체를 보호하거나 수용자의 탈취를 저지하거나 건물 또는 그 밖의 시설과 무기에 대한 위험을 방지하기 위하여 급박하다고 인정되는 상당한 이유가 있으면 수용자 외의 사람에 대하여도 무기를 사용할 수 있다.

12) 재난시의 조치

재난시의 조치의 내용으로는

① 천재지변이나 그 밖의 재해가 발생하여 시설의 안전과 질서유지를 위하여 긴급한 조치가 필요하면 소장은 수용자로 하여금 피해의 복구나 그 밖의 응급용무를 보조하게 할 수 있다.

② 소장은 교정시설의 안에서 천재지변이나 그 밖의 사변에 대한 피난의 방법이 없는 경우에는 수용자를 다른 장소로 이송할 수 있다.

③ 소장은 제2항에 따른 이송이 불가능하면 수용자를 일시 석방할 수 있다.

④ 제3항에 따라 석방된 자는 석방 후 24시간 이내에 교정시설 또는 경찰관서에 출석하여야 한다.

제103조에서 규정한 도주의 경우에는 수용을 위한 체포로서의 규정은 다음과 같다.

① 교도관은 수용자가 도주 또는 제133조 각 호의 어느 하나에 해당하는 행위(이하 "도주등"이라 한다)를 한 경우에는 도주 후 또는 출석 기한이 지난 후 72시간 이내에만 그를 체포할 수 있다.

13) 규율과 상벌

규율과 상벌의 경우 규정은 다음과 같다.

① 수용자는 교정시설의 안전과 질서유지를 위하여 법무부장관이 정하는 규율을 준수하여야 한다.

② 수용자는 소장이 정하는 일과시간표를 준수하여야 한다.

③ 수용자는 교도관의 직무상 지시에 복종하여야 한다.

징벌의 종류는 다음 각 호와 같다.

1. 경고
2. 50시간 이내의 근로봉사
3. 3개월 이내의 작업장려금 삭감
4. 30일 이내의 공동행사 참가 정지
5. 30일 이내의 신문열람 제한
6. 30일 이내의 텔레비전 시청 제한

7. 30일 이내의 자비구매물품(의사가 치료를 위하여 처방한 의약품을 제외한다)사용 제한

8. 30일 이내의 작업 정지

9. 30일 이내의 전화통화 제한

10. 30일 이내의 집필 제한

11. 30일 이내의 서신수수 제한

12. 30일 이내의 접견 제한

13. 30일 이내의 실외운동 정지

14. 30일 이내의 금치(禁置)

징벌시 징벌위원회가 설치되어야 한다.

① 징벌대상자의 징벌을 결정하기 위하여 교정시설에 징벌위원회(이하 이 조에서 "위원회"라 한다)를 둔다.

② 위원회는 위원장을 포함한 5인 이상 7인 이하의 위원으로 구성하고, 위원장은 소장의 바로 다음 순위자가 되며, 위원은 소장이 소속 기관의 과장(치소의 경우에는 7급 이상의 교도관) 및 교정에 관한학식 과 경험이 풍부한 외부인사 중에서 임명 또는 위촉한다. 이 경우 외부 위원은 3인 이상으로 한다.

징벌의 집행은

① 징벌은 소장이 집행한다.

② 소장은 징벌집행을 위하여 필요하다고 인정하면 수용자를 분리하여 수용할 수 있다.

③ 제108조제14호의 처분을 받은 사람에게는 그 기간 중 같은 조 제4호부터 제13호까지의 처우제한이 함께 부과된다. 다만, 소장은 수용자의 권리구제, 수형자의 교화 또는 건전한 사회복귀를 위하여 특히 필요하다고 인정하면 집필·서신수수·접견 또는 실외운동을 허가할 수 있다.

수용자의 인권신장과 사회적응력 강화를 위해 징벌 사유가 발생한 날로부터 2년이 지나면 국가 징벌권이 소멸하도록 징벌시효제도가 신설되었다.[2)]

2) 법률 제9136호로 일부 개정된 징벌에 대한 보완내용임.

14) 권리구제

권리구제의 방법으로는 소장 면담이 있다.

① 수용자는 그 처우에 관하여 소장에게 면담을 신청할 수 있다.

④ 소장은 면담한 결과 처리가 필요한 사항이 있으면 그 처리결과를 수용자에게 통지하여야 한다.

청원은

① 수용자는 그 처우에 관하여 불복하는 경우 법무부장관 · 순회점검공무원 또는 관할 지방교정청장에게 청원할 수 있다.

② 제1항에 따라 청원하려는 수용자는 청원서를 작성하여 봉한 후 소장에게 제출하여야 한다. 다만, 순회점검공무원에 대한 청원은 말로도 할 수 있다.

③ 소장은 청원서를 개봉하여서는 아니되며, 이를 지체 없이 법무부장관 · 순회 점검공무원 또는 관할 지방교정청장에게 보내거나 순회점검공무원에게 전달하여야 한다.

④ 제2항 단서에 따라 순회점검공무원이 청원을 청취하는 경우에는 해당 교정시설의 교도관등이 참여하여서는 아니된다.

⑤ 청원에 관한 결정은 문서로써 하여야 한다.

⑥ 소장은 청원에 관한 결정서를 접수하면 청원인에게 지체 없이 전달하여야 한다.

15) 수용의 종료

수용의 종료로서는 가석방이 있다.

가석방이 실현되기 위해서는 가석방심사위원회가 있는데 「형법」 제72조에 따른 가석방의 적격 여부를 심사하기 위하여 법무부장관 소속으로 가석방심사위원회(이하 이 장에서 "위원회"라 한다)를 둔다.

위원회의 구성은

① 위원회는 위원장을 포함한 5인 이상 9인 이하의 위원으로 구성한다.

② 위원장은 법무부차관이 되고, 위원은 판사, 검사, 변호사, 법무부 소속 공무원, 교정에 관한 학식과 경험이 풍부한 사람 중에서 법무부장관이 임명 또는 위촉한다.

③ 이 법에 규정된 사항 외에 위원회에 대하여 필요한 사항은 법무부령으로 정한다.

가석방 적격심사의 내용으로는

① 소장은 「형법」 제72조제1항의 기간이 지난 수형자에 대하여는 법무부령으로 정하는 바에 따라 위원회에 가석방 적격심사를 신청하여야 한다.

② 위원회는 수형자의 나이, 범죄동기, 죄명, 형기, 교정성적, 건강상태, 가석방 후의 생계능력, 생활환경, 재범의 위험성, 그 밖에 필요한 사정을 고려하여 가석방의 적격 여부를 결정한다.

가석방 허가는

① 위원회는 가석방 적격결정을 하였으면 5일 이내에 법무부장관에게 가석방 허가를 신청하여야 한다.

② 법무부장관은 제1항에 따른 위원회의 가석방 허가신청이 적정하다고 인정하면 허가할 수 있다.

수형자의 형기 종료로서는 석방이 있는데 수용자의 석방은 사면·형기종료 또는 권한이 있는 자의 명령에 따라 소장이 한다.

석방 시기는

① 사면, 가석방, 형의 집행면제, 감형에 따른 석방은 그 서류 도달 후 12시간 이내에 행하여야 한다. 다만, 그 서류에서 석방일시를 지정하고 있으면 그 일시에 행한다.

② 형기종료에 따른 석방은 형기종료일에 행하여야 한다.

③ 권한이 있는 자의 명령에 따른 석방은 서류 도달 후 5시간 이내에 행하여야 한다.

피석방자의 일시수용으로는 소장은 피석방자가 질병이나 그 밖에 피할 수 없는 사정으로 귀가하기 곤란한 경우에 본인의 신청이 있으면 일시적으로 교정시설에 수용할 수 있다.

16) 교정자문위원회 등

원만한 수형 생활의 종료와 재사회화를 위해서는 외부의 자원봉사자가 필요한데 이가 곧 교정자문위원회다.

이러한 교정자문위원회는

① 교정시설의 운영과 수용자 처우 등에 관한 소장의 자문에 응하기 위하여 교정시설에 교정자문위원회(이하 이 조에서 "위원회"라 한다)를 둔다.

② 위원회는 5인 이상 7인 이하의 위원으로 구성하고, 위원장은 위원 중에서 호선하며, 위원은 교정에 관한 학식과 경험이 풍부한 외부인사 중에서 소장의 추천을 받아 법무부장관이 위촉한다.

③ 이 법에 규정된 사항 외에 위원회에 관하여 필요한 사항은 법무부령으로 정한다.

또한 수용자의 교육 · 교화 · 의료, 그 밖에 수용자의 처우를 후원하기 위하여 교정시설에 교정위원을 둘 수 있다. 교정위원은 명예직으로 하며 소장의 추천을 받아 법무부장관이 위촉한다.

17) 벌칙

주류의 반입 등에 대한 벌칙을 규정하고 있다.

① 다음 각 호의 어느 하나에 해당하는 행위를 한 사람은 6개월 이하의 징역 또는 200만원 이하의 벌금에 처한다.

1. 주류 · 담배 · 현금 · 수표를 교정시설에 반입하거나 소지 · 사용 · 수수 · 교환 또는 은닉하는 행위

2. 수용자에게 전달할 목적으로 주류 · 담배 · 현금 · 수표를 허가 없이 교정시설에 반입하거나 수용자와 수수 또는 교환하는 행위

② 제1항의 미수범은 처벌한다.

③ 제1항의 금지물품은 몰수한다.

또한 출석의무 위반 등에는 다음 각 호의 어느 하나에 해당하는 행위를 한 수용자는 1년 이하의 징역에 처한다.

1. 정당한 사유 없이 제102조제4항을 위반하여 일시석방 후 24시간 이내에 교정시설 또는 경찰관서에 출석하지 아니하는 행위

2. 귀휴 · 외부통근, 그 밖의 사유로 소장의 허가를 받아 교도관의 계호 없이 교정시설 밖으로 나간 후에 정당한 사유 없이 기한 내에 돌아오지 아니하는 행위

18) 부칙

제23조제4항제10호 중 "「행형법」"을 "「형의 집행 및 수용자의 처우에 관한 법률」"로 한다.

⑩ 위험직무 관련 순직공무원의 보상에 관한 법률 일부를 다음과 같이 개정한다.

제2조제1호아목 중"「행형법」 제15조제1항 각 호"를 "「형의 집행 및 수용자의 처우에 관한법률」 제101조제1항 각 호"로 한다.

⑪ 치료감호법 일부를 다음과 같이 개정한다.

제51조 중 "행형법"을 "형의 집행 및 수용자의 처우에 관한 법률"로 한다.

다른 법령과의 관계로서는 이 법 시행 당시 다른 법령에서 종전의 「행형법」 또는 그 규정을 인용한 경우 이 법 중 그에 해당하는 규정이 있는 때에는 종전의 규정을 갈음하여 이 법 또는 이 법의 해당 조항을 인용한 것으로 본다.

부칙 이 법은 2008년 12월 22일부터 시행한다.

2. 수형자의 처우의 주요내용

1) 접견과 서신

수용자의 접견과 서신[3]은 다같이 수용자의 외부와의 교통수단인 점에서 동일한 의의를 갖는다. 다만 그 방법이 구두에 의한 것인가 또는 서면에 의한 것인가에 따라 구별될 뿐이다.

즉 접견은 구금된 수용자가 가족 친지 등 외래인과 직접 만나 대화를 하는 것이고 서신은 주로 편지나 기타 서면을 통하여 가족이나 친지들과 대화하는 것이다.

2) 접견과 서신의 제도적 가치

접견과 서신을 허가할 것인가의 여부는 교정행정의 본질과 밀접한 관계가 있으며 그 제도적 가치도 여기에서 비롯된다.

즉 교정행정의 기능이 구금격리작용에 중점이 주어지는 경우에는 이러한 접견서신은 수용자를 사회로부터 격리하기 위하여 이를 불허하는 것이 원칙이다. 그러나 수용자의 접견·서신을 제한하는 경우 수용자의 인권보장을 침해하거나 사회적 기반조성을 상실하게 함으로써 출소하는 경우 다시 재범에 이르는 불합리한 결과를 초래하게 될 수도 있다.

따라서 접견과 서신제도는 현대교정이 추구하는 수형자 교화개선의 효과를 고양

3) 김화수·오영근 외, 앞의 책, 435면 이하.

하기 위하여 크게 기여할 수 있는 제도이다.

(1) 가족관계 유지

수용자의 구속은 우선 생활상으로 가족과의 단절을 초래하게 되고 이로 인한 상호간의 불신이나 대화와 이해의 부족 또는 불화 등으로 이혼을 하거나 기타 가정의 파탄을 초래할 수 있다. 이는 수용자의 안정된 수용생활을 영위하는데도 필수 불가결의 요인이 된다.

(2) 사회적 기반 유지

수용자가 구속됨으로 인하여 구속 전까지 형성되었던 사회적 기반이 붕괴된다면 수용자는 고립 무원한 상태에 빠지게 되고 이는 곧 당장의 수용생활의 안정이나 출수후의 사회생활에도 큰 장애요인이 된다.

접견을 통하여 사회적 기반이 유지되는 것이 수용자에게 매우 유익한 후원세력이나 서신이 될 것이다.

(3) 교정교화에 유익

접견과 서신이 이상과 같이 수용자의 가족관계 사회적 기반을 유지시켜 준다면 수용자의 회오·반성을 촉진하게 되어 장래의 재범 방지에 크게 기여할 것이고 이 점이 접견과 서신제도의 결정적 가치가 된다.

3) '형의 집행 및 수용자의 처우에 관한 법률'의 내용

우리 행형법의 규정 내용을 보기 전에 UN이 제정한 피구금자 처우 최저기준 규칙의 내용을 살펴보면 다음과 같다. 동 규칙에서는 먼저 피구금자는 필요한 감독 하에 일정 기간마다 가족 또는 신뢰할 만한 친구와의 통신 및 접견이 허용되어야 한다(동 규칙 제37조)고 규정하고 외국인 수용자에 대해서도 소속 국가의 외교대표 또는 영사와 교통하기 위한 상당한 편의가 제공되어야 한다고 규정되어 있다. 외교대표나 영사가 없는 구각의 국적을 가진 피구금자와 망명자 또는 무국적자에게는 이들의 이익을 대변하는 국가의 외교대표 또는 이러한 자의 보호를 임무로 하는 국가기관 또는 국제기관과 교통할 수 있는, 전술한 편의가 제공되어야 한다(동 규칙 제38조)고 규정하고 있다.

4) 접견

많은 인원을 집중 수용하고 있는 교도소나 구치소 등의 교정시설에서 접견을 무제한으로 허용할 수는 없으므로 수용 질서유지를 위해, 접견업무의 원활한 수행을 위해, 또는 접견을 원하는 민원인에게 공평한 기회보장과 그 편익을 도모하기 위하여 일정한 허가 및 실시 기준[4)]을 정하고 있다.

(1) 접견대상자

① 접견허가 대상자

형의 집행을 받고 있는 수형자나 수사나 재판을 받고 있는 미결수용자(형사 피고인 및 피의자) 모두 소장의 허가를 받아 다른 사람과 접견할 수 있다.

이때 소장은 교화 또는 처우상 특히 부적당한 사유가 없는 한 허가를 하여야 함으로 가족이나 친족뿐만이 아니라 사실상 모든 희망하는 외래인이 특별한 사정이 없는 한 접견을 할 수 있다고 본다.

전술한 바와 같이 행형법 개정 이전에는 접견은 친족에 한하여 허가함을 원칙으로 하되 친족 이외의 자에 대하여는 필요한 용무가 있을 때에 한하여 허가하도록 규정되어 있었기 때문에 이때와 비교하면 접견허가 대상자가 대폭확대된 것이다.

수용자 접견업무지침에 의하면 수용자 한사람을 동시에 접견할 수 있는 사람은 3인 이내로 하고, 가족의 수가 많거나 원거리에 거주하는 사람 등에 대하여는 5인까지 증가할 수 있다고 규정되어 있다.

그리고 소장은 접견을 신청하는 자가 있는 때에는 그의 성명 직업 주소 연령 및 수용자와의 관계를 기록하고 접견을 허가한 자에 대하여는 접견자 주의 사항을 고지하여야 한다. 다만 접견을 신청한 자가 당해 사건의 변호인인 때에는 그의 성명 및 주소만을 기록한다.

② 특별한 접견

변호인, 사법경찰관, 장애인 등 접견대상자나 수용자의 신분이나 지위 또는 그 용

4) 우리나라에서 발간된 대부분의 교정관련 서적에서는 접견·서신의 허가 및 실시 기준을 제한기준으로 파악·기술하고 있으나 이는 정확한 이해가 아니라고 본다. 신병이 구금된 수용자의 접견이나 서신은 수용질서 유지를 위하여 또는 신청자가 많은 접견이나 서신을 공평하게 처리하기 위하여 그에 따른 일정한 허가 및 실시 기준을 따로 정하고 있을 뿐이기 때문이다.

무에 따라서 특별히 허가하는 접견의 내용은 다음과 같다.

수용자의 교화상 특별히 필요하다고 인정한 때에는 접견 소요시간이나 시행시간, 또는 접견허가 횟수 등에서 예외를 인정하고 있는 것도 이에 해당된다.

1) 변호인 접견

2) 출정중인 피의자의 변호인 접견

3) 공휴일 접견

4) 공무상 접견

5) 장애인 · 노약자 접견

접견대상 수용자나 접견을 온 외래인이 장애인이거나 70세 이상의 노약자인 경우에 휠체어를 이용하여 이동이 가능하고 앉은 상태에서 접수 및 대화가 가능한 장애인 및 노약자 전용 접견실에서 시행하는 접견이다.

6) 장소 변경 접견

이는 종래의 특별접견에 해당하는 것으로서 행형법 시행령 단서규정에 의하여 실시하는 접견인 바 수용자의 교화상 필요에 의하여 접견 소요시간과 실시시간, 접견에의 참여와 기록, 접견의 장소 등에서 특별히 배려하는 제도이다.

7) 교화접견

이는 모범수용자의 교화상 필요한 경우, 중환자인 경우, 죄질이 극히 나쁜 사회물의 사범의 교화상 필요한 경우 등에 실시하는 전술한 장소변경 접근과 유사한 제도이다.

8) 무계호 접견

이는 행형법시행령 규정에 의하여 교도관의 참여나 접견 요지의 기록없이 허가하는 접견이다.

9) 수용자 가족 만남의 날 행사에 의한 접견(합동접견)

10) 예약접견

5) 서신

(1) 서신의 개념

수용자의 서신 수발은 전술한 바와 같이 사정상 접견이 어려운 수용자나 그 가족,

친지 등이 이용하는 것으로서 제2차적인 외부 교통수단이다. 다만 접견은 대부분 허가 시간이 짧기 때문에 그 용무를 다 얘기하기에는 시간이 모자라지만, 서신은 아무리 장문의 편지라도 그 수발이 허가되기 때문에 수용자나 가족 등이 충분한 대화를 나눌 수 있다는 점에서 매우 편리한 장점이 있는 제도이다. 물론 서신의 허가도 수형자나 미결 수용자에게 동일하게 적용된다.

(2) 서신 발송 횟수

수용자가 발송하는 서신은 그 횟수를 제한하지 아니한다. 다만 이때에도 소장이 특히 필요하다고 인정하는 때에는 접견허가 횟수와 동일하게 누진계급별 발송횟수를 제한할 수 있다.

전술한 바와 같이 접견의 경우에는 누진 계급별로 월별허가 횟수를 수용자를 기준으로 제한한 것은 많은 접견 희망자에게 공평한 기회를 제공하기 위한 것이지만 서신 발송은 그 필요성이 없기 때문이다.

(3) 서신의 검열

① 원칙

소장은 수용자의 서신을 검열할 수 있다. 다만 변호인관의 서신은 검열할 수 없다

전술한 접견의 참여와 마찬가지로 서신의 검열 여부도 소장의 재량으로 결정할 수 있다.

이를 위하여 수용자가 발송하는 서신은 봉함을 하지 아니하고 교도소등에 제출하게 하여, 수용자가 수령할 서신도 교도소등에서 미리 개봉하여 검인한다.

② 검열제외서신

다음에 해당하는 수용자의 서신은 검열하지 않을 수 있다(행형법시행령 제62조 제1항 단서). 즉 전술한 무계호 접견과 같은 사유이다.

1) 형기의 ⅓(무기형의 경우는 7년)을 경과한 수형자로서 행형성적이 우수한 자.

2) 죄질이 가벼운 미결 수용자로서 증거 인멸의 우려가 없다고 인정되는 자.

3) 기타 교화상 특히 필요하다고 인정되는 자.

이 제도는 갈수록 심해지는 교도관의 인력난을 해소하고 모범 수형자의 자율성을 고취하기 위한 대책으로서의 의의를 갖는다.

그리고 법원 기타 공무소로부터 수용자에게 교부되어온 문서는 이를 개봉한 후 교부한다(행형법시행령 제64조).

③ 발송 또는 교부 불허 서신

소장은 검열한 서신의 내용이 다음에 해당하는 경우에는 그 서신의 발송 또는 교부를 허가하지 아니한다. 이 경우 발송이 허가되지 아니한 서신은 당해 수용자에게 그 사유를 통지한 후 이를 폐기한다.

1) 법령에 저촉되는 경우

2) 도주・증거인멸 또는 허가되지 아니한 물품의 반입을 기도하는 경우

3) 수용자의 처우 기타 교도소등의 운영실태에 관하여 명백한 허위사실을 포함하는 경우

4) 기타 교도소등의 안전과 질서에 중대한 해를 끼칠 우려가 있는 경우

그리고 검열 결과 다음과 같은 내용이 담긴 서신은 발송이나 교부가 불허된다(수용자서신업무처리지침 제3조).

1) 암호 및 이해할 수 없는 특수문자로 작성하였을 경우

2) 교정참여인사, 사회단체 및 타 수용자 가족 등에게 특별한 사유 없이 금품을 요구하거나 외부인사 상호간에 금품을 교부하게 하는 내용

3) 수용자의 신분을 속이고 펜팔을 하는 등 상대방을 기만할 우려가 있는 내용.

4) 기타 사회불안을 야기하고 안정을 저해할 우려가 있는 내용

(4) 우편 사서함 운용

그리고 각 교도소 등에서는 수용자 및 그 가족 등의 명예를 보호하고 수편물의 신속 정확한 수발을 위하여 관할 우체국장의 협조를 받아 우편 사서함을 설치・운용하고 있다.

그러나 2008년 12월 22일부터 '형의 집행 및 수용자의 처우에 관한 법률'의 일부개정으로, 서신과 집필, 접견 등이 기존 허가사항이었으나 수용자의 기본적인 권리로 전환되어 서신 검열은 '원칙적검열-예외적무검열'에서 '원칙적 무검열-'예외적 검열'로 전환돼 수용자와 서신 상대방의 프라이버시가 보호되는 등의 보다 발전된 처우가 실시되고 있다.

6) 수용자의 집필

집필이라고 함은 수용자가 소장의 허가를 받아 문서 또는 도화를 작성하거나 문학·학술 기타 사항에 관한 작품을 문서로 작성하는 것을 말한다.

소설을 쓰는 작가가 불의의 사고로 구속되었거나 대학교수가 구속된 경우에 소설을 교도소 내에서도 계속 쓰거나 교수가 자기의 전공 서적을 쓰게 하는 경우이다.

종래 권위주의 통치 시절에 가장 첨예하게 쟁점이 되었던 사항이지만 지금은 거의 제한 없이 자유로운 집필이 보장되고 있다.

7) 수형자의 전화 통화

수형자의 전화 통화라 함은 수형자가 미리 구입한 전화카드를 이용하여 교도소 구내에 설치된 공중전화로 그 가족과 친지 등과 직접 통화를 하는 것을 말한다.5)

즉 소장은 수용 목적의 달성에 지장을 주지 아니하는 범위 내에서 필요하다고 인정되는 경우에는 수용자에게 외부와의 전화통화를 허가할 수 있고 이때 통화내용의 청취를 조건으로 허가할 수 있거니와 이와 같은 절차를 거쳐 수형자가 사회내 가족 등과 직접 통화하는 제도인 것이다.

허가 대상자와 횟수로서는 현행 수형자분류처우규칙에 의하면 제1급 수형자에 대해서는 월 5회, 제2급 수형자에 대하여는 월 3회의 범위 내에서 허가가 될 수 있고 이외에도 그 처우상 필요하다고 인정되는 수형자에게도 허가할 수 있다고 규정되어 있다.

8) 미결수용자 등의 처우

(1) 미결수용자의 처우

미결수용자의 처우는 수형자와는 달리 도주 및 증거인멸의 방지와 수용생활중의 규율 유지가 그 기조를 이루고 있다. 미결수용자는 구치소 또는 교도소의 특별구역(미결수용실)에 수용되어 있는 외에 경찰서 유치장에 수용되어 있는 수도 있으며,

5) 이 전화 통화제도는 1998년 처음으로 영등포 교도소에서 시험적으로 실시되었다. 대부분 장기간 동안 사회에서 격리된 채로 생활하던 수형자들이 문명의 이기인 전화를 통해 가족과의 통화를 하면서 가정에 대한 애정과 유대감을 느끼게 함으로써 수용자 교정교화에 효율적인 방안으로 정착되었다.

이 경우 경찰서 유치장은 미결수용실에 준한다.

거실은 독거를 원칙으로 하고, 혼거시키는 경우에는 사건에 상호 관련이 있는 자를 분리 수용하여 상호 접촉을 금지시키고 있다.

접견은 검사나 법원으로부터 접견금지처분을 받은 자를 제외하고는 누구에게나 허용되나, 교정시설 내의 질서 유지상 1일 1회로 제한하고 있고 서신의 내용에 대하여는 검열이 행하여진다. 작업은 강제되지 않고 청원작업이 허용될 뿐이며 작업자에게 작업상여금이 지급된다.

(2) 사형확정자의 처우

사형판결이 확정된 자는 사형이 집행될 때까지 구치소 또는 미결수용실에 수용되며, 원칙적으로 미결구금자에 준한 처우를 받는다. 그리고 심적 안정을 도모하기 위하여 교정위원에 의한 면담도 행하여진다.

(3) 노역장유치(환형처분)자의 처우

노역장유치는 벌금 또는 과료를 완납하지 아니한 자를 노역장에 유치하는 것으로서 노역장유치자에 대하여는 작업을 과하는 등 그 처우를 대체로 징역형 수형자에 준하여 행하고 있다.

(4) 감치에 처해진 자의 처우

감치는 법정 내외에서 재판장의 질서유지명령에 위배되는 행위를 하거나 폭언, 소란 등의 행위로 법원의 심리를 방해하거나 재판의 위신을 현저히 훼손한 자에 대하여 재판장이 직권으로 20일 이내의 기간을 정하여 선고하는 질서벌로서 교도소, 구치소 또는 경찰서 유치장에 유치하는 방법으로 집행하며 그 처우는 미결수용자에 준한다.

9) 피감호자(보안처분)에 대한 처우

(1) 자유박탈 보안처분과 자유제한 보안처분

보안처분이 행위자의 자유를 어느 정도로 박탈하는가에 따라 자유박탈 보안처분과 자유제한 보안처분으로 나눌 수 있다. 자유박탈 보안처분은 현행법상 사회보호법상의 보호감호와 치료감호가 대표적인 것이고, 자유제한 보안처분으로는 보호관찰이 대표적인 것이라고 할 수 있다(보호관찰의 법적 성격이 보안처분인가 하는 점은 아직 논의중에 있음). 보호관찰에 대하여는 뒤에서 상세히 보기로 하고 여기서는 자유박탈 보안처분인 보호감호와 치료감호에 대하여 살펴보기로 한다.

① 보호감호의 의의

보호감호는 동종 또는 유사한 죄로 인하여 수 개의 형을 받거나 수 개의 죄를 범하여 범죄의 상습성이 있다고 인정되는 자에 대하여 적용되는 보안처분을 말한다. 보호감호에 처해진 자는 감호시설에 수용하여 감호·교화하고 사회복귀에 필요한 직업훈련과 근로를 한다. 보호감호는 현행 보안처분 가운데 가장 무거운 처분에 속한다. 재범위험성은 미래에 중대한 범죄행위를 범할 높은 가능성인 개연성을 의미한다. 그러므로 경미범죄의 위험성이나 중대범죄라 할지라도 그 위험성이 높지 않을 경우에는 재범위험성은 인정될 수 없다. 재범위험성의 판단기준은 피고인의 연령, 전과, 가족관계, 직업, 범행의 수단·방법, 범행 후의 정황, 교육 정도 등 제반 자료를 종합검토하여 범죄자가 다시 죄를 범하여 법적 평온을 깨뜨릴 고도의 개연성을 토대로 한다(대법원 1986. 12. 9. 선고 86감도133 판결). 보호감호기간은 7년을 초과할 수 없는 것으로 되어 있다(사회보호법 제7조 제3항). 일종의 상대적 부정기형이다. 판결주문에는 구체적 감호기간이 선고되지는 않고, 사회보호위원회가 집행 개시 후 1년마다 가출소 여부를 심사·결정할 수 있다.

② 치료감호의 의의

치료감호는 정신병자, 정신쇠약자, 히스테리환자, 농아자와 같은 심신장애인과 마약류·알코올중독자 등이 범죄행위를 한 경우에 그에게 불기소처분, 무죄선고, 형의 감경선고를 하고, 그 대신 형집행 전 또는 집행 후에 치료감호시설에 수용하여 치료하는 보안처분을 말한다(사회보호법 제9조). 여기에서 치료는 의학적 치료를 원칙으로 하기 때문에 감호기간은 한정하지 않는 것이 일반적이다. 우리나라의 경우에도 치료감호기간은 완치될 때까지로(같은 조 제2항) 경우에 따라서는 종신토록 계속될 수도 있다. 이 경우 치료감호가 자칫 잘못하면 '빠삐용'의 재판이라는 비난을 받을 위험성이 있기 때문에 일정한 치료기간의 상한선을 규정하든가 아니면 일정기간마다 사법심사에 의한 석방의 길을 열어 주는 것이 마땅하다. 형벌과 치료감호가 동시에 선고된 경우에는 대체주의가 적용되어 치료감호를 형벌보다 먼저 집행하고, 치료감호의 집행기간은 형기에 산입한다(같은 법 제23조 제2항 단서).

(2) 피감호자에 대한 처우

① 직업훈련 및 학과교육

피보호감호자의 사회복귀능력을 배양하고 유능한 기능인력으로 양성하기 위해 직업훈련을 실시하고 있으며, 피보호감호자 중 희망자에 대해서는 중·고등학교 학과과정을 설치하고 매일 교실수업을 실시하고 있는 바, 2002년에는 303명이 기능사 자격을 취득하였고, 2002년에는 96명이 검정고시에 합격하였다.

② 가출소, 집행면제, 치료감호 종료

(가) 개설

사회보호법에 의해 법무부에 설치된 사회보호위원회에서는 피보호감호자들의 자립갱생을 촉진하기 위하여 보호감호집행이 개시된 후 1년마다 피보호감호자들에 대한 교화·개선 정도를 심사하여 사회복귀능력을 갖추었다고 인정되는 자들에 대하여 가출소를 허가하고 있으며 가출소된 자들에 대하여는 보호관찰을 실시하고 가출소한 후 매 6월마다 사회적응 여부를 심사하여 보호관찰성적이 양호하고 정상적인 사회생활을 영위하고 있다고 인정되는 경우에는 잔여 감호집행을 면제해 주고 있다.

또한 피치료감호자들에 대하여는 집행 개시된 후 매 6월마다 정신과 전문의의 감정 등에 의하여 완치 여부를 심사하여 완치된 자들에 대한 치료감호 종료를 결정하고 있으며 집행 개시 후 2년이 경과된 자에 대하여는 그 친족 등에게 치료감호시설 외에서 계속 치료하도록 위탁하고 있다.

(나) 가출소

가출소 인원은 사회보호법 시행 이후 매년 증가하였다가 1990년 이후 현저한 감소현상을 나타내고 있고, 1993년 이후 다소 증가 추세를 보이다 1998년도에 568명으로 가장 많았고, 2002년도에는 339명이었다.

가출소 인원의 확대는 감호자의 자발적 개선의욕을 고취시키고, 보호감호자의 수용밀도를 조절하는 효과를 거두기 위한 것이었으나 가출소자의 재범이 증가하는 등의 문제점이 발생하여 1990년대 초반 가출소자의 재범 증가와 가출소 취소 결정이 증가하는 현상을 보였다. 그래서 가출소 재범자의 죄명, 성향 등의 분석을 토대로 종래의 기준을 일부 조정하여 소매치기, 날치기, 강도 등 감호원인이 된 범죄 사실이 중한 자는 심사요건을 강화하여 감호행상 등에 관계없이 감호기간의 2분의 1 이상을 집행하도록 하는 한편, 단순절도나 단순폭력 등 사안 경미자와 60세 이상의 고령자 및 질병자의 경우에는 기능자격 취득을 가출소 허용요건으로 하지 아니하는 등 심사요건을 대폭 완화하였고, 형식적인 신원보증서 및 취업보증서를 실질화한 결과 2002년부터는 가출소 취소 결정이 크게 줄어들었으나 2002년도에는 큰 폭의 증가 경향을 보였다.

그리고 감호행상은 좋으나 인수할 보호자가 없는 장기수용자는 갱생보호위원회의 생활관이나 사회복지시설에 수용할 것을 조건으로 가출소시키고 있다.

(다) 집행면제

사회보호위원회에서는 가출소자 중 보호관찰기간이 2년 이상 경과되고 일정한 직업에 종사하는 등 사회적응능력이 있으며, 준수사항을 잘 지키고 생계대책이 확실한 자에 대하여는 잔여 감호기간에 대한 집행면제 결정을 하여 주고 있다.

(라) 치료감호 종료

사회보호위원회는 피치료감호자가 감호의 필요가 없을 정도로 완치되어 재범의 위험성이 없다고 인정되는 경우에 치료감호의 종료 결정을 하고 있다. 사회보호위원회에서 치료감호 종료 여부를 심사함에 있어서는 정신과 전문의의 감정이 필요하므로 사회보호위원회 위원으로 정신과 전문의 1명을 위촉하여 심사의 정확성을 기하고 있다.

12
chapter

지역사회중심의 교정

[학습목표]

1. 교정직 공무원만이 교정교화를 진행하는 시대는 지나갔다. 이러한 점을 이해함이 필요하며, 복지와 연계한 자원봉사자들의 활동에 대해서도 학습해 나간다.
2. 교정의 신경향인 회복적사법 활동에 대하여 살핀 후 선진국의 피해자에 대한 지원조직까지도 학습한다.
3. 법률구조제도와 피해자지원센터의 활동을 숙지한다.

〈출제경향분석〉

- 1문제 정도는 출제되는 부분으로 새로운 패러다임으로 임하는 장이다. 이에 대한 철저한 학습과 폭넓은 이해를 통한 학습이 요구되는 장이다.

제1절 복지와 연계된 교정

1. 가족관계의 재정립

인간은 원래 사회적 존재로 사회관계를 유지할 수밖에 없으므로 누구나 사회의 최소단위인 가족에 속할 수밖에 없는 존재이다. 인류의 시초에서부터 집단생활의 가장 기초적인 단위를 이룬 것이 가족이었고, 인간생활의 어떤 형태나 단계에서도 가족은 하나의 보편적인 존재이며 현상이다. 오늘날 인간생활에서 가족에 대한 이미지가 종전보다 훨씬 희박해지고 있는 것이 현실이다. 따라서 인간생활의 필수적인 제도로서 가족의 중요성을 재인식하여 가족의 쇠퇴를 막고 가족의 재창조를 홀리스틱 관점에서 다시 조명해 보아야 할 것이다.1)

1) 가족의 중요성 재인식

Murdock이 지적했듯이, 가족의 기능(성적 기능, 생식의 기능, 교육적 기능, 사회화 기능, 경제적 기능)은 다른 어떤 조직체로도 대체할 수 없는 고유한 것이다. 가족이라는 제도는 사라져 가는 전통적 유물로 남아 있을 것이 아니라 인간적 욕구를 원천적으로 충족할 수 있는 제도로서 계속 존속되어야만 하는 인간 삶의 기본터전이다. 가족제도가 핵가족이 되든 대가족이 되든 또는 개인이 되든, 가족이라고 했을 때 그것은 인간적 욕구와 연결되어 있다.

2) 가족의 책임성 강화

가족은 하나의 생활공동체로서 각각의 가족구성원은 주어진 위치에서 맡은 바 역할을 수행하여야 하며, 그에 수반되는 책임을 져야 한다.

현대가족의 중요 가치가 되는 개인주의, 평등주의, 합리주의 등에 대한 잘못된 인식으로 가족의 역할이나 책임의 질서가 무너진 가운데 가족문제들이 출현되고 있다.

---

1) 이태언 외, 앞의 책, 93면.

즉 노부모 부양책임을 경시하고 있으며, 부모-자녀관계에서 부모는 자녀들을 유기하거나 학대하는 무책임한 일이 자행되고 있다. 이러한 상황에서 노인문제, 고부갈등문제, 청소년문제, 이혼·별거 문제들이 출현하지 않을 수 없다.

가족의 재창조를 위해서는 가족원의 책임성, 예의성, 상호성이 강조된 교육프로그램이 개발되어야 하겠다.

3) 가족연대와 그 지지체계의 활용

오늘날 가족 내의 부부, 친자, 형제-자매 사이의 정서적 결여와 아울러 정신적 공동체 의식이나 심리적 연대감은 점점 사라져가고 있다. 그리하여 겉은 단단하고 속은 텅빈 조개껍질(empty shell) 가족이나 조그마한 위기에도 대응능력을 상실할 수 있는 가능성을 지닌 가족이 많아지고 있다.

2. 복지의 다양한 접근

이러한 재사회화의 접근을 위해서는 친족 결속의 강화, 즉 분가한 형제들이 협동의식을 갖고 가족 간의 유대를 강화할 수 있는 지원체계와 이를 활용할 수 있는 프로그램을 개발해야 하겠다.

지금 우리사회는 각종 사회문제, 각 계층의 복지욕구의 다양화와 분배를 둘러싼 사회적 갈등의 문제를 낳고 있다. 이러한 문제를 해결하기 위해서 고부담·고복지의 형태가 아닌 인적자본에 대한 투자와 취업기회의 제공을 핵심으로 하는 생산적 복지와 사회보장제도의 민영화, 질적으로 높은 수준의 전문성을 사회복지영역에게 요구하고 있다. 또한 세계화라는 국제환경적 변화가 제도적이나 복지 수준에서 열악한 한국의 사회복지 현실 속에서 어느 정도 적용될 수 있는지도 면밀히 검토해야 할 것이며, 국내의 정치·경제적 변화, 고령화 사회와 가족구조변화는 현재의 사회복지 정책에 어떠한 영향을 주는지, 그리고 정책의 결과로서 사회복지서비스를 전달하는 사회복지사들에게 어느 정도의 전문성과 역할을 요구하는지 그러한 역할을 수행하기 위해서 사회복지는 어떠한 방향으로 변화되어야 하는지에 대해서 논의되어야 할 필요가 있다. 오늘날 노출되고 있는 복지수요층의 욕구가 적절하게 소화되지 않을 때 범죄적 여건들이 조성되게 되고 불평등적 사회구조문제는 결국은 형사정책적인 대책의 대두로 연결되게 된다.[2)]

제 2 절 지역사회교정의 발전과 성격

1967년 미국의 사법행정과 법집행에 관한 대통령위원회(Prisdent's Commission on Law Enforcement and Administration of Justice)가 "범죄와 비행은 지역사회의 해체와 실패의 증상이다. … 따라서 교정의 목표는 사회의 일상적 기능상 범죄자의 자리를 마련해 주고 교육과 취업을 확보해 주며, 사회적 유대를 구 축 또는 재구축하는 것이어야 한다."[3)] 라고 주장한 이래 교정에 있어서 지역사회의 역할과 중요성을 인식하게 되었다. 그 이후 1973년에는 형사사법기준과 목표에 관한 국가자문위원회(National Advisory Commision on Criminal Justice Standards and Goals)는 "교정시설은 교정문제의 마지막 수단이어야 한다"[4)] 라고 지역사회교정의 필요성을 강조하기에 이르렀다.

이러한 추세에 힘입어 우리는 대다수 교정의 적합한 장소는 교도소가 아니라 바로 지역사회라고 믿게 되었다. 그러나 범죄자를 지역사회에 두고 교정하는 관행이 결코 지금까지 관습적·준법적 규범이나 행동에 대해서 책임이 있듯이 마찬가지로 그 사회의 비행과 일탈에 대해서도 책임이 있다는 신념을 가지고 있었기 때문이다. 여기서 교정에 대한 지역사회의 책임이 요구되는 이유가 있다.

한편 오늘날 우리 사회에는 교정이 적어도 범죄자를 더 악화시키지는 않아야 한다는 요구가 점증하고 있는 것도 사실이어서 양형제도의 개혁, 구금자의 선별, 범죄자 분류심사제도의 필요성 등이 강조됨은 물론이고, 전통적 교정에 대한 새로운 대안의 모색을 강요받게 되었고, 그것이 곧 범죄자와 사회의 재통합을 추구하는 지역사회교

2) 이태언·김상균·조미숙·신석환, 『신형사정책』, 형설출판사, 2005, 93면.

3) President's Commission on Law Enforcement and Administration of Justice, The Challenge of Crime in a Free Society, Washington, D.C. : U.S. Goverment Printing Office, 1967, p.7

4) National Advisory Commission on Criminal Justice Standard and Goals, Corrections, Washington, D.C. : U.S, Goverment Printing Office, 1973, p.12.

정으로 나타나고 있는 것이다.

그렇다면 지역사회교정이란 무엇인가? 불행하게도 지역사회교정을 명확하게 정의하기는 쉽지 않다. 그러나 사람들은 지역사회교정을 지역사회에서 일어나고 있는 모든 교정활동 전체라고 정의하기도 하고, 반면에 범죄자가 법을 준수하는 시민이 되는데 도움을 주는 것을 직접적인 목표로 하는 지역사회에서의 활동이라고 규정하기도 하나, 양자 모두 지나치게 협의로 또는 지나치게 광범위하게 지역사회교정을 규정하고 있다.5) 이는 지역사회교정을 다른 교정프로그램과 구별하는데 필요한 범주와 가정을 제공하지 못하기 때문이다.

그래서 혹자는 지역사회교정을 지역사회와 범죄자와의 상호 의미 있는 유대라는 개념을 기초로 지역사회교정과 일반교정을 구분함으로써 지역사회교정을 정의하려고 한다. 여기서 중요한 것은 범죄자와 지역사회의 '의미 있는' 유대관계의 개념으로서, 만약 특정프로그램이 지역사회환경과의 의미 있는 유대관계에 영향을 미치는 것이어야만이 지여사회교정의 하나라고 할 수 있다는 것이다.

그런데 이러한 개념정의를 따르면 지역사회교정은 지역사회와 범죄자의 의미 있는 유대관계의 질과 양에 따라 지역사회교정의 정도가 구분될 수 있다. 지역사회와 범죄자의 의미 있는 유대관계가 양적으로 많고 질적으로 강할수록 더 지역사회교정에 가깝다고 할 수 있는 것이다.6)

그러나 단순히 의미 있는 지역사회와의 유대관계만을 잣대로 지역사회교정을 규정하더라도 항상 그 개념이 명확한 것은 아니다. 이러한 개념정의의 모호성을 해소할 수 있는 하나의 방법으로 어떠한 교정프로그램이 지역사회교정으로 부적절한가를 살펴보는 것이다. 즉 우리가 지역사회교정을 정의하고 이해할 때 범하기 쉬운 몇 가지 잘못된 인식을 밝힘으로써 지역사회교정의 개념을 좀더 분명히 할 수 있다는 것이다.7)

지역사회교정을 말할 때 가장 많이 범할 수 있는 오해가 바로 만약 특정프로그램이 지역사회에 위치하고 있다면, 그것은 지역사회교정이라고 생각하는 것이다. 이러한 생

5) National Advisory Commission, *ibid.*, pp.2-3.
6) John Ortiz Smykla, Community-based Corrections, New York : Macmillan Publishing Co., 1981, pp. 8-9
7) Lloyd E. Miller, and Robert B. Coates, Juvenile Correctional Reform in Massachusetts, Washington, D.C. : U.S. Goverment Printing Office, 1977, pp. 23-25

각이 잘못된 이유는 모든 교정시설이 모두 우리 사회의 어느 한 곳에 위치하고 있지만 모두가 지역사회교정으로 볼 수는 없으며, 더욱이 도심 한복판, 즉 우리 사회의 심장부에 위치하고 있는 구치시설을 지역사회교정이라고는 할 수 없기 때문이다.

한편 범죄자에 대한 통제와 감시의 정도가 최소한에 그친다면, 그것을 지역사회교정으로 인식하는 오해가 두 번째이다. 물론 청소년봉사국이나 보호관찰 등은 전통적 시설수용에 비해 확실히 통제와 감시가 적은 것은 사실이다. 그러나 일부교정시설도 외부통근, 외부통학 또는 사회견학과 같이 재소자에 대한 감시와 통제를 최소화하는 프로그램을 운용하고 있지만 그것을 지역사회지향적, 즉 사회적 처우라고는 할 수 있으나 지역사회교정이라고는 하지 않는다. 따라서 범죄자에 대한 감시와 통제의 정도로 지역사회교정과 일반교정을 구분할 수는 없는 것이다.

그리고 교정프로그램의 운영이 국가나 공공기관이 아니라 민간부분에 의해서 이루어지는 것을 지역사회교정으로 보는 것 또한 지역사회교정에 대한 잘못된 인식이다. 물론 민간부분에 의해서 운영되는 프로그램이 보다 지역사회교정에 유리하고 그들에 의해 운영되는 지역사회교정프로그램이 많은 것은 사실이나, 이들 민간부분에 의해서 운영되는 프로그램 중에서 청소년범죄자에 대한 보호시설위탁과 같은 것은 시설수용에 못지않게 사회로부터 고립되고 감시와 통제가 적지 않은 것도 있다.

이렇게 지역사회교정을 잘못 인식하고 있는 이유는 바로 지역사회교정에 있어서 지역사회와의 의미 있는 유대관계의 중요성을 간과하고 있기 때문이다. 결국 범죄자, 직원 그리고 지역사회의 관계의 빈도(frequency), 기간(duration) 그리고 질(quality)이 바로 지역사회교정을 구분하는 기초가 되어야 한다는 것이다. 따라서 범죄자가 지지적이고 합법적인 지역사회에 더 깊이 더 많이 참여하고 가담할수록 그 프로그램은 그만큼 더 지역사회에 기초한 것이 되는 것이다.[8)]

한편 이러한 의미의 지역사회교정은 대체로 전환(diversion) · 옹호(advocacy) · 재통합(reintergration)의 형태로 시행되고 있다.[9)]

먼저 전환이란 낙인의 영향을 최소화하고 범죄자의 사회복귀를 용이하게 하기위해서 범죄자를 공식적인 형사사법절차와 과정으로부터 비공식적인 절차와 과정으로

8) Ohlin et al., *ibid.*, p.25.
9) Smykla, *op. cit.*, pp.14-17.

우회시키는 제도로서 대부분의 지역사회교정을 최소한 이러한 전환을 전제로 가능한 것으로 알려지고 있는데, 그것은 공식절차에 의해서 범죄자를 사회로부터 격리하여 시설에 수용하고서는 제대로 지역사회교정을 할 수조차 없는 경우가 많기 때문이다

지역사회교정의 두 번째 형태는 범죄자의 변화보다는 사회의 변화필요성을 더 강조하는 것으로서 이를 옹호라고 한다. 옹호는 단순히 기존의 자원에 범죄자를 위탁하는 것만으로는 충분치 못하고, 필요한 자원이 부적절하다면 그 자원을 개발하고, 기존의 자원이 활용하기 어려운 것이라면 이용가능하도록 만들어야 한다고 주장한다. 따라서 이들의 주요 활동은 청소년범죄자를 위한 청소년봉사국의 설법이나 청소년범죄자에 대한 무료법률부조활동 그리고 법률의 변화에 대한 적절한 대처 등으로 나타난다. 그러나 이처럼 옹호는 각종 지역사회제도를 사람들에게 의미 있고 책임 있는 제도가 되도록 요구하기 때문에 특히 목표보다 수단을 강조하는 사람들에 의해서 많은 저항을 받게 된다.

지역사회교정의 마지막 유형은 재통합의 형태로 나타난다. 앞의 옹호유형이 범죄자보다는 사회의 변화를 강조하는 데 비해, 재통합은 범죄와 사회의 공동의 변화를 추구하는 것이다. 이는 범죄자가 자신의 가정, 학교 또는 사회적 상황으로 인하여 범죄자가 되었기 때문에 이들이 재범을 하지 않게 하기 위해서는 그들이 겪었던 문제해결을 위하여 교육·취업·상담 등 범죄자가 필요로 하는 적절한 사회자원을 범죄자와 연결시켜 줌으로써 그들로 하여금 지역사회에서의 합법적이고 적절한 역할을 제고해야 한다는 가정에 기초하고 있다. 이러한 주장은 대부분의 범죄자들이 사회적 환경의 문제로 범행에 가담하게 된다는 환경론적 원인론과 재범자들의 재범이유가 대부분 사회의 냉대라고 지적하는 사실에서 뒷받침되고 있다. 이러한 재통합적 지역사회교정은 대표적으로 중간처우서(halfway house)나 집단가정(group home) 등을 들 수 있다. 따라서 재통합적 지역사회교정은 알고 보면 낙인과 범죄학습 등 시설수용의 폐해와 범죄자에 대한 지역사회의 부정적 인식 그리고 사회의 변동과 복잡화 등에서 합리화할 수 있다. 결국 재통합적 지역사회교정은 다양한 재소자와 그들이 필요로 하는 다양한 서비스를 제공해 줄 수 있는 지역사회와 교정프로그램의 연계, 프로그램에 대한 범죄자의 참여 등과 같은 지역사회와 교정프로그램의 상호작용을 극대화하는 노력이 중요한 가치로 평가되고 있다.

그렇다면 왜 우리가 지역사회교정을 필요로 하는가를 살펴볼 필요가 있다. 물론 결론적이긴 하지만 전통적 시설처우에 대한 불만과 그 개선책으로서 지역사회교정이 주창된 것은 사실이다. 그러나 이를 종합하면 결국은 범죄자에 대한 인도주의적 처우, 교화개선과 사회복귀의 긍정적 효과 그리고 교정경비의 절감과 개소자관리라는 관리적 이익 등으로 요약될 수 있다.[10]

교정에 대해서 누구도 부인할 수 없는 것은 일반사회에 비해 교도소가 훨씬 더 비인도주의적인 장소라는 사실이며, 따라서 교도소는 처음부터 범죄자를 교화개선하는 장소로는 적절히 못한 환경이라는 사실이다. 자유의 박탈이나 자율성의 박탈 등으로 인한 인간가치와 존엄성의 상실은 물론이고, 교도소의 물리적 환경등을 고려할 때 교도소가 지역사회교정에 비해 그 환경이나 여건이 바람직한 것으로는 볼 수 없는 것이다. 그에 비해 지역사회교정은 정도의 차이는 있지만 부분적이나마 자유가 보장되고, 직장과 가족관계 그리고 사회관계가 유지된다는 사실만 하더라도 충분히 인도적인 처우라고 말할 수 있을 것이다. 물론 지역사회교정이 모두 인도적이라고 단정하기는 곤란하다. 때로는 지역사회교정이 오히려 범죄자의 인권을 침해하기도 하며, 지역사회교정이 있기 때문에 없다면 받지 않아도 될 처분을 받게도 될 수 있다는 등 적지 않은 비판의 소리도 있기 때문이다. 한편으로는 지역사회교정이 사실 그 모습만 바뀌었지 일반적인 교정과 크게 다를 바 없다고 주장하기도 한다.

또한 지역사회교정의 두 번째 정당성은 지역사회교정이 범죄자가 지역사회에 통합되어 준법적 시민으로서 위치하여 기능할 수 있게 할 것이라는 기대감이다. 그것은 과거의 시설교정이 어쩔 수 없이 비인도적이었고, 재소자들이 출소한 후에는 범죄자들로부터 손을 놓았기 때문에 재소자를 준법적 생활로 제대로 복귀시킬 수 없었다. 이런 이유로 지역사회교정은 자극, 지역사회 그리고 집단 등을 범죄자와 유대를 갖게 해 주어 그들로 하여금 지역사회에서 보다 효과적으로 기능할 수 있도록 자신감과 능력을 얻게 해 준다. 그러나 지역사회교정의 복귀적 효과는 범죄자 개인은 물론이고 제도나 체제의 변화를 전제로 해야만이 가능한 것이다. 예를 들어 빈곤이 범죄의 원인이라면 빈곤문제의 해결이라는 사회의 개선과 변화가 필요하고, 학교의 문제라면 학교문제의 개선은 물론이고 학력사회의 병폐가 먼저 해결되어야 하는 것이다.

10) Smykla, *op. cit.*, pp.23-25.

끝으로, 지역사회교정은 재소자관리와 경제적 비용이라는 측면에서도 정당화될 수 있다. 물론 지역사회교정이 처음부터 이들 관리적 측면에서 시도된 것은 아니지만 현실적으로는 지역사회교정의 최초의 의도, 즉 교정목표의 효과적인 성취보다는 경제성과 교정관리의 편의가 더 중시되고 있을 정도이다.

먼저 교정의 경제적인 측면을 보자. 범죄자를 교도소에 수용하여 처우하는 것과 보호관찰에 회부하는 경우의 필요한 교정경비는 비교가 되지 않을 정도로 차이가 날 수 밖에 없다. 즉 지역사회교정이 그만큼 비용이 적게 든다는 것이다. 한편 재소자관리는 어떠한가? 현대교정이 안고 있는 가장 큰 문제 중의 하나가 과밀수용이라고 할 수 있는데, 이러한 지역사회교정이 있음으로써 상당수 범죄자를 교도소에 수용하지 않고도 처우할 수 있기 때문에 과밀수용을 해소할 수 있고, 따라서 재소자의 수용관리도 그만큼 쉬워지며 더불어 교정경비 또한 절감될 수 있는 것이다. 그리고 지역사회교정이 보호관찰부 가석방과 같이 때로는 재소자에 대한 일종의 보상제도로도 기능하기 때문에 이 또한 재소자관리를 위한 하나의 좋은 수단이 될 수도 있다.

그러나 이러한 지역사회의 경제적 이점과 관리적 장점이 교정의 목표를 혼돈시키는 경우가 있다. 그것은 교정의 성공이 교정의 경제성이나 관리의 용이성으로 평가될 수 있는 것은 아니기 때문이다. 교정의 궁극적인 목표의 하나는 범죄로부터 사회를 보호하는 것이지 교정경비를 절감하고 재소자관리를 쉽게 하기 위한 것은 아니라는 것이다. 물론 지역사회교정이 사회에 대한 아무런 위협과 위험을 초래하지 않으면서도 적은 비용으로 사회를 보호할 수 있다면 문제는 없다. 지역사회교정의 경제성에 대해서는 보다 깊이 있는 논의를 필요로 한다. 물론 지역사회교정이 대부분의 경우는 시설교정에 비해 그 비용이 적게 드는 것은 사실이나, 이러한 주장에는 몇 가지 문제가 있다. 우선 대부분의 지역사회교정은 사실 원래 지역사회교정에서 요구되는 만큼 제대로 시행되지 않고 흉내내기나 전시효과에 지나지 않기 때문에 비용이 적게 드는 것이지 제대로 시행되려면 오히려 더 많은 경비를 요할 수도 있다는 것이다.

이와 더불어 지역사회교정으로 말미암아 형사사법의 망이 확대되고, 그 결과 지역사회교정은 오히려 형사사법에 있어서 추가적인 경비가 될 수도 있다. 만약 지역사회교정이 없었다면 그냥 형사사법의 대상이 되지도 않을 범죄까지도 지역사회교정이 있음으로 형사사법의 새로운 대상이 되어 형사사법에 새로운 경비를 부담지우게 된다는 것이다.

끝으로, 경제성이란 항상 투자된 비용과 얻어진 결과를 동시에 고려하는 그래서 효과성보다는 효율성을 중시하는 것이 현대적 의미의 경제성이라면, 단순히 비용만 논할 것이 아니라 결과까지도 포함하는 비용-편익(cost-benefit)의 입장에서 논의되어야 한다. 그러나 교정경비와 그 효과라고 할 수 이는 재범이라는 지표를 놓고 볼 때, 과연 지역사회교정이 효율적이라고 말할 수 있을 것인가라는 의문이 제기되고 있다. 즉 속된 말로 싼 게 비지떡이 될 수도 있다는 것이다.

지금까지 언급한 교정경비와 교정효과와도 관련된 것으로서 반드시 논의될 필요가 있는 것이 바로 지역사회교정의 대상자문제이다. 이는 대체로 사회의 안전과 지역사회교정의 필요성이라는 어쩌면 두 가지 상반된 결정을 요하는지도 모른다. 구체적으로 말해서 사회의 안전을 확보하기 위해서는 위험성이 중요한 결정변수가 되어야 하나, 이 경우 교정의 필요성이 절감될 수 있기 때문이다.

사회의 안전을 담보하기 위해서 위험성이 아주 낮거나 거의 없는 범죄자만을 지역사회교정에 회부한다면 그것은 단지 교정자원의 낭비에 불과할 수도 있고, 반면에 교정의 필요성만을 강조한 나머지 위험부담이 있음에도 지역사회교정의 가능성을 담보로 지역사회교정을 결정한다면 사회에 대한 위험성이 야기될 수도 있는 것이다. 결과적으로 이 두 변수의 적절한 조화가 실현되어야 하는 것이다. 그러나 대부분의 경우는 교정이 사회의 보호라는 궁극적인 목표에 집착하여 위험성을 지역사회교정의 대상자를 결정하는 절대적인 변수로 활용하고 있다. 그런데 위험성의 판단은 대부분이 예측을 기초로 이루어지기 때문에 이에 따르는 한계와 문제점이 노출되기 마련이다.

교정에 있어서 예측의 문제는 우선 그 예측이 과거나 현재의 사실을 기초로 미래 행위를 예측하는 것은 지극히 어려운 일이며, 그 결과 정확하지 않은 예측이 항상 있을 수 있으며, 예측이 잘못되었을 경우 사법정의가 위협받게 된다는 사실이다.[11] 현실적으로 대부분의 교정예측은 위험성이 지나치게 보수적으로 판단되고 있어서 대체로 지역사회교정이 단순한 형사사법망의 확대로 비추어지기 쉽다.

그러나 지역사회교정의 활성화나 효율화를 위해서는 적어도 예측이나 결정에 있

11) David Greenberg, "Problems in Community Corrections," Issues in Criminology, 1975, 10(1) : 1-33.

어서 지나친 보수화는 경계해야 한다. 반대로 교도소는 가능한 최소한의 범위 내에서 그것도 최후의 수단으로서만 교정의 장소가 되어야 하고, 지역사회교정은 사회의 안전을 심각하게 위협하지 않는 범위 내에서 최대한 대상자의 범위를 넓혀야 한다고 주장한다. 그래서 미국의 범죄와 비행에 관한 국가위원회(National Council on Crime and Delinquency)에서는 지역사회교정이 최대한 활용되어야 하고, 구금은 중요한 대인범죄를 범하고 심대한 정신장애에 기초하여 지속적으로 폭력적인 행위유형을 표출하거나 조직범죄에 깊이 가담한 범죄자에게만 제한되어야 한다고 주장하였다.[12)]

지역사회교정의 대상자선정문제와 관련된 것으로서 지역사회교정에 대해서 가장 심각한 문제로 대두될 수 있는 것이 바로 형사사법망의 확대(widening the net)이다. 이는 지역사회교정이 범죄자의 생활에 대한 통제를 줄이기 위해서 시도되었으나 실제는 범죄자에 대한 통제를 증대시켰다는 것이다. 즉 사회봉사명령이 보호관찰에 병과되고, 충격보호관찰은 일반보호관찰을 대신할 수도 있기 때문이다. 지역사회교정으로 인한 형사사법망의 확대는 다음과 같은 세 가지 형태로 나타난다. 먼저 국가에 의해서 통제되고 규제되는 시민의 비율이 증가되는 현상, 즉 더 많은 사람을 잡을 수 있도록 그물망을 키워 왔다는 망의 확대(wider nets), 범죄자에 대한 개입의 강도를 높임으로써 범죄자에 대한 통제를 강화시켰다는 망의 강화(stronger nets) 그리고 범죄자를 사법기관이 아닌 다른 기관으로 위탁하여 실제로는 더 많은 사람들 대상으로 만든 상이한 망(different nets)의 설치가 형사사법망의 확대로 나타난다.[13)]

결국 지역사회교정의 미래가 성공적이기 위해서는 우선 형사사법기관의 보수화를 극복하고, 의사결정에 있어서 개인의 자유가 중시되어 형사사법제도가 지금까지 보여 주었던 것처럼 범죄자를 지역사회에서 교정하는 데 대한 저항이나 부정적 시각을 해소하여야 한다. 그리고 지역사회교정의 요체는 역시 지역사회인만큼 지역사회의 참여와 협조 및 지원이 절대적으로 확보되어야 한다. 더불어 지역사회교정의 그 개념규정부터 어려울 정도로 추구하는 목표가 명확치 못했던 것이 사실인바, 이 또한 명확해져야 지역사회교정이 제자리를 잡을 수 있을 것이다.[14)]

12) National Council in Crime and Delinquency, "The Nondangerous Offernder should not be Imprisoned," *Crime and Delinquency*, 1973, 19(4) : 449-456.

13) Barry Krisberg and James Austin, The Unmet Promise of Alternatives to Incarcreation, SF : National Council on Crime and Deliquency, 1980; Clear and Cole, *op, cit.*, p.424에서 재인용.

제3절 교정의 신경향과 회복적 사법

범죄의 양적·질적 증가에 대응하여 국가에 의한 범죄와의 전쟁을 통해 형벌제도는 강화되고 있는 한편 현행 형사사법제도의 기능과 운영이 그 본래의 목적을 달성하는데 적합한가 하는 근본적인 의문이 제기되고 있다.[15] 지금까지의 형사정책은 원칙적으로 범죄자에 대한 응보에서 출발한다. 범죄자는 자신의 행위에 대한 사회적 책임은 지지 않으며, 그가 저지른 범죄로 야기된 각종 문제를 해결하는데 어떤 역할도 하지 않는다. 여기서 진정 형벌의 목적이 무엇이며, 이에 대한 해결책이 없는가에 대하여 진지하게 생각해 볼 때이다. 특히 교도소는 범죄학교의 기능을 담당하여 범죄기술을 습득하는 장소로 전락하였으며, 범죄피해자는 자신의 피해에 대하여 국가나 사회로부터 전혀 도움을 받지 못하고 있다. 이에 따라 최근에는 과거 전통적인 응보적 사법(retributive justice)에 대응하는 회복적 사법 내지 원상회복적 사법(restorative justice)에 대한 논의가 활발히 진행되고 있다. 따라서 본 교재에서는 광의의 사회복지적 관점에서 회복적 사법의 의미와 방향을 소개하고자 한다.

1. 회복적 사법의 의의

회복적 사법[16]이라는 개념은 1970년대 후반에 처음 사용되었는데 당시 이 용어는 북미와 유럽에서 행해지고 있는 다양한 형태의 피해자·범죄자조정프로그램을 표현하는 말이었다. 회복적 사법의 개념은 형사사법의 세 가지 유형 즉, 응보적 사법, 분배적 사법, 회복적 사법이 그것이다. 전통적인 처벌과 처우모델이 범죄자의 행동에 초점을 맞추어 사법절차에 피해자참여를 거부하고 단지 범죄자에 의한 수동적인 참여를 요구할 뿐이다.

---

14) Clear and Cole, *op, cit.*, p.434.

15) 박미숙, 형벌제도의 발전과 중형주의, 형사정책연구소식, 통권제56호, 1999. 11.

16) 회복적 사법이라는 용어를 처음 사용한 학자는 알버트 이글래쉬(Albert Eglash)이었다.

이에 반해 회복적 사법에 의하면 우선 피해자, 지역사회 그리고 범죄자에게 해를 미치는 결과를 초래하는 개인 사이의 갈등으로서 정의되며, 국가에 대한 침해는 단지 2차적 의미를 지닐 뿐이다. 다시 말하면 범죄자는 추상적인 통합체 즉 국가에 대하여 빚을 지는 것이 아니라 그들의 피해자와 실질적인 지역사회에 대하여 책임이 있다.[17] 결국 회복적 사법에서는 범죄자의 행위결과인 해악적인 효과에 초점을 맞추어 적극적으로 배상과 사회복귀절차에 피해자와 범죄자를 관련시킨다.[18]

2. 형사사법의 기능과 회복적 사법

회복적 사법은 기본적으로 범조대응의 기본원칙이라고 할 수 있다. 회복적 사법은 범죄의 개념, 범죄에 대한 효과적인 대응, 형사사법의 고전적 기능에 대한 이해 등에서 전통적인 응보형 사법과 구별된다. 먼저 응보적 사법이 당사자주의적 절차를 통해 유죄를 인정하고 있고, 적절한 처벌을 과하는 것에 초점을 맞춘 결과 범죄자는 어떠한 사회적 책임도 지지 않으며, 그가 저지른 범죄로 인하여 야기된 문제를 해소하는 데에도 전혀 역할을 담당하지 않는다.

반면에 회복적 사법은 범죄자와 피해자 및 지역사회라는 보다 광범위한 관계를 형성하고 있다. 결국 회복적 사법은 응보 그 이상의 의미를 가지고 있으며, 범죄로 발생한 침해는 단지 피해자 단독의 피해라는 차원을 넘어서 피해자와 지역사회 및 범죄자 자신에 대한 침해로 이해하고 있다. 따라서 회복적 사법은 구체적인 법위반행위를 인정하지 않는 동시에 범죄자와 피해자, 지역사회를 지원하는 사법체계라고 할 수 있다.

회복적 사법은 지금까지 공식적인 형사사법체계에서 범죄자의 처우와 교정 등에 관한 관심이 집중되고 피해자와 지역사회는 등한시되어 왔다는 문제인식에서 출발한다. 피해자가 겪는 정신적·물질적인 고통과 피해, 지역사회가 겪는 범죄로 인한 불안감, 범죄자의 사회적 책임이 도외시되는 현실에서 지역사회 전체의 재통합이 쉽지 않고 지역사회의 불신과 해체를 가속화시키는 결과를 초래하게 된다. 회복적 사법은

---

17) J. Hudson · B. Galaway, Restorative Justice: International Perspectives, 1996, p. 2.

18) 회복적 사법은 피해자·가해자조정프로그램과 밀접한 관련성을 갖고 있다. 이 프로그램은 영국, 뉴질랜드, 호주, 독일 등에서 도입되어 운영되고 있다.

바로 이처럼 범죄자, 피해자, 그리고 지역사회 등의 균형과 조화를 다루는 기능을 담당한다.

3. 회복적 사법에서의 대상

회복적 사법은 기본적으로 미래에 중점을 두며, 과거에 중점을 두지 않는다는 점에서 응보적 사법과 구별된다. 즉 치료되어야 할 필요가 있는 것, 회복되어야 하는 것, 범죄로 인해 야기된 것에 대해서 배워야 할 필요가 있는 것 등에 중점을 둔다.[19] 그러므로 회복적 사법은 잘못된 것에 대한 구제를 통해 범죄자·피해자 모두에게 문제를 방지하는데 초점을 맞추고 있다. 여기서 형사사법체계의 성공여부는 얼마나 많은 처벌이 가해졌는가 하는 점에서가 아니라 발생한 손해 또는 해악이 얼마나 복구되고 예방되었는가 하는 점에 달려 있다.

4. 피해자·범죄자·지역사회의 관계에 근거한 회복적 사법

회복적 사법의 가장 큰 장점은 피해자, 범죄자, 그리고 지역사회일원 등이 중요 당사자를 직접 포함시킨다는 데 있다. 회복적 사법의 개념은 사법절차에 있어서 범죄피해자의 지위와 역할을 향상시켜 피해자 본인과 피해를 입은 지역사회에 대하여 직접 변명할 책임을 범죄자에게 부과하는 것에 초점을 맞춤으로써 피해자와 범죄자의 직접적인 대화, 범죄자에 의한 피해자에의 피해배상, 범죄예방, 범죄자와의 협력, 피해자지원, 보다 안전한 지역사회의 창조 등 지역사회의 적극적인 참여의 중요성을 강조한다는 점에서 전통적인 응보적 사법과 구별된다. 즉 회복적 사법은 범죄문제를 국가에게만 맡겨두기보다는 범죄예방과 감소를 위한 공동의 협조와 주도권의 중요성을 강조하는 특징을 가지고 있다.[20]

따라서 범죄자 및 피해자 뿐만 아니라 지역사회의 모든 자원들이 분쟁해결절차에

19) S. Sharpe, *Changing Lenses: A New Focus for Crime and Justice*, 1990, p. 7.
20) 이런 점에서 전통적 경찰활동과 대비되는 개념인 지역사회경찰활동(community policing)과 맥을 같이 한다.

참여해야 할 책임이 있다. 범죄자는 범죄행위를 인정하고 사과하며, 애도를 표하여 보상 또는 복구를 할 책임이 주어지며, 피해자는 범죄자에 의해 행해진 애도와 사과를 수용하고 용서의 표현을 할 책임이 있고, 지역사회의 일원은 필요한 지원을 아끼지 않음과 동시에 당사자를 분쟁해결에 참여하도록 권함으로써 분쟁해결을 촉진한다. 이처럼 회복적 사법은 지역사회에 근거한 사법모델이다. 그렇다고 하여 회복적 사법이 전적으로 지역사회에 기초하는 것은 아니다. 경찰, 법원, 행형기관의 피해자 지원이 요구되며 이들은 지역사회의 강화를 위해 협조해야 할 책임이 있다.

결국 회복적 사법은 관련당사자의 참여와 합의를 유도하여 이미 발생한 갈등상황에 대한 이해와 치료를 통해 완전하고 직접적인 책임추구를 하고, 이를 통해 서로 대립된 당사자를 재통합함으로써 평화와 인도주의를 실현하고, 결국에는 지역사회의 강화를 통한 향후 범죄예방에 그 목적을 두고 있다. 따라서 회복적 사법은 범죄의 당사자, 국가, 지역사회의 모든 자원들이 지역사회의 범죄문제를 해결하는데 공동으로 노력하는 사회복지적 관점의 프로그램이라고 할 수 있다.

5. 회복적 사법의 전망

최근 회복적 사법에 대한 많은 관심과 발전은 기존의 형사정책에 대한 불만이 늘어남에 따라 이에 대한 혁신적인 정책 내지 프로그램의 하나로 제시된 것이다. 회복적 사법은 위에서도 언급하였듯이 범죄자, 피해자, 지역사회를 함께 아우러는 과정으로서 범죄에 의하여 발생한 피해를 응보적 형벌로 대응하는 것이 아니라 치유하는데 중점을 두고 있다. 회복적 사법의 중요한 의의는 범죄와 처벌의 본질에 대한 기존관념의 전환에 있다. 범죄문제를 단순히 국가가 주도적으로 해결하는 관념에서 벗어나서 범죄자와 피해자, 지역사회가 공동으로 해결한다는 점에서 지역사회의 자원이 적극적으로 참여할 수 있는 환경을 조성하고 또 지역사회 자원들의 주도적 참여가 절대적으로 필요하다.

회복적 사법의 성공여부는 국가와 지방정부, 지역사회의 다양한 자원 간에 적극적인 대화와 협조가 관건으로 생각한다. 최근일부 지방에서 실시되고 있는 범죄피해자 지원센터의 설립과 경찰에서 시도하고 있는 지역사회경찰활동프로그램은 회복적 사법의 전망을 밝게 하는 것들이다. 범죄로부터의 안전을 지키는 일은 국가 또는 개인이 해결해야 할 문제라기보다는 국가와 개인, 지역사회의 모든 구성원의 공통적인 문제라고 볼 때 범죄문제의 해결은 형사정책적인 과제인 동시에 사회복지적인 과제이다. 이런 점에서 회복적 사법은 형사정책적인 면과 사회복지적인 관점을 동시에 고려해야 그 전도가 유망할 것이라고 생각한다.

제 4 절 교정자원봉사활동

비행과 범죄에 대한 대책들 중 지역중심의 대책이라 함은 넓게는 사회내처우도 포함하는 개념이라 할 수 있겠지만 대개는 교정자원봉사자들을 중심으로 한 민간기관이나 개인의 자원봉사활동을 통한 범죄대책을 주로 의미한다고 하겠다. 이는 비행이나 범죄를 저지른 자들이 결국 돌아갈 곳인 지역사회의 주요 자원이 적극적으로 활용되지 않는 범죄대책은 그 실효성이 떨어질 수밖에 없는 상황임을 전제로 하여 교정자원봉사활동의 중요도와 범죄예방과 범죄인의 사회복귀라는 목표 달성을 위해 차지하는 위치가 그만큼 높다는 것을 의미하는 것이다.

이하에서는 교정자원봉사활동을 중심으로 지역중심의 대책을 살펴보기로 한다.[21]

1. 교정자원봉사의 개념 및 필요성

교정자원봉사란 비행청소년이나 범죄인이 사회에 복귀하여 적응하고자 할 때 자신들의 개인적, 환경적인 장애를 극복할 수 있도록 이들 혹은 이들의 가족을 돕는 한편, 비행과 범죄의 예방을 위해서 교정현장의 실무자들로부터 지도를 받으며 교정사업에 참여하는 시민의 활동이라 할 수 있다. 물론 이러한 활동은 일반자원봉사에서 강조하는 바와 같이 정기적이고 지속적이라야 할 것이다.

교정자원봉사는 결국 범죄인 및 비행청소년의 재활에 시민이 참여하는 일이다. 그러므로 교정자원봉사의 필요성은 곧 교정사업에 시민이 참여함으로써 보다 효과적인

21) 최옥채, 『교정복지론』, 아시아리서치, 1999, 206면 이하.

범죄의 예방과 범죄인의 재활이 가능하다는 정당성을 규명하는 일이기도 하다. 교정자원봉사의 필요성을 몇 가지로 요약하면 다음과 같다.

1) 다양한 접근방안

교정현장의 실무자가 단독으로 교정사업에 개입하여 활동하는 것보다는 지역사회의 인적, 물적 자원이 투입되는 것이 효과적이라 할 수 있다. 특히 범죄인의 재활에는 다양한 전문인력이 요구되는 바, 지역사회의 자원봉사자가 활동함으로써 새로운 방안이 지속적으로 개발되어 현장에 적용될 수 있을 것이다. 뿐만 아니라 모든 사업이 계획대로 잘 이루어지기 위해서는 주변 여건이 합당하게 마련되어야 하며, 이러한 점에서 교정자원봉사활동은 큰 도움이 될 수 있다.

2) 시민연대의식의 강화

범죄인의 재활에 시민이 참여하여 시민연대의식을 강화시킬 수 있다. 이는 범죄에 관한 일이 범죄인만의 노력으로 이룩되는 것이 아니라 지역사회의 시민도 책임을 나누어져야 한다는 의미와 맥락을 같이 하는 것이다. 그럼으로써 지역사회 병리현상을 막을 수 있을 것이고 스스로 치유해 갈 수 있는 자정능력을 갖게 되어 건강한 지역사회가 가능할 것이기 때문이다.

3) 재정적인 도움

교정자원봉사활동은 시설에서보다 지역사회를 중심으로 보다 활발히 이루어질 수밖에 없다. 또한 자원봉사자가 개입하는 프로그램이 다른 시설중심의 프로그램보다 적은 비용이 들 것이며 나아가 자원봉사자 자신의 활동과 재정적인 지원이 가능하므로 정부는 재정적인 압박으로부터 탈피할 수 있다.

4) 교정제도 발전의 촉진

범죄인을 위한 재활이나 범죄예방이 교정당국 단독으로 이루어지는 것은 그 일이 독단적으로 치우칠 가능성이 높아 교정제도의 발전에 장애가 될 수 있다. 교정사업에 자원봉사자가 참여함으로써 교정현장이 개방될 것이고, 이 분야에 자원봉사자가 협력자로서 때로는 감시자로서 교정제도의 발전에 기여할 것이다.

2. 교정자원봉사의 역사

우리나라의 교정자원봉사는 크게 두 가지로 구분하여 이해할 수 있다. 즉 법적인 근거에 따라 시행되고 있는 교정자원봉사와 시설 및 기관의 지침에 의한 교정자원봉사활동이 그것이다. 법무부의 자료에 의하면 범죄예방자원봉사위원은 매우 적극적이고 정기적인 활동을 하였다. 한편 교정시설의 교화위원, 보호시설의 방문지도위원 등의 활동은 부정기적이고 시혜적인 위문성을 띤다고 규정하고 있다.

우리나라 교정자원봉사활동의 역사에 대해 법적 근거를 가지고 있는 부분을 중심으로 간략히 살펴보기로 한다.

1) 갱생보호위원

갱생보호위원의 활동은 구 갱생보호법(1995 보호관찰 등에 관한 법률로 통합)이 규정하고 있었다. 갱생보호법은 1942년에 제정된 조선사법보호사업령이 모태가 되어 1961년에 제정되었다. 이 법은 출소자와 퇴원생들의 사후관리와 경제적 지원을 주요 업무로 삼고 있는데 여기에 갱생보호위원이 참여하여 사업을 돕고 있는 것이다. 그러므로 법적으로 볼 때 갱생보호위원의 활동이 우리나라에서는 최초의 교정자원봉사활동이라고 할 수 있다.

2) 소년선도위원

1970년대 후반부터 검찰당국은 비행청소년의 특성을 고려하여 이들의 비행에 따른 지도 및 감독이 지역사회 안에서 이루어져야 함을 강조하여 왔다. 이에 1981년 소년선도보호지침을 제정하여 선도조건부기소유예제도를 시행하게 되자 자원봉사자인 소년선도위원이 비행청소년의 재활에 도움을 주도록 하였다.

3) 보호위원

법무부는 물론 형사정책 관련 분야의 단체가 꾸준히 보호관찰제도의 필요성을 정부에 건의하면서 1988년에 보호관찰법이 제정되었다. 이에 1989년부터 보호관찰제도가 시행되자 보호위원[22]이 보호관찰의 주요 대상자인 비행청소년의 재활에 협력하기 시작하였다.

4) 범죄예방자원봉사위원

법무부훈령 제363호(1996. 6. 12.)에 의하여 갱생보호위원, 소년선도위원, 보호선도위원이 범죄예방자원봉사위원으로 통합되었다. 이 훈령은 인구 1,000명당 1인의 범죄예방위원을 위촉하게 하고 이의 업무를 관장하는 범죄예방지도협의회를 지방검찰청 혹은 지청에 두도록 규정하고 있다. 또한 각 지역협의회에 5개 분과위원회(학교폭력예방지도분과위원회, 상담분과위원회, 보호관찰분과위원회, 취업알선 및 재정지원분과위원회, 의료지원분과위원회)를 구성하여 운영하도록 하고 있었으나 1998년 훈령의 개정으로 5개 분과위원회를 폐지, 통합하여 현재에 이르고 있다.

3. 교정자원봉사의 실태

현재 우리나라의 교정자원봉사활동은 모두 9가지 유형으로 나누어 볼 수 있겠는데 이들의 실태를 유형별로 조직, 현황과 주요 현장 및 업무를 알아보기로 한다.[23)]

보호관찰에 있어서의 국민협력방법은 개인적, 집단적, 기관적 또는 기술적, 이론적, 물리적 협력 등 여러 가지 형태가 있을 수 있다.

그 가운데 인적 협력의 가장 대표적인 자원봉사(Volunteer Service)로서 지역사회의 보호관찰 활동에서는 꼭 필요한 제도이다.

자원봉사란 개인, 집단, 지역사회에서 발생하고 있는 여러 가지 사회문제의 영향을 예방하고 통제하며 개선하는 일에 종사하는 것으로 공사 여러 조직에서 보수 없이 자발적으로 서비스하는 개인이라고 정의하기도 하고[24)] 사회복지사업 또는 그것과 관련된 일을 한 후에 지위나 명예 등이 반대급부나 조건을 요구함이 없이 자의로 사회복지를 향상시키기 위한 활동을 하는 사람을 말한다고 정의하기도 한다.[25)]

자원봉사는 이웃과 더불어 행복한 생활을 하기 위한 자발성과 연대성을 갖는 활동

22) 보호위원의 명칭은 1995년에 보호선도위원으로 변경되었다.
23) 최옥채, 앞의 책, 214면 이하.
24) NASW, *Encyclopedia of Social Work*, Volume 2, N. Y., 1979, p.1582.
25) 塚本哲・大塚達雄, {新版 社會福祉事業事典}, ミネルヴァ 書房, 1997, 7面.

이며 책임감을 가지고 무보수로 서비스하는 복지활동인 것이다.[26)]

현재 우리나라의 자원봉사활동은 법무부, 법원(가정법원, 소년부지원, 소년부재판), 소년원(분류심사원), 기타 민간기관(복지관 등)등의 유형과 경찰청 등으로 나누어 볼 수 있겠는데 이들의 실태를 유형별로 조직, 현황과 주요 현장 및 업무를 알아보기로 한다.

1) 범죄예방자원봉사위원

법무부의 사회내처우와 관련된 자원봉사조직은 1961. 9. 30. 갱생보호위원제도로부터 출발, 1980. 12. 8. 소년보호지침에 의해 1981. 1. 1.부터 소년선도위원제도가, 1989. 7. 1. 보호관찰법의 시행으로 보호위원제도가 실시되었다. 그러나 사회내처우를 담당하는 공통적인 요소가 내포되어 있어 세 개의 조직을 통합하자는 논의로 1996. 6. 12. 법무부훈령 제363호로 공포된 범죄예방자원봉사 기존규정에 의해 명칭이 바뀌게 되어 오늘에 이르고 있다.

범죄예방자원봉사위원은 1998년 5개 분과가 통합되었지만 실제 활동은 전과 크게 틀린 것이 없다. 단지 5개 분과가 각기 자기 분과의 일을 하던 상황이 통합협의회가 5개 분과의 일을 모두 관장하고 전체 범죄예방위원들이 5개 분과의 일을 나누어 담당하고 있다고 말할 수 있다.

2) 소년자원보호자

소년자원보호자는 전국의 지방법원 소년부지원과 서울가정법원을 중심으로 활동하고 있는데 교정자원봉사자로는 가장 최근에 발족되었다.[27)] 1985년에 서울가정법원의 소년자원보호자협의회가 처음으로 결성되었고 광주지방법원에는 1992년에 조직되었다. 소년자원보호자로는 정신과의사, 청소년관련 전문가, 교사, 기업인 등이 주류

26) 자원봉사자(Volunteer)는 사회 또는 공공의 이익을 위한 일을 자기 의지로 행하는 사람이다. 자원봉사자를 줄여서 봉사자라고도 한다. 이들의 봉사활동은 보통 비영리단체 NPO, Non-Profit Organization)를 통하는 경우가 많다. 때때로 이 방식의 봉사 활동은 공식봉사활동(Formal volunteering)으로 불린다. 하지만 이들 공식 봉사단체와는 별도의 개인 또는 몇몇 사람들이 비교적 격식을 차리지 않고 자유롭게 봉사활동을 펼치는 경우도 있다. 이러한 비공식적인 봉사활동(Informal volunteering)은 보통 알려지지 않기 때문에 통계처리가 무척 힘들다(위키백과 참조).

27) 최옥채, 앞의 책, 2006, 290면.

를 이루고 있다. 이들은 앞의 교정자원봉사자들의 업무와 유사하다.

3) 교정위원

범죄경력 조회 및 개인신상 등에 관한 정보 제공 등 타 법령에 위반된 조항을 법령에 맞게 하고 현실과 맞지 않는 관계규정 등을 현실에 맞게 재조정하여 교정위원제도 운영의 활성화를 기하고자 개정,[28] 실시하고 있는데, 이 지침은 교정위원 등 민간자원봉사자의 교정·교화활동과 자치조직 및 운영 등에 관하여 필요한 사항을 규정함을 목적으로 한다.

대상으로는 민간자원봉사자에 의한 교화활동 대상은 수형자, 피보호감호자로 하며 미결수용자는 본인의 신청이 있거나 처우상 필요하다고 인정되는 경우에 한한다.

이 지침에서 사용하는 용어의 정의는 다음과 같다.

① "교정위원"이라 함은 법무부장관의 위촉을 받아 수용자 교육 및 교화활동에 참여하는 민간자원봉사자를 말한다.

② "교정참여인사"라 함은 교도소, 소년교도소, 구치소, 지소 및 보호감호소의 장(이하 "소장"이라 함)의 승인을 받아 수용자 교육 및 교화활동에 참여하는 민간자원봉사자를 말한다.

이를 좀 더 구체적으로 설명한다면 각 지도 분야에 따라 전문성이 다른데, 첫째, 교화분야에 참여할 교정위원은 지역사회에서 신망이 두텁고 학식과 경험이 풍부한 인사로서 수용자 교정교화사업에 헌신적으로 봉사할 수 있는 자질과 능력을 갖추어야 한다. 둘째, 종교분야에 참여할 교정위원은 기독교, 불교, 천주교 등 우리나라의 국민정서에 반하지 않는 종교단체에 소속된 인사로서 수용자 신앙 지도에 헌신적으로 봉사할 수 있는 자질과 능력을 갖추어야 한다. 셋째, 새로운 교육분야에 참여할 교정위원은 수용자 교육 및 직업훈련의 한 과목을 담당하여 지도할 수 있는 전문지식을 가지고 수용자 교육에 헌신적으로 봉사할 수 있는 자질과 능력을 갖추어야 한다. 넷째, 의료분야에 참여할 교정위원은 수용자 의료상담 및 진료 등을 지원할 수 있는 전문지식을 가지고 수용자 의료처우에 헌신적으로 봉사할 수 있는 자질과 능력을 갖추어야 한다.[29]

---

28) 교정위원 운영지침(법무부 예규교화 제728호. 2005. 6.17)에 의거 개정, 시행 중에 있다.
29) 김상균·조미숙·신석환, 『형사사법복지정책론』, 청목출판사. 2007, 547면.

또한 지방교정청장은 산하기관 소속 교정위원 대표로 구성된 교정연합회를 설치 운영할 수 있고 전국단위 교화사업으로는 전국 각 기관 교정협의회 회장 등 대의원으로 구성되는 교정중앙협의회를 두고 있다.

4) 종교위원

종교위원은 교화위원과 함께 교화위원협의회에 속해 있는데 교화위원과 구별되는 점은 지역사회의 성직자들로 목사, 승려, 신부 등으로 구성되어 있다는 점이다.[30] 이들 종교위원의 주요 업무는 재소자의 신앙생활지도, 교회집회, 종교상담, 자매결연 등을 들 수 있다.

5) 방문지도위원

방문지도위원은 전국의 소년원, 소년분류심사원에 협의회를 조직하여 활동하고 있다. 이들은 사회지도층 인사들로 전문지식과 경험을 바탕으로 원생의 재비행을 방지하는 데 주력하고 있다. 특히 소년원에서 실시하고 있는 여러 교육활동 프로그램을 지원하기도 한다. 방문지도위원의 주요업무는 원생을 위한 생활정보, 취업정보, 취업알선, 결연, 진로상담, 정신교육 등을 들 수 있다.

6) 종교지도위원

방문지도위원과 같은 조직의 형태를 가지고 있다. 다만 이 조직은 종교인들로 구성되어 있으며 이들의 주요업무는 교리지도, 성경학교, 참선학교 등이 있고 종교예식으로 세례, 수계, 영세 등을 맡아 하고 있다.

7) 어머니회

방문지도위원이나 종교지도위원과 같은 조직으로 전국의 소년원과 소년분류심사원이 어머니회의 주요 활동현장이다. 대부분의 교정자원봉사자는 법무부장관이 위촉하는 데 반하여 어머니회의 위원은 소년원장과 소년분류심사원장이 위촉하고 있다. 이들의 주요업무는 형편이 어려운 원생을 면회하거나 상담에 응하고 있으며 일일명예담임선생님으로 원생지도에 참여하기도 한다.

---

30) 최옥채, 앞의 책, 287면.

8) 청소년지도위원

청소년지도위원은 전국의 경찰서를 중심으로 활동하고 있어 경찰서장의 지도, 감독을 받는다. 그러나 경찰서에 따라 이 조직이 잘 되어 있는 곳도 있고 유명무실한 곳도 있다. 이러한 현상은 시민이 지니는 경찰관상의 변화와 관련하고 있다고 하겠다. 이들의 활동은 청소년의 비행과 범죄의 예방에 초점을 두고 있다. 청소년지도위원은 경찰서가 인접한 지역사회의 유지들로 구성되어 있다.

9) 민간시설의 교정자원봉사자

민간시설의 교정자원봉사자는 주로 비행청소년을 수용하고 있는 시설이나 비행청소년을 위한 프로그램을 실시하고 있는 지역사회 복지관을 센터로 활동하고 있다. 그러나 이들의 조직은 체계적이지 못해 특수화한 조직체는 아니라 하겠다. 여기에 참여하는 자원봉사자들은 대체로 종교인, 대학생 등을 들 수 있는데 이들의 업무가 정기적이거나 지속적이지 못한 편이다.

4. 교정자원봉사의 전망

1) 교정자원봉사의 확대

교정사업에서 앞으로 교정자원봉자사가 크게 확대될 것이다. 교정사업의 발전과 교정자원봉사의 역할이 크게 확대되기 위해서는 무엇보다도 시민의 적극적 참여가 필요하다. 오늘날 민주주의에서 시민의 참여가 확대되고 있다는 점이다. 이는 시민이 곧 주인으로서 우리의 정치적·사회적 변화는 시민과 밀접한 관계에 있는 것이다. 즉 시민의식이 성숙해지고 정치가 안정되면서 과거의 폐쇄적인 교정현장과 교정정책이 개방을 피할 수 없게 되었다. 나아가 범죄와 비행에 대한 시민의 적극적 관심을 외면할 수 없다는 것이다. 이에 따라 범죄와 비행의 처벌 또한 지역사회를 중심으로 범죄인과 비행청소년의 재활에 중점을 둘 수밖에 없게 되었고 이에 대한 시민의 자발적·적극적 참여에 의한 최소비용의 선택이 불가피하게 되었다고 볼 수 있다. 이러한 흐름을 인정한다면 교정사업에 교정자원봉사자를 대대적으로 투입하지 않을 수 없을 것으로 예측된다.

2) 교정자원봉사의 전문화

교정자원봉사의 확대는 필히 교정자원봉사자의 전문적인 기술을 갖춘 활동을 요구하게 될 것이다. 그렇지 않으면 교정사업에의 불필요한 시행착오만 양산하게 될 것이다. 게다가 범죄인과 비행청소년 자신들이 처해 있는 상황이 매우 복잡하고 어려워 쉽게 접근할 수도 없는 실정이다. 이에 실무자는 전문적인 기술을 가지고 접근해야 할 것이다. 그러므로 이런 실무자와 함께 협력하는 교정자원봉사자는 당연히 전문적인 기술을 익혀야 할 것으로 전망된다.

제5절 법률구조제도

1. 의의

사회의 발전과 더불어 점점 복잡하고 다양해진 각종 법률제도의 혜택을 모든 국민들이 고루 누릴 수 있도록 하기 위해서는 경제적 이유나 법률지식의 부족으로 사실상 법의 보호 밖에 놓인 국민을 지원할 수 있는 제도적인 장치가 요망된다. 법률구조제도는 경제적으로 어렵거나 법을 모르기 때문에 법의 보호를 충분히 받지 못하는 사람들에게 법사 또는 공익법무관에 의한 소송대리 및 형사변호, 기타 법률사무에 관한 각종 지원을 하여 줌으로써 그들의 정당한 권리를 적법한 절차에 의하여 보호하고 더 나아가 국민의 기본적 인권을 옹호하는 법률분야의 사회복지제도이다.

우리나라에서는 이러한 법률구조사업을 효율적으로 추진하기 위하여 1987. 9. 1. 법률구조법을 제정하고 비영리 공익법원인 법률구조공단을 발족하여 법률구조제도를 운영하고 있다. 공단은 서울특별시에 본부를 두고, 그 아래에 13개의 지부와 40개의 출장소를 전국의 법원, 검찰청에 대응하여 설치하고 있다. 경제적인 이유나 법에 대한 무지 등으로 법으로부터 소외되어 있는 국민의 권리를 보호하는 법률구조제도는 현대사회에서는 국가가 베푸는 자선이 아니라 국민의 권리이자 국가의 의무이고 더 나아가 의료서비스와 같은 사회복지권의 하나로써 자리잡아 가고 있다고 볼 수 있다.

향후 법률구조 영역 및 구조대상자 범위 확대는 물론 외국의 노동자에게까지도 무료구조법률기금의 확충을 통한 무료법률구조사업의 확대 등이 요망된다고 하겠다.

2. 내용

1) 법률상담

법률상담은 전 국민을 대상으로 민사, 가사, 형사, 행정사건 등 법률문제 전반에 대하여 무료로 실시하고 있는데 상담한 결과 구조를 필요로 하는 경우에는 민사·가사사건에 대해서는 당사자간의 화해 조정이나 변호사 또는 공익법무관에 의한 소송대리를 하여 주고 형사사건에 대해서는 변호사 또는 공익법무관이 변호를 해주게 된다.

2) 법률구조

법률구조는 소송대리, 형사변호, 기타 법률적 지원을 하는 것으로써 구조대상사건과 구조대상자에 일정한 제한을 두고 있다.

(1) 민사 · 가사사건

농어민, 영세민, 기타 생활이 어렵고 법을 몰라 스스로 법적 수단을 강구하지 못하는 국민(국민기초생활보장수급자 등)들의 국가를 상대로 하는 사건을 제외한 모든 민사·가사사건에 대하여 법률구조가 이루어지고 있는데 소송을 하지 않고 화해로 끝난 사건은 무료로 처리하고 일단 소송에 들어간 사건에 대해서는 소송이 종료된 후에 인지대 등 필요 소송비용을 의뢰자로부터 상환받는다. 그러나 의뢰자는 공단에 상환할 비용을 법원의 소송비용 확정절차를 거쳐 패소한 상대방으로부터 회수할 수 있을 뿐만 아니라, 공단에서도 의뢰자의 구체적인 사정을 고려하여 경우에 따라서는 분할 상환하도록 하거나 상환을 면제하기도 한다.

(2) 형사사건

형사사건에 대해서도 법률구조가 이루어지고 있다. 즉 구속사건, 공판절차에 회부된 사건, 소년부에 송치된 사건에 대하여 공단 소속변호사 또는 공익법무관이 변호를 해주고 있다. 형사사건과 관련된 일체의 비용(기록등사료, 접견료 등)은 공단에서 부담하고 의뢰자로부터는 비용을 징수하지 않으나 다만, 보석보증금 또는 보석보증보험증권 수수료는 의뢰자가 부담한다.

(3) 행정소송 · 헌법소원사건

2000. 7. 1.부터는 행정소송 및 헌법소원사건에 대해서도 법률구조를 실시하고 있는데 다만, 국가를 당사자로 하는 소송에 관한 법률에 의한 국가 소송사건, 행정심판사건, 행정소송사건 중 당사자소송사건, 민중소송사건, 기관소송사건은 제외하고 있다.

제 6 절 범죄피해자에 대한 이해[31)]

1. 피해자학의 의의

피해자학(Victimologie)이란 범죄로 인한 피해를 받았거나 받을 가능성이 있는 자를 생물학적, 사회적으로 특징적인 연구를 함으로써 범죄시 피해자의 역할과 형사상의 피해자 보호에 관하여 연구하는 학문분야를 말한다.

최근까지는 범죄자들에 의한 피해자의 보호나 대책에 관하여는 무관심했던 것이 사실이었다. 피해자는 ① 범죄원인의 제공자 또는 범죄원인 일부를 책임질 입장에 있는 자로 본다면 범죄원인론적인 영역이 될 것이지만, ② 범죄로 인한 피해자로 보고 이에 대한 적절한 대책의 수혜자로 본다면 마땅히 박탈된 법익에 대하여 최소한의 보전을 국가차원에서 해야 할 대상인 것이다.

사실상 오늘날의 범죄학은 가해자의 범죄성을 밝히기 위해 피해자 측면에도 관심을 가지고 양자를 포괄적 · 종합적으로 연구하는 입장에 있기 때문에, 또 가해자에 대한 범죄학을 떠나서 피해자학의 연구가 불가능하기 때문에 범죄성을 밝히기 위해서는 양면성에 해당하는 두 학문을 분리한다는 것은 바람직한 방법은 아니라고 할

31) 이태언 외, 『신형사정책』, 형설출판사, 2005, 375면 이하.

것이며 대부분의 학자들도 이 같은 입장을 취하고 있다. 다만, 피해자의 보상, 보호에 관하여는 좀더 구체적으로 연구되어야 할 것으로 보여진다.

피해자학은 피해자가 되기 쉬운 사람들을 연구하여 그 심리상태를 조사하고 피해자를 발생시키는 사회구조적 연구를 하는데 많은 범죄에 있어 피해자가 범죄유발적 원인을 제공하고 있다는 사실을 밝혀내었다고 할 수 있으며, 한편으로는 형사절차에 있어 피해자의 진술권 보장, 배상명령제도, 변호인의 조력을 받을 권리, 증인보호, 원상회복 등과 관련된 피해자의 보호문제와 피해자에 대한 공적구조문제 등의 과제를 남기고 있는 바, 현재 우리나라의 경우는 국가가 범죄예방에 실패하여 피해자가 피해를 받았다는 사실에 대하여 국가가 책임을 지는 입장을 취하고 있다. 피해자학의 학문적 연혁이나 입법적 연혁에 관해서는 제1장에서 설명하였다.

2. 현행법상 피해자의 위치

1) 수사절차에서의 피해자

피해자는 수사과정에서 고소인으로서의 위치를 가진다. 수사는 대체로 고소나 고발에 의해 개시가 되기 때문에 피해자의 위치는 바로 수사개시의 중요한 단서가 된다. 특히 친고죄의 경우는 피해자의 고소가 없으면 수사기관이 범죄사실을 인지했다고 하더라도 수사는 할 수 있으나 공소를 제기할 수 없다. 그러므로 친고죄의 경우는 피해자의 위치가 재판에 절대적인 전제가 되는 것이다. 반의사불벌죄의 경우에도 처벌의 과정에서 피해자의 의사가 크게 영향을 미치고 있다. 또 피해자가 고소를 제기했는데도 수사기관이 불기소처분을 한 경우에도 항고, 재항고, 재정신청, 헌법소원 등 다양한 방법으로 수사기관에 영향을 미칠 수 있다.

우리 형사소송법에는 아직 수사절차에 있어 피해자를 위한 특별한 보호에 대한 규정은 없으나 특별법인 성폭력범죄의처벌및피해자보호에관한법률에서는 수사공무원이 피해자의 사생활을 보호해야 하며, 수사상 취득한 인신에 관한 비밀을 엄수해야 할 것과 고소권 행사에 있어서의 특칙과 피해자를 위한 상담과 피해자에 대한 보호제도 등이 인정되고 있다.

2) 공판절차에 있어 피해자의 위치

형사사건에 있어 피해자의 피해사실에 대한 소추는 국가기관인 검사에 의해 대행되므로 당사자가 되지는 않으나 증인으로서의 지위를 갖는다. 이와 관련하여서는 증인으로서 신문과정에 피해자의 인격이나 프라이버시가 최대한 존중되어야 하고 가해자측으로부터 보복을 당하는 문제 등에 대한 보호책이 확실히 마련되어야 한다.

또 피해자로서 재판과정에서 진술할 수 있는 권리가 있다. 헌법은 제26조 제5항에서 "형사피해자는 법률이 정하는 바에 의하여 당해사건의 재판절차에서 진술할 권리가 있다."고 규정하고 있고 형사소송법 제294조의 2 제1항에서 "법원은 범죄로 인한 피해자의 신청이 있는 경우에는 그 피해자를 증인으로 신문하여야 한다."고 규정하고 있다.

특정강력범죄의처벌에관한특례법에서는 피해자가 증인으로 증언할 경우 또는 피해자 가족 등이 증언할 경우를 위해 특별한 보호조치를 취하고 있다. 즉 증인에 대한 신변안전조치(제7조), 일정한 경우의 피고인에 대한 보석 또는 구속집행정지의 취소(제6조), 피해자의 정보에 대한 언론등에의 게재·방송금지(제8조) 등이 그것이다.

3) 배상명령절차에서의 피해자의 위치

우리 나라도 1981년부터 범죄 피해자의 구제를 위한 배상명령제도가 시행되고 있는데 피해자는 형사절차에 있어 피고인에 대한 손해배상을 청구할 수 있도록 하고 있다. 배상명령 절차는 법원이 직권이나 피해자의 신청이 있을 경우 피고인에게 그 범죄행위로 인하여 발생한 손해를 배상하도록 명하는 절차이다. 즉 소송촉진등에관한특례법 제25조 제1항은 "유죄판결을 선고할 경우에 법원은 직권 또는 피해자나 그 상속인의 신청에 의해 피고사건의 범죄행위로 인하여 발생한 직접적인 물적 피해 및 치료비 손해의 배상을 명할 수 있다"고 규정하고 있다. 이 경우 배상명령을 할 수 있는 범죄는 상해죄, 중상해죄, 상해치사죄, 폭행치상죄, 과실사상의 죄, 절도와 강도의 죄, 사기와 공갈의 죄, 횡령과 배임의 죄, 손괴의 죄에 의하여 직접적인 물적 피해 및 치료비에 한해서 손해를 받은 경우이다.

3. 범죄피해자의 구조제도

1) 의의

범죄피해자란 범죄에 의해 직접 피해를 당한 즉 법익을 침해당한 자를 말하는데 범죄피해자에 대한 보상의 역사는 이미 BC 2000년의 함무라비 법전에서 비롯된다(함무라비 법전 제23조는 범죄자가 체포되지 않으면 피해자는 신 앞에서 피해에 관한 공식적인 선언을 요구받게 되고 범죄지의 수장은 그 피해를 원상회복시켜야 할 것으로 되어 있다). 또 성경은 출애굽기나 신명기에서 피해자에 대한 피해회복을 규정하고 있다. 근대에 와서 피해자에 대한 구제제도는 벤담(Bentham)에 의해 제기되었는데, 그는 피해자의 구제가 잘 되지 않으면서 유해한 형벌만 남용되고 있음을 지적하면서 범죄자의 갱생을 위한 제도적 보장과 더불어 피해자의 구제도 마땅히 고려되어야 한다고 주장하였다. 그 후 롬브로조, 가로팔로, 페리 등 이탈리아 학파에 의해 이러한 주장이 다시 강력히 제기되었고, 영국의 프라이 여사가 1951년에 「Arms of the Law」라는 저서에서 범죄자에 의한 피해액의 배상이 이루어져야 함을 강조하였다. 이러한 주장들이 1963년 뉴질랜드에서 입법화되었고, 그 다음해 영국, 1966년에는 캘리포니아주를 최초로 하여 미국 전역과 캐나다, 호주, 1970년대에는 유럽 전역이, 1987년에는 우리나라도 헌법 제30조의 정신에 따라 범죄피해자구조법이 제정되어 이듬해부터 실시되었다.[32)]

2) 범죄피해자 보상의 이론적 근거

개인간에 발생된 범죄에 있어 피해자에 대해 보상을 국가가 해야 하는 당위성은 충분하다. 이론적으로 개인간의 문제를 왜 국가가 책임을 지는가에 대해서는 다음과 같은 논리를 제시할 수 있다.

① 국가가 범죄를 막지 못했기 때문에 이와 같은 위법행위가 발생하였으므로 치안질서를 확립해야 할 국가는 책임을 다하지 못한데 대한 응분의 책임을 져야 하는 것이다. 국민들이 범죄에 대한 두려움이 없이 일상생활에 종사할 권리가 있기 때문이

32) 송광섭, 앞의 책, 131면.

다. 이는 결코 범죄자에 대한 형사처벌로는 부족하고 당사자에 대한 재산상 손해까지 보전해야 할 의무가 있는 것이다. 물론 이 같은 입장에서 모든 범죄로 인한 물질적 배상을 국가가 하는 경우는 국가 재정 부담이 가중된다는 큰 문제점이 있다.

② 사회적 의무이론(Social Obligation Theory): 사회가 책임을 져야 한다. 사회는 개인이 자신을 보호할 제도적 장치를 마련하지 않고 있다. 그러나 공형벌권이 확립된 오늘날에는 사회에서 발생하는 형사상·민사상의 법규 위반적 행위는 개인이 아닌 국가나 사회가 책임을 지는 입장에 있기 때문에 사회는 마땅히 사회 구성원인 시민을 보호해야 할 의무가 있는 것으로 이를 다하지 못한 경우에는 책임을 져야 한다.

③ 휴머니티 이론(Humannitarian Theory): 이 이론은 위와는 달리 범죄로 인한 피해자와 그 가족의 비참한 상태에 대해 인간적인 측면이나 국가나 사회가 손해난 피해를 보상함으로써 생계의 최소한을 보장해야 한다는 입장이다.

④ 사회 복지적 이론(Social Welfare Theory): 이 견해는 범죄자에 대한 피해 보상의 근거는 범죄 피해자에 대한 사회적 동정심이 바탕이 되는데 피해를 당한 자에게 정신적·물질적으로 도움으로서 범죄 피해로 인한 고통에서 벗어나도록 하는 것이 현대 복지국가의 역할로 보는 것이다. 즉 피해자가 보상을 받는 것은 권리라는 입장에서 보는 것이 아니라, 사회정책적인 차원에서 범죄 피해자에 대한 공적인 동정심의 표현으로 보는 것인데 합리성이 큰 이론이다(大谷實, 『被害者の補償』, 109면).

⑤ 결론적으로 ①과 같은 입장에서 사회질서를 확립해야 할 의무가 있는 국가가 그 의무를 다하지 못해 범죄의 결과가 발생했다면 피해자에 대해 응분의 책임을 지는 것은 당연한 일이나 현실적으로 모든 범죄에 대한 피해보상을 국가가 하게 되면 천문학적인 재정부담을 무시할 수 없어 현실성이 적다. 왜냐하면 가해자는 대개 경제적 능력이 없는 자들이기 때문에 국가가 사후적인 구상권을 행사하기가 쉽지 않을 것이기 때문에 전적으로 재정 부담을 질 수밖에 없다. 결국 ④와 같은 사회복지 차원에서 범죄 피해로 인해 생계가 극히 어려운 피해자측에 대해 사회보장적인 복지 차원에서 최소한의 생활 원조를 하는 것이 합리적이라고 생각된다.

3) 범죄피해자 보상의 방법과 그 한계

(1) 보상의 방법

범죄피해자에 대한 구제는 당연히 이루어져야 하는 바 그 방법은 ① 가해자에 대한 직접배상의 청구, ② 민사소송에 의한 피해구제, ③ 보험에 의한 피해구제, ④ 손해배상명령제도에 의한 피해자구제 등이 있을 수 있다. 그러나 이러한 제도들이 너무 피의자 인권중심의 형사사법절차의 운영으로 인해 법에 규정된 제도조차도 제대로 활용되지 못하고 있는 현실이다. 법원에서는 명백하게 범죄사실과 피해자가 가려진 경우에는 우선 피해자에 대한 손해배상명령제도에 의해 피해자구제를 제1차적으로 고려한 다음 형사처벌을 하도록 하는 것이 바람직하다고 본다. 특히 재산범죄 피해자인 경우 명백하게 범죄사실이 입증된 경우에도 형사처벌만 하게 되니 피해자는 별로 실효성이 없는 민사소송을 별도로 진행해야 하는 이중적인 부담을 지는 입장에 있다. 재산범죄 이외의 범죄 특히 강력범죄로 인하여 가장을 잃은 가족들은 생계에 큰 어려움이 있는데 이들에 대한 재정적 지원이라도 이루어져야 할 것은 당연한 국가의 몫이다.

이상에서 언급한 것처럼 법규정상으로는 피해자가 구제를 받을 수 있는 방법들이 여러 경우가 있으나 현실적으로 활용되지 않고 있고 활용을 함에도 여러 면에서 한계가 있다.

(2) 한계

① 피해자가 범죄자에게 직접 배상을 청구하는 경우

피해자가 가해자에게 피해금액을 청구하여 이를 당사자와 적당한 선에서 합의가 이루어지는 것이 최선의 방법일 것이나 가해자가 무성의하게 나오는 경우라든지 배상능력이 없는 경우에는 현실적으로 이 방법은 불가능하다. 뿐만 아니라 가해자가 체포되지 않는 경우에는 아예 합의의 상대가 없다는 것도 큰 문제이다.

② 민사소송에 의한 경우

가해자에게 불법행위로 인한 민사상의 손해를 청구할 수 있으나 범죄자의 소추가 불가능한 경우 외에도 소송을 위한 시간과 비용이 많이 들고 가해자가 재력이 없는 경우 소송법상 승소를 하더라도 현실적인 만족을 할 수 없어 부질없는 것이 되고 만다.

③ 배상명령제도에 의한 구제

이 제도는 앞서 본 바와 같이 국가의 공형벌권을 실현하는 형사절차에서 민사상의 손해배상청구권을 병행하여 실현하는 탁월한 제도이기는 하지만 형사재판의 본질상 정확한 손해배상액 사정을 위한 피고인의 신문에 따른 피고인에 대한 권리침해적 문제도 있고 민사절차와 형사절차가 상충한다는 논리적인 문제점이 있기는 하나 피해자 보상을 위해서는 최선의 제도적 장치인 것만은 틀림없다. 제도상 이론상 문제가 있다고 해도 이를 개선하여 적어도 재산범죄에 대해서는 이 제도를 적극 활용하는 것이 좋을 것 같다.

4) 피해자학의 전망

1950년도에 유행한 피해자학은 또 피해자 유책론으로서의 색채를 가지고 있는 면이 있다. 그러므로 피해자학은 피해자 구제와 직결되지 않는가 비판을 받고 있으나 오늘날에는 피해자·가해자 상호작용론으로 변화하고 있다. 또 1970년대 이후는 피해자 구제의 측면이 급속히 발전한 시대라면 1980년대는 형사절차상 피해자 지위의 문제, 1990년대의 경우 범죄자 처우에 있어서 피해자 관점의 문제에 대한 논의가 활발하였다. 최근 피해자학을 연구하고 있는 학자들은 새로운 관점에서 피해자의 문제를 다루고 있다.[33]

(1) 범죄에 대한 불안감

현실의 범죄피해는 한정된 수를 경험하나, 실제로는 더 많은 사람이 범죄의 피해를 입을 것이라는 불안감을 가지고 생활하고 있다. 유럽의 범죄학이나 피해자학에서는 이런 실제의 피해경험에 그치지 않고 많은 학자들이 범죄의 발생에 대한 공포심을 '범죄에 대한 불안감(fear of crime)'이라 부르고 높은 관심을 보이고 있다.

(2) 불안감의 의미

미국에서는 범죄에 대한 불안감은 범죄의 증가와 함께 과거 30년간 급격히 높아졌다. 하지만 이 범죄에 대한 불안감은 실제의 범죄통계나 피해자 실태조사의 결과 이

---

33) 김상균, 앞의 책, 307-308면.

상으로 확산되어 있다. 예를 들어, 스코간(W. Skogan)과 맥스필(M. Maxpil)은 '범죄에 대한 대응'에서 미국인의 약 반수가 범죄불안감을 품고 있으나 실제 범죄피해를 입는 것은 6% 전후에 지나지 않다고 지적했다. 일반적으로 범죄에 대한 불안감은 남성보다 여성쪽이 더 높으나 실제 피해는 남성이 높다. 한편 연령별로 보면 실제 범죄의 피해 가능성은 고령층이 가장 낮으나 그들은 범죄불안감을 강하게 품고 있는 경우가 많다.

(3) 불안감의 원인

그러면 실제 피해를 입을 가능성과 주관적인 면에서의 불안감 사이에 큰 차이가 생기는 원인은 어디에 있는가? 이 점에 대해 두 가지가 지적될 수 있다.

하나는 매스미디어의 범죄보도 영향으로 생각된다. 오늘날 범죄피해를 직접 입지 않아도 그 실태를 매스미디어를 통해 간접적으로 알 수 있다. 때문에 범죄 증가와 흉악화를 선정적으로 보도하는 매스미디어의 태도가 범죄피해에 대한 불안감을 심어주게 된다. 또 하나는 이런 범죄증가와 흉악화에 대한 보도는 정신적인 쇼크를 일으켜 '법과 질서' 정책을 정당화하는 근거로 이용되는 측면도 지적할 수 있다.

(4) 범죄에 대한 불안감의 대책

범죄에 대한 불안감은 시민생활에 많은 영향을 미친다. 예를 들어, 현실에서 범죄피해에 대한 불안감을 가진 사람들은 여행이나 외출을 줄이거나 혼자 외출하는 것을 삼가는 등의 행동을 하게 된다. 또 불안감이 깊으면 경찰을 비롯하여 형사사법기관에 대한 신뢰가 약해진다. 따라서 이런 현상을 막기 위해 ① 정확한 범죄피해 실태를 파악하기 위해 범죄피해 조사를 활성화해야 한다. ② 범죄정보를 정확히 전달하여 특이한 범죄사건 등에 대한 과도한 보도를 자제하도록 한다. ③ 범죄예방책을 마련하여 실제 범죄피해의 가능성을 감소시키는 활동이 필요하다.

4. 범죄피해자지원센터

1) 선진국의 피해자 지원조직

북미와 유럽 선진국에서는 이미 1950년대 후반부터 수많은 자원봉사단체가 출현하여 각종 범죄피해자에 대해 다양한 원조를 제공해 왔다. 1960년대 후반부터 북미로부터 유럽에까지 널리 확산된 "피해자 운동"의 영향 아래 피해자 지원단체의 수가 크게 증가하였다. 1970년대에는 산발적으로 활동하던 민간 자원봉사단체들이 전국적인 네트워크를 구축함으로써 영국의 피해자보호협회(VS: Victim Support), 독일의 백색고리(Weiber Ring) 또는 미국의 피해자보호협회(NOBA: National Organization for Victim Assistance)와 같은 체계화된 피해자 지원조직이 등장하였다. 전국적인 조직망을 갖춘 이들 단체가 국가기관과의 협조 아래 국가 재정으로부터의 보조금을 안정적으로 확보함으로써 피해자 지원업무는 더욱 체계화되었다.

현재 북미와 유럽 선진국에는 매우 많은 수의 피해자 지원조직이 활동하고 있는데 그 성격에 따라 다음과 같이 분류하는 것이 가능하다.[34)]

① 피해자지원조직 : 범죄피해자에 대한 정신·심리상담, 법률구조, 피난처 제공과 같은 피해자 지원을 주된 임무로 하는 조직

② 형사화해 중재기관(가해자-피해자 조정기관) : 형사절차상의 비중이 날로 높아지고 있는 피해 회복 및 형사화해를 위한 가해자와 피해자 사이의 중재를 주된 임무로 하는 조직으로서, 전문적인 훈련을 이수한 중재자가 확보되어야 한다.

③ 통합적 기능을 수행하는 조직 : 피해자 지원과 형사화해 중재를 모두 담당하는 조직. 그러나 피해자를 보호·지원하는 조직이 가해자와 피해자의 화해를 중재하는 경우에는 중립성을 유지하는 것이 매우 어렵고, 전문성을 확보하기도 곤란하다. 그리하여 최근에는 피해자 지원 또는 화해중재 중 하나의 기능만을 수행하는 형태로 전문화되어야 한다는 생각이 일반화되어 있다.

5. 한국의 피해자지원조직

1) 지원조직의 과정

우리나라에서는 1990년대 후반부터 성폭력·가정폭력·아동학대·학교폭력 등 개별적인 범죄피해자에 대한 상담과 지원을 위하여 민간단체가 선도적인 활동을 전개하였고, 정부에서도 나름대로 관련 입법과 제도를 정비하여 왔으나, 종합적이고 체계

34) 피해자지원센터, 범죄피해자 지원, 한국피해자학회, 성민기업, 2003.

적인 범죄피해자 지원시스템으로까지 발전하지는 못하였다. 그러던 중 대구지하철 방화참사(2003. 2. 18. 발생)사건을 계기로 김천·구미지역에서 피해자 지원센터 창립대회(2003. 9. 5.)를 개최하여 치료·상담·경제적 지원 등의 활동을 통하여 범죄로부터 피해를 당한 피해자의 피해 회복을 지원하기 위하여 설립된 비영리 민간공익단체로 전화·면접상담과 사건 직후의 위기개입(안전의 확인·확보·병원 수배·동행 등), 정보 제공, 수사기관 및 법정 동행 서비스 등의 직접 지원활동을 전개해 나감을 주 임무로 하고 있다.[35]

이러한 피해자 지원조직은 먼저, 피해자를 직접 접하는 일선 경찰, 검찰 등 수사기관의 피해자 보호 노력이 선행되어야 하며, 대구지방검찰청 김천 지청의 경우 ① 2003년 8월 11일 「범죄피해자 보호 강화지침」을 마련하여 피해자 상담실 설치(울산지점도 설치) 및 핫라인 개설, 피해자 통지 확대, 수사·공판절차에서의 피해자보호 등 제도를 시행하고, ② 2003년 10월 1일 「경찰에 대한 수사 시 피해자 지원 강화 지시」를 통하여 범죄현장에서의 신속한 직접지원 조치, 범죄보고 시 피해자 동향란 신설, 지원센터와의 연계 강화 등을 지시하였고, ③ 2004년 1월 19일 검찰, 경찰, 시청, 소방서, 법조단체, 의료단체, 피해자 지원센터 등이 참여하는 「피해자 지원 유관기관 실무협의회」를 구성한 바 있다.[36]

2) 전망

21세기를 맞아 범죄자의 인권에 비하여 현저하게 소홀히 취급되어 왔던 피해자 인권보호의 중요성을 수사기관에서도 새롭게 인식하기 시작하였는데, 대검찰청에서는 「범죄피해자의 보호강화」를 검찰개혁자문위원회의 4대 개혁과제의 하나로 정하고 2003년 5월부터 구체적인 실현방안을 논의하고 있으며, 경찰청도 2003년 9월 범죄피해자 보호를 위한 『인권 매뉴얼(제1호)』을 발간·배포하기에 이르렀다.

또한 법무부는 2004. 9. 1. 범죄피해자 보호·지원 강화를 위한 종합대책을[37] 마련

35) www.victim.co.kr 참조.
36) 조균석, 범죄피해자 지원을 위한 정책방향 모색, 세미나 피해자 지원 포럼, 2004. 3. 제2호, 27면
※ 대구지검 김천지청(지청장 조균석)의 제안으로 김천·구미 지역의 피해자 지원센터(이사장 이길노)를 설립·활동 중에 있다.
37) 법무부(국정브리핑, 2004-09-01. 17 : 59)
www.naver.com/news

하였는데 형사재판상 화해제도를 도입함으로써 확정 후 공판조서를 토대로 별도의 민사소송절차 없이 피고인은 물론 보증인을 대상으로 강제집행이 가능해지게 된다. 또 배상명령제도를 개선하여 법률구조공단이 경제적으로 곤궁한 피해자를 위한 배상명령 신청 대행업무를 적극 취급토록 할 계획이며 공익적 민간법인 형태의 '피해자지원센터' 설립을 적극 지원해 피해자에 대한 상담 및 경찰서, 검찰청, 법원에의 동행 등 정신적 지원과 함께 사건 직후 위기개입 등 법 집행기관의 피해자에 대한 보호, 지원시스템을 감시, 비판토록 했다. 또한 '피해자 구조기금'을 설립해 국가가 피해자에게 직접 보상하는 피해자 구조제도를 확대키로 하였는데 이는 피해자 중심의 획기적인 전환을 가져오는 진일보한 제도라고 할 수 있다.

13
chapter

수형자의 기본권과 권리구제

[학습목표]

1. 행형상의 권리구제의 특성을 헌법의 기본권에 비추어 파악한다.
2. 행형상 발생하는 권리침해에 대한 전반적인 권리구제방법을 알아본다.
3. 수형자의 권리구제수단과 문제점을 숙지한다.

〈출제경향분석〉

• 헌법에 비추어본 수형자의 기본권 문제는 가장 중요한 부분을 차지한다. 보통 권리구제수단에 대하여 10% 정도의 빠지지 않는 출제부분임을 기억하고 학습해 나가도록 한다.

제 1 절 수형자의 기본권

1. 기본권제한의 근거와 한계

법치국가원칙에 의해 법적으로 보호받아야 할 지위, 또는 수형자의 방어적 지위는 헌법상의 기본권은 법률에 의해 제한되지 않는 한 자유시민과 마찬가지로 수형자에게도 보장되며, 법률에 의해 수형자의 권리를 제한할 때에도 헌법의 가치질서에 부합하는 행형목적의 달성을 위하여 필요한 최소한에 그칠 것과 자유와 권리의 본질적 내용과 인간의 존엄성을 침해하지 않을 것을 요청한다. 우리 헌법 제10조와 형집행법 제4조 내지 제5조에서도 수형자의 기본적 인권의 보장과 차별금지를 규정하고 있다. 그러나 기본권제한의 구체적 근거로서의 법률유보와 그 한계에 대한 규정이 없는 점은 보완되어야 할 것이다. 일반적으로 헌법이 보장하고 있는 국민의 자유와 권리를 법적·사실적으로 제한하는데 필요한 구체적 입법원칙, 그 기준이 되는 규범원칙은 보충성원칙과 비례성원칙이다. 보충성원칙은 수형자에 대한 권리의 제한이나 의무의 부과 등과 같은 불이익처분은 불가피한 경우에만 이루어져야 한다는 것을 의미한다. 비례성원칙은 이러한 불이익처분을 통해 달성하고자 하는 목적과 이를 위해 투입되는 수단이 비례관계에 놓여 있어야 한다는 것을 의미한다.

입법론을 위한 참고사례로 독일 행형법의 경우 제4조 ②항에서 "수형자는 이 법률에 규정된 범위내에서 자유의 제한을 받는다. 이 법률에 특별한 규정이 없는 경우에는 수용시설의 유지와 안전을 위해 또는 수용시설 내 질서의 심각한 침해를 회피하기 위해 꼭 필요할 때만 자유의 제한이 허용된다."고 규정하고 다시 제81조 ②항에서 "교도소의 안전 또는 질서의 유지를 위해 수형자에게 부과되는 의무와 권리제한은 그것이 그 목적과 상당한 비례관계에 있어야 하고 필요이상으로 그리고 장기적으로 수형자의 권리를 침해하지 않는 정도이어야 한다."고 규정하여 기본권제한의 법률유보와 제한의 보충성, 비례성에 대한 요청을 명시하고 있다.

2. 기본권제한의 구체적 내용

1) 기본권의 성격상 어떠한 경우에도 제한할 수 없는 기본권

인간의 존엄과 평등권은 물론이고 신앙의 자유(헌법 제20조), 사상과 양심의 자유(제19조) 등은 인간의 절대적 권리이기 때문에 어떤 근거로도 제한될 수 없다. 수형자는 종교선택의 자유가 있으며, 일정한 사상을 선택하거나 포기하도록 강요받지 않을 권리가 있다. 그러나 얼마 전까지 실무에서 행해졌던 전향강요나 최근의 준법서약서의 강요는 사상과 양심의 자유를 침해하는 것으로 어떤 이유에서도 정당화될 수 없다.

2) 영조물의 존립목적을 위해 법률로써 제한 가능한 기본권

예를 들면 사생활의 비밀과 자유, 통신의 자유 등은 대개 수형자의 외부접촉을 전제로 하거나 업무의 제한을 수반하므로 상대적인 제한을 받는 경우가 있다. 이에 속하는 것으로 수형자의 접견시간제한(원칙적으로 30분이내, 단 변호사의 접견은 예외. 행형법시행령 제54조), 접견의 횟수(징역수형자는 매월 2회, 금고 및 노역장유치 또는 구류의 수형자는 매월 3회, 미결수용자는 매월 1회, 같은 시행령 제56조), 접견장소(접견실을 원칙으로 함. 같은 시행령 제59조), 면담조건(면담자의 인적사항, 수형자와의 관계, 면담요지 등의 기록 및 교도관의 참여. 같은 시행령 제58조) 등이 있다. 그 밖에도 서신의 횟수(원칙적으로 제한 없음. 다만 소장이 필요하다고 인정하는 때 접견규정을 준용. 같은 시행령 제61조), 서신의 작성(일요일, 휴일, 휴게시간에 작성. 같은 시행령 제65조), 소지(같은 시행령 제67조) 등을 제한하고 반드시 검열(같은 시행령 제 62조)할 것을 규정하고 있다.

그러나 이러한 자유의 제한은 교정시설 내의 보안과 질서유지를 위한 것이다. 우리의 행형현실이 아직 보안행형에 집착하고 있다는 것을 보여주는 한 측면이다. 헌법상 보장된 자유를 보안과 질서유지를 위해 제한하는 것이 과연 타당한가, 그리고 그 제한범위는 필요한 최소한에 그치고 있는가를 재검토하여야 할 것이다. 특히 대부분의 권리를 제한이 법률이 아닌 시행령에 의해 규율되고 있으며 필요할 때에는 교도소장의 재량에 의해서도 제한할 수 있도록 한 점은 헌법의 법치국가원칙이 요청하는 법률유보의 원칙에 어긋나는 것으로 문제가 아닐 수 없다.

3) 구금에 수반하여 불가피하게 제한할 수박에 없는 자유

신체의 자유, 집회결사의 자유, 거주이전의 자유, 직업선택의 자유 등은 구금의 본질상 불가피하게 제한되는 자유에 속한다.

제 2 절 수형자의 기본권 보장과 이념적 기초[1)]

1. 인간의 존엄과 가치와 행복추구권

1776년 버지니아 인권선언 제2조는 "인간은 나면서부터 자유이고 독립이며 일정한 생래의 권리를 가진다. 이들 권리는 인민이 사회 상태에 들어감에 있어서 어떠한 계약에 의해서도, 인민의 자손에서 이를 빼앗을 수 없는 것이다. 이러한 권리란 재산을 취득·소유하고, 행복과 안전을 추구하는 수단을 수반하여 생명과 자유를 누리를 권리이다"라고 천명하고 있다. 또한 미국 수정 헌법 제5조는 "… 법의 적정한 절차에 의하지 아니하고는 생명, 자유 또는 재산을 박탈당하지 아니하며 …"라고 하였다. 이것은 인류의 역사는 인권유린의 역사(대량학살, 강제노동, 고문, 생체실험 등)로 전개되어 왔기에 인권의 국제화 경향에 따라 인간의 존엄성 규정을 실정화하여 국제적으로 보장하게 되기에 이른 것이다.

여기에 대한 국제적인 노력이 국제연합헌장 전문과 제1조 제8항, 세계인권선언 제1, 3조를 비롯하여 1966년 국제인권규약의 A규약 전문, B규약 제6조, 1975. 12. 9. 유엔총회에서 '고문금지선언'이 채택되었으며, 그 후 1987년 "고문과 기타 잔혹하고 비인간적인 대우와 처벌의 방지협약"으로 구체화되었다.

이러한 추세를 반영하듯 헌법재판소는 1990년 9월 10일, 형법 제241조의 위헌 여부에 관한 헌법소원판결에서 "헌법 제10조는 '모든 국민은 인간으로서의 존엄과 가

1) 이태언·신석환, 앞의 책, 433면 이하.

치를 가지며, 행복을 추구할 권리를 가진다. 국가는 개인이 가지는 불가침의 기본적 인권을 확인하고 이를 보장할 의무를 진다'라고 규정하여 모든 기본권 보장의 종국적 목적(이념)이라 할 수 있는 인간의 본질이며 고유한 가치인 개인의 인격권과 행복추구권을 보장하고 있다"라고 판시하였다.

여기서 인간의 존엄과 가치조항의 헌법상 의의를 정리해 보면 ① 모든 자연법적 권리의 실정법화를 의미하고 동시에 ② 최고의 헌법원리 내지 최고의 헌법적 가치이며, ③ 포괄적 기본권을 의미한다. ④ 법해석의 최고기준이며 국가작용의 판단기준이 된다.

따라서 인간의 존엄과 가치조항은 헌법상의 기본권 중 가장 본질적이고 핵심적인 조항이라 할 수 있으며 법률에 의하여서도 침해할 수 없는 "본질적 내용"에 해당한다고 하겠다. 따라서 보호관찰 대상자의 인간으로서의 존엄과 가치를 침해하는 기본권 제한은 그것이 아무리 형법 및 보호관찰 등에 관한 법률 등에 의하여 행하여진다 하더라도 결코 용납되어져서는 안된다고 하겠다.

또한 인간의 존엄과 가치 및 행복추구권에서 여러 개별 기본권들이 파생된다고 하는 바 포괄적 기본권을 도식화하면 다음 그림과 같다.[2)]

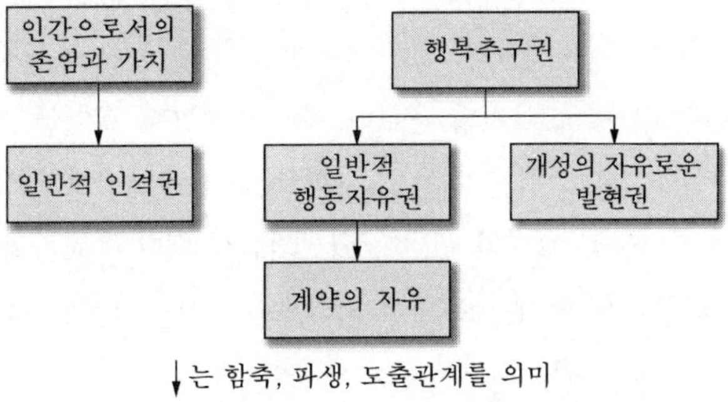

〈그림 13-1〉 포괄적 기본권

한편, 행복추구권은 1776년의 버지니아 권리장전 제1조[3)]와 미국의 독립선언문 제

2) 정재황, 『판례헌법』, 길안사, 1996, 51면.

3) 모든 사람은 태어날 적부터 자유롭고 독립하고 있고 일정한 생래의 권리를 가진다. 이들 권리는 인민이 사회 상태에 들어감에 있어서 어떠한 계약에 의해서도 인민의 자손으로부터 이를 박탈할 수 없다. 그러한 권리란 즉 재산을 취득·소유하고 행복과 안전을 추구하는 수단을 수반하여 생명과 자유를 향유하는 권리이다.

2절[4]에 처음으로 규정되었으며 우리나라는 1980년 제8차 헌법에서 처음으로 도입되어 현행헌법에도 존속하고 있다.

행복추구권은 인간의 존엄과 가치조항과 중복되는 감이 있지만 헌법재판소는 국민이 행복을 추구하기 위하여 필요한 급부를 국가에게 적극적으로 요구할 수 있는 내용으로 하는 것이 아니라, 국민이 행복을 추구하기 위한 활동을 국가권력의 간섭없이 자유롭게 할 수 있다는 포괄적인 의미의 "자유권으로서의 성격"을 가지는 것으로 보고 있다. 또한 행복추구권에서 일반적 행동자유권이 파생되고, 또 일반적 행동자유권과 개성의 자유로운 발현권이 행복추구권에 함축되어 있고 일반적 행동자유권에서 다시 계약의 자유가 파생되며, 일반적 행동자유권에서 표현의 자유가 파생된다고 보아 행복추구권의 포괄적 기본권성을 인정하고 있다.

따라서 기본권의 최대한 보장이라는 관점에서 개개인은 물론 보호관찰대상자까지 행복추구의 관념을 최대한으로 존중하여야 할 것이다.

2. 사회내처우와 기본권

현대 교정의 궁극적인 목표가 응보나 제지 등을 전혀 무시하는 것은 아니지만 이보다는 범죄자에 대한 교화 개선과 사회 재통합을 통한 완전한 사회복귀에 있음은 의문의 여지가 없다. 그 결과 과거의 응보나 제지를 목표로 하였던 교정처우와는 달리 전통적 교정시설을 개방화하고 처우도 사회화 내지는 개방화하려는 경향으로 바뀌고 있다.[5] 특히 지역사회 교정의 이념이 확산되면서 대다수 교정의 적합한 장소는 교도소가 아니라 바로 지역사회라고 믿게 되었으며 보호관찰제도 역시 이러한 추세에 힘입어 크게 발전하고 있다.

그러나 이러한 시설내처우의 이념이 확립된 것은 역사적으로는 교정처우의 경험에서 형성된 것이지만 현대에 이르러서는 세계인권선언에서부터 시작되었다. 이러한 1948. 12. 10.에 채택된 세계인권선언의 내용을 구속력 있게 만들기 위해 1966년에 국

4) 우리는 다음의 사실을 자명의 진리로 확신한다. 즉 모든 사람은 평등하게 창조되었고 창조주에 의하여 일정한 불가양의 천부의 권리를 부여받았으며 그 중에는 생명 · 자유 및 행복을 추구할 권리가 포함되어 있다.

5) 이윤호, 앞의 책, 136면.

제연합에서 채택되고, 1976년 발효된 인권에 관한 국제적 · 보편적 조약인 "경제적 · 사회적 및 문화적 권리에 관한 국제규약(B규약)" 및 "B규약선택의정서"에 한국은 1990. 4. 10. 가입하여 인권의 준수를 국제적으로 선언하였으며 동년 7. 10. 동 규약이 발효되었다.[6)]

B규약선택의정서는 규약상의 인권침해에 대하여 국내에서 구제를 받지 못하는 경우 국제사회에 대한 개인 청원을 통하여 구제절차를 밟을 수 있도록 되어 있다. 인권규약에의 가입으로 인권의 보편적 존중이라는 국제적 노력에 적극 동참하고 국내적으로 인권보장에 대한 인식을 한층 더 높이는 계기를 마련하였다.

세계인권선언을 계기로 시설내처우(Institution Treatment)를 받고 있는 수형자에 대한 관심이 고조되기 시작하였으며 그 결과 수형자처우의 핵심은 수형자의 개선과 범죄 방지에 있다[7)]는 것을 인식하기에 이르렀다.

1955년의 제1회 "국제연합범죄방지 및 범죄인처우에 관한 회의(UN Congress on the Prevention of Crime and the Treatment of Offenders)"에서 채택된 "피구금자처우최저기준규칙(Standard Minimum Rules For the Treatment of Prisoners)"은 오늘날 세계 각국의 수형자처우이론에 많은 영향을 미치고 있는데 1973년의 "유럽 기준규칙" 및 1988년 국제연합의 "피구금자보호원칙" 등이 바로 그것이다. 이 규칙은 피구금자의 법적 지위를 명확히 하고 동시에 처우의 목적이 사회복귀에 있다고 표명함으로써 그 후 구미 제국의 처우입법 내지 처우제도의 개혁은 모두 사회복귀사상을 수형자처우의 기본 이념으로 하고 있다.[8)]

따라서 현행 행형법 제1조에서 처우의 목표로서 개선 · 갱생을 목적으로 하는 사회복귀를 천명한 것은 이러한 조류와 그 맥락을 같이 한다고 볼 수 있다. 이에 따라 사회내처우의 일환으로 보호관찰이 등장하였는데 범죄자를 재사회화하기 위하여서는 구금되지 아니한 상태에서의 "사회내처우"가 바람직하다는 것이다.[9)] 미국에 있어서는 과잉구금에 따른 교도소의 실무 사정, 시설내처우에 따른 폐해, 폐쇄시설(Closed Correctional Facilites)에서의 사회적응 곤란성 및 석방 후의 사회에 의한 스티그마

6) 법무부, 법무자료 195집, 1995, 1면.
7) 박양빈, 수형자의 처우의 이론, 한국교정학회, 교정연구, 제7호, 1997, 8면.
8) 森下忠,『刑事政策の新展開』, 成文堂, 1968, 3面.
9) 박양빈, 앞의 논문, 8면.

(Stigma) 등의 이유로 범죄자에 대하여 가급적 사회내처우를 하여야 한다는 주장이 제창되고 있다.

사실 우리나라 사법운영에 있어서 기소유예, 선고유예, 집행유예 및 가석방을 활용하고, 보호관찰법의 제정으로 소년범에 대하여 Probation형 및 Parole형 보호관찰제도를 시행함과 동시에 신형법은 성인범죄까지 보호관찰제도를 규정하고 있음은 수형자처우이론에 있어서 사회내처우가 새로운 패턴으로 자리매김을 하고 있음을 말하여 준다고 할 수 있다.[10)]

이러한 발전과정에 힘입어 우리나라 헌법 제10조에서 "모든 국민은 인간으로서의 존엄과 가치를 지니며 행복을 추구할 권리를 가진다. 국가는 개인이 가지는 불가침의 기본적 인권을 확인하고 이를 보장할 의무를 진다"고 인간의 존엄과 가치, 행복추구권을 국민의 권리로 규정하고 있다.

3. 법치주의와 특별권력관계

우리 헌법은 국민주권의 이념에 따라 통치권을 기본권에 기속시킴으로써 국민의 정치적인 합의에 바탕을 두고 창설된 국가권력이 악용 내지 남용되는 일이 없도록 법치주의 원리를 헌법상의 기본 원리로 삼고 있다.

그런데 우리 헌법이 채택하고 있는 법치주의 원리는 법률의 형식만을 중요시하는 "형식적 법치주의" 내지 "법률만능주의"가 아니라, 자유와 평등과 정의를 실현시키는 "실질적인 법치주의" 내지 "법의 국가" 바로 그것이다. 이러한 법치주의는 인간의 존엄성과 자유를 존중하고 평화로운 인간공동체 생활의 전제가 되는 정의로운 생활환경을 조성할 뿐만 아니라 국가의 권력작용을 순화시킴으로써 국가 존립의 기초를 튼튼히 하기 위함이다.

특히, 기본권보장과 관련하여 우리 헌법은 인간으로서의 존엄과 가치를 핵으로 하는 기본권을 모든 국민에게 보장함으로써 자유·평등·정의가 국민의 모든 생활 영역에서 실현될 수 있도록 노력하고 있다. 그런데 우리 헌법이 보장하는 기본권은 국가가 베푸는 은혜로서의 기본권이 아니라 인간이라면 누구에게 주어진 천부적·생래

10) 박양빈, 행형의 이론과 실제, 교정연구, 4호, 1994, 221면.

적 자유와 권리뿐만 아니라 공동체의 객관적 가치질서의 형성·유지를 위해 공동체의 구성원으로서 주어진 책임과 의무를 수반하는 자유와 권리라고 할 것이다.

우리 헌법상의 기본권은 우리 사회의 공감대적인 가치에 해당하는 것으로서 사회통합의 실질적인 원동력이 된다. 따라서 우리 헌법은 공감대적인 가치로서의 기본권 보장을 통해서 자유·평등·정의에 입각한 통치질서를 마련하려는 것이다.

이러한 법치주의의 정신 내지 원리에 입각하여 생각해 볼 때 수형자도 당연히 헌법 제10조가 말하는 인간으로서의 존엄과 가치를 가지는 “인간”에 포함된다고 하겠으므로 법치주의의 실질적 내용이 침해될 정도로 국가 공권력을 행사하여서는 안됨이 곧 특별권력관계이다.

특별권력관계라 함은 특별한 법률원인에 의하여 성립되어 특별한 공법상의 목적을 달성하기 위하여 필요한 범위 안에서 포괄적으로 일방이 타방을 지배하고, 타방이 이 포괄적인 지배권에 복종함을 내용으로 하는 법률관계(공무원, 군인, 수형자 등)를 말한다.

종래 특별권력관계와 기본권이 양립할 수 없다는 것이 지배적이었으나 오늘날 그 반대의 입장이 지배적인 입장이 되었다. 다만 이들의 기본권이 어느 정도 제한되는가와 이러한 제한의 근거가 어디에 있느냐에 대해서는 아직 논의 중에 있으며 그 상세는 생략하나 학설과 판례의 견해를 간단히 정리해 보면 다음과 같다.

제한적 긍정설은 기본관계=외부관계+복무관계(내부관계) 중, 전자의 경우에는 특별권력관계로부터 배제되는 행위 내지 일반 국민으로서의 법적 지위에까지 영향을 미치는 행위에 대해서만 사법심사가 미치는 것이나 이 관계에서의 행위를 재량행위로 보아 재량권의 일탈남용이 있는 경우에만 사법심사의 대상이 된다고 본다.

전면적 긍정설은 특수신분관계에 있어서는 모든 행위에 사법심사가 미치나 순전히 내부적 규율사항으로서 행정주체의 자율적 판단에 맡겨야 하는 것은 재량하자가 없는 한 사법심사의 대상이 되지 않는다고 한다.

헌법재판소는 헌법이 기본권을 보장하고 있는 점에 비추어, 국가의 행위로 말미암아 개인의 기본권이 침해된 경우에는 그 침해행위가 특별권력관계에 있어서의 행위라는 이유로 그 구제방법이 부인되어서는 아니된다고 한다. 대법원 역시 위법·부당한 특별권력의 발동으로 인하여 권리를 침해당한 자는 그 위법·부당한 처분의 취소를 구할 수 있다(대법원 1982. 7. 27. 선고 80누86 판결)고 판시하고 있다.

이처럼 특별권력관계는 종래 특별권력관계로 관념화해 온 국가와 국민의 특수한 관계의 존재가치를 부정할 수는 없으므로 이를 '특수신분관계'라 개념화하여 인정하되 여기에는 법치주의와 법률에 의한 기본권 제한의 원칙이 적용된다는 것이 오늘날 학자들 사이의 다수 견해인 것으로 보인다.

이러한 점을 염두에 두었을 때 특수신분관계에 해당하는 수형자의 지위를 고찰해 본다면 다음과 같은 결론이 도출될 수 있다. 즉, 범죄자로서의 보호관찰대상자는 국가와 사회가 그에게 요구하는 독특한 생활질서를 피할 수는 없다고 본다. 그러나 상대적으로 중죄를 범한 교도소의 수형자와 비교하여 무거운 제한이나 책임이 부과된다거나, 보호관찰대상자의 자유제한 정도와 국가나 사회에서 얻는 이익을 비교형량하였을 때 자유의 제한과 침해의 정도가 현저히 균형을 잃을 정도라면 사법심사의 대상이 된다고 보아야 할 것이다.

4. 기타 기본권보장을 위한 형사절차적 권리

1) 구속적부심사제도

구속적부심사제도는 피구속자 또는 관계인의 청구가 있을 경우, 법관이 즉시 본인과 변호인이 출석한 공개법정에서 구속의 이유(주거부정 · 도주염려 · 증거인멸)를 밝히도록 하고, 구속의 이유가 부당하거나 적법한 것이 아닐 때에는 법관이 직권으로 피구속자를 석방하게 하는 제도를 말한다(헌법 제12조 6항, 형소법 제214조의 2). 이것은 영장 발부에 대한 재심절차적 성격과 기능을 가진다.

증거인멸 방지, 재판을 위한 신체의 확보, 형집행의 이유로 인신의 구속은 불가피한 것이지만, 피구속자에게는 직접적인 고통이 되고 그 명예를 훼손하며 방어권의 행사에 지장을 초래할 뿐 아니라, 가족의 생계에도 막중한 지장을 주게 된다. 따라서 수사기관의 수사권남용으로 인한 불법체포 · 구속으로부터 인신의 자유를 확보하려면 불법체포나 불법구속을 방지하기 위한 사전예방책으로 영장제도, 사후예방책으로 구속적부심제, 불법체포감금자의 형사처벌(형법 제124조), 형사보상 등이 있으나 그 중심이 되는 것은 구속적부심사제도이다.

보호관찰대상자의 경우에도 구인, 유치 시 대상자의 가족 등에게 구인, 유치 사실의 통지 시 구속적부심의 청구가 가능함과 청구할 법원을 명시하여 통지하여야 함은 물론이다.

2) 체포 · 구속의 이유 등 고지를 받을 권리

구속이유 등 고지제도는 체포 또는 구속을 당한 자가 체포 또는 구속의 이유를 알지 못하거나 변호인의 조력을 받을 권리가 있음을 알지 못한 상태에서 변명의 기회와 적절한 방어수단을 강구할 기회를 놓치게 되어 불이익을 보지 않도록 마련된 제도이다.

또한 체포 또는 구속을 당한 자가 장기간의 불법구금과 고문 등 가혹행위를 당할 가능성을 배제할 수 없는 상황이므로 체포 또는 구속을 당한 자의 가족 입장에서도 구속이유와 구속 일시, 장소 등을 아는 것은 가족의 불안감 해소, 생활대책의 강구, 방어권의 행사를 위해서 절대적으로 필요하다. 구속이유 등을 고지받을 권리의 침해와 구제로는 그 이후의 수사 증거는 위법수사로 증거능력이 없을 뿐만 아니라, 오히려 직권남용에 의한 불법행위를 구성하게 된다.[11]

한편 보호관찰대상자가 준수사항의 위반으로 인하여 구속되었을 때에도 형사소송법 제72조 구속과 이유의 고지제도는 준용되므로 보호관찰관이 구인하거나 유치한 때에는 대상자의 보호자 등에게 반드시 고지하여야 한다.

3) 변호인의 조력을 받을 권리

(1) 근거 및 의의

헌법 제12조 제4항은 “누구든지 체포 또는 구속을 당한 때에는 즉시 변호인의 조력을 받을 권리를 가진다. 다만 형사피고인이 스스로 변호인을 구할 수 없을 때에는 법률이 정하는 바에 의하여 국가가 변호인을 붙인다”고 규정하고 있다. 변호인의 조력을 받을 권리를 사법절차적 기본권으로 인정하고 있는 것은 무기평등의 원칙을 형사소송절차에서도 실현시킴으로써 국가권력의 일방적인 형벌권행사에 의한 인신의 침해를 막기 위한 것이다

11) 김철수, 앞의 책, 381면.

(2) 국선 변호인의 조력을 받을 권리

형사소송법상 법원이 직권으로 변호인을 선정하여야 할 경우는 다음과 같다. 첫째 구속적부심사에 있어 구속된 피의자에게 변호인이 없는 때(형소법 제214조 2 제9항) 둘째, 피고인이 미성년자, 70세 이상, 농아자, 심신장애의 의심이 가는 자, 빈곤 기타의 사유로 변호인을 선임할 수 없는 때(단 피고인의 청구의 경우에 한함. 형소법 제33조). 사형 · 무기 또는 단기 3년 이상의 징역이나 금고에 해당하는 사건에서 변호인이 없을 때(형소법 제282조, 제283조), 셋째, 군사법원에서도 피고인에게 변호인이 없는 때에는 직권으로 국선변호인을 선임(군사법원법 제62조 제1항)하여야 한다.

그러나 국선변호인제도의 실효성 담보수단이 강구되어야 하는 바, 국선변호인의 보수의 현실화, 국선변호인제도의 피의자에의 확대, 국선변호를 위한 공익변호사제도(public defender system) 내지 법률구조기구변호인(legal assistance lawyer)의 채용 등이 요구된다.

특히 보호관찰대상자가 재범을 하였거나 준수사항 위반으로 구인되었을 경우 경제적인 이유와 무관심으로 변호사의 조력을 받을 수 없는 경우가 많으므로 국선변호인제도의 확대 실시가 크게 요구된다.

4) 진술거부권(묵비권)

헌법 제12조 제2항은 "… 형사상 자기에게 불리한 진술을 강요당하지 아니한다"라고 규정하여 진술거부권(묵비권)을 규정하고 있다. 그리고 이와 상호 불가분의 관계에 있는 자백의 임의성에 관하여 헌법 제12조 제7항에서 규정하고 있다.

묵비권이란 피고인 또는 피의자가 공판절차 또는 수사절차에서 법원 또는 수사기관의 심문에 진술을 거부할 수 있는 권리를 말한다. 이 권리는 16세기 후반 영국에서 보통법상의 권리로서 확립되었고, 그 후 미국 수정 헌법 제5조에 자기부죄거부의 특권(privilege against self-incrimination)으로 도입되었다. 이 권리는 피고인 또는 피의자의 인권을 보장하고 당사자주의의 전제인 무기평등의 원칙을 실질적으로 실현하기 위하여 인정된 것이었으나 헌법재판소의 결정에서 보듯이 형사절차 이외에도 보장되는 권리이다. 진술거부권은 형사절차에서만 보장되는 것이 아니고 행정절차이거나 국회에서의 질문 등 어디까지나 그 진술이 자기에게 형사상 불리한 경우에는 묵비권

을 가지고 이를 강요받지 아니할 국민의 기본권으로 보장된다.[12]

보호관찰대상자에 대하여서도 진술조서 작성 시 기타 대상자에게 불이익한 법적 제재조치가 가해질 가능성이 있는 경우 묵비권이 있음을 고지하여야 함은 물론 대상자에 대한 조서 작성 시 등의 과정에서도 실제 묵비권이 보장되어야 할 것이다.

제3절 교정에 있어서의 인권문제

1. 수용자처우의 원칙

범죄자처우에 관한 논의는 피구금자를 어떻게 처우할 것인가 하는 교정처우를 중심으로 논의되어 왔다. 왜냐하면 일정한 시설에 수용되어 자유를 박탈당하는 피구금자는 그 누구보다도 인간존엄과 인권의 침해 가능성이 크므로 일정한 처우원칙을 세워 놓고 이에 따른 처우방법을 정해야 할 필요성이 있기 때문이다.

1) 인도적 처우

수용자에 대한 처우는 자유박탈 여부와 상관없이 인간의 존엄성을 침해하지 않는 범위 안에서 행해져야 한다. 범죄자도 당연히 헌법상의 기본권의 주체가 되기 때문이다. 우리 행형법은 이러한 인도적 처우원칙을 명문으로 선언하고 있지는 않지만, 헌법 제10조 인간존엄과 행복추구권, 제12조 신체의 자유, 제34조 제1항 인간다운 생활의 보장 등의 규정은 바로 인도적 처우의 근거가 된다고 할 수 있다. 지금까지 교도소에 수용되어 있는 자에 대해서는 어느 정도의 인권침해는 사회적으로 묵인되었던 것이 사실이기 때문에 인도적 처우에 대한 요청은 더욱 절실하다고 할 수 있다.

1947년 세계인권선언 제5조에 기초한 'UN인권B규약' 제7조도 같은 취지의 내용을 두고 있다. 즉 "누구든지 고문이나 잔혹하고 비인도적이거나 품위를 손상시키는 취급이나 형벌을 받지 아니한다. 특히 누구든지 그의 자유로운 동의 없이 의학적 또는 과학적인 실험을 받지 아니한다"고 규정되어 있다. 또한 같은 규약 제10조 제1항은

12) 허영, 347면; 헌판집 2, 222면.

"자유를 박탈당한 자는 인도적이고 인간 고유의 존엄성을 존중받도록 취급받는다"고 규정하고 있다. 이 밖에도 'UN피구금자최저기준규칙' 제60조 제1항, '유럽형사시설규칙' 제65조, '국제연합피구금자보호원칙'도 인도적 처우의 원칙을 선언하고 있다.[13)]

2) 공평처우

공평처우는 수용자에 대한 일정한 처우를 할 때 법 앞의 평등이념에 따라서 그의 인종, 성별, 언어, 종교, 국적, 사회적 지위 등에 따른 차별을 하여서는 안된다는 것을 말한다. 이것은 우리 헌법 전문과 헌법 제11조 제1항이 명시하고 있는 평등권 규정에 잘 나타나 있다. UN인권B규약 제26조와 UN피구금자최저기준규칙 제6조도 이러한 공평처우의 원칙을 명시하고 있다. 물론 이 때의 평등 취급은 절대적 평등이 아닌 상대적 평등을 의미하는 것으로서 합리적 차별까지 금지하는 것은 아니다.

3) 법적 지위에 따른 처우

피구금자는 그의 법적 지위에 상응하는 처우를 받아야 한다. 여기에서 법적 지위는 개별처우원칙에 따라 수형자의 성별, 연령, 피구금 사유, 기・미결, 범죄경력, 행형등급 등에 따른 분류를 통해 각자 시설 안에서 권리・의무의 내용이 다르게 되는 것을 의미한다.[14)] 따라서 미결수용자와 수형자의 법적 지위는 근본적으로 다르다. 이에 따라서 우리 행형법도 양자를 구분하여 분리수용하고 있고(행형법 제1, 2조), 성년자와 소년자, 남자와 여자로 나누어 분리수용하고 있다(같은 법 제2, 4조). UN피구금자처우 최저기준준칙 제8조 역시 남녀의 분리수용, 미결수와 기결수의 분리수용, 민사상・형사상 구금자의 구분수용, 성년과 소년의 분리수용을 규정하고 이에 따른 각각의 처우원칙과 내용을 규정하고 있다(같은 규칙 제56조 내지 제95조 참조).

---

13) 송광섭, 435면; 정영석・신양균, 491면; 박상기・손동권・이순래, 399면.
14) 송광섭, 436면; 정영석・신양균, 49면1; 박상기・손동권・이순래, 402면.

2. 수형자의 법적 지위와 기본권

1) 연 혁

과거 응보형사상이 지배하던 시대에 수형자는 단순히 응징과 응보의 대상에 불과하였다. 여기에 수형자의 인권이나 법적 지위에 관한 논의는 있을 수 없었다. 그러나 교육형사상이 등장하면서 일반인과 수형자는 항구적으로 구별되는 것이 아니라 일반인은 오히려 잠재적 범죄자이고 수형자는 다시 일반인으로 복귀하게 된다는 인식이 점차 자리잡게 되었다. 아울러 수형자에 대해서도 그 인권과 법적 지위를 인정하는 경향이 점차 자리잡게 되었다.

행형의 지향점은 결국 교정·교화를 통한 재사회화이다. 따라서 교정당국이 적극적 교정에 중점을 두게 되면 수형자에 대한 부당한 간섭이 강화되고 의무이행을 강제하게 된다. 그러나 다른 한편 수형자의 입장에서 보면 이것은 수형자의 자유를 제한하고 인권을 침해하는 결과를 가져올 수 있다. 그러므로 수형자의 주체적 자유와 인권을 보장하기 위해서는 가능한 한 행형 개입을 자제하는 소극주의행형이 요구된다. 결국 행형에는 재사회화 목적 달성을 위한 적극적 개입과 수형자의 인권보장을 위한 소극적 자제를 두 축으로 하는 갈등 상황이 내재되어 있다고 할 수 있다. 다시 말해서 사회국가원칙과 법치국가원칙이 충돌하는 상황이다. 이러한 양면성이 훌륭하게 조화를 이루는 것이 가장 이상적이겠지만 현실적 성공 가능성은 그리 크지 않아 보인다.

수용자의 인권과 법적 지위의 관점에서 수용자의 처우문제가 논의된 것은 비교적 최근의 일에 속한다. 전통적으로 수용자는 법의 보호 밖에 있는 자 또는 법적으로 죽은 자로 간주되어 권리의 주체성을 부인하였다. 이러한 태도는 19세기 말까지 지속되었다. 1871년 미국의 연방대법원 역시 "수형자는 수형기간 동안 주의 노예이다"라고 판시하였으며, 이것은 1960년대까지도 지배적인 견해였다. 물론 19세기 행형개혁 과정에서 수형자의 권리문제를 지적하고 독자적 처우제도에 관한 논의가 있기는 하였으나, 대부분 수형자의 생활조건을 개선하는 데 그쳤고 수형자의 주체성을 확립하는 데까지 나아가지 못한 한계를 보였다.

수형자의 법적 지위와 기본권 보장의 문제를 전면적으로 제기하고 당시 지배적이었던 특별권력관계론을 부인하는 이론적 틀을 만든 사람은 20세기 초 프로이덴탈(Freudental)이었다. 그는 1911년 "법률과 판결은 행형에 있어서도 마그나 카르타"라고 함으로써, 수형자의 권리제한은 법률에 의해서만 가능하고, 국가와 수형자의 관계는 법률관계이며, 수형자의 권리구제제도를 마련하여야 한다고 주장하였다. 2차 대전 이후 인권의식이 높아지고 위법한 공권력 행사를 이유로 한 수형자들의 권리구제 소송이 늘어나면서, 1960년대에 이르러 수형자의 수용관계가 일반적 법률관계라는 인식이 확립되었다.

2) 이론적 기초

(1) 특별권력관계론

종래에는 수형자의 법적 지위를 특별권력관계이론에 따라서 설명하였다. 즉 수형자는 행형시설이라는 국가영조물을 이용하는 자로서 행형시설당국이 정하는 규율을 매개로 하여 행형기관과 포괄적 지배복종 관계에 놓인다고 보는 이론이다. 이 이론의 발상지는 독일이다. 전통적 특별권력관계이론은 다음 네 가지 특징을 가지고 있다. ① 내부적으로는 법률유보원칙이 적용되지 않을 수 있다. ② 행정목적 달성에 필요한 범위 안에서는 헌법이 보장하고 있는 기본권까지도 법률의 근거 없이 제한될 수 있다. ③ 특별권력관계에서 발하는 명령은 법적 성질이나 효력을 갖지 않는다. ④ 그 결과 특별권력관계의 내부 사항은 사법심사의 대상이 되지 않는다.[15] 따라서 일반시민에게 보장된 헌법상의 기본권, 법률에 의한 행정·사법적 구제는 배제되며 수형자의 수용 장소와 자유보장의 범위 등 교도행정의 일상업무는 행형당국의 전권적 재량에 의해 정해지게 된다.

(2) 공권력발동 관계이론

이것은 특별권력관계이론을 부정하고 수형자의 수용관계를 단순한 공권력의 발동관계로 이해하는 견해이다. 독일은 1972. 3. 14. 독일연방헌법재판소의 결정으로 특별권력관계이론을 부정하기에 이르렀다.[16] 그 대신 수형자의 수용관계를 단순한 공권

15) 김남진, 『행정법의 기본문제』, 법문사, 1994, 121면 이하.
16) BVerfGE 33, 1: 기본권의 제한은 기본법의 가치질서와 합치되는 공동체관련 목적의 달성

력의 발동관계로 파악함으로써 수형자의 권리는 형식적 의미의 법률관계로써만 제한될 수 있다. 즉 수형자의 권리는 헌법의 기본권 보장 이념에서 출발하는 것으로 보고, 구금목적에 따른 최소한의 자유제한과 교정작업은 인정하지만 교화·개선의 목적을 위한 강제를 인정할 것인가 여부 및 그 법적 근거는 문제삼는다.

오늘날 수형자의 지위는 헌법과 법률을 기초로 논의하는 것이 일반적이다. 따라서 수형자의 기본권에 대한 제한이 가능한 경우에도 그 제한은 당해 법률관계에서 필연적으로 파생하고 그것을 유지하기 위해 필요한 범위 안에 국한되어야 한다. 이 때에도 법률의 규정이 없으며 아무리 좋은 목적을 추구하더라도 인정될 수는 없는 것이다. 침해당하는 것은 수형자의 인권이고, 인권은 사후구제보다는 사전보장이 더욱 중요하기 때문이다. 우리 행형법은 주로 교도업무의 지침을 규정하고 있고, 수형자의 구체적 생활조건에 관한 사항은 행형법이 아닌 행형법 시행령 가운데서 규율하고 있다. 이것은 아직까지도 행형법이 수형자의 권리장전이라기보다는 오히려 행정적 관리규정의 성격을 더욱 강하게 가지고 있음을 의미한다. 따라서 현행 행형법은 전면적 검토가 요청되며, 헌법이 보장하는 기본권에 구속하여 수형자의 기본권을 보장하고 그 제한요건을 명확하게 할 필요가 있다.

3) 수형자의 기본권

(1) 의의

헌법 제10조는 모든 국민의 인간존엄성과 행복추구권을 선언하고 있다. 여기서 말하는 모든 국민은 법적 지위, 사회계층, 사상 등에 관계없이 대한민국 국적을 가진 모든 사람을 의미한다. 수형자도 당연히 국민의 한 사람으로서 헌법 제10조의 주체가 된다. 그러나 수형자의 법적 지위가 일반 국민의 그것과 같을 수는 없으므로 법률에 의한 어느 정도의 기본권 제한은 불가피하다. 그러나 어떤 권리가 어느 범위까지 제한될 수 있는가 하는 문제는 획일적으로 결정될 수 없다.

그렇더라도 일반적으로 헌법이 보장하고 있는 국민의 자유와 권리를 법적·사실적으로 제한하기 위해서는 구체적인 입법원칙이 필요하다. 그 기준이 되는 규범원칙이 바로 보충성원칙과 비례성원칙이다. 전자는 수형자에 대한 권리제한이나 의무부

을 위해 불가피하고, 헌법적으로 규정된 형식 안에서 제한될 때에만 고려될 수 있다.

과 등과 같은 불이익처분은 불가피한 경우에만 이루어져야 한다는 것을 의미한다. 후자는 국가적 형벌부과를 통해 달성하고자 하는 목적과 이 목적 달성을 위해 투입하는 행형의 여러 가지 수단은 비례관계에 놓여 있어야 한다는 것을 의미한다.

(2) 기본권리 제한의 구체적 내용

① 기본권의 성격상 어떤 경우에도 법률로써 제한할 수 없는 기본권이 있다. 예를 들면 수형자의 내심작용에 속하는 신앙의 자유(헌법 제20조), 사상·양심의 자유(제19조), 연구·창작의 자유 등은 인간의 절대적 권리이기 때문에 어떤 근거에서도 제한되어서는 안된다. 나아가서 수형자는 종교 선택의 자유가 있고 일정한 사상을 포기하도록 강요받아서도 안된다. 현실적으로 가장 큰 문제가 되는 것은 바로 사상과 양심의 자유이다. 그 대표적인 보기가 실무에서 관행화되어 있는 전향 강요를 들 수 있다(전향제도에 관한 명시적 법률규정은 없으나 보안관찰법 제11조 제1항 1호에 보안관찰처분의 면제결정요건으로 '준법정신의 확립'이 규정되어 있다. 이것이 사상전향 여부를 의미한다는 점에 대해서는 이견이 없다. 그리고 행형법 제44조 제4항은 분류처우에 관한 사항은 법무부 장관이 정하도록 규정하고 있다. 이에 따라서 법무부령으로 제정된 누진처우규정 제2조 5호는 확신범으로 그 사상을 포기하지 않은 자를 누진처우혜택의 예외로 함으로써 사상전향을 강요하는 근거로 삼고 있다). 전향거부로 인하여 사법적 불이익을 받는 것은 어떤 이유에서도 정당화되기 어렵다.

② 영조물의 존립목적에서 볼 때 법률로써 제한 가능한 기본권이 있다. 예를 들면, 사생활의 비밀과 자유, 통신의 자유, 알 자유, 읽을 자유, 쓸 자유 등은 대개 수형자의 외부 접촉을 전제로 하거나, 업무의 제한을 수반하므로 상대적인 제한을 받는 경우가 있다. 이에 속하는 것으로 수형자의 접견시간 제한(원칙적으로 30분 이내, 단 변호사의 접견은 예외. 행형법 시행령 제54조), 빈도수(징역수형자는 매월 2회, 금고 및 노역장유치 또는 구류의 수형자는 매월 3회, 미결수용자는 매일 1회, 같은 시행령 제56조), 장소(접견실을 원칙으로 함. 같은 시행령 제59조), 면담조건(면담자의 인적사항, 수형자와 관계, 면담 요지 등의 기록 및 교도관의 참여. 같은 시행령 제58조) 등이 있다. 그 밖에도 서신의 횟수(원칙적으로 제한 없음. 다만 소장이 필요하다고 인정하는 때 접견규정을 준용. 같은 시행령 제61조), 작성(일요일, 휴일, 휴게시간에 작성. 같은 시행령 제65조), 소지(같은 시행령 제70조) 등을 제한하고 반드시 검열

(같은 시행령 제62조)할 것을 규정하고 있다.

이러한 자유는 교정시설 내의 보안과 질서유지를 위해서 제한되고 있는 것이 사실이다. 우리 행형 현실이 아직도 이러한 부분에 상당히 집착하고 있는 것도 부인하기 어렵다. 그렇다고 해서 헌법상 보장된 자유를 단순히 보안과 질서유지를 위해 제한하는 것이 과연 타당한가 그리고 그 제한범위는 필요한 최소한에 그치고 있는지는 의문이 아닐 수 없다.

③ 구금의 본질상 구금에 수반하여 불가피하게 제한할 수밖에 없는 기본권이 있다. 예컨대, 집회결사의 자유, 거주이전의 자유, 직업 선택의 자유, 신체의 자유 등은 구금의 본질상 불가피하게 제한되는 자유에 속한다.

4) 수형자권리의 주요내용

일반시민들이 누리는 권리에는 대체로 절차적 권리(procedural rights)와 실질적 권리(substantive rights)가 있다. 절차적 권리는 글자 그대로 개인에 대한 국가의 행위를 제한하고 지도하는 규율인 적법절차(due process of law)에 관한 권리이다. 대부분의 적법절차에 대한 분석은 생명이나 재산과 같은 보호받을 이익이 정부의 행위에 의해서 부정적으로 영향받는가를 밝히고, 만약 그러한 이익이 있다면 어떠한 절차가 요구되며 그 이익이 자의적으로 거부되지 않았는가를 밝히는 것이다.

그러나 문제는 재소자들에게 있어서도 생명·재산·자유와 같은 보호받을 권리가 구성될 수 있는가 하는 것이다. 수형생활의 자연적인 박탈을 면할 수 있는 기본적 권리가 있을 수 있는가라는 의문이다. 만약 그러한 기본적 권리가 존재하지 않는다면 적법절차의 논의는 충분한 의제가 될 수 있다. 법은 비록 구금되었더라도 일부 실질적 권리는 유지하는 것으로 보고 있으며, 만약 재소자들이 일부 실질적 권리를 유지한다면 적법절차는 반드시 제공되어야 한다고 보고 있다. 비슷한 예로 미국의 법원에서는 사형제도를 잔인하고 비정상적인 처벌이라서가 아니라 실질적 적법절차가 위반되었기 때문에 위헌이라는 판결을 내리기까지 하였다.

권리의 두 번째 유형인 실질적 권리는 말을 하거나 집회를 하는 등 무엇인가를 할 수 있는 자유 또는 잔인하거나 비정상적인 처벌을 경험하지 않을 자유 등 특정한 조건으로부터의 자유와 관련된 권리이다. 이러한 자유는 헌법으로 보장된 인간의 기본적 권리이다. 그러나 문제는 역시 헌법에 의해서 보장된 이들 권리 중 어떤 것이 교정시설에서까지 보장될 수 있는가 하는 의문이다.

(1) 절차적 권리

교도관에게 주어진 광범위한 재량권으로 말미암아 일정의 공식적인 절차적 기재를 통하여 교정인력에 의한 의사결정에 도전할 수 있는 적법절차에 대한 권리를 가질 수 있는 때는 언제인가에 관한 의문이 제기되고 있다. 이러한 문제는 지나친 재량권과 애매한 규율이 바로 교도관에게 심각한 문제를 야기시키기 때문이다.

그러나 법원에서 재소자를 위한 절차적 권리(procedural rights)를 인식하기 시작한 것은 비교적 최근의 일이다. 물론 적법절차에 대한 권리의 제공이 모든 재량권을 제거하지는 않지만, 일부 결정의 자의적 특성을 줄이고 결정이 적어도 검색될 수 있는 기회를 제공할 수 있다. 이러한 적법절차에 대한 관심은 교정시설에서의 일관적인 법치를 위한 필수적인 기초를 제공하게 되었다. 그래서 최근의 형사정책이 강력하게 주장하는 하나의 목표인 정의모형(justice model)도 사실은 적법절차의 확립 없이는 실패할 수밖에 없는 실정이다.

이처럼 중요한 의미를 갖고 있지만 적법절차가 교정시설에 직접 바로 정착되지 못하고, 오히려 교정시설의 출구를 통하여 우회적으로 자리잡게 되었다. 즉 보호관찰의 파기와 교정시설로의 재수감에 관한 법원의 결정으로부터 교정시설에서의 적법절차의 권리가 논의되었다는 것이다. 다시 말해서 교정시설 밖에서 교정시설로 다시 들어가는 것과 관련해서 적법절차가 논의되기 시작하였기 때문에 출구를 통한 정착이라고 한다. 보호관찰의 파기와 결과적인 재수감은 조건부자유의 심대한 상실이다. 따라서 재소자는 적법절차의 보호를 받을 권리가 있다는 것이다.

그렇다면 심대한 자유의 상실이라는 개념에 의한 보호관찰과 관련된 이러한 범죄자의 적법절차권리가 교정시설 안에서도 수형자에게 적용될 수 있는 것인가, 대표적으로 훈육문제로 인한 재소자에 대한 징벌의 경우에도 적법절차권리는 유용한 것인가라는 의문이다. 물론 대답은 적법절차에 의하지 않은 심대한 훈육과 징벌 등은 부과될 수 없다고 한다. 이처럼 적법절차의 권리가 교정시설의 재소자에게 확대된 것은 교정시설과 재소자의 독특한 특성 때문이다. 재소자는 시설보안과 같은 국가의 이익에 대해서 비교되어야 할 제한된 자유이익을 소유하고 있는 것으로 간주되기 때문에 이러한 제한된 자유이익도 특전의 상실이 아니라 징벌상의 구금이나 선시의 상실 등의 경우에 청문 등 모든 적법절차의 권리를 요구하고 있다.

이러한 교정시설에서의 징벌 등에 있어 적법절차의 요구는 교정시설에 대한 법인의 가장 중대한 개입으로 받아들여지고 있다. 물론 이러한 절차적 권리가 필연적으로 재소자에 대한 최고의 보호라고는 할 수 없지만, 적어도 교정에 있어서 오랜 동안 불가침의 성역으로 여겨졌던 직원의 재량권에 직접적인 도전으로 간주되고 있다.

그러나 교정시설에서의 적법절차권리에 대해서 법원의 접근은 매우 보수적인 것이었다. 교정시설훈육이나 징계절차에 있어서 적법절차기준이 교정시설이 아닌 곳에서 적용되는 기준에 비해서 매우 낮은 것으로 알려지고 있기 때문이다.

(2) 실질적 권리

가. 서신검열

교정시설 밖의 사람과 교신할 자유와 편지 등을 받을 권리, 즉 외부교통권은 일종의 언론과 표현의 자유일 수 있다. 그러나 외부와의 교통은 교정시설의 보안상의 문제를 야기시킬 수 있기 때문에 보안이라는 교정시설의 이익과 언론과 표현의 자유라는 재소자의 이익과의 균형을 맞추려고 노력하고 있다. 이러한 균형은 재소자의 외부교통권에 대한 이성적인 제재를 가할 수 있는 교도관에게 유리한 방향으로 정착되는 경우가 보통이다. 이처럼 자유로운 서신의 왕래 등을 제한하는데 대한 정당성은 교정시설의 질서 있는 운영과 보안에서 찾고 있다. 외부로부터의 서신은 탈출의 지시, 무기, 마약 기타 금지물품의 반입을 막기 위해서 개봉될 필요가 있는데, 이 일을 담당할 인력의 부족으로 재소자의 서신왕래 횟수를 제한하게 된다. 그러나 이러한 타당성과 정당성의 주장은 약간은 의문스러운 점이 있다. 한편 외부로 나가는 서신에 대해서도 일정한 제한이 필요한데, 그 이유는 위협이나 협박 등으로부터 서신을 받을 수 있는 사람을 보호해야 하기 때문이라고 한다.

이처럼 헌법이 보장하는 언론과 표현의 자유가 재소자에게 완전하게 적용될 수는 없다. 법원에서도 이 점에 대해서는 어느 정도의 검열이 필요하다고 인정은 하지만, 그 검열은 의도된 목표를 달성하기 위한 최소한의 제한적 수단에 그쳐야 한다고 주장한다. 그러나 어느 정도의 제한이 합당한 목적의 증진에 합리적이고 필연적으로 관계가 있어야 한다고 주장하기 때문이다. 아무튼 교정시설에 대한 비판을 억제하기 위한 서신의 검열은 합리적 목적도 될 수 없으며, 그 목적을 성취하는 데도 아무런 도움이 되지 않는 것은 분명하다.

그렇다면 완전한 검열이 아니라 부분적이고 제한적인 검열이 바람직하다면, 무엇을 검열할 것인가라는 문제가 제기될 수밖에 없다. 이에 대해 미국의 헌법수정조안 제1항은 보안, 질서 그리고 교화개선이라는 실질적인 국가이익의 증대에 기여하는 것이어야 한다고 규정하고 있다. 그러나 이 같은 주장은 보안과 질서는 범죄자의 교화개선과는 호환적일 수 없다는 것을 경험을 통해서 알고 있는 사실이기 때문에 적지 않은 문제의 소지가 있음을 알 수 있다. 이와 같은 애매하고 포괄적이며 갈등적인 세 가지 목표로 인해서 교정당국으로 하여금 아직도 유리한 위치에 설 수 있게 해준다. 그러나 분명한 것은 보안, 질서 그리고 교화개선이라는 목표가 최소제한적인 수단을 이용하여 보호되어야 한다는 것이다.

나. 종교의 자유

재소자의 종교에 대한 권리는 종교의 자유를 허용하고 안하는 것에 앞서 종교의 범주에 관한, 즉 무엇을 종교로 인정할 것인가가 우선적인 문제이다. 이에 대해서 일부는 객관적 기준을 제시하는 반면, 일부는 재소자의 주관적 기준에 의존하고 있다. 그 다음의 논의가 교정당국에서 인정하는 종교에 대해서 종교적 신념을 행사하는 데 대해 어느 정도로 제한할 것인가의 문제이다. 종교문제에 대해서 법원은 현저한 국가이익의 존재와 최소한의 제재적 대안이라는 매우 엄격한 기준을 주문하고 있다. 즉 재소자의 종교의 장유를 제한하기 위해서는 교정당국이 제한되는 자유에 못지않게 중요한 목적이 있고, 주어진 제재가 가능한 대안 중 최소한의 제한적인 수단이라는 것을 증명할 수 있어야 한다는 것이다.

그런데 교정당국에서 재소자의 종교행사에 제한을 두는 데는 다음과 같은 이유를 들고 있다.

첫 번째는 종교행사나 신념은 처음부터 교정시설의 보안과 질서유지를 위협한다는 것이다.

두 번째는 일부 종교는 교정당국의 재량권과 권위를 의문시하기 때문에 제한이 필요하다는 것이다.

세 번째는 종교행사를 위해 필요한 시간과 장소를 마련하기 위한 경비의 문제이다.

물론 재소자의 종교의 자유는 보호되어야 한다고 법원에서는 주장하지만 종교에 대한 제한은 지속되고 있는데, 이에 대한 교정당국의 주장은 서신의 검열에서와 마찬가지로 보안, 질서 그리고 교화개선이라는 범주로서 제한에 대한 기초로 삼고 있다.

다. 잔혹하고 비정상적인 처벌

일반적으로 법원은 '잔혹하고 비정상적인 처벌'(cruel and unusual punishments)이라는 문구의 의미를 해석하거나 검증하기 위해서 보통 세 가지 경우를 상정하고 있다.

그 첫 번째 검증은 일반적 양식에 비해 충격적이거나 인간의 존엄성을 위협하는 조건에 연결시키는 것이다. 즉 성숙한 시민사회의 기준에 합당한 고상함을 기준으로 삼는 것이다.

두 번째 검증의 방법은 측정의 잣대로서 균형을 들고 있다. 만약 처벌이 과다하다면 그것이 잔혹하고 비정상적인 처벌이라는 논리인데, 처벌이 불필요하고 이유 없는 고통을 부과하지 않아야 한다는 것이다. 여기서 균형 또는 비례라는 개념은 범죄의 심각성에 비견한 것이다.

세 번째는 합법적인 행형목표를 지원하기 위해서 의도되는 훈육과 징벌 등이 그 목표를 추구하는 데 요구되는 이상일 때 잔혹하고 비정상적인 처벌이 된다는 것이다. 예를 들어 교정시설의 난동사건 이후의 응징행위가 교정시설의 목표와는 아무런 관련이 없는 것이며, 따라서 일종의 위헌적인 행위라고 할 수 있는 것이다.

라. 처우받을 권리와 거부할 권리

지금까지 살펴본 몇 가지 주요한 수형자의 권리가 헌법이 보장할 수 있는 기본적인 권리에 해당된다면, 재소자가 처우를 받을 권리와 비자발적인 처우를 거부 할 수 있는 근거도 수형자권리와 관련하여 중요한 내용으로 간주될 수 있다. 여기서 처우를 받을 권리가 지금까지는 대부분의 처우가 비자발적 · 강제적인 것이었기 때문에 법률적으로 규정되지도 않았으며, 특히 대다수처우가 재소자에 대한 일종의 보상 또는 특전으로 인식되는 경우가 많았기 때문에 권리라고 인식되기도 쉽지 않은 형편이다. 더욱이 교정시설이 범죄자를 교화개선시키지 못하고, 처우라는 것이 재소자를 더 오래 구금하는 장치에 지나지 않으며, 재소자에 대한 중산층 윤리와 정신을 심어 주기 위한 것밖에 안 된다는 인식 하에서는 재소자가 처우되는 것을 거절할 권리뿐만 아니라 그로 인하여 처벌받지 않을 권리도 인정되어야 한다는 주장이 일고 있다.

재소자의 처우받을 권리를 법률적으로 강제로 규정할 수 없는 것은 마찬가지로 중요한 처우받지 않을 또는 거부할 권리와 충돌하기 때문이다. 물론 법원에서는 강제된 처우라도 그것이 헌법적 논쟁의 소지가 없는 한 대체로 허용하고 있다. 그러나 말을 물가로 끌고 갈 수는 있으나 물을 강제로 먹일 수는 없는 것처럼 처우의 강제에 대한 논의는 얼마든지 잇을 수 있다. 강제된 처우도 처우의 방법과 내용에 따라서 큰 차이가 있다. 예를 들어 교육훈력이나 태도, 습관, 행동의 변화를 추구하는 처우에 대해서는 재소자의 처우받지 않을 권리에 대한 논쟁이 약한 반면, 약물치료와 같은 강제적 처우에 대해서는 처우받지 않을 또는 이를 거부할 수 있는 권리가 중요시되어야 한다.

제 4 절 미결수용자 및 피보호감호자의 기본권

1. 미결수용자의 기본권

미결구금(Untersuchungshaft, pretrial detention)이란 형이 확정되기 이전에 절차확보 내지 판결집행을 확보할 목적으로 형사피의자나 피고인의 신체를 구금하는 것을 말한다. 종래 미결구금의 문제는 형사소송법에서 미결구금의 집행을 위한 절차의 문제로서만 다루어져 왔는데, 미결구금은 그 집행을 위한 사전절차의 문제에 그치는 것이 아니라 미결구금이 집행된 후의 과정이 절차 이상의 중요한 의미를 가진다. 즉 형사사건에서 아직 유죄판결이 확정되지 않은 피의자나 피고인에 대해 자유를 박탈하고 시설 내에서 일정한 권리와 자유를 제한하는 것은 헌법이 정한 기본권 보장이라는 차원에서 중요한 문제를 안고 있기 때문이다. 그러나 현실적으로는 미결구금의 집행 내지 그 대상이 되는 미결수용자의 기본권 문제에 대해서 아무런 논의가 이루어지지 않고 있고, 형사소송법에서 강제수사로서 구속 문제에 부수하는 문제로서 혹은 행형법에서 수형자처우에 종속된 지엽적인 문제 영역으로 다루고 있는 데 그치고 있다.

미결수용자의 기본권에 대한 문제는 먼저 미결구금이 집행되어 형사시설에 구금된 자의 법적 지위를 어떻게 볼 것인가 하는 점에서 출발하여 그러한 법적 지위가 구체적인 처우내용에 어떻게 반영되어야 하는가가 중요하다. 이러한 논의는 외국의 입법례나 실무 그리고 국제인권기준의 요청 등을 바탕으로 하면서, 한편으로는 구금의 목적 달성과 시설의 안전과 질서유지라는 측면 그리고 다른 한편으로는 무죄추정의 법리를 바탕으로 하는 피의자나 피고인의 절차상의 권리인 방어권 보장이라는 측면을 어떻게 조화시킬 것인가 하는 차원에서 전개되어야 한다.

미결구금은 형사소송법 제69조에 규정된 '구금'을 의미하는데, 형사소송법 제70조와 제210조에서 정한 요건을 구비한 경우에 형사피고인이나 피의자에 대해서 과해진다. 구속영장이 집행되어 구금시설에 수용된 자에 대해서는 행형법 제14장이 정한 바에 따라 미결구금의 집행이 이루어지고 있다. 미결구금은 형이 확정되지 않은 채로 신체의 자유를 구속당하고 있다는 사실 자체가 이 문제의 중요성을 단적으로 드러내는 것이라 할 수 있다.

미결구금은 각국의 공통적인 관심사로서 각종 국제인권기준이 이 문제에 대해 관심을 표명하고 있다. 제2차 세계대전 이후 세계인권선언이나 시민적·정치적 권리에 관한 국제규약이 제정된 이래 피구금자의 보호를 위한 각종 인권기준들이 마련되었고, 형사사법과 관련된 국제결의들도 미결수용자를 비롯한 피구금자의 처우에 대해 관심을 기울이고 있다. 그 내용은 주로 접촉차단구금의 금지와 이를 실현하기 위한 각종 제도의 도입, 변호나 가족 등과의 교통권 보장, 고문이나 가혹행위의 금지와 구제방안 등이며, 피구금자처우최저기준규칙은 개별적인 처우의 기준을 제시하고 있다. 이러한 국제인권기준들은 각국에서 국내 입법의 기준과 실무상 지침으로 활용되고 있는데 우리나라의 경우에는 이러한 기준들과 상당한 거리를 보이고 있는 실정이다.

이러한 국제인권기준에 부합하는 미결수용자의 처우를 확립하기 위해서는 이론적 기초로서 미결수용자의 법적 지위를 분명히 인식해야 한다. 법치국가원리에 비추어 볼 때 미결수용자의 처우에 대해서는 무죄추정, 방어권의 보장이 그 출발점을 이루어야 하며, 구금목적이나 시설내 질서유지라는 제한원리는 비례의 원칙에 따른 제약을 받지 않으면 안된다. 이와 함께 헌법에 내재된 사회국가원리에 따라 미결수용자에 대해서는 소극적인 기본권 보장에 그치지 않고 당사자의 동의를 전제로 한 재사회화를 위한 처우가 필요하며 이 점은 현실적인 처우수준의 향상을 위해 매우 중요한 의미를 가진다.

외국의 실태를 보면, 미결구금은 과잉구금과 장기구금의 문제에 시달리고 있다. 이를 위해 가능한 한 미결구금을 억제하기 위한 대체방안들이 논의되고 있으며, 미결수용자의 처우개선을 위한 다양한 입법과 판례 축적이 이루어지고 있다. 일본과 독일에서는 미결구금집행을 위한 법률의 제정 내지 개정에 관한 논의가 활발히 이루어지고 있고, 미국에서는 판례를 중심으로 미결수용자의 권리보장을 위한 실질적 논의가 전개되고 있다. 각국마다 인적·물적 설비의 차이가 있으므로 이러한 논의가 그대로 우리 현실에 수용될 수는 없다 하더라도, 국제인권기준에 부합하는 미결수용자의 처우라는 기본 방향에 합치시키려는 노력이 요청되고 있다 하겠다.

그럼에도 불구하고 현형 행형법령과 각종 교정예규에 나타난 처우의 내용을 보면, 미결수용자의 처우에 대해서는 수형자의 처우에 대한 규정을 대부분 준용하도록 하고 있고 실무도 대부분 예규를 통해 규율함으로써 이 문제에 매우 소홀한 점을 발견할 수 있다. 따라서 실무를 올바른 방향으로 유도하고 국제인권기준에 부합하는 처우를 위해서는 미결구금집행에 관한 법률을 대폭 개정할 필요가 있다.

우리나라에서는 미결구금의 집행과 관련해서 미결구금의 집행장소로서 대용감방이 문제로 된다. 미결구금의 기간이 비교적 장기라고 할 수 있는 유럽의 경우에는 미결구금의 장소로서 대개 우리나라의 구치소나 교도소 내의 미결수용실에 해당하는 구금시설(독일에서는 미결수용시설을 Untersuchngshaftanstalt, 프랑스에서는 maison arrest라고 부르며, 미국의 경우에는 단기수형자에 대한 수용시설과 미결수용실을 포함하여 Jail이라고 부른다)이 광범위하게 설치되어 별도의 단기구금시설을 활용할 여지가 적으나, 우리나라의 경우에는 미결구금시설의 미비로 경찰서 유치장이 이른바 대용감방으로 활용되고 있다. 이로 인해 자백편중의 수사가 더욱 심해지고 미결수용자의 처우도 매우 열악한 상태에 놓여 있다. 대용감방제도는 법이론적으로도 많은 문제를 안고 있고 그 운영 실태도 매우 나쁘다. 따라서 대용감방은 조속히 폐지해야 하며, 현실적인 여건의 어려움으로 당장 폐지할 수 없다면, 현실적인 문제를 우선 극복하기 위해 운영과 관련된 획기적인 개선방안이 마련되어야 할 것이다.

2. 피보호감호자와 기본권

1) 인권보장과의 관계

우리 헌법 제12조 제1항은 죄형법정주의의 입장에서 그 후단에 "누구든지 법률에 의하지 아니하고는 … 형벌과 보안처분을 받지 아니하며 형의 선고에 의하지 아니하고는 강제노역을 당하지 아니한다"고 규정하여 형벌뿐만 아니라 보안처분도 법률에 의하도록 하고 있음은 비록 보안처분이 행정조치적 성격이 있다고는 하나, 기본권을 침해하는 면에서는 형벌과 다름이 없다고 보고 있는 것이다. 나아가 범죄 성립이 인정되지 않는 경우는 물론 성립이 인정되는 경우라 하더라도 형벌 대신 보안처분을 과하는 것은 법률에 규정이 없는 한 위헌[17]으로 봄으로써 기본적 인권의 보장을 최대한 배려하고 있다. 그러므로 현실적으로 범죄를 범하지 않은 일반인에 대하여 보안처분을 과할 경우에는 개인의 자유가 부당하게 침해될 우려가 있으므로 그 자가 범행의 위험성이 있음이 과학적으로 충분히 입증될 경우에만 국한시켜야 될 것이다.[18]

보안처분이 1933년 나찌정권에 의해서 최초로 제도화되었다는 점에서 보안처분은 나찌적 사고의 산물로서 인간의 존엄과 가치를 부정하고 기본적 인권을 침해하는 제도로 오해를 받은 것도 사실이다. 그러나 오늘날 독일에서도 보안처분은 1913년 형법초안 이래로 계속 형법개정운동의 중요한 목표로써 나찌의 산물이 아니라는 데 의견이 일치하고 있다. 한편 보안처분의 합목적성에도 불구하고 인간의 자유를 제한하는 제도라는 점에서 인간의 존엄과 가치 및 헌법상의 기본적 인권에 관한 규정에 위반되는 것이 아닌가 하는 문제가 끊임없이 제기되고 있으며, 이와 관련하여 보안처분 긍정론과 부정론을 살펴보면 다음과 같다.

(1) 긍정론

보안처분을 긍정하는 입장에서도 보켈만(Bockelmann), 벨첼(Welzel),[19] 메츠거

17) 木村龜二, 『刑事法講座(Vol. Ⅲ)』, 668-669面.
18) 김철수, 『신헌법학개론』, 법문사, 1981, 334.면.
19) Welzel, Hans는 종래의 형법체계가 입각하고 있던 인과적 행위개념을 비판하면서 목적적

(Mezger)[20] 등은 보안처분의 정당성을 그 대상자의 내적 자유의 결함(Mangelnde inner Freiheit)에서 구하고 있다. 즉 인간사회에 있어서 완전한 자유는 외적 자유를 이성적으로 이용하고 사회생활을 제한할 수 있는 도덕적 자기결정에 의해 형성된 내적 자유를 가진 자만이 향유할 수 있으며, 이러한 내적 자유가 전혀 불가능하거나 (예컨대 정신병자) 사회적 환경이나 관습 또는 소질에 의해서 개선이 불충분한 자(예컨대 상습범)는 사회에 대하여 완전한 자유를 청구하라 수 없다. 이들은 사회에서 무용의 물건 또는 해충이지만 사회에서 제거되는 것은 아니고, 수형자와 마찬가지로 사회 내에 존재하는 것이며 다만 그들의 반사회적 행동 때문에 공공복리를 위한 위험을 방지하기 위하여 행동의 자유를 제한하는 데 불과하다고 본다. 이 견해가 독일의 다수설이다.

스트리(Stree)는 보안처분의 정당성을 기본권의 사회적 제약성 내지 기본권 자체 내의 내재적 한계에서 발견하거나 시도하면서 헌법은 개인을 분리된 개별적 존재로서가 아니라 사회에 살고 있는 구성원으로 파악하고 있으며, 헌법에 의하여 부여된 자유는 사회적으로 제약된 자유이기 때문에 개인은 사회가 요구하는 공동생활적 요구에 따라야 하는 자유의 제한을 받는 것이며, 사회에 반하는 자유를 행사하는 자는 그 범위 내에서는 사회의 보호를 받을 수 없기 때문이다. 따라서 보안처분의 정당성은 상습범의 인격으로 미뤄 볼 때 장래에도 사회규범에 따르지 아니할 것이므로 형법에 의해 보호된 법익을 보호하기 위하여 외적 자유를 이용할 위험이 있기 때문에 그 타당성이 인정된다는 것이다.[21]

(2) 부정론

보안처분 특히 보안감호에 관하여 가장 심각한 비판을 제기한 학자는 마이어(H. Mayer)이다. 그는 보안과 개선을 목적으로 하는 형법상의 보안처분은 인간을 사회적 목적을 위한 수단으로 격하시키는 것이며 효용성에 입각한 목적적인 처분은 형법상으로나 행정법상으로도 모두 허용될 수 없으므로 자유로운 인간에게 국가적 강제를 가할 수 있는 합법적인 유일한 수단은 응보사상에 입각한 형벌뿐이라고 했다. 즉

행위론에 입각한 새로운 형법학의 이론을 수립했다.

20) Mezger, Emmund(1883-1962): Mayer류의 규범적 형법에 따르는 한편 형법에다 정신병리학적 입장을 도입하였다.

21) Stree, Delikts Folgen und Grundgestzt, 1960, S.222.

보안처분이 인간의 인격적인 고유한 가치를 무시하고 인간을 존재질서에 반하는 물건과 동일시하는 것은 인간의 존엄과 가치를 부정하는 것이며, 이는 법치국가원칙에도 어긋난다고 했다.

그리고 홀(C. A. Hall)에 의하면 보안처분 특히 보안감호는 범죄인을 인간사회에서 추방해야 할 해충(Schadling)으로 보며, 인간을 인간으로서 보지 않고 물건 또는 무용의 자료(Unbrauchbares Material)로 취급하므로 정당성을 인정할 수 없다고 하면서 정신병자나 중독자에 대한 보안처분에 대하여는 그것이 범죄에 대한 투쟁을 위한 것이거나 순수한 일반인을 위한 보호조치가 아니라, 환자를 위한 원호처분이라는 점에서 정당성을 인정하고 있다.[22)]

보안처분에 있어서의 정당성 여부에 관한 학자들의 견해는 일견 각각 타당성이 있다고 본다. 그러나 보안처분의 요건을 갖춘 자의 기본적 인권이나 선량한 일반인의 기본적 인권은 다같이 보호되어야 하지만 법률이 요구하는 사회적 질서를 해하는 자의 기본적 인권을 별도로 보호함은 개인 평등의 원칙에도 위배되기에 보안처분의 조건에 해당하는 자에 대하여 보안처분을 가하는 것은 기본적 인권을 침해하는 것이라고 볼 수가 없다.[23)]

노바코우스키(Nowakowski)가 말한 바 보안처분은 인간을 물건으로 전락시키는 게 아니라 합목적적인 형사정책상의 제도이며, 보안처분은 바로 이러한 합목적성에 의하여 정당화될 수 있는 것이다. 이렇게 볼 때 결국 보안처분은 법질서의 기초라 볼 수 있고, 또한 법질서에 의해 보호되는 다른 가치질서와도 일치하여야 하며 동시에 인간의 존엄과 가치는 보안처분의 한계가 되어야 할 것이다.

---

22) Karl Alfred Hall, Sicherungsverwahrung und sicherungs Strofe, ZStW70.41(이재상, 29면).
23) 이태언, 『형법총론』, 형설출판사, 2003, 608면.

제 5 절 수형자의 권리구제수단과 문제점

1. 권리구제수단

원칙적 관점에서 수형자에게 일정한 실체적·절차적 권리가 인정되는 경우에도 부당·위법하게 행해진 행형처분으로 발생하는 권리침해를 구제할 수 있는 제도적 장치가 마련되어 있지 않거나, 아니면 마련되어 있더라도 그 운용이 형식에 그친다면 수형자에 대한 실질적 권리보장은 이루어질 수 없다. 수형자의 권리구제수단을 제도화하는 것은 행형 목적을 달성하기 위한 전제가 될 뿐만 아니라 수형자의 법적 지위를 내용적으로 결정하는 것이기 때문에 매우 중요한 의미가 있다.

행형시설 안에서 발생하는 인권침해나 비인도적 처우는 주로 교도행정의 은밀성과 폐쇄성에 기인하는 경우가 많다. 따라서 수형자 자신의 고충이나 불복의사를 외부에 알리는 것도 쉽지 않은 것이 사실이다. 교도행정의 공정성과 수형자의 권리보장을 담보하기 위해서는 행형시설을 개방하고 교도행정을 공개할 것이 요구된다. 그리고 수형자가 권리구제를 요청하면 전문화된 독립기관으로 하여금 그 실상을 파악하고 시정하도록 하는 것이 필요하다. 외국의 예를 살펴보면, 미국에서는 권리구제방법으로서 소송제기 이외에 독립된 공공기관으로 행형 옴부즈맨(Ombudsman)을 두고 있다. 이것은 현재 교정분야의 분쟁 해결에 가장 많이 활용되고 있는 제도이다. 독일의 경우에는 지방법원 안에 형집행부를 별도로 두어 행형사안에 관해 관할권을 행사하도록 하고 있다. 수형자의 권리침해가 신속하고 공정하게 사법심사에 의해서 구제받을 수 있는 길이 열려 있다.

이러한 비사법적·비소송적 수단으로 대체로 ombudsman·재소자불평처리위원회(inmate grievance committee)·중재(mediation)의 세 가지 대안[24]이 주로 활동되고 있으며 현행법이 규정하고 있는 수용자의 권리구제수단으로는 순회점검, 청원, 진정 등이 있다.[25]

---

24) 이윤호, 『교정학』, 박영사, 2007, 88-90면.

1) 옴부즈만 제도

옴부즈만은 원래 정부관리에 대한 시민의 불평을 조사할 수 있는 권한을 가진 스웨덴의 공무원에서 유래되었는데, 현재 미국의 경우 교정분야의 분쟁해결기제중 가장 많이 활용되는 것의 하나가 되었다.

일반적으로 옴부즈만은 불평을 수리하여 수사하고, 보고서를 작성하고, 적절한 기관에 대안을 제시하며, 그 결과를 공개하는 권한을 가진다. 옴부즈만은 해당 기관에 대하여 대안을 제시할 수만 있기 때문에 성공 여부는 그들의 비당파성과 설득능력에 달려 있다. 이와 더불어 옴부즈만이 성공하기 위해서는 재소자가 불평을 쉽게 제기할 수 있어야 하고, 옴부즈만은 재소자, 교도관 그리고 기록에 대한 완전한 접근이 허용되어야 하며, 옴부즈만의 해결책은 재소자와 교도관 모두에 의해서 존중되어야 한다. 그래서 옴부즈만은 대체로 법원소송과 내부분쟁해결의 중간쯤에 위치한 것으로 간주되고 있다.

결국 독립성, 비당파성 그리고 전문성이 바로 성공적인 옴부즈만의 요건으로 지적되어 왔다. 교정당국의 지배나 재소자의 정파성으로부터의 독립에 대해서는 많은 논란의 여지가 있다. 물론 교정당국이 아닌 외부기관에 의해서 임명되고 지원된다면 옴부즈만의 독립성은 높아질 수 있고, 따라서 재소자에게 그들의 합법성이 훨씬 향상될 것이다.

2) 재소자불평처리위원회

이는 노사관계에 있어서 일종의 고충 또는 불평처리위원회(inmate grievance committee)와 유사한 것으로 재소자들의 불평을 처리하는 절차이다. 보통 기관 내의 지정된 직원에게 불평이 접수되었으나 이를 제기한 재소자가 당국의 반응에 만족하지 못하면 상위기관에 다시 청원할 수 있는데, 이 경우는 재소자, 담당직원 그리고 외부인을 포함하여 위원회를 구성하고 여기서 결정하고 검토하는 것이다.

이러한 재소자불평처리절차는 재소자와 직원 모두를 위해서 이용되고 있는 분쟁해결을 위한 공식적 행정절차이다. 이 제도는 공식적으로 불평처리위원회 등에 의해서 분쟁이 제기되기 전에 비공식적으로 해결될 수 있도록 분쟁의 양쪽 당사자가 성

25) 신석환 외, 앞의 책, 449-451면.

실하게 노력할 것을 요구하고 있다. 그것이 불가능한 경우에만 분쟁사항을 불평처리위원회에 제기하여 공식적인 처리절차를 밟게 된다.

그런데 재소자불평처리절차는 재소자의 참여도, 초기단계의 비공식적 해결, 절차상의 시간제한, 특정사건의 제외 등 절차적 요소에 따라 다양한 형태를 띠고 있다.

불평처리위원회나 처리절차에 있어서 재소자의 참여는 항상 논란의 대상이 되어 있으나, 재소자가 특정사안에 대한 의사결정자로서 또는 전반적인 운영에 관한 자문자로서 참여하지 않는 한 불평처리위원회로 인정받지 못한다. 그러나 대부분의 교정당국에서는 위원회에 참여하는 재소자가 직원이나 동료재소자에게 자신의 영향력을 행사하는 데 자신의 지위를 이용한다고 위원회의 재소자참여를 반대하고 있다.

공식적으로 불평처리위원회에서 불평을 처리하기 전에 불평사항이 해결될 수 있도록 최선의 노력을 할 것을 요구하는데, 그것은 대부분의 불평사항이 사실은 오해의 소산이 경우가 많고, 따라서 상담요원이나 직원 또는 동료재소자들과의 대화를 통해서 해결될 수 있는 문제이기 때문이다. 그런데 직원들에게는 자신들이 해결하기보다는 상급자나 상위기관으로 넘기는 것이 편하기 때문에 사전해결의 노력을 다하지 않는 경우가 많아서 최상의 노력이 요구되지 않으면 사건이 해결되지 않게 된다.

그리고 대부분의 불평처리절차는 분쟁의 해결에 필요한 시간을 제외하고 있다. 그것은 분쟁의 해결은 가능한 빠르면 빠를수록 좋기 때문이다. 그리고 위원회에 제기되는 사건의 특성에 따라 재소자불평처리절차도 달라질 수 있다. 예를 들어 훈육에 관한 사항과 재물에 관한 사항을 분리하여 처리하기도 하며, 한편으로는 교정당국의 권한 밖에 있는 문제인 가석방이나 양형에 관한 사항은 제외시키기도 한다.

3) 중재(仲裁)

중재제도는 비단 교정분야뿐만 아니라 많은 형사사법단계와 과정에서 활용되고 있는 분쟁해결방법이다. 예를 들어 공식송사를 피하여 분쟁을 비공식적으로 해결하기 위한 지역사회분쟁조정센터(Neighborhood Dispute Mediation Center)와 같다.

4) 순회점검

법무부 장관은 교도소, 소년교도소 및 구치소를 순회점검하거나 소속 공무원으로 하여금 순회점검하게 할 수 있다. 판사와 검사는 교도소, 소년교도소 또는 구치소를 수시로 시찰할 수 있다. 제2항 이외의 자로서 학술연구, 기타 정당한 이유로 교도소, 소년교도소를 참관하고자 할 때에는 그 이유를 명시하여 당해 소장의 허가를 얻어야 한다.

수용자 또는 미결수용자가 그 처우에 대해 불복이 있을 때에는 법무부 장관 또는 순회점검공무원에게 청원할 수 있다. 청원의 형식은 서면 또는 구두이다. 다만 순회점검공무원이 구술에 의한 청원을 청취하는 때에는 교도관을 참여시키지 못한다. 이 때 순회점검공무원은 그 요지를 청원부에 기재하여야 한다. 청원이 특히 중요하다고 인정되는 것은 이를 법무부 장관에게 보고하여야 하며 스스로 그에 대한 결정을 하지 못한다. 청원에 의한 결정은 문서로써 하여야 하며 그 결정서는 당해 소장이 지체 없이 이를 청원인에게 전달하여야 한다.

5) 청원

수용자가 순회점검공무원 이외에 법무부 장관에게 청원하고자 할 때에는 그 취지를 기재한 서면을 당해 소장에게 제출하여야 한다. 교도관은 청원서를 개봉하지 못한다. 소장이 청원서를 접수한 때에는 지체 없이 이를 법무부 장관에게 송부하여야 한다. 청원에 대한 심사와 결정은 순회점검의 경우와 같다. 소장은 수용자가 청원을 하였다는 이유로 수용중 부당한 처우를 하여서는 안된다.

6) 진정

2001년 5월 24일 동북아시아에서는 처음으로 공포된 우리나라의 국가인권위원회법(법률 제6481호) 제3장 「위원회의 업무와 권한」에서는 구금·보호시설의 방문 및 조사, 정책과 관행의 개선 또는 시정권고, 인권교육과 홍보, 인권자료실, 법원 및 헌법재판소에 대한 의견 제출, 보고서 작성 등에 대하여 규정하고 있다(제19조 내지 제29조). 또한 제4장 「인권침해의 조사와 구제」에서는 인권침해와 관련한 조사대상, 시설수용자의 진정권 보장, 수사기관과 위원회의 협조, 조사의 목적과 방법 등 국가인권위원회의 인권침해행위에 대한 조사와 구제 등에 대하여 규정하고 있다(제30조 내지 제50조).

이에 따라 국가인권위원회는 인권침해행위에 대하여 진정이 있거나 직권으로 조사절차를 개시할 수 있다. 특히 교도소·수용소 같은 구금보호시설을 시찰하여 정부에 시정권고, 인권교육과 홍보를 실시하고 학교 교육 내용에 관하여 교육부 장관 등과의 협의, 진정이 제기되거나 또는 직권으로 인권침해 행위를 조사하여 고발, 시정 및 징계권고, 조정, 법률구조요청 등 폭넓은 구제에 기여하고 있다.

7) 소장면담

소장은 매주 1회 이상의 면접일을 정하고 수용자의 처우 또는 일신상의 사정에 관하여 면담을 원하는 수용자를 면접하여야 한다. 소장은 면담을 원하는 자가 있는 때에는 그 성명을 면접부에 기재한 후 순서에 따라 면접을 하여야 하며 면접인에게 표시한 의견의 요지를 면접부에 기재하여야 한다. 소장면담은 처우에 대한 불복 이외에 일신상의 사정 등을 호소할 수 있다는 점에서 청원과 다른 성격을 가지고 있다.

8) 소송 제기

수용자는 교도소장 또는 그 휘하 공무원의 위법한 처우행위로 말미암아 부당하게 인권을 침해당한 경우에는 행정소송을 제기할 수 있다. 또한 일반적으로 수용자의 신체에 대한 직접강제, 특히 계구(포승, 수갑, 사슬, 안면보호구)의 사용과 관련하여 교정직원에 대한 형사처분을 구하는 고소도 가능하다.

9) 헌법소원

공권력의 행사 또는 불행사로 인하여 헌법상 보장된 기본권을 침해받은 자는 법원의 재판을 제외하고는 헌법재판소에 헌법소원심판을 청구할 수 있다. 다만 다른 법률에 구제절차가 있는 경우에는 그 절차를 모두 거친 후가 아니면 청구할 수 없다(헌법재판소법 제68조 제1항). 따라서 수용자는 행형기관의 적극적인 작위행위와 소극적인 부작위행위로 말미암아 기본권이 침해된 때에는 헌법소원을 통해 권리를 구제받을 수 있는 길도 있다.

2. 권리구제제도의 문제점

수용자의 권리침해에 대한 제반 권리구제수단이 그들의 권리보호에 실질적으로 얼마만큼 기여하는가 하는 점은 매우 중요한 문제에 속한다. 이것은 바로 권리구제

수단의 실효성의 문제이다.[26)]

먼저 순회점검제도는 수용자에 대한 적극적인 권리구제제도라기보다는 일반적으로 법무부 장관이 행형기관에 대한 감독관청의 장으로서 교도행정을 감독하기 위한 목적에서 행하여지는 것이다. 그리고 청원은 교도소측의 방해로 현실적 기회를 갖는 것은 엄두조차 낼 수 없는 실정이다. 소장면담도 사정은 마찬가지여서 면담요청은 대부분 거절당하고 있는 것이 현실이다. 우리 행정소송은 행정심판전치주의를 채택하고 있기 때문에 행정소송을 제기하기 위해서는 먼저 행정심판을 거쳐야 한다. 그런데 수용자의 권리침해와 관련하여 행정심판을 청구한 사례도 매우 드물 뿐만 아니라 행정심판청구를 인용재결한 경우도 없다. 교도관에 대한 고소도 대부분 증거가 없다는 이유로 기각되거나 무혐의처리되고 있다. 이것은 부인할 수 없는 현실에 속한다. 따라서 현실과 괴리된 제도를 실효성 있게 만드는 장치를 마련하는 일이 무엇보다도 필요하다. 이러한 사정의 모든 원인이 법의 미비나 교도관 개인의 악성에서 기인하는 것으로 보는 것은 잘못이다. 오히려 그에 앞서 우리 사회 전체의 반민주적 성격이 감옥이라는 권위주의적 공간을 통해 모습을 드러내고 있다는 사실이 더욱 문제가 될 것이다.

26) 수형자의 권리구제에 관한 연구는 김선화, 수형자의 권리보장, 고려대학교 석사학위논문 1994, 30면 이하.

참고문헌

1. 국내문헌

1) 단행본

권영성, 『헌법학원론』, 법문사, 1996.
강봉규, 『심리검사의 이론과 기법』, 동문사, 2000.
김남진, 『행정법의 기본문제』, 법문사, 1994.
김상균, 『범죄심리학』, 청목출판사, 2008.
______, 『범죄학원론』, 양서원, 2004.
김상균 · 신석환 · 조미숙, 『신형사정책』, 형설출판사, 2005.
김성곤, 『심리검사의 이론과 실제』, 한국가이던스, 2000.
김일수, 『새로 쓴 형법총론』, 박영사, 2006.
김형태, 『상담의 이론과 실제』, 동문사, 2000.
김철수, 『헌법학개론』, 박영사, 1999.
김화수 · 허주욱 · 강영철 · 홍성열 · 조준현 · 박영규 · 이영근 · 오영근, 『한국교정학』, 한국교정학회, 2007.
박경일 외, 『사회복지학강의』, 양서원, 2000
박상기 · 손동권 · 이순래, 『형사정책』, 한국형사정책연구원, 2003.
박성주 · 이성진, 『행동수정의 사례집』, 교육과학사, 1998.
박수환, 영국보호관찰, 외국제도연수보고, 2000.
배임호 · 박경일 · 이태언 · 신석환 · 전영록, 『교정복지론』, 양서원, 2007.
배종대, 『형사정책』, 홍문사, 2000, 2003.
______, 『교정학』, 홍문사, 2005.
송광섭, 『형사정책』, 대왕사, 1996.
______, 『범죄학과 형사정책』, 유스티니아누스, 1998.
신진규, 『범죄학 겸 형사정책』, 법문사, 1989, 1995.
심재무, 『형법총론과 연습강의』, 신지서원, 2007.
손순용 · 천정환, 『교정복지실천론』, 푸른북, 2006.
이근후 외 역, 『행동치료의 이론과 실제』, 하나의학사, 1989.
이영희, 『교정복지의 이론과 실제』, 홍익출판사, 1999.
이무웅, 『보호관찰제도론』, 풍남, 1991.
이윤호, 『교정학』, 박영사, 1995, 2007.
이인영 · 김상균 · 조재현 · 배성호, 『법학입문』, 학현사, 2005.
이상현, 『범죄심리학』, 박영사, 1997.
이성칠, 한국보호관찰의 현황과 과제, 한국형사정책연구원, 2003.

______, 판결전조사제도 발전적 고찰, 대구보호관찰소 서부지소, 2007.
이재상, 『형법개론』, 박영사, 1997.
______, 보안처분에 관한 연구, 2003.
이태언, 『형법총론』, 형설출판사, 1998. 2004.
이태언 · 신석환, 『신보호관찰론』, 학현사, 2005.
이황우 · 이상현 외 6인, 『형사정책』, 법문사, 1997.
이형득 외, 『상담의 이론적 접근』, 형설출판사, 1984.
이형섭, 『보호관찰제도론』, 법무연수원교재, 2004.
이형제, 미국보호관찰제도 연구, 해외연수 보고서, 2004.
임종렬, 『치료심리학』, 한국가족치료연구소, 1991.
장혁표 · 신경일, 『상담과 심리치료의 이론과 실제』, 교육과학사, 1996.
정영석 · 신양균, 『형사정책』, 법문사, 1997.
정주영, 『보호관찰법론』, 해양문화사, 2000.
정재황, 『판례헌법』, 길안사, 1996.
조미숙 · 김상균 · 신석환, 『형사사법복지정책론』, 청목출판사, 2007.
조홍석, 『현대사회와 법』, 경북대학교 출판부, 2003.
최문기 · 심재무 외, 『법과 생활』, 세종출판사, 2006.
최석윤 · 이경재 공역, 『독일형사법 입문』, 길안사, 1998.
최옥채, 『교정복지론』, 아시아리서치, 2000.
______, 『교정복지론』, 학지사, 2006.
최용기, 『통일헌법』, 창원대학교 출판부, 1996.
허 영, 『한국헌법론』, 박영사, 1998.
허주욱, 『행형학』, 일조각, 1998.
홍경자 역, 『현실요법』, 중앙적성출판사, 1984.
홍봉선, 『교정복지론』, 공동체, 2007.

2) 논문

구병삭, 우리 헌법사의 회고와 전망, 고려대학교 법학연구소, 법문사, 1991.
김용택, 한국교정의 발전 방향에 관한 연구, 법무연구 제22호, 1995.
김창군, 비범죄화의 실현방안, 형사정책 제8호, 1996,
김혜정, "개정법률안에 도입된 양형자료조사제도에 관한 검토" : 형사소송법 및 보호관찰 등에 관한 법률 개정법률안을 중심으로, 형사법연구 제26호, 2006.
박상기, 형사사법과 국민의 기본권보장, 한국법학원보 제77호, 1997.
박수환, 영국보호관찰, 안동보호관찰지소, 2000. 12.
박양빈, 행형의 이론과 실제, 교정연구 제4호, 1994.
박영숙, "보호관찰제도의 활성화 방안", 교정복지연구 제8호, 2007.
박형남, "사회봉사명령제도의 적정한 운용방안", 법원행정처, 사회봉사 · 보호관찰제도 해설, 갱생보호회, 일본의 갱생보호제도, 1970.
손외철, 사회봉사명령제도의 성인범 확대실시, 법률신문, 1997. 1. 20.

송병호, “리더쉽이 조직변화에 미치는 영향에 관한 연구”, 동국대학교 대학원 박사학위 논문, 2003.
신의기, 범죄예방정책의 현황과 과제, 법무부 범죄예방정책국, 2008.
신석환, 소년보호관찰 운용실태 분석을 중심으로, 경성대학교 박사학위논문, 2008.
신진규, 보호관찰제도 도입의 기본방향, 청소년범죄연구 제6호, 1988.
심재무, “한국소년보호제도의 문제점과 그 개선방안”, 비교형사법연구 제10권 제2호, 한국비교형사법학회, 2008.
원혜욱, "법무부 소년법 개정안의 개요", 법무연수원, 2007.
양문승, 한국보호관찰제도의 실태와 그 개선방안에 관한 연구, 동국대학교 박사학위논문, 1993.
오영근, “선도조건부기소유예제도의 실태와 개선방안”, 법무부보고서, 1998.
오영근, “보호관찰시행 10년의 회고”, 형사정책연구 제10권 제4호, 한국형사정책연구원, 1999.
유석원, 보호관찰제도의 운용방향, 보호 제4호, 법무부, 1997.
이석환, 보호관찰제도와 사회복지, 보호 제3호, 법무부, 1996.
이재신, 미국 표준보호관찰법안에 관한 연구보고서, 해외파견검사연구논문집 4집, 법무부, 1985.
이인영, “면책적 긴급피난에 관한 연구”, 천안대학교 진리논단 9호, 2005.
이법호, “소년범에 대한 시설내처우 및 사회내처우의 효과적인 연계방안”, 보호 통권18호, 2006.
이창한, “범죄소년에 대한 양형의 결정요인에 관한 연구”, 동국대학교 대학원박사학위논문, 2005
이태언, “보호관찰심사위원회의 활성화 방안”, 비교법학 제17집, 2006.
전영록, 범죄인의 사회내처우에 관한 고찰, 영남대학교 석사학위논문, 1994.
정동기, 사회봉사명령제도의 연구, 한양대학교 대학원 박사학위논문, 1997.
조대환, 현행보호관찰제도의 문제점, 보호 제5호, 법무부, 1997.
조미숙, “기능적 결손가정 청소년의 비행행동 예방을 위한 중재요인에 관한 연구”, 형사정책연구 제13권 제3호, 2002.
조성민, “보호관찰현장에서의 직원수퍼비전 활성화 방안”, 부산대 대학원 박사학위논문, 2007.
조용철, “경찰업무의 적정화에 관한 연구”, 동국대학교 대학원 박사학위 논문, 2005.
조홍석, 청소년 야간통행금지에 따른 헌법적 문제, 법학논고(경북대), 1995.

3) 기타자료

법무부, 각국의 법무행정, 1994.
______, “심리치료프로그램.” 법무부보호국, 1999.
______, 법무부사, 1988.
______, 법무자료 제195집, 1995.
______, 보호관찰 실무, 1997.
______, 보호관찰예규, 1997.
______, 보호관찰제도, 2003.
______, 보호관찰통계연보(통권 제5호), 2006.
______, 범죄예방실무, 법무부보호국, 2005.
______, 전국보호관찰기관장회의, 2005.
______, 팀제편성, 운영에 관한 지침, 보호국 관찰과, 2005.

______, 교정위원 운영지침, 교정국, 2005.
______, 특정성폭력범죄자 위치추적법령 해설, 사회보호정책과, 2008, 12.
______, 조직개편 및 법교육 강화 등, 법무부 보호국, 2007.
법무부 범죄예방정책국, 범죄예방정책 발전 대토론회, 2008, 11, 21.
법무연수원, 『범죄백서』, 1999, 2003, 2007.
법원행정처, 『새로운 형사재판실무』, 2002.
대구지검 형사1부, 검사결정전 환경조사제도 시행방안, 2007, 4, 23.
보도자료, "보호관찰 그물망 촘촘하게 짠다", 법무부 보호국, 2006.
법률 제8394호, 특정범죄자에 대한 위치추적 전자장치 부착에 관한 법률, 2007, 4, 27일 공포.
법제사법위원회, 보호관찰 등에 관한 법률 일부 개정법률안, 2008, 12.
법률 제9168호(2008.12.26) ; "보호관찰 등에 관한 법률"중 일부 개정법률.
한국보호관찰학회 보호관찰제도의 변화를 유도할 형사제재의 도입에 관한 논의, 2006.
한국비교형사법학회, 제6회 한·중 형법학술심포지움, 2008.
피해자지원센터. 한국피해자학회, 범죄피해자 지원, 성민기업(서울), 2003. 10.
청소년대화의광장, 가족상담기법연구 Ⅱ, 1998.
www.moj.go.kr/

2. 국외문헌

1) 동양서

齊藤豊治, 『少年法研究, 2 : 少年法改正の検討』, 成文堂, 2006.
染田惠, 『犯罪者の社會內處遇の探求 : 處遇の多様化と修復的司法』, 成文堂, 2006.
梁田惠, 保護觀察における基本的人權の保障とその方法, 犯罪社會學研究, 第17券,
日本犯罪社會學會, 1993.
藤本哲也, 『刑事政策概論』, 青林書院, 2006.
高橋和雄, 『保護觀察官の地位と研修, 日本の矯正と保護 3券』, 有斐閣, 1981.
菊田幸一, 『保護觀察理論』, 東京:有信堂, 1969.
森下忠, 『刑事政策の新展改』, 東京:成文堂, 1968.
小川太郎, 『法律學の體系』, 東京:有斐閣, 1952.
日本法務省, 『犯罪白書』, 法務總合研究所, 1995.
柃木一久, 『保護觀察運營の諸形式, 日本の 矯正と保護 第3券』, 有斐閣, 1981,
森下忠, 『刑事政策の新展改』, 東京: 成文堂, 1968.
日本法務省, 『犯罪白書』, 法務總合研究所, 1995.

2) 서양서

Burt Gallaway, "Restitution as Integrative Punishment," in Randy E.Barnet and John Hegel Ⅲ(eds.), *Assessing the Criminal*, Cambridge, MA: Ballinger, 1997.
Champion, Dean J., Probation, Parole and Community Corrections in the United States, Prentice Hall, 2007.

Ellis, A. & Harper, R. 1975. *A new guide to rational living.* Hollywood CA : Wilshire Books.

Friedman, A. F., Webb, J. T., & Lewak, R. 1999. *Psychological assessment with The MMPI.* Hillsdale : Lawrence Erlbaum Associates.

Glasser, W. 1965. *Reality therapy*. New York : Harper & Row Pub.

Jeffery, C. R., *Crimironmental Design*, e Prevention through Env, 1971.

Lee h, Bowker, Correctons, New York : Macmillan Publishing Co. 1982.

National Implementation Guide for the Criminal Justice Act 2003 community sentence provisions, Edition 2 version 5F

National Institute of Corrections, The Goals of Community Sanctions, 1986, Henry Mannle and J. Davis Hirschel, Fundamentals of Criminology, Englewood Cliffs, NJ : Prentice-Hall, 1986.

Reppetto, Crime prevention and the displacement phenomenon, Crime & Delinquency, 1976.

Rogers, C. R. 1951. *Client-centered therapy.* Boston : Houghton Mifflin.

Schoenke · Schroeder, Strafgesetzbuch, Kommentar, 27. Aufl., Muenchen: C. H. Beck, 2006.

Shelden, G., Randall. Delinquency And Juvenile Justice in American Society, Waveland Pr. Inc., 2005.

Skinner, B. F. 1953. *Science and human behavior.* New York : Macmillan.

Williams, R. L. & Long. J. D. 1979. *Toward a self-managed lifestyle.* Boston : Houghton Mifflin.

찾아보기

[저자 소개]

■ 김상균(金相均)
창원대학교 법학과/동대학원졸업(법학석사)
고려대학교대학원 심리학과졸업(심리학석사)
동국대학교대학원 경찰행정학과졸업(형사학박사)
육군3사관학교 교수
국가인권위원회 조사담당관
국제민간조사학회 회장
한국범죄심리학회 부회장
한국경찰학회 연구이사
한국공안행정학회 이사
충남경찰청자문위원장
범죄피해자지원센터 상담위원
국방부군무원 교정직시험 감수위원
현 백석대학교 법정학부 교수

〈주요저서 및 논문〉
범죄학원론(양서원, 2004)
폭력의 심리학(한국학술정보, 2006)
범죄심리학(청목출판사, 2008) 외 다수저서와 연쇄 살인범의 심리학적 특성에 관한 연구에 30여편의 논문발표

■신석환(申碩桓)
창원대학교 행정대학원(법학석사)
경성대학교 대학원(법학박사:형사법)
법무부 서울보호관찰소 특별보호위원(교육담당)
법무연수원, 보호관찰소, 범죄예방위원 교육 강사
대전, 대구, 부산, 서울 보호관찰심사위원회 위원
법무부, 창원, 대전, 대구, 부산 보호관찰소장,
서울 보호관찰소장(고위공무원단)
삼육대 보건복지대학원, 부산외대, 경성대 외래교수
현, 백석대학교 법정학부 겸임교수.

〈주요저서 및 논문〉
신보호관찰론(공저, 학현사, 2005)
교정복지론(공저, 양서원, 2007)
신형사정책(공저, 형설출판사, 2005)
소년 보호관찰 운용실태 분석을 중심으로(2008)
사회내처우와 기본권 외 다수

교정학개론

2009년 3월 15일 1쇄 발행
2010년 3월 25일 2쇄 발행

저 자 김상균 · 신석환
발행인 유 성 렬
발행처 **청목출판사**
서울특별시 영등포구 신길동 233-96
전화 (02) 849-6157(代) · 2820
FAX (02) 849-0817
등록 제318-1994-000090호

파본은 바꾸어 드립니다. 값 28,000원

http : //www.chongmok.co.kr

ISBN 978-89-5565-297-0